DICTIONNAIRE RAISONNÉ

DU

MOBILIER FRANÇAIS

V

Bar-le-Duc. — Imprimerie Comte-Jacquet, Facdouel, dir.

DICTIONNAIRE RAISONNÉ

DU

MOBILIER FRANÇAIS

DE L'ÉPOQUE CARLOVINGIENNE A LA RENAISSANCE

PAR

E. VIOLLET-LE-DUC

ARCHITECTE

TOME CINQUIÈME

Illustré de 407 gravures sur bois, sur acier et en chromolithographie

PARIS

LIBRAIRIE GRÜND ET MAGUET

9, RUE MAZARINE, 9

HUITIÈME PARTIE

ARMES DE GUERRE OFFENSIVES ET DÉFENSIVES

HUITIÈME PARTIE

ARMES DE GUERRE OFFENSIVES ET DÉFENSIVES

S'il est un sujet attachant dans la vie des nations, c'est l'histoire des luttes engagées, soit pour se constituer, soit pour défendre leur indépendance. Il semble qu'une civilisation ne peut se fonder que sur des monceaux de cadavres, se soutenir qu'au prix du sang versé.

Plus les races sont d'une noble origine, plus ces convulsions se présentent terribles, et les peuples qui n'ont pas su faire la guerre ou qui ont cessé de s'y montrer supérieurs, demeurent moralement, aussi bien que matériellement, dans un état d'infériorité irrémédiable.... « Heureux, dit-on, les peuples qui n'ont pas d'histoire ! » Il ne leur manque qu'une chose, c'est d'être des nations.

Nous n'avons jamais cru à la paix perpétuelle ; moins que jamais nous y croyons, moins que jamais nous la souhaitons à l'humanité, car nous sommes de ceux qui considèrent la guerre comme le seul élément conservateur de l'énergie morale qui fait la force et la cohésion des nations. Le sang et les larmes qu'elle fait couler font fleurir les vertus viriles nécessaires au développement des civilisations ; c'est arrosées par ces larmes et ce sang que les jeunes générations s'élèvent robustes et tout imprégnées de ces saintes haines dont l'éclosion, à l'heure favorable, place les nationalités au premier rang.

Est-ce avec l'histoire des luttes pacifiques, comme on disait hier, que nous élevons nos enfants ? Nous leur faisons lire l'*Iliade*, l'*Énéide*, l'histoire romaine. Nous plaçons sous leurs yeux les lamentables narrations des conquêtes des Alexandre, des César, des Charlemagne, et à travers ces tableaux, le rôle laissé aux vaincus, aux opprimés, est cruellement effacé.

Supposons que le souvenir de ces guerres, injustes dix-neuf fois sur vingt, soit oublié dans deux mille ans, et qu'on n'ait plus à faire lire à la jeunesse d'alors que les procès-verbaux des quatre cents

Expositions universelles ouvertes pendant ce laps de temps. Ajoutons, si l'on veut, à ces documents, les comptes rendus des séances des Chambres d'Amérique, d'Angleterre, d'Allemagne, de France, de Belgique et d'Espagne ; peut-on admettre que ces lectures seraient de nature à former le cœur et l'esprit des jeunes générations en l'an 3872 ?

A moins que l'homme ne change beaucoup — et il ne change guère depuis cinq mille ans, — il est présumable que professeurs et élèves dans les lycées d'alors s'endormiraient en sixième pour se réveiller en philosophie.

L'homme ne s'est pas fait, et peut-être que s'il eût été chargé de ce soin, eût-il mieux réussi. Il nous faut le prendre tel qu'il est : or il n'est pas créé pour le repos physique ou moral, il lui faut la lutte intellectuelle et matérielle ; il n'a pas la conscience du bien absolu, il n'apprécie que le bien relatif ; et ce bien ne se manifeste pour lui que par l'opposition du mal. Sa conscience ne se réveille que par l'oppression; son moral ne s'élève qu'en face de l'abus de la force matérielle. Le mythe d'Adam et d'Ève n'est point une puérilité. Or l'homme n'a commencé la vie que le jour où il a mordu au fruit défendu. Le premier emploi qu'il fait de la prise de possession de lui-même, est de tuer son semblable, et de cet acte naît l'horreur du crime, le sentiment de réprobation et de vengeance. Au fond, toute *vendetta* repose sur la révolte de la conscience contre un abus de la force matérielle; toutes les guerres ne sont que de colossales *vendette* ; peu importe que le fait se passe entre deux familles d'un village de Corse ou entre deux nations rivales : c'est le même, ni meilleur, ni pire, ni moins ni plus excusable ; mais au fond, il n'existe que par le sentiment de la révolte de la conscience contre ce qu'elle considère comme une oppression, un abus, une injustice. Espère-t-on détruire ces sentiments dans le cœur de l'homme ? Ce n'est pas à souhaiter.

Nous avons entendu dire parfois qu'il est insensé de donner aux enfants des sabres, des tambours, des fusils de fer-blanc ; qu'il serait mieux, en fait de joujoux, de leur donner des charrues, de petites locomobiles et des appareils de physique élémentaire; que par cette habitude des armes on inocule aux enfants l'esprit guerrier, le désir de se servir de ces outils homicides. Il en est vérité naturel au possesseur d'une arme d'essayer de s'en servir; mais dès qu'il en a reconnu l'effet et qu'il se trouve en face de camarades également armés, il comprend bien vite qu'un coup en provoque un autre, et il devient prudent en tâchant de perfectionner l'outil qu'il possède, ou de s'en servir avec supériorité. La charrue, si utile qu'elle soit, ne réveillerait pas dans son cœur tous ces sentiments complexes qui au fond sont humains, puisqu'ils apprennent à l'homme à compter avec son semblable, à devenir plus fort que son voisin, par un effort de son intelligence et par son adresse.

Plus les peuples sont près de leur berceau, plus ils attachent d'importance aux armes, car c'est l'arme qui fait à l'individu sa place dans la société primitive. L'arme primitive est personnelle ; son imperfection ou sa perfection relative placent celui qui la porte dans un état d'infériorité ou de supériorité vis-à-vis de ses semblables. Si quelque chose devait rendre la guerre odieuse, ce serait l'uniformité ou la non-personnalité de l'arme. Aujourd'hui, un soldat n'est qu'une force communiquée à un fusil ; plus cette arme se perfectionnera, plus l'homme sera réduit, aux yeux du vulgaire, à l'état d'un déclic qui fait partir une détente. Mais il n'en va pas ainsi heureusement ; l'intelligence, la prévision, le savoir, ne feront que donner de plus en plus la supériorité à cet effroyable mécanisme qu'on appelle une arme ; et de fait, il en a toujours été ainsi.

Pendant le cours du moyen âge et jusqu'à l'application sérieuse de l'artillerie, bien que l'arme fût personnelle, qu'elle fût faite au gré de celui qui la portait, elle n'en est pas moins, par cela même, le produit de son intelligence. Ses perfectionnements assuraient, comme de nos jours, la supériorité à ceux qui avaient su les adopter les premiers. L'échelle était moins étendue, voilà tout.

Quand après des désastres comme ceux que nous venons d'éprouver, on relit ces tristes récits des Joinville, des Froissart, des Villani, et de tant d'autres chroniqueurs qui retracent les batailles de la Massoure, de Crécy, de Poitiers, d'Azincourt, on retrouve les mêmes causes d'infériorité relative, les mêmes fautes, les mêmes imprévoyances, qui nous ont été si fatales pendant la dernière guerre ; chez l'ennemi, les qualités qui, alors comme aujourd'hui, lui ont assuré la victoire. Après la prise de Damiette, saint Louis divise son armée en deux et s'enfonce dans le pays sans assurer convenablement sa ligne de communication avec sa base d'opération ; il est attaqué en détail, ne peut se concentrer à temps, se voit coupé, et est fait prisonnier avec la plus grande partie de ses gens. A Crécy, à Poitiers, à Azincourt, l'armée française ne sait ni occuper une bonne position, ni opérer un mouvement tournant, ni enfin se conformer aux règles les plus élémentaires de la guerre ; elle est battue à outrance par un ennemi moitié moins nombreux, mais chez lequel la tactique et la discipline sont maintenues, qui agit avec prudence et ne se pique pas de faire parade de *chevalerie.* Cependant il n'en avait pas toujours été ainsi : Philippe-Auguste est, pour son temps, un tacticien ; ses marches sont habiles, ses précautions infinies. C'est un général qui ne livre rien au hasard et qui perfectionne l'armement.

Alors comme aujourd'hui, si le hasard, un accident, pouvaient parfois donner la victoire, il faut bien reconnaître que vingt fois sur dix elle est assurée à celui qui sait le métier de la guerre et qui n'en néglige point les principes immuables. Il a fallu un siècle à la gendarmerie française pour reconnaître la supériorité du tir rapide des archers anglais et de l'ordre en échiquier, et encore a-t-il fallu que les plébéiens français devinssent fabricants de bouches à feu et bombardiers, pour que nos armées, sous Charles VII, pussent reconquérir la supériorité qui leur avait été ravie.

Quoi qu'il en soit, il y a toujours eu en France une singulière aptitude pour le métier des armes, et c'est avec un vif intérêt que l'on suit les phases par lesquelles l'armement de l'homme de guerre a dû passer. Inférieur souvent à celui de ses voisins, en peu de temps et par soubresauts, il ressaisit le premier rang.

Ce qu'on ne saurait nier, c'est que même pendant les périodes calamiteuses, la gendarmerie française a su conserver intact ce sentiment chevaleresque qui appartient aux civilisations chrétiennes et qui seul donne à la guerre une valeur morale. Si trop souvent ce sentiment lui a été funeste, il n'en demeure pas moins une force avec laquelle ceux qui ne l'éprouvent pas au même degré sont un jour obligés de compter, quand, par exemple, à ce sentiment inné viennent se joindre le savoir et la réflexion.

On a voulu chercher les origines de la chevalerie sur tous les points de l'horizon historique. Sans discuter ces origines, on peut dire que la chevalerie naît avec le sentiment de la force personnelle chez les races supérieures ; et ici nous n'entendons pas la force brutale, mais celle qui est la conséquence d'une puissance physique soumise à une intelligence élevée.

Hercule peut passer pour le mythe de la chevalerie, en ce qu'il mettait sa force corporelle au service d'une idée. La guerre est le pivot de la féodalité, et la féodalité c'est le moyen âge ; dure époque, nous en conviendrons volontiers. Mais était-il possible de renouveler le monde occidental tombé si bas à la fin de l'empire romain, par d'autres moyens ? Nous ne pouvons le savoir. Ce que nous apprécions, c'est l'efficacité du moyen qui a produit la société moderne, dont la force vitale est évidente. C'est à la féodalité et à la féodalité armée, combattante, que nous devons une bonne partie des éléments moraux sur lesquels notre société repose, indépendamment des formes politiques ; c'est à son état perpétuel de guerre que nous devons d'avoir appris à résister à l'oppression ; c'est à ses maximes de chevalerie que l'Europe occidentale doit le sentiment du point d'honneur ignoré de l'antiquité ; c'est à son esprit de caste que nous devons la réaction persistante qui a fondé l'égalité moderne ; c'est au spectacle de ses luttes désastreuses que nous devons l'esprit de solidarité qui cimente l'unité française. Il est de mode, dans un certain monde, de crier *haro* sur la féodalité. C'est, à notre sens, aussi étrange que de s'élever contre les cataclysmes terrestres qui ont fait rouler les débris des montagnes dans les vallées. Nous n'avons des vallées fertiles que parce que des cataclysmes ont bouleversé les sommets. Il ne faisait pas bon vivre alors que des torrents de cailloux et de boue remplissaient les gorges des Alpes ; il était dur de naître attaché à la glèbe en 1100 : mais aujourd'hui que nous cultivons les vallées et que nous profitons des luttes cruelles du moyen âge, il est aussi puéril de crier contre les seigneurs féodaux que contre les torrents diluviens. Il est plus sensé et profitable d'étudier ces grands phénomènes naturels et sociaux.

Les recherches auxquelles nous avons dû nous livrer pour connaître l'armement des hommes de guerre du moyen âge nous ont révélé bien des faits curieux sur les mœurs de cette époque, si rapprochée de nous et si peu connue. Personne n'ignore comment était vêtu et armé un Lacédémonien ou un légionnaire romain ; à peine si l'on sait comment les gens d'armes, les routiers, les gens des communes du XIVe siècle, étaient équipés en guerre, quels étaient leurs rapports, leur façon de combattre ; et cependant les documents abondent, et notre embarras est de choisir parmi ceux qui ont le plus d'intérêt.

On reconnaîtra, par exemple, que du XIIIe au XVIe siècle l'armement des gens de guerre se modifie avec une singulière rapidité, et qu'entre un homme d'armes du temps de Philippe-Auguste et un homme d'armes du temps de Charles VII, il y a une différence beaucoup plus grande qu'entre un chevau-léger du temps de Henri III et un hussard des armées de Napoléon Ier. Ce qu'on pourra reconnaître aussi, c'est que l'esprit profondément logique qui préside aux arts de cette époque du moyen âge, et notamment à l'architecture, qui les résumait tous alors, préside également à l'équipement militaire. C'est qu'alors il ne suffisait pas d'un arrêté ministériel pour faire adopter à toute une armée un modèle de guêtre ou de ceinturon ; chacun cherchait ce qui pouvait être commode, utile, et l'armement atteignait ainsi une perfection pratique qui donne à penser. L'équipement d'un de nos soldats en Afrique, ou pendant le long siége de Sébastopol, nous intéresse, parce qu'il résulte des difficultés et des besoins impérieux en un cas particulier de guerre. Or, pendant le moyen âge, l'équipement de l'homme de guerre présente sans cesse cet intérêt ; ce n'est point une affaire administrative, la conséquence d'une discussion dans des bureaux entre gens qui n'ont pas fait campagne et ne songent qu'à la bonne apparence des revues ; c'est le résultat de la pratique du plus rude et du plus dangereux des métiers, de celui qui exige la promptitude, la prévoyance en toute chose, la liberté d'allures pendant l'action. Le vrai soldat ne songe pas seulement à ses armes, il doit avoir son hygiène, car il faut qu'il soit dispos après de longues attentes pendant les nuits froides et les jours pluvieux. Il doit préserver de la maladie ce corps qui, à un moment donné, agira dans sa pleine vigueur ; il doit éviter tout emploi inutile de force, et cependant ne manquer d'aucune des choses nécessaires, non seulement à sa défense, mais à sa santé.

Observons nos soldats après quelques semaines de campagne ; ils ont bien vite modifié ce que leur équipement réglementaire présente de défectueux ou d'incommode. Les chefs ferment les yeux sur ces inobservations des règlements, et c'est ce qu'ils peuvent faire de mieux ; car le soldat, en France particulièrement, sait bien vite s'équiper de la façon la plus commode. Cette faculté, nous l'avons toujours possédée, aussi nos équipements militaires présentent-ils des qualités pratiques toutes particulières, qualités que nos articles feront ressortir. Il en était de même des exercices, qui, pendant la paix, devaient préparer les hommes d'armes aux combats futurs ; ces exercices étaient bien autrement pratiques que ne le sont nos simulacres de bataille. Les tournois n'étaient que de véritables mêlées de cavalerie où les hommes comme les chevaux apprenaient sérieusement leur métier. On en venait aux mains, et nos vieux connétables des temps passés seraient fort surpris s'ils nous voyaient manœuvrer des escadrons de cavalerie pendant les simulacres de bataille commandés aujourd'hui à nos troupes, simulacres plus funestes qu'utiles à la cavalerie, notamment, puisque l'on fait faire demi-tour à droite et à gauche aux escadrons chargeant un carré d'infanterie sous le feu ; de telle sorte que les chevaux, habitués de longue main à cette manœuvre, ne manquent pas, un jour de vraie bataille, de se dérober sous les balles, comme ils se dérobaient la veille devant l'explosion des cartouches blanches.

Mais nous n'avons pas à faire ici la critique des exercices militaires modernes; nous aimons à espérer que nos officiers généraux, pénétrés des conditions nouvelles faites aux grandes armées en campagne, pourront, comme leurs prédécesseurs, en des circonstances analogues, rendre à nos soldats l'ascendant auquel leurs aptitudes naturelles leur donnent droit; que comme leurs prédécesseurs aussi, ils comprendront que la bravoure, le dévouement même, sont impuissants, s'ils ne s'appuient pas sur la science et l'étude.

Si cette dernière partie de notre travail peut faire ressortir les efforts d'intelligence qu'il a fallu à tant de générations pour assurer l'indépendance de la patrie par les armes; si elle contribue à faire pénétrer dans les esprits l'amour du métier de la guerre ; si elle montre comment, après des désastres inouïs, la France a su, à force de patriotisme, effacer bien des fautes et se relever, nous croirons avoir rempli une faible partie de la tâche que chaque Français doit s'imposer à cette heure.

ARMES DE GUERRE OFFENSIVES ET DÉFENSIVES

HARNAIS

ADOUBEMENT, s. m. — VOYEZ ARMURE.

AIGUILLETTE[1], s. f. Ferret ou pointe de métal terminant une mince courroie, et permettant de passer celle-ci à travers des mailles ou des œillets et d'attacher le camail à la partie supérieure du hau-

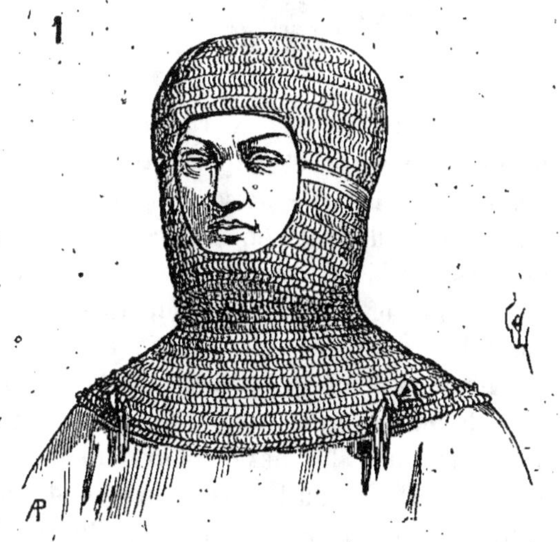

bert, de manière à empêcher le premier de se relever ; ou bien encore d'attacher les brassards ou arrière-bras de fer aux manches de mailles du haubergeon ; les spallières ou ailettes aux épaules ; la

[1] Voyez AIGUILLETTE dans la partie des VÊTEMENTS.

targe ou l'écu, pour jouter, au côté sénestre de la poitrine. Pendant le XIIIe siècle, les hommes d'armes portaient généralement un haubert d'étoffe par-dessus la maille, qui garantissait tout le corps. Le haubert couvrait alors le camail, qui lui-même était posé par-dessus la cotte de mailles; mais vers la fin de ce siècle on posait souvent le camail de mailles par-dessus le haubert d'étoffe, afin de pouvoir s'en débarrasser plus facilement. Par suite des mouvements du cheval et pendant une action, il arrivait alors que les bords de ce camail se retournaient sur les épaules, qu'ils dégarnissaient ; on fixa donc ces bords au haubert d'étoffe au moyen de deux et même de quatre aiguillettes, ainsi que le fait voir la figure 1[1]. Ces aiguil-

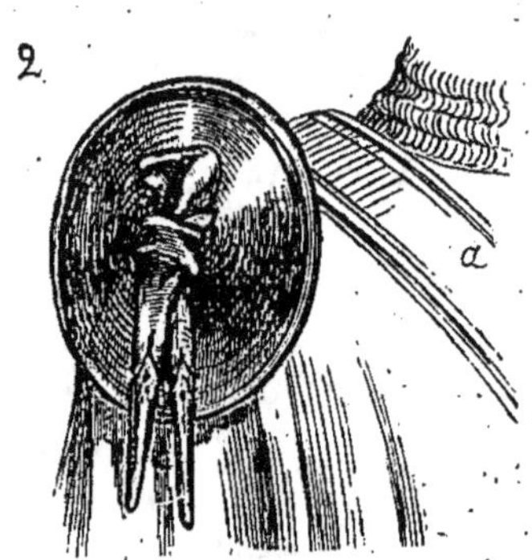

lettes de métal terminaient de forts cordonnets de soie cousus par couples à la partie antérieure et supérieure du haubert d'étoffe. Les ferrets déliés permettaient de passer ces cordonnets à travers les mailles; on nouait les cordonnets en dehors en laissant pendre les aiguillettes. Ainsi les bords du camail ne pouvaient-ils se retourner sur les épaules. Cet usage persista jusqu'au commencement du XVe siècle ; le camail de mailles était attaché au bacinet et descendait encore par-dessus le haubert[2]. Vers la fin du XIIIe siècle, afin de parer les coups de masse, qui, dirigés sur le heaume, tombaient sur les épaules des hommes d'armes et pouvaient les briser, malgré l'interposition de la maille et du haubergeon rembourré, on fixa sur le devant des deux épaules des ailettes ou spallières de fer battu, d'abord carrées, puis circulaires. Ces ailettes furent fixées, ou par des courroies qui passaient sous les aisselles, ou par des aiguillettes

[1] D'un tombeau dans l'église Saint-Thibault (Côte d'Or) et de plusieurs monuments du même temps.

[2] Voyez la statue de César au château de Pierrefonds (1400).

qui les traversaient [1]. Ce mode d'attache persista jusqu'au XVe siècle, ainsi que le fait voir la figure 2 [2]. Cette spallière circulaire, légèrement conique, est percée d'un trou au centre, par lequel passent les deux courroies munies d'aiguillettes et cousues au haubert ou à la cotte d'armes. En *a* est la *guige* de l'écu.

Lorsqu'on adopta les plates, c'est-à-dire les pièces d'armures de fer ou d'acier pour couvrir les diverses parties du corps de l'homme

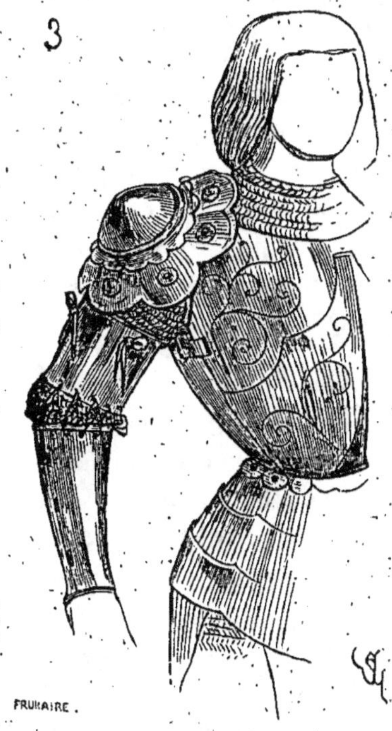

d'armes par-dessus la maille ou conjointement avec elle, vers la seconde moitié du XIVe siècle, afin d'éviter les chocs des masses d'armes et de faire glisser les coups de lance ou d'épée, les bras furent armés de deux pièces : l'une qui enveloppait la partie supérieure, du coude à l'aisselle ; l'autre la partie inférieure, du coude au poignet. La maille paraissait ainsi sur l'épaule et au coude ; l'épaule fut garantie par une spallière ; le tube de fer qui enveloppait l'arrière-bras fut attaché à la maille par trois aiguillettes, et la

[1] Voyez AILETTE.

[2] Statue de Judas Machabée, tour de la chapelle au château de Pierrefonds (1400) ; celle du roi Artus, même château.

garniture de l'avant-bras fut suspendue à celle de l'arrière-bras par un lacet de soie ou de cuir (fig. 3 [1]). Habituellement le coude est garni, dès le XIVe siècle, d'une cubitière [2]. Mais nous avons choisi cet exemple, bien qu'il date de 1430 environ, parce qu'il présente une disposition plus ancienne et qui n'était plus adoptée alors qu'accidentellement. Le manuscrit de la Bibliothèque nationale (fonds français, n° 1997) donne une description très exacte de cette partie de l'armure [3]. Voici ce passage en entier : « Item, lautre « faczon davant-braz sont lesquelx sont faiz de trois pieces, cest « assavoir une piece qui couvre depuis la ployeure de la main « jusques à trois doiz pres la ployeure du braz ; et depuis la « ployeure du braz y en a une autre qui vient jusques à hault de la « jointure de lespaulle, à quatre doiz pres. Pardessus lesquelles « deux pieces y en a une autre qui couvre le code (cette pièce, la « cubitière, manque dans la fig. 3) et la ployeure du braz et partie « des autres deux pieces aussi, lesquelles trois pieces tout pareilles « tant au braz droit que au braz senestre ; et se atachent avecques « éguilletes. »

Dans la figure 3, les ganses avec aiguillettes passent par trois trous percés près du bord supérieur de la garniture de l'arrière-bras. La spallière est attachée avec une courroie à boucle sous l'aisselle.

On se servait aussi d'aiguillettes au XVe siècle pour attacher les jaques. Pour les aiguillettes des écus et targes, voyez ces articles à la partie des JEUX (art. JOUTE).

AILETTE, s. f. On désigne ainsi une pièce d'armure qui, vers la seconde moitié du XIIIe siècle, fut posée sur les épaules de l'homme d'armes, afin de garantir cette partie du corps contre les coups de masse que le camail et la cotte de mailles ne protégeaient pas suffisamment. Les flèches et carreaux, les coups d'épée, ne pouvaient percer ou entamer une bonne maille posée sur un haubergeon rembourré. Les hommes d'armes prirent donc, pour en venir aux mains, outre l'épée, comme arme offensive dans la mêlée, des masses de fer, de plomb ou de bronze, des haches à longs manches. Lorsqu'un bras vigoureux faisait tomber le poids de ces armes sur le heaume ou le bacinet, il arrivait, le plus souvent, que

[1] Manuscr. Biblioth. nation., latin, n° 873 (XVe siècle).

[2] Voyez CUBITIÈRE.

[3] Voyez *Du costume militaire des Français en* 1446, par M. R. de Belleval. Aubry, édit. 1866.

le coup déviait et tombait sur l'une des épaules, qu'il brisait ou contusionnait fortement, malgré l'épaisseur du haubert et la maille. On attacha donc des plaques de fer sur les deux épaules afin de parer ces coups déviés. Les heaumes étant alors très larges, ces plaques de fer ou ailettes formaient des deux côtés, au-dessous du heaume, deux plans inclinés qui faisaient glisser le coup de masse. Il était naturel de donner alors à ces ailettes la forme rectangulaire. Les ailettes ont, dans l'histoire de l'*adoubement* de l'homme d'armes, une importance particulière; elles sont la première pièce

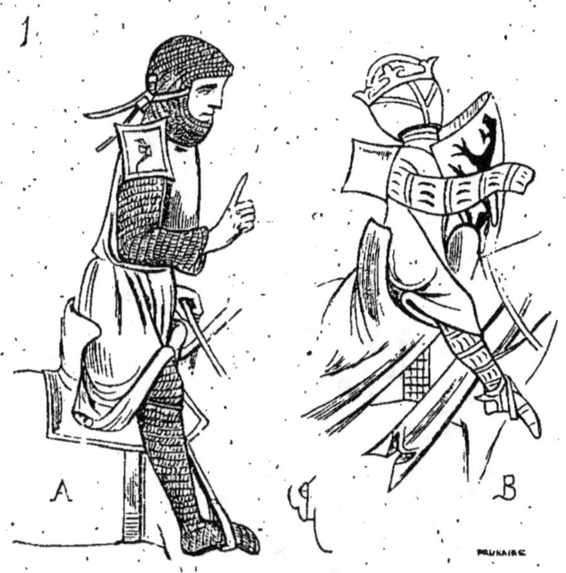

d'armure de fer ou d'acier qui apparaît sur la maille, indépendamment du heaume, et elles conduisent peu à peu l'homme d'armes à plaquer un grand nombre de pièces de fer détachées sur la cotte de mailles, jusqu'au moment où celle-ci disparaît entièrement pour faire place à l'armure de plates. Souvent voit-on figurées, sur des pierres tombales de 1260 à 1300, des ailettes développées sur les deux épaules du personnage gravé sur la pierre, et l'on ne s'explique guère ainsi l'usage de ces plaques de métal. De fait, ces plaques n'étaient utiles qu'au moment du combat, lorsque le heaume était lacé. Alors on ramenait la partie supérieure des ailettes vers le cou ; elles formaient ainsi comme un toit couvrant les épaules et prolongeant les côtés du heaume. Cette disposition est clairement exprimée dans les vignettes des manuscrits de cette époque. Des cavaliers armés (fig. 1) n'ont pas la tête couverte du heaume, et les ailettes attachées, soit par une courroie sous les aisselles, soit par des aiguillettes passant à travers la plaque, formaient deux gardes verticales

2

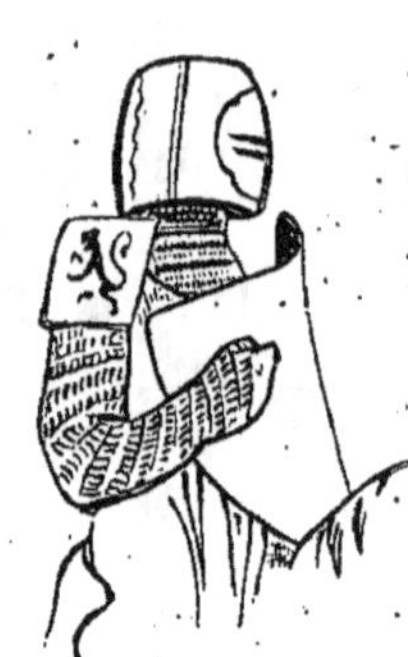

plus gênantes qu'utiles en apparence. Mais si le heaume est lacé,

3

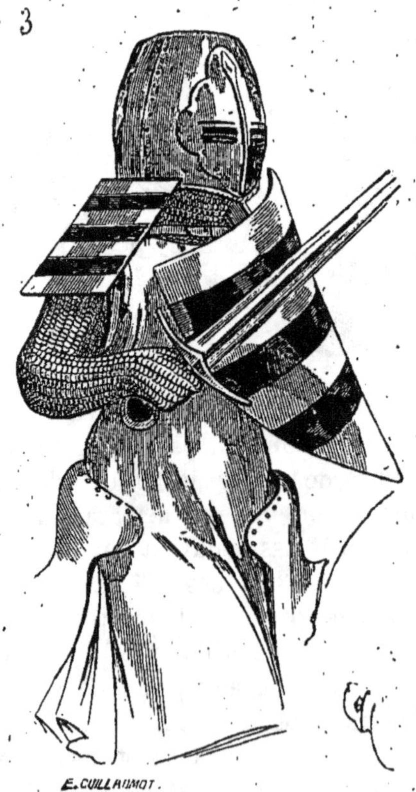

c'est-à-dire posé sur le camail de mailles, ces ailettes sont rapprochées du heaume vers leur partie supérieure et forment une couverture sur les épaules[1]. Cela est parfaitement apparent dans un manuscrit de la Bibliothèque nationale de 1260 environ (fig. 2[2]). Ici l'ailette s'incline, à sa partie supérieure, vers la base du heaume, de manière à présenter la défense qu'indique la figure 3. Il est évident que le coup de masse ou de hache, tombant sur le heaume

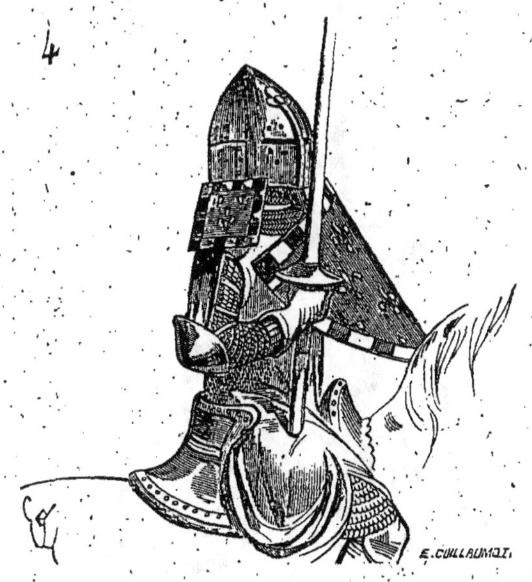

et glissant, rencontrait ces plaques et n'atteignait pas les épaules. Mais si le bras de l'homme d'armes était levé ou étendu, alors le coup pouvait briser l'humérus. On ajouta donc, à la fin du XIIIe siècle, d'abord une plaque couvrant la partie externe de l'arrière-bras, puis forcément une cubitière, c'est-à-dire une rondelle quelque peu pliée, garnissant le coude (fig. 4[3]). Ces pièces n'empêchaient point

[1] L'exemple A est tiré du manuscrit de *Tristan*, Biblioth. nation., français (1250 environ). L'exemple B est extrait du manuscrit *li Roumans d'Alixandre*, Biblioth. nation., français (1250 environ). Dans l'exemple A, provenant d'un manuscrit dont les vignettes sont remarquables comme exécution, l'ailette est bien indiquée à sa vraie place, la tête du cavalier n'étant pas couverte du heaume. Dans l'exemple B, exécuté par une main moins habile, l'artiste n'a su comment placer l'ailette, qui devrait se présenter suivant une inclinaison ; mais on va voir que l'indication est précise dans d'autres manuscrits d'une époque un peu postérieure.

[2] *Hist. du roi Artus*, Biblioth. nation., français, n° 342.

[3] Manuscr. de *Godefroy de Bouillon*, Biblioth. nation., français. Sur les pierres tombales gravées on voit souvent figurées les courroies détachées qui bridaient les ailettes contre le heaume.

de conserver le haubergeon, la cotte de mailles et la cotte d'armes, mais alourdissaient d'autant l'adonbement. Ces ailettes étaient alors peintes comme les écus, aux armes du personnage. La figure 3 fait voir comment, au moment de charger, les ailettes étaient attachées l'une à l'autre à leur partie supérieure par des courroies passant

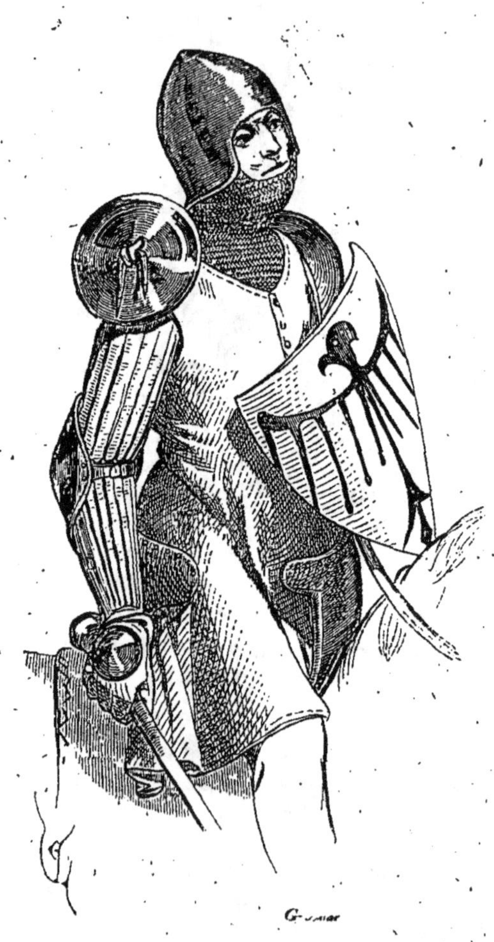

devant et derrière le cou, afin de les incliner en forme de toit vers le heaume, et de les empêcher de dévier ou de ballotter. Lorsqu'on ôtait le heaume, — ce que les hommes d'armes s'empressaient de faire dès que l'on ne combattait pas, — on débouclait en même temps les courroies supérieures des ailettes, et celles-ci reprenaient leur position verticale le long des épaules. Ces ailettes rectangulaires devaient être fort gênantes et avaient l'inconvénient de donner une prise aux coups de lance, aussi les hommes d'armes ne les conservèrent-ils pas longtemps. On n'en trouve plus de traces à dater de 1325; mais alors elles sont souvent remplacées par des rondelles de fer attachées aux épaules (fig. 5[1]). Ces rondelles ont de 0m,20 à 0m,30 de diamètre; elles sont attachées sous les aisselles au moyen d'une courroie, ou à la cotte d'armes à l'aide de lacets et d'aiguillettes, et sont au besoin ramenées vers le bacinet ou le heaume, comme dans l'exemple figure 3. Dans la figure 5, la cotte

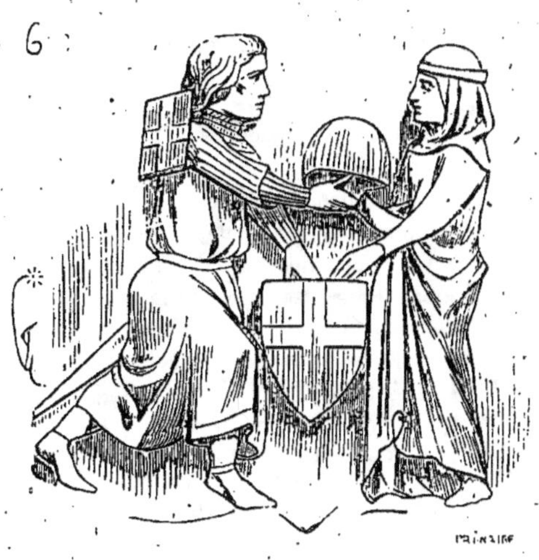

de mailles ne couvre plus les bras et est remplacée par les manches rembourrées et piquées du haubergeon; une cubitière garantit le coude. A la cathédrale de Bâle, la statue tombale de Rodolphe de Thierstein, qui date de 1318, possède des ailettes rectangulaires de 0m,29 de longueur, avec petite frange au bas et armoyées aux armes du comte; ces ailettes sont posées devant les épaules. Sur la pierre tombale gravée de Thibaut de Pomollain, déposée dans l'église Saint-Denis de Coulommiers, et qui date de 1325, sont figurées également des ailettes rectangulaires allongées, armoyées et posées devant les épaules[2]; tandis que sur l'un des petits bas-reliefs de la cathédrale de Lyon[3], on voit un chevalier qui reçoit

[1] Manuscr. de *Lancelot du Lac*, Biblioth. nation., français, t. II (1320 à 1330).

[2] Cette pierre tombale a été fort bien reproduite dans l'ouvrage de MM. Aufauve et Fichot, *les Monuments de Seine-et-Marne*.

[3] Porte centrale, pied-droit de gauche (1300 environ).

des mains de sa dame le heaume et l'écu, et dont l'ailette est rejetée en arrière de l'épaule (fig. 6[1]). Ces exemples, et d'autres encore qu'il serait trop long de citer, montrent que les ailettes étaient généralement attachées sous les aisselles avec des courroies, qu'elles pouvaient être portées en avant ou en arrière suivant le besoin, présenter ainsi des targes mobiles; et qu'enfin, lorsque le heaume était lacé, on ramenait leur extrémité supérieure vers la base de l'habillement de tête. Dans l'adoubement de la chevalerie anglaise, les ailettes sont extrêmement rares. Nous avons l'occasion de revenir sur cette première pièce d'armure de fer à l'article ARMURE.

ALEMÈLE, s. f. (*lemèle, limèle, lamièle*). Lame de l'épée (voy. ÉPÉE).

« Tant aloit Artus guencisant,
« Souvent deriere, souvent devant,
« Que d'Escalibor[2] l'alemèle
« Lui embati en la cervele,
« Traist et empainst, et cil caï;
« Par angoisse jetta un cri[3]. »

ARBALÈTE, s. f. Arme de jet, dérivée de l'arc (arc-baliste), composée d'un arc fait de nerf, de corne ou de métal, d'un arbrier ou corps de bois destiné à fixer l'arc et à recevoir le projectile, et d'une noix avec sa détente. Il est question d'arbalètes dès les premières croisades, et un manuscrit de la Bibliothèque nationale[4] de la fin du xe siècle[5] montre, dans une de ses vignettes, deux arbalétriers à pied tirant contre les remparts de la ville de Tyr. En 1139, cette arme, reconnue comme très meurtrière, fut interdite par le concile de Latran entre armées chrétiennes, mais permise contre les infidèles. Elle fut reprise par les troupes à pied de Richard Cœur-de-Lion et de Philippe-Auguste, malgré le bref d'Innocent III, qui renouvela les défenses du concile de 1139[6], et ne fut abandonnée, comme arme de guerre, que sous le règne de François Ier.

[1] Voyez aussi l'une des figures du bahut de 1300 environ, déposé aujourd'hui au musée de Cluny (MOBILIER, t. I, p. 27).

[2] Escalibor, nom de l'épée d'Artus.

[3] *Li Romans de Brut*, vers 11936 et suiv.

[4] Bible, ancien fonds latin Saint-Germain (xe siècle).

[5] Voyez *Dictionn. d'architect.*, t. I. ARCHITECTURE MILITAIRE, fig. 9 *bis*.

[6] Voyez la *Notice sur les armes de jet*, par M. le lieutenant-colonel Penguilly L'Haridon, ancien conserv. du musée d'artillerie de Paris.

L'arbalète était en effet une arme excellente tant par la justesse du tir que par sa puissance de projection. Elle n'avait contre elle que son poids et la lenteur du tir, car, au XIVe siècle, alors que les arbalètes étaient très perfectionnées, un bon arbalétrier ne pouvait guère envoyer que deux carreaux par minute, tandis qu'un archer décochait une douzaine de flèches. Au XVe siècle, on distinguait trois espèces d'arbalètes de guerre : l'arbalète *à pied-de-biche*, l'arbalète *à tour* ou *à moufle*, et l'arbalète *à cry*, dénominations empruntées à la manière de bander l'arc ; mais avant cette époque on ne possède qu'un petit nombre de renseignements sur les procédés employés par les arbalétriers pour amener la corde de l'arc sur la noix. Au XIIe siècle, l'arbrier de l'arbalète était déjà muni à son extrémité d'un étrier pour passer le pied et faciliter ainsi le tirage sur la corde. Les vignettes des manuscrits du XIIIe siècle permettent de se rendre un compte exact de la manière de procéder lorsque l'arbalétrier voulait bander son arme. La retournant la noix de son côté, il passait le pied droit dans l'étrier [1], logeait la corde de l'arc dans un crochet pendu par une forte courroie à sa ceinture, et, exerçant une pesée sur l'étrier par le relèvement des reins, il amenait la corde dans l'encoche de la noix (fig. 1 [2]). De la main gauche il saisissait l'arbrier, et de la droite le bout de la courroie à laquelle le crochet était fixé ; ainsi pouvait-il appuyer la corde contre l'arbrier. La gâchette destinée à décliquer la noix se présentait ainsi en dehors, comme le montre la figure 1. Les exemples touchant cette manière de bander l'arc de l'arbalète de guerre, pendant les XIIe, XIIIe et XIVe siècles, ne font pas défaut. On voit même, dans le beau manuscrit de Gaston Phébus sur la vénerie [3], qui date de la fin du XIVe siècle, des veneurs à pied qui bandent les arcs de leurs arbalètes par ce moyen. Sur ces dernières peintures, le crochet est simple, et devait ainsi glisser à côté de l'arbrier. Le crochet double des armes de guerre avait plus de puissance et était adapté aux armes d'un volume plus fort que celles de chasse. Nous ne pensons pas que le pied-de-biche (qui pourrait bien être le mécanisme le plus

[1] « Le soir, au soleil couchant, nous amena li connestables les arbalestriers le roy à « pié, et s'arrangierent devant nous. Et quant li Sarrazin nous virent mettre pié en « l'estrier des arbalestes, ils s'enfuirent et nous laissierent. » (*Hist. de saint Louis*, par le sire de Joinville, publ. par M. Natalis de Wailly, p. 86.)

[2] Manuscr., *Hist. du Saint-Graal*, Biblioth. nation., vignette des entourages.

[3] Biblioth. nation. Voyez, entre autres vignettes, celle placée en tête du chapitre : « Cy « apres devise coment on puet traire aux bestes noyres (sanglier, loup) ». Et dans la partie des JEUX ET PASSETEMPS, l'article sur la CHASSE, les figures 5, 7 et 8.

anciennement employé pour bander l'arc des arbalètes de guerre) ait été en usage avant le commencement du XVe siècle ; du moins ne trouvons-nous, avant cette époque, d'autre procédé pour bander

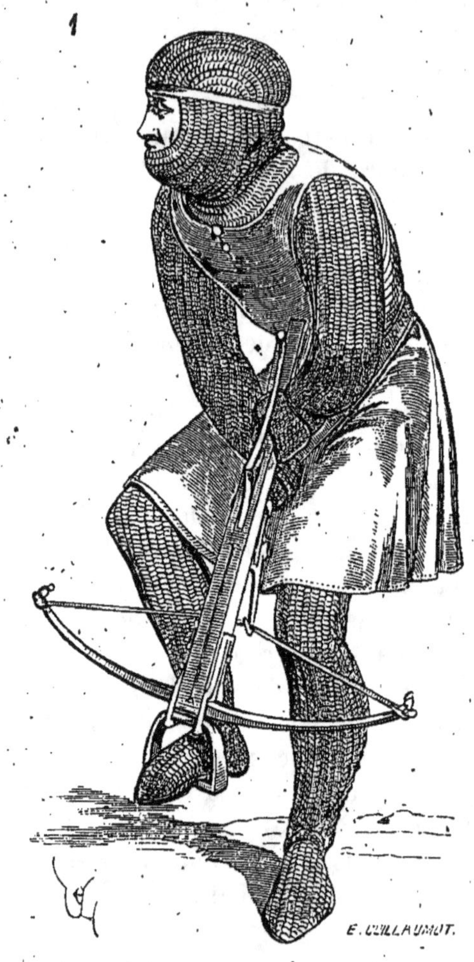

les arcs des arbalètes que celui précédemment indiqué. Les fouilles du château de Pierrefonds ont fait découvrir un de ces crochets doubles.

Le tour ou la moufle n'apparaît dans les peintures que vers 1425. Le *cry* est le dernier mécanisme adopté, c'est aussi le plus puissant. Mais avant de décrire l'arbalète et d'expliquer ses variétés, il est nécessaire de dire quelques mots de l'équipement des arbalétriers à dater du XIIIe siècle, car avant cette époque ils ne paraissent pas avoir un habillement particulier, ni être organisés d'une manière régulière.

L'arbalétrier que donne la figure 1 est vêtu de la maille complète, avec la cotte par-dessus. Mais, vers le milieu du xiiie siècle, l'arbalétrier est coiffé d'un chapel de fer destiné à garantir le visage et le cou contre les projectiles envoyés de haut en bas ; car l'arbalétrier était

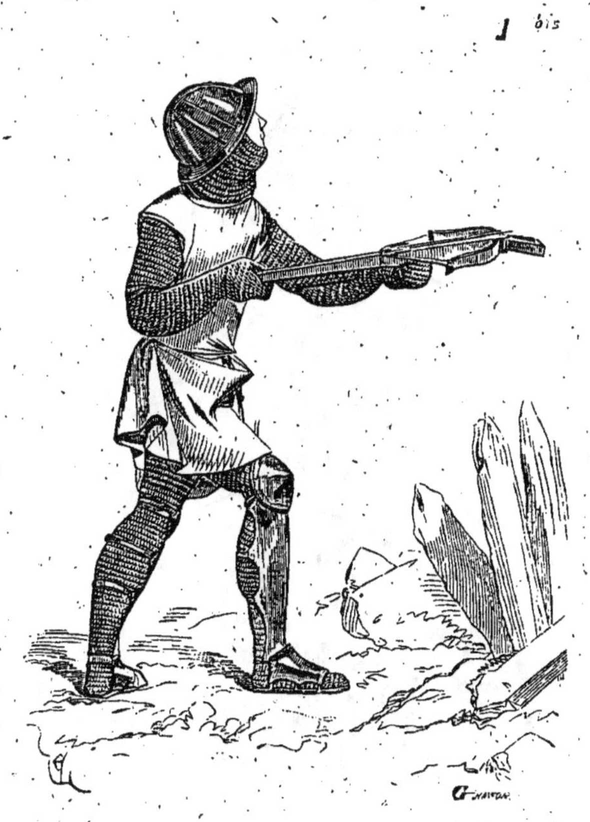

chargé de défendre les positions ou de couvrir les retranchements de carreaux pour faciliter les approches. La figure 1 *bis* [1] montre un arbalétrier coiffé du chapel de fer avec renfort croisé, auquel sont rivés les quatre demi-quarts sphériques. Sous le chapel de fer, le camail de mailles est recouvert par la cotte. Tout le reste du corps est revêtu de mailles, mais des genouillères, des grèves et des solerets de fer en recouvrant le cou-de-pied, renforcent l'armement des jambes. Sur la cotte d'armes est serrée la ceinture à laquelle pendent

[1] Manuscr. Biblioth. nation., *li Roumans d'Alixandre*, français.

le crochet de tirage et la trousse des carreaux. Cet habillement de l'arbalétrier persiste pendant le XIIIe siècle et jusque vers 1320. Mais alors l'arbalétrier revêt la brigantine, plus commode que la maille ; la cervelière couvre la tête et le camail y est fixé ; les épaules, les jambes, ne sont pas toujours armées ; mais c'est à l'aide du crochet que l'arc est bandé (fig. 1 *ter* [1]).

1 *ter*.

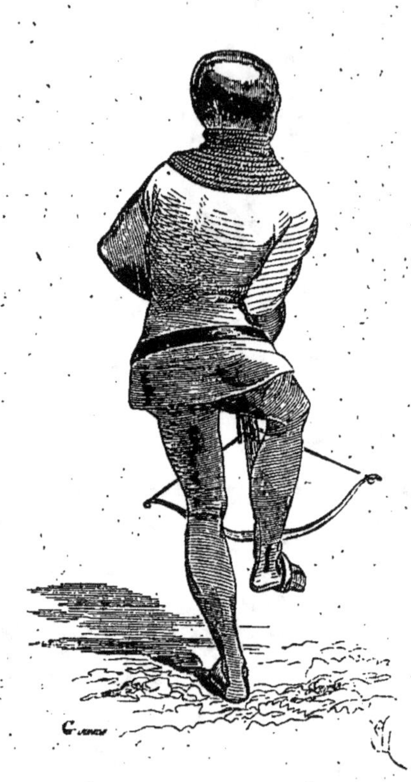

A la bataille de Crécy, les Français disposaient d'un corps de quinze mille arbalétriers génois [2]. Ces arbalétriers avaient fait une étape de six lieues lorsqu'ils furent mis en ligne devant l'armée anglaise ; ils étaient fatigués outre mesure, et un orage qui survint au commencement de l'action, en mouillant les cordes, contribua

[1] Manuscr. Biblioth. nation., *le Livre des hist. du commencement du monde*, français, 1370 environ.

[2] Froissart, livr. I, chap. CCXCIII.

2

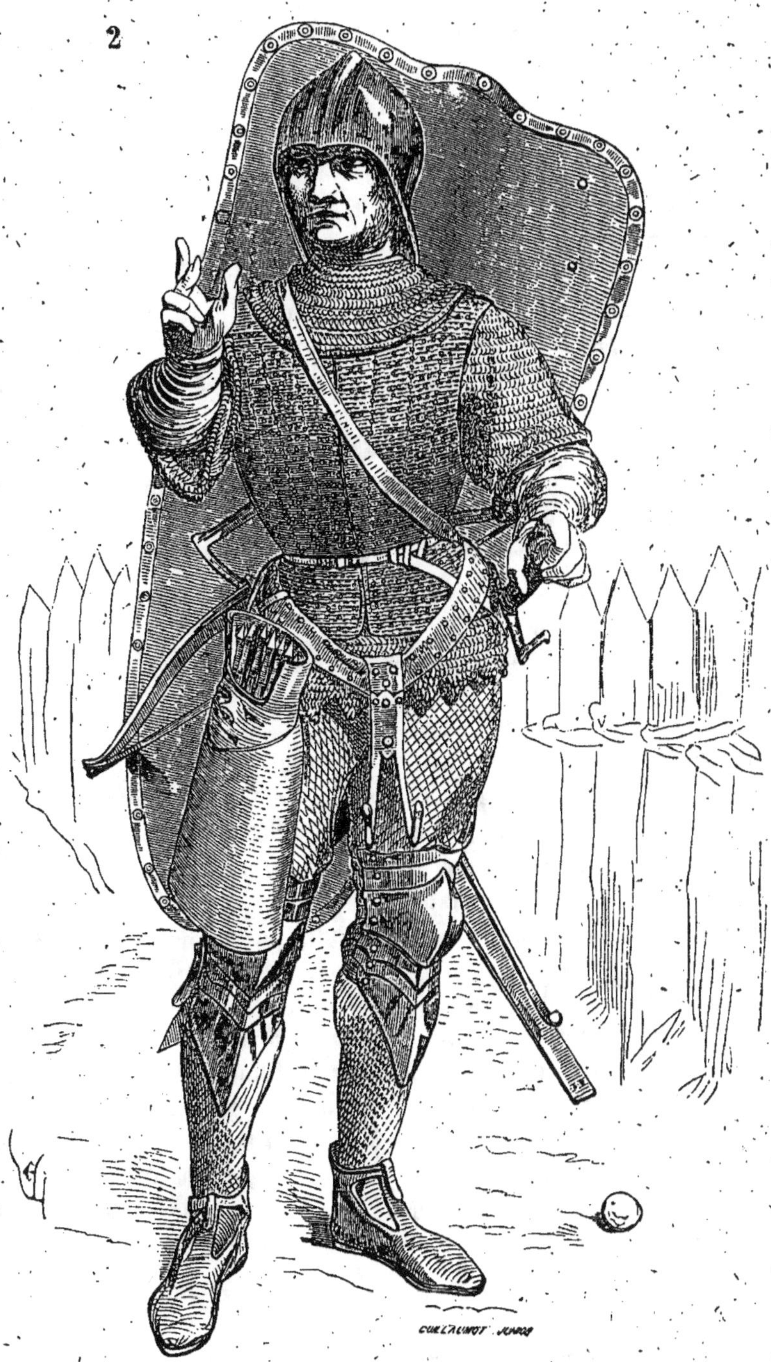

à rendre le tir inefficace; si bien que, criblés par les flèches des

Anglais, ils commencèrent à lâcher pied et mirent le désordre dans les corps de cavalerie qui les suivaient. L'équipement de l'arbalétrier était en effet très lourd. Une arbalète de guerre pesait environ vingt livres, la trousse garnie quatre ou cinq livres ; l'arbalétrier portait souvent, en outre, un large pavois pour se garantir pendant qu'il bandait son arc ; il avait à son côté une épée longue, était revêtu d'un chapel de fer, d'un camail de mailles, d'une brigantine de lamelles de fer couvertes d'étoffe, avec hautes manches et sous-jaquette de mailles, de chausses de toile ou de peau doublées, avec grenouillères de fer. L'ensemble de cet équipement ne devait pas peser moins de soixante-dix à quatre-vingts livres. Aussi les arbalétriers ne pouvaient-ils être considérés comme des troupes mobiles, et leur véritable emploi était la défense ou l'attaque des places. Derrière un parapet ou un mantelet, l'arbalétrier conservait tous ses avantages ; ne tirant que lentement, il fallait qu'il fût à couvert. La figure 2 montre l'arbalétrier de la fin du XIVe siècle. La brigantine était un excellent vêtement de guerre ; laissant aux mouvements du corps leur souplesse, elle était d'ailleurs aussi lourde que le corselet de fer [1]. L'arbalétrier que présente notre figure porte son pavois sur son dos, attaché par une courroie ; le double crochet pour bander son arc, devant lui ; la trousse faite de peaux collées ensemble, pour recevoir la provision de carreaux [2] ; l'arbalète accrochée derrière la courroie à laquelle est fixé le crochet ; les genouillères de fer et la longue épée avec quillons à potences contrariées [3] ; le chapel de fer sans visière et le camail de mailles. En marche, l'arbalète se portait sur l'épaule, comme plus tard le mousquet.

Cet équipement varie peu pendant le cours du XVe siècle. Le crochet est remplacé par la moufle ou le cry attaché à la ceinture ; mais nous reviendrons sur ces modifications.

Nos collections ne renferment aucune arbalète antérieure au XVe siècle, et les peintures des manuscrits donnent à cette arme, avant cette époque, une forme qui ne diffère pas de celle admise depuis 1400 jusqu'à 1500. L'arbalète à tour est semblable à l'arbalète donc l'arc est bandé par le crochet, si ce n'est que cet arc d'acier est plus fort, l'arme un peu plus lourde par conséquent. Aussi l'arbalète à tour ou à moufle est-elle la plus propre à la défense ou à

[1] Voyez BRIGANTINE.

[2] La collection de M. le comte de Nieuwerkerke possédait une de ces trousses (voyez CARREAU).

[3] Voyez ÉPÉE.

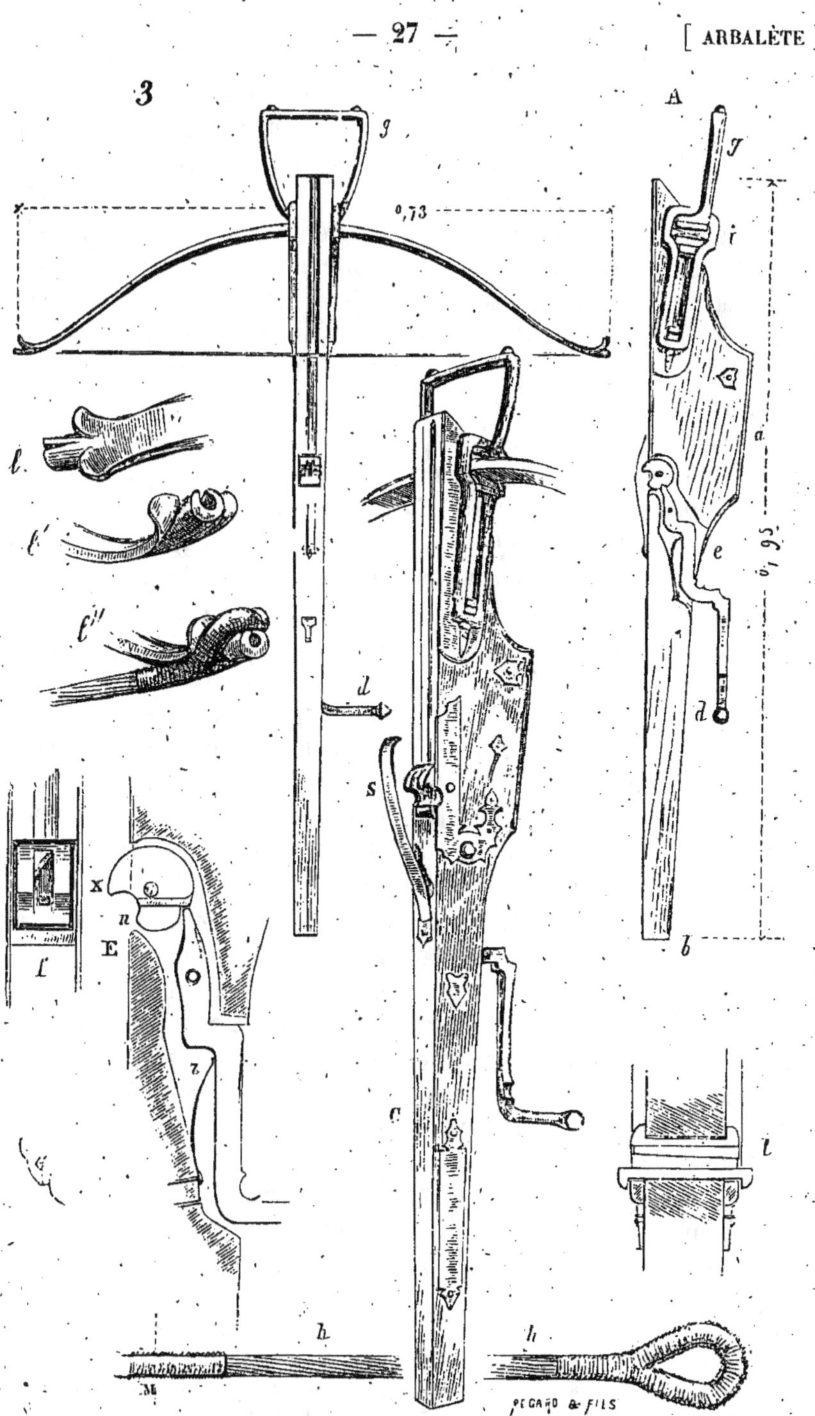

l'attaque des places pendant la première moitié du xve siècle. Voici (fig. 3) une de ces armes de jet [1]. Sa longueur totale est de 0m,95 (3 pieds 1 pouce), non compris l'étrier. L'arc d'acier a 0m,73 d'envergure; sa largeur au milieu est de 0m,05, son épaisseur de 0m,015; aux extrémités, de 0m,03 sur 0m,006. L'arbrier a 0m,04 à l'étrier et 0m,025 sur 0m,035 au bout. De la main gauche, quand l'arc était bandé, le tireur saisissait le renfort *a*; plaçant le bout *b* sous son aisselle droite, il posait la paume de la main droite en C; puis, quand il avait visé, il appuyait sur le fer détourné *d* de la gâchette, et faisait ainsi décliquer la noix. Ce déclic est indiqué en *e* dans l'ensemble A, qui présente en même temps le profil et la coupe de l'arbalète, et en E dans un détail au quart de l'exécution.

La noix était habituellement faite de corne de cerf, avec pivot et broche d'acier pour recevoir l'extrémité de la gâchette. Celle-ci est de fer, avec pivot et ressort en *r*. En *f*, est présentée la noix de face; un ressort *s*, le plus souvent fait d'une lame de corne, maintenait le carreau dans sa rigole. La commotion produite sur la corde et son arc par le décliquage était telle, qu'il fallait que l'arc d'acier fût solidement maintenu au sommet de l'arbrier. A cet effet, deux bielles de fer posées sur joues de fer, avec cales également de fer à la queue, retenait l'arc *i* et l'étrier *g*. Ces cales étaient disposées ainsi que l'indique le détail *t*. Les bouts de l'arc d'acier étaient habilement forgés, ainsi que le montrent les détails *l*, *l'*, *l''* pour retenir les boucles de la corde. Celle-ci était faite de fil de chanvre non tordus, mais entourés au milieu et aux extrémités, de fils fortement serrés (voyez en *h*). Il fallait l'aide d'une machine pour faire entrer les boucles de la corde dans les encoches qui leur étaient réservées aux extrémités de l'arc. Cette arme étant très pesante, le tireur appuyait, pour viser, le coude du bras gauche sur son flanc gauche. Dans cette position on peut maintenir l'arbrier fixe pendant quelques secondes.

Lorsque le carreau était parti, la noix était renversée, ayant pivoté sur son axe; l'arrêt X était masqué, et le mamelon *n* dépassait la ligne de l'arbrier. En ramenant la corde, ce mamelon était remis en place, l'arrêt X sortait de nouveau, et l'extrémité de la gâchette entrait dans son encliquetage. L'arbalète était ainsi armée par la corde.

Voici comment celle-ci était amenée jusqu'à l'encoche de la noix (fig. 4 [2]), — car il était impossible de bander l'arc avec la main ou à

[1] Musée du château de Pierrefonds. Il est question d'arbalètes *à tour* bien avant le XVe siècle, dans l'*Histoire de saint Louis* du sire de Joinville, par exemple. Mais ces arbalètes étaient des engins de position sur roues et mus par plusieurs hommes. (Voyez dans le *Dictionn. d'architect.*, à l'article ENGIN, la figure 17.)

[2] Du musée d'artillerie de Paris.

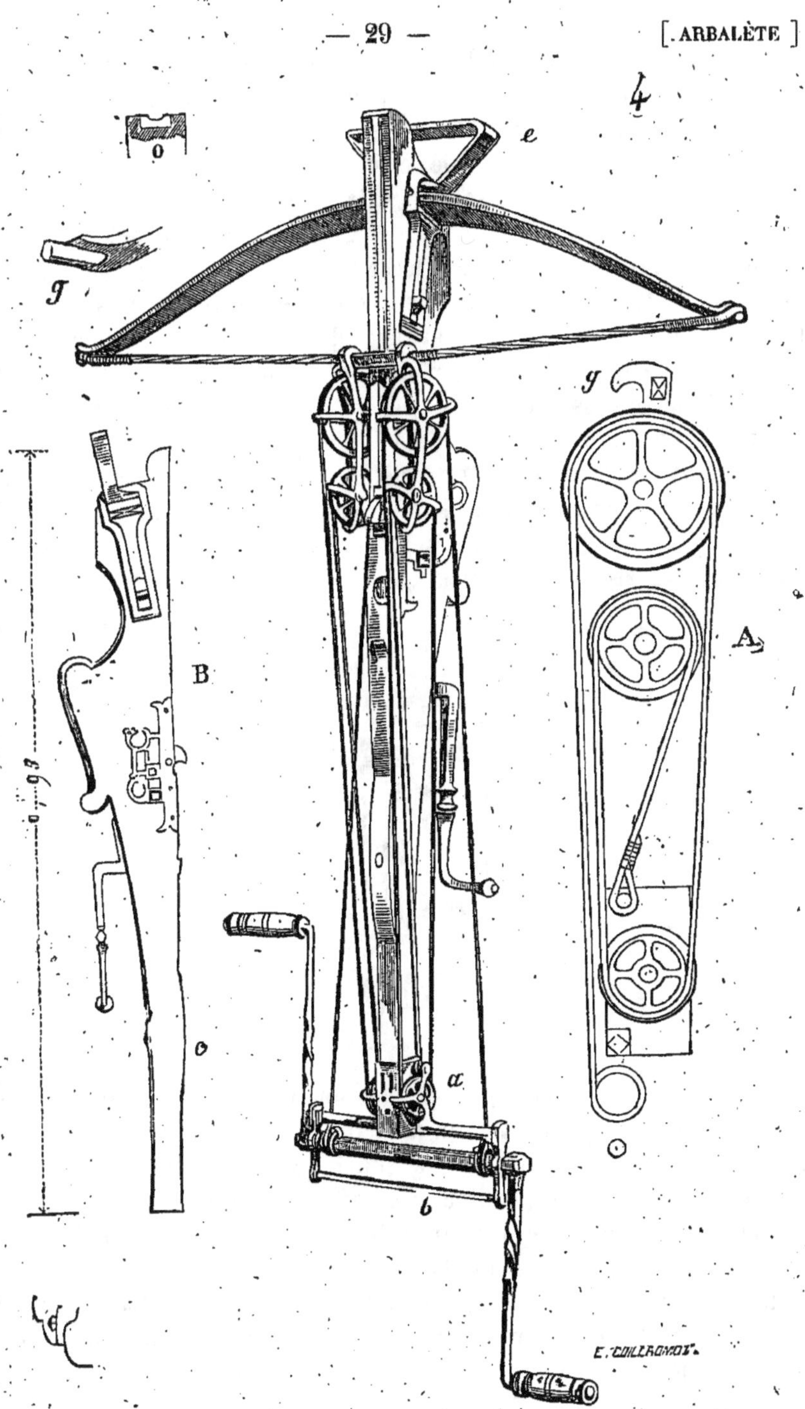

l'aide d'une pesée, comme l'indique la figure 1. — Il fallait avoir recours à ce qu'on appelait le tour ou la moufle. Cette moufle se composait d'une boite de fer *a*, avec fond, munie latéralement de deux poulies retenues par trois branches ; celle supérieure servant en même temps d'arrêt à la corde, et celle inférieure se soudant à une traverse de fer également soudée à la base de la boite. Deux bielles maintenaient un petit treuil avec deux manivelles contrariées garnies de poignées de corne. Puis une seconde traverse *b* empêchait l'écartement des bielles. Un mécanisme composé de quatre poulies, deux de 0m,10 de diamètre environ et deux de 0m,06 environ, retenues par des brides et terminées par un double crochet avec entretoise, permettait de faire passer les deux cordes, ainsi que l'indique le détail A au cinquième de l'exécution. A l'aide de ce puissant moyen de traction, en tournant les manivelles, on amenait sans secousses la corde dans l'encoche de la noix ; lâchant sur les manivelles, on décrochait alors les deux griffes *g*, l'arbalétrier suspendait la moufle à sa ceinture ou la déposait à terre, visait et tirait.

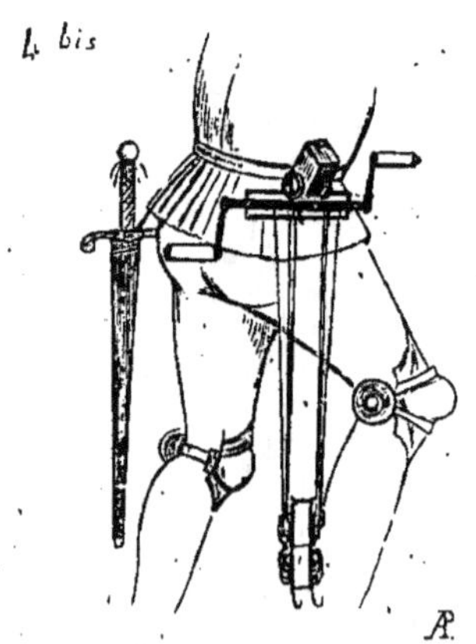

Il est clair que pour agir sur les manivelles, l'arbalétrier était obligé de passer le bout de son pied droit dans l'étrier *e*. En examinant le profil B, on remarquera que l'arc est incliné de telle sorte que la corde arrive perpendiculairement à la largeur de cet arc dans l'encoche de la noix. Cette disposition est générale à toutes les arbalètes. On observera aussi que la rigole qui reçoit le carreau est légèrement concave dans sa longueur, afin de diminuer le frottement du projectile sur l'arbrier, et qu'il existe en *c* un renfort destiné à recevoir, comme il est dit ci-dessus, la paume de la main, lorsque le tireur met en joue.

La rigole est incrustée d'os (voyez en *o*), et les bouts de l'arc sont forgés, ainsi que le montre le détail g' [1]. Examinons plus en détail la boîte de la moufle. Quelquefois la traverse b est munie d'un crochet qui permet de suspendre le mécanisme à

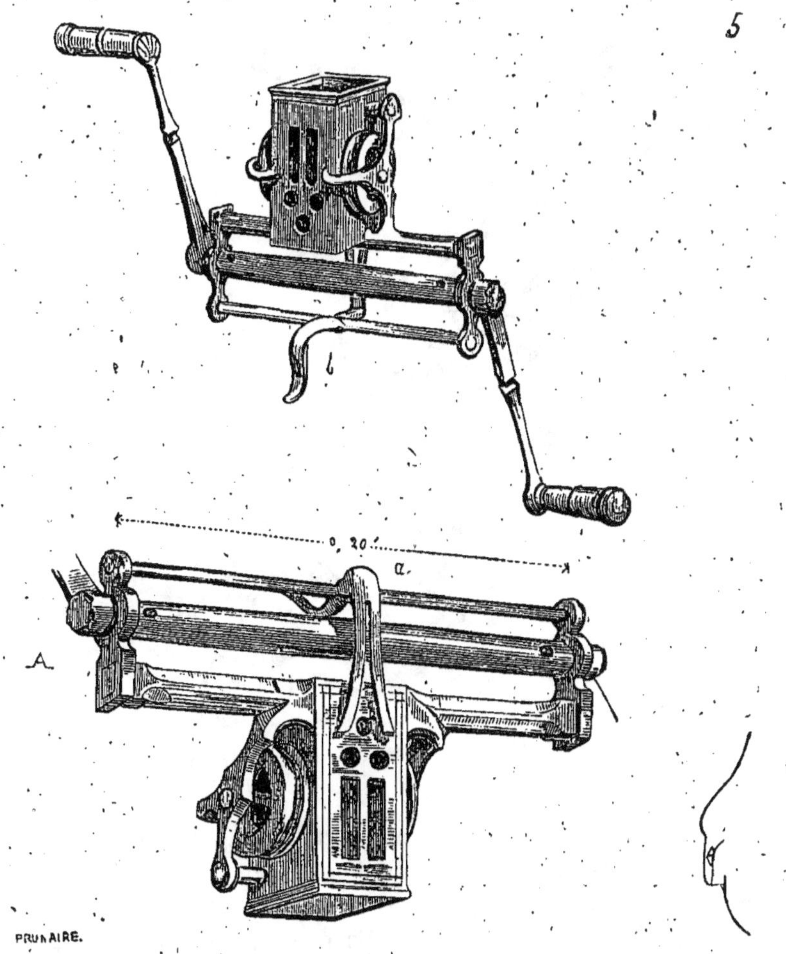

la ceinture. Dans l'exemple figure 4, cette traverse pouvait passer dans une agrafe tenant à la ceinture même; les poulies restaient ainsi suspendues le long de la cuisse droite de l'arbalétrier (fig. 4 *bis* [2]). La figure 5 donne une de ces boîtes [3] d'une

[1] Ces deux derniers exemples datent du XVe siècle.

[2] Dans le manuscrit de Froissart de la Biblioth. nation., déjà cité, on voit des arbalétriers qui portent ainsi la moufle.

[3] De la collection de M. le comte de Nieuwerkerke.

exécution parfaite[1]. En A, la boîte est présentée renversée et le crochet dans sa position normale. Pour que ce crochet se maintienne vertical, une patte *b* appuie sur le petit treuil lorsque

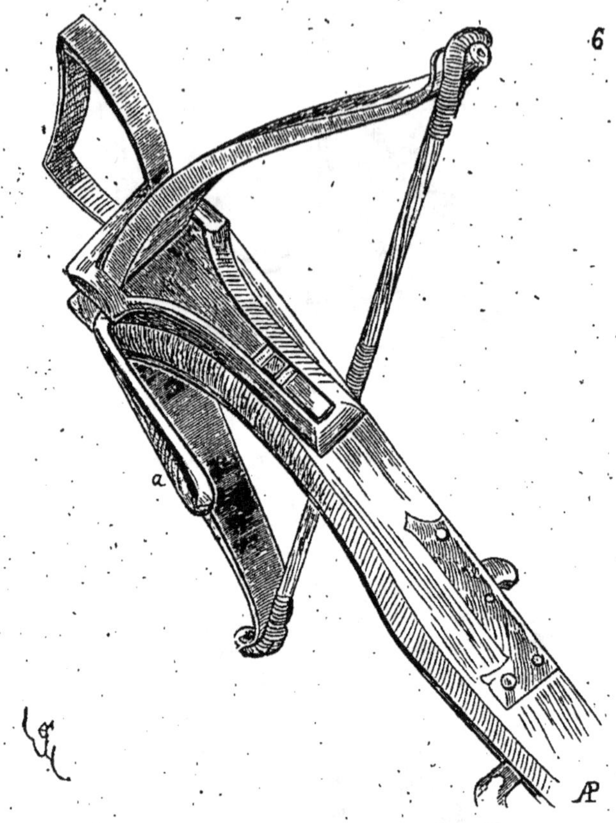

l'agrafe *a* est passée dans la ceinture. Cette figure montre le soin apporté dans l'exécution de ces objets usuels de l'armement des arbalétriers. L'arbalète portait elle-même souvent un crochet qui permettait de la suspendre derrière la ceinture. L'exemple figure 6

[1] Quelques auteurs donnent le nom de *cranequin* à ce mécanisme. M. le colonel Penguilly L'Haridon, dans son excellent catalogue du musée d'artillerie de Paris, n'admet pas cette dénomination, et pense que le cranequin n'est autre chose que le *pied-de-biche*. Il donne pour raison qu'on appelait *cranequiniers* les arbalétriers à cheval, et qu'il était impossible à un cavalier de bander une arbalète à tour. Cependant du Cange cite, à l'article *Crenkinarii*, ce passage datant de l'année 1422 : « Icellui Bauduin prist une arbalestre, nommée crennequin, *qui est dire arbalete à pié*. » Or l'arbalète à pied est bien l'arbalète à étrier dont l'arc est bandé, non par le pied-de-biche, mais par la moufle. On peut donc admettre qu'au commencement du XVe siècle, le cranequin était la moufle, dont nous montrons le jeu dans la figure 4.

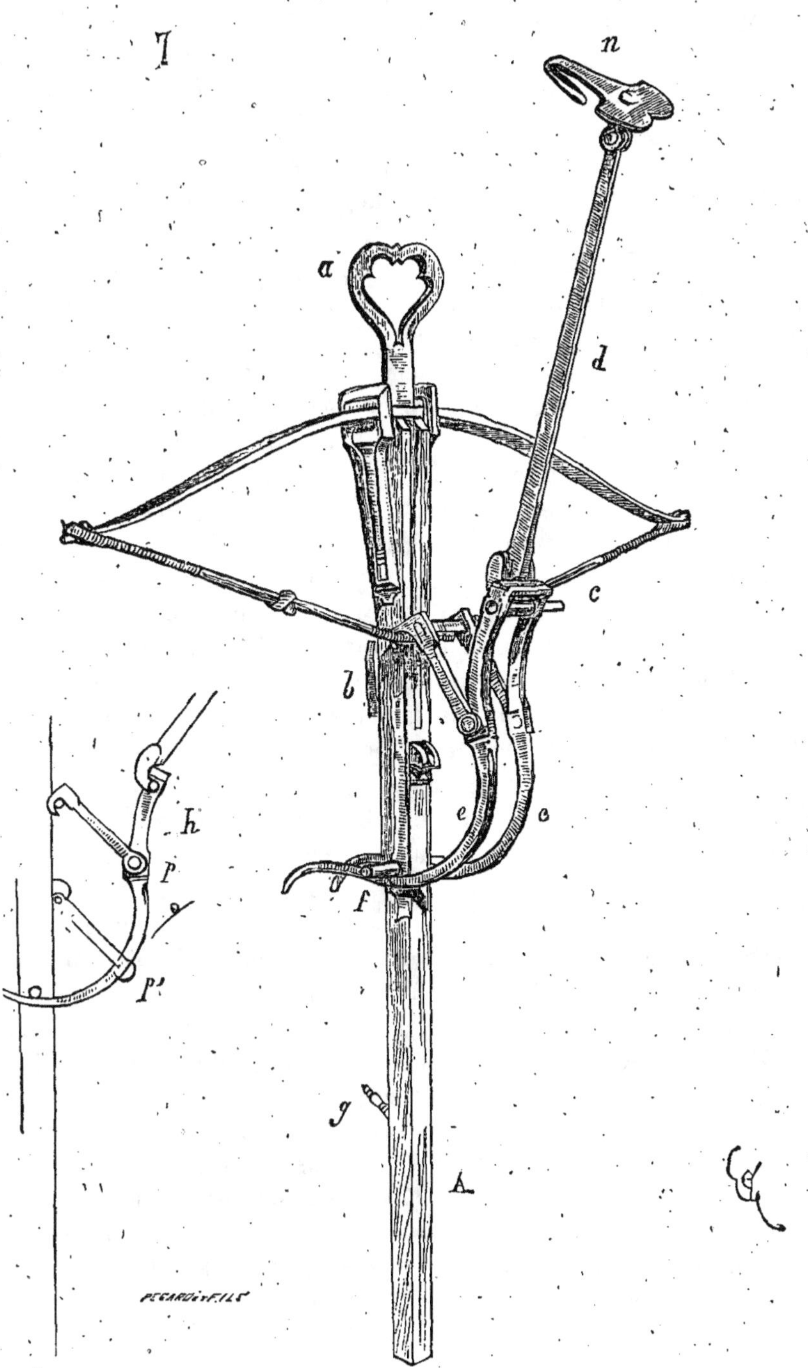

qui provient du musée d'artillerie de Paris, montre comment le crochet *a* est fixé à l'extrémité de l'arbrier, sous l'arc d'acier; cette arbalète n'a que 0m,75 de longueur.

Occupons-nous maintenant des arbalètes à *pied-de-biche*. Celles que possèdent nos musées, et qui ne datent guère que de la fin du xve siècle, plus souvent du xvie, sont plus légères que les arbalètes à tour : c'est qu'en effet ces arbalètes étaient une arme de cavalier ; généralement elles sont dépourvues de tout appendice à l'extrémité antérieure de l'arbrier. Cependant il en est qui ont une sorte de petit étrier, ou plutôt de boucle qui servait à les suspendre ou à les fixer à quelque crochet en avant de la selle, en contre-bas, pour faciliter le jeu du pied-de-biche. L'exemple que nous donnons ici (fig. 7) est dans ce dernier cas[1]. Outre la boucle antérieure *a*, l'arbrier porte un crochet *b* qui facilitait l'attache de l'arme aux côtés de la selle et l'empêchait de ballotter. Le jeu et la détente de la noix sont semblables à ce que nous avons déjà vu, si ce n'est que la gâchette ne consiste qu'en une petite tige *g*, qui se couche au repos et qui agit par un renvoi sur la détente de la noix. Le pied-de-biche tracé sur notre figure se compose de deux crochets rendus solidaires par une traverse et de deux fers à contre-courbe réunis par une forte entretoise en *c*, contre laquelle vient buter l'embase du levier *d*, losqu'on appuie sur celui-ci. Cette pesée fait glisser les courbes *e* sous les arrêts *f* jusqu'à ce que les crochets aient amené la corde dans l'encoche de la noix, ainsi que l'indique le tracé géométral *h*. Par suite de ce glissement, le pivot *p* étant arrivé en *p'*, l'arc est bandé. Alors l'arbalétrier enlève le pied-de-biche et l'attache à sa ceinture par le crochet *n*. Ce moyen de tirage par la corde était beaucoup plus expédif que n'était celui de la moufle ; mais cette arme, étant moins forte, avait moins de portée. L'arbrier de cette arbalète n'a que 0m,61 de longueur, tandis que ceux des arbalètes à tour ont 0m,95 ; le pied-de-biche, de l'agrafe à l'extrémité des fers courbes, mesure 0m,47 et l'arc 0m,41 ; l'épaisseur de cet arc d'acier est, au sommet, de 0m,01 sur une largeur de 0m,026, et aux deux bouts de 0m,005 sur 0m,016. Cette arme étant relativement légère, il n'était pas besoin, pour viser, de passer le bout de l'arbrier sous l'aisselle, ni d'assurer le coude du bras gauche sur le flanc, comme pour les grandes arbalètes à tour ; il suffisait de saisir l'arbrier, sous la noix, avec la main gauche, d'empoigner avec la droite le bois en A, et d'agir sur la gâchette *g* avec l'index. A cheval, on ne pouvait guère tirer qu'au

[1] Du musée d'artillerie de Paris.

jugé, mais encore cette position permettait-elle de viser, puisqu'on pouvait approcher la main droite de l'œil, sans trop incliner la tête. Avec les grandes arbalètes à tour, l'extrémité de l'arbrier passant sous l'aisselle pour empêcher la bascule, le tireur devait incliner beaucoup la tête pour mirer le but. Ces arbalétriers à pied acquéraient cependant une grande habileté et manquaient rarement leur homme. La qualité des carreaux entrait pour beaucoup dans la justesse du tir, aussi étaient-ils fabriqués avec grand soin (voyez CARREAU).

Il nous reste à parler des arbalètes *à cry* ou *à cric*, lesquelles sont les plus puissantes, à cause de la force de leur arc. L'arbrier de ces arbalètes est court, de 0m,60 à 0m,65, épais ; l'arc n'est plus maintenu par des bielles de fer, mais par un système d'attache de cordages des plus ingénieux. Il est bandé à l'aide d'un cry à manivelle. Voici (fig. 8) une de ces arbalètes avec son cry [1]. L'arc d'acier de cette arbalète n'a pas moins de 0m,045 sur 0m,015 au milieu. Afin d'éviter le contre-coup de cet arc sur la tête de l'arbrier, lorsqu'on lâche la détente de la noix, cet arbrier est fendu à son extrémité antérieure (voy. le profil A). Un boulon *a* maintient les deux branches *b* et *c*. Une cale de bois dur est posée sur l'arc en *e* ; un trou est pratiqué en *f* ; une ligature de cordelle de chanvre passe à travers ce trou, se divise en deux parts, se croise sur la cale de bois en saisissant un anneau *g* ; puis cette ligature est fortement ficelée transversalement. Ainsi l'arc est retenu par une bride puissante, mais souple, qui neutralise les effets du contre-coup. La corde de l'arc, fabriquée comme celles présentées ci-dessus, est saisie, lorsqu'on veut bander cet arc, par une double griffe tenant à une crémaillère passant à travers une boîte de fer qui contient une roue d'engrenage *h* et un pignon *i* mû par une manivelle R. A cette boîte de fer est adaptée une forte bride de cordelle passant à travers deux boucles ; cette bride *d* est arrêtée par un loqueteau *n*, passe sous un goujon *l* traversant l'arbrier, et se trouve ainsi parfaitement maintenir la boîte le long de la face supérieure de l'arme. On agrafe la corde, on fait tourner la manivelle jusqu'à ce que cette corde tombe dans l'encoche de la noix. Alors on détourne la manivelle, on décroche les crochets, on abat le loqueteau *n*, et l'on enlève le cry, qui s'attache à la ceinture de l'arba-

[1] La plupart des arbalètes à cry que conservent nos collections ne datent que du XVIe siècle et même du XVIIe. On les employait cependant dès la seconde moitié du XVe siècle. Pendant cette période de cent ans et plus, leur forme n'a pas varié. Celle que nous reproduisons ici provient du musée d'artillerie, n° 54 du Catalogue. Elle est plaquée d'ivoire et munie d'une hausse. Le Catalogue la range parmi les armes de la fin du XVIe siècle. Le musée de Pierrefonds en possédait une toute semblable, sauf la hausse, qui date des premières années du XVIe siècle.

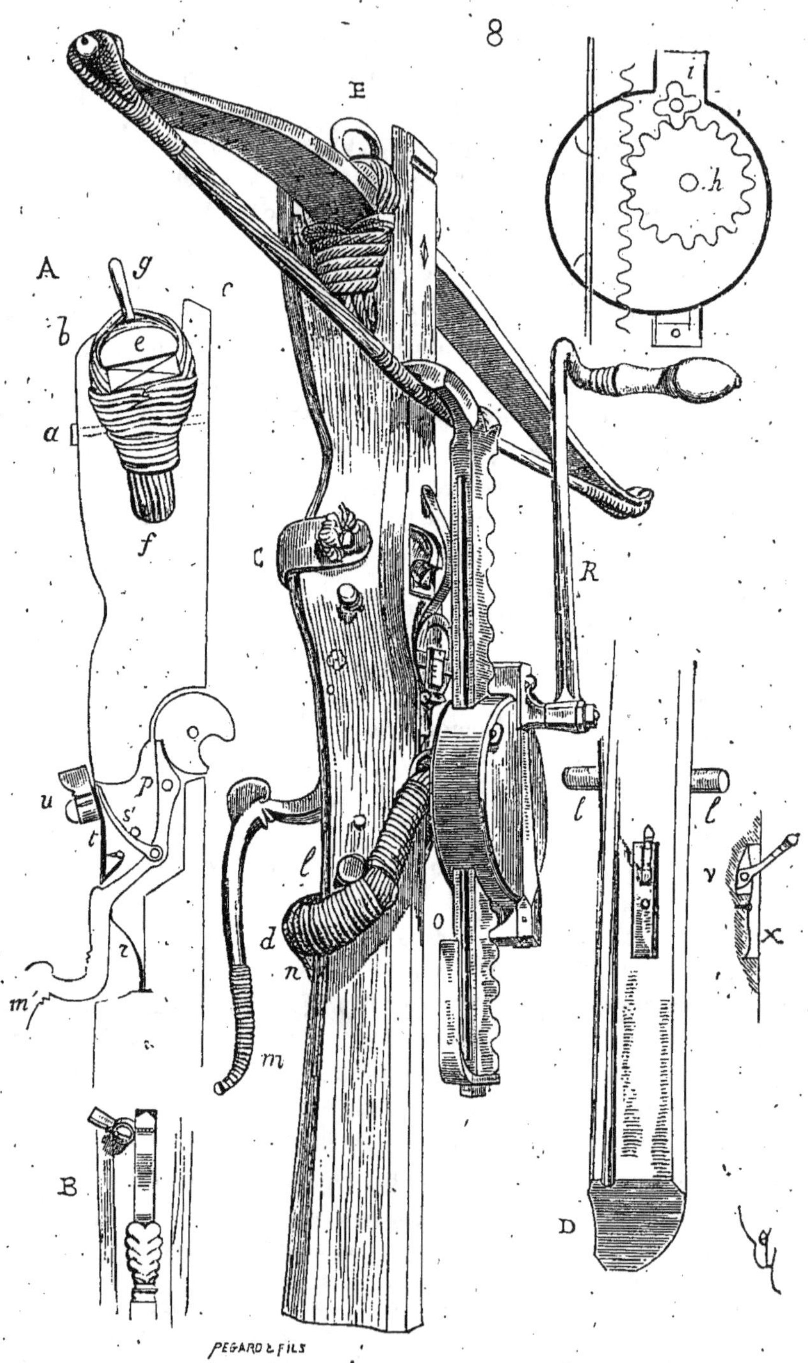

létrier par le crochet *o*. Pour tirer, il suffit d'appuyer sur la grande gâchette *m*. Celle-ci (voy. en *m'*), pivotant sur la broche *p*, déclique la noix. Un ressort *r* tend à remettre la gâchette en place. Mais pour que l'arme, une fois l'arc bandé, ne puisse partir par l'effet d'un choc ou par inadvertance, la gâchette porte une branche à pivot *s'* qui appuie son extrémité sur une paillette ou ressort *t*. Cette branche, glissant le long d'une goupille fixe, lorsqu'on appuie sur la gâchette, tend à faire sortir la paillette *t* ; donc, en tournant l'arrêt *u* de manière que son aile appuie sur la paillette, celle-ci ne peut être poussée par la branche *s'*, et cette branche restant fixe, la gâchette ne peut agir. On voit en *B* la paillette *t* par-dessous, avec l'arrêt *u*. Pour éviter les pertes de temps, lorsque l'arbalétrier a passé la bride en cordelle de la boîte du cry sous la crosse de l'arbrier, et pour que cette bride reste en place, le loqueteau *n*, maintenu par une paillette, est relevé ainsi qu'on le voit en *x*. Si l'on veut enlever le cry, ce loqueteau est rabattu dans l'entaille X. On voit en D comme est taillée la crosse. Cette arme est attachée sur le dos de l'arbalétrier par une courroie qui passe derrière la boucle de cuir C et à travers l'anneau E. Le carreau ne coule pas dans une rainure, mais est simplement posé sur la face d'ivoire de l'arme et est maintenu par un ressort de corne passant par-dessus la noix. Une hausse de laiton est fixée en arrière de la noix et se rabat sur l'arbrier, ainsi que le montre la figure. Le tir de cette arme est très juste, le carreau ne subissant aucun frottement ; sa portée est de 100 mètres environ horizontalement, de plein fouet ; beaucoup plus longue, si l'on veut obtenir un tir parabolique.

Indépendamment des arbalétriers mercenaires génois, gascons et brabançons, qu'on employait dans les armées de France dès le XIIIe siècle, un grand nombre de bonnes villes des provinces septentrionales possédaient des compagnies d'arbalétriers. En 1230, un arrêt du parlement donne la qualification de grand maître des arbalétriers à Thibaut de Montléard[1]. Cette charge était d'une grande importance et équivalait à celle de major général d'une armée moderne. Les arbalétriers étaient pris dans la bourgeoisie des villes et formés en corporations. En 1351, le roi Jean fit un règlement pour les gens de guerre, dans lequel il est dit que : « l'arbalestrier qui « aura bonne arbaleste et fort selon sa force, bon baudrier et sera « armé de plates, de cerveilliere, de gorgerette, d'espée, de coustel, « de harnois[2], de bras de fer et de cuir, aura le jour (par jour) trois

[1] *Recherches historiques sur les corporations des archers et arbalétriers*, par Victor Fouque, 1852.

[2] C'est-à-dire de brigantines et de mailles.

« sous tournois de gaiges.... Et voulons que tous piétons soient mis « par connestablies et compaignies de vingt-cinq ou de trente « hommes, et que chascun connestable ait et prengne doubles gaiges, « et que ils facent leurs monstres (revues) devant ceuls à qui il « appartiendra, ou qui à ce seront députez ou ordonnez, et que « chascun connestable ait un pennencel à queuë de tels armes ou « enseigne comme il li plaira. »

Charles V institua, pour la défense de la ville de Paris, un corps d'arbalétriers composé de deux cents hommes [1]. Ce corps élisait chaque année quatre prévosts de la confrérie, qui commandaient chacun cinquante hommes. Chaque arbalétrier recevait en temps ordinaire « deux vielx gros d'argent ou la valeur » par jour, et le double en campagne. La confrérie jouissait en outre de nombreux privilèges. Elle s'accrut beaucoup en peu de temps, puisqu'en 1375, le même Charles V la fixe à huit cents hommes. Sous Charles VI, les privilèges dont jouissaient les arbalétriers, non seulement à Paris, mais à Rouen, à Compiègne, à Tournay, à Laon, etc., furent encore augmentés. C'est sous François Ier qu'on voit disparaître les arbalétriers dans les armées de France. A la bataille de Marignan, il y avait encore deux cents arbalétriers à cheval, de la garde du roi, qui rendirent des services signalés. En 1536, l'auteur de la *Discipline militaire* [2] dit qu'il n'y avait devant Turin qu'un seul arbalétrier dans l'armée française; mais que cet homme, à lui seul, tua et blessa plus d'ennemis que n'en tuèrent et blessèrent les meilleurs arquebusiers renfermés dans la place. Cet arbalétrier était un habile tireur, puisqu'à la Bicoque il tua d'un carreau Jean de Cordonne, capitaine espagnol, qui avait levé un instant la visière de son casque pour respirer [3].

Nous ne parlons pas ici des arbalètes de chasse, plus légères que les arbalètes de guerre, et parmi lesquelles il faut ranger les arbalètes *à jalet*, qui lançaient de petites balles de plomb ou même de terre glaise, et avec lesquelles on tirait sur les petits oiseaux.

ARC, s. m. Arme de jet composée d'une verge de bois plus épaisse au milieu qu'aux extrémités, d'une longueur variant entre 1m,90 et 1m,50, courbée au moyen d'une corde fixée aux deux extrémités, et lançant un projectile, la flèche, lorsque l'archer, après avoir

[1] 9 août 1359.

[2] Ouvrage attribué à Guillaume du Bellay.

[3] *Discipline militaire*.

tiré à lui la corde vers son milieu, de manière à lui faire faire un angle, lâche brusquement cette corde.

Cette arme de jet date de l'antiquité la plus reculée, puisqu'on trouve des pointes de flèches de silex laissées par les époques antéhistoriques. Toutes les races humaines se sont servies de l'arc, soit pour la chasse, soit pour la guerre, et telle est l'excellence de cette arme, qu'elle ne fut abandonnée que longtemps après l'invention des armes à feu de main.

La plupart des villes du nord de la France et celles de la Belgique, quelques villes d'Angleterre, conservent encore leurs confréries d'archers, comme une dernière tradition de l'importance qu'avait su prendre cette arme pendant le moyen âge.

L'arc est connu de tous, il n'est pas nécessaire de remonter à ses origines. Nous devons nous borner à montrer ici la place qu'il a prise dans les luttes occidentales du moyen âge. S'il n'est pas d'arme dont la fabrication demande moins de travail et soit plus économique, son usage exige une longue pratique; aussi les archers composèrent-ils en tout temps, et notamment pendant le moyen âge, dans les armées, des corps spéciaux. Ces corps se recrutaient dans les classes inférieures : vilains, artisans, petits bourgeois. Leur armement n'était pas dispendieux, se renouvelait facilement, n'était ni lourd, ni embarrassant. En France, pendant l'époque féodale, les seigneurs, qui ne voyaient point d'un œil favorable l'établissement des communes, étaient loin d'encourager l'établissement des compagnies d'archers, tandis que, dans les contrées où les communes avaient su s'organiser en face d'une féodalité moins puissante ou plus nationale, ces compagnies prospéraient dès le XIIe siècle, et apportaient en temps de guerre un secours puissant à la noblesse. La France paya bien cher la défiance de ses seigneurs féodaux à cet égard, et les soudoyers qu'elle enrôlait, lorsqu'il fallait entrer en lutte avec de puissants voisins, étaient loin de valoir les archers anglais, brabançons ou bourguignons. Lorsque après la bataille de Poitiers, en 1356, on voulut, en France, créer des compagnies d'archers, afin de placer les troupes françaises au niveau de celles d'Angleterre, on eut bientôt un grand nombre d'habiles tireurs, surpassant même ceux d'Angleterre; mais la noblesse crut voir un péril dans l'armement de ces compagnies franches et les fit dissoudre. Ce n'est pas la seule fois que, dans notre pays, la défiance des classes élevées à l'égard des classes moyennes et inférieures ait causé des désastres et fait reculer la civilisation.

Dès le XIIIe siècle, l'Angleterre et le Brabant possédaient de véritables troupes nationales par l'armement régulier des communes, tandis que nous ne commençâmes à entrer en ligne sous ce rapport, en face de nos voisins, que vers le milieu du xve siècle, lorsque l'application de la poudre à l'artillerie mit entre les mains du peuple un agent trop puissant pour qu'il fût possible de n'en pas tenir compte.

Au xie siècle déjà, il entrait dans la tactique militaire, en Occident, d'employer les archers comme nous employons aujourd'hui les tirailleurs [1]. Les archers, répandus en lignes devant les fronts de bataille, engageaient l'action, et c'était lorsque leur tir commençait à mettre le désordre dans les escadrons compacts de cavalerie que l'on se décidait à charger. Cette tactique était également employée en Orient, ainsi que nous l'apprend Joinville. Ce n'était plus la vieille tactique romaine fondée tout entière sur l'action d'une infanterie admirablement organisée, manœuvrière, et pour laquelle la cavalerie, composée entièrement d'auxiliaires, n'était qu'une arme propre aux reconnaissances, au flanquement des légions, et à la poursuite d'un ennemi repoussé. Pendant tout le cours du moyen âge, en Occident, la cavalerie est le noyau des armées, c'est elle qui décide du sort des batailles, et l'infanterie ne fait qu'engager l'action ou l'achever, en faisant prisonniers, en égorgeant même les cavaliers démontés. On ne voit guère qu'une seule fois, à la bataille de Rosbecque, en 1382, une armée tout entière, celle des Flamands, composée d'infanterie, lutter contre les escadrons qui composaient l'armée française ; et telle était alors l'inexpérience dans ces sortes de luttes, que les Flamands, au lieu de s'étendre en lignes ou de se diviser en carrés disposés en échiquier, afin d'éparpiller les forces de la cavalerie, d'en avoir raison tronçon par tronçon en couvrant les escadrons de projectiles, se réunirent en masse compacte, ne purent faire usage de leurs armes, et furent écrasés sans combattre.

[1] Cette tactique ne cessa d'être employée jusqu'à la fin du xve siècle :

« Nos archiers estoient devant
« Qui se prirent au traire. ».

(*Chants popul. du temps de Charles VII et de Louis XI*, recueillis par M. Le Roux de Lincy.)

Et bien avant cette époque, dans le *Roman de Fierabras* (xiiie siècle), on lit ces vers :

« A la bataille cevaucent et font lor gent rengier ;
« Ou premier cief devant estoient li arcier,
« Pour les nos desconfire a ars turcois mainier. ».

(Vers 5683 et suiv.)

A la bataille d'Hastings, les archers normands, à pied, engagent l'action. Leurs arcs n'ont pas plus de 1m,50 de longueur ; à leur ceinture ou à leur cou est attaché le carquois. L'un d'eux, le capitaine probablement, est vêtu de la cotte d'écailles de fer et du casque conique ; il tient dans sa main gauche, qui empoigne le bois de l'arc, un paquet de flèches ; les autres sont vêtus à la légère, de braies et de justaucorps d'étoffe. Outre le carquois, l'archer portait un étui dans lequel l'arc était enfermé et qui contenait des cordes de rechange à l'abri de la pluie. Le carquois avait nom *couire*, et l'étui de l'arc, *archais* :

« Couire emplir, arc encorder.
« Cuir ot ceintz et archais. »

Lorsque les Normands débarquent en Angleterre,

« Li archiers sunt primiers iessus,
« Et terrain sunt primiers venuz ;
« Dunc a chescun son arc tendu,
« Couire et archaiz el lez pendu.
« Tuit furent rez (rasés) e tuit tondu,
« De cors dras (d'habits courts) furent tuit vestu ;
« Prez d'essaillir, prez de férir,
« Prez de torner, prez de gaudir :
« Tuit esteint bien rebrachiez,
« E de combatre encoragiez [1] »

Au commencement de la bataille d'Hastings, disons-nous :

« Mult oïssiez graislès soner
« Et boisines e cors corner,
« Mult véissiez gent porfichier [2],
« Escuz lever, lances drecier,
« Tendre lor ars, saetes prendre,
« Prez d'assaillir, prez de desfendre [3]. »

Les archers, en bataille rangée, en face d'ennemis bien couverts, ne tiraient pas de but en blanc ; ils n'auraient pu blesser des gens bien armés et presque entièrement cachés par leurs longs écus [4]. Ils

[1] *Roman de Rou*, vers 11626 et suiv.
[2] « Se ranger. »
[3] *Roman de Rou*, vers 13135 et suiv.
[4] Pendant les XIe et XIIe siècles les hommes d'armes portaient de très longs écus (voy. Ecu).

envoyaient leurs sagettes en l'air; celles-ci, décrivant une parabole, retombaient verticalement de tout leur poids sur les troupes, les blessaient aux épaules, au visage, aux bras. Ces archers avaient acquis dans ce mode de tir une grande adresse et savaient assez calculer leurs distances pour être assurés de faire tomber leurs projectiles sur un point donné. Pendant la même bataille d'Hastings, lorsque la victoire est indécise encore, après six heures de lutte, les archers normands s'apercevant que leurs flèches ne produisent pas grand effet sur les troupes saxonnes bien couvertes de leurs écus et de leurs mailles, délibérèrent entre eux :

« Normanz archiers ki ars tencient,
« Az Engleiz mult espez traeint,
« Mais de loz escuz se covreient;
« Ke en char férir nes' poeint ;
« Ne por viser, ne por bien traire,
« Ne lor poeient nul mal faire.
« Cunseil pristrent ke halt traireient ;
« Quant li saetes descendreient,
« Desoz loz testes dreit charreient,
« Et as viaires les ferreient.
« Cel cunseil ont li archier fait,
« Sor li Engleis nut en halt trait ;
« Quant li saetes reveneient,
« Desoz les testes loz chaieient,
« Chiés è viaires [1] loz perçoent,
« Et à plusors les oils crevoent ;
« Ne n'osoent les oilz ovrir,
« Ne lor viaires descovrir [2]. »

La figure 1 donne un de ces archers normands d'après la tapisserie de Bayeux [3]. Cet archer est vêtu à la légère; son carquois est attaché à sa ceinture, du côté droit. Il fallait que l'archer pût se transporter rapidement d'un point à un autre, son équipement devait être léger. Dans des manuscrits du xe siècle, dont les vignettes sont dues à des artistes occidentaux, on voit figurer des arcs dont la forme est indiquée dans la figure 2. Ces arcs à contre-courbe ne paraissent pas avoir eu plus de 1m,50 de longueur. Ils n'étaient flexibles qu'aux deux branches *a*, *b*, et la corde attachée aux deux extrémités était presque tangente à la poignée. Ces extrémités

[1] « Têtes et visages. »

[2] *Roman de Rou*, vers 13275 et suiv.

[3] Cette tapisserie, comme on sait, n'appartient pas à l'époque de la descente de Guillaume en Angleterre, mais est un peu postérieure à cette date.

étaient ordinairement garnies de bouts recourbés faits de corne (voyez le détail A), fortement collés au bois et frettés à l'aide d'un fil de soie ou de boyau.

1

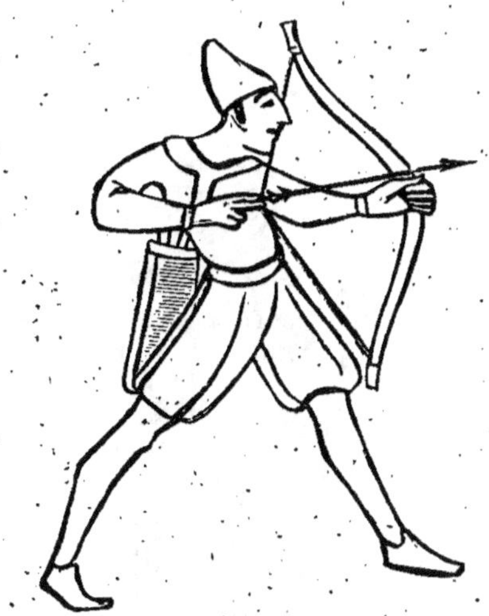

Sur l'un des linteaux de la porte principale de l'église abbatiale de Vézelay est sculpté un archer tenant un arc à courbe simple, de $1^{m},50$ de longueur (fig. 3). Ce personnage est vêtu d'un petit manteau et porte en bandoulière, du côté droit, un couire cylindrique.

2

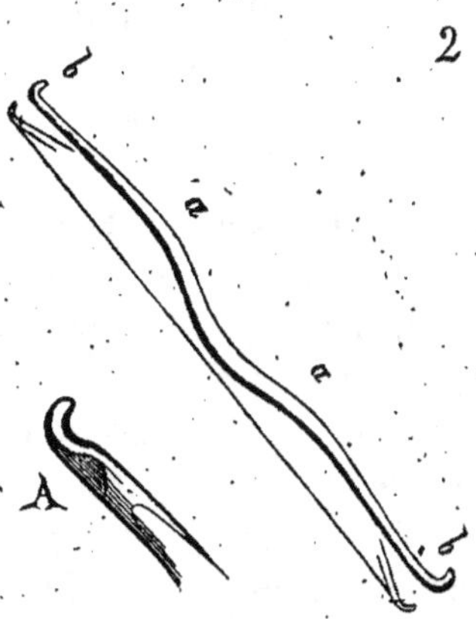

D'autres archers, dans le même bas-relief, portent leurs arcs en passant la tête entre le bois et la corde. Ces sculptures datent de l'an 1100 environ. Pendant le XIIe siècle, l'archer est vêtu d'une tunique courte avec braies et large ceinture pour accrocher l'archais, qui était suspendu à une courroie posée en bandoulière. Sa coiffure consistait habituellement en une aumusse d'étoffe épaisse ou de peau qui garantissait le chef et le cou contre la pluie et même les projectiles. Sa main droite était couverte d'un gant de cuir, et son avant-

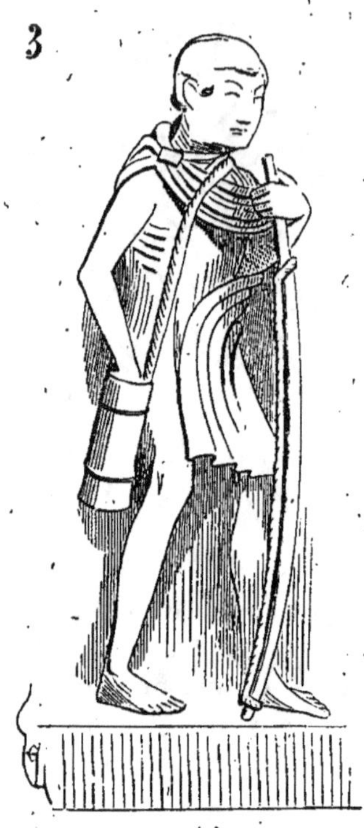

bras gauche d'une plaque de fer courbée, destinée à préserver le poignet des atteintes de la corde. Les arcs orientaux étaient à cette époque très estimés; ils sont désignés sous le nom d'*arcs turquois*. Ces arcs n'avaient guère plus de 1m,50 d'un bout à l'autre, et se composaient de deux courbes fortement réunies au manche. Il fallait, pour les bander, beaucoup de force et d'adresse. Une vignette d'un manuscrit datant de 1200 environ[1] montre un archer (fig. 3 *bis*) armé d'un de ces arcs. Le carquois ou couire est porté en bandoulière. Il faut tenir compte de l'imperfection du dessin; la corde étant amenée à l'épaule, les deux bouts *a* et *d* ne pouvaient être sur la ligne du manche, mais placés ainsi que l'indique le tracé A, puisque la flèche étant partie, il ne fallait pas que la corde dépassât ce manche. Lorsque la corde n'était pas attachée à l'arc, celui-ci

[1] *Psalt.*, latin, Biblioth. nation.

présentait la figure B. On comprend de quelle puissance de projection devait être pourvue cette arme, faite de nerfs collés ensemble sur une âme de bois très souple. Au XIIIe siècle, l'archer en France perd une grande partie de son importance en campagne, par suite de

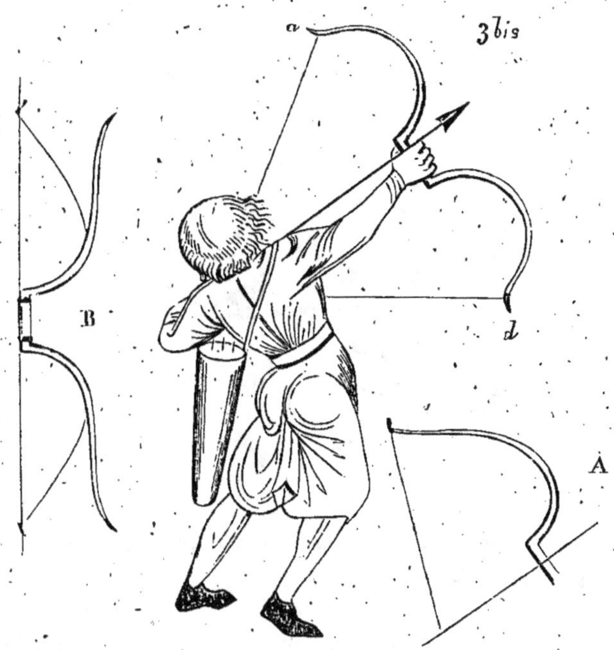

l'adoption presque exclusive de l'arbalète. Nous étions alors ce que nous sommes encore : ardents à accepter une chose nouvelle et à la considérer comme parfaite sans prendre le temps d'examiner si elle supplée réellement à ce qu'elle remplace. L'arbalète était une arme de jet excellente, mais elle ne pouvait remplacer l'arc ; les deux armes étaient aussi nécessaires en bataille rangée que le sont aujourd'hui les fusiliers et l'artillerie légère. Aucune arme ne pouvait suppléer à la rapidité du tir de l'arc. Voici (fig. 4) un archer du XIIIe siècle [1] ; car, bien que les troupes françaises n'eussent pas alors avec elles un assez grand nombre de ces tirailleurs, elles utilisaient quelques fantassins fournis par les communes du Nord, lesquels étaient armés d'arcs et de longs couteaux. Il n'était pas rare

[1] Manuscr. du *Roumans d'Alixandre*, Biblioth. nation., français (milieu du XIIIe siècle). Cet archer est vêtu d'une ample tunique, d'une aumusse qui paraît être faite de peau. Sa main droite est armée d'un gant ; la partie interne de son avant-bras gauche est préservée par une plaque de fer.

d'ailleurs, au XIIIe siècle, d'adjoindre, aux troupes levées par les seigneurs sur leurs vassaux, des mercenaires à pied ou à cheval et qui n'étaient armés que d'arcs ou d'arbalètes. Les vignettes des manuscrits de cette époque nous montrent parfois de ces hommes

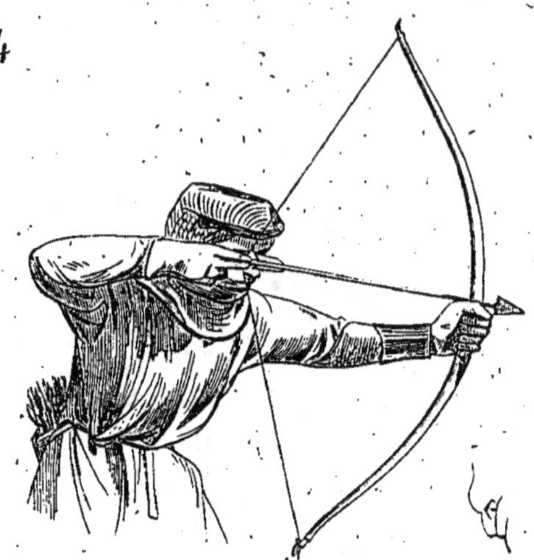

de guerre mêlés aux troupes d'hommes d'armes. L'Orient avait un grand nombre de cavaliers armés d'arcs, et cet usage dut être parfois imité par les Occidentaux. Ces cavaliers sont toujours légèrement équipés : une salade de fer sur la tête, ou une aumusse de peau, et sur le corps une double tunique. Voici (fig. 4 *bis*) un de ces cavaliers[1]. Son couire est pendu au côté droit de la selle. L'arc est de dimension médiocre. On voit comme le cavalier attachait les rênes à son bras gauche pour avoir les deux mains libres.

Jusqu'à Louis le Gros, les armées du suzerain étaient entièrement composées des contingents fournis par les seigneurs vassaux de la couronne ; mais, sous ce prince, des chartes d'affranchissement furent données déjà à quelques communes, et ces chartes portaient cette clause : « que les milices bourgeoises devaient le service militaire au suzerain requérant ». Dans l'état ordinaire, ces milices bourgeoises étaient chargées de la garde et de la police de la ville ; elles se composèrent d'abord d'archers et d'hommes armés de *bâtons*, c'est-à-dire de pieux ; plus tard elles eurent leurs compagnies d'arbalétriers constituées en corporations régies par des règlements sévères donnés par le suzerain, et formant ainsi, dans les cités, une

[1] Manuscr. Biblioth. nation., *Apocalypse* avec figures, français (milieu du XIIIe siècle).

gendarmerie communale levée par les magistrats municipaux. Dans les chartes royales d'affranchissement, le nombre des hommes armés que doit fournir la ville au suzerain requérant est stipulé; ces troupes, d'après ces chartes, ne doivent cependant le service

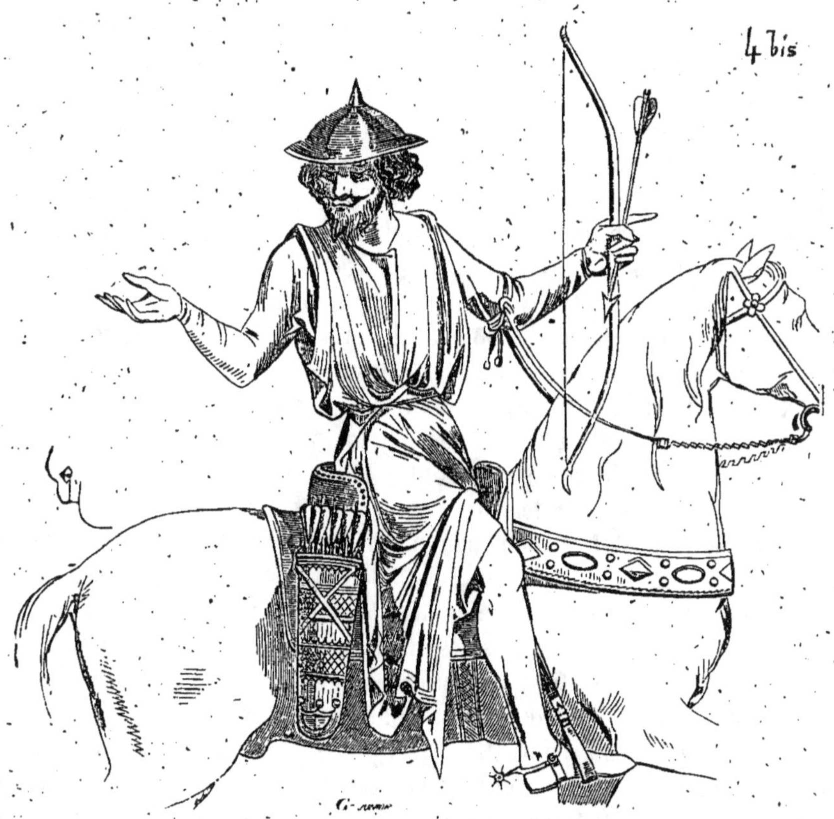

(aux frais de la cité) que jusqu'à une certaine distance de leurs foyers. La milice de Rouen, par exemple, jouissait du privilége de ne s'éloigner de la ville que jusqu'à une distance qui lui permît de pouvoir rentrer coucher chez elle chaque nuit [1]. Cette institution correspondait exactement à ce qu'était la garde nationale sédentaire. Il n'est pas besoin de dire que les seigneurs féodaux n'avaient que du dédain pour ces troupes communales rivées à leurs foyers, peu disciplinées, mal armées, et qui se mettaient à piller dès qu'elles sortaient de leur banlieue; d'autre part, ces seigneurs n'avaient nulle

[1] Voyez *Recherches historiques sur les corporations des archers, des arbalétriers et des arquebusiers*, par Victor Fouque, 1852.

envie qu'elles fussent meilleures; aussi, pendant le XIVe siècle, les armées en campagne ne se composaient que de la noblesse, de ses hommes liges et de troupes de mercenaires, de Génois, de Brabançons, et d'un ramassis de gens sans état, sans patrie, dont on ne savait que faire, la campagne terminée. Sous Charles V cependant, grâce à la sage et prudente politique de ce prince, ces troupes d'aventuriers avaient été dissoutes ou détruites; les armées levées par la féodalité avaient acquis une certaine consistance, et les milices bourgeoises, bien organisées, formaient des corps passablement solides, parmi lesquels on comptait un certain nombre d'archers et d'arbalétriers à cheval, équipés aux frais des villes. Ces archers étaient vêtus d'une broigne de peau ou de toile piquée, avec cubitières, genouillères et grèves avec solerets de fer. Un camail de mailles couvrait la tête et descendait jusqu'au milieu des bras (fig. 4 *ter* [1]). Une casaque d'étoffe, avec ceinture roulée, fendue latéralement pour laisser passer les bras, descendait jusqu'au-dessus des genoux. Les flèches étaient, pendant le combat, passées dans la ceinture, du côté droit. L'archer donné ici porte des gants de peau; les fentes latérales de la casaque sont lacées, et sous les genouillères tombent trois plaques de fer qui renforcent les grèves. Ces archers à cheval étaient toutefois trop peu nombreux dans les armées françaises pour obtenir des résultats, et faisaient un service qui ressemblait assez à celui de la prévôté de nos armées modernes. Ces corps furent anéantis dans les désastres militaires des premières années du XVe siècle, et les routiers recommencèrent à tenir la campagne, plus funestes pour ceux qui les employaient que pour les armées qu'ils étaient appelés à combattre. Les États généraux, assemblés à Orléans en 1439, représentèrent au roi Charles VII les inconvénients et les dangers de cet état de choses. Ce prince licencia les troupes de mercenaires étrangers, et les remplaça par des compagnies dites *d'ordonnance*, qui dès lors furent payées au moyen d'un impôt dit *taille de guerre*. A dater de cette époque, les milices bourgeoises ne furent plus employées dans l'armée active et se bornèrent à défendre et à garder leurs cités. Toutefois, les statuts qui régissaient les compagnies d'archers et d'arbalétriers durent toujours être donnés ou approuvés par le roi.

Il n'en fut pas ainsi en Angleterre: les communes devaient fournir au roi des compagnies d'archers qui étaient à la solde du prince, et qu'il pouvait conduire où bon lui semblait, après le consentement

[1] Manuscr. Biblioth. nation., *Tite-Live*, français (1395 environ).

toutefois de son parlement. Aussi, pendant les guerres du XIVe siècle, l'armée anglaise avait-elle l'unité, la cohésion, qui assurèrent ses succès en face de troupes deux fois plus nombreuses. Les corps d'armée levés par les ducs de Bourgogne pendant les guerres des

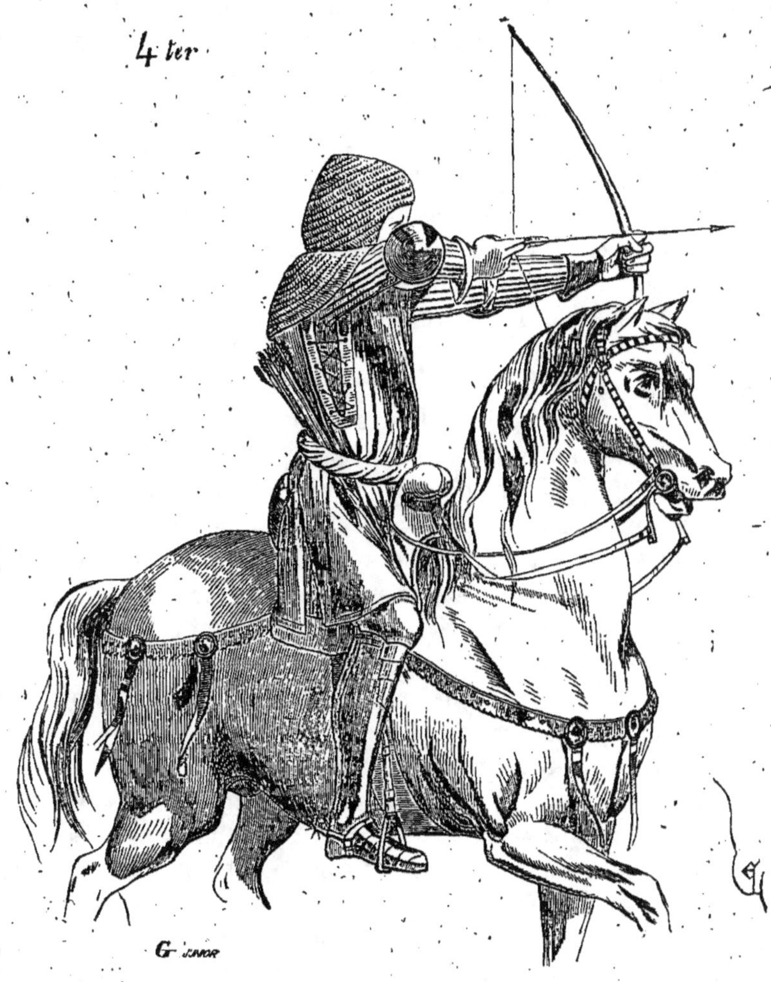

XIVe et XVe siècles avaient aussi leurs archers fournis par les villes des Flandres ; mais les ducs de Bourgogne ne purent pas toujours disposer des troupes de ces communes, peu dociles, comme on sait, et durent souvent avoir recours à des corps étrangers (soudoyers).

Les mouvements des troupes d'archers, dans les armées où elles étaient organisées, consistaient toujours à se développer en lignes de bataille, ou en herses, comme le font encore nos tirailleurs ; à tirer ensemble un grand nombre de flèches, et à se retirer derrière les corps de bataille à cheval, pour renouveler leurs provisions ou pour laisser le champ aux charges de cavalerie. Dans un manuscrit français de la guerre de Troie, qui date environ de 1370[1], on lit ce passage : « Saietes orent et ars turquois, le petit pas rengies et « serrés sen issirent de la cité. Et quant ilz furent là venu si com- « mencierent une grant criée et férirent ensemble si vigueureusement « que il sembloit que ce fust tempeste qui chaist du ciel, si com- « mencierent à traire et à lancier. » C'était bien ainsi que se comportaient les troupes d'archers anglais. Un récit de la bataille où périt Godefroy d'Harcourt, en 1356, montre de la manière la plus claire le rôle des archers dans les armées qui combattaient en France pendant le XIVe siècle[2] : « ... Si se ordonnerent les François d'un lez, « et les Anglois et Navarrois d'autre. Messire Godefroy de Harecourt « mist ses archiers tout devant ce qu'il en avoit pour traire et blecier « les français. Quant messire Raoul de Raineval en vit la maniere, « il fist toutes manieres de gens d'armes descendre à pié, et eulx « paveschier et targier de leurs targes contre le trait, et commanda « que nul n'alast avant sans commandement. Les archiers de mon- « seigneur Godefroy commencerent à approchier, ainsi que com- « mandé leur fut, et à desveloper saietes à force de bras. Ces vaillans « gens d'armes de France, chevaliers et escuyers, qui estoient fort « armez, paveschiez et targiez, laissaient traire sur eulx ; mais cil « assaut ne leur portoit point de dommage, et tant furent en cel « estat eulx mouvoir ne reculer que cilz archiers orent emploié toute « leur artillerie, et ne savoient mais de quoy traire. Adonques get- « terent ilz leurs arcs jus, et pristrent à ressortir vers les gens « d'armes, qui estoient tous rangiez au long d'une haye, messire « Godefroy tout devant, et sa baniere en présent. Et lors commen- « cerent les archiers françois à traire moult vistement et à recueillir « saiettes de toutes pars, car grant foison en y avoit semées sur les « champs, et à emploier sur ces Anglois et Navarrois, et aussi gens « d'armes approuchierent vistement. Là ot grant hutin et dur ; quant « ilz furent tous venus main à main ; mais les gens de pié de mon- « seigneur Godefroy ne vindrent point de couroy et furent tantost « desconfis. »

A la bataille de Verneuil, en 1424, les Anglais avaient mis leurs

[1] Biblioth. nation., *le Livre des hist. du commencement du monde*, français, n° 301, folio verso 60.

[2] Manuscr. Biblioth. nation., français, nos 2041, 6474 et 6478. Voyez l'*Histoire du château et des sires de Saint-Sauveur le Vicomte*, par M. Léopold Delisle, p. 95 et 96.

archers aux deux ailes ; la gendarmerie française se divisa pour attaquer et déborder ces ailes, mais l'un de ces corps, celui des Lombards, ayant couru sus aux bagages après avoir passé sur le ventre d'une des ailes, le centre des Anglais, composé de six cents lances, se jeta sur la cavalerie française et la déconfit.

Pour empêcher la cavalerie de mettre le désordre dans les rangs des archers, ceux-ci portaient avec eux un pieu qu'ils fichaient en terre au moment de combattre, et formaient ainsi une palissade espacée suffisante cependant pour arrêter les charges des hommes d'armes, d'autant que ces pieux dirigeaient un de leurs bouts aiguisés du côté de l'assaillant. Les Anglais se présentant devant le corps d'armée français qui assiégeait Beaugency (1428), « lesquelz « (Anglais) plainement parchevans que Franchois estoient rengiés « par maniere de bataille, cuidans que de fait les deussent venir « combattre, prestement fut fait commandement expres de par le « roy Henry d'Angleterre, que chascun se meist à pié, et tous « archiers eussent leurs peuchons estoquiez devant eulx, ainsi « comme ils ont coustume de faire quant ilz cuident estre com- « battus[1]. »

L'arc français, pendant le XIIIe siècle, n'était pas très grand. Il n'avait guère que quatre pieds de long. Il était lourd, épais, et sa portée était peu étendue. L'arc anglais, dès le XIVe siècle, avait de cinq à six pieds de longueur ; il était plus léger et fait habituellement de bois d'if ou d'érable. Sa portée était de deux cents à deux cent cinquante pas. Les flèches étaient de bois de pin ou de frêne et avaient quatre palmes à quatre palmes et demie de longueur (trois pieds ou 0^{m},95 environ). La flèche française, au XVe siècle, n'avait guère que 0^{m},70[2]. L'équipement de l'archer bourguignon et français au commencement du XVe siècle, et jusqu'à 1450 environ, se composait d'une cervelière de fer, d'une brigantine ou d'un jaque, de genouillères et de grèves. L'archer portait au côté gauche une longue épée droite à deux tranchants ; au côté droit, la trousse, qui contenait de quinze à vingt-quatre flèches, et sur le dos l'archier. Il n'était pas, comme l'arbalétrier, couvert de ce grand pavois lourd et embarrassant. A dater de 1450, il y eut en France des compagnies d'archers à cheval, vêtus de la salade, de

[1] *Témoign. des chroniqueurs et historiens du XVe siècle. Procès de condamnation et de réhabilitation de Jeanne d'Arc*, par J. Quicherat, t. IV, p. 417.

[2] Voyez FLÈCHE. Nous possédons des flèches de cette époque, rapportées de Rhodes par M. Salzmann, qui datent du XVe siècle et n'ont que cette longueur.

la brigantine avec mailles sur les arrière-bras, de cuissards avec genouillères, grèves et solerets. Les flèches de l'archer à cheval étaient enfermées dans un sac de toile, le fer en dehors et dirigé vers le bas. Mais nous allons examiner ces divers équipements par le menu.

5

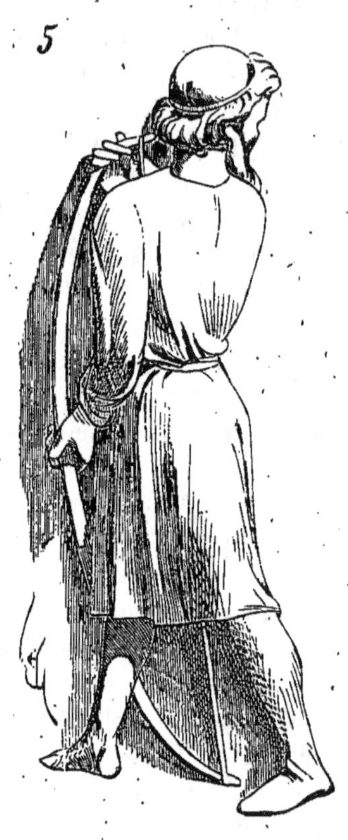

La figure 4 montre un archer français du milieu du XIIIe siècle, dont l'arc n'a guère plus de 1^{m},30 de longueur. Voici (fig. 5) un personnage provenant d'un des bas-reliefs des soubassements de la cathédrale d'Auxerre (fin du XIIIe siècle), qui représente Tubal, fils de Caïn : ce personnage vient de tendre la corde de l'arc, lequel aurait au moins 1^{m},70 de longueur s'il était développé. Mais on observera que le bois de l'arc, parfaitement rendu par la sculpture, se ploie principalement à ses extrémités, et devait, dès lors, avoir beaucoup de roideur vers son milieu. Avec ces sortes d'arcs, d'une grande puissance, on ne peut tirer des flèches très longues, car la longueur de la flèche est déterminée par l'angle que l'archer peut donner à la corde. Soient (fig. 6) deux bois d'arcs A et B de même longueur. L'un, celui A, épais vers son milieu et flexible vers ses extrémités ; l'archer ne pourra donner à la corde un angle plus fermé que l'angle a; dès lors la longueur de la flèche est donnée par la distance ab. L'autre, celui B, flexible dans toute sa partie milieu, le bois étant plus

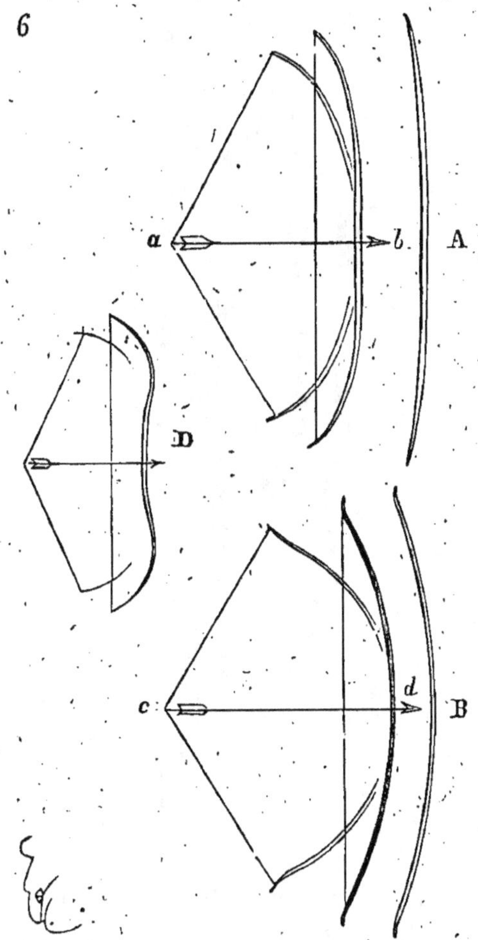

mince; l'archer pourra donner à la corde un angle c plus fermé que dans l'exemple A, et la longueur de la flèche sera déterminée par la distance cd. Ce sont là les différences qui distinguent particulièrement l'arc français de l'arc anglais pendant le XIVe siècle[1].

[1] Il y avait, ainsi que nous l'avons dit déjà, l'arc oriental, ou arc turquois, qui était façonné ainsi que l'indique le tracé D. Cet arc, à cause des contre-courbes qui rappro-

L'arc anglais, plus maniable, plus flexible, permettait de tirer un plus grand nombre de flèches en un temps donné, que l'arc français. Ce dernier toutefois devait fournir un tir plus juste. Cependant les archers anglais étaient renommés pour la justesse de leur tir.

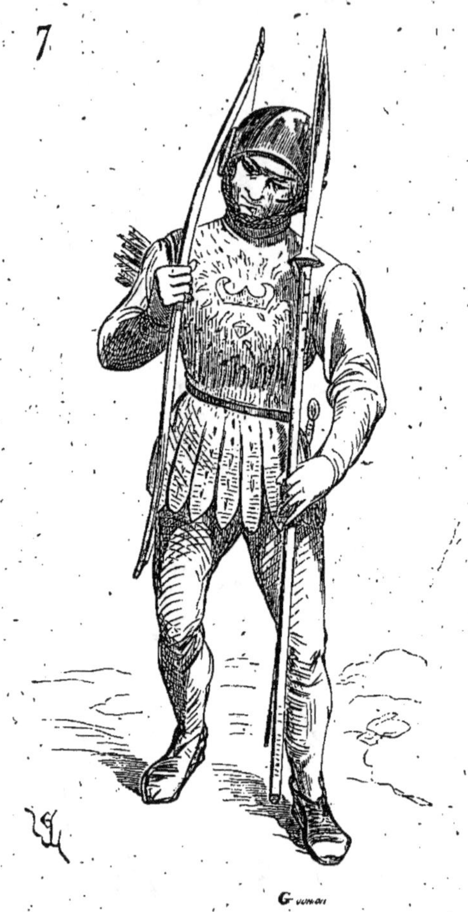

7

Un bon archer anglais tirait douze flèches à la minute et manquait rarement le but à deux cents pas ; il avait bientôt fait d'épuiser sa trousse remplie de vingt-quatre flèches. Dans la mêlée, l'arc n'était plus bon à rien, et c'est pourquoi l'archer était armé de l'épée pointue à deux tranchants. Alors il dégainait, et, se repliant entre les cavaliers de son parti, il blessait les chevaux de l'ennemi et ache-

chaient la poignée du milieu de la corde, permettait de tirer des flèches très courtes. Cet arc turquois, lorsqu'il est fabriqué de nerfs ou de métal, donne un tir à longue portée.

vait les cavaliers démontés. Nous voyons même, au commencement du XVe siècle, l'archer bourguignon armé de la *vouge*, outre

8

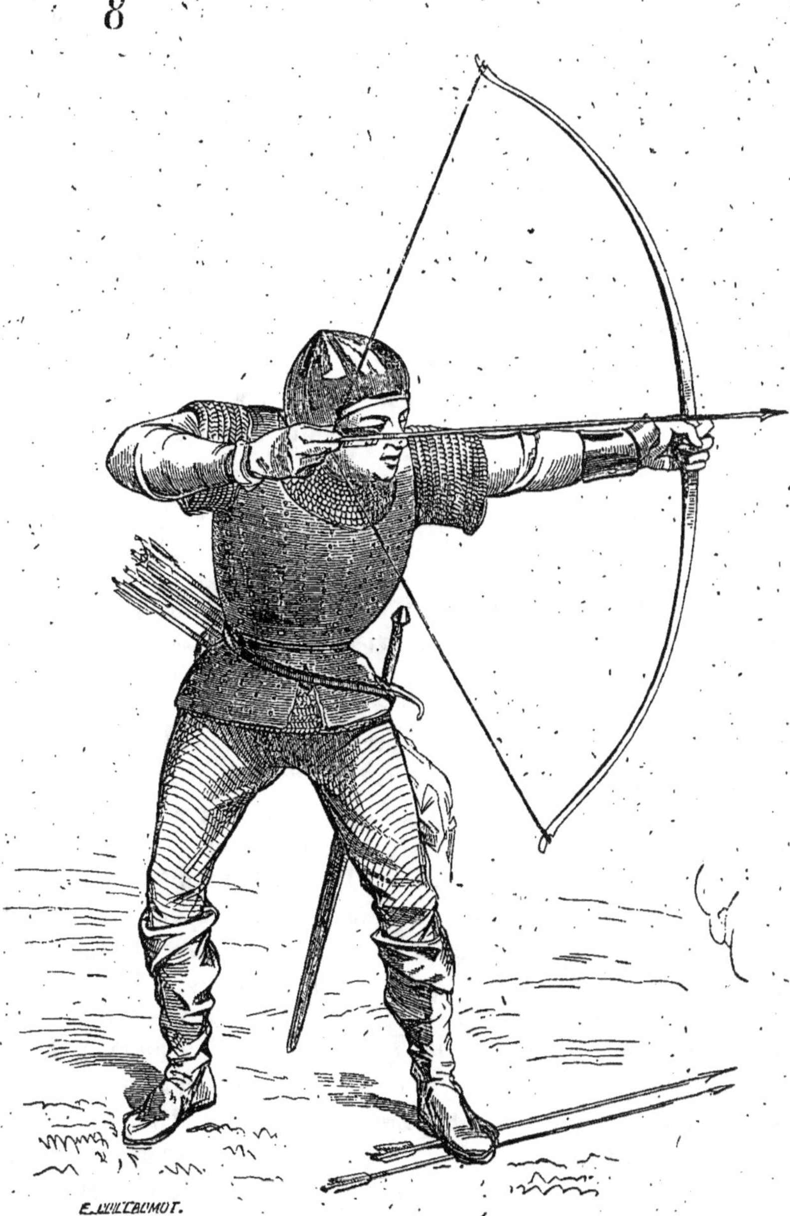

l'épée (fig. 7 [1]). Cet archer porte la cervelière de fer avec les ron-

[1] Manuscr. des *Chron.* de Froissart, Biblioth. nation.

delles, le jaque brodé, avec manches d'étoffe rembourrées aux épaules, les chausses de peau ou de gros drap, le carquois en verrou derrière l'épaule droite, l'épée au côté gauche, l'arc dont la corde est passée sous l'épaule droite, et à la main gauche l'arme qu'on appelle *vouge* (voyez ce mot). Son arc n'est pas si grand que celui de l'archer anglais, dont la figure 8 donne l'équipement à la même époque[1]. Cet arc distendu aurait de 1m,90 à 2 mètres de longueur. Son bois est mince; la flèche a près d'un mètre de longueur. L'homme est coiffé de la cervelière, vêtu de la cotte de mailles à manches courtes avec jaque par-dessus, de manches, de hauts-de-chausses de drap et de bottes molles. Une longue épée pend à son côté gauche, et sa trousse est attachée à sa ceinture derrière son dos; les flèches présentent leurs extrémités empennées sous la main droite. Quand l'archer voulait obtenir un tir rapide, il plaçait les flèches sous son pied gauche, de manière à les pouvoir saisir de la main droite sans détourner les yeux du but, ce qui est un point important si l'on veut tirer juste et rapidement.

Plus tard, l'équipement des archers se complète de plates, de genouillères, de grèves, et la cervelière possède un large couvre-nuque.

C'est ainsi qu'est armé le franc-archer à cheval de Charles VII. Sa tête est couverte d'une large salade avec ou sans bavière et couvre-nuque très saillant. Il est vêtu (fig. 9[2]) de la brigantine avec hautes manches et sous-gorgerin de mailles, cubitières, arrière-bras et avant-bras de fer. Sous la brigantine apparaît la jaquette de mailles, qui couvre le haut des cuisses garnies de cuissards. Les jambes sont armées de grèves avec genouillères, les pieds de solerets et d'éperons. Une épée pend à son côté gauche, attachée à la taille par une mince courroie. La figure 10 montre le même archer à cheval. Par derrière, la trousse consistait en un sac de toile ouvert par les deux bouts, mais avec ligature et coulisse au bord antérieur. Les fers étaient libres et les empennes prises dans la toile. L'archer prenait la flèche par le fer; la ligature inférieure étant à nœud coulant attachée à la ceinture, dès qu'une flèche était enlevée de la trousse, il suffisait de peser légèrement sur cette ligature pour que les sagettes qui restaient fussent toujours serrées. Une boucle attachée au haut du sac passait dans une agrafe tenant au dos de la brigantine et empêchait la trousse de basculer. Plus le cavalier faisait de

[1] Même manuscrit.
[2] Manuscr. Biblioth. nation., milieu du XVe siècle, *Passages d'outre-mer*.

mouvements, plus la ligature inférieure bridait les flèches, qui ainsi ne pouvaient se perdre et dont les pennes n'étaient pas froissées par la marche du cheval : ce qui n'aurait pas manqué d'arriver

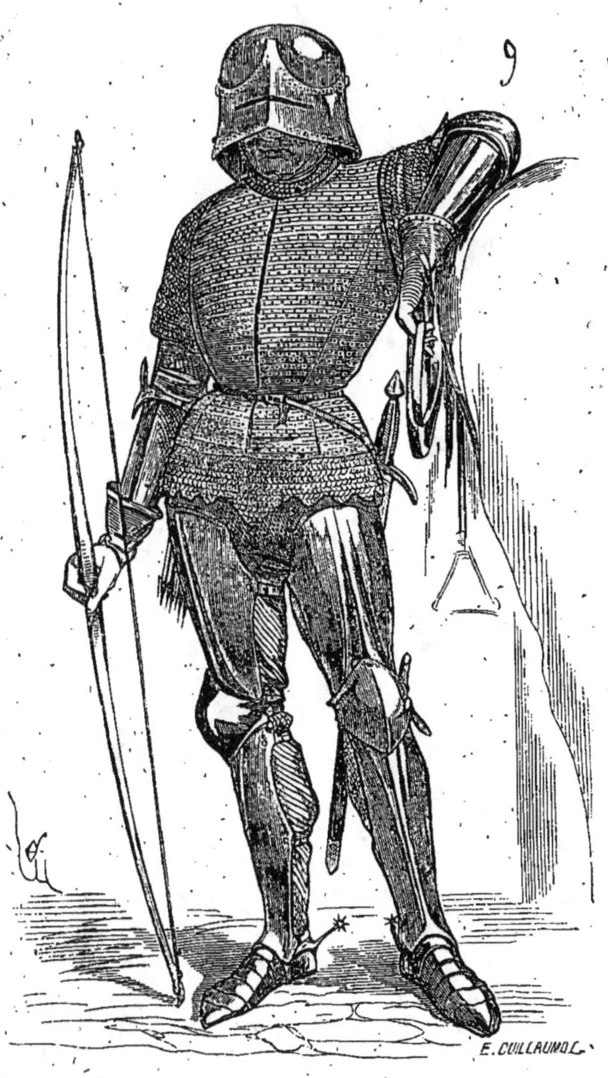

avec le carquois ordinaire. Ces compagnies furent maintenues jusqu'au milieu du XVIe siècle, et le nom d'*archers* fut longtemps conservé encore aux compagnies du *guet* chargées de la police des rues pendant la nuit, bien que ces gardes fussent armés de piques et de mousquets. Louis XI avait jugé prudent de prendre à sa solde, pour garder sa personne, des archers écossais, lesquels formaient une

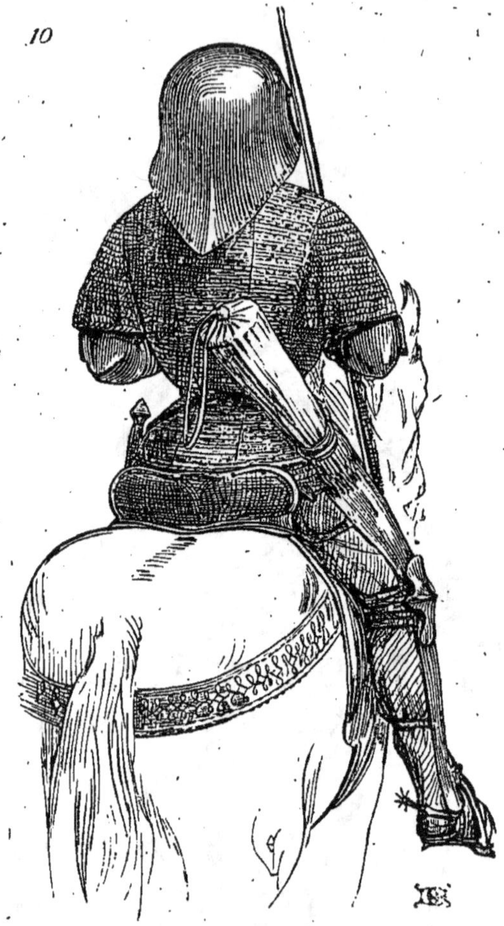
10

compagnie à cheval et étaient armés comme ceux que donnent les figures 9 et 10, si ce n'est qu'ils portaient un corselet de fer recouvert de velours bien brodé de fleurs de lis d'or.

ARMET, s. m. Corruption du vieux mot français *hiaumet, helmet* (anglais), petit heaume. C'est le casque des milices du XVe siècle, qui succède au bacinet, et qui se compose du *tymbre* avec ou sans crête : de la *vue*, du *nasal*, du *ventail* ou plutôt de *la ventaille*[1].

[1] Nous adoptons ici l'orthographe ancienne. Jusqu'au XVIe siècle, on disait *la ventaille*, et non *le ventail*.

Ces dernières pièces mobiles étaient désignées ensemble sous le nom de *mézail* et de *gorgerin*. Les collections d'armes de l'Europe conservent un très grand nombre d'armets de la fin du XVe siècle : c'est le dernier habillement de tête du moyen âge. L'armet était essentiellement un habillement de guerre en ce qu'il était plus léger que le heaume, dont on ne se servait au XVe siècle que pour les

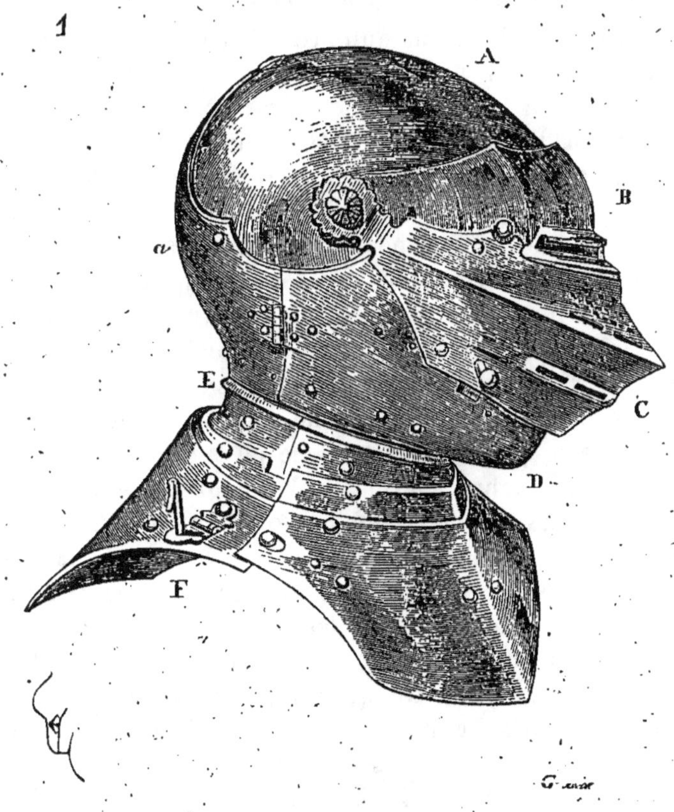

joutes et tournois, et que le bacinet du XIVe siècle, très fatigant à porter pendant plusieurs heures. Les armets apparaissent vers la fin des guerres contre les Anglais, c'est-à-dire vers 1435. La longueur de ces luttes, l'activité que dut alors déployer la cavalerie française, firent modifier l'équipement, le rendirent plus souple, plus léger, mieux adapté aux mouvements du corps. Il était impossible de conserver pendant une journée le heaume du XIIIe siècle sur la tête, on ne le *laçait* que pour charger. Le bacinet ne permettait guère de tourner la tête, était fort lourd et étouffant. L'armet au contraire pouvait être maintenu sur le chef sans trop de fatigue. Son mécanisme permettait de voir et de respirer à l'aise ; il est d'ailleurs beaucoup plus léger que le bacinet. Comme habillement de tête, les armets les plus anciens, c'est-à-dire ceux qui datent du milieu du xve siècle, sont certainement les mieux disposées et les mieux exécutés. Très simples, ils prennent exactement la forme de la tête et du cou, et peuvent être portés sans fatigue ; ils sont toujours dépourvus d'ornements.

Ce n'est qu'à la fin du xve siècle que l'on commence à les couvrir de gravures ou de damasquinures. L'armet de guerre des milices du xve siècle fait partie de l'armure blanche, c'est-à-dire unie et polie, mais non brunie. L'un de ces armets les plus anciens appartient à une belle armure de 1440 environ, déposée dans la salle d'armes du château de Pierrefonds. Il est, comme toute cette armure d'acier, très léger et admirablement exécuté. Au tymbre est rivé le couvre-nuque, s'étendant par une côtelure jusqu'au sommet de la tête. La vue et le nasal se lèvent séparément en tournant sur deux pivots rivés aux côtés du tymbre. La ventaille se développe latéralement. Le gorgerin, très bien articulé, permet à la tête de faire tous les mouvements. C'est sur ce gorgerin que se posent le corselet, la dossière, et que s'attachent les spallières. La figure 1 donne le profil de cette belle pièce ; la figure 1 *bis*, sa face postérieure. Le tymbre A et le couvre-nuque *a* sont de deux pièces fortement rivées, le couvre-nuque formant crête. La vue B, pivotant sur les deux boutons latéraux, se relève indépendamment du nasal, qui peut aussi se relever avec elle. La ventaille D s'ouvre en relevant la fiche *b* de l'une des deux charnières latérales. On voit en F les arrêts mobiles auxquels s'attachent les spallières[1]. Des détails sont nécessaires pour expliquer les diverses pièces de cet armet. Ils sont présentés figure 2. En A, on voit la vue relevée, indépendamment du nasal, et le ressort qui le maintient fermé sur celui-ci. En B, le nasal relevé en saisissant le bouton *a* qui agit sur le ressort à mentonnet entrant dans la gâchette intérieure de la ventaille. En C, le détail de la vue, montrant comme sont abritées les deux ouvertures. En D, le tymbre et l'attache du couvre-nuque dont un détail est plus clairement exprimé en *d*. En F, le détail des arrêts des spallières. En G, le profil du gorgerin dans la rainure supérieure duquel vient s'engager l'orle inférieur de l'armet. Les lames *g* sont maintenues entre elles par des bandes de cuir *h* rivées. En I, la partie antérieure de la ventaille.

[1] Voyez l'article ARMURE.

L'armet ne subit pas de modifications très notables jusque vers la fin du XVe siècle (1470 environ). Souvent alors la vue et le nasal ne forment qu'une seule pièce; le mézail ne se relève pas en deux parties, comme dans l'exemple précédent. La ventaille se ferme du côté droit au moyen d'un crochet. Un appendice circulaire accompagne le couvre-nuque. Une écharpe était parfois attachée à cet

3 bis

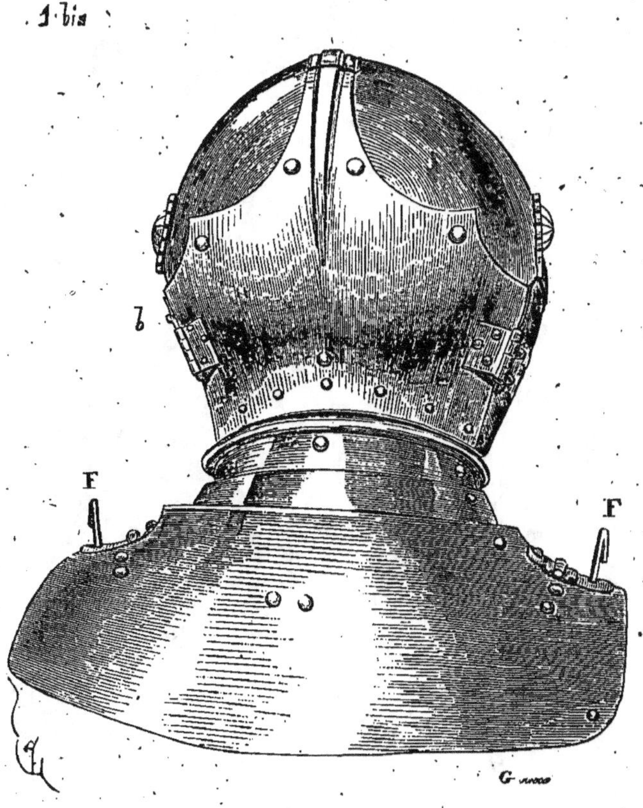

appendice, appelé *volet*. Voici (fig. 3) un de ces armets[1]; en A, vu de profil; en B, vu de face. En C, est l'appendice composé d'une rondelle d'acier sur tige qui est rivée au couvre-nuque. On voit sur la face B le bouton saillant qui permet de relever le mézail de la main droite, et au-dessous le bouton à ressort qui ferme le mézail. La figure 3 *bis* montre le mézail relevé et la ventaille ouverte. En D, est

[1] De la collection d'armes du château de Pierrefonds. Les bords supérieurs du mézail sont finement emboutis, c'est-à-dire quelque peu retournés, afin de ne donner aucune prise au coup de lance.

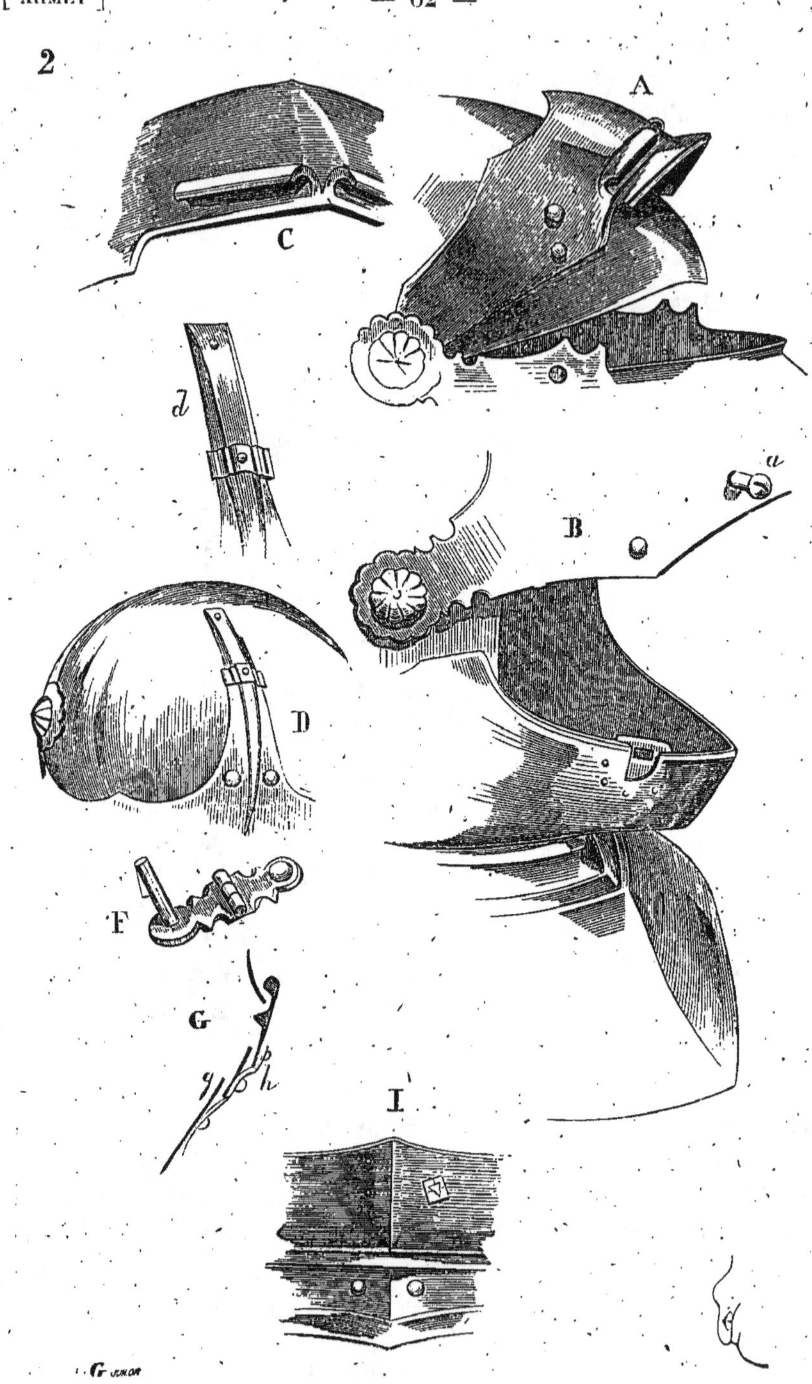

donnée la forme du couvre-nuque et du volet. En E, l'arrêt rivé au dessous de la face antérieure de la ventaille, et qui, entrant dans une entaille pratiquée sur le bord du gorgerin, fait que celui-ci tourne

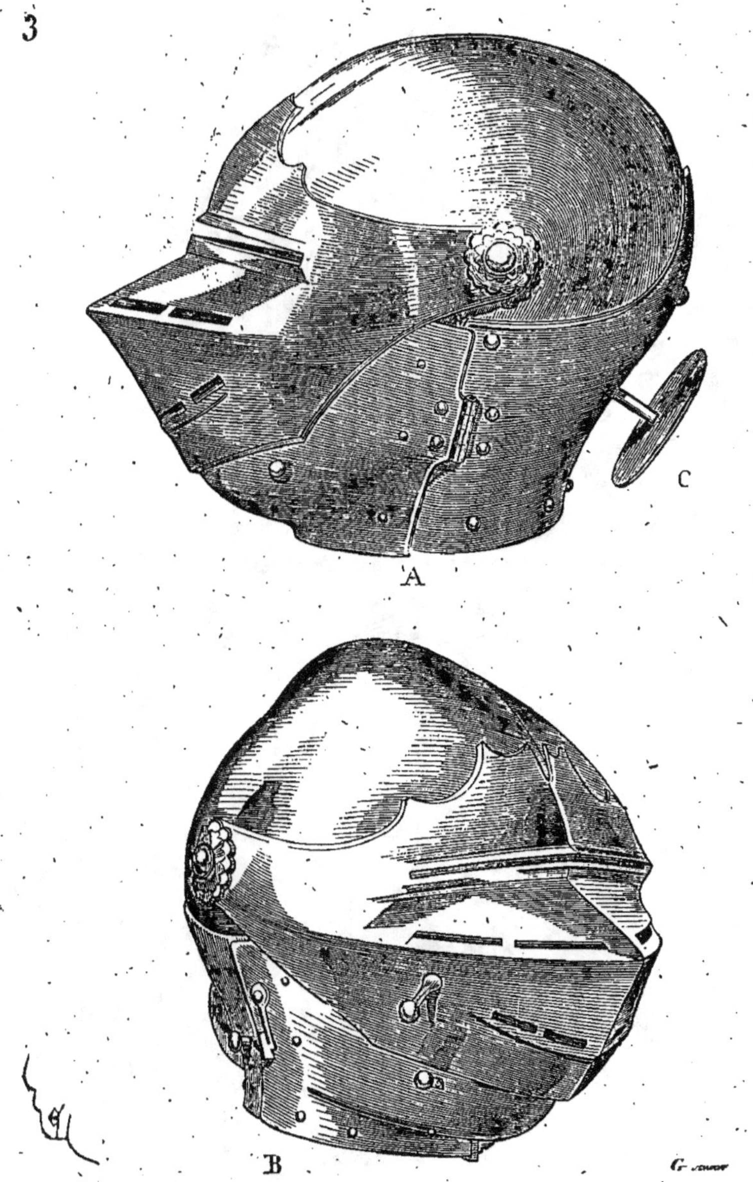

avec l'armet. Cette pièce (le gorgerin) manque ici. Son cercle supérieur se composait d'une cannelure dans laquelle entrait le bord inférieur de l'armet (voy. en F le profil).

L'arête supérieure du tymbre, anguleuse sur le devant, s'aplatit par derrière, ainsi qu'on le voit en D' et vers le sommet est un trou *d*

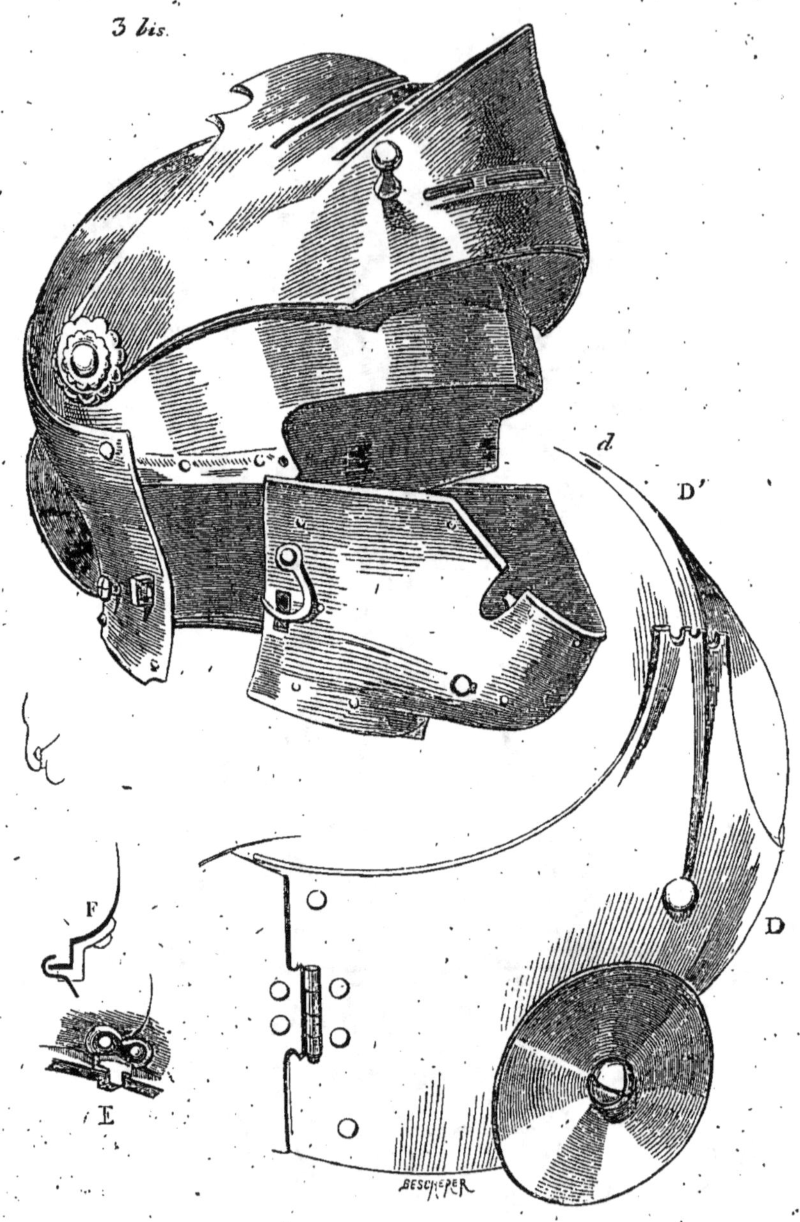

auquel était attaché un faisceau de plumes tombant des deux côtés du volet. On observera que le mézail est plus saillant dans le dernier exemple que dans le premier. Plus on approche du XVIe siècle, en

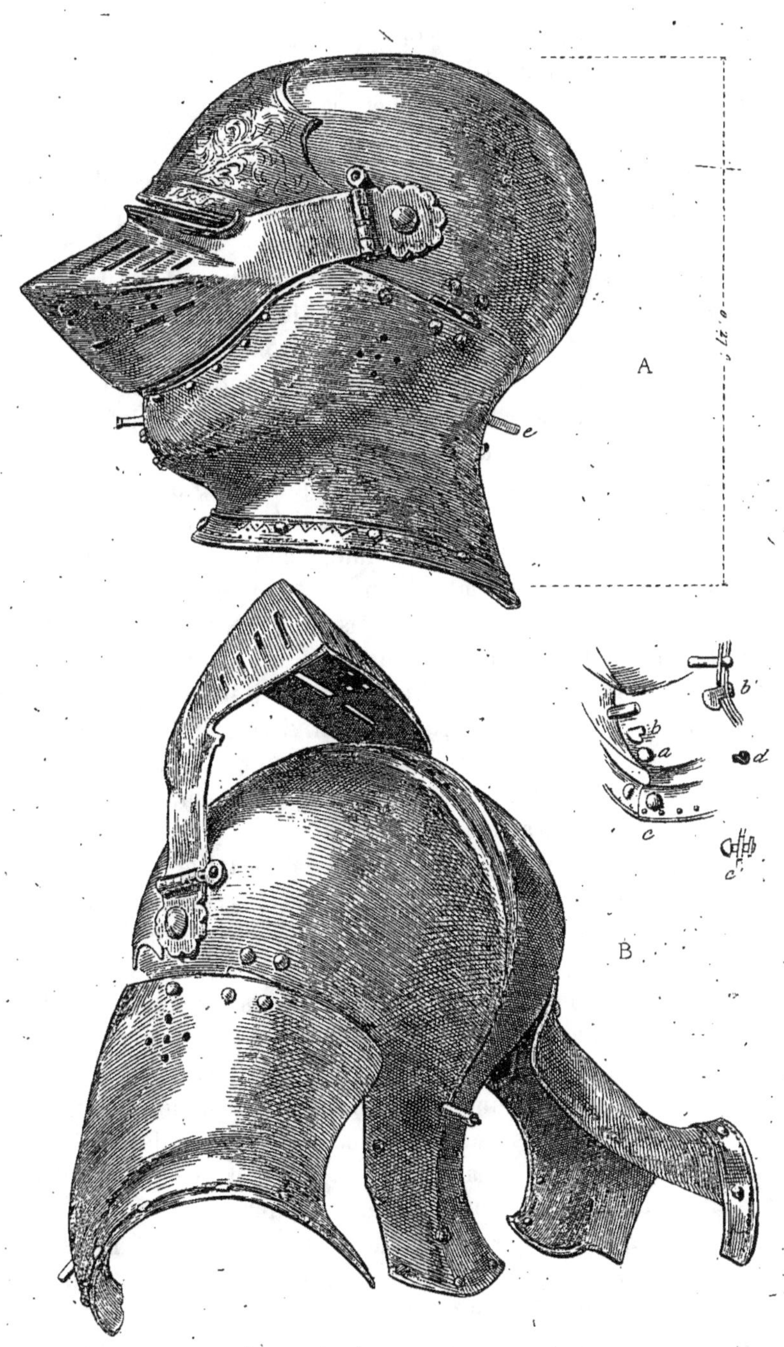

E. Viollet-Le-Duc del.

P. Ad. Varin sc.

ARMET

FIN DU XVe SIÈCLE

Ve A. MOREL et Cie Editeurs.

effet, plus la saillie du mézail se prononce, car c'était sur ce point que les coups de lance étaient dirigés.

La planche I présente un très bel armet de guerre provenant du Musée d'artillerie de Paris[1]. Le nasal seul se relève, et au-dessus de la visée est une doublure où frontal d'acier gravé et doré. Pour mettre l'armet sur la tête ou l'enlever, la ventaille s'ouvre en deux parties, ainsi que le fait saisir notre planche, en B. Ici la partie supérieure du gorgerin fait partie de l'armet et pose sur le colletin. Cette brisure est fixée au moyen d'un bouton *a* passant par un trou, d'un goujon à clef *b* (voy. en *b'*), et d'un second goujon saillant extérieurement, qui entre dans un autre trou pratiqué au-dessous du premier. Le trou à travers lequel passe le goujon à clef est percé, ainsi qu'il est indiqué en *d*, de sorte qu'en tournant l'arrêt du goujon *b'*, les deux pièces ne se peuvent disjoindre. En outre, un bouton *c* (voy. en *c'*) passe à travers un troisième trou pratiqué dans l'orle du gorgerin doublé d'une bande d'acier garnie et dorée. La planche I montre en A l'armet de profil, le mézail étant baissé. La bande du gorgerin est percée de trous pour recevoir un camail de mailles. La queue du tymbre porte une tige *e* à laquelle était rivée la rondelle ou volet. Au moyen d'une courroie intérieure, cette queue fixait l'armet à la dossière. La crête, divisée en deux arêtes, est percée de trois trous propres à attacher le plumail. Cet armet date des dernières années du XVe siècle ; il est d'une exécution parfaite, de bel acier poli, avec gravures et dorures partielles. La rondelle ici masquait les sutures des deux joues de la ventaille ; elle servait de petite targe pour préserver des coups de revers, comme nous l'avons dit. A la tige du volet était fixée une longue écharpe ou un plumail.

ARMURE, s. f. On ne peut donner ce nom qu'aux harnais de guerre ou de joute composés entièrement de plates, c'est-à-dire de pièces de forge assemblées, de fer ou d'acier. Ce n'est en effet qu'au XVe siècle que le nom d'*armures de fer* est donné aux gens d'armes montés et armés de toutes pièces. On disait, depuis le règne de Charles VII jusqu'au commencement du XVIe siècle : « Tel capitaine s'en vint avec vingt-cinq armures de fer », ce qui s'entendait comme vingt-cinq cavaliers armés de toutes pièces, accompagnés de leurs écuyers, varlets, coutilliers, etc., ce qui donnait cinquante hommes à cheval et soixante au moins à pied. Plus tard on dit « tant de lances », pour désigner tant de cavaliers armés. Le nom d'*armure*

[1] N° 30 du Catalogue.

ne peut s'appliquer aux harnais de mailles ou aux harnais mixtes composés de mailles et de plates, adoptés pendant le cours du XIVe siècle. Ces habillements de guerre avaient nom *adoubement* et *harnois*. Cependant, afin d'éviter la confusion et les redites, nous comprenons dans cet article les diverses modifications qu'a subies l'habillement militaire de l'homme d'armes, du cavalier armé, depuis l'époque carlovingienne jusqu'à la renaissance. Les articles du *Dictionnaire* donnant chacune des pièces de cet habillement par le menu, nous ne présentons ici qu'un aperçu général des transformations du harnais militaire du cavalier.

Au VIIIe siècle, sous le règne de Charlemagne, l'habillement de l'homme de guerre à cheval, en Occident, était un mélange des traditions romaines ou apportées par les populations venues du nord-est. On sait que la cavalerie des armées romaines se composait en très grande partie d'auxiliaires numides, germains, gaulois, et même asiatiques vers les bas-temps. Le noyau de l'armée romaine était formé des légions, c'est-à-dire d'une infanterie solide, aguerrie, propre à tout, combattant et faisant des routes, des campements, des travaux de siège. La cavalerie était employée à faire des reconnaissances, à couvrir les ailes, à fourrager, à tourner un ennemi tenace, à poursuivre des fuyards et ramener des prisonniers. Il n'en fut plus ainsi dans les armées qui, du nord-est, se précipitèrent sur les provinces occidentales, si toutefois on peut donner le nom d'armées aux masses qui, sous le titre d'auxiliaires, hâtèrent la chute de l'empire. L'infanterie n'a de valeur qu'autant qu'elle est soumise à une discipline sévère, à une organisation administrative puissante; aussi n'y a-t-il d'infanterie que chez les peuples civilisés. Les troupes de barbares se composent principalement d'une cavalerie chez laquelle l'élan, la fougue, remplacent la discipline et la tactique. Il ne faut pas oublier, d'ailleurs, que les peuplades guerrières qui s'établirent en Occident dès le Ve siècle étaient de race aryane, et que les aryas, aussi loin que l'on remonte dans l'histoire, ont été les premiers cavaliers du monde. Ceci explique comment, pendant le moyen âge, le cavalier fut longtemps considéré comme l'homme de guerre par excellence, et comment l'infanterie, qui sous l'empire avait la prépondérance dans les opérations militaires, ne fut plus considérée que comme un corps auxiliaire auquel, dans une action, n'était réservé qu'un rôle secondaire.

Nous prendrons donc comme premier type l'homme de guerre à cheval, sous Charlemagne. D'assez nombreux monuments permettent de se faire une idée exacte de son équipement. Il était de diverses sortes, ce qui peut s'expliquer par les différentes peuplades appelées à combattre sous ce prince. L'équipement romain, à quelques mo-

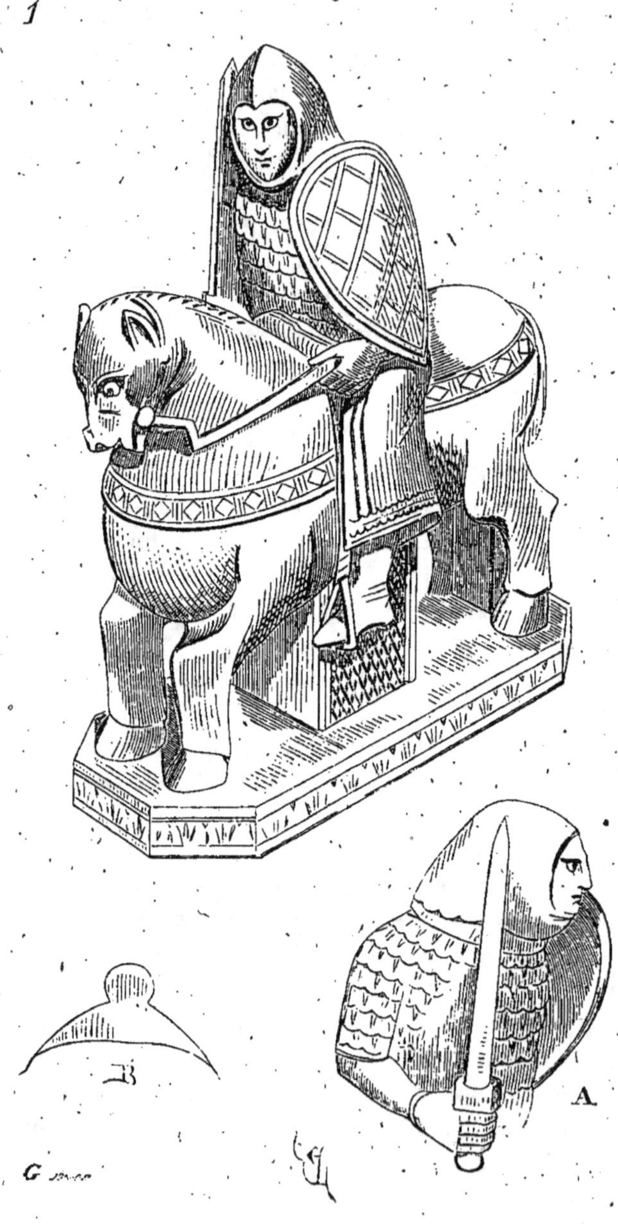

difications près, est conservé souvent dans les peintures et monuments sculptés qui datent de cette époque, soit que cet équipement ait été réellement maintenu, soit que les artistes, auteurs de ces peintures et bas-reliefs, aient reproduit des formes antérieures à leurs temps; de ceux-là nous ne parlerons pas. Mais, à côté de ces documents, il en est d'autres qui, pour nous, ont un intérêt sérieux en ce qu'ils paraissent être inspirés par un sentiment de la réalité très frappant; et, en première ligne, nous citerons le célèbre jeu d'échecs d'ivoire qui provient du trésor de l'abbaye de Saint-Denis et qui passe pour avoir appartenu à Charlemagne[1]. Ce jeu comprend deux cavaliers dont l'équipement diffère. L'un (fig. 1) nous montre un homme d'armes vêtu d'une *lorica* composée d'écailles de métal, bronze ou fer, posée sur une tunique descendant jusqu'au-dessous des genoux. Une sorte d'aumusse juste, de peau ou de feutre, couvre la tête, et un écu en forme d'amande est attaché au bras gauche. En A, la figure montre le cavalier de profil du côté droit, et en B est tracée la cuiller de la selle. Nous ne parlerons pas ici du harnais du cheval[2]. L'autre cavalier (fig. 2[3]) est mieux armé. Le corps et les cuisses sont revêtus d'une sorte de justaucorps de peau ou de toile couvert de tuiles de métal se recouvrant. Sur la tête est posée une calotte de métal avec aumusse de peau passant sous la cotte; les jambes sont protégées par des chausses de peau, et entre les cuissards et ces chausses, à la hauteur des genoux, on aperçoit un bourrelet d'étoffe, comme un caleçon serré par le haut des *jambières*. Ce cavalier porte un bouclier circulaire couvert d'ornements et bordé de cercles de métal. En A, est montré le bras droit qui tient l'épée. L'avant-bras est nu, et, sous la manche armée, on aperçoit une autre manche d'étoffe. En B, est présenté le dos de la cotte couverte de tuiles de métal, et en C la cuiller de la selle. Ces cottes d'armes étaient faites généralement de peau ou de doubles de toile; les plaques de métal, quelquefois en forme d'écailles, mais plus souvent rectangulaires, étaient rivées et cousues sur le vêtement, qui était bouclé latéralement de l'aisselle au genou d'un seul côté, sans quoi il eût été impossible de se couler dedans. Ainsi les boucles étant posées du côté gauche, on enfilait la jambe droite, puis le bras

[1] Ce monument, de la plus haute valeur, est déposé aujourd'hui dans le cabinet des médailles de la Bibliothèque nationale. Toutes ces pièces d'ivoire sont d'une grande dimension, et bien que le travail en soit barbare, le caractère des personnages indique une observation fidèle de la nature.

[2] Voyez HARNAIS.

[3] La figure 1 est la copie fidèle de l'une des pièces; la figure 2, l'interprétation de l'autre, afin de la rendre plus intelligible. D'ailleurs, pour cette figure 2, on s'est aidé de vignettes de manuscrits datant de la même époque.

droit, la tête et le bras gauche, et l'on bouclait tout le côté gauche. Afin de faciliter l'entrée, le col de ces cottes d'armes est très ouvert

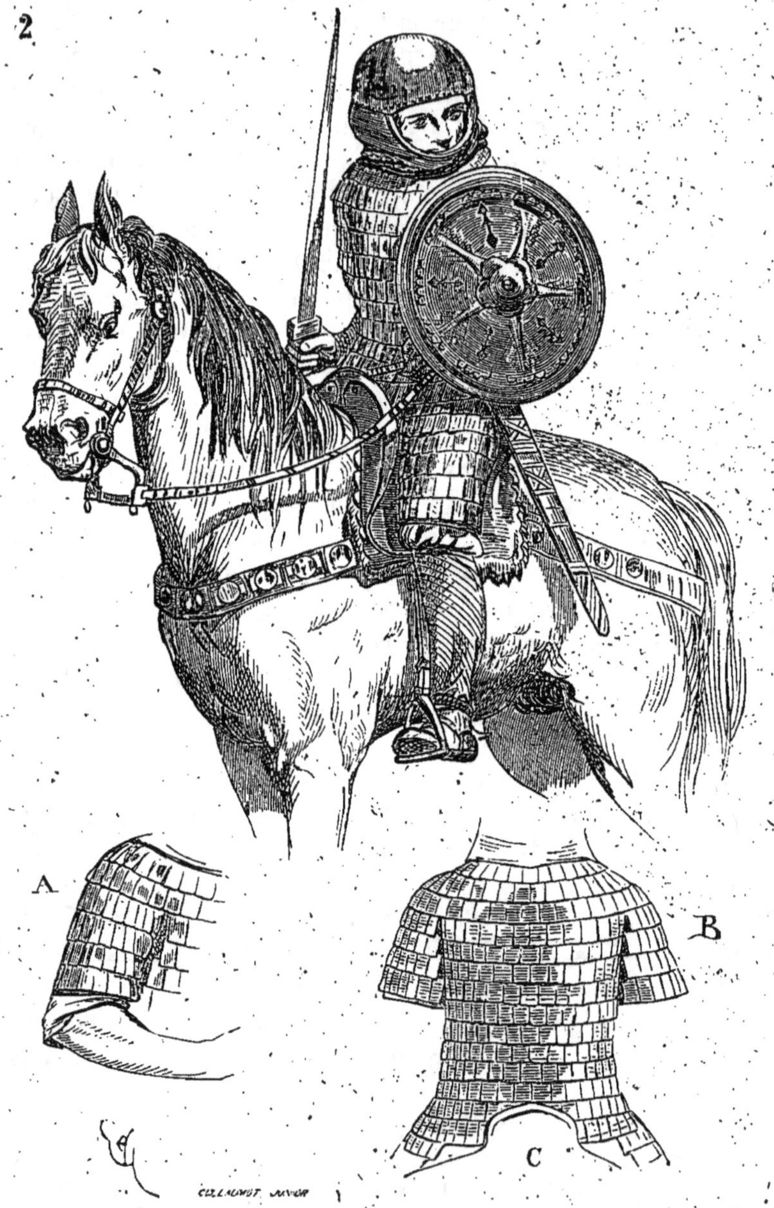

et large. L'aumusse de cuir que portent les deux cavaliers est destinée à bien couvrir cette large ouverture[1]. Ces cottes sont sans

[1] Voyez Cotte d'armes.

ceinture et laissaient aux mouvements toute leur liberté ; leur poids, combiné avec le trot du cheval, devait fatiguer beaucoup les épaules, aussi essaya-t-on de remédier à cet inconvénient. Vers la fin du IXᵉ siècle, on voit apparaître la cotte treillissée, c'est-à-dire composée, comme la précédente, d'un vêtement de toiles doublées et rembourrées ou de peau, et armé de bandes de cuir en façon de treillis, avec rivets à larges têtes à chaque jonction des bandes et dans leurs intervalles. Cette armure était moins lourde que la précédente, était plus souple, et permettait la ceinture, qui empêchait tout le poids de la cotte de fatiguer les épaules. Voici (fig. 3) un exemple de ce genre d'armure [1]. Le détail A montre comment était composé le treillis de bandes de cuir avec rivets de fer ou de bronze. Sous la cotte d'armes est une première tunique longue, d'étoffe, descendant aux genoux ; cette tunique est à manches justes ; puis est posée une seconde tunique ne descendant guère plus bas que la cotte et à manches courtes. Les jambes ne sont pas armées, mais couvertes de chausses justes. Aux souliers sont attachés des éperons. La cotte se réunit au casque par un couvre-nuque. Pour faciliter le passage de la tête, un vantail carré, posé sur la poitrine, s'ouvre d'un côté comme une porte, et se rattache par des agrafes. On trouve la même disposition adoptée pour les cottes d'armes normandes. Celles-ci sont parfaitement indiquées dans la tapisserie de Bayeux et dans un assez grand nombre de monuments datant de la fin du XIᵉ siècle. Ce qui donne aux représentations de la tapisserie de Bayeux un intérêt particulier, c'est que les cottes d'armes sont figurées non seulement sur tout le corps des personnages, mais portées sur des bâtons au moment de l'embarquement de Guillaume. Aussi voit-on exactement la manière dont elles étaient faites. Elles formaient un seul vêtement couvrant tout le corps, les deux bras jusqu'au-dessous du coude, et les deux cuisses jusqu'au-dessous des genoux. Pour revêtir cette cotte, un large plastron carré s'ouvrait sur la poitrine, permettait d'enfourcher les jambes, une manche, puis l'autre, après quoi on boutonnait ce plastron ; un camail était attaché au large collet par derrière ; sa partie antérieure était prise sous le plastron quand on le fermait sur la poitrine. Dans la tapisserie de Bayeux, ces cottes sont parfois treillissées ou paraissent revêtues de plaques de métal ; le plus souvent elles sont entièrement couvertes d'anneaux de métal, figurés par de petits cercles. On pourrait, vu le dessin grossier de cette broderie, supposer que ces anneaux représentent des mailles, mais

[1] Manuscr. Biblioth. nation., fonds Saint-Germain, latin.

d'autres monuments de la même époque, et d'une exécution minu-

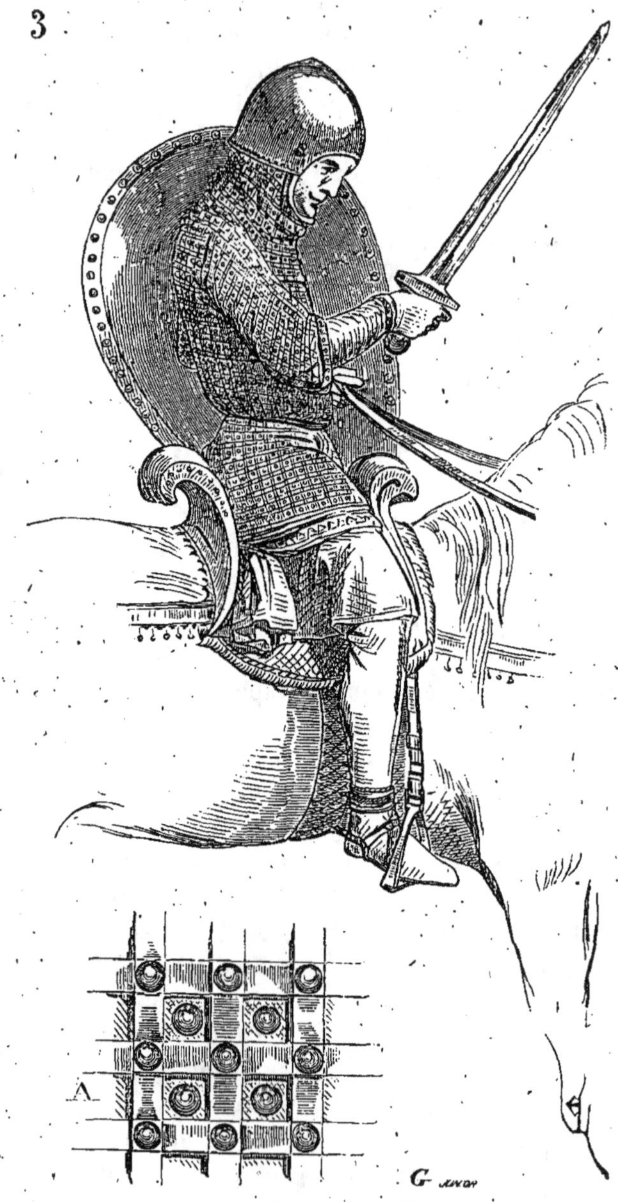

tieuse[1] quant aux détails, font bien voir que ces petits cercles ne sont autre chose que des anneaux de métal cousus sur la cotte de

[1] Voyez à l'article COTTE D'ARMES.

peau ou de toile rembourrée et doublée. Le colonel Penguilly L'Haridon, dans le Catalogue de la collection du Musée d'artillerie, a fait avec raison la distinction entre la cotte de mailles et la cotte

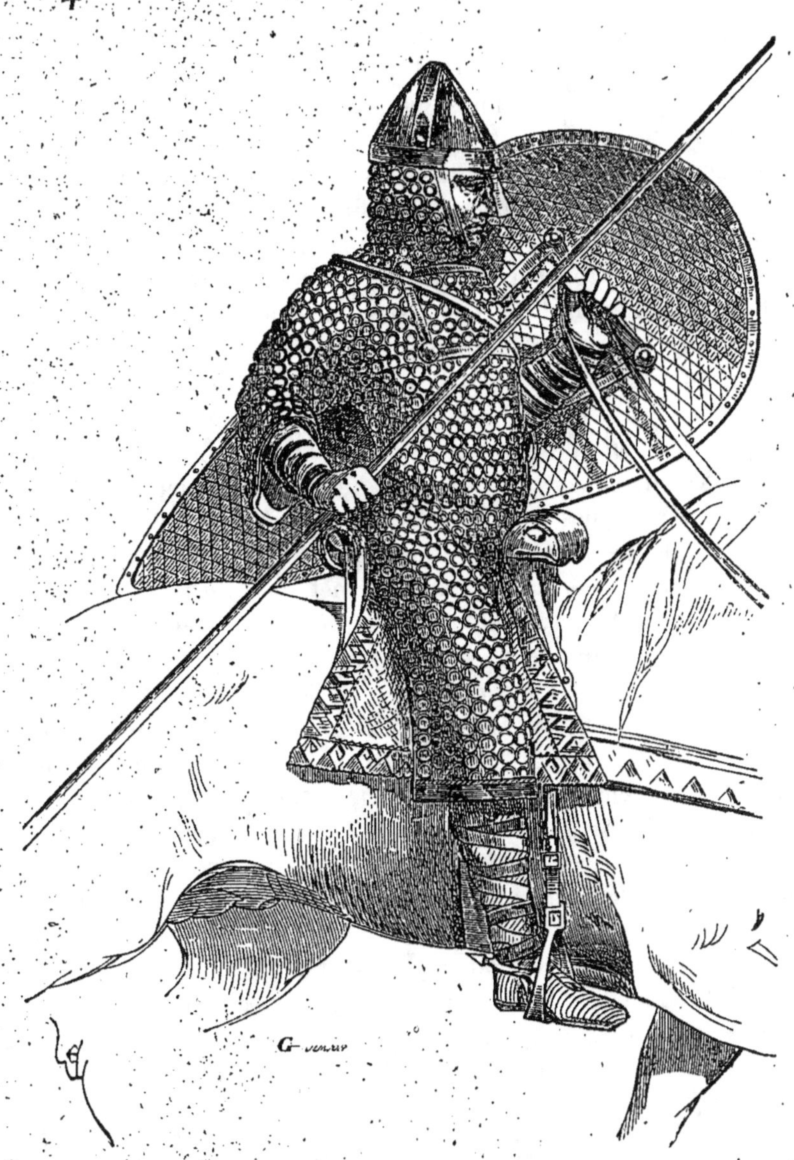

de peau ou d'étoffe chargée d'anneaux de métal ; car il ne paraît pas que les cottes de mailles aient été adoptées en France avant le XIIe siècle, encore apparaissent-elles rarement pendant la première moitié de ce siècle. Voici donc (fig. 4) un des cavaliers normands représentés sur la tapisserie de Bayeux. Il faut dire que ce précieux monument ne date pas de l'époque de l'expédition de Guillaume, mais ne remonte guère qu'à la fin du XIe siècle, c'est-à-dire à l'époque des expéditions des Normands en Italie, en Sicile et en Orient. Tout porte à croire, d'ailleurs, que l'équipement de ces rudes cavaliers s'était peu modifié pendant le cours du XIe siècle. La cotte était ample, mais pas assez pour ne pas suivre les formes du corps; les manches larges, pour pouvoir être passées facilement, ainsi que les cuisses. On voit sur la poitrine du cavalier le plastron-volet, qui s'ouvrait de haut en bas et permettait de passer le corps par cette ouverture, afin d'enfourcher les cuisses, le camail étant rapporté. Ce camail ne tenait pas au casque, mais s'attachait à la cotte d'armes, et l'on voit, sur la tapisserie de Bayeux, des guerriers qui n'ont sur la tête que ce camail, sans le casque conique avec nasal, que l'on mettait au moment du combat. L'homme, sous la cotte d'armes, est vêtu d'un pourpoint à manches très probablement de peau ou de toile double piquée; les jambes sont passées dans des chausses avec ou sans bandelettes [1]. Tous ces cavaliers portent des souliers garnis d'éperons très relevés au-dessus de la semelle. Ils tiennent des écus longs en forme d'amande, avec système de courroies et guige qui permettait de les passer à l'avant-bras gauche en deux sens et de les suspendre au cou [2]. Assis verticalement sur la selle, leurs jambes sont à peine pliées et portaient presque tout le poids du corps sur les étriers, afin de donner plus de force au coup de lance. L'épée, posée sur la hanche gauche, passait à travers la cotte et était bouclée par-dessous ; sa poignée seule restait apparente sous le coude gauche. A la même époque, les hommes d'armes en France portaient aussi des cottes d'armes composées de fines nattes de cuir posées verticalement sur un fond d'étoffe. On voit un de ces guerriers sculpté sur le linteau de droite de la porte principale de l'église abbatiale de Vézelay [3]. Ce personnage (fig. 5) est vêtu d'une tunique d'étoffe descendant aux genoux, avec manche large fendue de quelques centimètres, couvrant le bras droit, et manche juste au poignet, couvrant le bras gauche. La figure 5 *bis* montre la manche droite. La manche gauche était serrée, afin de ne

[1] Seuls sur la tapisserie de Bayeux, les chefs, et entre autres Guillaume, ont les jambes armées de la même manière que la cotte, c'est-à-dire de chausses couvertes d'anneaux de métal.

[2] Voyez Écu.

[3] 1100 environ.

pas gêner l'homme d'armes lorsqu'il se servait du bouclier. Sur cette tunique est posée la cotte d'armes faite de peau ou de toile dou-

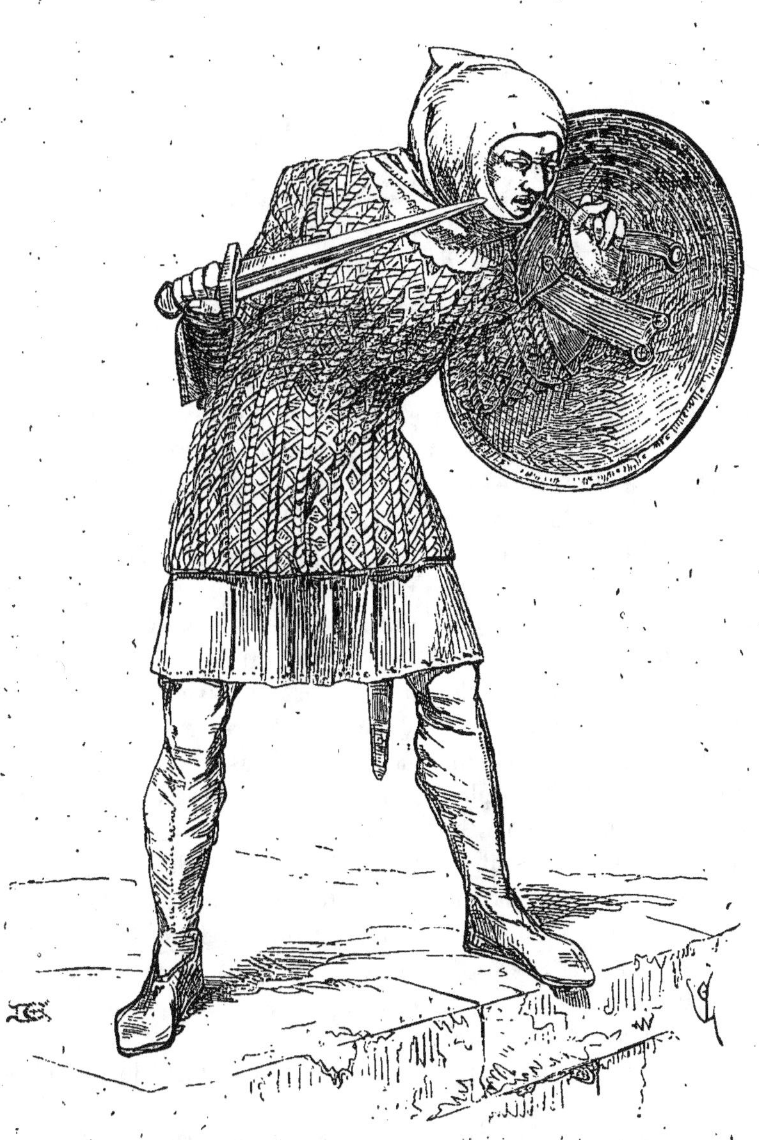

blée, avec treillis et torsades de cuir espacées [1]. Le treillis de cuir

[1] On remarquera que cette cotte n'est plus divisée en façon de caleçon pour passer les cuisses, comme l'était la cotte d'armes normande (voy. COTTE D'ARMES). Le fourreau

est d'abord cousu sur le fond, puis par-dessus des torsades de cuir entourant des lanières ou des cordelettes de chanvre (voy. le détail A fig. 5 *bis*). Une aumusse de peau avec petit camail protège la tête et le cou. Des chausses justes couvrent les jambes, et les pieds sont

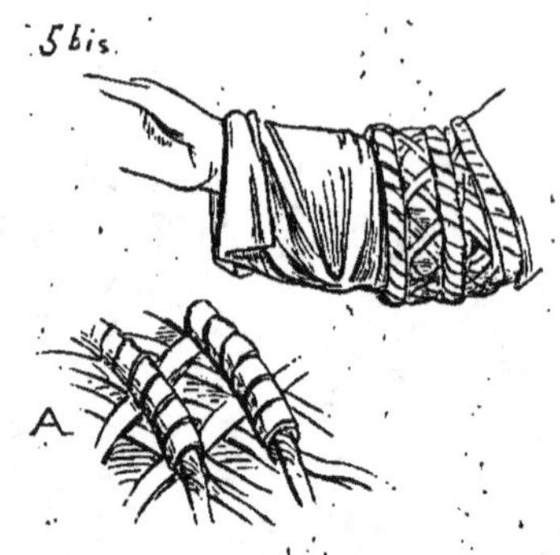

chaussés de souliers. Des hommes d'armes, sur ce même bas-relief, portent des boucliers circulaires avec orle et disque central de métal. Ces boucliers n'ont guère que 0m,60 de diamètre. Les épées sont courtes, larges au talon, avec garde sans quillons.

Un manuscrit de 1125 environ, écrit en France et faisant partie aujourd'hui de la bibliothèque Cottonienne[1], présente un guerrier vêtu d'une cotte d'armes fendue à la jupe latéralement et couverte de rivets de métal en manière de petits besants rapprochés. Le fourreau de l'épée, placée sur la hanche droite, passe à travers cette cotte ou *broigne* (fig. 6). Le casque est conique, légèrement recourbé par devant au sommet; il porte un nasal fixe. Sous la broigne est une longue tunique d'étoffe souple. L'homme d'armes est chaussé de brodequins par-dessus des chausses justes.

Au milieu du XIIe siècle, l'adoubement de l'homme d'armes avait subi quelques modifications. La tunique de dessous ne descendait qu'au-dessous des genoux. La broigne n'était pas fendue latéralement, étant assez courte de jupe; ses manches étaient plus amples. Elle était garnie encore de plaques rivées ou d'écailles, d'anneaux, de rivets ou même de chaînettes jointives[2].

Le casque est encore conique, composé de plaques de fer rivées,

de l'épée passe sous la cotte d'armes, et ne laisse voir que son orifice supérieur par une fente ménagée dans cette cotte.

[1] Brit. Museum, Nero, c. IV, fol. 13.

[2] Voyez BROIGNE. Lorsque cette cotte d'armes est revêtue de maillons de fer, elle prend le nom de *broigne trestie*.

avec ou sans nasal, mais souvent garni d'une queue de fer mobile, à laquelle on attachait un morceau d'étoffe : c'était à la fois un couvre-

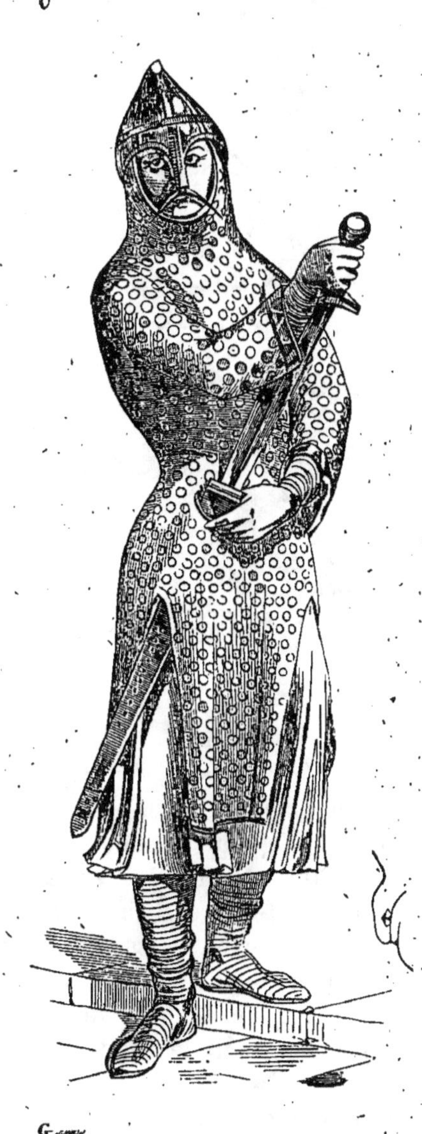

nuque et un ornement. Rarement les jambes sont couvertes autrement que par des chausses, bien que l'on remarque, dans certains monuments, une arête sur le tibia, qui semble être une verge de métal cousue sur le devant du bas-de-chausses ; les souliers, séparés de ces chausses, persistent. L'écu est circulaire dans les provinces françaises occidentales (fig. 7[1]). C'est alors aussi que dans les pro-

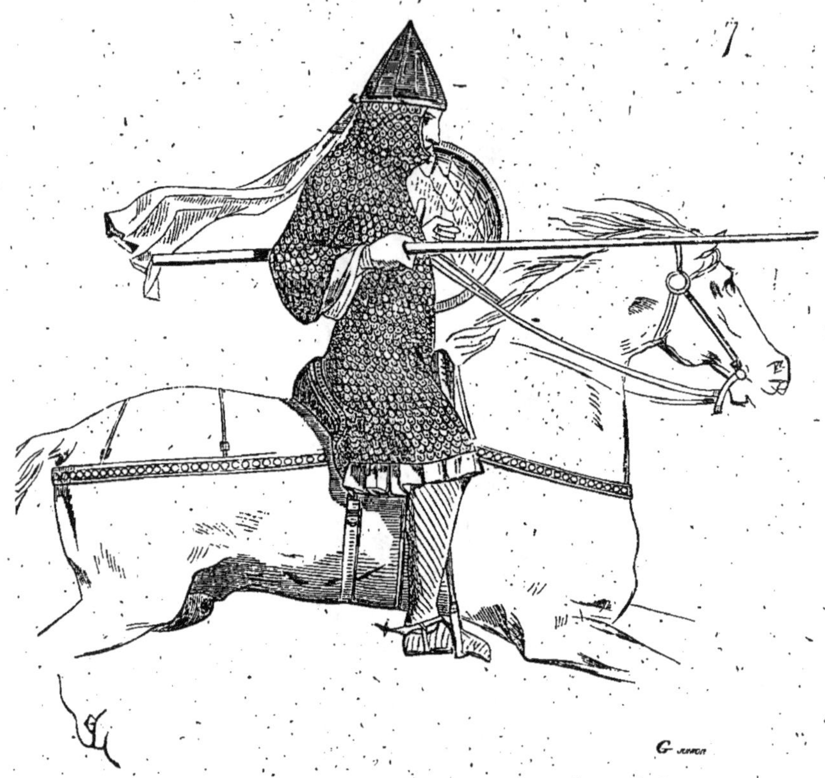

7

vinces de l'est et jusqu'en Champagne on voit apparaître le casque bombé, très haut, avec nasal, couvre-nuque et garde-joues[2]. On peut admettre que dès cette époque, les cottes d'armes étaient déjà composées de mailles, c'est-à-dire d'anneaux de fer entrelacés et rivés. Ces anciennes mailles sont grosses, épaisses et assez irrégulières ; on en a trouvé quelques débris dans des tombeaux, dont les anneaux ont plus de $0^m,01$ de diamètre et $0^m,002$ d'épaisseur ; d'ailleurs ces cottes d'armes avaient la coupe de celle représentée figure 7.

Ce n'est qu'après la croisade de Louis le Jeune (1150), que la

[1] Bas-relief de la façade de la cathédrale d'Angoulême, à droite de la porte principale.

[2] Voyez CASQUE.

maille est définitivement adoptée pour couvrir l'homme d'armes. Alors la broigne descend à mi-jambes et s'attache au bas du cou par derrière, sur un camail de peau dont le capuchon couvre la tête en

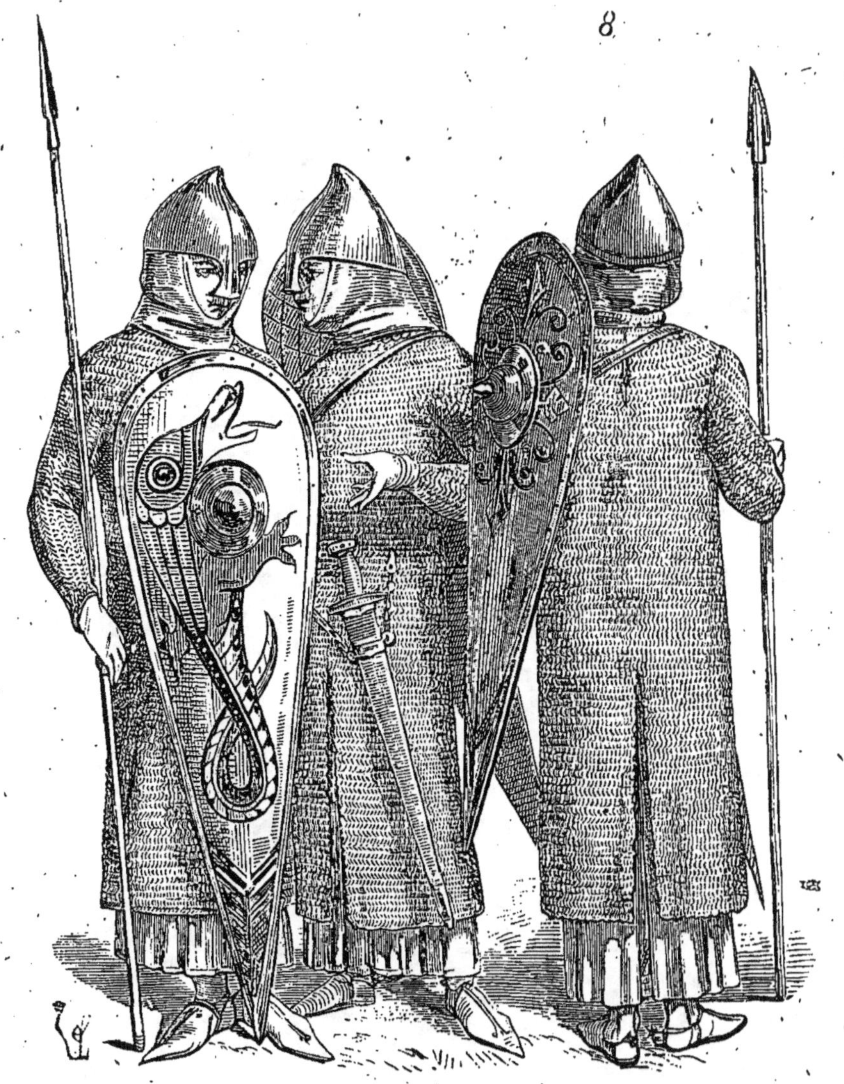

laissant le visage découvert. Ce vêtement prend alors le nom de *haubert* ; ses manches sont justes, et les mains sont couvertes de gants de peau souple. Le casque (*elme*, *heaume* ou *hiaumet*, est pointu) légèrement recourbé sur le devant, saisit l'occiput, et possède un nasal fixe, très large à la base. Le *gambison*, ou pourpoint de dessous, rembourré sur la poitrine, les épaules et le dos, afin d'amortir les coups de pointe, de masse, et surtout d'empêcher les flèches ou

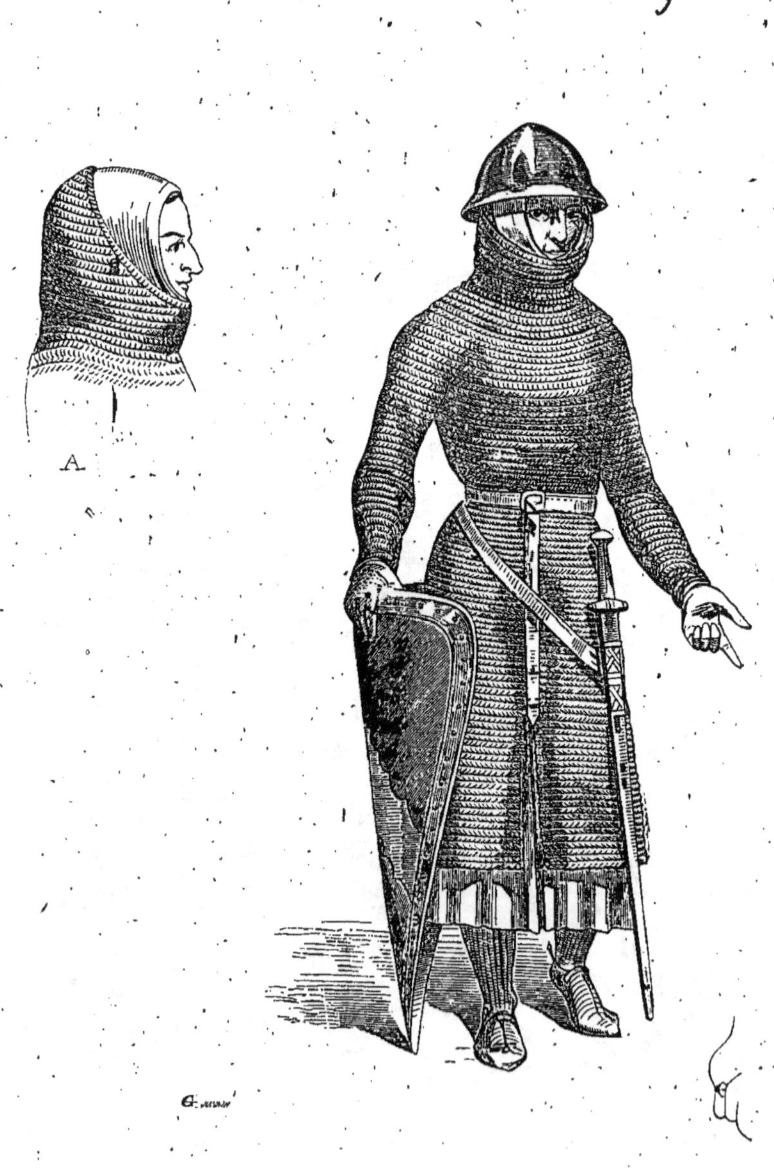

carreaux d'arbalète de pénétrer à travers les maillons, était terminé par une jupe sous la maille qui descendait aux chevilles. Les souliers sont de cuir et portent un nerf saillant de métal sur le cou-de-pied.

L'écu en amande est très long[1] et peut cacher l'homme à pied, pour peu qu'il se baisse ; il est muni d'un *umbo* très saillant (fig. 8[2]). La cotte de mailles n'est fendue que par devant et par derrière, ainsi que la jupe du gambison, pour laisser les jambes libres et couvertes lorsque l'homme d'armes est à cheval.

L'épée, large au talon, pointue, moyennement longue (80 centimètres environ), est portée la poignée un peu en avant de la hanche gauche et le fourreau incliné, mais de manière à ne pas dépasser l'aplomb postérieur de la cotte d'armes.

Plus tard, de 1180 à 1200, le haubert descend au-dessous des genoux ; ses manches sont justes, et les mains sont couvertes de gants de peau ; mais le capuchon, fait de peau, est en partie couvert de mailles à la nuque, sur les joues et au menton. L'épée est longue, tombe verticalement le long de la jambe gauche, et est attachée à un ceinturon qui serre le haubert à la hauteur de la taille.

Le hiaumet affecte des formes variées : il est ou conique, comme dans l'exemple figure 8, mais sans couvre-nuque, ou en forme de demi-sphère, ou bombé, avec rebords, ou pointu, avec nasal fixe ou mobile. Le haubert de mailles est fendu devant et derrière jusqu'à la hauteur de l'entre-cuisses, et latéralement jusqu'à la hauteur de la main étendue. La jupe du gambison est fendue de la même manière. Un camail de mailles recouvre le haubert et s'attache sur un capuchon de peau. Les jambes sont armées de mailles sur le tibia, où vêtues de jambières de cuir piqué avec souliers et éperons. L'écu est triangulaire, très concave et large au chef, dont les angles sont arrondis. La cotte d'armes et le gambison se séparaient donc en quatre parties lorsqu'on montait à cheval. Cette cotte maillée s'attachait sous le camail par devant, au moyen de quelques boutons, mais plus souvent était lacée derrière le cou jusqu'au milieu du dos (fig. 9[3]). On disait alors *fervestir* pour *s'armer* ; et « tant de *fervestis* », comme plus tard on disait « tant d'*armures de fer* », pour indiquer une troupe d'hommes d'armes à cheval :

« Li vassaus monte qu'il ot le cuer hardi
« A bien set cens chevaliers fervestis[4]. »

[1] Voyez Écu.

[2] Bronze de la collection de M. le comte de Nieuwerkerke ; vitraux de Chartres ; statue du *Courage*, portail principal de la cathédrale de Chartres.

[3] Statue tombale de 1195 environ, musée de Niort ; manuscr. de la même époque ; manuscr. Biblioth. nation., *Psalt*, latin, n° 8846 (premières années du XIIIe siècle).

[4] *Li Romans de Garin le Loherain*, t. I, p. 69.

« De l'ost se part à trois mil fervestis[1]. »

« A quatre portes ot lor agais bastis,
« Et à chascune ot cinq cens fervestis[2] »

« Atendez tant que je soie garis,
« Que je pourai mes garnemens sofrir,
« Et que je puisse chevauchier fervestis[3]. »

Il y avait d'ailleurs, à cette époque de transition, en toutes choses

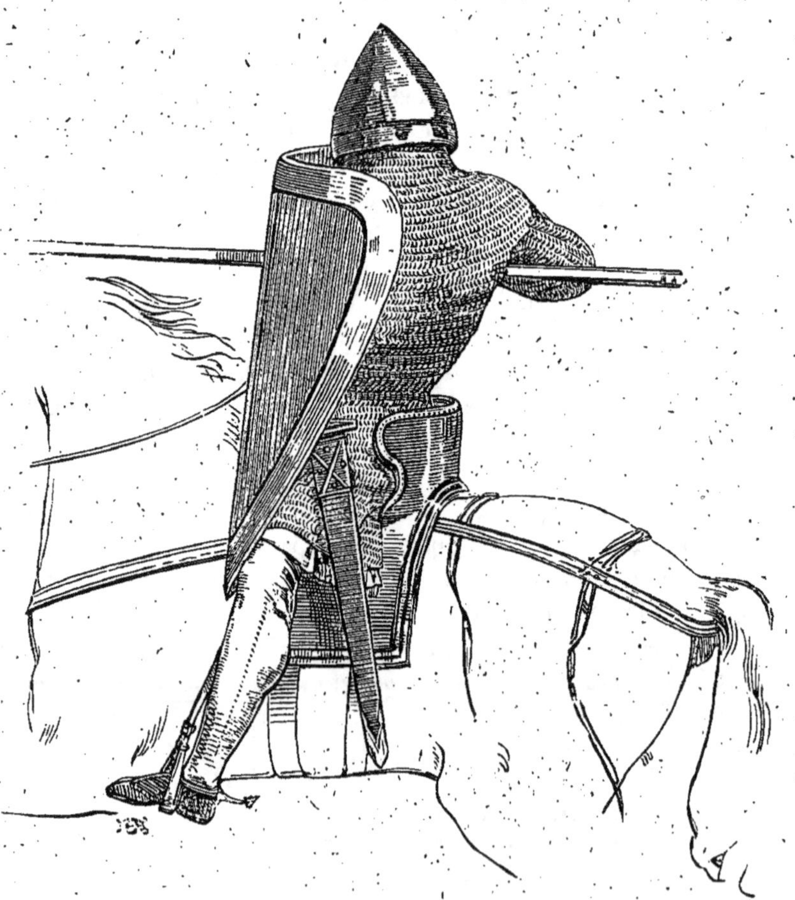

peu d'uniformité dans l'habillement de l'homme d'armes. On portait

[1] *Li Romans de Garin le Loherain*, t. II, p. 128.
[2] *Ibid.*, p. 157.
[3] *Ibid.*, p. 193.

simultanément la broigne et le haubert, avec camail ou sans camail fixe, le haubert avec ou sans ceinturon, le haubert ne descendant qu'au-dessus des genoux, ou le grand haubert atteignant presque les chevilles. Les mailles des jambes étaient ou de véritables chausses, ou des gardes de tibia lacées derrière les mollets. Le capuchon de mailles couvrait parfois le crâne, les joues, les oreilles, l'occiput et posait sur un serre-tête de peau.

La figure 9, en A, montre comment la maille du camail était fixée sur le serre-tête de peau, qui permettait de mieux asseoir le hiaumet. La maille n'étant pas ainsi interposée entre le serre-tête et le hiaumet, le poids de celui-ci n'imprimait pas les maillons dans le crâne de l'homme d'armes. Ce hiaumet était fixé par deux courroies à deux petits crochets ou boutons latéraux. Si un cavalier se jetait dans la mêlée, il remplaçait le hiaumet par le grand heaume qui couvrait entièrement la tête, ainsi que le montre la figure 10 [1]. Deux fentes horizontales percées au-dessus du cercle inférieur de

11

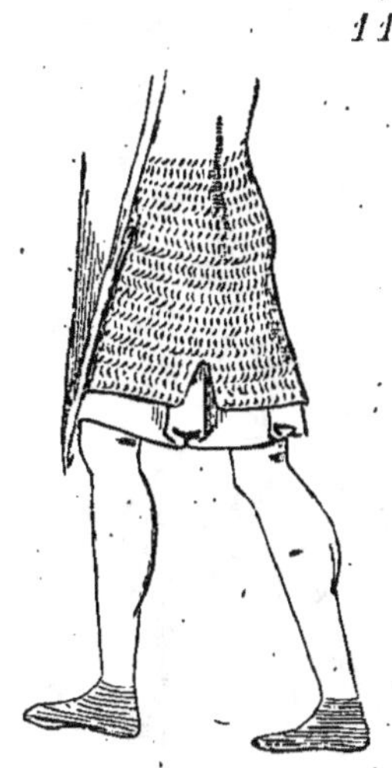

ce heaume permettaient au cavalier de voir. Dans cet exemple, l'homme d'armes n'a pas de ceinturon, et son épée est attachée à deux chaînettes passant par deux fentes ménagées dans la jupe du haubert, qui ne descend guère qu'aux deux tiers des cuisses. Le gambison s'arrête au-dessus des genoux. Les jambes sont couvertes de chausses de peau. L'écu, très recourbé, enveloppait complètement le corps du cavalier et sa pointe couvrait le genou droit. Ces cottes

[1] Manuscr. Biblioth. nation., *Psalt.*, latin (1200 environ).

courtes n'étaient fendues que devant et derrière (fig. 11 [1]). Le haubert portait le camail et se passait par le bas en relevant les bras

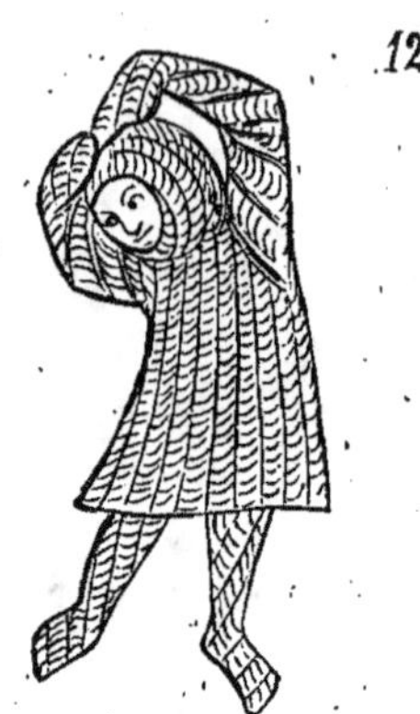

12

(fig. 12 [2]), comme on fait d'une chemise. La figure 12 *bis* [3] montre un varlet tenant une broigne ou un haubert sur son bras et s'apprêtant à en revêtir son maître.

12 *bis*

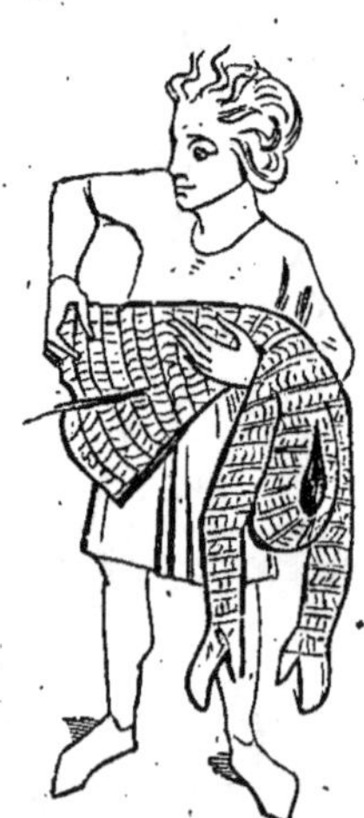

Bien que ces deux exemples datent d'une époque postérieure de cinquante ans environ à celle à laquelle appartiennent les figures 8

[1] Même manuscrit.

[2] Manuscr. Biblioth. nation., *Lancelot du Lac*, français, t. III (1250 environ).

[3] Manuscr. Biblioth. nation., *li Roumans d'Alixandre*, français (1260 environ).

et 9, cependant nous les classons ici, parce qu'ils montrent la manière de mettre la cotte de mailles ou la broigne de la fin du XIIe siècle, aussi bien que celle du XIIIe.

Le beau *Psautier* latin de la Bibliothèque nationale, de 1200 [1],

13

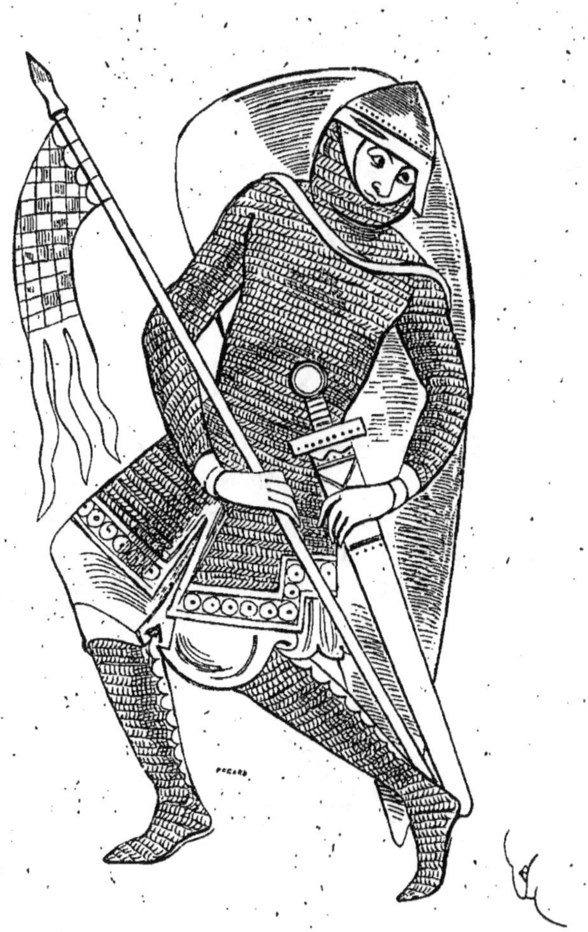

montre, dans une de ses miniatures, un Goliath armé comme un chevalier des premières années du XIIIe siècle. Son haubert de mailles (fig. 13) est court, fendu en quatre au bas, avec bordure ornée. Le camail est disposé comme celui présenté figure 8. Le hiaumet est pourvu d'un nasal fixe. L'écu est long, en amande, l'épée large au talon. Les jambes sont garnies de mailles sur le tibia, lacées par

[1] N° 8846.

derrière sur des chausses rouges. Le gambison d'étoffe est pourpre clair. La lance est armée d'un pennon losangé attaché à cinq clous :

« Il vest l'auberc et le vert heaume lace
« Et ceint l'espée par les renges de palle.
« L'en li amaine l'auferrant en la place :
« Li cuens i monte si que estrier n'i baille.
« A son col pent une vermeille targe,
« Entre ses poinz un roit espié qui taille,
« A. V. clos d'or une ensaigne de paile[1]. »

L'adoption du haubert de mailles ou haubert *jaseran* :

« Trestut le cors et l'osberc jazerenc[2]... »

« Et dos li vestent une hauberc jazerant[3]... »

qu'on appelait aussi simplement un *jaseran* :

« Car encor ai entier mon jazerant[4]... »

ne fit pas cependant disparaître entièrement la broigne. Peut-être convient-il d'établir clairement la différence entre ces deux vêtements de guerre. La broigne est faite de peau ou de toile, revêtue de lames, d'anneaux ou de chaînettes de fer ou même de simples rivets. Le haubert est la cotte composée de mailles, lesquelles, entrelacées,

14

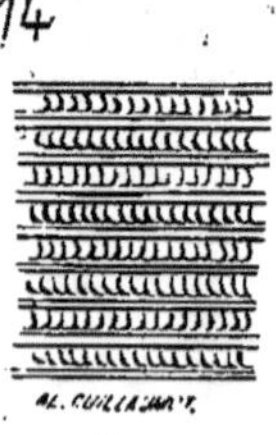

forment un tissu de fer, souple, indépendant du vêtement de dessous sur lequel il est posé. Or on voit la broigne, c'est-à-dire le vêtement de peau ou de toile en double, revêtu de maillons cousus, persister très tard. Il paraîtrait même que vers le milieu du XIIIe siècle, ce vête-

[1] *Guillaume d'Orange, Li coronemens Looys*, vers 409 et suiv.
[2] *Chanson de Roland*, stance 123.
[3] *Girard de Vienne*, vers 2086.
[4] *Agolant*, vers 886.

ment de guerre fut très fréquemment adopté. Il préservait mieux des coups de pointe que ne pouvait le faire la cotte de mailles, et fatiguait moins le cavalier en s'adaptant mieux au corps. Beaucoup de vignettes de manuscrits de cette époque représentent des hommes d'armes dont l'armure est exprimée par le travail qu'indique la figure 14. Des monuments sculptés montrent également des cottes à armer dont les rangs d'anneaux-serrés sont séparés par un filet saillant [1]. Ce filet est souvent peint en vert, en pourpre, en rouge, tandis que les rangs d'anneaux sont ou dorés, ou colorés en gris. On peut en conclure que ces filets figurent une étoffe. A l'article BROIGNE nous expliquons en détail ce genre de travail.

Avant de suivre les transformations de l'équipement, ou, comme on disait alors, du *garnement* de l'homme d'armes français, on ne saurait passer sous silence certaines particularités remarquables de l'armement des chevaliers des provinces voisines du Rhin vers la fin du XIIe siècle, et qui expliquent quelques-unes des modifications apportées alors à l'habillement militaire de la Champagne. Le vêtement de mailles parait avoir été adopté sur les bords du Rhin d'une manière complète avant d'être admis définitivement en France. Le beau manuscrit de Herrade de Landsberg [2] fournissait sur cet habillement des documents précieux; il montrait des chevaliers entièrement couverts de mailles sans apparence de gambison ou de tunique d'étoffe sous-jacente. Le haubert ne se termine pas par une jupe fendue, mais en manière de braies, à peu près comme l'était la cotte à armer normande.

Sous le capuchon qui tient au haubert (fig. 15), est posée une cervelière de mailles doublée de peau ou de double toile (voy. en A). Le heaume est de deux sortes : l'un (voy. en B) est conique, légèrement bombé, avec pointe recourbée sur le devant et nasal fixe ; l'autre (voy. en C), hémisphérique, très haut, avec ventaille qui laisse seulement les yeux à découvert. Le haubert est terminé en manière de caleçon ample; les jambes sont couvertes de mailles sur le devant, lacées sur le mollet. La maille ne couvre que la moitié de la main, comme des mitaines, le reste est une garniture de peau. Le ceinturon, soit de cuir souple ou d'étoffe, n'est pas serré par une boucle, mais au moyen d'un œil à travers lequel passe l'autre extrémité. L'épée est très large au talon. L'écu est triangulaire, arrondi aux deux angles supérieurs et pris dans un cylindre ; il est toujours

[1] Voyez, entre autres, l'effigie d'un chevalier de la famille de Sulney, reproduite dans l'ouvrage de M. J. Hewit : *Ancient Armour and Weapons in Europa*, t. I, p. 261.

[2] Biblioth. de Strasbourg, brûlée en 1870 par l'armée prussienne.

pendu au cou par la guige. Cette manière d'armer les jambes paraît avoir été adoptée sur les bords du Rhin tout d'abord et n'avoir été admise en France que vers les premières années du XIIIe siècle. La

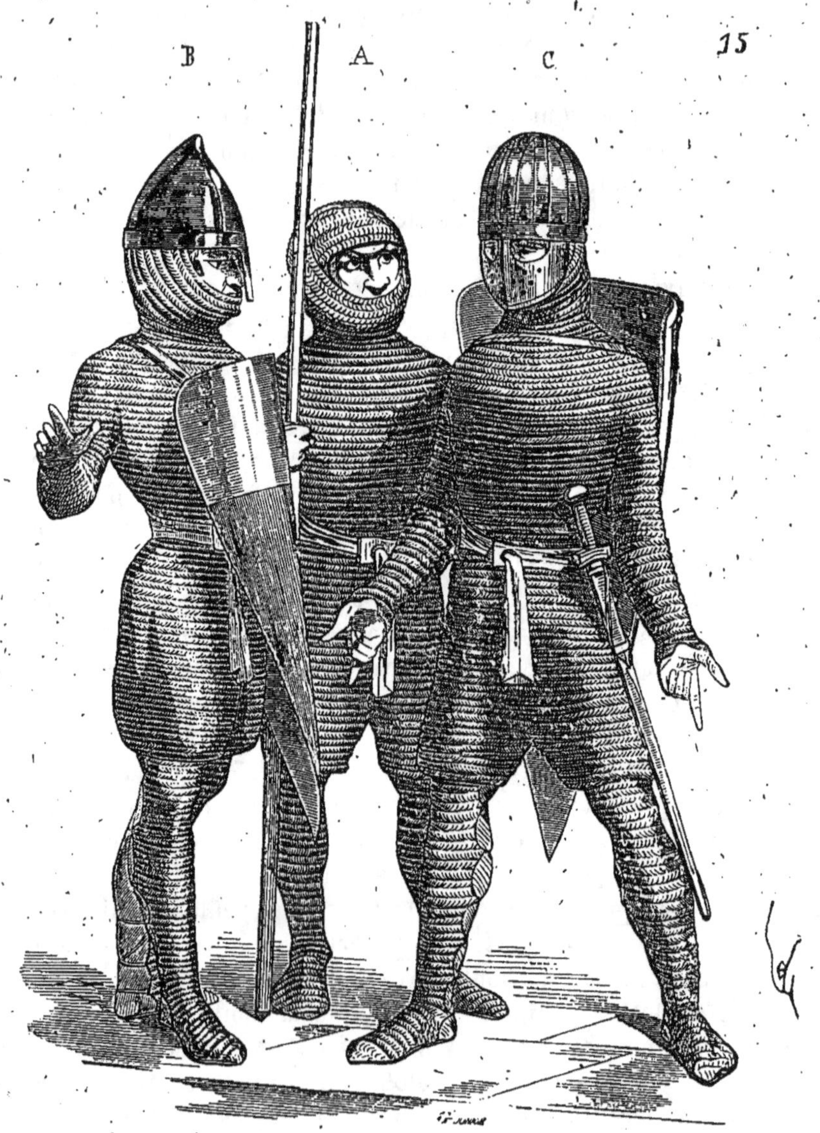

singulière ventaille qui accompagne le heaume C est une pièce d'armure toute particulière aux contrées germaniques, mais qui fournit les éléments d'un appendice adapté quelques années plus tard au heaume français. Il est à observer que, pendant le cours du moyen âge, les hommes de guerre d'outre-Rhin ont pris de grandes précautions pour se couvrir, et que leur habillement militaire est en général plus préservatif que ne le sont ceux de nos hommes d'armes. C'est d'Allemagne que nous viennent toujours les pièces d'armes les plus solides et défensives. Aujourd'hui les troupes allemandes n'ont pas perdu ces habitudes fort prudentes, pour lesquelles nous avons peu de goût, mais que tôt ou tard nous adoptons forcément.

De 1220 à 1230, l'habillement de l'homme d'armes français subit de nouvelles modifications. Le haubert de mailles descend au-dessous des genoux, laissant apparaître le bord inférieur de la jupe du gambison. Le capuchon de mailles couvre le menton, les oreilles et le sommet du crâne ; par-dessus est posée une sorte de cervelière d'étoffe avec turban, appelée parfois *mortier*, destinée, ainsi que le montre la figure 16 [1], à maintenir le heaume de fer et à l'empêcher de froisser le front et les tempes. Le ceinturon est porté bas déjà sur la cotte de mailles. Le heaume est cylindrique, très large et terminé carrément. Il est maintenu d'aplomb par le turban de la cervelière. Déjà la cotte d'armes d'étoffe recouvre parfois le haubert de mailles et descend plus bas ; elle est fendue devant, derrière et latéralement. Alors le ceinturon serre la taille.

Les jambes sont habituellement revêtues de chausses de mailles, bien que l'usage des chausses d'étoffe ou de peau fût encore assez fréquent, ainsi que nous l'apprend ce curieux passage de la croisade contre les Albigeois [2] :

« Yeu conosc las costumas dels Frances bobanciers
« Quilh an garnitz los corses finament a dobliers
« E de jos en las cambas non an mas los cauciers
« E sils datz a las garras nils firetz soendiers,
« Al partir dela coita i remandral carniers [3]. »

Le heaume cylindrique plat au sommet, si étrange que paraisse sa forme, avait sa raison d'être, eu égard aux armes offensives employées. Il parait parfaitement les coups de lance, qui glissaient sur ses parois ; il préservait les coups d'épée, de masse ou de hache, beaucoup mieux que ne le pouvait faire le heaume conique ou

[1] Bas-relief déposé dans l'église Saint-Nazaire de Carcassonne et représentant la mort de Simon de Montfort ; bas-relief de la cathédrale de Reims, face nord (1225).

[2] Chap. CCV, vers 8350 et suiv.

[3] « Je sais les coutumes des Français fanfarons. Ils ont le corps couvert de fins doubliers, mais ils n'ont aux jambes que leurs chauciers. Si donc vous les visez aux jarrets et que vous frappiez fort, au départir de la mêlée, il restera là de leur chair. »

sphérique. Ces coups ne pouvaient être dirigés qu'obliquement ; dès lors, au lieu de rencontrer une surface normale à leur direction, ils frappaient sur un angle qui offrait une très grande résistance. Pour qu'un cavalier pût frapper son adversaire de manière à faire

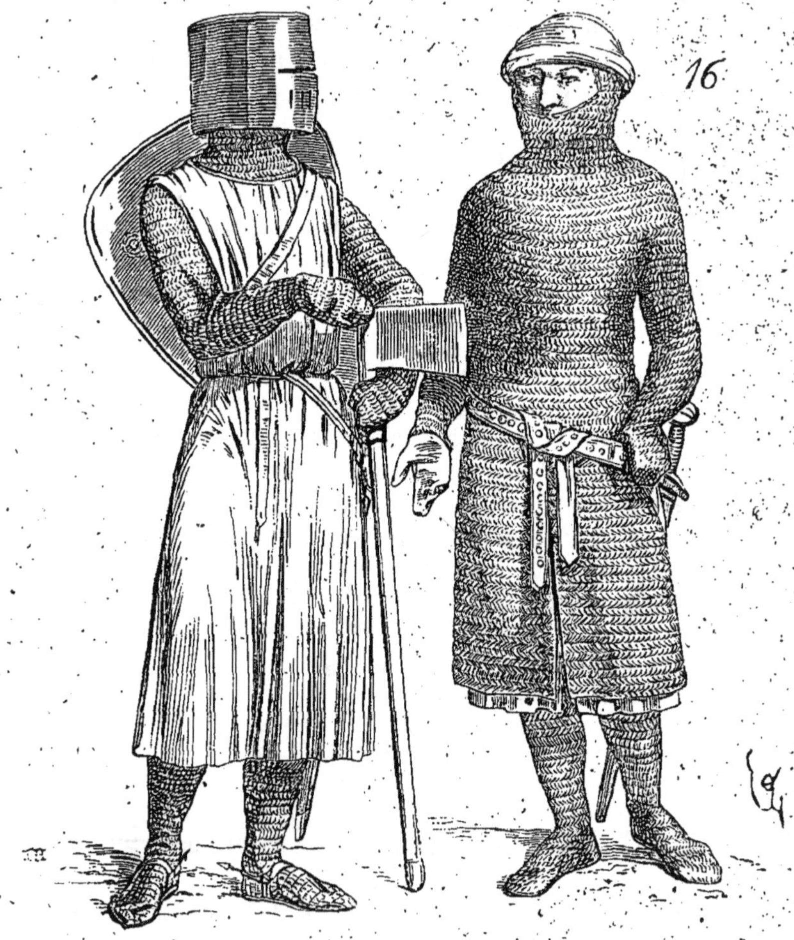

tomber le poids de sa hache ou de sa masse normalement à la partie plate du sommet du heaume, il eût fallu qu'il se trouvât plus élevé que cet adversaire, qu'il se mît à genoux sur la selle de son cheval : aussi le cavalier, au moment de diriger un coup de hache ou de masse, se dressait-il autant que possible sur ses étriers, afin que son arme pût enfoncer la partie plane du heaume. Avait-on aussi pour cette sorte d'attaque des haches à fer pesant et à long manche flexible, semblables à celle qui est représentée sur la figure 16.

Il fallait bien que ces heaumes cylindriques fussent un bon habillement de tête, car ils persistent très tard ; on en portait encore à la croisade de saint Louis (voy. HEAUME). L'écu était peint aux armes de chacun. Voici un passage de la *Chanson des Saxons* [1], qui vient appuyer les monuments figurés d'où nous avons tiré les exemples précédents :

> « Qui dont véist chascun son hernois aprester,
> « Ces espées forbir et ces hauberz roller.
> « Cauces et covertures froier et escurer,
> « Cez heaumes rebrunir, ces escuz enarmer
> « Cez fers de cez espiez an fraisnez anhanter,
> « Et ces chevax de garde torchier et conraer.

Roller veut dire battre, équivaut à la locution vulgaire de *rouler*. Le moyen de dérouiller et de nettoyer les hauberts de mailles ne pouvait consister qu'en un froissement répété des maillons les uns contre les autres. *Froier* veut dire frotter ; le verbe *escurer* a la signification qu'on lui donne aujourd'hui. Donc il s'agit de pièces d'armures de fer poli, c'est-à-dire de grèves (*cauces*) et d'ailettes (*covertures*) ; et, en effet, dès le milieu du XIIIe siècle, ces deux pièces d'armures étaient ajoutées au garnement de mailles. *Ecus enarmez* veut dire écus peints aux armes de ceux auxquels ils appartenaient. C'était en bois de fresne que l'on fabriquait les manches de lance.

A cette époque, c'est-à-dire vers 1250, sans être sensiblement modifié, l'habillement de l'homme d'armes gagne en élégance. La cotte d'armes d'étoffe, ne descendant qu'au-dessus des genoux, couvre entièrement le haubert de mailles, dont les manches seules restent apparentes. Le capuchon de mailles tient au haubert et est serré à la hauteur des tempes par une mince courroie bouclée ou nouée par derrière. Les gantelets de mailles tiennent aux manches et peuvent laisser la main libre au moyen d'une fente pratiquée longitudinalement au poignet. Le ceinturon, large, pendant, est retenu par une ceinture qui serre la taille. Les jambes sont, ainsi que les pieds, revêtus de chausses de mailles (fig. 17 [2]). Le heaume est cylindro-conique tronqué, avec vue barrée par un renfort vertical. Ce heaume avait l'avantage de mieux tenir sur la tête que celui de l'exemple précédent, et posait sur la cervelière de mailles. Il était

[1] Chap. XXXIV.

[2] Cathédrale de Reims, sculptures du portail principal à l'extérieur et à l'intérieur.

garni intérieurement d'une coiffe rembourrée qui portait sur cette cervelière. Sous la maille, le gambison, sorte de pourpoint, était fait de toile fortement rembourrée sur le dos, la poitrine et les

17

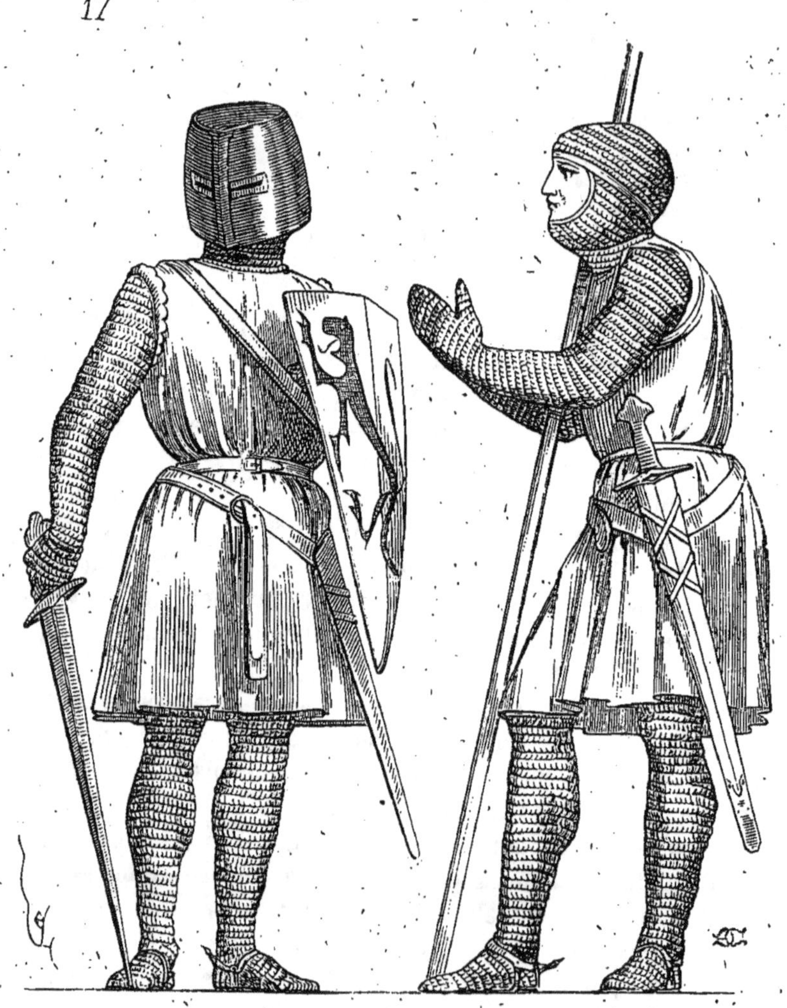

hanches. L'écu, moins recourbé que précédemment, était aussi plus petit et triangulaire. La cotte d'armes est parfois à cette époque portée sans ceinture, collante sur la poitrine et le dos, et faite d'étoffe fortement doublée. Le heaume est surmonté d'un cimier, suivant le goût de chacun. La figure 18[1] montre un de ces che-

[1] Manuscr. Biblioth. nation., *Roman de Tristan*, français (1260 environ).

valiers monté ; son écuyer porte l'écu et la lance. Lorsqu'on portait la cotte d'armes épaisse, roide et collante sur le torse, l'épée était attachée à un ceinturon serrant le haubert de mailles. Sa poignée

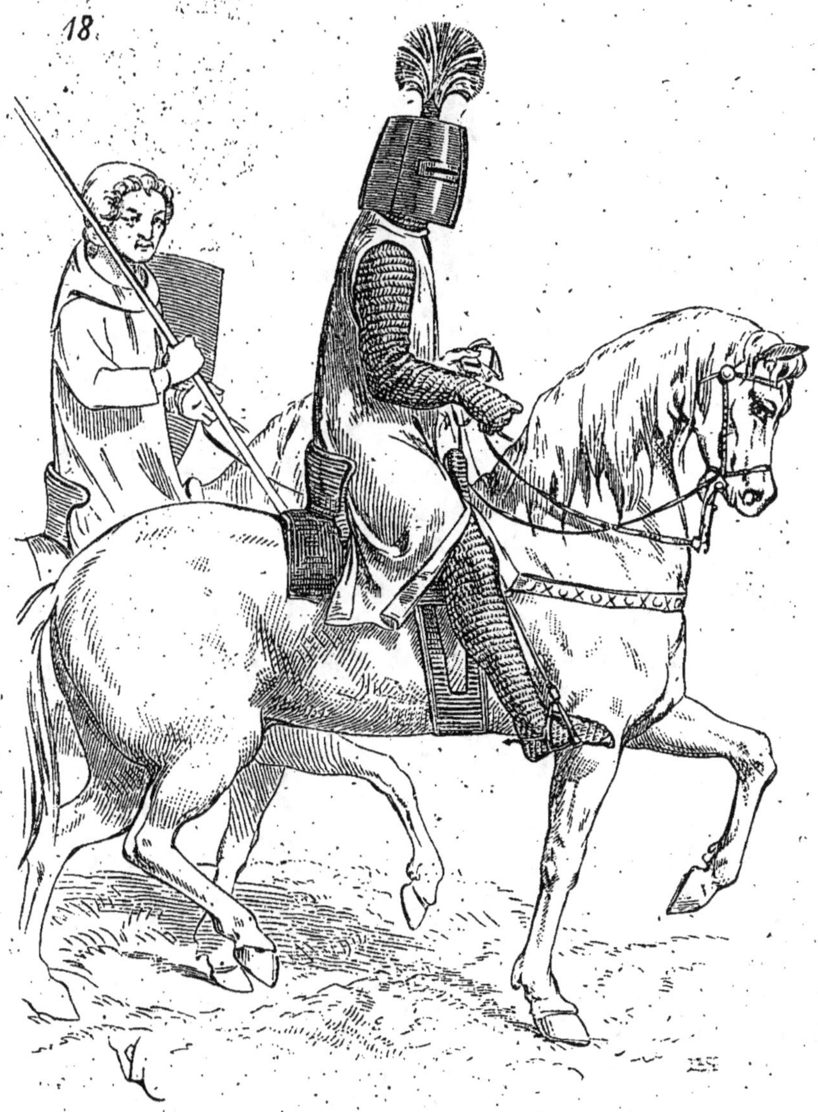
18

seule sortait par une fente pratiquée latéralement dans la cotte d'armes du côté gauche. C'est alors aussi[1] que, pour garantir les épaules contre les coups de masse et de hache, l'homme d'armes

[1] Milieu du XIIIe siècle.

adopte les ailettes [1], qui sont deux plaques de fer quadrangulaires attachées sous les aisselles et joignant le heaume au moyen d'une courroie transversale, au moment du combat. C'est vers 1250 qu'apparaissent les ailettes. Le heaume cylindro-conique est aussi

19

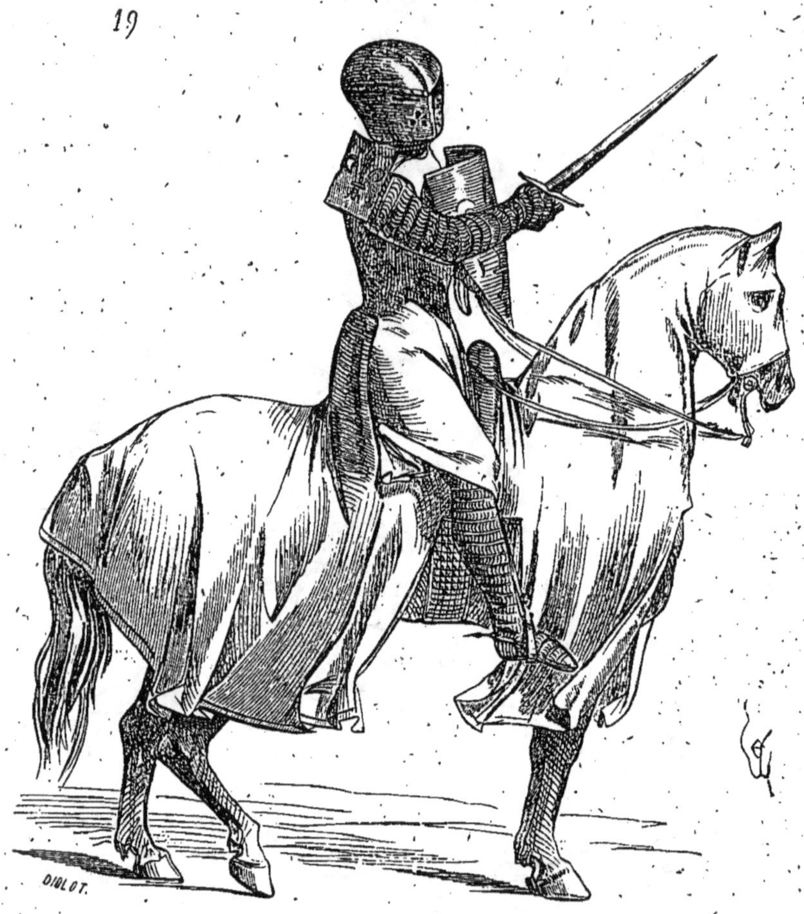

parfois remplacé alors, en France, par le heaume large du haut, bombé à sa partie supérieure et se rétrécissant vers le cou (fig. 19), pas assez cependant pour que la tête n'y pût passer; car ce heaume, pas plus que les précédents, ne s'ouvrait pour faciliter le passage du crâne. Une coiffe intérieure bien rembourrée permettait au heaume d'adhérer parfaitement à la cervelière de mailles. Le cheval de cet homme d'armes est houssé. C'est alors en effet

[1] Voyez Ailette.

que ce harnais est adopté. La housse d'étoffe n'était pas un simple ornement, elle préservait efficacement le cheval des traits d'arc ou

20

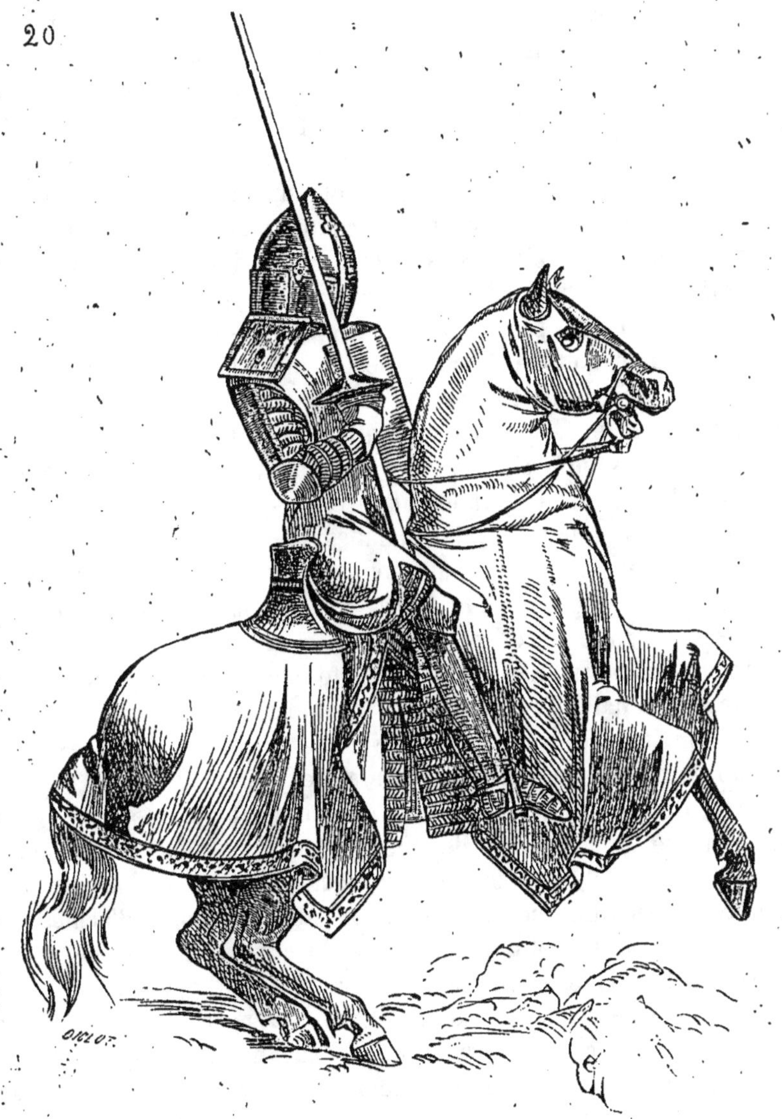

d'arbalète, et même des coups d'épée. Flottante à la partie inférieure, elle était fortement doublée sur le cou, le poitrail et la croupe. Mais on ne se contenta pas de cette houssure d'étoffe. Voici (fig. 20 [1])

[1] Manuscr. Biblioth. nation., *Godefroy de Bouillon*, français (dernières années du XIIIe siècle).

un chevalier dont l'adoubement date de 1300 environ. Cet adoubement est plus compliqué et appartient à une époque de transition. La broigne est de nouveau substituée à la maille, c'est-à-dire le vêtement de peau, de toile ou de velours, sur lequel sont cousus des rangs de maillons. Au poignet même apparaît, entre le gantelet et la manche de la broigne, le gambison de peau piqué. Outre les ailettes, les arrière-bras sont armés de plaques de fer, et les coudes de cubitières légèrement coniques. Les jambes sont aussi armées de grèves et de genouillères par-dessus les chausses façonnées comme la broigne. Celle-ci ne descend qu'aux genoux, et la cotte d'armes d'étoffe souple recouvre le torse et les cuisses. Le heaume est pointu[1], avec vue barrée verticalement par un renfort, comme dans les exemples précédents ; les mains sont gantées de peau. Sous la housse d'étoffe, le cheval est armé d'une couverture maillée comme la broigne de l'homme d'armes, et sa tête est garantie par un frontal de fer[2]. Évidemment alors l'habillement de mailles ne paraissait plus suffisant ; on y avait ajouté d'abord les ailettes, puis des lames de fer sur les arrière-bras, puis des cubitières ; on préservait les genoux et les jambes par des genouillères et des grèves ; puis encore on revenait, sous ces renforts de fer, à la broigne, plus résistante que n'était la maille, et sous la broigne on posait un gambison de toile ou de peau piqué. De même aussi on armait plus fortement le cheval. Il ne faut pas s'étonner si alors chaque homme d'armes cherchait à perfectionner l'adoubement, et si, par conséquent, on trouve une grande variété dans les diverses pièces d'armures adoptées ; s'il se présente des singularités en raison de la force, du goût et des idées plus ou moins ingénieuses de chacun. L'état mixte de l'armure, de 1290 à 1310, ne pouvait former un ensemble complet. Les plaques de métal en plus ou moins grand nombre, la maille ou la broigne maillée, la cotte d'armes rembourrée ou souple, longue ou courte, le gambison piqué ou simple, se trouvent dans les monuments figurés de cette époque. Le heaume subit alors d'importantes modifications. Sa partie basse antérieure devient mobile, ce qui permettait au cavalier de respirer à l'aise sans être obligé d'ôter cet habillement de tête. Cette partie mobile (la ventaille primitive) couvre le bas du visage jusqu'au-dessous du menton[3], et peut être relevée en pivotant sur deux axes placés à

[1] Voyez HEAUME.
[2] Voyez HARNAIS.
[3] Voyez HEAUME.

la hauteur de la vue (fig. 21[1]). Cet homme d'armes est vêtu de la broigne sous la cotte d'armes, qui est épaisse sur les épaules, souple à sa partie inférieure. De petites cubitières coniques préservent les coudes. Ses jambes sont armées de mailles avec grèves,

21

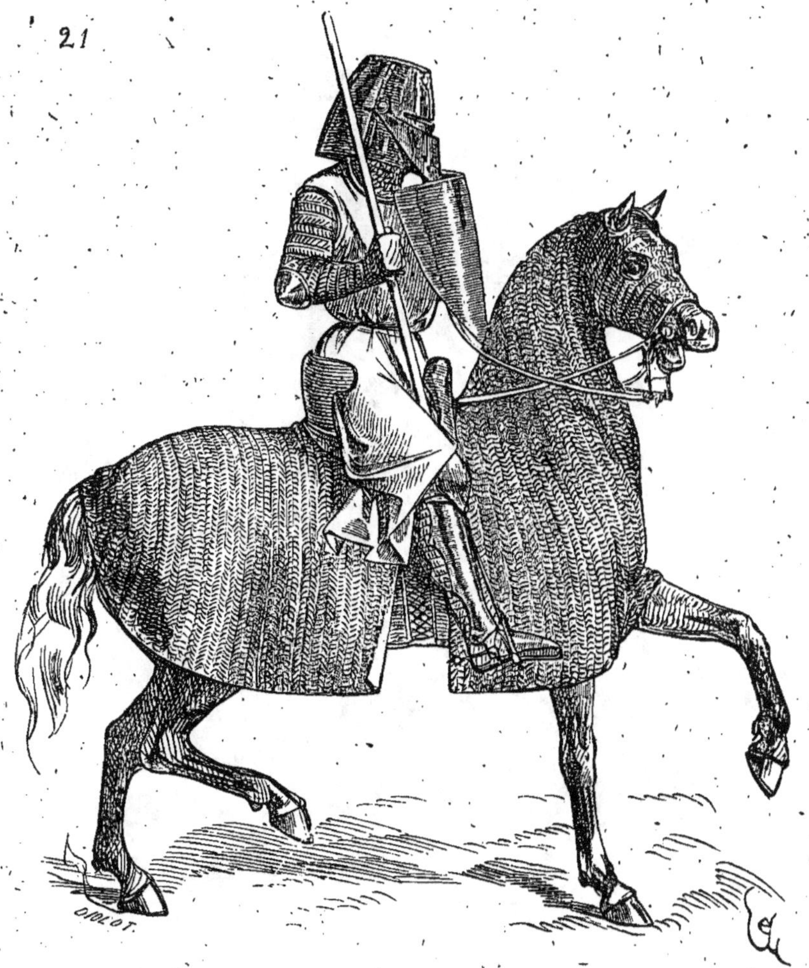

solerets et genouillères de fer. Le cheval est houssé entièrement de mailles, genre de harnais qui est peu commun et devait coûter fort cher. Le manuscrit de la Bibliothèque nationale, d'où nous tirons l'exemple précédent, nous montre des hommes d'armes qui déjà ont les bras entièrement armés de fer, ce qui était alors peu ordinaire. Outre la cubitière conique, l'arrière-bras et l'avant-bras sont

[1] Manuscr. Biblioth. nation., *li Roumans d'Alixandre*, français (fin du XIIIe siècle).

entièrement enfermés dans deux cylindres de fer à charnières, comme on les façonnait vers la fin du xive siècle (fig. 22). Cet exemple prouve qu'aux époques de transition, il se fait des tentatives partielles de perfectionnements qui ne sont définitivement adoptés

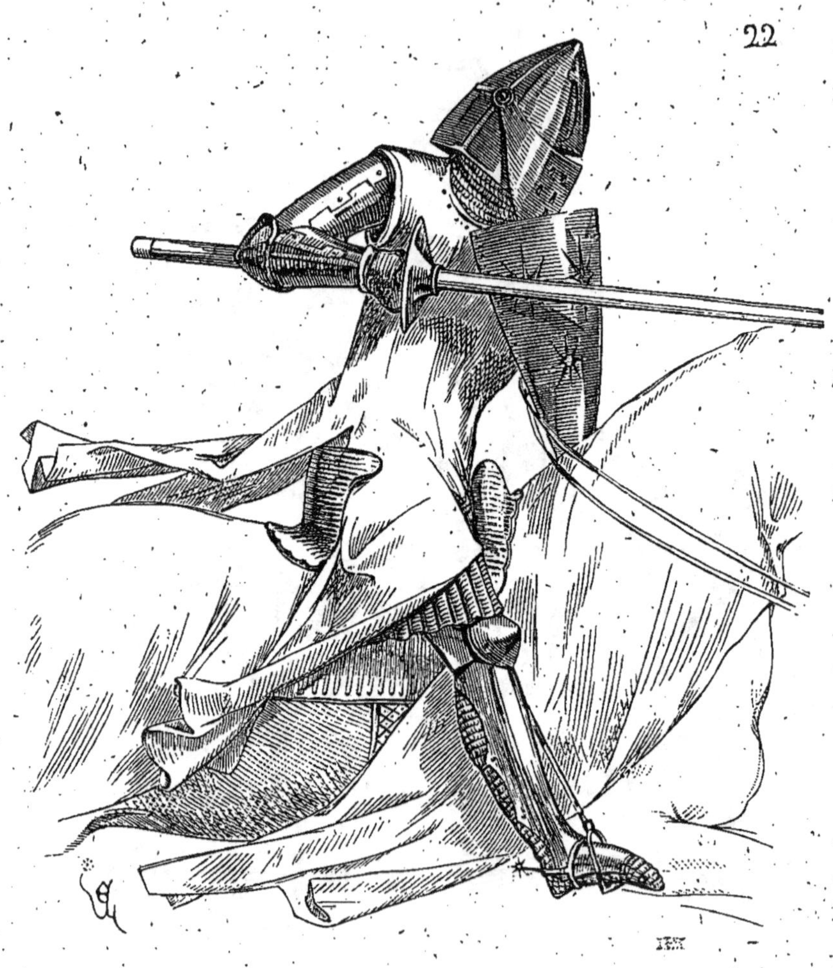
22

que beaucoup plus tard. Dans cet exemple, le heaume abandonne la forme cylindro-conique ou conique tronquée, pour revenir à la forme conique qu'il n'abandonnera plus guère jusqu'au xve siècle. La ventaille est disposée comme dans la précédente figure. La cotte d'armes est doublée et roide sur les épaules et la poitrine, est souple à sa partie inférieure, fendue en quatre parties et longue. Des rivets se voient autour du col de la cotte d'armes, ce qui indique assez que cette cotte était solidement doublée à sa partie supérieure.

Un très curieux manuscrit de la Bibliothèque nationale, intitulé *Pèlerinage de la vie humaine* [1], fournit de précieux détails sur l'adoubement de l'homme d'armes à la fin du XIIIe siècle, et donne les

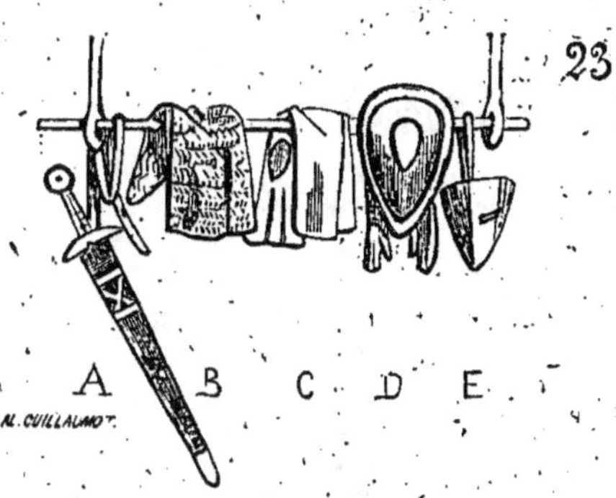

noms de chaque partie du vêtement. Une des vignettes représente la *perche* à laquelle sont appendues les pièces de l'armure (fig. 23). Au-dessous on lit les vers suivants :

« Là sont heaumes et haubergeons.
« Gorgereites et gambesons
« Targes et quanques faillir puet
« A cil qui deffendre se veult. »

Sur la perche on voit en effet : en A l'épée, en B le haubert ou haubergeon, en C le gambison, en D l'écu ou targe et les gants, en E le heaume. Ailleurs une femme prend une tunique (fig. 24) et au-dessous on lit :

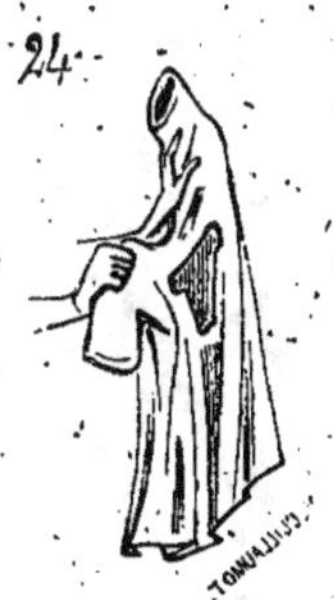

[1] Français, n° 1645.

« Adonc prist-elle un gambeson
« D'une desguisée façon
« . . . .
« Car droit derriere estoit mise
« En la dossiere et assise
« Une enclume qui faite estoit
« Pour cops de martiaus recevoir. »

Puis c'est le tour du haubergeon (fig. 25) :

« Donc le haubergeon je pris. »

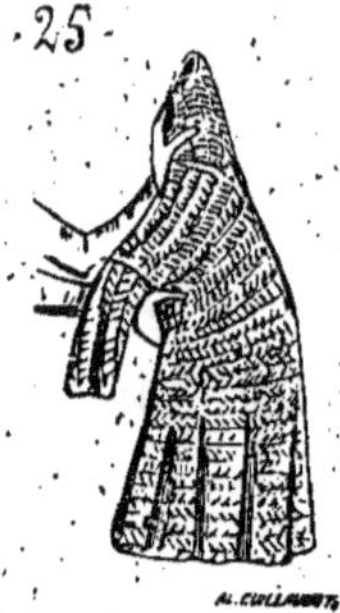

L'homme d'armes est ainsi vêtu (fig. 26) : Ses chausses sont noires ;

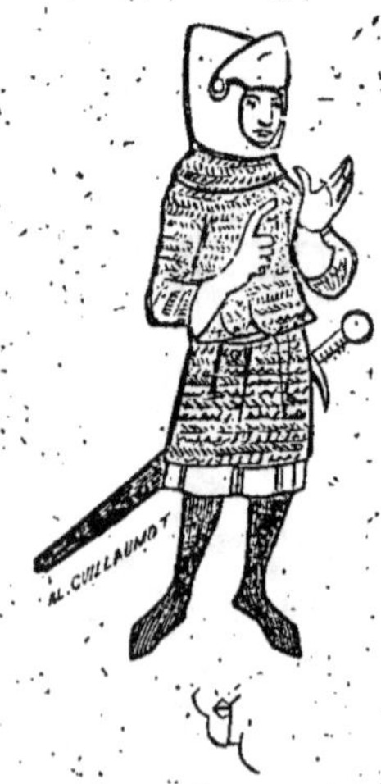

par dessus apparaît le bas du gambison recouvert du haubergeon, puis de la gorgerette (camail) sous le bacinet [1]. Les gants sont très longs et garantissent les avant-bras [2]. Le fourreau de l'épée est le *fourrel*. Ainsi donc, point de doutes sur les dénominations de ces pièces de l'adoubement, et, dans cet inventaire, seule la cotte d'armes d'étoffe fait défaut, mais elle n'est pas, à proprement parler, une pièce d'armure.

27

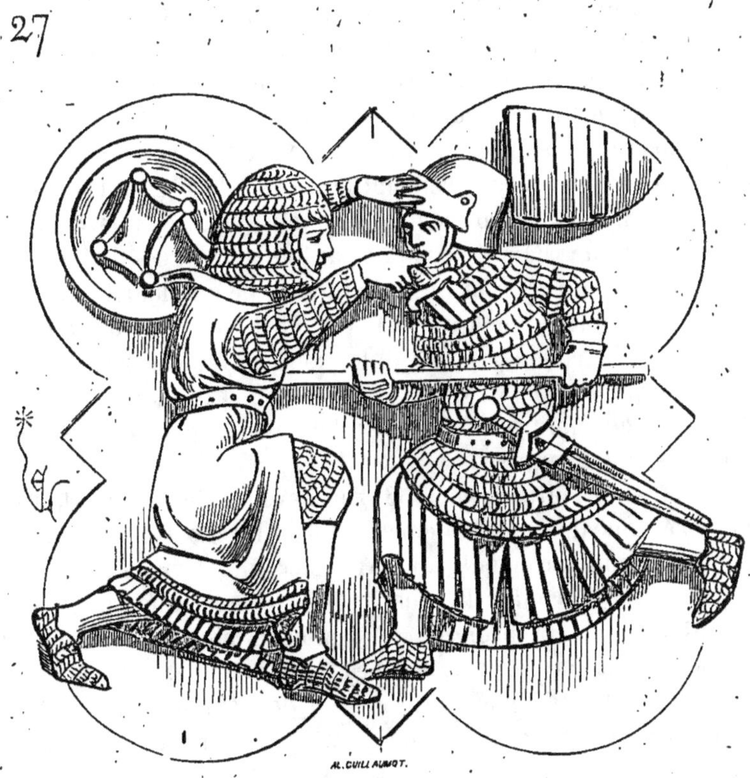

Le gambison était alors fait de toile ou de peau souple piquée, rembourrée. Voici (fig. 27 [3]) une sculpture provenant du portail occidental de la cathédrale de Lyon (commencement du XIVe siècle), qui nous montre deux hommes d'armes combattant à pied. Celui de gauche est vêtu du gambison piqué, du haubergeon de mailles et de la cotte d'armes. Celui de droite n'est vêtu que du gambison

[1] L'habillement de tête de cet homme d'armes n'est pas le heaume, mais le bacinet (voy. BACINET), qui n'empêchait pas de se servir du heaume à l'occasion.

[2] Voyez GANT.

[3] Manuscr. Bibl. nation., *Godefroy de Bouillon*, franç. (1res années du XIVe siècle).

piqué et du haubergeon de mailles. Un bacinet protège la tête de ce dernier; ses mains sont couvertes de gants. Les solerets sont de mailles avec grèves complètes de cuir, probablement. Le premier possède une targe ronde, le second un écu pendu au cou. Ces deux hommes d'armes sont complètement dépourvus de pièces d'acier, de plates; bien que, ainsi que nous venons de le voir, ces pièces d'armures fussent usitées depuis longtemps déjà pour couvrir les épaules, les arrière-bras, les coudes, les genoux et les tibias.

Il était assez habituel, dès le commencement du XIIIe siècle, que les seigneurs suzerains se distinguassent, au milieu de leurs barons, par un signe indépendant de leur blason; c'était une couronne ou un cercle de pierreries sur le heaume; c'était aussi par la bannière portée devant ou près d'eux. Pendant le XIVe siècle il en fut de même, en France du moins; le roi seul, entre tous, portait une couronne entourant le heaume. Mais il ne paraît pas que les princes de la famille royale portassent sur leur armure d'autre signe que leur blason. Les évêques, qui, comme seigneurs féodaux combattaient parfois à la tête de leurs gens, portaient, pendant les XIIIe et XIVe siècles, la mitre posée sur le heaume.

La figure 27 *bis* montre un de ces prélats armés, portant une mitre rouge posée sur le heaume.[1]

A la bataille de Poitiers, en 1356, l'archevêque de Sens fut fait prisonnier et l'évêque de Châlons demeura parmi les morts[2].

Alors, au commencement du XIVe siècle, chacun s'évertuait à trouver le genre d'armure le plus approprié à la défense, en adoptant simultanément la broigne, le gambison piqué, le haubert de mailles, le surcot ou la cotte de peau rembourrée, les plates, les *canons* de cuir bouilli pour les bras et les cuisses (*cuissots*), les grèves d'acier, ou les chausses de mailles, le bacinet et la simple cervelière attachée au camail ou à la gorgerette. On voyait persister cependant une sorte d'armure d'ordonnance, *classique*, qui semblait particulièrement affectionnée par la maison de France. Nous ne devons pas nous en tenir à ce vêtement de guerre, mais montrer les divers essais tentés par la chevalerie et qui ont un caractère pratique, en laissant de côté ce qui doit être mis au compte de la fantaisie des artistes peintres de miniatures. Mais on ne peut se méprendre à cet égard, pour peu qu'on ait l'habitude de con-

[1] Manuscr. Bibl. nat., *Godefroy de Bouillon*, franç. (commencem. du XIVe siècle).

[2] Suivant Villani, cet évêque de Châlons avait contribué par ses exhortations à engager la bataille et à repousser les propositions du prince de Galles.

sulter les manuscrits. On reconnait bien vite ceux dont les peintures sont dues à des artistes reproduisant scrupuleusement ce

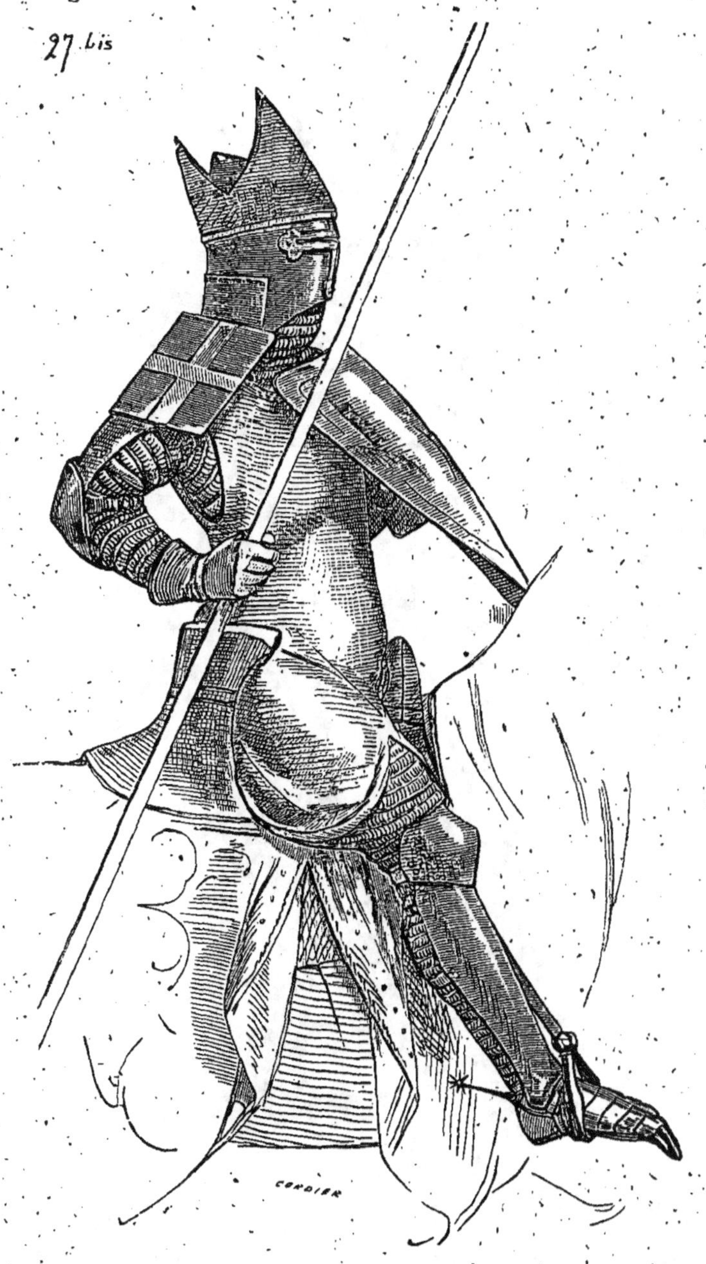

qu'ils voyaient, parmi un certain nombre où la fantaisie guidait seule les miniaturistes. Il est bon aussi, dans l'étude de ces documents, de distinguer ceux qui appartiennent aux écoles italienne,

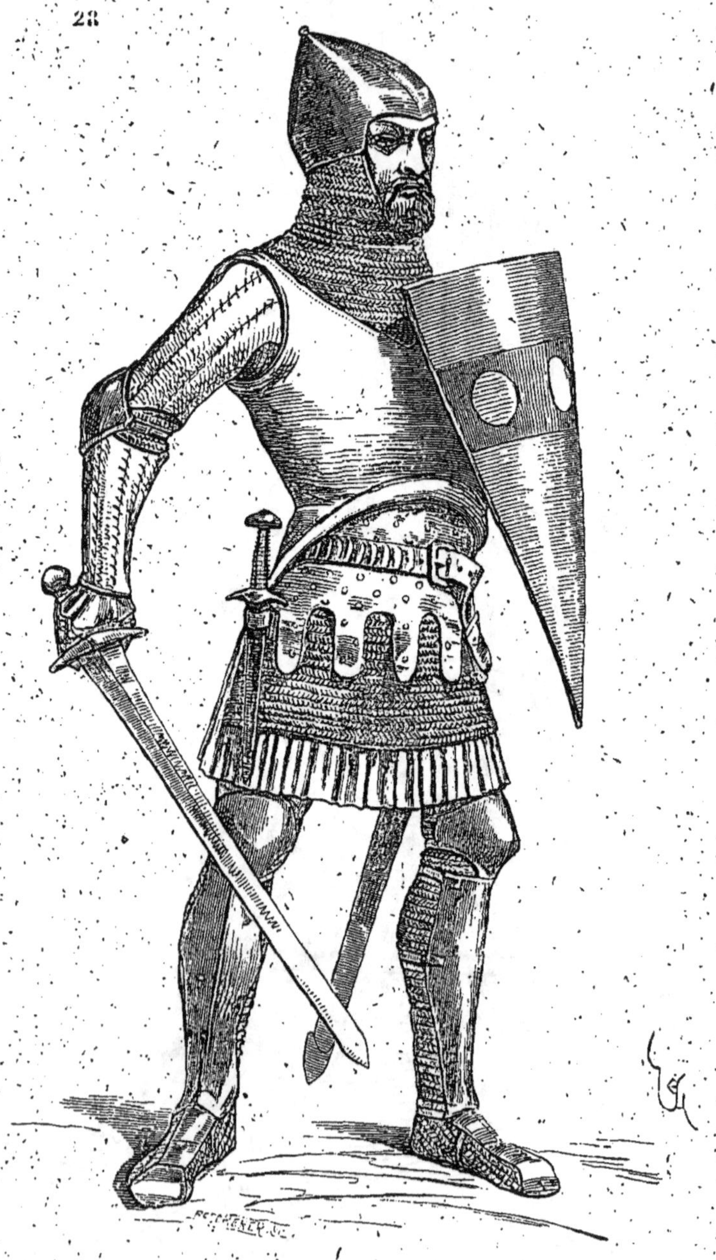
28

flamande ou provençale, et de ne point considérer les exemples qu'ils donnent comme français. A dater de cette époque, en effet,

29

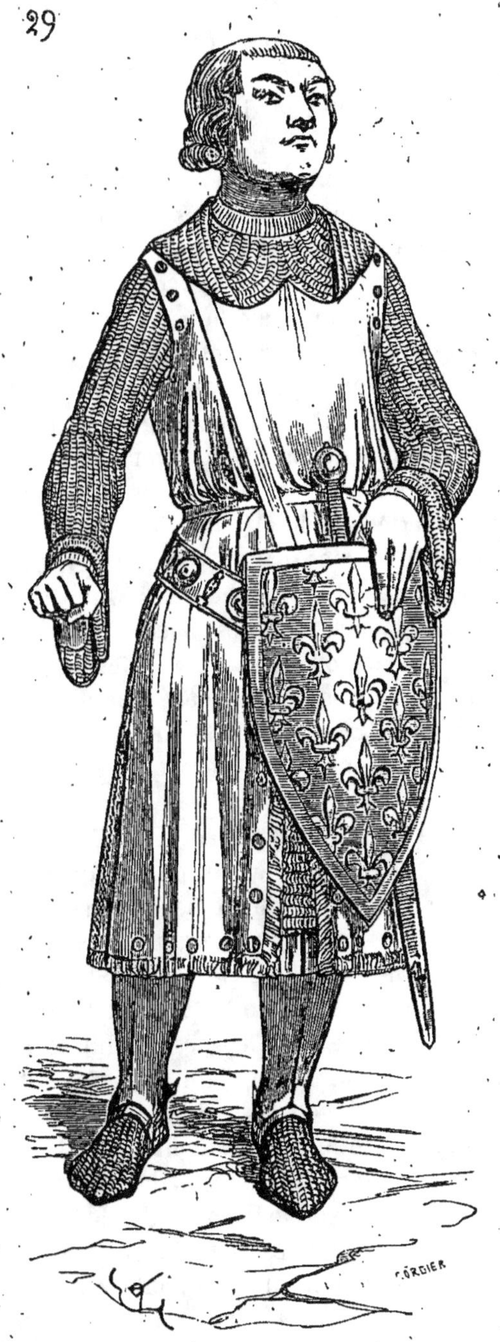

on observe, entre les vêtements de guerre de ces contrées et ceux proprement français, de très notables différences. Les armures anglaises se rapprochent davantage des nôtres, mais avec une certaine exagération dans les formes. Les Anglais outraient la mode des armures comme ils outraient la mode du vêtement civil dès la fin du XIIIe siècle.

Voici (fig. 28) un des hommes d'armes que l'on voit représenté plusieurs fois dans un manuscrit français des premières années du XIVe siècle [1]. Cet homme d'armes est vêtu du gambison piqué verticalement, qui ne descend qu'au-dessus du genou. Par-dessus est posé le haubert de mailles, qui couvre les bras, et possède un camail, une gorgerette à laquelle est rivée la cervelière conique d'acier. Sur le haubert est posée une broigne, ou vêtement de peau avec clous rivés, puis une cotte ou surcotte, qui paraît être également de peau ; roulée sur le ventre pour ne pas gêner les mouvements et de manière à former une sorte de veste sans manches avec pans postérieurs. Les bras sont couverts (arrière-bras et avant-bras) de canons faits de bandes de cuir bouilli réunies par des coutures. Les coudes sont protégés par des cubitières d'acier attachées au moyen de courroies ; le ceinturon passe sous la surcotte et est bouclé au milieu du ventre. Les jambes sont armées de chausses de mailles avec genouillères, grèves et plaques d'acier sur le cou-de-pied. Une dague est pendue le long de la cuisse droite. L'artiste a rendu minutieusement les détails de cette armure, ce que ne font jamais ceux qui se livrent à des compositions de fantaisie.

En regard de cette armure singulière, nous donnons celle du comte de Valois, Charles, troisième fils de Philippe le Hardi, qui, suivant Guillaume de Nangis, mourut le dixième jour de l'année 1325 (fig. 29). La statue de ce prince est déposée aujourd'hui à Saint-Denis et provient des Jacobins de Paris. Sous le haubert de mailles qui porte le camail et les gants, on voit le gambison piqué, puis la cotte d'armes d'étoffe souple, descendant, comme le gambison, au-dessous des genoux. Les jambes sont enfermées dans des grèves complètes d'acier, et les solerets sont de mailles. Une fine courroie maintient la cotte à la hauteur de la taille ; quant au ceinturon de l'épée, il est large et descend bas. L'écu est suspendu sur l'épaule par la guige. Sous le camail du haubert apparaît la chemisette à petits plis. La cotte est fendue en quatre parties pour ne pas gêner à cheval. Le gambison ni le haubert ne sont échancrés. Très amples, ils se développaient en couvrant les genoux du cava-

[1] Biblioth. nation., *Lancelot du Lac*, français, t. II.

lier. On voit que cette armure conserve le caractère de celles de la fin du XIIIe siècle, et ne présente aucune de ces étrangetés fréquentes au commencement du XIVe siècle, dans l'adoubement de l'homme d'armes.

Le caractère flottant de la cotte d'armes se perd bientôt cependant parmi la chevalerie française vers 1340. Cette cotte est rembourrée, épaisse; des pièces d'acier articulées couvrent les épaules et les bras. Le gambison piqué disparaît, et c'est la résistance de la cotte elle-même qui protège le haubert de mailles. C'est ainsi qu'est armée la statue du comte d'Alençon, frère du roi Philippe VI et fils de Charles de Valois. Il fut tué à Crécy en engageant si malheureusement la bataille, sans attendre que l'ordre du combat fût réglé, et lorsque les troupes françaises étaient harassées par une longue marche. Cette armure date donc de 1445 environ. Elle se compose (fig. 30[1]) d'un haubert de mailles qui ne descend qu'au-dessus des genoux et est dépourvu de camail. Le bacinet remplace cette armure de cou et de tête. Sur le haubert est une surcotte de peau fortement rembourrée et juste au corps, lacée par derrière. Les épaules et arrière-bras sont couverts de lames d'acier articulées, et les canons des avant-bras sont complets; les cubitières ont deux grandes rondelles externes qui protègent la saignée. Pas de courroie pour maintenir la surcotte ajustée, mais une large ceinture tombant pour suspendre l'épée. Les jambes sont garnies de grèves complètes et les genouillères sont très ajustées au membre. Les solerets sont d'acier et articulés. Le haubert n'est pas fendu. Seule la cotte porte une fente peu prononcée par derrière. Etant courts, ces vêtements n'avaient pas besoin d'être échancrés pour monter à cheval, d'autant qu'en chargeant, les hommes d'armes se tenaient debout sur leurs étriers.

Relativement à ce que nous disions tout à l'heure sur les caractères des armures appartenant aux diverses contrées de l'Europe occidentale, et pour montrer combien il est nécessaire de ne pas prendre sans examen les renseignements lorsqu'on veut reproduire exactement l'adoubement de l'homme d'armes, notamment de cette époque, nous donnerons ici l'armure d'Ulrick, landgrave d'Alsace, dont le tombeau est placé dans le chœur de l'église Saint-Guillaume à Strasbourg[2]. C'est une admirable statue, un des chefs-d'œuvre de l'art du XIVe siècle, dû à maître Woelfelein de Ruffach,

[1] Église de Saint-Denis.

[2] Nous ignorons si cette admirable statue a résisté au bombardement des Prussiens.

bourgeois de Strasbourg. L'armure diffère autant de celles usitées en Allemagne que de celles usitées en France. La figure 31 en donne

30

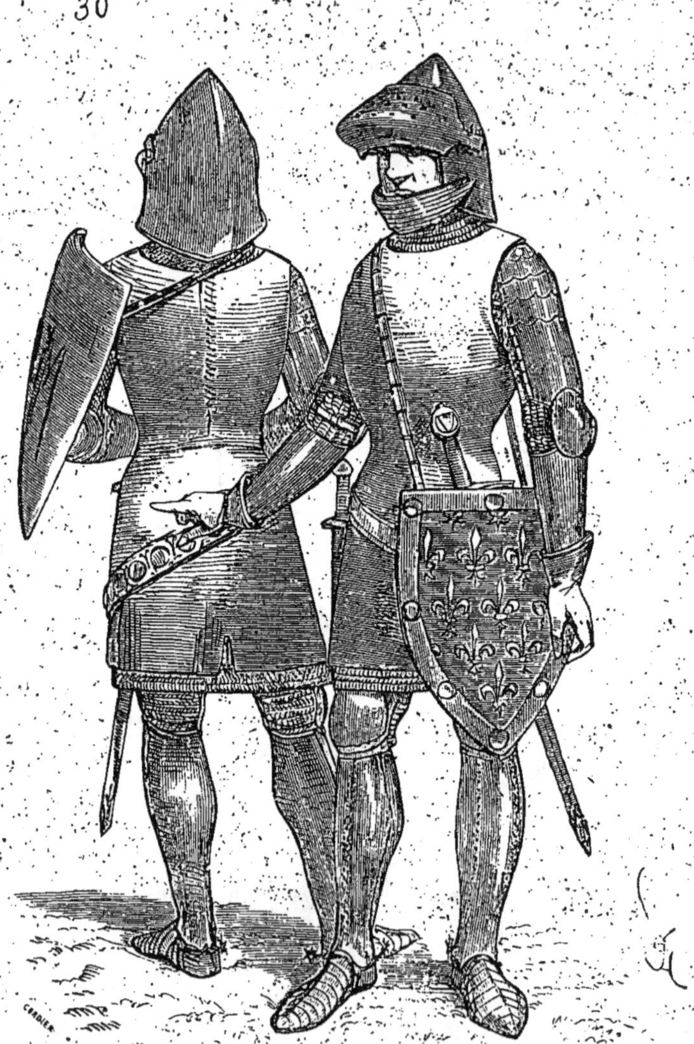

l'ensemble[1]. Cette œuvre est datée de 1344 ; elle est donc contemporaine de la précédente.

[1] M. Bœswilwald a bien voulu nous fournir tous les détails de cette statue et l'a fait mouler pour les musées de Paris. Nous ne savons si ce moulage, fait peu avant la guerre avec la Prusse, a pu être préservé.

31

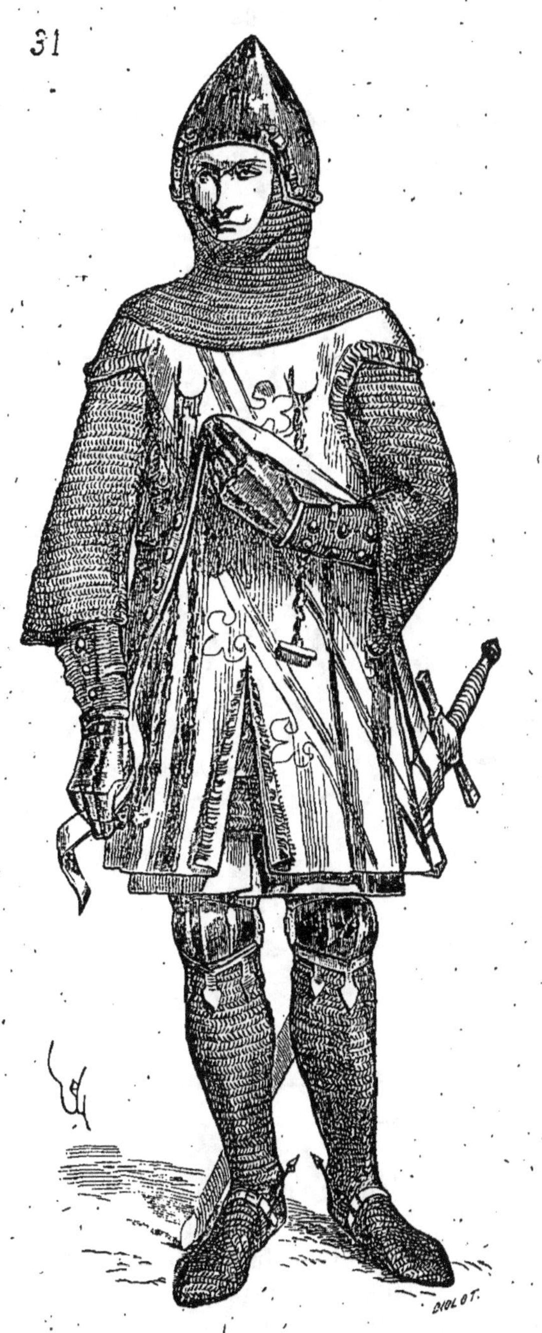

L'armure se compose d'un gambison de peau non piqué, fendu par devant seulement; d'un haubert de mailles à manches larges et ne tombant qu'au milieu des avant-bras ; d'une cotte de plates d'acier rivées ; d'une surcotte d'étoffe armoyée, sans manches, fendue par devant et latéralement percée à la hauteur des mamelles de deux ouvertures pour passer à droite deux bouts de chaînes, à gauche un

32.

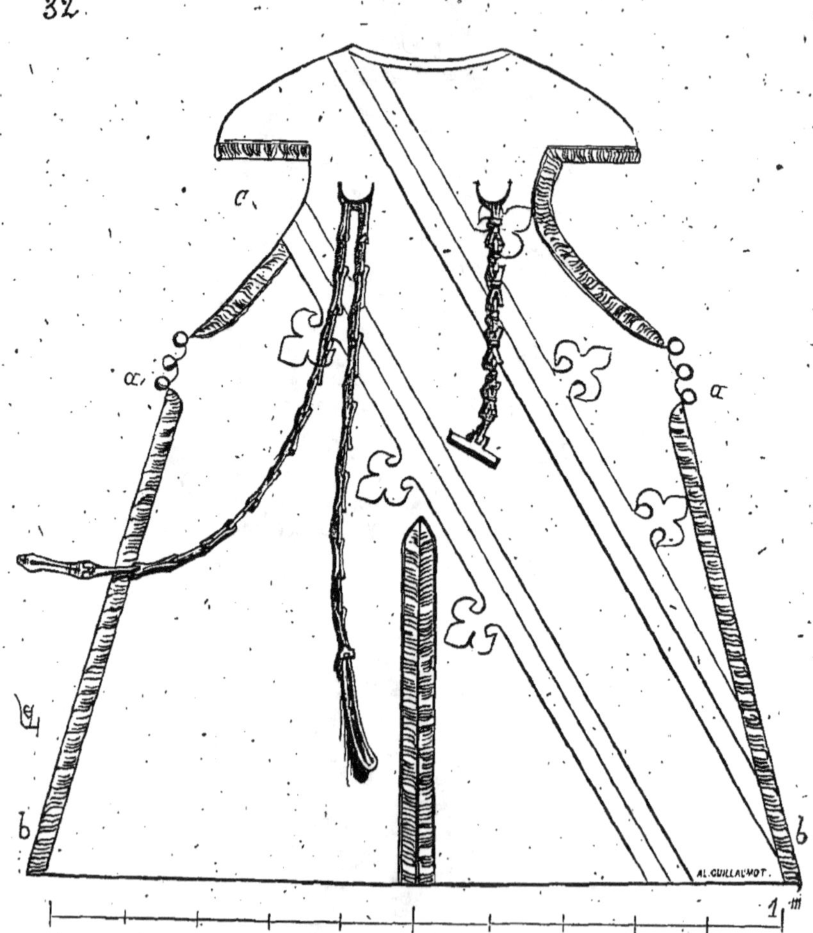

seul avec barrette, les deux premiers pour suspendre l'écu, le second pour arrêter le baudrier de l'épée qui passait sur l'épaule droite. Sous les larges manches du haubert apparaissent les canons protecteurs des avant-bras faits de lames d'acier avec forts rivets ; les gantelets sont de même revêtus, sur la partie externe, de lames d'acier rivées sur la peau. Les cuisses sont couvertes d'un caleçon juste, de peau piquée verticalement, qui se termine par des découpures au-dessous des genoux, lesquels sont protégés par des genouillères d'acier maintenues par des courroies bouclées par derrière. Les jambes et les pieds sont enfermés dans des chausses de mailles. Un camail de mailles, attaché à une cervelière d'acier, couvre les épaules par-dessus la surcotte, dont nous donnons (fig. 32) la face antérieure développée.

Cette surcotte est une sorte de dalmatique, c'est-à-dire qu'elle se compose de deux parties exactement semblables réunies seulement aux épaules. Au-dessous des aisselles, ces deux parties se joignent à droite et à gauche par trois boutons *a*, et de *a* en *b* l'étoffe est laissée libre. On remarquera que l'échancrure du bras droit *c* est plus profonde que celle du bras gauche, afin de laisser à ce bras droit toute sa liberté de mouvements. Nous avons figuré sur le devant de la surcotte les trois chaînes qui passent par les deux ouvertures. Ces chaînes étaient nécessairement attachées derrière le cou sous le camail. La tête du personnage repose sur un heaume d'un beau caractère (voyez Heaume), que l'on mettait au moment du combat, par-dessus la cervelière d'acier.

Laissant de côté l'admirable exécution de cette œuvre de sculpture, cet habillement est loin d'avoir la grâce et l'élégance de nos armures françaises. Les armures allemandes de la même époque sont encore plus lourdes et chargées ; cependant elles sont remarquables par leur caractère pratique. Les hommes d'armes d'outre-Rhin, notamment de la Bavière, cherchaient à se garantir de l'effet des armes offensives qui se perfectionnaient chaque jour, par une accumulation de précautions, une superfétation de vêtements défensifs, et surtout par des *plastronnages* de plus en plus épais, ce qui leur donnait une apparence lourde et gênait beaucoup leurs mouvements. En France, au contraire, tout en cherchant à rendre les armures plus résistantes, on faisait des efforts de plus en plus marqués pour dégager les mouvements de l'homme d'armes. C'est en France que les armures de plates se développent tout d'abord, pour couvrir les membres, auxquels il était important de laisser leur souplesse. Sous le roi Jean, on voit s'opérer une transition, et cependant on trouve encore des adoubements français équivalant à celui du landgrave d'Alsace, vers la fin du règne de Philippe de Valois. Nous en avons la preuve dans un précieux manuscrit de la Bibliothèque nationale[1]. Une des vignettes que nous reproduisons

[1] Français, *le Livre des échecs* de Jehan de Vignay, partie intitulée : *De l'estat de la forme des chevaliers et de l'ordre de chevalerie.*

(fig. 33) en *fac-simile* nous montre un chevalier-type armé, dans la posture *réglementaire*, sur son cheval. Voici la légende qui accompagne cette vignette : « Le chevalier doit estre sus son cheval « armé de toutes armes, le hauberc vestu, le hyaume en la teste,

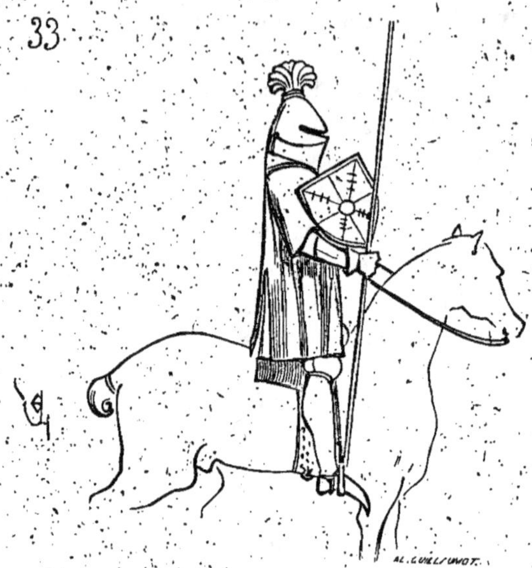

« armé de jambes et de piez. La lance à la main destre, couvert « à senestre de son escu ; ses plates vestues si come il appartient. « Et doit avoir mace, espée et coutel et ganz de plates es mains, et « doit avoir cheval convenable et enseigné por bataille. Et leur doit « souvenir que quant il furent fais chevaliers, il furent premié- « rement baignez, le chief lavé et roignié et la barbe tondue ou « rase. »

De 1350 à 1360, on voit apparaître le vêtement militaire de l'homme d'armes, juste au corps. La surcotte n'est plus flottante, et, serrée par une ceinture, elle recouvre un plastronnage très épais, garnissant la poitrine, les épaules et les arrière-bras, quelquefois dépourvus de pièces de fer (fig. 34 [1]). Ce personnage porte une surcotte d'étoffe sur un plastronnage excessivement épais, qui protège la partie antérieure du torse, les épaules et les arrière-bras. Un camail de mailles avec bacinet d'acier couvre le cou et la tête. Ce bacinet est fixé derrière le dos, avec une courroie, pour l'empêcher de basculer

[1] Manuscr. Biblioth. nation., *Tite-Live*, trad. française, écrite sous le roi Jean avant sa captivité (1350 à 1356).

en avant. Les jambes sont armées et les mains sont couvertes de gants de plates. L'épée est pendue basse à une double chaînette attachée à la ceinture.

34

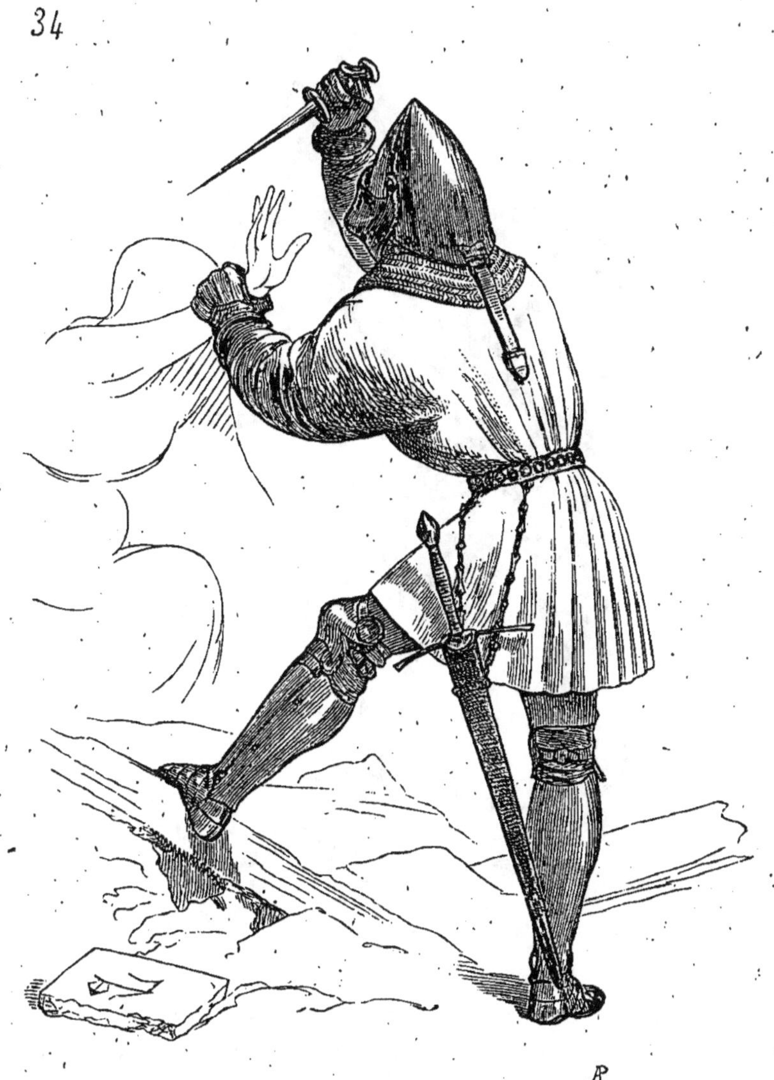

La figure 35[1] donne une armure contemporaine de la précédente, mais la cotte est remplacée par une brigantine fortement plastronnée sur la poitrine et les épaules, lesquelles sont en outre

[1] Manuscr. Biblioth. nation., *Tite-Live*, trad. française (1350 environ).

couvertes de spallières d'acier. Les arrière-bras et les avant-bras sont enfermés dans des canons d'acier à charnières, avec cubitières complétés. Les gants sont faits de forte peau. Les cuisses et les jambes sont armées entièrement, ainsi que les pieds.

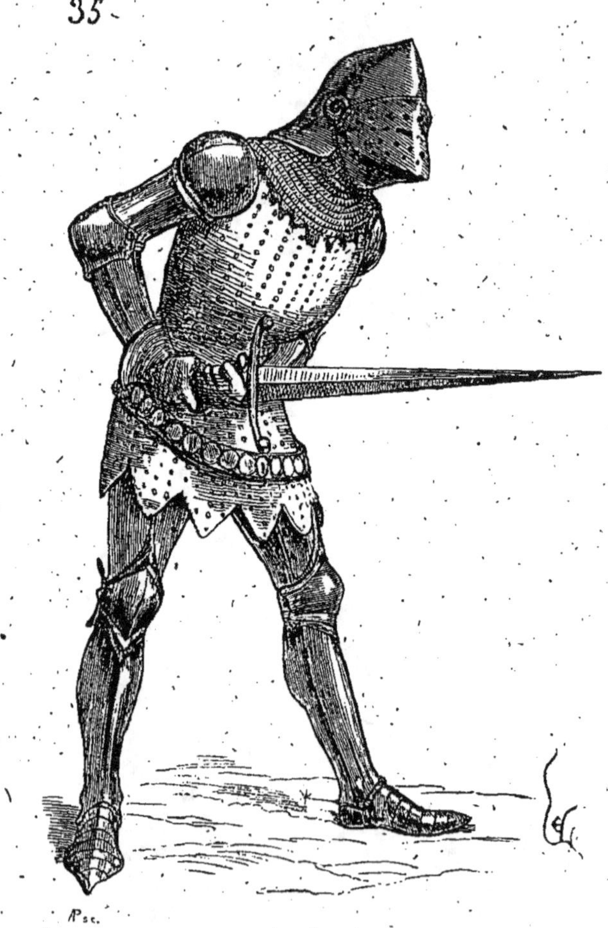

Une gorgerette de mailles couvre le cou sous le bacinet, attaché comme le précédent. Cet homme d'armes porte la ceinture militaire, signe de son rang de chevalier, ceinture d'orfèvrerie à laquelle n'était pas habituellement suspendue l'épée, mais la dague. L'épée, sans fourreau, était fréquemment passée dans des courroies attachées au pommeau de la selle. La visière de ce bacinet ne se relève pas, mais pouvait s'ouvrir comme un volet. (Voyez Bacinet.)

Bien qu'il fût d'usage d'armer les bras de pièces de fer à dater du commencement du XIVe siècle, cependant on voit encore, vers la fin de ce siècle, des hommes d'armes vètus d'un surcot d'étoffe trés

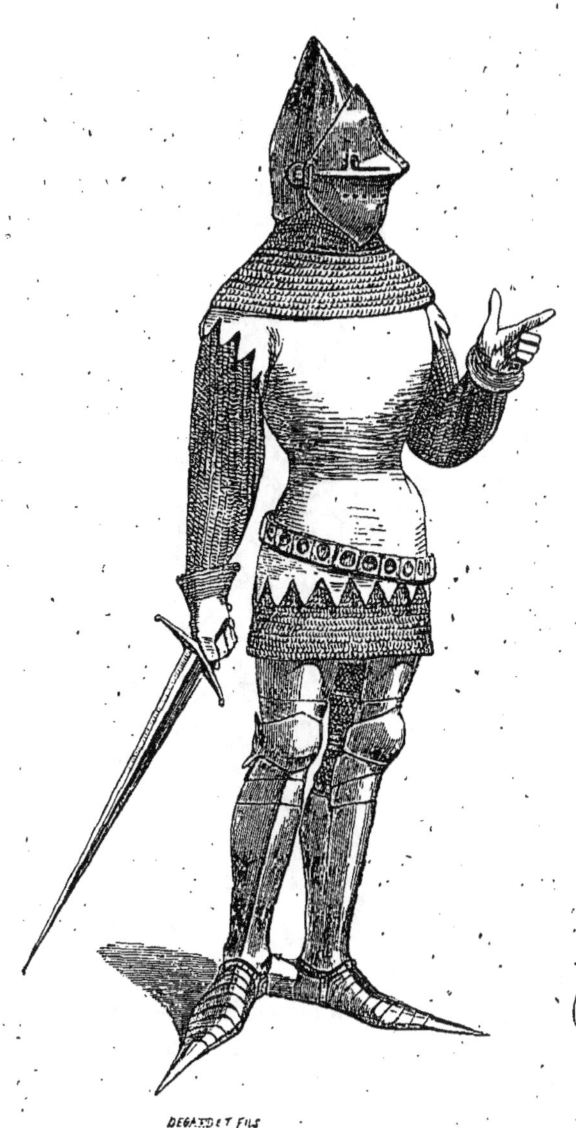

rembourré sur la poitrine, avec jaseran de mailles par dessous et manches de mailles sur étoffe également rembourrée, camail de mailles sur le tout, attaché au bacinet (fig. 35 *bis*). La visière, comme dans le précédent e xemple, ne se relevait pas, mais s'enlevait au besoin [1].

De 1350 à 1390, l'armure s'ajuste de plus en plus au corps, mais cependant elle est accompagnée parfois d'accessoires flottants,

36

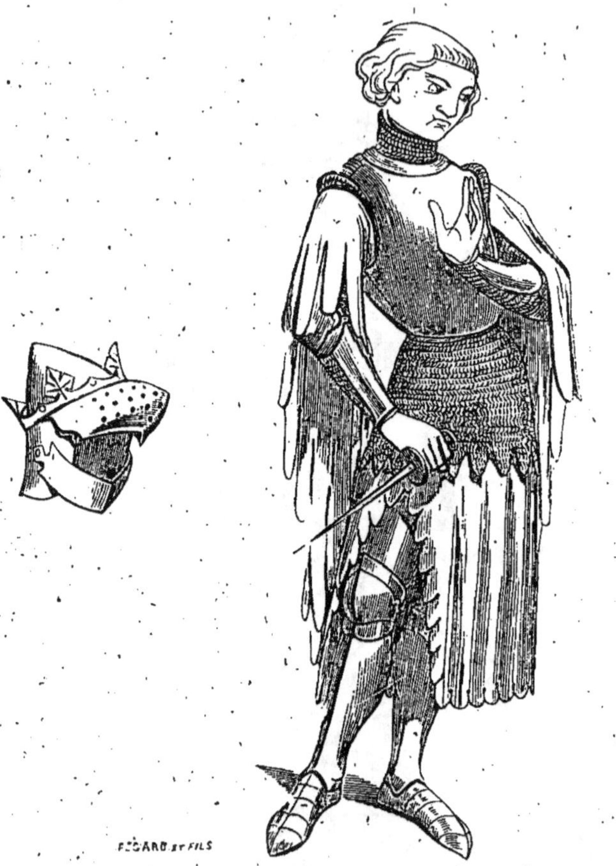

manches, jupes, sous la cotte. C'était la mode alors, vers 1350, dans le costume civil, de porter de longues manches taillées en *barbes d'écrevisse*, et des cottes fendues de même, découpées sur les bords. L'exemple que nous donnons ici (fig. 36) provient d'un manuscrit fait pour le roi Jean [2], et qui doit dater par conséquent de 1355 environ. L'homme d'armes est vêtu d'une cotte fendue du côté dextre, descendant à mi-jambes, sur laquelle est une surcotte courte de mailles.

[1] Manuscr. Biblioth. nation., *le Miroir historial*, français (fin du XIVe siècle).
[2] Biblioth. nation., *Tite-Live*, trad. franç.; n° 259.

Fait rare à cette époque, le torse est entièrement renfermé dans un corselet d'acier avec spallières d'étoffe formant bourrelets et manches longues taillées en barbes d'écrevisse, par-dessus l'armure complète des bras. Les jambes sont entièrement armées. Un bacinet appartenant aux mêmes vignettes est à côté du personnage et complète son adoubement. Les manches et la cotte sont rouges, doublées de pourpre. Le col de mailles est juste et passe sous le pourpoint d'étoffe rouge, auquel sont attachées les spallières et les manches.

Otant le corselet d'acier et la surcotte de mailles, cet homme d'armes se trouvait presque en habit civil, sauf les jambes et les bras, qui restaient armés, et la maille, qui paraissait au cou. Il était assez d'usage alors de mêler les vêtements civil et militaire de manière à rester armé, tout en conservant l'apparence du vêtement civil.

Cependant les accessoires amples disparaissent entièrement de l'armure ou s'y adaptent suivant le goût de la noblesse, jusqu'à la fin du XIVe siècle.

Un récit de Froissart nous donne à ce sujet de précieux détails. Le fameux Jehan Chandos, sénéchal de Poitou, voulait s'emparer de Saint-Savin, dont la garnison française gênait ses opérations. Le dernier jour de l'année 1369 il se mit en route avec les principaux seigneurs du Poitou et environ trois cents lances ; mais l'attaque n'ayant pas réussi, il dut se retirer à Chauvigny et renvoya une bonne partie de son monde. Nous laissons parler Froissart :

« Et messire Jehan Chandos demoura, qui estoit tout mélencolieux « de ce qu'il avoit failli à son entencion, et estoit entré en une grande « cuisine, et trait au fouier, et là se chaufoit de feu d'estrain que son « hérault lui faisoit, et se gengloit[1] à ses gens et ses gens à lui, qui « voulentiers l'eussent osté de sa mélencolie.

« Une grande espace après ce qu'il fu là venus et qu'il s'ordonnoit « pour un pou dormir, et avoit demandé se il estoit près de jour, et « vecy entrer un homme tantost après en l'ostel et venir devant lui, « qui lui dist : « Monseigneur, je vous apporte nouvelles. — Quelles, « respondi-il ? — Monseigneur, les François chevauchent. — Et com- « ment le scés-tu ? — Monseigneur, je suis parti de Saint-Salvin avec « eux. — Et quel chemin tiennent-ils ? — Monseigneur, je ne scay de « vérité, fors tant qu'ilz tiennent, ce me semble, le chemin de Poi- « tiers. — Et lesquelz sont-ce des François ? — C'est messire Loys de « Saint-Julien et Carlouet le breton et leurs routes. — Ne me

[1] « Plaisantait avec ses gens. »

« chault, dit messire Jehan Chandos. Je n'ay mais hui nulle « voulenté de chevauchier. Ilz pourront bien trouver encontre « sanz moy. » Si demoura un espace en ce propos tout pensis, et « puis s'avisa et dist : « — Quoy que j'aye dit, c'est bon que je « chevauche tous jours. Il me faut retourner à Poitiers, et tantost « sera jour. — C'est voir, sire » ; ce respondirent ses chevaliers qui là « estoient.

« Lors fist ledit messire Jehan Chandos restraindre ses plattes [1], et « se mit en arroy pour chevauchier, et aussi firent tous les autres. Si « monterent à cheval, et se partirent, et prindrent le droit chemin de « Poitiers, costoiant la riviere. Et si pouvoient estre les François en « ce propre chemin une grande lieue devant eulx, qui tiroient à « passer la riviere au pont de Luzac, et en orent la cognoissance les « Anglois par leurs chevaulx qui suivoient la route des chevaulx des « François, et entrerent ou froie des chevaulx des François et dirent : « Ou les François ou messire Thomas de Persy chevauchent devant « nous [2]. »

« Tantost fut adjournée et jour, car à l'entrée de janvier les « matinées sont tantost espandues. Et povoient estre les François « et les Bretons environ une lieue du dit pont, quand ils apper- « ceurent d'autre part la riviere, monseigneur Thomas de Persy et sa « route ; et messire Thomas et les siens les avoient jà aperceus. Si « chevaucherent les grans galos pour avoir l'avantage du pont dessus « dit, et avoient dit : « Vela les François ! Ilz sont une grosse route « contre nous. Expoitons-nous ; si arons, et prennons l'avantage du « pont. »

« Quant messire Loys et Carlouët aperceurent les Anglois d'autre « part la riviere, qui se hastoient pour venir au pont, si se avan- « cierent aussi. Toutefoiz les Anglois y vinrent devant et en furent « maistres et descendirent tous à pié et s'ordonnerent pour le pont « garder et deffendre. Quant les François furent là venus jusques « au pont, ilz se mirent à pié, et baillerent leurs chevaulx à leurs « varlez, et les firent traire arriere et prinrent leurs lances ; et se « mirent en bonne ordonnance pour aler gaigner le pont et assaillir « les Anglois qui se tenoient franchement sur leur pas [3], et n'estoient « de riens effraiez, combien qu'ilz feussent un petit au regard des « François.

[1] « Se fit vêtir de son armure. »
[2] Thomas de Percy était parti peu avant Jehan Chandos pour retourner chez lui.
[3] « Passage. »

« Ainsi que ces François et Bretons estudioient et ymaginoient « comment et par quel tour à leur plus grant avantage les Anglois « envaïr et assaillir ilz pourroient, et vecy monseigneur Jehan « Chandos et sa route, banniere desploiée tout ventelant, qui estoit « d'argent à un pel aiguisié de gueules, laquelle Jacques Alery, uns « bons homs d'armes portoit, et povoient estre environ quarante « lances qui approucherent durement les François. Et ainsi que « les Anglois estoient sur un tertre, espoir trois bonniers de terre « en sus du pont, les garçons des François qui les apperceurent, et « qui se tenoient entre le pont et ledit tertre, furent tous effraiez « et dirent : « Alons ! Alons nous en ! Veçy Chandos. Sauvons nous « et nos chevaulx. » Si s'en partirent et fuirent et laissierent là leurs « maistres.

« Quant messire Jehan Chandos fu là venus jusques à eulx, sa « baniere devant lui, si n'en fist pas trop grant compte, car petit les « prisoit et amoit, et tout à cheval les commença à ramposner en « disant : « Entre vous, François, si estes malement bonnes gens « d'armes. Vous chevauchez à vostre aise et à votre voulenté, de nuit « et de jour. Vous prennez villes et forteresses en Poitou, dont je suis « sénéchal ; vous raençonnez povres gens sans mon congié ; vous « chevauchiez partout à ceste armée : il semble que le païs soit tout « vostre, et par Dieu non est. Messire Loys, messire Loys, et vous « Carlouet, vous estes maintenant trop grans maistres ! Il y a plus « d'un an et demy que j'ay mis toutes mes ententes que je vous peusse « trouver ou encontrer. Or vous voy-je, Dieu merci, et parlerons à « vous et saurons lequel est le plus fort en ce païs, ou je, ou vous. On « m'a dit et compté par pluseurs fois que vous me désiriez à veoir : « si m'avez trouvé. Je suis Jean Chandos. Se bien me ravisez voz « grans appertises d'armes, qui sont maintenant si renommées, se « Dieu plaist, nous les esprouverons. » Ainsi et de telz langages les « recueilloit messire Jehan Chandos, qui ne voulsist nulle part estre « fors que là : tant les desiroit-il à combatre !

« Messire Loys et Carlouet se tenoient tous quois, ainsi que tous « confortez qu'ilz seroient combatus, et riens n'en savoient messire « Thomas de Persy et les Anglois qui de là le pont estoient : car le « pont de Lanzac est hault, à boce ou milieu, et ce la leur en tolloit « la veue.

« Entre ces ramposnes et paroles de messire Jehan Chandos, qu'il « faisoit et disoit aux François, un breton prist son glaive [1], et ne se « pot abstenir de commencier meslée, et vint assener à un escuier

[1] « Sa lance. »

« anglois qui s'appelloit Simekins Dodale, et lui arresta son glaive en « la poitrine, et tant le bouta et tira que ledit escuier il mist jus dessus « son cheval à terre. Messire Jehan Chandos, qui oy effroy derriere « lui, se retourna sur son costé, et vit son escuier gesir à terre, et « que on féroit sur lui. Si s'eschaufa en parlant plus que devant, et « dist à ses compaignons et à ses gens : « Comment lairrez vous « ainsi cest homme tuer? A pié! à pié! » Tantost il sailli à pié; aussi « firent tous les siens, et fu Simekins rescous. Vercy la bataille com- « menciée.

« Messire Jehan Chandos, qui estoit grant chevalier, fort et hardi « et confortez en toutes les besoingnes, sa banniere devant lui, « environnez des siens et vestu dessus ses armeures d'un grant « vestement qui lui batoit jusques à terre, armoié de son armoie- « rie, d'un blanc samit à deux pelz aguisiez de gueules, l'un devant « et l'autre derriere, et bien sembloit souffisant homme et entrepre- « nant en cel estat, pié avant autre, le glaive ou poing, s'en vint sur « ses ennemis.

« Or il faisoit à ce matin un petit reslet [1]; si estoit la voie moillie, « si que, en passant, il s'entorteilla en son parement, qui estoit sur « le plus long, tant que un petit il trebucha. Et vecy un cop qui vint « sur lui lancié d'un escuier qui s'appeloit Jacques de Saint-Martin, « qui estoit fort homme et appert durement, et fu le cop d'un glaive « qui le prist en char, et s'arresta dessoubs l'œil entre le nés et le « front, et ne vit point messire Jehan Chandos le cop venir sur lui « de ce lez là, car il avoit l'œil estaint, et avoit bien cinq ans qu'il « l'avoit perdu ès landes de Bordeaux, en chaçant un cerf. Avec tout « ce meschief, messire Jehan Chandos ne porta onques point de « visiere, si que en trebuchant il s'appuia sur le cop qui estoit lancié « de bras roide.

« Si lui entra le fer là dedens, qui s'en cousi jusques au cervel, et « puis retira cil son glaive à lui. Messire Jehan Chandos, pour la dou- « leur qu'il senti ne se pot tenir en estant, mais chey à terre, et « tourna deux tours moult doulereusement, ainsi que cil qui estoit « férus à mort : car onques depuis ne parla [2]. »

Nous avons donné tout au long ce remarquable passage du chroniqueur, parce qu'il peint de la manière la plus saisissante les habitudes militaires des hommes d'armes de l'époque, et nous fournit sur

[1] « Petite gelée blanche. »

[2] Froissart, livr. I, part. 2, chap. CCXCX (voy. l'*Hist. du château et des sires de Saint-Sauveur le Vicomte*, par M. Léopold Delisle : ce passage est donné en entier d'après les meilleurs manuscrits de Froissart).

le vêtement des chevaliers des renseignements précieux. Chandos,

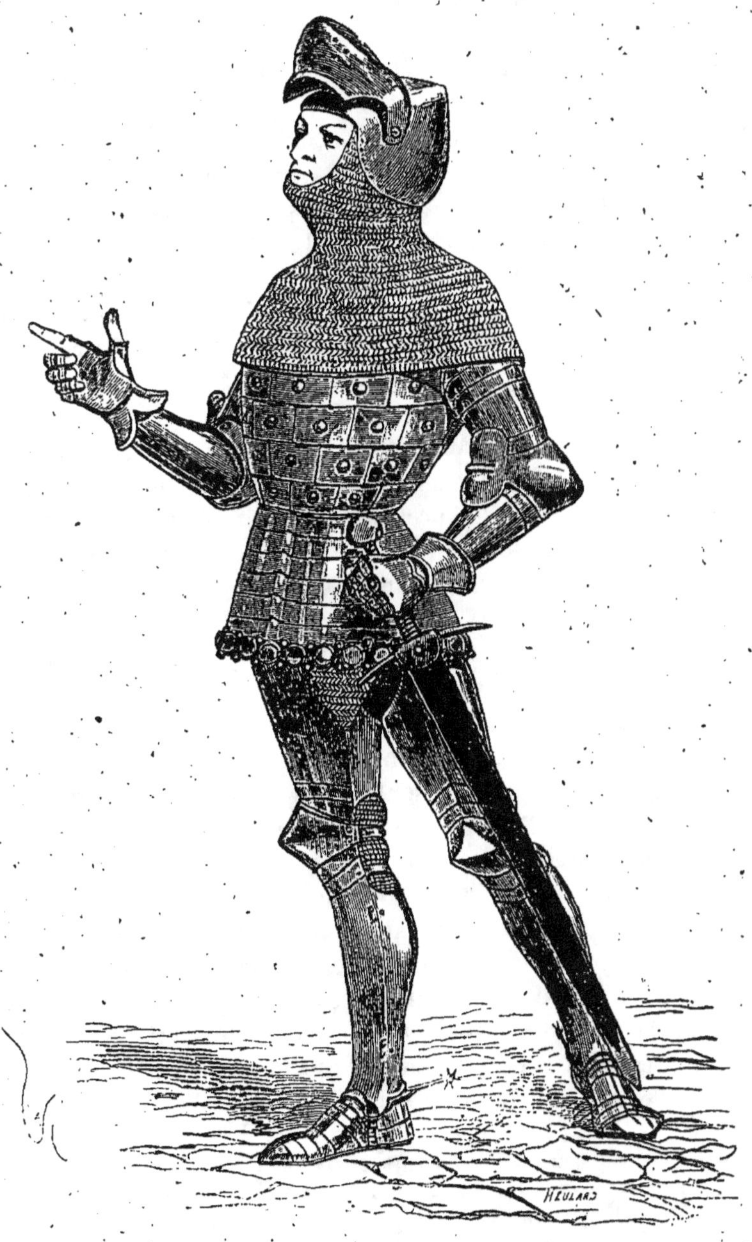

par-dessus ses plates, portait un long parement de samit, c'est-à-dire d'étoffe épaisse de soie, descendant jusqu'à terre et armoyé de ses armes. On voit, en effet, pendant le règne de Charles V et jusques à la fin du xive siècle, les hommes d'armes de haut lignage ainsi vêtus, sur nos monuments et les miniatures des manuscrits français.

Cependant, comme alors la chevalerie combattait souvent à pied, cette sorte de vêtement devait être fort gênante. Chandos se prend les pieds dans son parement, trébuche, et tombes sur le coup qui lui est adressé. Il est à croire qu'habituellement, lorsque les hommes d'armes mettaient pied à terre pour combattre, ils se débarrassaient de ces parements incommodes. Mais, en la circonstance, Chandos, irrité, à quelques pas de ses ennemis, s'empresse de sauter à terre, et combat avec ce malencontreux parement, dessous lequel on était armé de pièces justes au corps.

L'homme d'armes que nous présentons ici (fig. 37 [1]) est vêtu d'un corselet de peau ou de toile en double, rembourré, recouvert de plaques d'acier rectangulaires avec un rivet au centre et disposées comme des tuiles. Ce corselet est terminé par des tassettes au nombre de six, à recouvrements, attachées à la ceinture d'acier ou braconnière, laquelle, dans cet exemple, est complètement masquée. La dernière lame est ornée de la ceinture militaire d'orfèvrerie. Un crochet fixé sous les tassettes suspend l'épée. Les bras et jambes sont complètement armés. Un large camail de mailles, attaché au bacinet, couvre le cou et les épaules.

C'est par-dessus cette armure de plates qu'on mettait le parement en question, ainsi que le montre la figure 38 [2], copiée sur une des statues des preux qui ornent les parois extérieures des tours du château de Pierrefonds. Ces sculptures, très fidèlement exécutées dans les moindres détails, présentent les habillements de guerre des nobles chevaliers de la fin du xive siècle [3]. Celui-ci est à peu près armé comme le précédent, si ce n'est que les tassettes sont remplacées par des rangs de plaques d'acier posées en tuiles avec rivets latéraux. Sous les tassettes apparaît un haubert de mailles. Le bacinet, d'une forme excellente, retient fortement la gorgerette de mailles au moyen d'un cordon de cuir passant dans des cylindres de fer traversant la base du casque. Le parement de samit est pourvu de manches très amples taillées, ainsi que la cotte, en barbes d'écrevisse. Par-dessus le parement sont fixées des ailettes en forme de

[1] Manuscr. Biblioth. nation., *Tite-Live*, français, n° 30 (1395 environ).

[2] Cette statue est celle de Judas Machabée, placée à l'extérieur de la tour de la chapelle. Judas Machabée est un des neuf preux.

[3] La construction du château de Pierrefonds remonte aux dernières années du xive siècle.

rouelles. L'épée est attachée au ceinturon et la guige de l'écu passe sur l'épaule droite de l'homme d'armes.

38

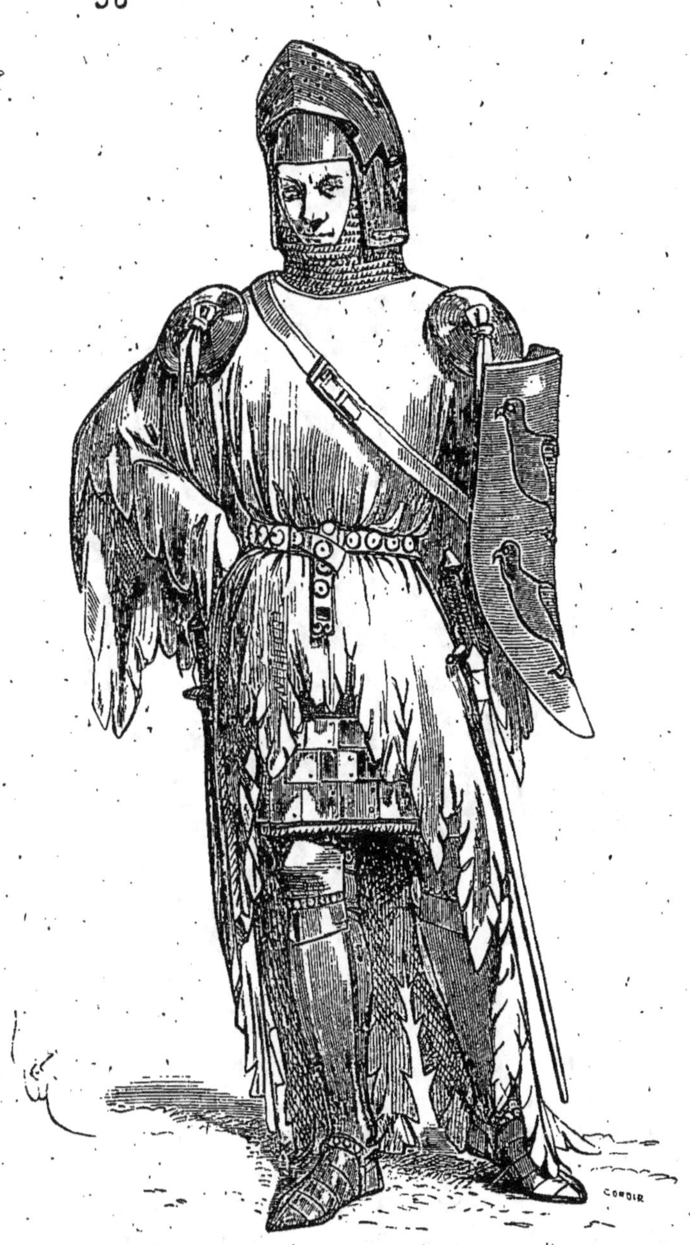

Quoique la date de cette sculpture ne puisse être l'objet d'un doute (1395 à 1400), il est certain que l'artiste, en sculptant les preux, a voulu sortir du temps où il vivait. Pour habiller un Charlemagne, un César, un Artus, un Hector, un Judas Machabée, le sculpteur, afin de donner à ces figures un caractère d'ancienneté,

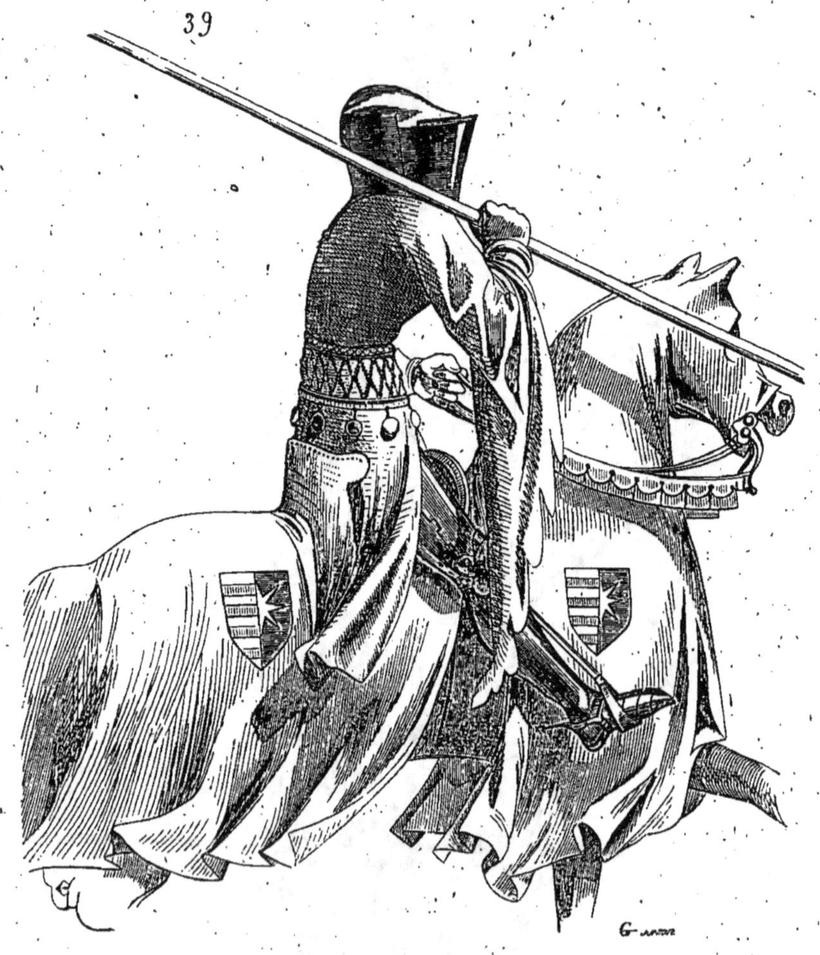
39

prenait l'armure de la génération précédente. C'est ainsi qu'on entendait la fidélité historique au XIVe siècle. Cette armure n'est donc pas celle d'un homme d'armes de 1395, mais d'un chevalier de 1360 à 1370, et nous fournit l'adoubement que devaient porter Jehan Chandos et les gentilshommes de son temps. Ces belles statues sont évidemment faites sur des modèles existants, mais alors il ne manquait pas, dans les châteaux, d'armures ayant appartenu à de vieux châtelains dans leur jeunesse. De 1390 à 1400, on ne portait plus de parements de cette coupe, plus de tassettes en tuiles, plus d'ailettes en rouelles ; les solerets étaient plus pointus, les genouillères plus saillantes, et le bacinet avait une autre forme.

La mort de Jehan Chandos fit grand bruit. Froissart dit qu'il fut fort regretté, « car onques depuis cent ans ne fu plus courtois, plus « gentilz ne plus plain de toutes bonnes et nobles vertus et condicions « entre les Anglois de lui ». Il fut pleuré par la noblesse de sa nation et même par une partie notable des barons français. La chevalerie en venait alors, très fréquemment, à combattre à pied ; cet événement et cette façon de combattre durent faire abandonner assez tôt ces parements d'une si noble apparence à cheval, mais si incommodes pour se battre à pied.

De 1395 à 1400, et plus tard encore, on voit cependant les longues manches adoptées parfois avec l'armure. L'homme d'armes que donne la figure 39 [1] porte, par-dessus un corselet ou une brigantine, un habillement d'étoffe à jupe fendue par devant, boutonné ou lacé de cette fente jusqu'à la poitrine, garni de longues manches découpées. Une ceinture étrange orne ce parement. Elle se compose de deux galons d'orfèvrerie réunis par des chaînettes d'or, posés en losanges et terminés par des pendeloques en forme de disques. Quelquefois ces pendeloques sont des grelots. Notre homme d'armes porte le heaume ; ses jambes sont complètement armées et ses mains couvertes de gants de peau. Le cheval est houssé. Souvent ce parement est dépourvu de manches et forme simplement corset [2] ; alors les bras sont armés de plates, ou même encore de mailles.

Nous arrivons au moment où l'armure prend un caractère nouveau. Les parements d'étoffe disparaissent ou sont ajustés ; les plates, composées de tant de parties variables, se changent en pièces fixes, solidaires. L'armure, de fer battu, est construite d'après une méthode plus suivie et à l'aide de moyens perfectionnés. C'était la conséquence des guerres incessantes qui avaient occupé la moitié du XIVe siècle. L'état de paix des dernières années du règne de Charles V et des premières du règne de Charles VI avait donné à l'industrie un grand développement en France. Le luxe, vers ces derniers temps, dépassait tout ce qu'on peut imaginer, et les armures notamment avaient acquis une rare perfection de travail. Elles étaient d'un prix considérable, et tous les hommes

[1] Manuscr. Biblioth. nation., *Tristan*, t. I, français (1395 à 1400).

[2] Même manuscrit.

d'armes n'étaient pas en état de les payer. Aussi beaucoup s'habillaient-ils de brigantines, de gambisons garnis de lames d'acier et de rivets; mais, vers 1400, l'armure de fer fut adoptée définitivement par la chevalerie, coûte que coûte. C'était le harnais blanc, c'est-à-dire simplement poli, sans aucun agrément et garantissant absolument le corps et les membres. Le bacinet remplaçait le heaume, dont on ne se servait plus guère que dans les tournois. Le corselet d'acier, composé du plastron, de la pansière et de la dossière, suppléait aux plastronnages plus ou moins armés, dont on se servait si fréquemment avant cette époque. Aux cottes succédaient les tassettes; les spallières prenaient un grand développement et protégeaient efficacement les épaules, les aisselles et les omoplates. Rarement des gorgerettes de mailles, mais de lames d'acier, à recouvrements articulés. Les cubitières, amples, garantissaient la saignée et le coude. Les gantelets étaient merveilleux de souplesse.

Les armuriers avaient certainement observé scrupuleusement le jeu des articulations de la queue de l'écrevisse, et, partant de ce principe, ils composaient les plaques de recouvrement destinées à former les tassettes, certaines parties des arrière-bras, les gorgerins, les alentours du genou et quelquefois même les pansières. L'infanterie commençait alors à prendre dans les batailles un rôle important. Les troupes à pied, de l'Angleterre surtout, étaient bien disciplinées, solides, et faisaient beaucoup de mal à la cavalerie avec les plomées, les fauchards et vouges. Les arbalètes, plus fortes, envoyaient des carreaux qui perçaient les plastrons et les brigantines. On croyait rendre à la cavalerie la puissance qu'elle perdait chaque jour en perfectionnant son armement défensif. D'ailleurs, cette cavalerie mettait alors pied à terre, souvent, pour combattre. On s'abordait à la lance raccourcie ou à l'épée, ou à la masse; il paraissait nécessaire de couvrir de fer exactement toutes les parties du corps, en évitant les jointures, les défauts, pour mieux résister à ce genre de combat très meurtrier. Cependant la pesanteur de ces armes était grande, et cette chevalerie combattant à pied, peu mobile, promptement épuisée de forces, ne pouvait soutenir une longue lutte.

La figure 40[1] nous montre la transition entre l'armure de plates et l'armure de fer. Cet homme d'armes est vêtu du corselet avec doublure, à laquelle est fixée, par une courroie devant et une cour-

[1] Manuscr. Biblioth. nation., *le Livre de Guyron le Courtois*, français (1400 env.).

roie derrière, la bavière qui protège le cou et le menton. Au corselet est rivé le fautre pour mettre la lance en arrêt. La poitrine et les arrière-bras sont fortement plastronnés sous le corselet et sous la

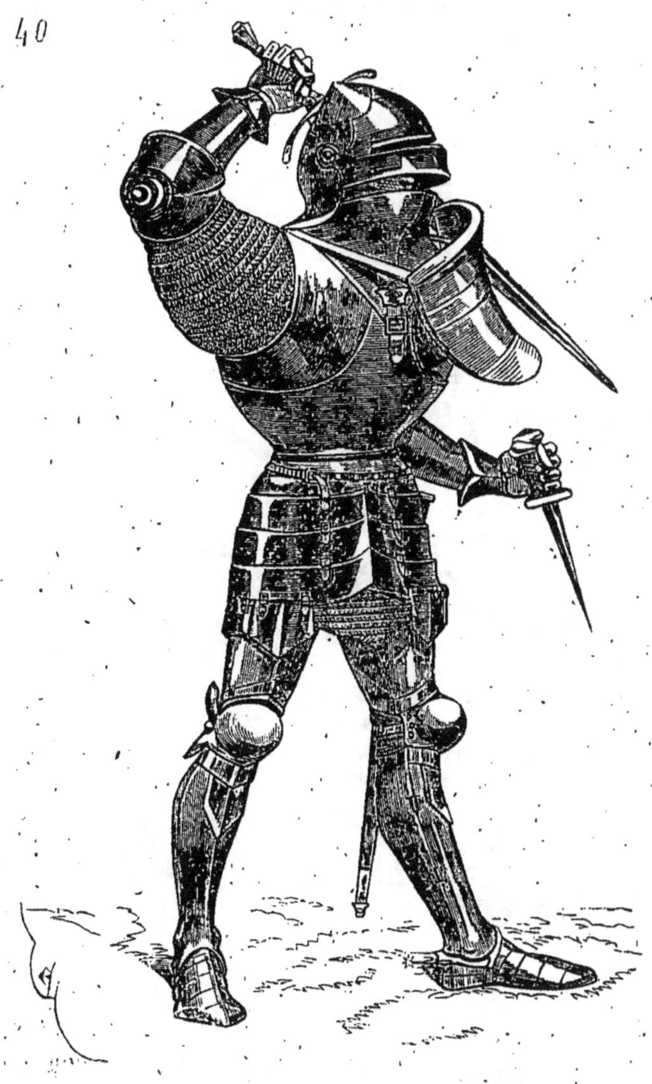

maille qui couvre ces arrière-bras. La tête est protégée par une salade à visière mobile. Le corselet se termine par une braconnière forgée avec la doublure, braconnière à laquelle sont suspendues les tassettes au moyen de courroies. Les jambes sont complètement armées avec genouillères très saillantes, pour rendre facile le pliage du genou. Les grèves sont renforcées par des doublures en haut des tibias. Des plates supplémentaires attachées aux tassettes protègent les cuissots devant et latéralement; un bout de mailles forme l'entre-cuisses. L'écu est suspendu au cou, sur l'épaule gauche, par la guige. Nous dirons comment est combiné le corselet et comment on peut l'attacher au torse (voyez Corselet). Les gantelets sont revêtus de lames d'aciera rticulées.

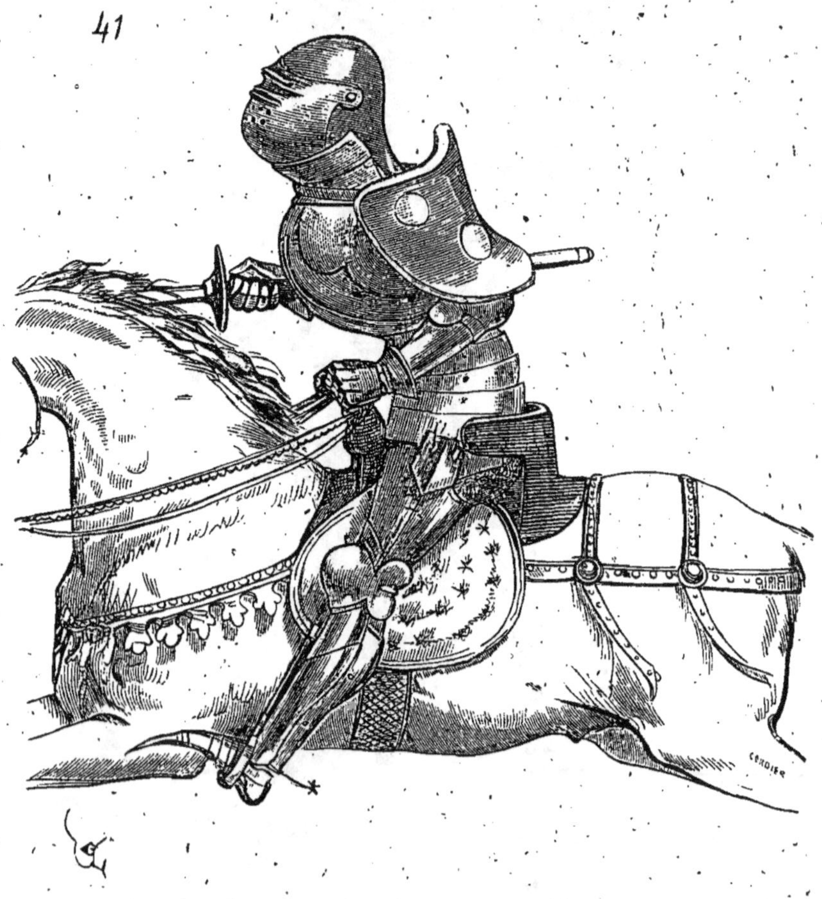

Le même manuscrit[1] représente, dans ses miniatures, des chevaliers complètement armés de pièces de fer et où la maille n'apparaît plus (fig. 41). Cet homme d'armes est revêtu d'un corselet fortement bombé avec doublures, sous lequel est une braconnière à

[1] *De Guyron le Courtois*, Biblioth. nation., français (1400 environ).

laquelle sont attachées les tassettes réunies cette fois, non par des courroies, mais par des rivets latéralement, de manière à présenter exactement le jeu des articulations de la queue des écrevisses.

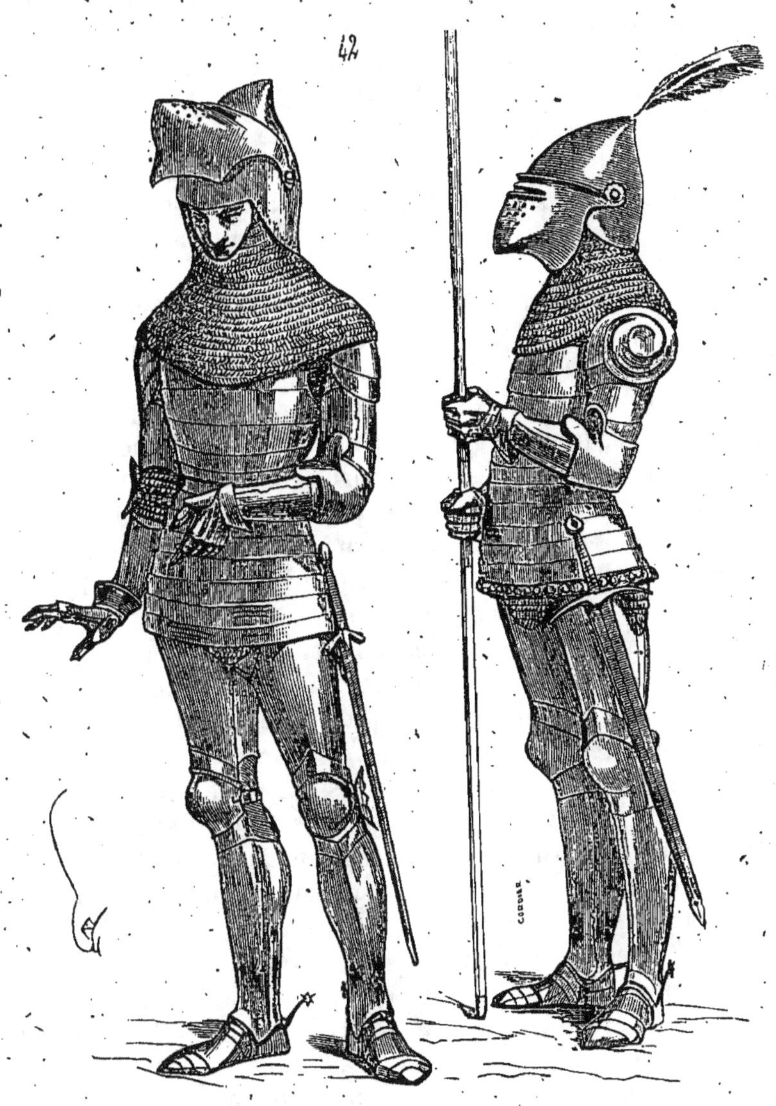

Des plates latérales garantissent la jonction des deux parties des cuissots. Les jambes sont entièrement armées, et la tête est couverte d'un bacinet avec bavière articulée et visière mobile. Il est évident que cette armure est faite pour présenter aux coups de lance des surfaces glissantes, dérobées, en évitant, autant que possible, les angles et jonctions qui peuvent donner prise à la pointe du fer. L'écu, suspendu au cou par la guigè, couvre le bras gauche et peut être ramené en avant. On remarquera la selle de ce cavalier avec son troussequin emboîtant le haut des cuisses et ses larges gardes de peau piquée. Quelquefois, sur le corselet, on mettait une très courte cotte d'étoffe, une sorte de chemisette, armoyée ou blanche, et destinée alors à éviter l'effet des rayons solaires sur le fer[1].

L'armurier a supprimé, dans la façon de cette armure, toutes boucles et courroies apparentes, lesquelles étaient souvent brisées pendant le combat. Les diverses pièces tiennent ensemble, soit par des rivets, soit par des courroies sous-jacentes, soit par des boutons à ressort.

Il faut croire cependant que ces corselets présentaient des difficultés de fabrication, ou qu'on les trouvait souvent trop lourds et gênants, car des tentatives sont faites encore, au commencement du xve siècle, pour obtenir un vêtement de fer plus facile à façonner, ou plus souple et plus léger. Un manuscrit de 1404 à 1417[2] nous montre, dans la collection de ses très remarquables miniatures, des hommes d'armes dont le corps est entièrement couvert de cottes de fer composées comme les tassettes, au moyen de lames à recouvrement, maintenues solidaires par des rivets latéraux (fig. 42). Ces hommes d'armes portent encore la gorgerette de mailles attachée au bacinet. Les plates composant ces cottes devaient être assez souples et élastiques pour s'ouvrir et permettre de passer les bras, car elles étaient fixées par derrière au moyen de fortes boucles et courroies (fig. 43), comme certaines brigantines. Il est certain que cet habillement de guerre était loin d'avoir la résistance des corselets et tassettes, mais il devait coûter beaucoup moins cher ; il était plus léger et laissait plus de liberté aux mouvements du corps. On tâtonnait, mais en adoptant définitivement le fer battu pour le vêtement de l'homme d'armes.

Désormais la partie inférieure de l'armure était à peu près fixée et ne devait plus guère être modifiée, mais il n'en était pas de même pour les épaules, le torse et la tête. Lorsque la chevalerie ne combattait qu'à cheval, il importait assez peu que les mouvements du torse et de la tête fussent libres. Le haut du corps agissait par sa masse immobile lorsqu'on chargeait. Il n'en pouvait être ainsi dès

[1] Même manuscrit. Tous les détails de ces armures sont donnés dans le *Dictionnaire*.
[2] Biblioth. nation., *les Merveilles du monde*, français.

que les hommes d'armes devaient combattre aussi souvent à pied qu'à cheval. Dans ce premier cas, il fallait que la tête, les bras, le torse, pussent conserver une certaine liberté de mouvements. La difficulté était de ne pas affaiblir ces parties essentielles, tout en

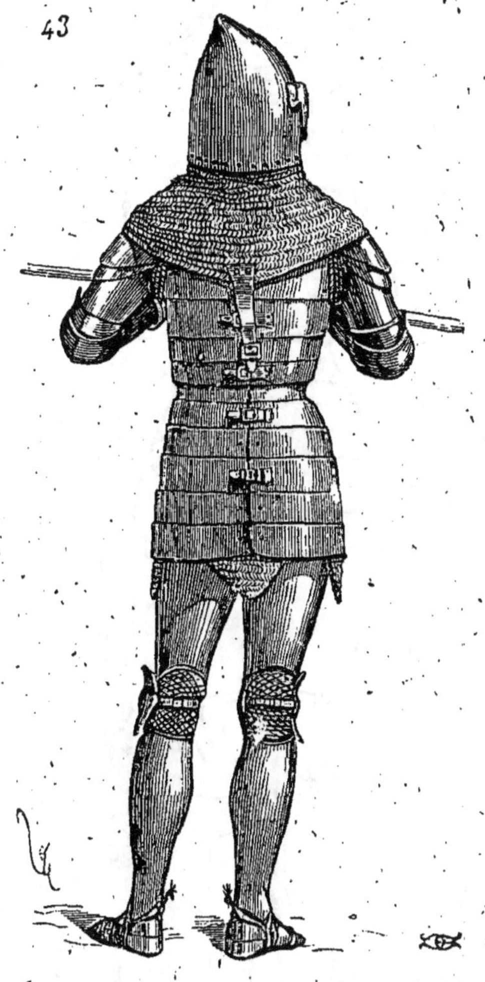

leur laissant la souplesse nécessaire. La protection des épaules était ce qui préoccupait le plus les armuriers. Pour laisser une certaine liberté aux mouvements de la tête, on adaptait le camail, ou gorgerette, au bacinet. Mais ce tissu de mailles, si bien plastronné qu'il fût par dessous, ne préservait pas suffisamment des coups de masse et de marteaux aigus ou faussards. Les ailettes étaient souvent insuffisantes et faciles à déranger pendant une action.

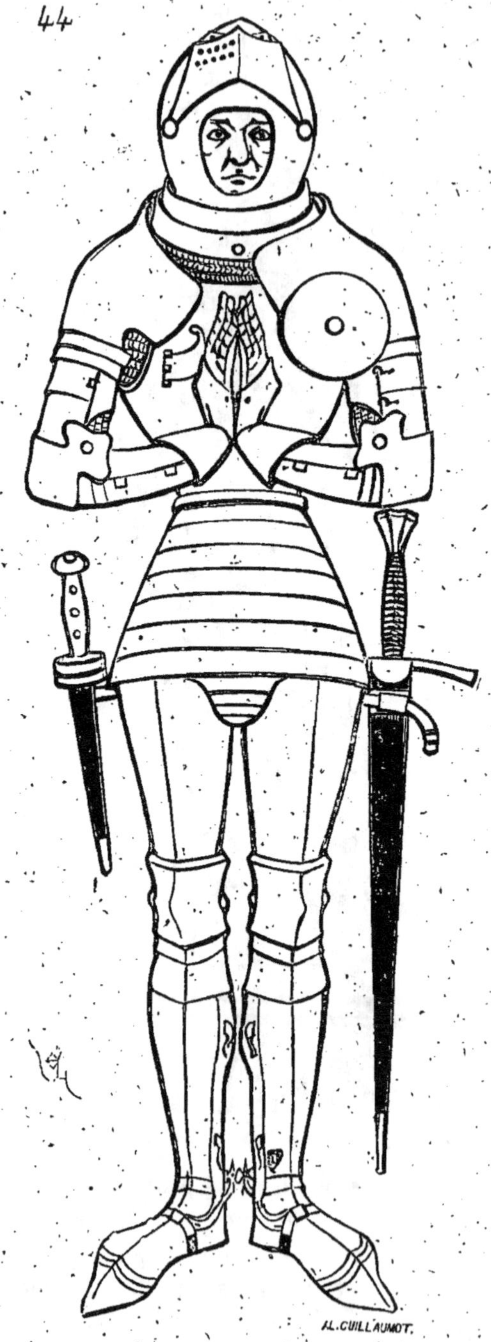

Il fallait des spallières fixes; il fallait que le bacinet pût se mouvoir de droite et de gauche, et que sa jonction avec le corselet fût préservée. C'est vers 1415 que les essais tentés jusqu'alors arrivent à, peu près à un résultat satisfaisant. Une tombe gravée, qui date de 1419, appartenant à l'église Saint-Alpin de Châlons-sur-Marne[1], nous fournit un renseignement précieux.

Quoique la gravure de cette tombe soit d'une exécution médiocre, elle présente fidèlement les détails de l'armure de ce temps (fig. 44). Le bacinet de ce gentilhomme entre dans deux lames de métal à recouvrement, qui forment gorgerin et permettent les mouvements de droite et de gauche. Ces deux lames, qui, circulairement, préservent le cou, sont fixées à un camail de mailles qui passe sous le corselet, qui est de deux pièces, plastron et dossière.

Au plastron est fixé le fautre à charnière, qui, développé, permet d'appuyer la lance en arrêt. Les épaules sont protégées par deux spallières qui les enveloppent entièrement, mais qui ne sont pas semblables. Celle de droite est échancrée au droit de l'aisselle pour le passage du bois de la lance. Celle de gauche reçoit en avant une rouelle qui couvre le défaut. Celle-ci monte plus haut sur le gorgerin, car le côté gauche est particulièrement exposé aux coups de lance. La braconnière est une véritable ceinture de fer à laquelle s'attachent les tassettes, au nombre de sept lames sans courroies, mais maintenues par des rivets. L'épée et la dague sont suspendues à des courroies fixées au haut des cuissots. Le bas des grèves est articulé, tandis que les solerets possèdent des cous-de-pied d'une seule pièce; leurs articulations ne commençaient qu'au droit des doigts. Cette armure est complète, et figure celles que la chevalerie française portait à la bataille d'Azincourt.

Les spallières, larges, saillantes, ne permettaient pas de passer par-dessus la chemise ou cotte courte armoyée, sans manches et sans ceinture. Il fallait, pour pouvoir vêtir ces cottes, que le chevalier fût armé comme le sont ceux représentés figures 40 et 42. Il est certain qu'à la bataille d'Azincourt[2] quelques nobles français portaient des cottes armoyées par-dessus leurs armures, mais non tous, car beaucoup ne furent pas tout d'abord reconnus parmi les morts. Il ne paraît pas que le duc d'Alençon, qui se conduisit si bravement pendant cette journée, eût une cotte à ses armes sur son armure. Entouré, déjà blessé, en vain voulut-il se rendre en se nommant et en levant sa visière, il fut massacré, n'ayant point été reconnu à temps.

[1] Du seigneur de Mairet, mort en juillet 1419.

[2] Le 25 octobre 1415.

Après cette journée qui vit périr l'élite de la chevalerie française, des modifications furent apportées dans la manière de s'armer. Le pays était ruiné, le luxe des armes était moins que jamais de saison. Les traditions, déjà fort altérées chez la noblesse guerrière, étaient perdues, le royaume, envahi par l'étranger, était la proie des factions des Armagnacs et des Bourguignons. C'était à la cour du duc de Bourgogne et à celle du roi d'Angleterre que le luxe s'était réfugié.

Les habillements des hommes d'armes français subissaient les influences de ces deux cours. Certaines parties de l'armure étaient empruntées à la mode anglaise, d'autres à la mode de Bourgogne. L'armée du duc était recrutée parmi des populations diverses, dont quelques-unes ne laissaient pas d'avoir plus de rapports avec les habitudes des Allemands qu'avec celles des Français. C'est pourquoi, vers cette époque (1420 à 1430), on trouve dans l'armure française des étrangetés qui semblent interrompre le progrès logique de l'habillement de guerre jusqu'alors. C'est vers 1420 que l'on voit apparaître la lourde bavière allemande, les spallières, cubitières et garde-bras démesurés adoptés par les Anglais ; que l'habillement de tête adopte toutes sortes de formes. Nous n'entrerons pas, à ce propos, dans de trop longs détails, les articles du *Dictionnaire* devant s'occuper de ces diverses pièces et de leurs modifications.

Le seul exemple que nous donnons ici (fig. 45 [1]) suffira pour faire saisir ces influences qui viennent modifier pour un temps, et d'une façon irrégulière, notre armure. Cet homme d'armes est vêtu d'un corselet avec tassettes, le tout recouvert d'une étoffe collée, suivant une habitude qui avait été adoptée en Italie dès la fin du XIVe siècle. Les épaules sont couvertes d'énormes spallières. Une lourde bavière fixe, suivant la mode allemande, protège le cou et le menton. Une salade sans visière défend le chef. Les garde-bras, épais, sont ouverts à la partie supérieure externe, pour permettre le jeu du bras, ce qui ne se voit guère dans les armures françaises. Le harnais de jambe seul conserve bien son caractère national.

La guerre poursuivie contre les Anglais, possesseurs de la plus grande partie du royaume, obligea de donner aux armures un caractère pratique.

Les gentilshommes qui, dans ces temps calamiteux, tenaient encore pour le roi de France, n'avaient guère le loisir de penser, comme

[1] Manuscr. Biblioth., nation. *Boccace*, trad. française (1420 environ).

leurs prédécesseurs, à faire faire de brillantes armures, couvertes des plus somptueux parements. Tenant continuellement les champs, ce qu'il leur fallait, c'étaient de bonnes armes, pas trop lourdes, qui ne

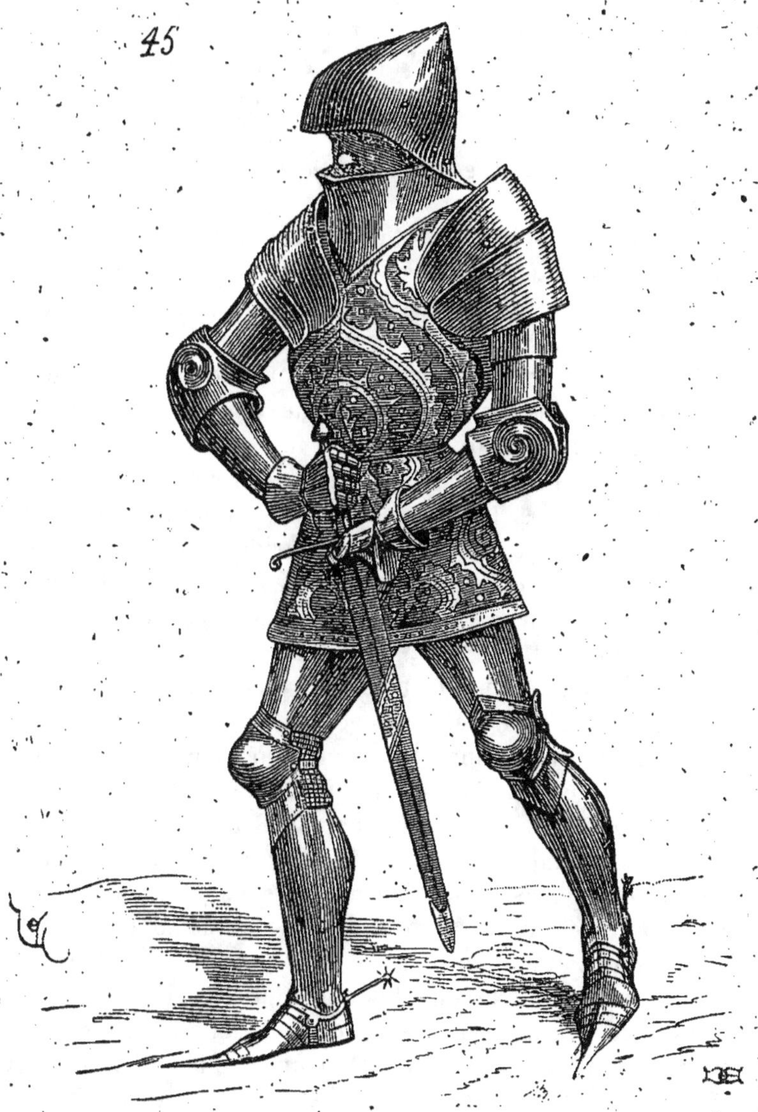

demandassent pas un entretien coûteux et deux ou trois varlets pour aider à les endosser. On récrutait alors la gendarmerie un peu partout, et beaucoup de braves gens, qui voulaient bien concourir à la défense du pays ruiné, n'étaient pas en état de payer ces belles armures forgées, qui, sous le règne de Charles VI, étaient très coûteuses. A défaut de la noblesse, en partie détruite à Azincourt, plus soucieuse souvent de se retirer dans ses châteaux que de concourir à la défense d'un royaume que l'on pouvait considérer alors comme en complète dissolution, la nation elle-même commençait à s'armer. L'artillerie à feu prenait alors assez d'importance pour modifier l'ancienne tactique de la chevalerie. L'apparition de la Pucelle hâtait ce mouvement du pays qui, moins d'un siècle plus tard, devait tendre à se substituer à la féodalité armée et à composer des troupes nationales.

Nous voudrions bien pouvoir donner à cette page de notre étude l'armure que portait Jeanne Darc. Les documents que l'on possède sur le genre de vêtement de guerre qu'elle avait adopté sont vagues et ne permettent guère que des hypothèses plus ou moins ingénieuses. Toutefois, ces documents s'accordent à la représenter comme ayant revêtu une armure d'homme. D'après la chronique de Mathieu Thomassin, lorsque la Pucelle fut présentée au Dauphin, « elle avoit courts les cheveulx et un chapperon de layne sur la teste, « et portoit petits draps (braies) comme les hommes, de bien simple « maniere. Et parloit peu, sinon que on parloit à elle. » Plus loin, le même auteur ajoute : « Mondit seigneur le Daulphin feit armer et « monter ladicte Pucelle. Et si ay oi dire a ceulx qui l'ont veue armée « qu'il l'a faisoit tres bon voir, et se y contenoit aussi bien comme « eust fait ung bon homme d'armes. Et quant elle estoit sur faict « d'armes, elle estoit hardye et courageuse; et parloit haultement du « fait des guerres. Et quant elle estoit sans harnoys, elle estoit « moult simple et peu parlant. » La chronique anonyme, très postérieure à Jeanne Darc[1], dit que Robert de Baudricourt, qui fit conduire la Pucelle devant le Dauphin, lui fit faire « robe et chaperon à « homme, gipon, chausses à attacher houseaux et esperons, et luy « bailla un cheval et un varlet ». Ailleurs, la même chronique dit « qu'elle chevauchoit toujours armée de toutes pieces, et en habil- « lement de guerre, autant ou plus que capitaine de guerre qui y « fust ; et quand on parloit de guerre, ou qu'il falloit mettre gens en « ordonnance, il la faisoit bel ouyr et veoir faire les diligences; et si « on crioit aucunes fois à l'arme, elle estoit la plus diligente et pre- « miere, fust à pied ou à cheval... ».

Etant devant Paris, la Pucelle avait fait offrande de ses armes à

[1] 1467 au plus tard. Voyez *Procès de condamnation et de réhabilitation de Jeanne d'Arc*, publ. par M. J. Quicherat, t. IV, p. 206.

l'abbaye de Saint-Denis, où elles restèrent appendues jusqu'au pillage de l'église qui eut lieu peu après. Pendant son procès : « Interrogée « quelz armes elle offry à Saint Denis, respond que ung blanc harnas « entier à ung homme d'armes, avec une espée ; et le gaigna devant « Paris.

« Interrogée à quelle fin elle les offry, respond que ce fut par « devocion, ainsi qu'il est accoustumé par les gens d'armes, quant ils « sont bléciés ; et pour ce qu'elle avoit esté blécée devant Paris, les « offrit à Saint Denis, pour ce que c'est le cry de France.

« Interrogée ce c'estoit pour ce que on les armast (*sic*), respond « que non[1]. »

Il est difficile d'expliquer le sens de ce dernier passage ; mais la version latine qui dit : « *Interrogata utrum hoc fecerit ut arma ipsa* « *adorentur* », rétablit le sens.

Il ressort de ce texte que les armes suspendues à Saint Denis, en manière d'ex-voto, n'étaient pas les armes que Jeanne Darc portait habituellement, mais un harnais blanc qu'elle avait gagné à l'attaque des barrières de Paris.

La persistance avec laquelle la Pucelle gardait l'habit d'homme, le sens religieux qu'elle semblait y attacher, ne portant rien qui pût rappeler son sexe, permettent de supposer que son harnais était exactement semblable à celui des hommes d'armes.

Le plaston bombé de l'époque, la disposition des tassettes, couvrant les hanches, convenaient d'ailleurs aussi bien à la conformation féminine qu'à la taille de l'homme.

Dans le journal du siége d'Orléans, il est dit qu'à l'attaque du boulevard des Tournelles du pont, où elle fut blessée à l'épaule d'un carreau d'arbalète, elle n'était vêtue que d'un *jazerant*, c'est-à-dire d'un camail de mailles. C'était pour ce temps une armure insuffisante, mais bien d'autres que la Pucelle en portaient encore.

Cependant Jeanne Darc ne fut pas la seule femme qui se soit armée en guerre dans ces temps de luttes incessantes. Suivant sa propre déclaration, si Jeanne avait pris l'habit d'homme, c'est qu'elle voulait éloigner de la pensée de ses compagnons d'armes toute idée qui pût être une offense pour elle. Des scrupules de cette nature ne préoccupèrent pas, peut-être, les quelques femmes qui prirent le harnais de guerre, et, en chevauchant, elles prétendaient conserver les priviléges attachés à leur sexe. Avec l'armure, celles-ci conservaient donc la longue jupe d'étoffe. Un manuscrit de la

[1] *Procès de condamnation de Jeanne d'Arc*, par M. Jules Quicherat, t. I, p. 179.

Bibliothèque nationale[1] représente les Amazones qui vinrent défendre Troie. Les femmes sont armées à la mode du temps et comme ont pu l'être vraisemblablement les dames qui, de 1425

46

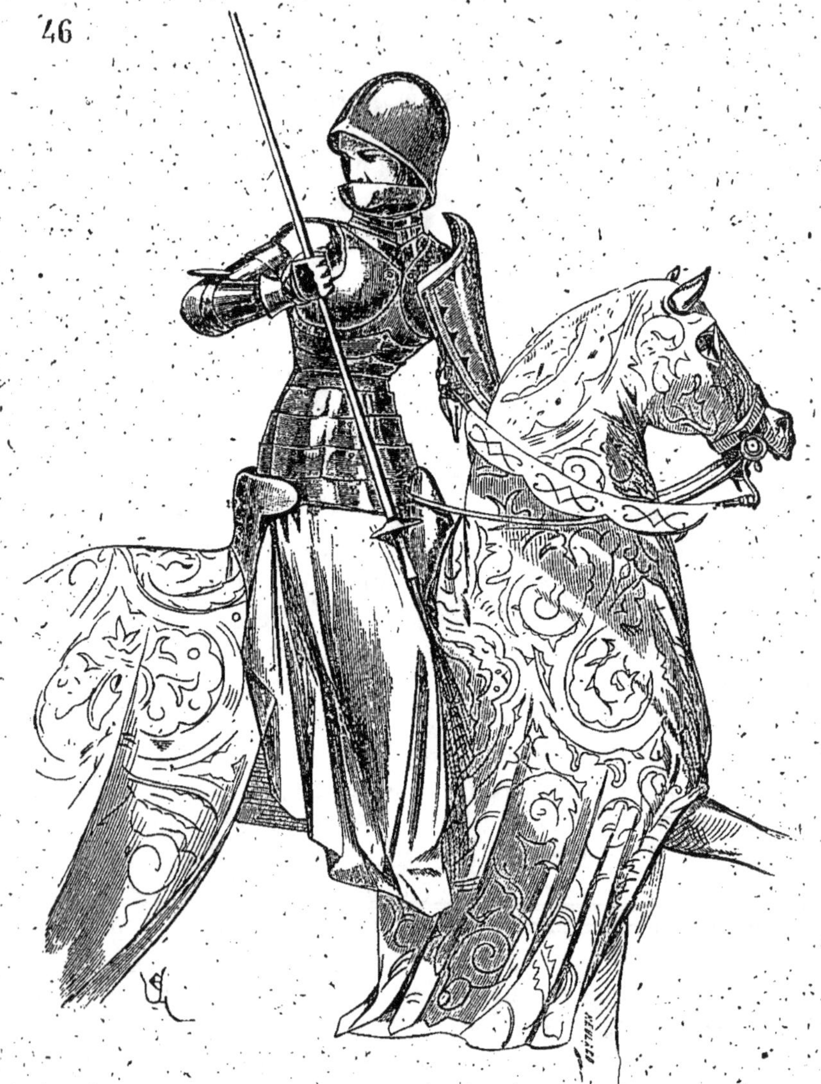

à 1435, voulurent courir les chances de la guerre. Les unes ont, pardessus leur longue jupe, le corps couvert d'un jaseran, avec habillement de tête et de bras; d'autres possèdent le corselet articulé avec longues tassettes (fig. 46), brassards, garde-bras, spallières,

[1] *Destruction de la ville de Troyes* (*sic*), français (1425 à 1450).

salade avec bavière. Cet habillement de guerre féminin ne nous paraît pas être une fantaisie du miniaturiste, mais conserver un caractère de réalité qu'on ne trouve pas dans les représentations purement imaginaires. Il est évident que Jeanne Darc ne voulait pas qu'on la confondit avec ces dames guerrières qui, sans trop médire, étaient plus renommées par leur bravoure que par la rigidité de leurs mœurs.

Nous arrivons au moment où l'armure de fer devient correcte. La belle période du harnais de fer battu, en France, est comprise entre les années 1430 et 1460. Légèreté relative, souplesse, exécution irréprochable, formes élégantes et bien appropriées au corps ; toutes les qualités se rencontrent dans ces habillements de guerre. La figure 47 montre les derniers tâtonnements [1]. Le corselet se compose, comme ceux des exemples précédents, du plastron, de la pansière et de la dossière. Dans cet exemple, les tassettes sont remplacées par une jupe de brigantine, c'est-à-dire faite de lames d'acier à recouvrement, rivées entre deux étoffes, l'une qui fait parement extérieur et qui est de soie épaisse ou velours, l'autre qui fait doublure et qui est de peau ou de forte toile en double. Les deux spallières diffèrent, celle de droite entaillée au droit de l'aisselle, et celle de gauche couvrant bien le défaut. Les garde-bras remplacent les cubitières et sont solidaires des arrière-bras et avant-bras, auxquels ils sont attachés par des rivets et lanières de cuir. Les gantelets sont séparés des avant-bras. Le harnais de jambes se compose d'un garde-cuisse d'une seule pièce avec partie postérieure articulée. Les genouillères sont armées, à leur partie externe, de belles gardes. Les grèves sont complètes, doublées sous les genouillères, avec molletières à charnières descendant jusqu'aux talons ; les solerets, articulés, sont attachés aux grèves, et passent sous les extrémités inférieures des molletières, avec lesquelles ils s'assemblent au moyen de boutons à ressort. Nous donnons deux habillements de tête différents. L'un, A, est une salade sans visière mobile, mais avec couvre-nuque articulé. Le cou et le menton sont protégés par une bavière attachée au corselet. L'autre, B, est un bacinet avec gorgerin attaché de même au corselet par des courroies, l'une devant, l'autre derrière. Ce bacinet, dont le profil est donné en C, est très simple. Il se compose d'un tymbre avec mentonnière s'ouvrant latéralement et visière qu'on ne peut lever, mais qu'on supprime ou qu'on fait tourner de côté en enlevant une

[1] Manuscr. Biblioth. nation., *Destruction de la ville de Troyes* (sic), français (1425 à 1430).

goupille des deux charnières latérales, comme on ferait d'un volet. Il n'y avait pas à craindre qu'un coup de lance ou d'épée enlevât

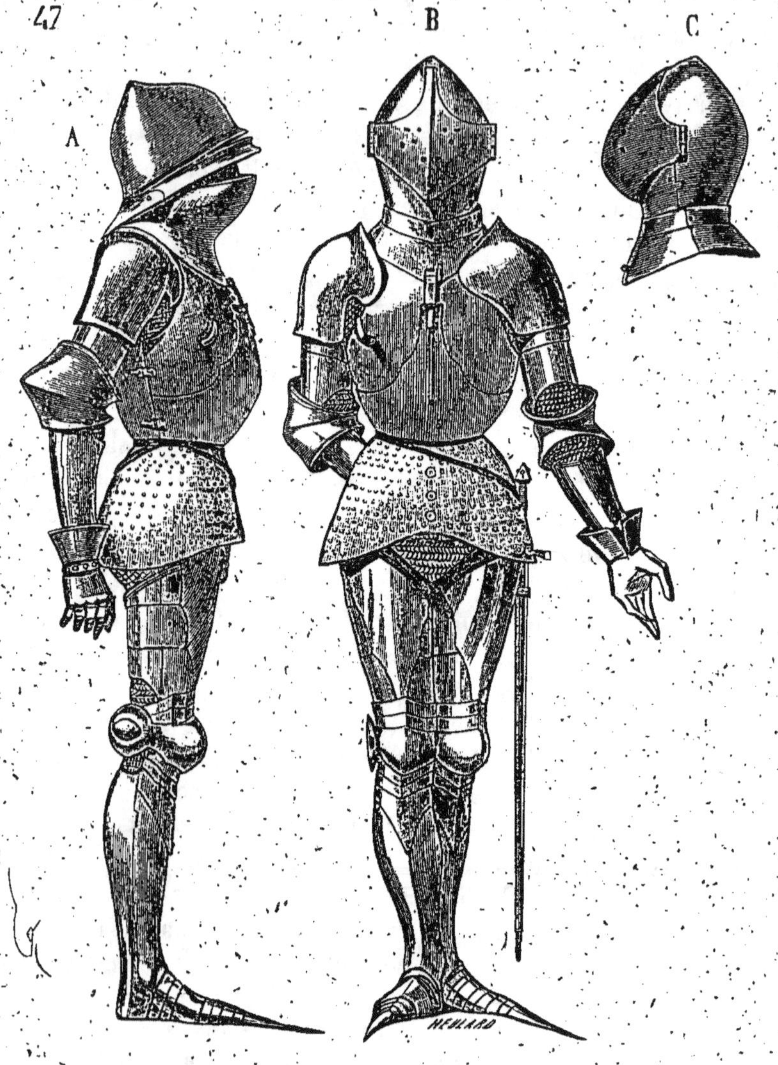

cette visière. C'est là une des dernières formes données au bacinet, qui est bientôt remplacé par l'armet, habillement de tête irréprochable (voyez Armet).

Un des meilleurs types de l'armure de fer de 1440 se voyait au musée de Pierrefonds (pl. II). Cette armure est une merveille au point de vue de la composition et de l'exécution. Les mouvements du corps ne sont gênés en rien sous ce harnais, qui épouse si bien les formes en les protégeant. Le harnais de jambes est d'une finesse remarquable, et il demeure évident que ces armures étaient faites pour celui qui les portait. C'est là un des caractères des armures de fer. Jusqu'alors des hommes de même taille pouvaient endosser toutes les armures ; mais, à l'époque où le harnais de fer battu enveloppa exactement les formes, il fallait que l'armurier pût mouler, pour ainsi dire, l'homme pour lequel il fabriquait un habillement de guerre. Aussi trouve-t-on dans les armures, à dater de 1430, des singularités qui sont motivées par la conformation particulière à chaque individu. C'est surtout dans les cuissots et les jambières que l'on observe un caractère personnel. Et de fait, lorsqu'on trouve un de ces habillements appropriés à la taille, si on l'endosse, on n'éprouve aucune gêne et tous les mouvements s'exécutent librement. Le poids même de ces harnais est peu sensible, tant il est bien réparti sur toutes les parties du corps et combiné en raison des résistances. Le harnais (planche II) ne pèse pas plus de 25 kilogrammes. Il est composé de feuilles d'acier battu très minces, mais très résistantes. Le métal, écroui, a acquis une fermeté et une rigidité extraordinaires.

Le corselet se compose d'un plastron et d'une pansière articulés au moyen d'une attache centrale, ce qui permet au corps de se plier en avant. La dossière se compose également de deux pièces principales pouvant permettre le pliage du torse ; plus, de deux entournures articulées qui facilitent le mouvement en arrière des épaules. Entaillé très profondément latéralement, le corselet ne peut gêner les mouvements latéraux du torse. Les tassettes sont articulées devant et derrière, avec garde-cuisses. L'armet, dont le gorgerin passe sous le corselet, est une pièce excellente laissant à la tête tous ses mouvements. (Voy. Armet, fig. 1, 1 *bis* et 2.)

La spallière de droite est légèrement entaillée au droit du fautre, qui est à charnière et peut se relever. Les arrière-bras, les garde-bras et les avant-bras tiennent ensemble et sont d'une souplesse parfaite. Les gantelets sont attachés par des courroies aux avant-bras et n'ont plus de gardes. Les cuissots sont soigneusement articulés sous les aines et au-dessus des genouillères, armées latéralement de gardes délicates. Les grèves sont articulées au-dessous des genouillères et descendent jusqu'au sol, en couvrant les chevilles. Les solerets et les talonnières sont rapportés. Quant aux poulaines, elles peuvent être facilement enlevées, si l'homme d'armes combat à pied.

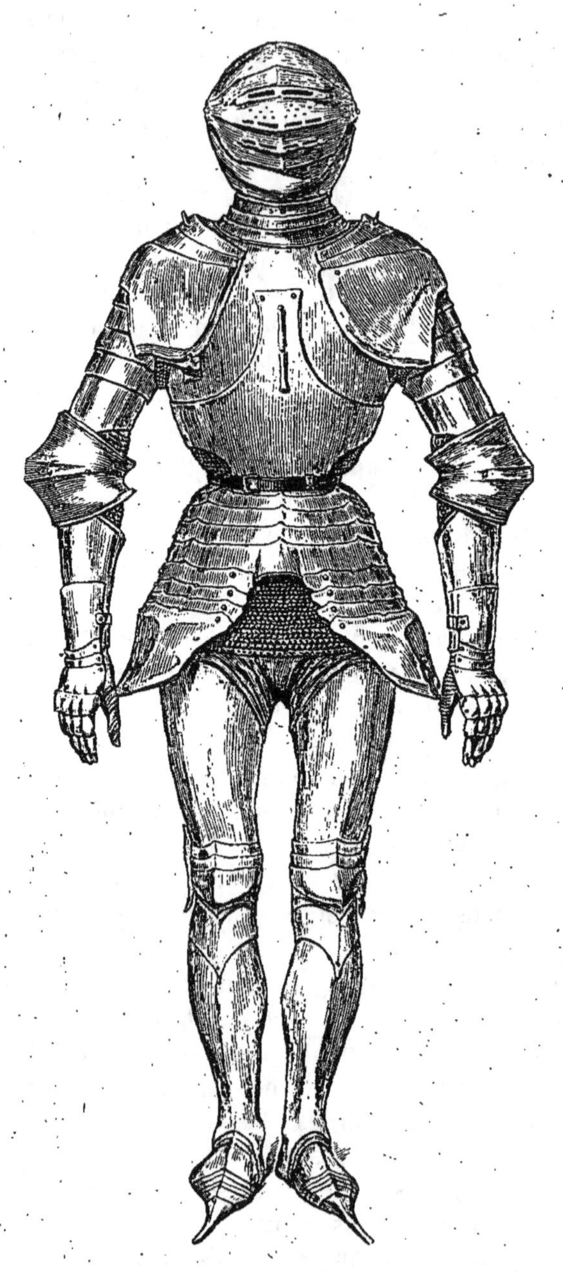

E. Viollet-le-Duc del.

P. Ad. Varin sc.

ARMURE FRANÇAISE

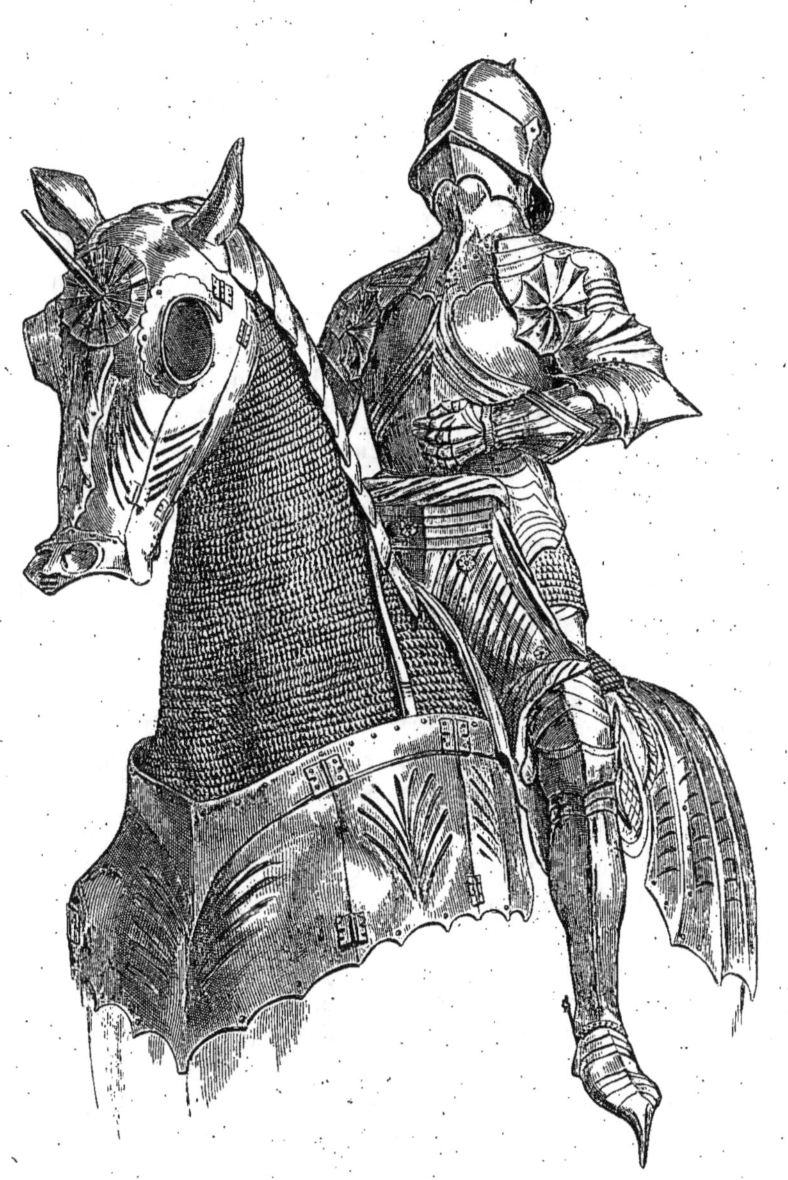

E. Viollet-le-Duc del. *P. Ad. Varin sc.*

ARMURE ALLEMANDE

DU XVe SIÈCLE

Vve A. MOREL et Cie Editeurs.

Il faut recourir, pour les détails de cette belle armure française, aux articles ARMET, BRASSARD, CORSELET, CUISSOT, GANTELET, GRÈVE et TASSETTES.

A cette époque et même antérieurement, les fabriques d'armes les plus renommées étaient à Milan, et en France, à Poitiers, à Bourges, à Beauvais et à Paris. Pavie était, dès le XIIe siècle, renommée pour la fabrication des heaumes. Dans le Nord, on fabriquait de bonnes armures, à Arras, à Gand, et en Allemagne à Nuremberg dès le XIVe siècle. En notre qualité de mauvais conservateurs, nous avons peu d'armures de fer françaises dans nos musées; par compensation, nous en possédons un assez grand nombre provenant d'Allemagne et de fort belles, mais elles n'ont pas la grâce que possèdent celles que l'on faisait chez nous. Les armures de fer de Nuremberg, dont il existe un assez grand nombre d'exemples et qui datent de 1450 environ, sont belles, admirablement forgées; toutefois elles manquent de souplesse, malgré la multiplicité de leurs pièces, et sont généralement plus lourdes que les nôtres. Les garde-bras sont exagérés, les angles saillants abondent; les gantelets avec grandes gardes sont gênants. L'armet si fin, si bien composé, est remplacé par la bavière immobile qu'affectionnaient les Allemands, et par la salade à visière, pouvant être enlevée d'un bon coup de lance. Les spallières, très articulées, sont encore garnies de rouelles, pièces si faciles à faire sauter. Les planches III et IV donnent une de ces armures de Nuremberg, provenant de la belle collection de M. le comte de Nieuwerkerke et datant de 1450 environ, avec le chanfrein, le harnais du cheval et la selle avec son garde-corps d'acier. Nous aurons l'occasion de revenir sur cette belle armure, dont tous les détails méritent un examen attentif.

Beaucoup de chevaliers français se faisaient faire des armures soit en Italie, à Milan, soit en Allemagne, surtout à dater du milieu du XVe siècle. Déjà Charles V avait approvisionné son arsenal du Louvre d'une grande quantité d'armures de Milan, ainsi que nous l'apprend Christine de Pisan; mais alors ces armures de Milan consistaient surtout en des pièces de mailles. « Il fist (Charles V) « pourveance de riches armeures, beauls destriers amenre d'Ale- « maigne, de Pulle (Pouille), courciers, haubergons et azarans « (jazerans) camailz forgiez à Millan à grant foison apportés par « deça, par l'affinité messer Barnabo, lors seigneur dudit lieu; « à Paris faire toutes pieces de harnois; et de tout ce donna large- « ment aux compaignons d'armes, aux riches gentilz hommes les

« choses belles et jolies, aux povres les proffitables et fortes [1]... »
Pendant les xve et xvie siècles, Milan ne fut pas moins renommée pour la fabrication des armures de fer battu, qui passaient pour

48

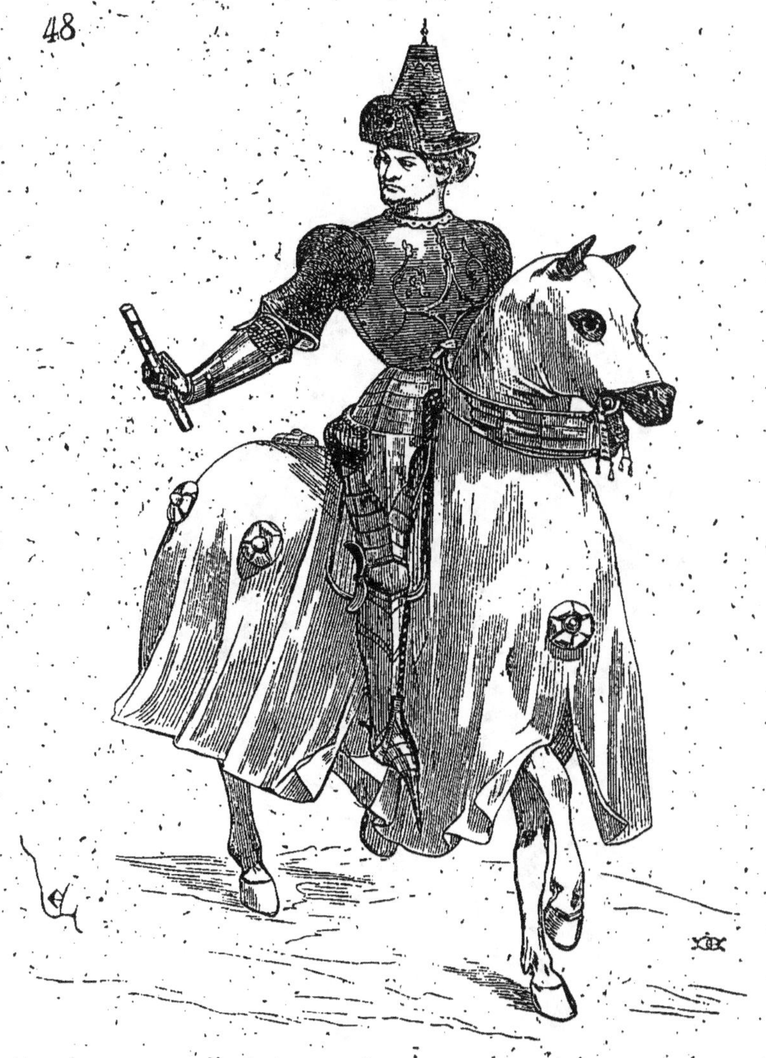

résister mieux aux chocs, malgré leur légèreté, que celles de France et d'Allemagne. C'est dans cette dernière contrée, à Nuremberg, que les armuriers paraissent avoir les premiers adopté les nerfs

[1] Christine de Pisan, *le Livre des fais et bonnes meurs du sage roy Charles.*

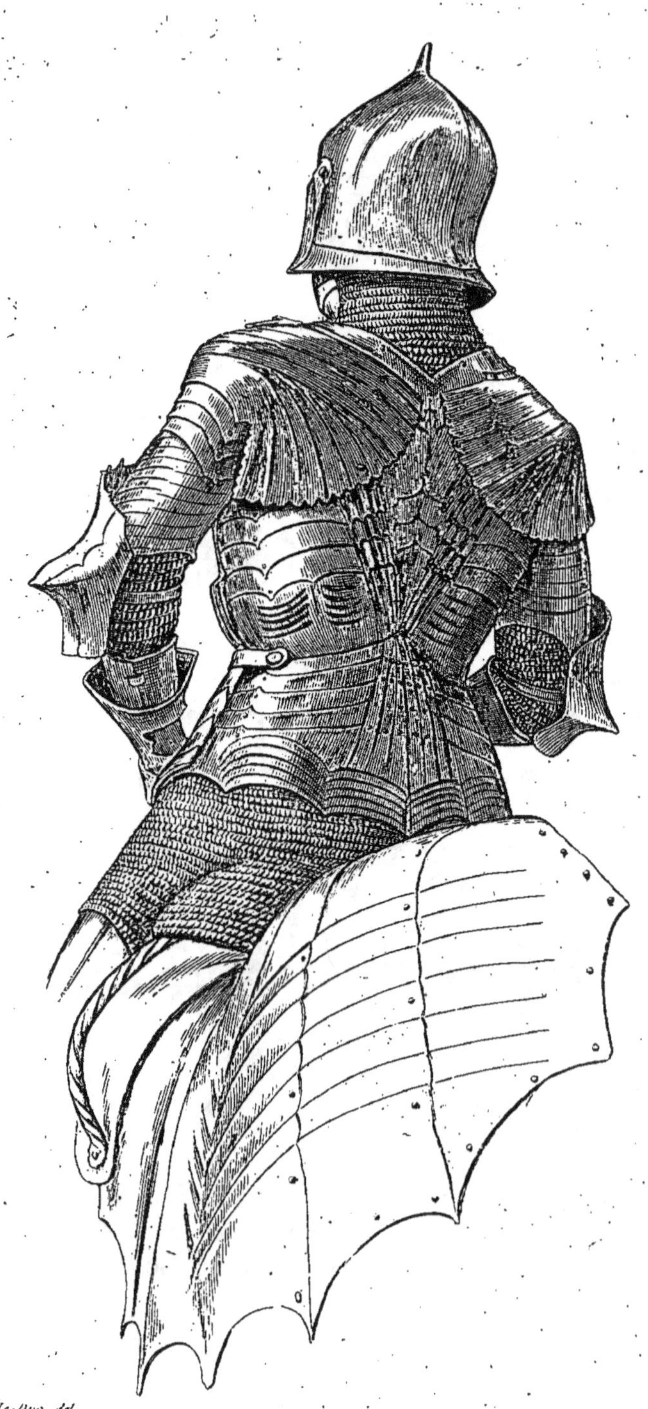

E. Viollet-le-Duc del.

P. Ad. Varin sc.

ARMURE ALLEMANDE

saillants et cannelures pour les habillements de fer. Sans augmenter le poids de l'armure, on donnait ainsi aux pièces une plus grande résistance. La planche IV fait voir que la dossière de l'armure de Nuremberg est ainsi forgée avec un grand nombre de nerfs laissant une cannelure concave entre chacun d'eux. Les armures dites maximiliennes, et qui datent de la fin du XVe siècle, ont amené ce genre de fabrication à la dernière perfection.

Déjà de 1440 à 1450, en France, on avait fait des armures dont les cuissots étaient articulés aussi bien sur la pièce antérieure que sur la pièce postérieure ; et, avec le corselet d'acier et les avant-bras armés, on portait encore des arrière-bras et spallières d'étoffe rembourrée sur plaques d'acier rivées sous-jacentes. La figure 48[1] nous montre un chevalier ainsi vêtu. Le tête est désarmée et couverte d'un chapeau de feutre garni de joyaux d'or et doublé de martre. Les épaules et arrière-bras sont protégés par les manches de velours violet avec rivets d'or, fortement rembourrées au sommet. Le corselet est orné d'un rinceau rapporté avec des rivures, assez élastique pour ne pas empêcher le mouvement de la pansière. Les tassettes sont faites comme les précédentes, mais les cuissots sont articulés dans toute leur longueur. On remarquera les gardes des genouillères faites en forme de croissant. Cette mode appartient aux années comprises entre 1440 et 1450. Le cheval est houssé, avec chanfrein solide sous la houssure de la tête.

Un manuscrit du XVe siècle, publié en 1866 par M. René de Belleval, donne, sur l'habillement de l'homme d'armes français en 1446, des renseignements assez précieux[2]. L'auteur de ce manuscrit n'a qu'un tort, c'est d'être trop laconique et de ne pas s'étendre assez sur les divers genres d'habillements de guerre des hommes d'armes de son temps. Il y avait encore cependant bien des variétés dans les harnais ; les monuments figurés, fort nombreux, de cette époque, nous en fournissent la preuve.

Voici quelques-uns des passages du manuscrit en question, qui peuvent toutefois fournir des renseignements curieux :

« Et premierement, les dits homes darmes sont armez voulentiers,
« quant ilz vont en guerre, de tous harnois blanc ; c'est assavoir
« curasse close, avant braz, grans garde braz, harnois de jambes,
« gantelez, salades à visiere et une petite baviere qui ne couvre que
« le menton[3] ».

[1] Manuscr. Biblioth. nation., le *Miroir historial*, français (1440 environ).

[2] *Du costume militaire des Français en* 1446, par M. René de Belleval, 1866.

[3] Voyez l'habillement de tête de l'homme d'armes (fig. 47, A).

« Item, les aucuns portent différance en harnois de braz, de « teste et de jambes ; premierement la différance des harnoys de « teste, c'est assavoir de bicoques et de chappaulx de Montauban. « Et premierement, les biquoques sont de faczon à que sur la « teste, en telle forme et manière comme anciennement les bacinez « à camail souloient estre, et d'autre part vers les aureilles viennent « joindre aval, en telle forme et faczon comme souloient faire les « berniers[1].

« Item, et les chappaulx de Montauban[2] sont rons en teste à une « creste au milleu qui vait tout du long, de la hauteur de deux doiz, « et tout autour y a ung avantal (bord en saillie) de quatre ou cinq « doiz de largé en forme ou maniere d'un chapeau. »

L'auteur décrit ensuite la salade, les avant-bras avec les garde-bras ; mais il fait une distinction entre le garde-bras du bras droit et celui du bras gauche ; le premier devant avoir des gardes plus grandes, parce qu'il n'est pas défendu par l'écu et doit parer le coup de lance. Il admet deux armures des bras, celle dont les trois pièces tiennent ensemble, c'est-à-dire l'avant-bras, le garde-bras et l'arrière-bras, qu'il appelle de Milan, et celle qui se compose de trois pièces distinctes réunies seulement par des aiguillettes (voy. AIGUILLETTE).

Pour les harnais des jambes, le manuscrit en décrit également de deux sortes : le harnais de Milan qui « est clos devant et derriere par « le bas, ainsi que on le fait à Millan, et à grandes gardes au genouil, « et ung pou de mailles sur le cou du pié ; et l'autre faczon du har- « noys de jambes est tout pareil à l'autre cy dessus déclairé, sinon « entant que par la jambe bas s'en fault trois doiz que ne soit cloz, et « ont les gardes plus petites en droit le genouil. »

Cela n'est pas parfaitement exact, au moins quant à la deuxième manière d'armer les jambes.

Les grèves françaises sont de deux pièces, la grève proprement dite et la molletière, réunies par des charnières, des boutons et des œillets latéralement ; mais la grève recouvre les chevilles et descend

[1] Les *biquoques* sont évidemment des armets qui se divisaient au droit des oreilles en deux coques (voy. ARMET). Quant au mot *bernier*, nous n'en trouvons pas la signification dans le cas présent. Les *berniers* sont des valets de chiens de chasse. On leur donnait ce nom pendant les XIIIe, XIVe et XVe siècles. Appliqué aux armures de tête, nous n'avons trouvé ce mot nulle part dans les anciens textes. Ainsi, notre auteur entend qu'il y avait deux sortes d'habillements de tête, la salade et la bicoque ; et en effet, sur les miniatures, à dater du milieu du XVe siècle, on ne voit guère que ces deux sortes de casques, avec le chapeau de Montauban.

[2] Voyez CHAPEL DE FER.

jusqu'à la semelle. Le talon forme une pièce à part, ainsi que le soleret, attaché à la partie inférieure de la grève par des boutons et œillets ; quant à la pièce du talon, elle est rivée articulée à la molletière. Il y a aussi les grèves françaises qui s'arrêtent au-dessus des solerets, et laissent ceux-ci indépendants, qu'ils soient d'acier ou de cuir, sans apparence de mailles. (Voyez Grève, Solèret.)

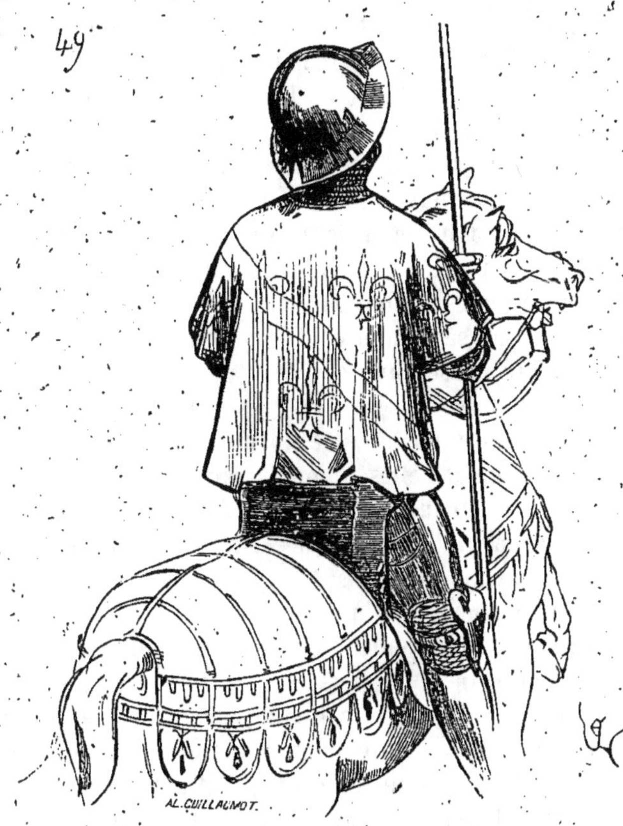

Par-dessus les armures, telles que les dernières figures les représentent, on portait de nouveau, vers le milieu du xve siècle, des cottes armoyées courtes, sans ceinture, à larges manches ne descendant pas plus bas que le milieu de l'arrière-bras (fig. 49 [1]). Ce personnage est coiffé d'un chapeau de Montauban.

Ainsi la cotte d'armes ne cessa guère d'être portée que de 1420 à 1450, car on ne peut donner le nom de cotte d'armes aux étoffes maroufflées sur le corselet et les tassettes si fort en vogue vers 1440. A dater

[1] Manuscr. Biblioth. nation., Froissart, *Chroniques*, t. IV.

de 1460, la cotte d'armes se retrouve fréquemment dans la forme de celle donnée ci-contre, mais elle semble être le privilège des personnages marquants ou de leurs hérauts.

Vers 1470, la noblesse adopte une autre forme de cotte et qui laissait aux mouvements une plus grande liberté. La belle statue de Charles d'Artois, comte d'Eu, mort en 1471, et déposée autrefois dans le chœur de l'église abbatiale de cette ville [1], présente un des exemples les plus remarquables de ce vêtement d'un très noble chevalier (fig. 50). Cette cotte, serrée autour de la taille, est doublée à sa partie supérieure d'une sorte de large pèlerine qui couvre seulement le haut des bras et le dos. Cette cotte est armoyée de pièces saillantes d'orfévrerie et brodées, qui sont trois fleurs de lis d'or sur la cotte d'azur, surmontées d'un lambel à trois pendants de gueules, chargés chacun de trois châtelets d'or. L'armure de ce prince était dorée en plein [2]. Vers la fin du xve siècle, on renonce absolument, en France comme en Allemagne, aux corselets articulés. La cuirasse ne se compose plus que d'un plastron et d'une dossière. Mais, pour laisser une certaine aisance au haut du torse, le gorgerin et le colletin descendent très bas sous les deux pièces de la cuirasse. A cette époque, les armures dites maximiliennes étaient fort en vogue, et celles qu'on fabriquait en France avaient, avec ces armures, beaucoup de ressemblance. Toutefois la cannelure ne paraît pas avoir été pratiquée sur les armures françaises, et, comme nous l'avons dit plus haut, ces cannelures ajoutaient beaucoup à la résistance des pièces d'acier ; aussi les armures dites maximiliennes étaient-elles fort estimées et d'un trop grand prix pour ne pouvoir être portées que par les gentilshommes riches. La planche V donne une de ces armures maximiliennes [3]. Elle est entièrement couverte de fines cannelures. On observera que le plastron est fort échancré du haut, et que l'intervalle qui le sépare de l'armet est rempli par des pièces qui sont : le colletin et le gorgerin.

La spallière de droite est échancrée au droit de l'aisselle pour laisser passer le bois de la lance ; mais une rouelle mobile et pouvant se relever, laisse le jeu nécessaire au passage du bois et couvre le défaut. La spallière de gauche masque bien l'aisselle ; sa garde de

[1] Aujourd'hui dans la crypte de la même église.

[2] Voyez, pour la coloration de cette statue, fort altérée, la collection Gaignières d'Oxford, biblioth. Bodléienne, ou les copies de cette collection déposées au cabinet des estampes de la Bibliothèque nationale.

[3] Du musée de Pierrefonds.

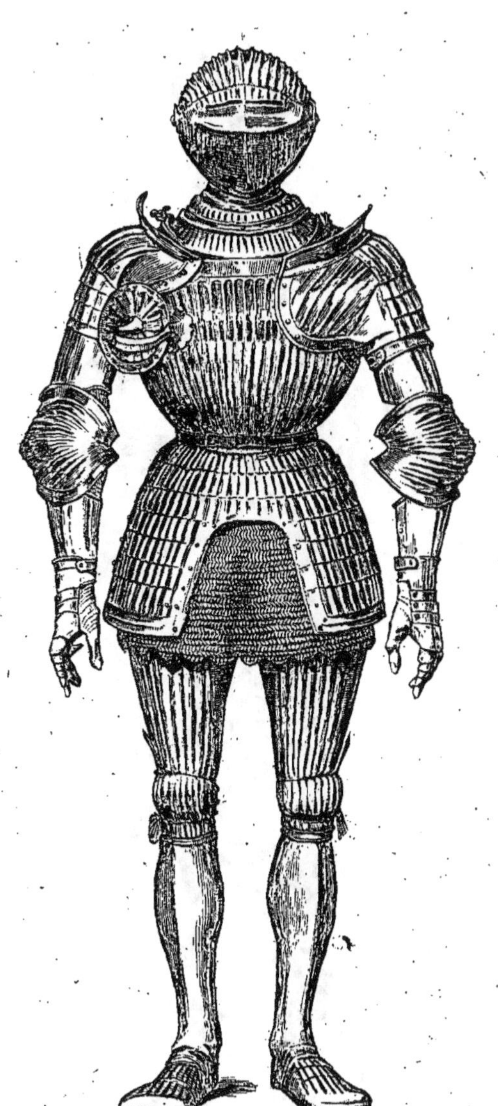

E. Viollet-le-Duc del. P. Ad. Varin sc.

ARMURE MAXIMILIENNE

FIN DU XVe SIÈCLE

Ve A. MOREL et Cie Éditeurs

colletin est basse, tandis que la garde de celle de droite est haute : ce qui était calculé en raison de la direction des coups de lance. Les tassettes laissent une profonde échancrure pour l'entre-cuisses, car

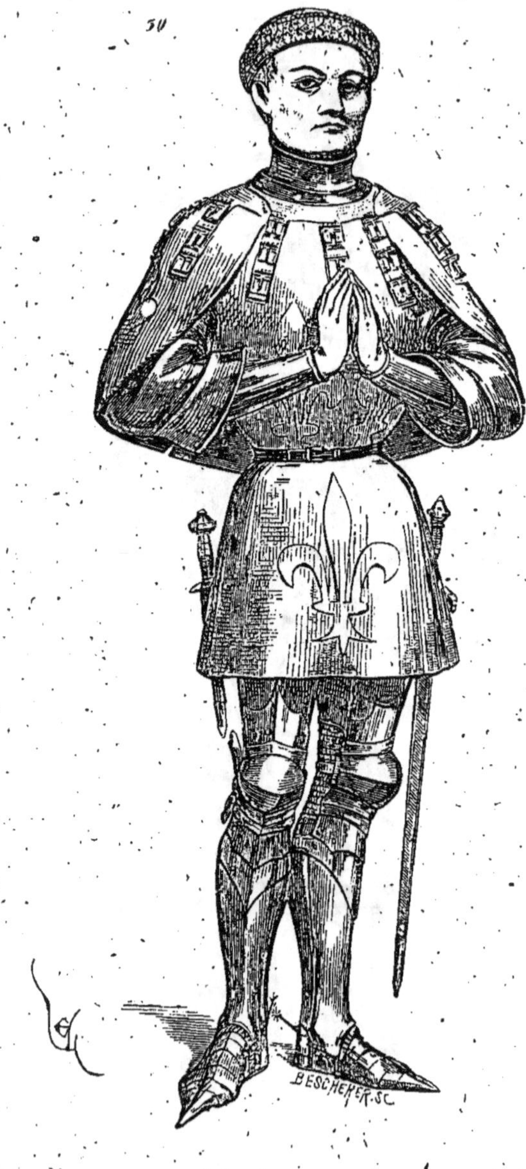

alors les chevaliers ne montaient plus guère sur ces selles hautes qui permettaient de se tenir debout sur les étriers. Les cuissots ne sont articulés qu'à la partie supérieure, et les grèves sont d'une seule pièce sur le devant. Les solerets sont larges et carrés du bout pour bien tenir dans les étriers. Les gantelets n'ont pas de gardes saillantes, mais sont attachés par des courroies aux canons des avant-bras.

Nous ne croyons pas utile de pousser plus loin cet examen sommaire des armures. Celles du XVIe siècle sont en si grand nombre et tellement communes, que nous ne nous en occuperons pas ; ce serait d'ailleurs sortir de notre cadre.

L'armure de fer n'avait plus trop de raison d'être du moment que l'artillerie à feu prenait à la guerre une importance de plus en plus sérieuse. Cependant telle était la puissance de la tradition, que les gentilshommes ne croyaient pas pouvoir guerroyer sans cet accoutrement si lourd et si gênant. La plupart des armées de l'Europe n'ont-elles pas encore conservé les cuirassiers, bien que les cuirasses ne soient plus à l'épreuve d'une balle conique ? Ce ne fut guère que sous Louis XIII que les gentilshommes remplacèrent l'armure par le justaucorps de buffle. Cependant le roi se prononça à diverses reprises contre cette innovation, et prétendit faire reprendre les armures qu'il considérait comme une des conditions essentielles à la bonne ordonnance de la noblesse à cheval. Sa volonté et ses recommandations ne purent faire reprendre l'armure, que l'on ne portait plus que dans certaines solennités et comme signe de haute noblesse féodale. Toutefois, jusqu'à sa mort, les mousquetaires noirs de sa maison conservèrent l'armure en campagne, complète, sauf les grèves, remplacées par de grandes bottes ; un chapeau de fer avec nasal était substitué à l'armet[1].

ARRIÈRE-BRAS (*garde-bras*), **AVANT-BRAS.** — Il ne faut pas confondre ces pièces de l'armure avec les *brassards*. Le brassard est composé de pièces articulées qui tiennent ensemble par des rivets, et qu'il suffisait d'attacher à l'épaule sur la cuirasse close ou sur le colletin, tandis que l'arrière-bras et l'avant-bras étaient des pièces séparées et qui pouvaient être portées l'une sans l'autre. L'avant et l'arrière-bras précèdent de beaucoup le brassard. On voit dans l'article ARMURE[2] que, dès la seconde moitié du XIIIe siècle, les hommes de guerre avaient cru devoir ajouter à la broigne ou au haubert de mailles, ou jaseran, des plaques de fer battu pour mieux garantir les épaules et l'arrière-bras contre les grands coups d'épée et le choc des

[1] Ces armures étaient noires avec clous dorés. Il en existe une encore, dépendant du musée de Pierrefonds.

[2] Voyez ARMURE, fig. 20.

masses d'armes. La plus anciennement adoptée parmi ces pièces, est l'ailette (voyez AILETTE). Puis viennent les cubitières coniques, puis les gardes d'arrière-bras, puis les avant-bras.

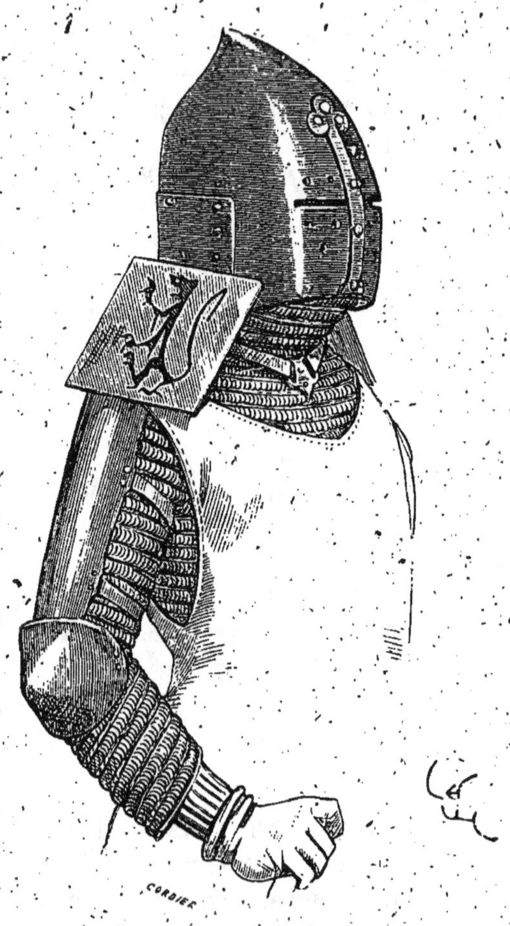

Malgré les mailles du haubert et l'épaisseur du gambison, un bon coup de masse sur l'*humérus* le brisait infailliblement. On chercha donc à garantir cet os par l'apposition externe d'un demi-cylindre de fer battu (fig. 1 [1]), de même qu'on préserva le coude de l'homme d'armes par une cubitière composée simplement d'un morceau de fer ovale plié et rendu quelque peu conique par le martelage. Cet arrière-bras primitif était attaché sur le gambison ou sur le haubert de

[1] Manuscr. Biblioth. nation., *Godefroy de Bouillon*, français (1300 environ).

mailles par deux courroies, et la cubitière par une seule passant sur la saignée. L'ailette réunissait l'arrière-bras au heaume, ainsi que le fait voir la figure, et préservait l'épaule ainsi que l'attache de la clavicule.

Cependant, à la même époque et à peu d'années d'intervalle, on armait déjà les bras d'une manière plus complète. L'arrière-bras

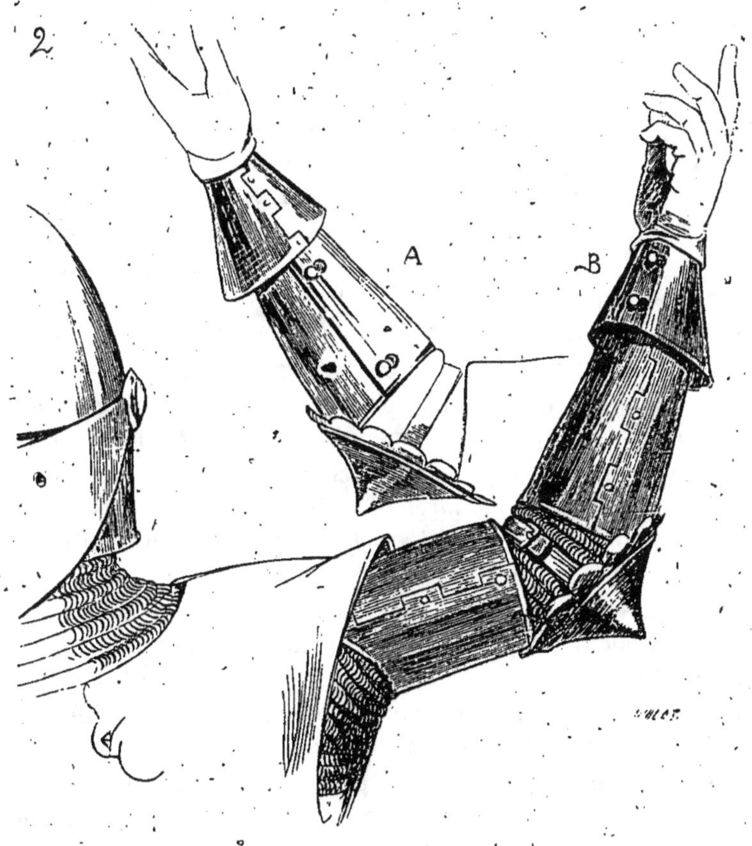

et l'avant-bras étaient totalement enfermés dans des canons de fer battu à charnières. La garde du gant même était faite de fer (fig. 2[1]). Ces pièces séparées étaient simplement maintenues par la compression qu'elles exerçaient sur la manche du haubert au moyen des charnières et des loquets à œils (voyez en A). La garde du gant, à la partie externe de laquelle était fixée la peau de ce gant, s'ouvrait pour laisser passer la main, se fermait au moyen

[1] Manuscr. Biblioth. nation., *li Roumans d'Alixandre* (1290 à 1300).

des deux loquets (voyez en B), puis on rabattait sur cette garde le poignet de peau. La cubitière, conique et garnie de cuir intérieurement débordant l'orle en festons, était fixée à la saignée par une courroie.

Les combinaisons adoptées pour ces arrière et avant-bras, pendant le cours du XIVe siècle, sont à l'infini : tantôt c'était une spallière qui descendait jusqu'au milieu de l'humérus ; tantôt c'était une série de cylindres posés sur un fond de peau ; tantôt c'était la cubitière qui s'allongeait jusqu'au milieu de l'avant-bras... Les tâtonnements ne pourraient être tous mentionnés, tant ils sont nombreux, jusqu'au moment où le brassard articulé est combiné, c'est-à-dire jusqu'à la fin du XIVe siècle. Nous ne faisons que mentionner ici les transformations principales de cette partie de l'armure. Parmi ces tâtonnements, il faut signaler un curieux document fourni par un des monuments de la ville de Gand. Il existait aux quatre angles supérieurs de la tour du beffroi de cette ville quatre statues ; l'une d'elles, qui existe encore et qui a été transportée dans une sorte de musée établi sous les galeries d'un cloître d'abbaye, nous montre un homme d'armes datant de la seconde moitié du XIVe siècle (fig. 3). Cet homme d'armes est complètement vêtu de peau, sauf les bras, qui sont garnis, de l'épaule au coude, d'une première pièce cylindrique largement échancrée au-dessus de la saignée, d'une seconde pièce emboîtant la première et couvrant l'épaule, d'une petite spallière en manière d'épaulette qui recouvre la seconde pièce. Une cubitière conique est attachée sous la première pièce. Ces plates devaient être rivées à la manche de peau, et leur ligne de jonction était masquée par l'épais gambison de peau qui couvrait la poitrine et descendait à la hauteur des genoux. L'habillement de tête est fait de peau, avec camail et fixé sur une cervelière de fer sous-jacente, au moyen d'une forte courroie passant dans des boucles de cuir rivées à cette cervelière de fer ; boucles qui traversaient le camail.

Lorsque les brassards articulés sont adoptés par les hommes d'armes régulièrement équipés, les pièces séparées dont nous nous occupons ne sont plus guère portées que par les gens de pied. Cependant l'auteur d'un petit traité relatif au vêtement militaire de 1440 à 1450[1] mentionne de la manière suivante cette armure des bras, comme étant simultanément adoptée avec celle qui se compose

[1] Ce traité est attribué à Antoine de la Salle ; il fait partie d'un recueil de la Biblioth. nation. des manuscr., sous le nº 1997. Il a été publié par M. René de Belleval : *Du costume militaire des Français en 1446* (Paris, 1866).

de pièces réunies : « Item, l'autre faczon davant-braz sont lesquelx « sont faiz de trois pieces, c'est assavoir une piece qui couvre depuis

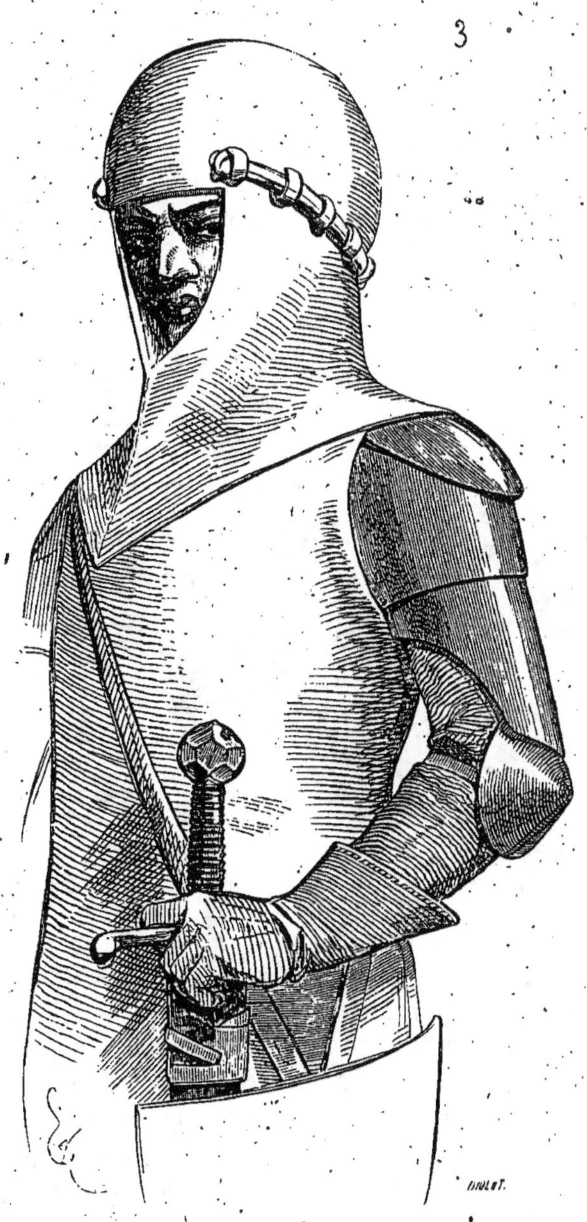

« la ployeure de la main (le poignet) jusques à trois doiz près la « ployeure du braz (la saignée) ; et depuis la ployeure du braz y en-

« a une autre qui vient jusques à hault de la joincture de lespaulle, « à quatre doiz près. Pardessus lesquelles deux pieces y en a une « autre qui couvre le code et la ployeure du bras et partie des autres « deux pieces aussi, lesquelles trois pieces sont pareilles tant « au braz droit que au braz senestre; et se atachent avecques « eguilletes. »

La difficulté était de bien fixer ces trois pièces sur les bras, de manière à ne pas leur permettre de couler, et de gêner ainsi les mouvements. Les courroies devaient être à cet effet très serrées,

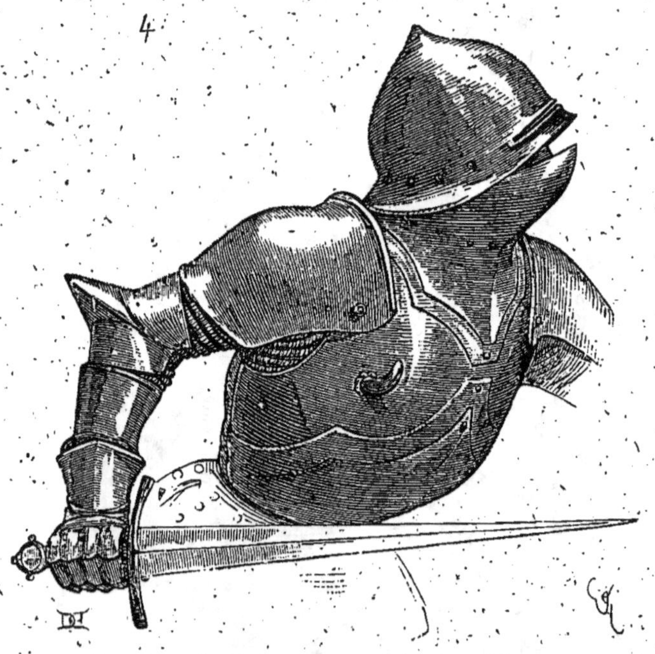

mais cela devenait très fatigant, si l'on portait longtemps l'armure. Les aiguillettes avaient l'inconvénient de se relâcher, ou de tirer sur la partie du vêtement de dessous auquel on les fixait. Ce sont ces motifs qui firent, dès la fin du XIVe siècle, adopter les brassards articulés, dits de Milan, parce que probablement on les avait d'abord fabriqués dans cette ville renommée depuis le XIIIe siècle pour la façon des armures. Les garde-bras, ou défenses d'arrière-bras, étaient évidemment les plus difficiles à fixer, à cause de leur poids et de la déclivité de l'épaule; aussi voyons-nous que, vers 1425 ou 1430, ces pièces couvrant l'arrière-bras étaient parfois fixées au corselet au moyen d'un pivot avec clavette, ou de pivots rivés (fig. 4 [1]). Ce personnage est armé d'un corselet avec doublure. Sa tête est habillée d'une salade avec bavière fixée au corselet. Les bras sont armés de spallières maintenues par des pivots au corselet et qui descendent jusqu'à la moitié de l'humérus. Une cubitière avec gardes d'arrière et d'avant-bras préservé le coude et est attachée à la saignée par une courroie. Un canon enferme le bas de l'avant-bras ; puis le gantelet avec haute garde couvre la main. On aperçoit, sous la garde d'acier du gantelet, la peau du gant interne.

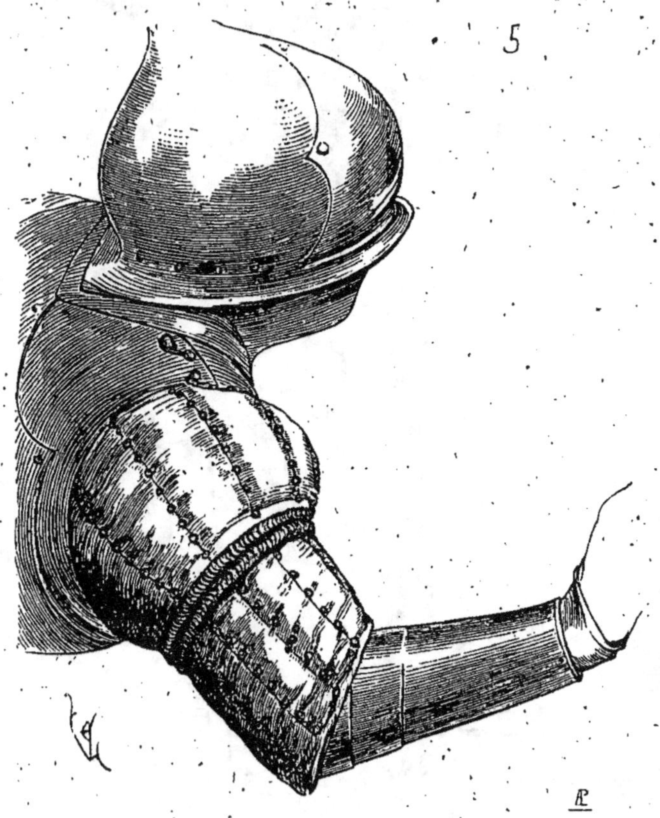

Pendant la première moitié du xve siècle on ne s'en tenait pas à ces pièces rapportées, qui avaient l'inconvénient de laisser des défauts aux jonctions ; et, bien que ces défauts fussent garnis par les mailles du haubert ou la manche de la broigne; ils n'en donnaient pas moins prise aux coups de pointe. On adopta donc fréquemment des gardes d'arrière-bras faites de peau ou d'étoffe

[1] Manuscr. Biblioth. nation., *la Destruction de la ville de Troie*, français (1425 à 1430).

rembourrée, avec lames d'acier sous-jacentes rivées à cette étoffe ;

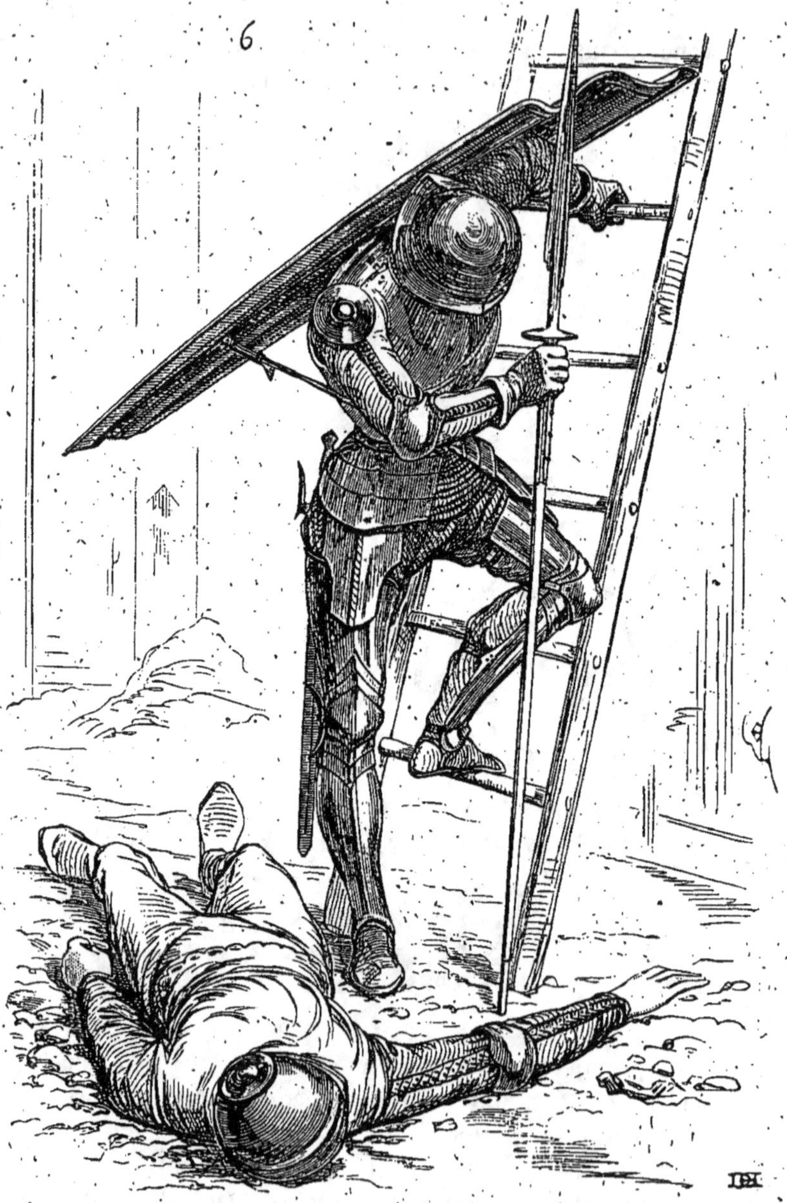

gardes qui descendaient jusqu'au coude et formaient un bourrelet épais aux épaules (fig. 5 [1]). Le corselet de cet homme d'armes

[1] Manuscr. Biblioth. nation., *la Destruction de la ville de Troie*, français (1425 à 1430).

largement échancré au droit du bras, laisse passer la garniture de l'épaule et de l'arrière-bras, faite ainsi que nous venons de le dire. Deux rangs d'anneaux d'acier cousus sous l'épaulette rembourrée opposent un supplément de résistance aux coups. L'avant-bras est armé d'un canon en trois pièces, qui le couvrent du poignet au coude. Ces canons, rivés les uns sur les autres, étaient assez larges pour que la main y pût passer comme dans une manche.

Les garnitures d'arrière-bras tenaient au gambison de peau ou toile double en forme de jaquette collante endossée sous le corselet.

Ces pièces d'armure appartiennent à des hommes d'armes ayant le *garnement* complet. Mais les hommes de pied, archers, arbalétriers, soudoyers, n'étaient pas armés d'une manière aussi complète. Souvent ils n'avaient qu'une brigantine, avec bottes de peau ou grèves de fer, ou bien un corselet avec ou sans tassettes et habillement de bras plus ou moins complet. Les archers n'avaient souvent, pour préserver les bras, qu'une spallière, une cubitière et des gants avec gardes, ou une plaque d'avant-bras.

On voit, dans le beau manuscrit de Froissart de la Bibliothèque nationale[1], des hommes de pied dont le bras droit est armé d'une rondelle formant spallière et d'une cubitière. Une gourmette d'acier réunit la spallière à la cubitière et celle-ci au poignet (fig. 6). L'un de ces hommes, celui qui est à terre, est entièrement vêtu de peau. Une cervelière avec rondelles latérales couvre sa tête; une cubitière d'acier préserve le coude de son bras droit, et une gourmette règne de l'épaule à cette cubitière et de la cubitière au poignet.

Ce genre d'habillement convenait aux hommes qui portaient de grands pavois et dont le bras droit et la tête seuls étaient exposés aux coups. L'homme qui monte à l'échelle a la tête couverte d'une salade. Il est armé d'un corselet avec tassettes, garde-cuisses et grèves. Son bras gauche est simplement vêtu de peau, et son bras droit armé comme il vient d'être dit. Un pavois le couvre entièrement. Ses armes offensives consistent en une vouge et une épée d'homme de pied. Il n'est pas nécessaire de nous étendre plus longuement sur cette partie de l'armure, dont il est question dans d'autres articles (voyez ARMURE, BRASSARD, CUBITIÈRE, GARDE-BRAS, SPALLIÈRE).

[1] Français (1440 à 1450).

B

BACINET, s. m. (*bassinet*). — Habillement de tête, dont l'origine remonte au commencement du XIVe siècle. L'habillement de tête consistait, avant cette époque, en un casque que l'on posait par-dessus la maille et le capuchon de peau, ou en une cervelière de fer tenant à la maille elle-même (voyez ARMURE, fig. 3, 4, 6, 7, 8, 13, 15, 28 et 31). Par-dessus cette calotte de fer, dès la fin du XIIe siècle, les chevaliers posaient le heaume pour combattre. Mais le heaume, extrêmement lourd et gênant, ne pouvait être maintenu sur la tête longtemps. Il fallait le faire porter par l'écuyer ou le suspendre à l'arçon. Dans une action prolongée, on risquait donc, ou d'être étouffé, ou de charger à visage découvert.

On eut donc l'idée, vers l'année 1300, d'ajouter, à la calotte de fer à laquelle le camail de mailles était attaché, un *viaire*, c'est-à-dire une pièce de fer mobile couvrant le visage, pouvant s'enlever facilement ou se relever. Les premiers essais de ce supplément d'armure de tête sont assez étranges, mais indiquent clairement la nature des coups auxquels il s'agissait de parer; car il est à observer, dans le système d'armes défensives appliqué pendant le moyen âge, que le combattant se préoccupe avant tout de se garantir contre les effets des armes nouvelles.

La nécessité de combattre de très près, à l'arme blanche, obligeait chacun à chercher les moyens propres à se couvrir de la façon la plus sûre et la plus pratique.

A la fin du XIIIe siècle, les gens d'armes, outre la lance, se servaient de l'épée large et lourde, et de la masse. Des coups portés par ces deux dernières armes, les plus dangereux étaient les coups obliques ou horizontaux. Les coups de pointe n'étaient à craindre qu'à pied, non qu'ils pussent percer les hauberts, mais parce que, dirigés par un bras vigoureux, ils renversaient l'adversaire. A cheval, les coups de taille, à la hauteur du cou ou du visage par-dessus le chef de l'écu, soit qu'ils fussent portés par l'épée ou par la masse d'armes, étaient violemment sentis à travers le camail ou brisaient le nez ou la mâchoire, malgré le heaume, qui alors était libre à sa partie inférieure, et dont la paroi s'appuyait sur le visage par l'effet du choc.

La cervelière étant bien fixée au crâne, on eut donc l'idée d'y ajouter un appendice proéminent et assez bien arrêté à cette cervelière pour ne pas dévier sous l'effort d'un coup de taille vigoureusement appliqué.

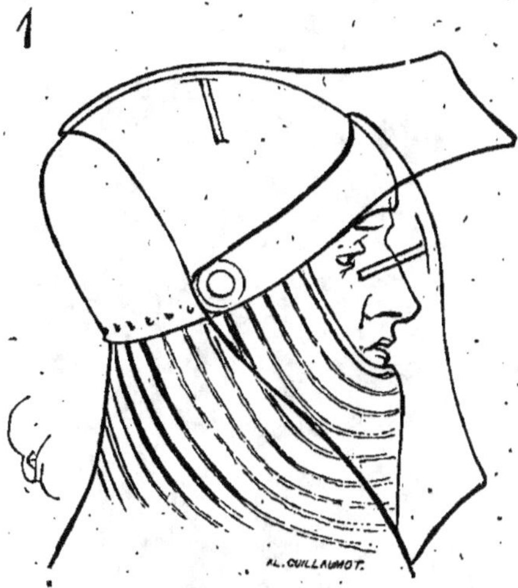

La figure 1 montre un des premiers essais d'application d'un *viaire* ou d'une visière à la cervelière[1]. Ce profit indique la visière

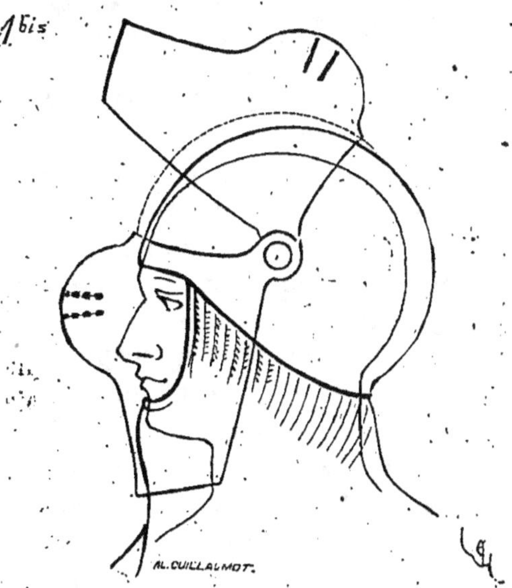

relevée et abaissée. A la cervelière est attaché le camail de la broigne.

[1] Manuscr. Biblioth. nation., *Miroir historial* (environ 1300).

La figure 2 montre cet habillement de tête, la visière baissée et dont l'extrémité inférieure porte sur le col de la broigne. Cette sorte de trompe permettait de prendre la visière et de la relever

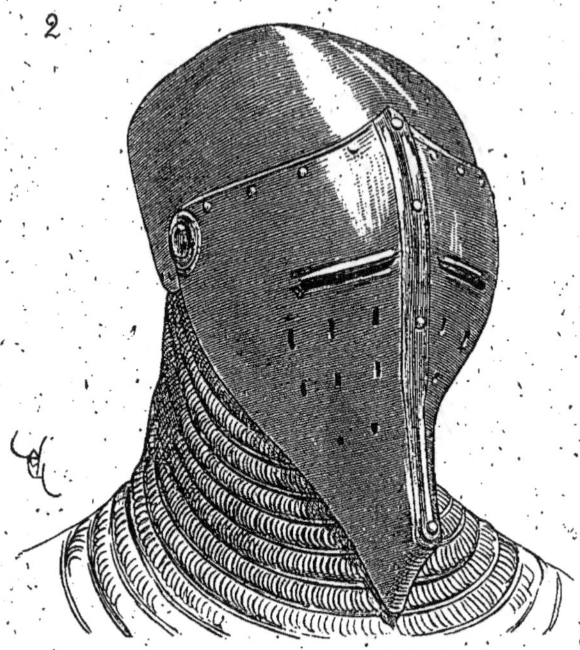

facilement pour respirer à l'aise; de plus, elle préservait l'homme d'armes des coups de taille portés sur le visage et le cou. Mais on dut reconnaître bientôt qu'un coup oblique, bien appliqué sur cette trompe, désarticulait la visière ou causait la plus dangereuse commotion à la tête. Aussi cet habillement de tête ne se trouve-t-il que rarement retracé dans nos monuments, et disparaît-il dès les premières années du XIVe siècle. On substitue, vers 1310, à cette visière en trompe, un accessoire défensif mieux entendu, terminé par le bas de manière à envelopper le devant du col de la broigne ou du camail de mailles (fig. 1 *bis*[1]). Tantôt ces visières primitives sont à pivots, tantôt à charnières, avec fiche pouvant être facilement enlevée; quelquefois elles s'ouvrent comme des volets et sont de forme ovoïde ou en façon de bec. Mais il y avait toujours à ces viaires un défaut: c'est qu'ils ne portaient pas, à la partie inférieure, sur une pièce d'armure rigide, et que, poussés par un choc très

[1] Manuscr. Biblioth. nation., *Histoire du livre et des miracles de saint Louis* (1310 environ).

violent, ils appuyaient leur bord inférieur sur le cou. Ce n'est que sous le roi Jean, c'est-à-dire vers 1350, que l'on voit le bacinet prononcer sa forme nettement.

3

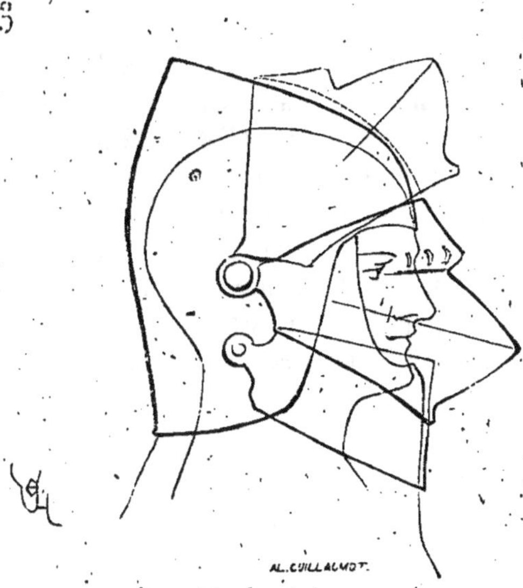

La figure 3 donne le profil d'un de ces habillements de tête[1].

4

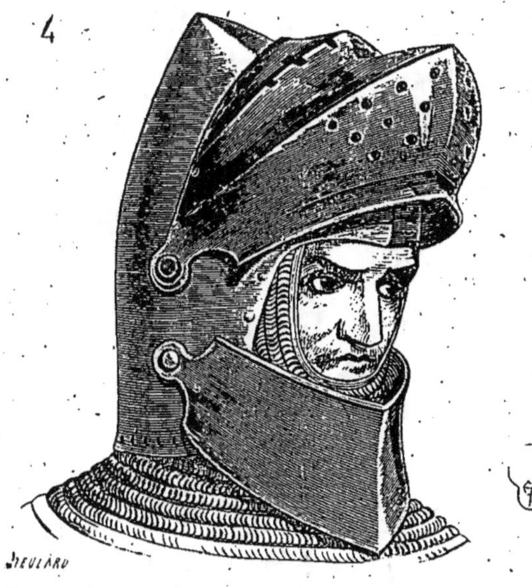

Aux parois inférieures du tymbre est fixée à pivots une *barière*, et

[1] Manuscr. Biblioth. nation., *Tite-Live*, trad. franç. du trésor du roi Jean.

la visière vient porter sur cette pièce rigide lorsqu'elle est abaissée, de telle sorte qu'elle offre une résistance efficace aux coups.

La figure 4 montre ce véritable bacinet porté la visière relevée. La maille du camail est rivée au tymbre et ne laisse libre que le visage. Dans cet habillement de tête, toutes les formes sont déjà bien combinées pour faire dévier les coups de lance et pour ne pas présenter de surfaces normales aux coups de taille. La gorge est préservée efficacement, puisque le chef de l'écu débordait sur la bavière. Le tymbre descend jusqu'aux épaules et garantit parfaitement la nuque et les carotides. La visière relevée était simplement maintenue par le frottement que ses pattes exerçaient sur les parois du casque. La *vue*, c'est-à-dire les ouvertures permettant à l'homme d'armes de voir à travers la visière, est percée sur l'arête d'un nerf saillant, de manière à ne pas arrêter le fer de la lance ou de l'épée.

5

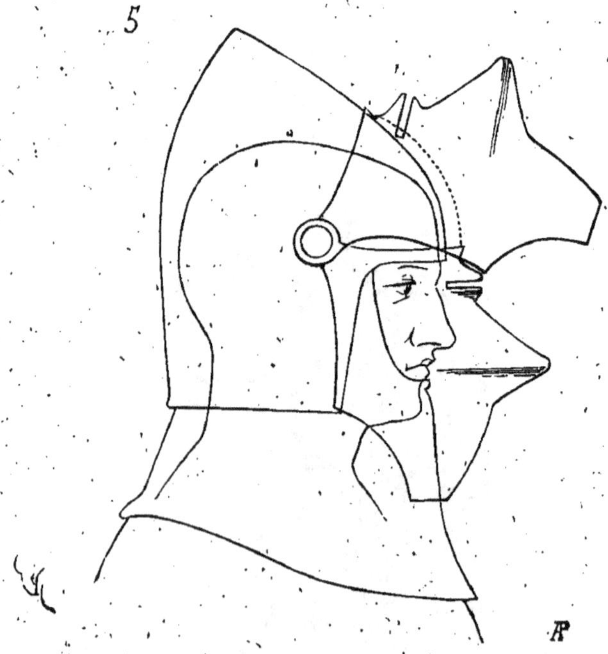

Vers la même époque, les hommes d'armes français portaient fréquemment des bacinets exportés de la haute Italie, qui de temps immémorial avait conservé le monopole de la fabrication des armes défensives : les heaumes de Pavie et de Milan sont mentionnés dès le XIe siècle (voy. BARBUTE).

Ces bacinets italiens sont dépourvus de bavière (fig. 5[1]), mais les côtés de la visière portent sur les bords antérieurs du tymbre largement, ce qui empêche cette visière de rentrer sur le cou. Sa partie inférieure descend très bas, de façon à tenir lieu de bavière. La figure 6 montre ce bacinet porté la visière relevée. La maille du

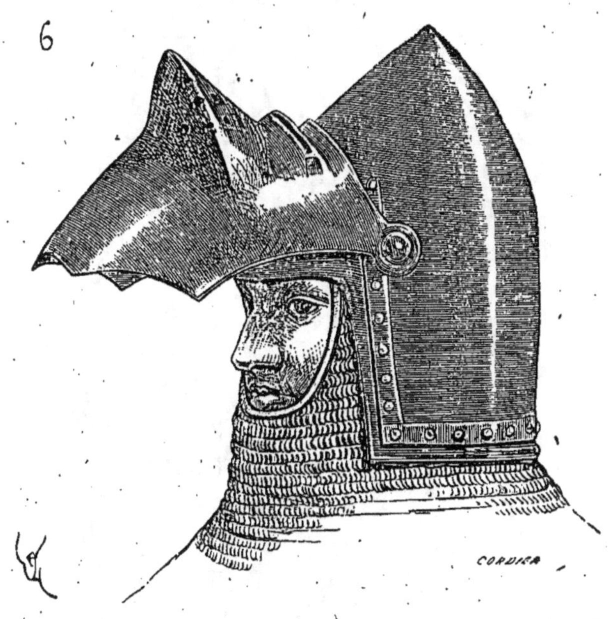

camail est rivée aux bords du tymbre, et les têtes des rivets portent sur une bande de cuivre, afin de leur donner une prise plus épaisse et plus souple. On observera la forme remarquablement belle du tymbre qui couvre si bien la tête et le cou. La vue est composée d'une fente pratiquée sur l'arête d'un relief.

Mais nous arrivons au moment où les armures de plates, c'est-à-dire exclusivement composées de plaques de fer battu, allaient remplacer les armures mixtes, composées de hauberts ou de broignes avec parties d'acier, telles que, avant et arrière-bras, grèves et cuissots. Le bacinet allait donc s'adapter d'autant mieux à ce nouveau système d'armure (voyez Armure, de la figure 37 à la figure 44).

C'est vers 1380 que les armures de plates complètes commencent à paraître. C'est alors aussi que le bacinet atteint sa perfection et

[1] Manuscr. Biblioth. nation., *Lancelot du Lac* (1360 environ), miniature de facture italienne.

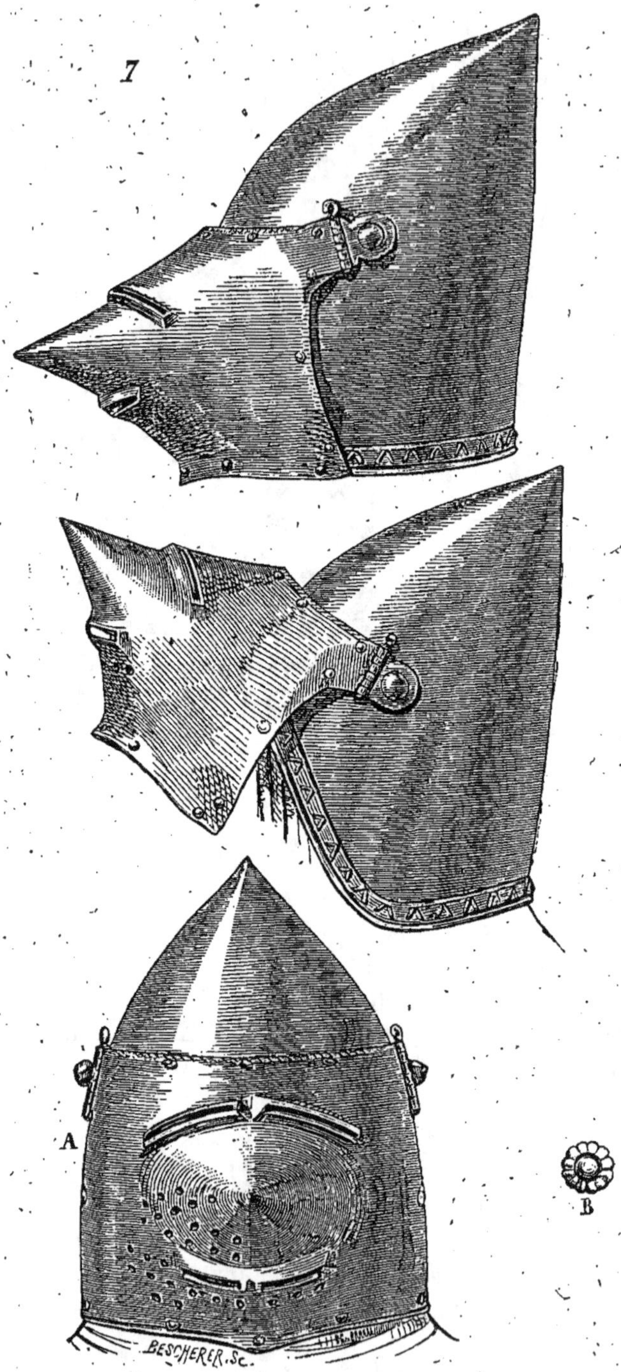

ne laisse plus apparaître de tâtonnements. Les uns sont avec colletin de fer, auquel est attaché un camail de mailles; les autres sont sans colletin de fer, avec camail de mailles seulement, comme le bacinet de Milan que donne la figure 6. Mais la forme française diffère de celle adoptée dans la haute Italie. Le tymbre du bacinet français est beaucoup plus incliné en arrière, pour offrir moins de résistance aux coups de lance. La visière est plus saillante et mieux close que n'est celle du bacinet italien (fig. 7 [1]). Elle se relève, mais

8

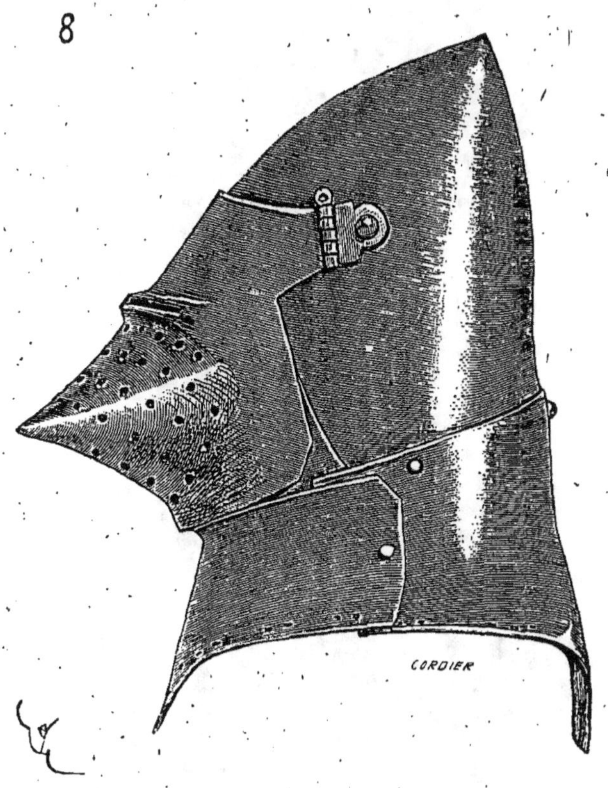

peut aussi être complètement enlevée en retirant les fiches qui maintiennent les charnières voisines des pivots. Le camail de mailles était fixé au moyen d'un lacet qui passait par des trous percés au bord inférieur du tymbre; une bande de cuir extérieure empêchait que ces lacets ne fussent coupés par le fer. Dans le tracé de face A, on voit que les trous ménagés à la partie inférieure de la visière, pour faciliter la respiration, sont tous percés du côté droit : c'est qu'en effet le choc de la lance portait sur le côté gauche du casque, afin de prendre le cavalier en écharpe et de le désarçonner.

[1] Musée d'artillerie de Paris.

plus sûrement. En B, est tracé l'un des rivets de cuivre, grandeur d'exécution, qui étaient destinés à maintenir la doublure intérieure de la visière, faite de soie ou de toile. Ce bacinet est d'une exécu-

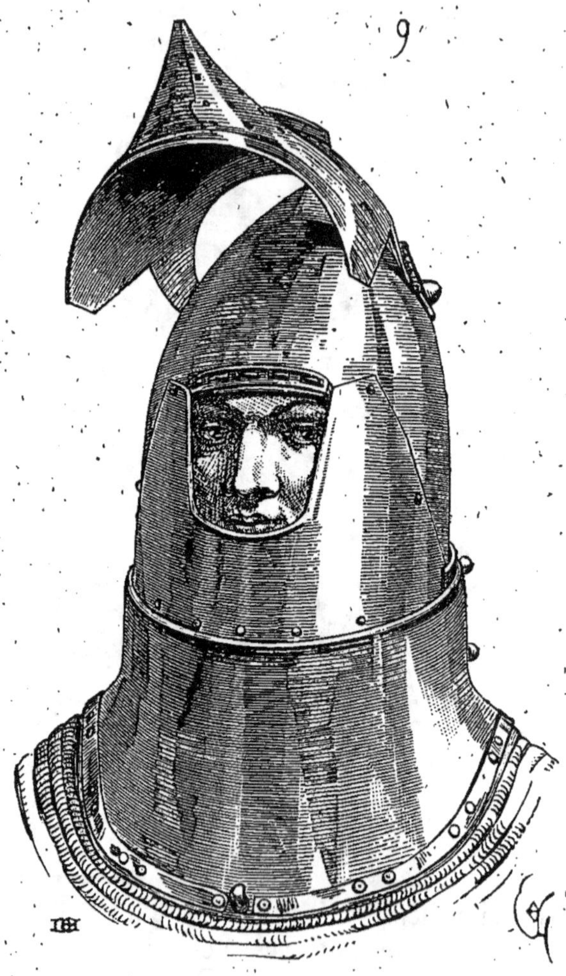
9

tion parfaite, et l'acier en est admirablement travaillé. Le corselet de fer passait sous le camail de mailles, qui n'était là que pour masquer la jonction du bacinet avec le haut du corselet. Mais la naissance du cou ne paraissait pas encore suffisamment garantie par ce camail ; aussi fit-on, à la même époque, des bacinets avec colletin d'acier qui couvrait la partie supérieure du corselet (fig. 8[1]). Ce beau bacinet présente un habillement de tête des plus complets

[1] Du musée de Pierrefonds (1300 environ).

de la fin du XIVe siècle. Il se compose d'un tymbre avec bavière (fig. 9) rivée aux bords antérieurs de la cervelière; d'un colletin d'acier de deux pièces maintenues ensemble au moyen de deux pivots qui laissent à la partie antérieure une certaine flexibilité. La coiffe du tymbre était fixée à l'aide d'un lacet qui passait par des trous ménagés sur le frontal. Une bande de peau isolait ce lacet de l'acier. La visière, comme dans l'exemple précédent, pouvait être enlevée en tirant les fiches des charnières. Un camail court était rivé au bord inférieur du colletin.

Il y a dans cet habillement de tête une disposition pratique qu'on ne trouve pas au même degré dans le bacinet italien, dont la forme plus pure et plus belle ne présente pas, au point de vue de l'armement, une aussi bonne défense. Cette observation peut du reste s'appliquer à toutes les parties de l'armure défensive du XVe siècle. L'habillement de fer français et anglais est plus pratique, plus efficace comme défense, que n'est l'habillement italien.

Le bacinet est conservé jusque vers 1430. Il en est question encore dans les chroniques du XVe siècle relatant des faits de cette époque : « Et par expecial avoit sur les murs l'un d'eulx (des Anglois), « qui estoit moult grant et groux, et armé de toutes pieces, portant « sur sa teste ung bassinet, lequel se habandonnoit très fort et jettoit « merveilleusement grosses pierres de fer et abatoit continuellement « eschelles et hommes estant dessus [1]. »

Dans les exemples qui précèdent, on voit que rien n'arrêtait la visière lorsqu'elle était abaissée, de sorte qu'un coup de lance ou de pointe pouvait la relever, s'il était adressé de bas en haut. C'était un inconvénient; aussi chercha-t-on, dès les premières années du XVe siècle, à fixer la visière à la bavière. De plus, ces visières, en forme de bec et qui faisaient si bien dévier le fer de la lance dirigé de face, donnaient prise aux coups de masse et d'épée dirigés obliquement. Il en était de même pour les tymbres en pointe. On abandonna donc bientôt ces formes coniques, et l'on chercha à donner au bacinet une forme telle qu'il ne pût, sur aucun point, donner prise aux coups. Naturellement la forme qui remplissait le mieux cette condition était le sphéroïde ou l'ellipsoïde. En effet, de 1400 à 1410 on adopte un bacinet qui ne présente plus aux coups que des points normaux, et non des surfaces, ce qui diminuait beaucoup les chances de l'attaque ; car, pour si peu que le coup ne fût pas exac-

[1] *Journal du siège d'Orléans* (voyez *Procès de condamnation et de réhabilitation de Jeanne d'Arc*, publ. par J. Quicherat, t. IV, p. 171).

tement perpendiculaire au plan tangent, il déviait. La figure 10[1] présente un de ces bacinets. La visière s'emboîtait dans le gorgerin-colletin articulé, et s'y faisait au moyen d'un loqueteau à ressort. Ce gorgerin-colletin laissait au bacinet une certaine mobilité et permet-

10

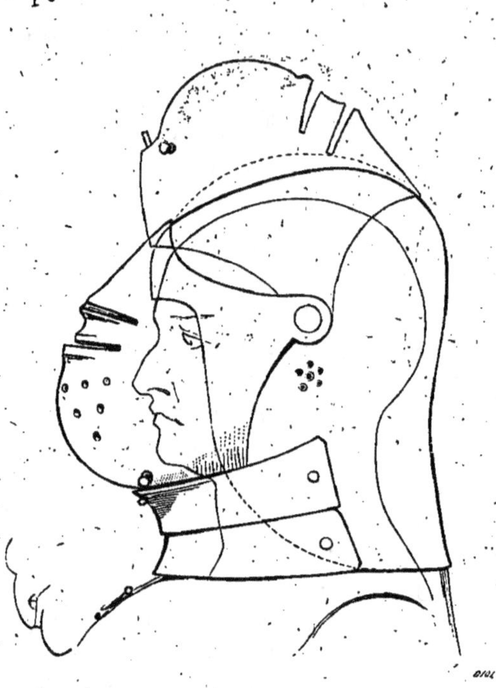

tait au tymbre de s'abaisser un peu sur le corselet. Ce bacinet était maintenu au corselet et à la dossière par deux courroies. Le camail de mailles était supprimé entièrement dans cet habillement de tête. La figure 11 présente le bacinet de face, la visière baissée. Celle-ci est percée de deux vues, la vue supérieure étant réservée pour le moment où le cavalier chargeait, dressé sur ses étriers et le corps penché en avant. Le tymbre était forgé d'une seule pièce (voy. la fig. 10) et se terminait, par derrière, en un large couvre-nuque auquel étaient fixées, par des pivots-rivets, les deux pièces du gorgerin-colletin. Cependant on remarquera que la suture entre la pièce supérieure du gorgerin et la visière pouvait permettre au

[1] Manuscr. Biblioth. nation., *le Livre de Guyron le Courtois*, français (1400 à 1410).

fer de la lance ou à la pointe de l'épée de passer : c'était un défaut. Il ne paraît pas que cette forme de bacinet fut conservée longtemps, soit à cause du défaut que nous venons de signaler, soit parce qu'il était lourd et peu maniable. Nous ne pouvons présenter toutes les

11

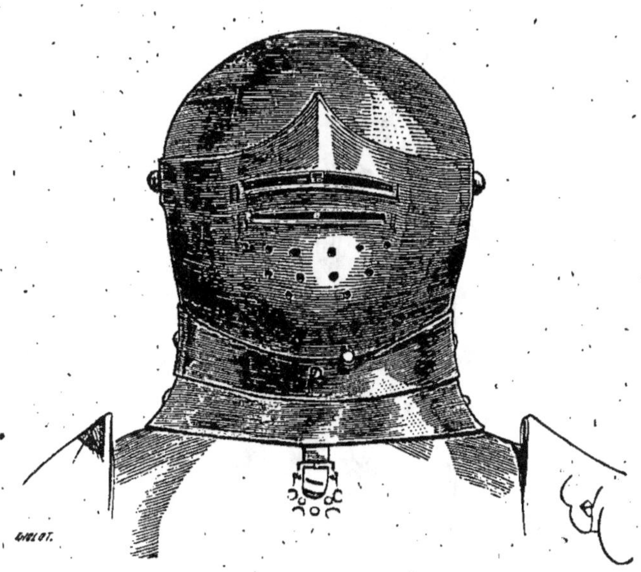

modifications de détail que subit cet habillement de tête jusqu'au moment où il fut abandonné pour être remplacé, vers 1435, par la salade et l'armet (voyez ces deux mots), qui furent dès lors portés avec l'armure complète.

Il est à croire que Jeanne Darc était armée encore du bacinet. Dans l'*Inventaire des armes conservées au château d'Amboise* [1] est mentionné cet article : « Harnoys de la Pucelle garny de garde-bras, d'une payre « de mytons (gantelets), et d'un habillement de teste, où il y a un « gorgerin de maille, le bort doré, le dedans de satin cramoisy, « doublé de mesme. »

En effet, le camail de mailles n'était attaché qu'au bacinet. La salade et l'armet ne sont jamais accompagnés d'un appendice de mailles, et le dernier exemple que nous venons de donner est déjà une transition entre le bacinet et l'armet.

[1] Publié par M. Le Roux de Lincy, *Biblioth. de l'École des Chartes*, 2e série, t. IV, p. 412.

BANNIÈRE, s. f. (*étendard*). Morceau d'étoffe de forme rectangulaire attaché par un de ses côtés à l'extrémité d'une hampe. De toute antiquité on a porté, dans les armées, des signes de ralliement attachés à l'extrémité de bâtons assez longs pour qu'étant levés pendant

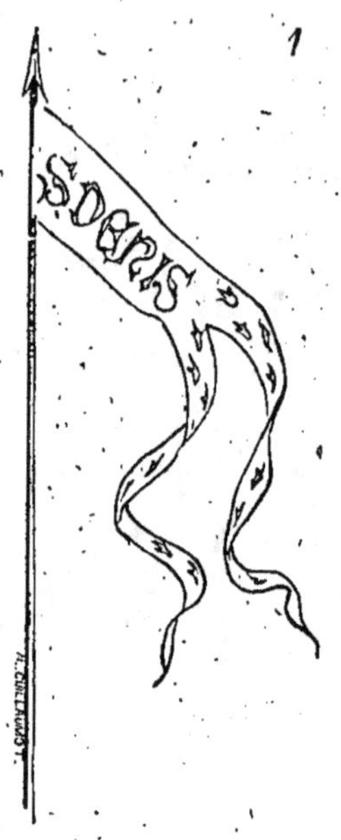

une action, ils pussent être vus des combattants. Les Gaulois avaient leurs enseignes, et cet usage fut maintenu par les peuplades qui se répandirent dans les Gaules au ve siècle, et sous les premiers Mérovingiens. On a beaucoup écrit sur l'étendard des Francs porté sous Clovis, et l'on a prétendu que sur cet étendard étaient déjà peintes les fleurs de lis. Je ne reviendrai pas sur ce point difficile à éclaircir et qui est du domaine de la légende. Sauval admet que les rois mérovingiens portaient à la guerre, en guise d'étendard, la *chape* de saint Martin. Il s'appuie sur des textes pour donner un poids à son opinion ; mais si ces textes disent clairement que la chape de saint Martin était portée au milieu des troupes des Mérovingiens pour assurer le succès de leurs armes, ils n'établissent pas d'une manière incontestable que ce vêtement fût posé en guise d'étendard. Il est bien plus conforme aux usages de ces temps d'admettre que cette chape était *portée* comme une relique, dans un coffre ou une châsse. Seul, parmi les auteurs cités par Sauval, Honorius[1] indique que cette chape était attachée comme un étendard.

On sait aussi que, depuis les rois carlovingiens, il était porté aux armées, dans les circonstances les plus graves, l'étendard appelé *oriflamme, oriflambe*, lequel était composé d'une étoffe de cendal rouge brodée de flammes d'or. Cet étendard est encore mentionné

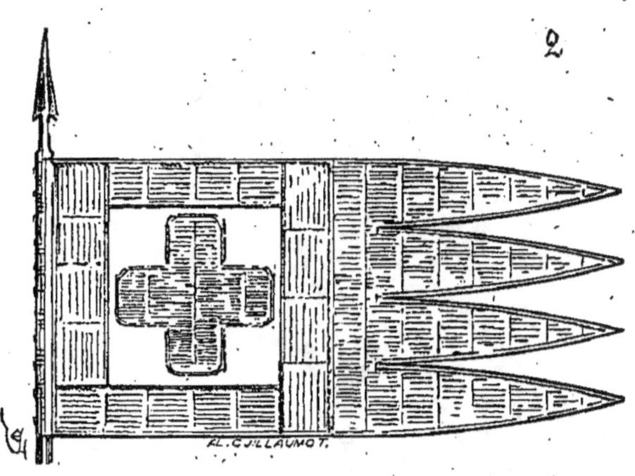

dans l'inventaire du trésor de Saint-Denis par les commissaires de la chambre des comptes en 1534[2]. C'était alors « un étendard d'un « cendal fort épais, fendu par le milieu (c'est-à-dire à deux queues), « en façon d'un gonfanon, fort caduque, enveloppé autour d'un bâton « couvert d'un cuivre doré, et un fer longuet aigu au bout. » Dans le manuscrit de Froissart de la Bibliothèque nationale, qui date du milieu du XVe siècle, l'oriflamme est représentée conformément à la figure 1. Outre les flammes brodées sur l'étoffe rouge, il porte la devise : *Montjoie Saint-Denis.* Mais tous les auteurs antérieurs à cette époque sont d'accord pour déclarer que l'oriflamme ne portait aucune broderie autre que les flammes d'or; encore n'est-il pas certain qu'il ne fût simplement rouge dans l'origine! « Quant au roi, « dit Guillaume le Breton[3], il lui suffit de faire voltiger légèrement « dans les airs sa bannière, faite d'un simple tissu de soie d'un « rouge éclatant, et semblable en tout point aux bannières dont on « a coutume de se servir pour les processions de l'Eglise en de cer- « tains jours fixés par l'usage. Cette bannière est vulgairement appe-

[1] Honorius Augustodunensis, in *Speculo Ecclesiæ*, sermone de Martino episcopo.

[2] Dom Doublet, Sauval.

[3] *Philippide*, chant XI (commencement du XIIIe siècle).

« lée l'oriflamme; son droit est d'être, dans les batailles, en avant « de toutes les autres bannières, et l'abbé de Saint-Denis a cou- « tume de la remettre au roi toutes les fois qu'il prend les armes et « part pour la guerre. »

3

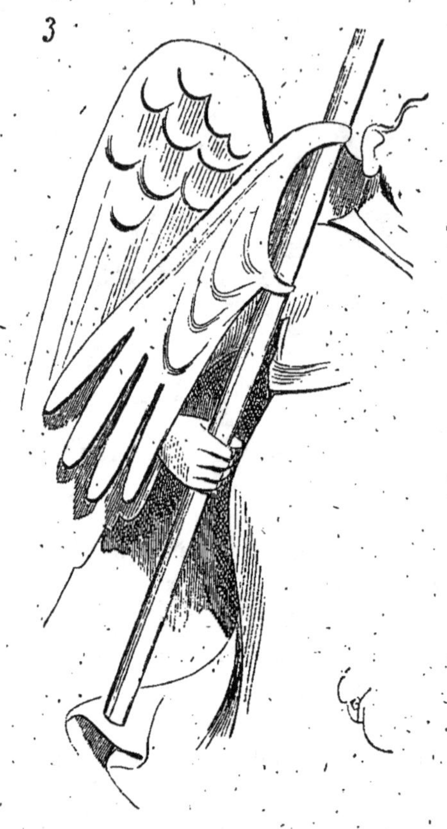

Guillaume de Poitiers, qui écrivait vers la fin du XIe siècle, raconte que Guillaume le Conquérant, après son couronnement, envoya au pape la bannière d'Harold, « toute d'un tissu d'or très pur et portant « l'image d'un homme armé. » Ainsi, dès le Xe siècle, il était d'usage de figurer des emblèmes ou signes quelconques sur les bannières, et il faut à ce sujet se rappeler qu'avant sa descente en Angleterre, le pape avait fait don au duc de Normandie d'une bannière fort belle, enrichie d'une croix, et que la tapisserie de Bayeux représente conformément à la figure 2.

Les rois des Français ne portaient pas seulement l'oriflamme et la bannière bleue fleurdelisée, ils avaient aussi la bannière à croix blanche[1], qui paraît avoir été adoptée plus tard. Mais les historiens mentionnent encore d'autres étendards royaux. Ainsi, dans son *Histoire du roy Charles VII*, Alain Chartier, en décrivant l'entrée de ce prince à Rouen[2], s'exprime ainsi : « Derriere les pages du Roy « estoit Havart, l'escuyer trenchant, monté sur un grant dextrier, qui « portoit un pannon de velours azuré à quatre fleurs de liz d'or de « brodeure bordées de grosses perles. Et après ledit Havart, le sire

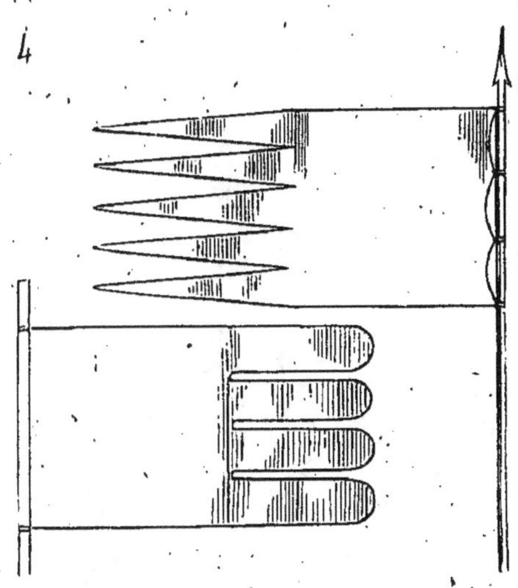

« de Cullant, grant maistre d'hostel armé de toutes pieces, en son « col une grant escharpe de fin or, pendant jusques sur la croupe de « son cheval, lequel estoit richement couvert. Il avoit ses pages « devant luy, et estoit gouverneur des hommes d'armes. Au plus près « de luy estoit un escuyer qui portoit l'étendart du Roy, lequel estoit « de satin noir. »

Il ne paraît pas que l'oriflamme ait été portée dans les armées des rois de France après le règne de Charles VI. Le dernier historien qui en fasse mention est Juvénal des Ursins, en 1412 : « Le quatriesme « jour de may, le Roy s'en alla à Saint-Denys, ainsi qu'il est accoûs- « tumé de faire. Et prit l'oriflambe, et le bailla à un vaillant cheva- « lier nommé messire Hutin, seigneur d'Aumont, lequel receut le « corps de Nostre Seigneur Jésus-Christ et fit les sermens que l'on doit « faire. » Il en est fait encore mention par le même auteur en 1414.

[1] Juvénal des Ursins, 1411.
[2] 1449.

Les rois de France, outre l'orillamme, la bannière d'azur fleurdelisée et la bannière à croix blanche, faisaient porter la cornette blanche, simple, sans ornements ni pièces héraldiques. Cette cornette blanche n'est mentionnée qu'à la fin du XVe siècle.

Seuls, les princes, les seigneurs suzerains et chevaliers bannerets faisaient porter devant eux la bannière, signe de leur droit féodal. Cette enseigne était quadrangulaire, avec ou sans queues. Elle était

5

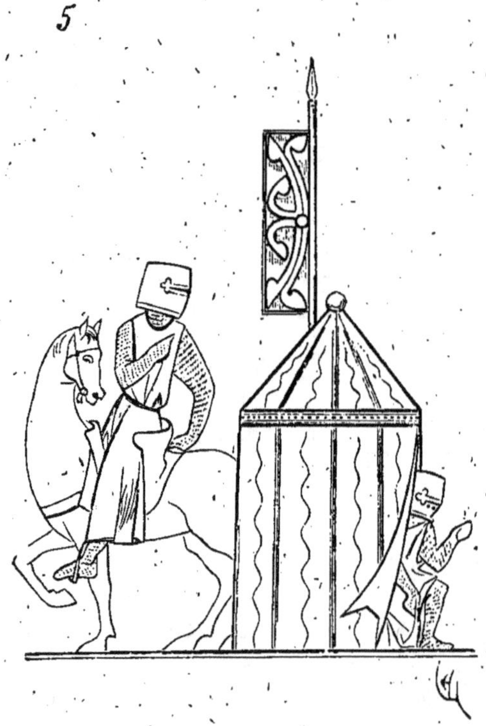

habituellement, à dater du XIIe siècle, brodée aux armes du noble; mais cependant il ne paraît pas qu'il y eût à cet égard des règles absolues, et l'on adoptait une bannière décorée de certains emblèmes en telle circonstance, qui n'étaient point la reproduction des pièces de l'écu. Les simples chevaliers ne faisaient porter que le pennon (voyez PENNON), ce qui n'empêchait pas les seigneurs bannerets d'avoir aussi leur pennon.

Dès le XIe siècle, les bannières à queue étaient certainement adoptées. Outre la bannière figurée sur la tapisserie de Bayeux, et que reproduit la figure 2, sur l'un des chapiteaux de la nef de l'église de Vézelay (1090 environ), est représenté un ange qui porte une bannière composée d'un morceau d'étoffe quadrangulaire, maintenu par deux attaches à la hampe et terminé par quatre queues arrondies (fig. 3).

Pendant les XIIe et XIIIe siècles, cet usage persista, ainsi que le prouvent les exemples donnés ci-dessus (fig. 4[1]). L'une de ces bannières, à cinq queues aiguës, est maintenue à la hampe par quatre attaches; l'autre, à quatre queues arrondies, est clouée à la hampe. On voit aussi parfois, vers le milieu du XIIIe siècle, des bannières rectangulaires sans queues, composées d'un morceau d'étoffe oblong dont le grand côté est cloué à la hampe (fig. 5[2]). Ces sortes de bannières présentaient cet avantage, que, pendant une action, leur peu de longueur les empêchait de voleter, et, étant fabriquées d'une étoffe roide, pouvait-on mieux distinguer les figures qui couvraient le champ.

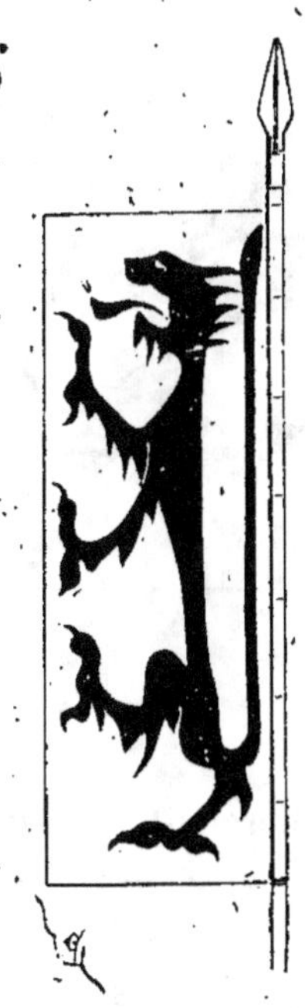
6

Cette forme donnée aux bannières armoyées persiste jusques au commencement du XIVe siècle, ainsi que le montre la figure 6[3]. On ne la voit guère employée à dater du milieu de ce siècle, et alors

[1] Manuscr. Biblioth. nation., *Roman de Troie*, français (1230 à 1240).
[2] Manuscr. Biblioth. nation., *Guillaume de Tyr* (1240 environ).
[3] Manuscr. Biblioth. nation., *Godefroy de Bouillon*, français (1310 environ).

on revient aux bannières carrées (fig. 7[1]), correctement armoyées. C'était le commencement de la période de l'emploi du blason sur les cottes d'armes, les écus, les bannières et pennons, et même sur les vêtements civils de la noblesse.

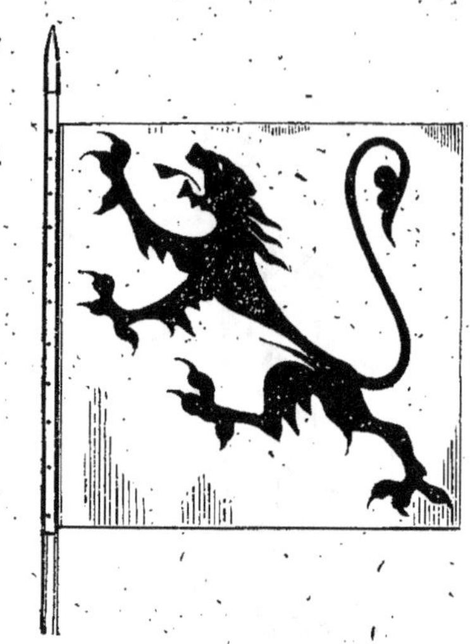

Pendant une action, on cherchait à abattre l'étendard du chef de l'armée ennemie, car la chute de ce signe de ralliement répandait le découragement parmi les combattants d'une part, et les encourageait d'autre part. A la bataille d'Hastings, après les premiers efforts infructueux des Normands pour percer le centre de la bataille d'Harold, Guillaume, voyant ses gens indécis, prend lui-même son gonfanon et charge à la tête de ses hommes d'armes. Il fait une trouée.

« Tant unt Normant avant empeint[2],
« K'il unt à l'estendart (d'Harold) ateint,
« Héraut[3] à l'estendart esteit,
« A son poer se desfendeit,
« Maiz mult esteit de l'oil grevez,
« Por ço k'il li esteit crevez.
« . . . .
« L'estendart[4] unt à terre mis,
« Et li Reis Heraut unt occis

[1] Manuscr. Biblioth. nation., *Tite-Live*, français (1350 environ).

[2] « Poussé. »

[3] « Harold. »

[4] D'Harold.

« Et li meillor de ses amis;
« Li gonfanon à or unt pris [1].
« . . . . »
« Mult unt Engleiz grant dol éu
« Del Rei Heraut k'il unt perdu,
« E del Duc ki l'aveit vencu
« E l'estendart out abatu.
« . . . .
« E dunc unt bien aparcéu,
« E li alcanz recognéu
« Ke l'estendard esteit chéu,
« E la novele vint è crut
« Ke mort esteit Heraut por veir,
« Ne kuident maiz secors aveir;
« De la bataille se partirent,
« Cil ki porent fuir, fuirent. »
« . . . .
« Li Dus Willame par fierté,
« Là ù l'estendart out esté
« Rova [2] son gonfanon porter,
« E là le fist en haut lever;
« Ço fu li signe k'il out veincu
« E l'estendart out abatu [3]. »

La charge de gonfalonier ou porte-étendard était une haute dignité pendant le moyen âge. Nous voyons Doon, charmé de la bonne grâce de son fils Gaufrey à cheval, maniant la lance, le nommer son gonfalonier.

« Son ainsné fix hucha [4], Gaufrei, que mult ot chier,
« E il i est venu quant il s'oï huchier.
« — Gaufrei, chen dist Doon, or oès mon cuidier;
« Tu es ainsné de tous, pour chen t'ai je plus chier.
« Or te fes chi de nous mestre gonfanonnier —.
« A donques li ala le gonfanon baillier,
« Et Gaufrei le rechut, ne s'en fist pas proier.
« Puis se vint a sa mere et deschent du destrier;
« Sa mere le courut acoler et beisier:
« — Biau fix, chen dist Flandrine, or es gonfanonnier,
« Encore te pourra Dieu moult plus haut avanchier,
« . . . . [5]

[1] Brodé d'or.
[2] « Ordonna ».
[3] *Le Roman de Rou*, vers 13930 et suiv.
[4] « Appela ».
[5] *Gaufrey*, roman du milieu du XIIIe siècle, vers 233 et suivants, publ. par MM. Guessard et P. Chabaille.

Il est question de bannières, à cette époque (XIIIe siècle), sur lesquelles sont peintes des images qui ne sont point figures héraldiques :

« Et voit une baniere blanche comme flor d'esté,
« Où l'ymage saint Jorge estoit enfiguré [1]. »

Tandis qu'au XIVe siècle, les bannières sont habituellement armoyées :

« Diex ! tant il i a de banieres
« Qui ne sont pas de couleurs seules !
« Or, argent, et azur et gueules,
« De quoi eles sont mi-parties
« I flamboient en mil-parties,
« Là où les raiz de soleil poignent [2]. »

« Près de l'une est jà la baniere
« D'azur fin sur cendal parfaite,
« Et à fleur de lys d'or pourtraite [3]. »

Pendant les XIIe et XIIIe siècles, sur les bannières paraît avoir souvent été peint le lion héraldique.

Dans les romans, il est question de bannières *à lyons*. Nous lisons dans la chanson de geste de *Guy de Nanteuil* :

« Ele a prise une hanste, si ferme .I. gonfanon
« De moult riche chendal où ot paint .I. lion [4]. »

de bannières avec figures de dragons :

« Et portoit l'oriflambe, l'ensaigne et le dragon [5]. »

« L'ensaigne Godefroi ont moult bien avisée,
« Au dragon, qui avoit la queue gironée.
« Li .I. la mostre à l'autre : — Vès l'ensaigne dorée
« Au bon duc Godefroi ! Hé Dex ! quel destinée [6]. »

Il est fort possible que les enseignes *au dragon* fussent non point une représentation peinte de cet animal fantastique sur un morceau

[1] Gaufrey, vers 10058 et suiv.

[2] *Branche des royaux lignages. Règne de saint Louis*, vers 10320 et suiv. Guillaume Guiart (XIVe siècle).

[3] *Ibid.*, *Règne de Philippe-Auguste*, vers 1193 et suiv.

[4] Vers 1154 et suiv. (premières années du XIIIe siècle).

[5] *La Conquête de Jérusalem*, chant Ier, vers 558.

[6] *Ibid.*, chant VII, vers 7087 et suiv.

d'étoffe, mais bien une figure de dragon faite de peau ou de toile. Ce qui porterait à admettre l'usage de cette sorte d'étendard, c'est que les vignettes des manuscrits des XIIe et XIIIe siècles représentent assez fréquemment des dragons portés au haut de piques (fig. 7 *bis*[1])

7 *bis*

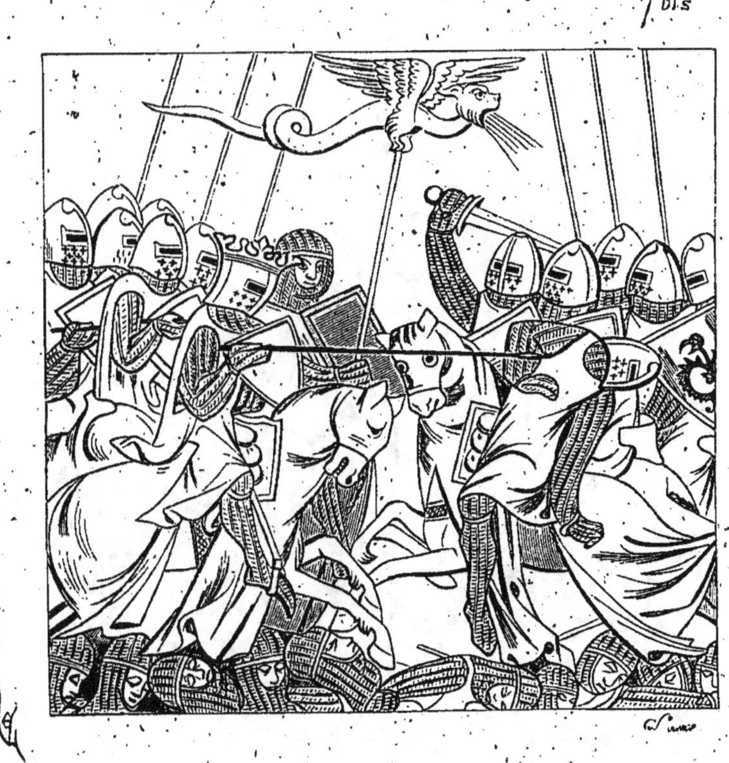

dans les batailles. On pourrait voir là, d'ailleurs, une tradition fort ancienne, puisque les trophées des armées barbares sculptés sur la base de la colonne Trajane représentent des guivres parmi les étendards pris sur les Daces. La miniature que nous reproduisons ici en fac-simile est intéressante à plus d'un titre : elle montre le porte-étendard armé d'un écu quadrangulaire et sans heaume, bien que tous les cavaliers soient coiffés de ce couvre-chef de fer ; les chevaux sont houssés, et les combattants sont vêtus de broignes avec cotte d'armes par-dessus.

[1] Manuscr. Biblioth. nation., *Histoire du saint Graal, jusqu'à l'empire de Néron*, français, n° 6769 (1270 environ).

Nous avons dit que tous les chevaliers ne portaient pas bannière ; nous en avons la preuve dans ce passage de Joinville : « ... Et sachiez « que, un jour que je parti de nostre païz pour aler en la Terre « sainte, je ne tenoie pas mil livrées de terre, car madame ma mere

8

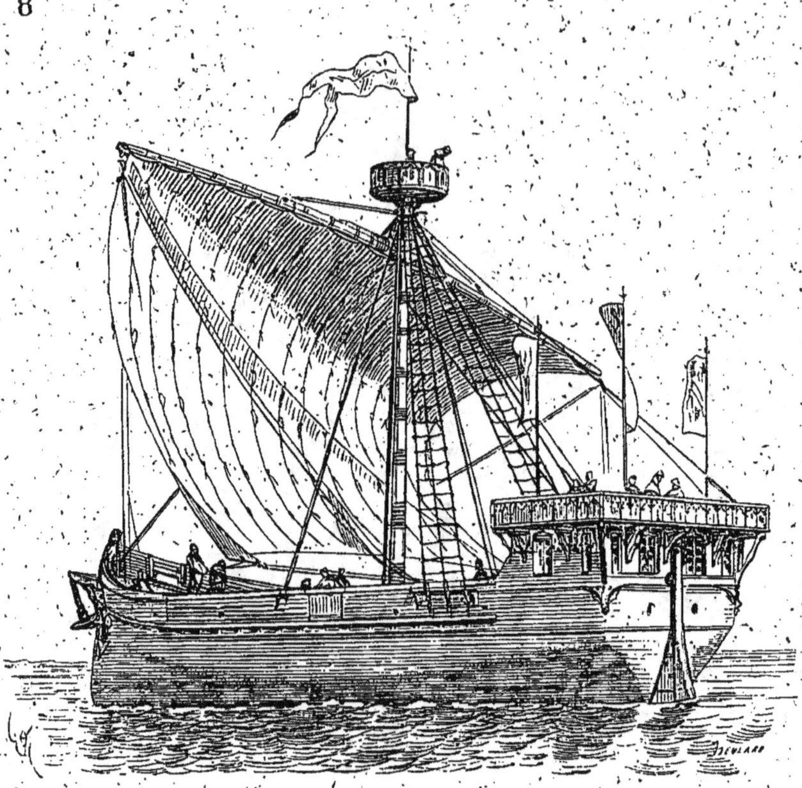

« vivoit encore ; et ji y alai, moy disiesme de chevaliers et moy tiers « de banieres[1]. » Et plus loin : « Et je li dis que par male avanture « en peust-il parler, et que entre nous de Champaigne aviens bien « perdu trente-cinq chevaliers, touz banieres portans, de la cort de « Champaingne[2]. »

Aussi bien y avait-il des chevaliers doubles bannerets : « Et fist « tant par sa proaiche k'il fu doubles banerés[3]. »

[1] C'est-à-dire, « j'allai en terre sainte avec neuf autres chevaliers, parmi lesquels nous étions trois bannerets. » (*Histoire de saint Louis*, p. 41, édit. de M. N. de Wailly).

[2] Page 167.

[3] *Li contes dou roi Flore et de la bielle Jehane* (XIIIe siècle).

Les bannières étaient dressées, dans les campements, sur les pavillons des seigneurs bannerets, ainsi que le montre la figure 5, et, lorsqu'on prenait la mer, sur les nefs dans lesquelles étaient montés ces personnages. Cet usage est consigné par Villehardouin : « Et quand « les nés furent chargiés d'armes, et de viandes, et de chevaliers, et

9

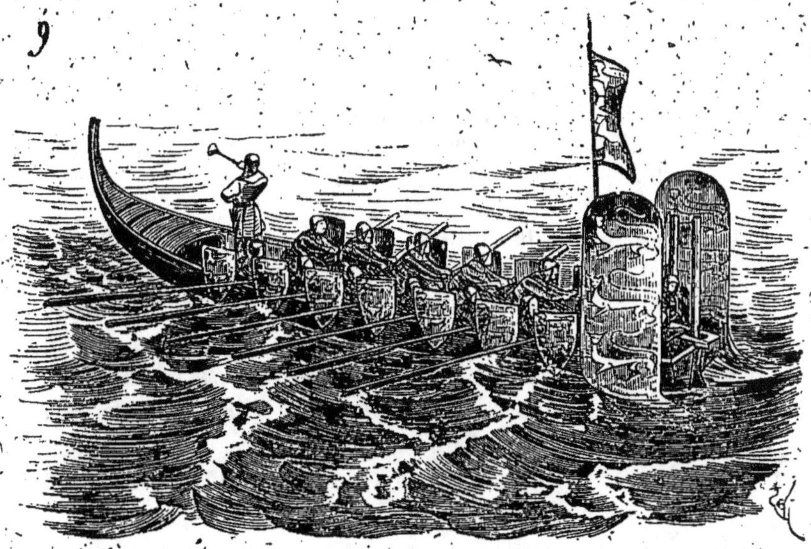

« de serjanz, et li escu furent portendu environ de borz et de chal« deals des nés, et les banieres dont il avoit de tant beles[1]. » Des miniatures des manuscrits des XIIIe, XIVe et XVe siècles nous montrent, en effet, les bannières suspendues aux bordages des navires.

Dans le beau manuscrit des *Statuts de l'ordre du Saint-Esprit au droit désir*, de 1352[2], est une miniature représentant les chevaliers de cet ordre s'embarquant pour la Terre-Sainte. Sur les châteaux d'arrière des nefs sont dressées des bannières oblongues, armoyées (fig. 8). La même miniature montre de grands canots ou baleinières montées par des hommes armés tenant les avirons. Des deux côtés de la poupe de ces canots sont dressés de grands pavois armoyés dont l'extrémité inférieure tombe dans la mer. Ces pavois servaient de gardes aux patrons des barques et aux personnages de distinction qui les montaient (fig. 9). Des écus sont attachés aux bordages et garantissent les rameurs comme autant de merlons. Une bannière est élevée devant le timonier.

[1] *De la conqueste de Constantinople*, édit. Michaud-Poujoulat, p. 23.
[2] Musée des souverains au Louvre ?

Quand, au moment d'engager la bataille devant Navarette, le prince de Galles donna le commandement de son troisième corps d'armée à Chandos :

« Les escus acolez chevauchent fierement
« La baniere Chando drécerent en présent [1]. »

Comme signe de son commandement général, le prince de Galles

« Sa baniere faisoit porter moult noblement
« De France et d'Angleterre painte joliement :
« La baniere d'Espaigne y estoit en présent [2]. »

A la fin de la bataille de Poitiers, le prince de Galles, emporté par son ardeur à poursuivre les Français en déroute, laisse ses gens se débander. Jean Chandos comprend le danger auquel s'expose le prince et le péril que ferait courir aux Anglais, peu nombreux, un retour offensif de l'ennemi : « Sire, dit-il au prince, c'est bon que vous « vous arrêtez si et mettez votre baniere haut sur ce buisson ; si se « retrairont nos gens qui sont durement épars ; car, Dieu merci, la « journée est vôtre, et je ne vois mais nulles bannières, ni nulz pen- « nons françois, ni convoy entre eux qui se puisse rejoindre ; et si « vous rafraîchirez un petit, car je vous vois moult échauffé. A l'or- « donnance de Monseigneur Jean Chandos s'accorda le prince, et fit « sa banniere mettre sur un haut buisson, pour toutes gens recueillir, « et corner ses ménestrels, et ota son bassinet [3]. » Ainsi, la bannière servait de point de ralliement après une action, comme elle montrait la voie avant et pendant l'action.

Cette bannière du prince de Galles, aux 1er et 3e de France, aux 2e et 4e d'Angleterre, est représentée, ainsi que le fait voir la figure 10, dans le manuscrit des *Chroniques de Froissart* de la Bibliothèque nationale [4]. Ce chevalier porte-bannière est armé d'une brigantine piquée sous une pansière d'acier, d'avant et arrière-bras, avec rondelles aux aisselles et épaulettes de floches de soie ou de laine rouge. Une salade avec bavière couvre sa tête. Ses jambes sont armées de fer entièrement, avec tassettes de devant et braconnière de dossière recouvrant le troussequin de la selle. Une autre vignette du même

[1] *La Vie du vaillant Bertrand du Guesclin*, vers 11532 et suiv.
[2] *Ibid.*, vers 11857 et suiv.
[3] Froissart, *Chroniques*.
[4] Milieu du XVe siècle.

manuscrit nous montre une bannière à deux longues queues, barlongue, d'étoffe rouge, sur laquelle est brodé en or un saint George terrassant le monstre. C'était une des bannières anglaises (fig. 11).

10

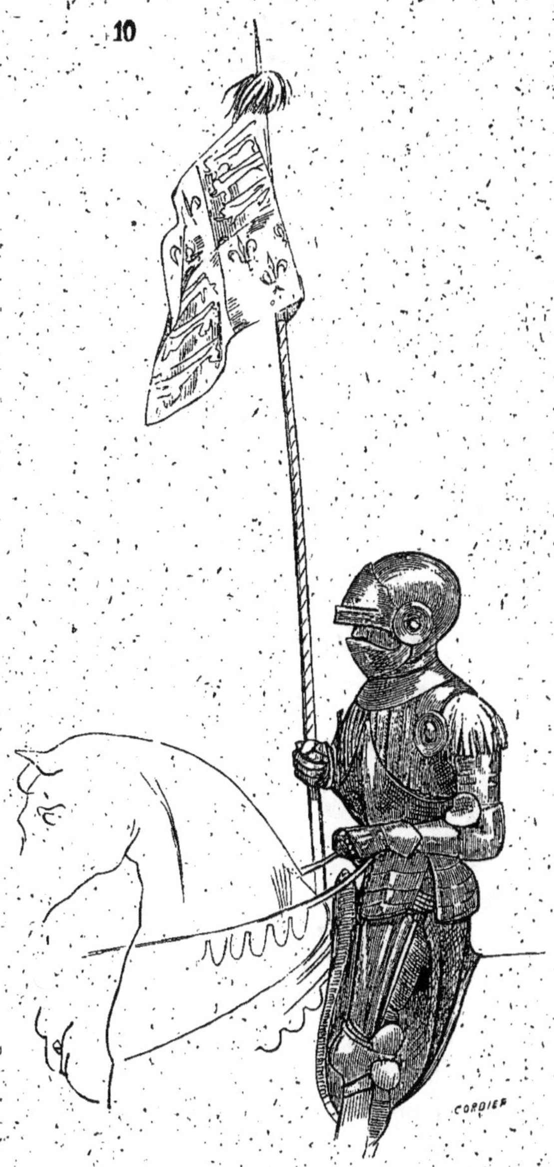

La bannière, en marche et lorsqu'il n'y avait point de combat à livrer, était roulée autour de la hampe. Alors on disait qu'elle était *fermée* ou *fremée*. Lorsqu'on laissait flotter la bannière, on lui attribuait les adjectifs *pendant* ou *voletant* :

« Les lances sor les feutres, lor gonfanons pendant [1]. »

« Cornumarans venoit, le gonfanon fremé [2]. »

« La lance porte droite, le gonfanon pendant [3]. »

Mais ici le gonfanon s'entend comme la flamme qui décorait la lance au-dessous du fer (voy. LANCE).

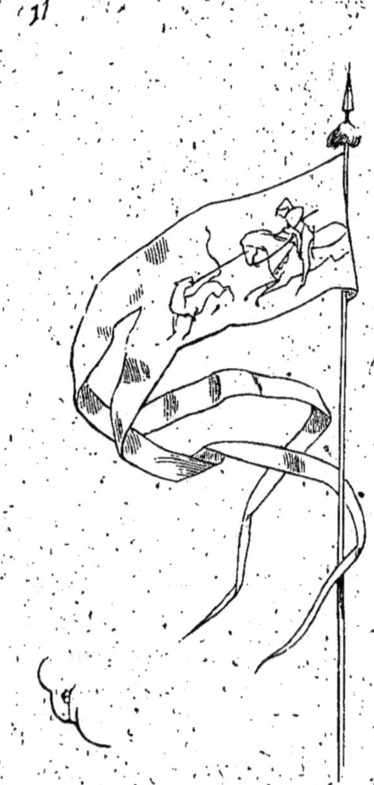

Jeanne Darc, qui n'était point chevalier banneret, avait néanmoins son étendard, ce que l'on ne manqua pas de lui reprocher. « La

[1] *La Conquête de Jérusalem*, Chant Ier, vers 225 (XIIIe siècle).
[2] *Ibid.*, Chant VI, vers 5044.
[3] *Ibid.*, Chant VI, vers 5211.

« Pucelle, print son estandart ouquel estoit empainturé Dieu en sa « majesté, et de l'austre costé l'image de Nostre-Dame[1]. » — « Et y « estoit la ditte Jehanne la Pucelle, laquelle tenoist son estandart en « sa main (au sacre du roi)[2]. » Il est dit, dans le *Petit Traictié par maniere de croniques*, sur le siége d'Orléans, que c'était le roi Charles VII qui avait fait faire l'étendard remis à la Pucelle. « Et « voulut et ordonna qu'elle eust un estandart, auquel par le vouloir « d'elle on feist peindre et mectre pour devise: JEHSUS MARIA, et une « magesté[3]. »

Il paraîtrait que Jeanne Darc changeait parfois d'étendard, suivant les circonstances, car plus loin, dans la même chronique, il est dit qu'elle entra à Orléans armée de toutes pièces, montée sur un cheval blanc: « Et faisoit porter devant elle son estandart, qui estoit pareil- « lement blanc, ouquel avoit deux anges tenans chacun une fleur de « liz en leur main; et au panon estoit paincte comme une Annonciation « (c'est l'image de Nostre-Dame ayant devant elle ung ange luy pré- « sentant un liz[4]). » Cet étendard de Jeanne la Pucelle était à queue, car, à l'assaut du boulevard des Tournelles, elle dit à un gentilhomme étant près d'elle: « Donnez-vous garde, quant la queue de mon « estandart sera ou touchera contre le boulevert. Lequel luy dist ung « peu aprez: — Jeanne, la queue y touche! Et lors elle luy respondit: « — Tout est vostre, et y entrez[5]! »

Dans le *Journal de Paris*, attribué faussement à un bourgeois, mais rédigé par un membre de l'Université fort hostile à Jeanne Darc, on lit que la Pucelle portait un étendard où était écrit seulement le nom de JÉSUS. Enfin le chroniqueur allemand Eberhard de Windecken, trésorier de l'empereur Sigismond, et qui recueillit des documents sur la Pucelle, s'exprime ainsi au sujet de son étendard: « La jeune fille marchait avec une banniere qui était faite de soie « blanche, et sur laquelle était peint Notre-Seigneur Dieu, assis sur « l'arc-en-ciel, montrant ses plaies, et ayant de chaque côté un ange « qui tenait un lis à la main[6]. »

La bannière servait aussi, en France du moins, de protection des

[1] *Témoign. des chroniqueurs et hist. du* XVe *siècle*: *Procès de Jeanne Darc*, publ. par J. Quicherat, t. IV, p. 12.

[2] *Ibid.*, p. 77.

[3] *Ibid.*, p. 129.

[4] *Ibid.*, p. 152.

[5] *Ibid.*, p. 161.

[6] *Ibid.*, p. 490.

le XIVe siècle, ainsi que l'indiquent les vers suivants de Guillaume de Machau[1] :

> « Et s'il y a femme qui gise[2],
> « Soit tantost ton enseingne mise
> « Sur le sommet de la maison ;
> « Et en ce garde si raison
> « Qu'il n'i ait homme qui la touche
> « De piet, ne de main, ne de bouche ».

On voit que les principes de la Convention de Genève ne sont pas d'hier. Etaient-ils mieux respectés ?

BARBUTE, s. f. (*barbuta* en italien). Nous sommes d'accord avec du Cange pour considérer la barbute comme un habillement de tête qui ne semble guère avoir été usité qu'en Italie, et qui correspond à la salade française. Il est question de la barbute dès le XIVe siècle.

Dans les *Statuts de l'ordre militaire du Saint-Esprit au droit désir*[3], on lit ce passage : « Item se aucuns desdits compaignons « del lordre se trovoient en aucun faits d'armes là où le nombre de « leurs ennemis i feussent .CCC. barbues ou plus. » Mais on peut admettre que l'ordre ayant été institué à Naples, on se soit servi dans la rédaction des statuts de termes désignant des pièces d'armures de la contrée. Ce qui est certain, c'est qu'au XVe siècle on disait en Italie : « tant de barbutes », comme en France on disait : « tant d'armures de fer ou tant de lances », pour désigner le nombre de gens d'armes qui composaient une troupe, et que les miniatures du manuscrit des *Statuts de l'ordre du Saint-Esprit au droit désir* montrent les chevaliers n'ayant pour habillement de tête que le casque légèrement conique bombé, sans visière et sans bavière. Donc on ne peut guère admettre, ainsi que le pense M. René de Belleval dans ses notes sur le manuscrit de l'écrivain anonyme traitant du *costume militaire en* 1446[4], que la *barbute* puisse être confondue avec la *bavière*. La barbute, si l'on s'en tient aux textes, est une salade d'une forme usitée, surtout en Italie, et qui laissait voir toute la barbe

[1] *Confort d'ami*, épître adressée par le poëte à son ami Charles le Mauvais, alors prisonnier.

[2] « Qui soit en couche. »

[3] Institué par Louis d'Anjou, roi de Jérusalem, de Naples et de Sicile (1352).

[4] Publ. par M. René de Belleval. Rien n'indique, dans le texte de l'auteur anonyme, que la barbute fût la même chose que la bavière, et nous nous en rapportons, à cet égard, à l'opinion de du Cange, qui veut que la barbute soit la salade italienne ou de forme italienne.

(fig. 1[1]), portée souvent alors dans la Péninsule, tandis qu'on ne la portait point en France. Cependant on voit parfois la barbute employée comme habillement de tête de ce côté-ci des monts ; mais

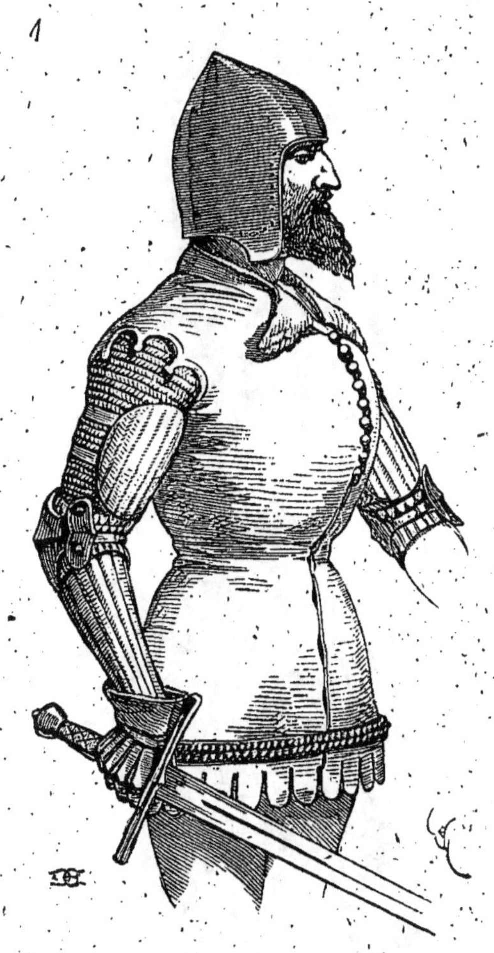

elle est alors (vers la fin du XIVe siècle) accompagnée de la bavière (voyez BAVIÈRE), ou tout au moins d'un camail de mailles, conformément aux représentations contenues dans le manuscrit de *l'Ordre du Saint-Esprit au droit désir*, et même d'un nasal.

Le personnage que représente la figure 1 n'a pour tout habillement de tête que la barbute simple, sans camail. Il est à observer

[1] Manuscr. Biblioth. nation., latin, n° 757, miniatures de facture italienne (1370 environ).

que les Italiens ont généralement incliné à rendre le vêtement militaire aussi léger que possible, tandis que les Allemands, au contraire,

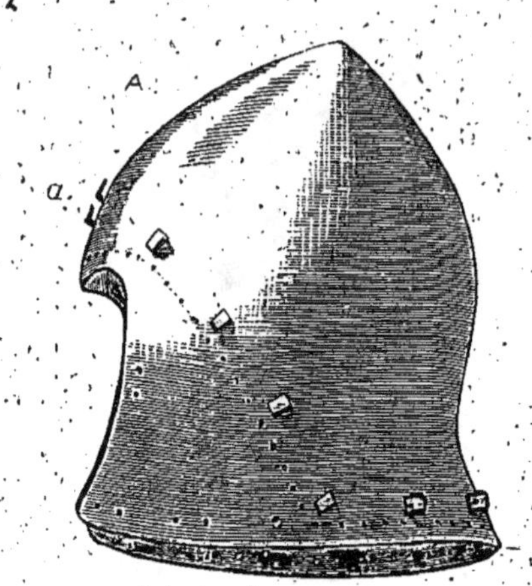

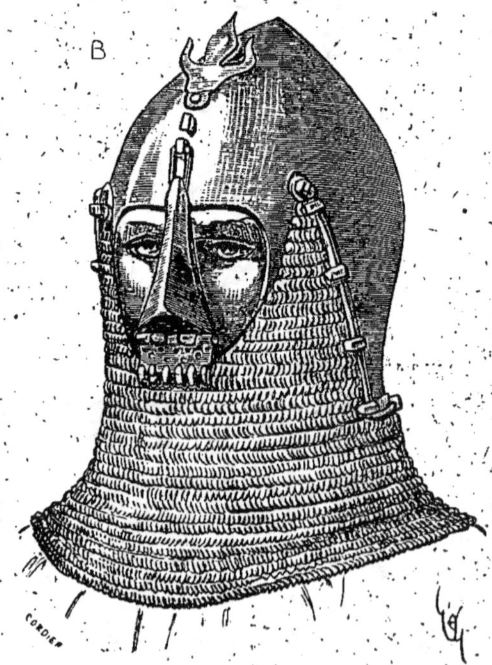

tendaient à le rendre lourd et embarrassant. — Entre la barbute et le surcot rembourré, le cou est laissé nu. Cette cotte s'ouvre même à la racine du cou par deux pattes qui peuvent se croiser. Les bras ne sont armés que de mailles, avec garde de peau piquée sur l'arrière-bras, cubitière d'acier et avant-bras de peau piquée. Si on le compare aux adoubements de guerre français de cette époque (1370), celui-ci est léger et médiocrement défensif.

3

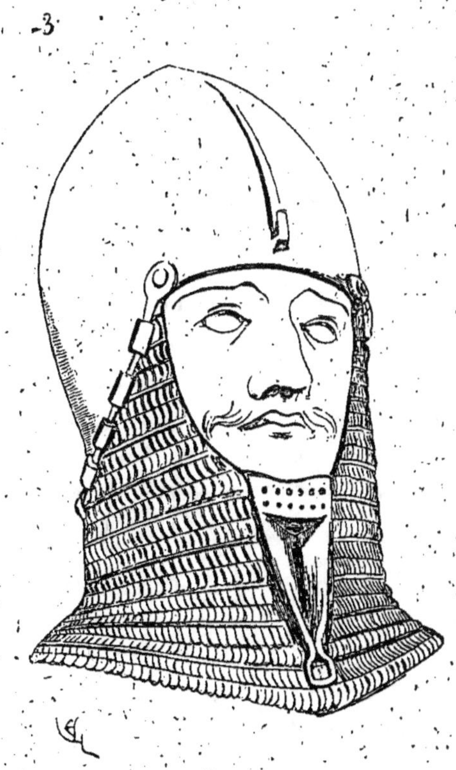

Nous voyons ce casque, la barbute, adopté dans le Nord, mais avec camail de mailles. Il ne faut pas oublier qu'alors, et bien avant cette époque, Milan et Pavie étaient renommées pour la fabrication des heaumes et armures de tête. Ces tymbres pouvaient provenir d'une de ces deux villes et être adaptés à l'armement usité de ce côté-ci des monts et même en Allemagne.

La figure 2 montre une barbute disposée pour recevoir un camail de mailles. En A, est montré ce casque sans sa garniture[1], mais pourvu des pistons qui reçoivent les lanières de peau auxquelles le camail est fixé. Tous les petits trous indiqués servaient à fixer la coiffe. Deux crochets *a* sont rivés sur le frontal. Ces crochets ser-

[1] Ancienne collection de M. le comte de Nieuwerkerke.

vaient à attacher le nasal, qui tenait à la mentonnière du camail et qu'on relevait pour combattre. Il y a deux crochets, afin de brider plus ou moins ce nasal. En B, est figuré l'habillement de tête, avec son nasal relevé et son camail de mailles. Au-dessus des deux crochets est un trou qui servait à passer un rivet attachant un ornement doré ou un joyau. Nous avons l'explication claire de ce genre de coiffure sur une statue tombale de la cathédrale de Fribourg (fig. 3 [1]). En France, cet habillement de tête devint la *salade* (voyez cet article), et la forme des salades françaises est très variée pendant les XIVe et XVe siècles.

BATON, s. m. (*baston*, *tibel*). Pendant les XIIe, XIIIe, XIVe et XVe siècles, le mot *bâton* désigne toute arme offensive autre que l'épée. La lance, la masse plommée, la hache, la vouge, et même plus tard les petites pièces d'artillerie à feu, sont souvent appelées *bâtons*.

« Richart sout escremir o virge et o baston [2]. »

« Vous baudrez à chascun .I. fort escu pesant
« Et .I. baston trucois sans plus armes tranchant [3]. »

« Et amena aveuques elle tout ce qui pooit porter bastons,
« A pié et à cheval, en nombre de Ve armez [4]. »

BAUDRIER, s. m. (*baudré*, *renge*). Courroie servant à attacher l'épée.

Le ceinturon qui attachait l'épée était une marque de chevalerie. On disait, au commencement du XIIIe siècle, *le baudré*, comme on dit aujourd'hui la ceinture ou la taille :

« Aubris fu biaus, eschevis et molés [5],
« Gros par espaules, graisles par le baudré ;
« N'eut plus bel homme en soissante cités [6]. »

La boucle, ou plutôt l'ardillon de la boucle du baudré, était le *ranguillon* :

« Plus agu que le ranguillon [7]. »

[1] Tombeau de Berchtoldus (fin du XIIIe siècle).
[2] *Li Roman de Rou*, vers 3824 (XIIe siècle).
[3] *Gaufrey*, vers 8772 et suiv. (XIIIe siècle).
[4] Georges Chastellain, *Chron.* relative à la Pucelle.
[5] On dirait aujourd'hui : élancé et fait au moule.
[6] *Garin le Loherain*, 1re chanson, couplet XXVI.
[7] Villon, *Grand Testament* : *Ballade*.

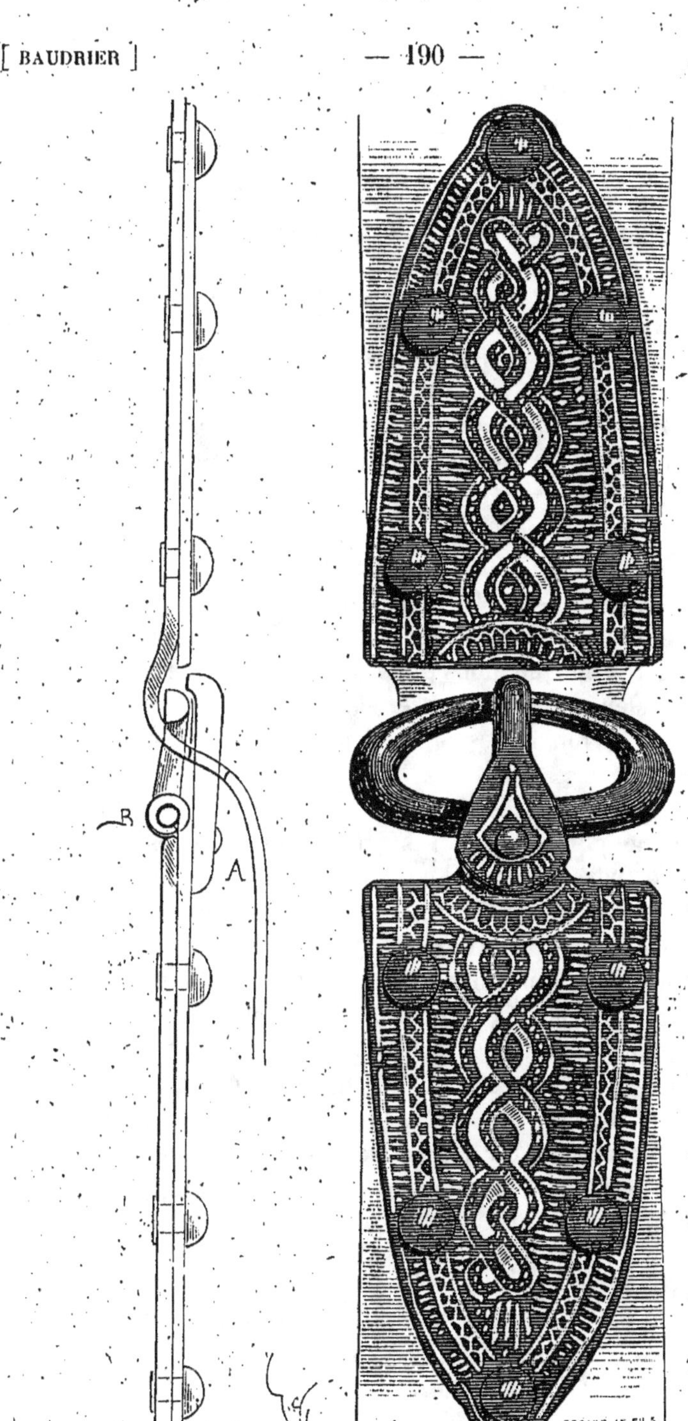

Le baudrier n'était pas toujours retenu à la taille par une boucle.

Il était fait souvent, pendant les XIIᵉ et XIIIᵉ siècles, d'une lanière d'étoffe ou de peau qu'on nouait par devant :

« Puis a saisi duc Namie par le neu du baudré [1]. »

« Floripas prent Rollant par le neu du baudré [2]. »

Ces ceinturons ne se portaient donc point en sautoir comme les baudriers du XVIIᵉ siècle, mais autour de la taille. Pendant les XIIIᵉ, XIVᵉ et XVᵉ siècles, on les fabriquait de peau de cerf, et ils étaient brodés d'or et de soie : « Item, .I. baudré de cerf, ouvré de soie, ou « pris de .XL. s. [3] » ; ou bien encore d'étoffe épaisse de soie :

« Item, pour une aune de samit, baillié celui jour audit Nicholas, « pour faire fourriaus et renges à espées, 32 s. [4] »

« Item, pour une renge d'espée, et pour le fourriau fait en lissié « (broderie), ouvré à besletètes, que la Royne donne au Roy [5]. »

Depuis les Mérovingiens, on attachait une certaine importance à suspendre l'épée à des ceinturons richement ornés. Beaucoup de sépultures de cette époque nous ont rendu des boucles de baudrier d'un travail précieux, soit de bronze, soit de fer incrusté d'argent. Ces boucles sont parfois larges et solidement fixées aux courroies par des rivets.

Voici (fig. 1 [6]) une de ces boucles qui n'a pas moins de 17 centimètres de longueur. L'ardillon n'est pas mobile, mais est fixé par un rivet à la patte (voyez le profil en A). C'est la bielle qui pivote sur un axe B. Ces plaques de fer sont richement incrustées d'argent. Souvent les rivets sont de bronze. L'épée était suspendue à ces ceinturons par un crochet entrant dans un anneau ; elle tombait droit le long de la cuisse gauche, suivant la mode gauloise, ou encore le fourreau était muni d'une petite bielle avec anneau de cuir, lequel passait dans un crochet attaché au ceinturon, ainsi que le montre la figure 2 : A étant le crochet, et B le fourreau de l'épée [7]. Cette façon de porter l'épée paraît avoir été adoptée, depuis les temps les plus reculés, dans les Gaules et chez les populations voisines.

[1] *Fierabras*, vers 2773 (XIIIᵉ siècle).

[2] *Ibid.*, vers 2786.

[3] *Inventaire des biens meubles et immeubles de la comtesse Mahaut d'Artois* (1313).

[4] *Compte de Geoffroi de Fleuri* (1316).

[5] *Ibid.*

[6] Ancien musée du château de Compiègne.

[7] Fouilles d'Alesia, habitations lacustres du lac de Brienz.

Sous le règne de Charlemagne, les baudriers sont portés bas, non plus autour de la taille, mais à la hauteur des hanches, et devaient être fixés, par conséquent, au corselet qui couvrait le torse ; ils étaient faits de peau avec plaques de métal. Cette mode était, d'ailleurs,

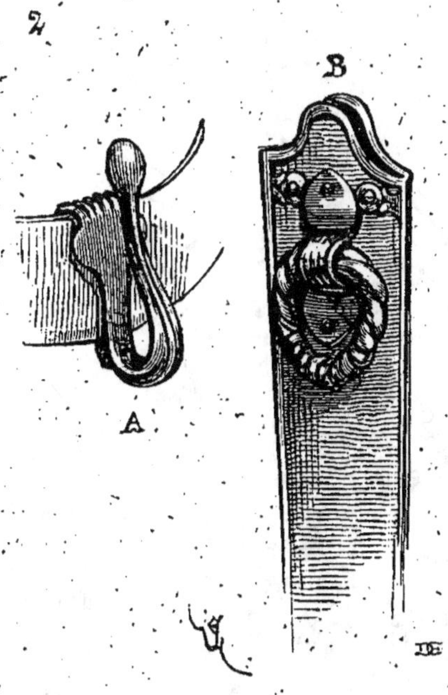

admise à Byzance dès avant le VIIIe siècle, ainsi que le prouvent deux statues de porphyre de facture orientale qui sont posées à l'un des angles de l'église Saint-Marc à Venise (côté sud) (fig. 3). Ces deux personnages, qu'on prétend représenter des empereurs d'Orient, et qui ont été apportés d'Acre, sont armés.

Celui que donne la figure 3 est vêtu d'une cotte d'armes, de peau, semble-t-il, rembourrée de la poitrine aux lombes, avec ceinture à la taille et baudrier à la hauteur des hanches, auquel l'épée est suspendue par un crochet (voyez en A), suivant la méthode antique romaine, ou par un anneau, puisque aucune ligature n'entoure le fourreau. La double jupe de la cotte d'armes est piquée verticalement, ainsi que les arrière-bras, protégés par trois épaisseurs de peau ou d'étoffe. Des bossettes garnissent les épaules. La ceinture et le baudrier sont ornés de plaques de métal et peut-être de pierreries, ainsi que le fourreau de l'épée.

Plus tard les baudriers forment un angle par devant, et sont retenus à la hauteur des reins par une ceinture à laquelle ils s'attachent.

La ceinture serre la taille, et le baudrier tombe librement (fig. 4[1]). L'épée alors est suspendue en dedans du baudrier, en A, sur la cuisse gauche. Son fourreau passait dans une bielle de peau, et un crochet

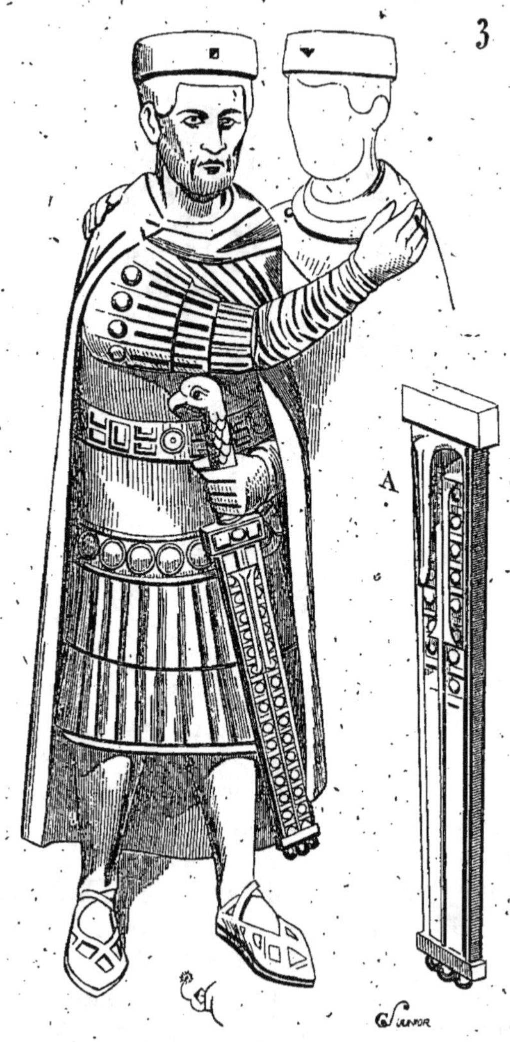

l'empêchait de glisser. Ainsi le poids de l'arme ne fatiguait pas le cavalier, parce qu'il se trouvait reporté derrière les reins. Cette manière d'attacher l'épée ne fit que se perfectionner pendant les siècles suivants, comme nous allons le voir.

[1] Manuscr. Biblioth. nation., Judas et les fils d'Israël en présence de l'arche d'alliance (milieu du XIIe siècle).

Il est évident que le baudrier étant fixé à la ceinture au milieu des reins et l'épée étant suspendue à l'un des pans, le tirage était inégal ; la ceinture devait tendre à tourner. Aussi, à la fin du XIIe siècle, n'attachait-on plus l'arme de main de cette manière. Les courroies du baudrier furent fixées à la ceinture en arrière de la hanche droite, et ces courroies, très pendantes, vinrent saisir le fourreau de l'épée

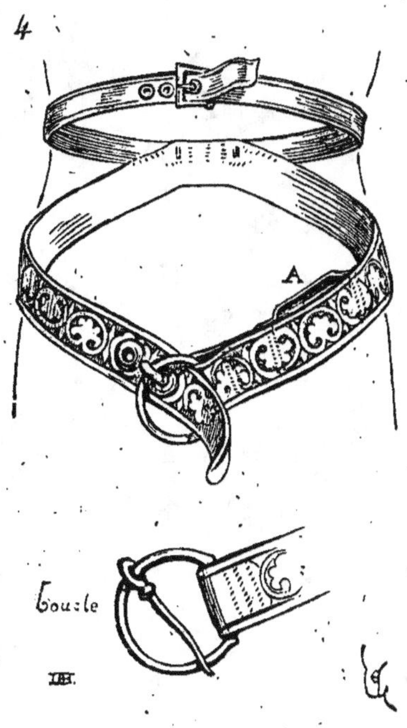

d'une façon ingénieuse, qui laissait tomber l'arme verticalement le long de la cuisse gauche (fig. 5[1]). En A, l'ensemble du baudrier est indiqué. En B, est tracée la disposition des courroies du baudrier sur la partie externe du fourreau, au tiers de l'exécution, et en C sur la partie interne. Ces courroies sont, à leur extrémité, fendues en deux dans la longueur, et chacune de ces lanières est fendue encore en deux. Une des deux premières moitiés passe derrière le fourreau, l'autre devant, puis les quatre lanières extrêmes se croisent et sont retenues par des brides de cuir *a* passées et cousues par derrière (voy. en *a'*). Il en est de même de l'une et l'autre courroie D et F : le baudrier étant dépourvu de boucle, il fallait le passer par le haut du corps, ce qui permettait facilement son développement.

[1] Statue tombale (fin du XIIe siècle), musée de Niort (voy. ARMURE, fig. 9).

L'arme était ainsi bien suspendue vers son centre de gravité, mais un peu bas, ce qui, à cheval, devenait fatigant. Les épées ayant été fabriquées plus lourdes vers 1230, on voulut que les baudriers fussent moins obliques, et que la poignée fût à la hauteur de la ceinture.

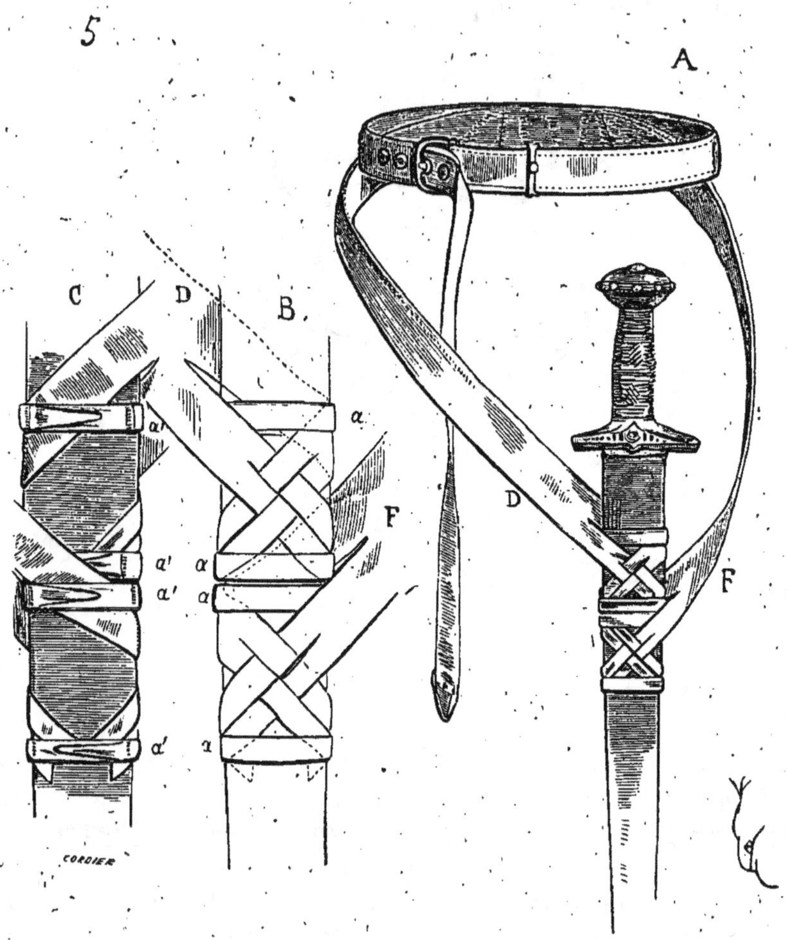

Le baudrier fut donc attaché à celle-ci moins obliquement (fig. 6[1]), mais toujours derrière la hanche droite. Il passait sur la ceinture, à laquelle il était solidement cousu. La courroie de devant était, de même que précédemment, fendue en deux, puis chacune des lanières encore en deux. La première moitié passait derrière le fourreau

[1] Statue tombale (1230 environ), musée de Toulouse.

(voyez en A), l'enveloppait, et venait, en deux parties, passer cousue sur elle-même (voyez en *a*). La seconde moitié B était laissée lâche, passait sur la partie antérieure du fourreau. L'une de ses lanières *b* entourait le fourreau et venait se nouer à la seconde lanière *c*, qui était préalablement passée dans des œils pratiqués dans la courroie postérieure D. L'extrémité de cette courroie postérieure, repliée sur elle-même, était cousue en *e* et maintenue par un rivet avec double rondelle en *f*.

En E, est donné le profil de ce rivet. D'autres rivets servaient à bien maintenir la doublure de soie du baudrier à la *cuirie*. Mais en G ces rondelles n'étaient plus que des œillets de métal à travers lesquels passait l'ardillon de la boucle, fait comme il est indiqué dans la figure 4. L'avantage de ce moyen de suspension était de laisser à l'épée une grande liberté de mouvement, tout en la maintenant solidement, liberté obtenue par la partie lâche de la demi-courroie B. En effet, la courroie postérieure H serrait fortement le fourreau vers le centre de gravité de l'arme et tendait à la ramener derrière la cuisse gauche, mais les deux lanières *i*, *i*, bien attachées à la partie supérieure du fourreau, tendaient à ramener l'épée sur le ventre. Entre ces deux tirages en sens inverse, était la demi-courroie B, qui était assez lâche pour faciliter le mouvement de l'extrémité de l'épée en arrière, sans cependant lui permettre de dépasser une certaine inclinaison. Ainsi, soit en marchant, soit à cheval, l'arme obéissait aux mouvements du corps, mais en conservant son centre de gravité, de manière à ne jamais donner de secousses. En L, le nœud *l* est montré par dessous. A la ceinture sont adaptés des passants de métal *n*, destinés à empêcher le cuir de plier et de former corde.

Cette façon de suspendre la lourde épée du XIIIe siècle (voy. ÉPÉE) parut probablement bonne, car elle persista jusqu'au XIVe siècle, et ne fut abandonnée que lorsque la forme de l'arme fut modifiée ; c'est-à-dire lorsque les lames, au lieu de posséder un nerf saillant sur les deux plats, reçurent au contraire une ou deux cannelures, et que ces lames, par suite, furent relativement pesantes vers la pointe. On ne put plus alors les porter verticalement, ou peu s'en fallait, sur la cuisse gauche ; on dut leur donner une très forte inclinaison pour que leur extrémité ne risquât pas de battre dans les jambes en marchant.

L'épée du XIIIe siècle est au contraire très lourde au talon, et devait, à cause de cela même, être suspendue presque verticale. Beaucoup de monuments figurés du commencement du XIVe siècle

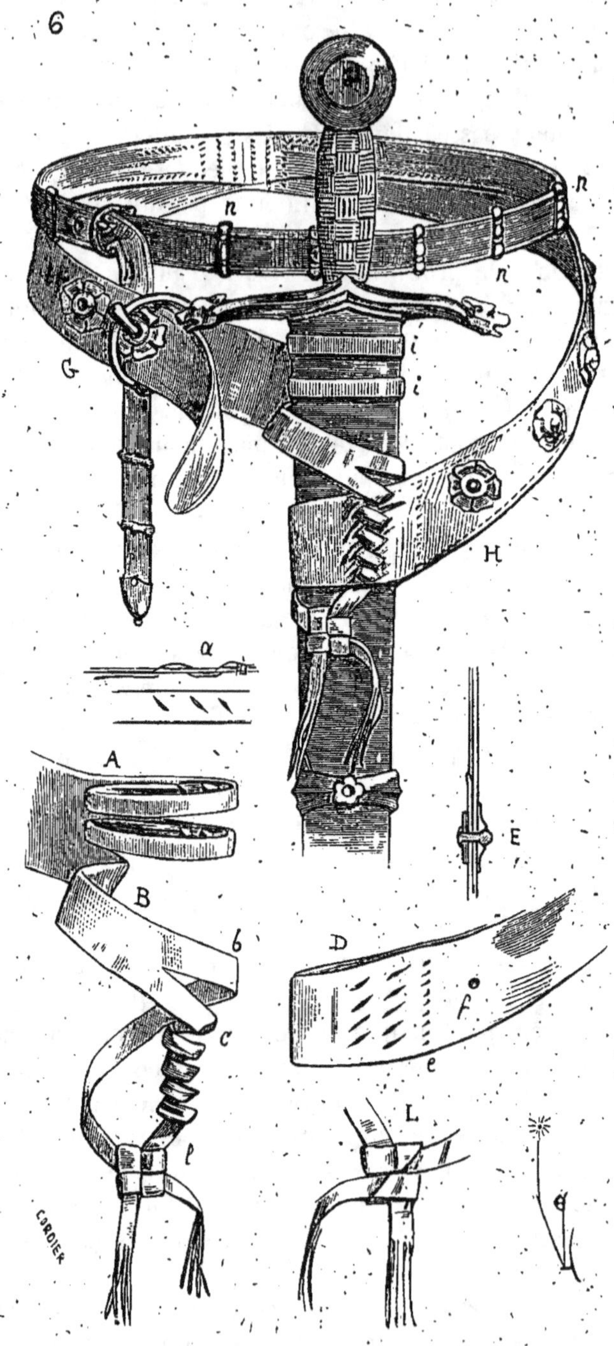

montrent que l'épée était alors portée presque en verrouil. La façon du baudrier dut donc être modifiée. La figure 7[1] montre un homme d'armes portant ainsi l'épée. En A, paraît le pommeau. L'arme est suspendue très obliquement, le pommeau se présentant un peu en

7

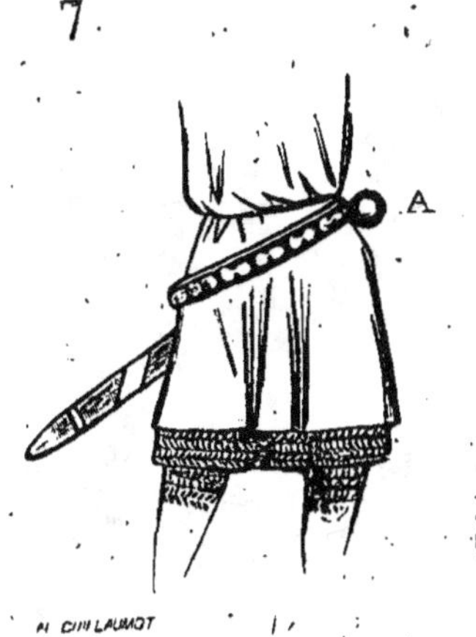

arrière de la hanche gauche. Le baudrier, attaché à la ceinture, est oblique aussi, presque parallèle à la ligne de l'épée. Celle-ci était

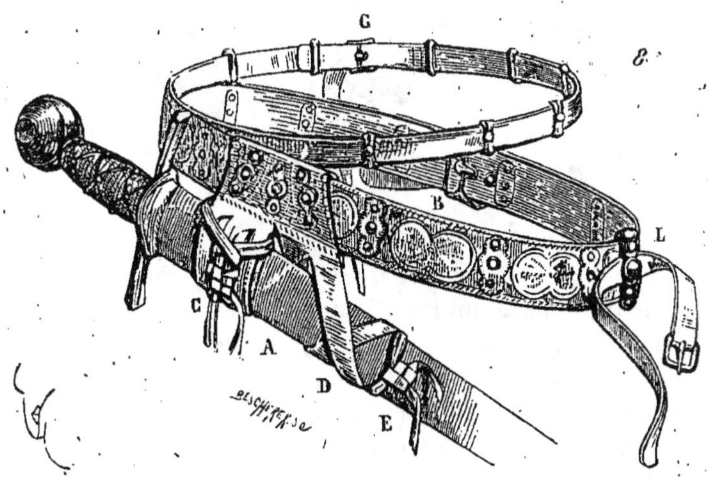

attachée de la manière suivante (fig. 8). Le baudrier, fortement cousu sur la ceinture du côté de la hanche-gauche, pendait librement du côté droit et pouvait être rendu plus ou moins lâche à l'aide de la

[1] D'une miniature du manuscrit de *Lancelot du Lac*, Bibliothèque nationale (1310 à 1320).

grande boucle B. Derrière sa jonction avec la ceinture était fixée, par des rivets et une couture, une forte bande de peau A, laquelle était fendue en deux. L'une des lanières enveloppait le fourreau de l'épée à deux ou trois doigts de son extrémité supérieure, était de nouveau

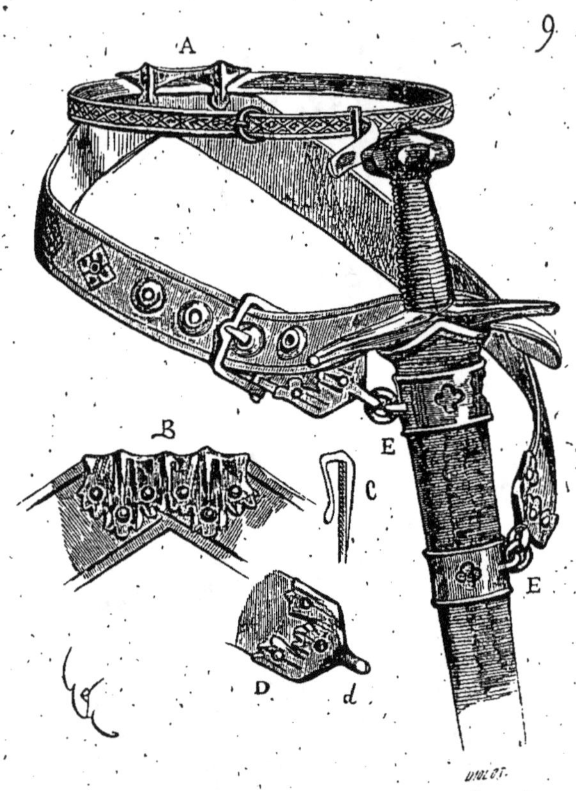

fendue en deux lanières minces, lesquelles passaient par deux boutonnières sous l'attache, faisaient un tour, et venaient en se croisant se nouer en C. L'autre lanière D, fendue en deux, enveloppait le fourreau lâchement, plus bas, et les extrémités étaient nouées en E. Ainsi l'épée était-elle maintenue solidement près du talon et suspendue fortement plus bas, de manière à lui conserver son centre de gravité et à ne pas battre dans les jambes. Si l'on montait à cheval, on faisait tourner la ceinture de manière que la boucle G fût portée vers le côté droit ; alors l'épée venait se placer latéralement le pommeau en avant de la hanche gauche. En L, un passant de métal, auquel était fixée une courroie par un rivet, permettait de suspendre les gantelets.

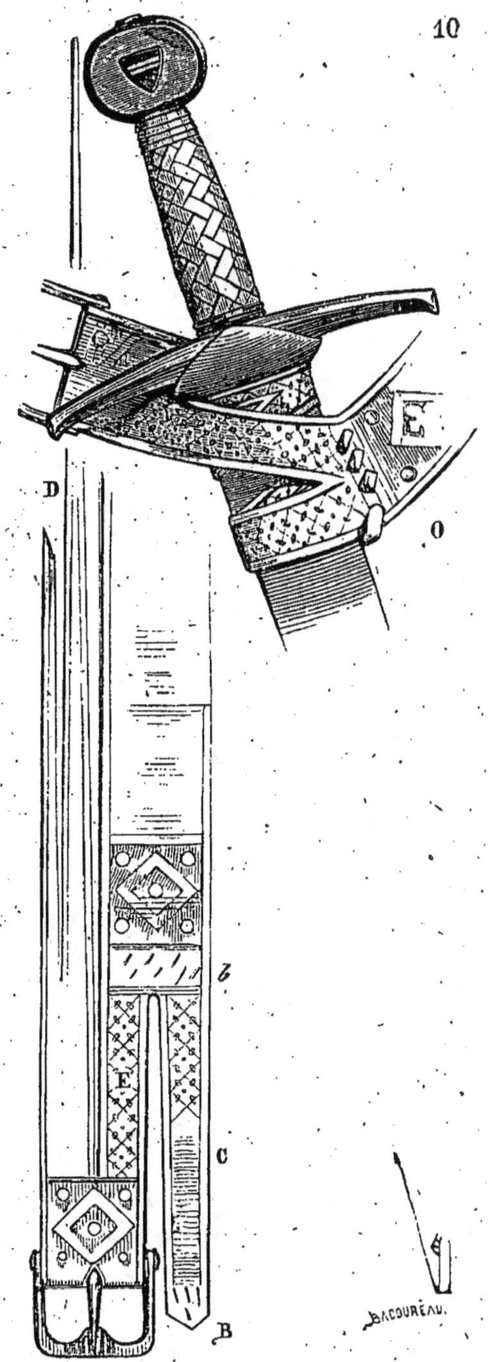

On observera que dans ces *cuiries*, ainsi qu'on appelait ces accessoires du harnais, les coutures sont évitées autant que possible ; les attaches sont obtenues par la disposition plus ou moins ingénieuse des lanières de cuir. Il n'est pas besoin d'être fort expert en ces matières, pour savoir que les coutures, pour des objets soumis à tant de fatigues, sont bientôt hors de service. Il était donc prudent de s'en passer. Dans ces exemples, le baudrier est solidaire de la ceinture. On ne pouvait se débarrasser de l'épée sans ôter tout l'appareil. Vers la même époque (1320 environ), on fit des baudriers indépendants de la ceinture, et les épées furent suspendues par des anneaux de métal (fig. 9 [1]). Ce baudrier est fixé à volonté à la ceinture au moyen des deux crochets de métal A, dont la face externe, rivée au cuir, est tracée en B et le profil en C. Aux deux extrémités du baudrier sont fixés par des rivets les ferrets de métal D munis d'une bielle *d*. Au fourreau de cuir, deux frettes E de métal sont également pourvues de bielles. Des anneaux réunissent les bielles des ferrets avec celles des frettes. La disposition des frettes donne à l'épée l'inclinaison convenable en raison de son poids. Ces ceintures et baudriers de cuir étaient richement peints et dorés, et souvent revêtus de soie aussi bien en dessus que comme doublure.

Il y avait encore, vers la même époque, une autre manière de suspendre les épées au baudrier (fig. 10). La partie de cuir à laquelle le fourreau devait être fixé était coupée ainsi que l'indique le tracé développé. La lanière B était repliée en dessous en C, de telle sorte qu'elle entourât le fourreau et que le bout B vînt en *b*. La longue lanière D entourait de même l'extrémité du fourreau, mais en se repliant en sens inverse, et, faisant deux ou trois tours en spirale descendante, son extrémité servait à coudre le bout *b* au corps du baudrier, ainsi que le montre la figure en O. L'épée, étant ainsi tirée en sens inverse, mais ayant une lanière de réunion des deux attaches en E, prenait naturellement son centre de gravité, et s'inclinait plus ou moins suivant les mouvements de l'homme d'armes.

Dans ce système d'attache, pas trace de fil ; le cuir seul est employé avec adresse. Cependant, vers le milieu du XIVe siècle, l'ancienne cotte d'armes ample étant remplacée par des cottes plastronnées justes au corps, ces sortes de baudriers ne pouvaient plus convenir. On les supprima même totalement, pour attacher l'épée par une courte chaînette ou une bielle à la ceinture [2] militaire noble ; mode qui

[1] Statues tombales, et, entre autres, celle d'Aymer de Valence, comte de Pembroke (1323), abbaye de Westminster.

[2] Voyez CEINTURE MILITAIRE.

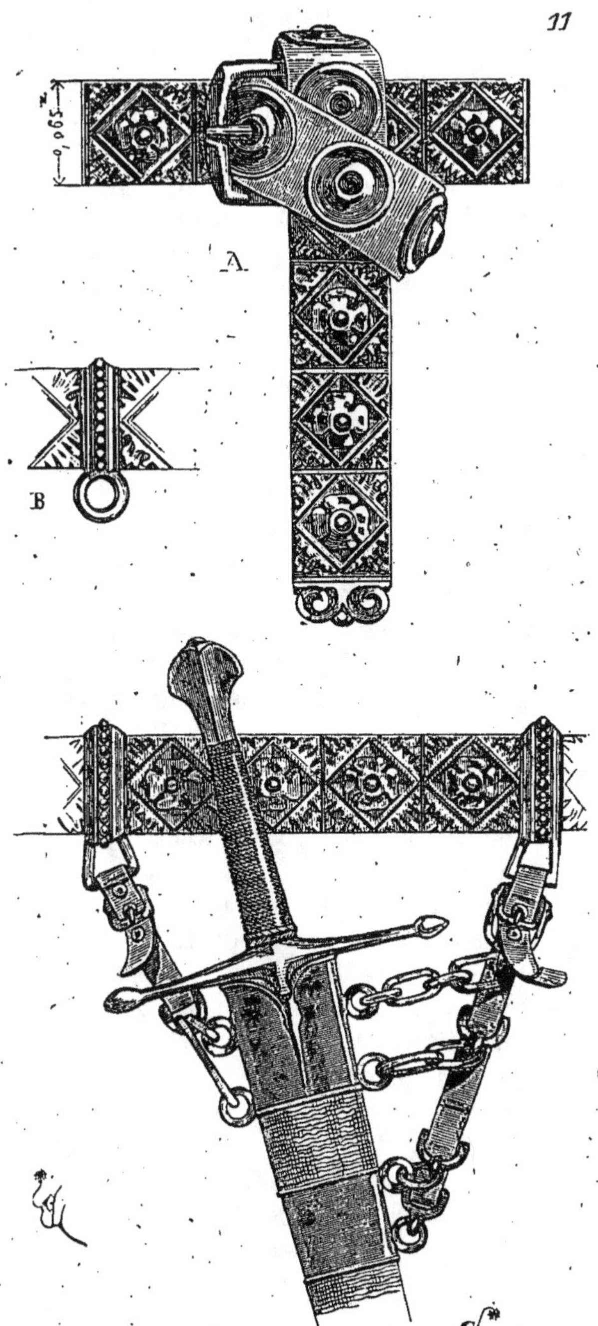

dura jusqu'à la fin du règne de Charles V. On revint aux baudriers, lorsque vers la fin du XIVe siècle, on reprit les cottes d'armes ou surcots très longs par-dessus l'armure (voy. ARMURE, fig. 38). Toutefois ces baudriers étaient des ceintures serrées à la taille, le plus souvent, — mais non la ceinture noble, qui était portée au-dessous des hanches.

Ces sortes de baudriers étaient souvent d'une excessive richesse, ornés d'orfèvrerie. L'épée y était suspendue par des courroies et chaînettes ; le fourreau muni de quatre bielles postérieurement et de deux seulement sur la rive antérieure, toujours pour incliner l'arme en avant et la suspendre sans que les mouvements pussent la faire battre dans les jambes (fig. 11 [1]). En A, est présentée la boucle de ce baudrier, et en B l'attache de la dague du côté droit ; car, depuis le milieu du XIVe siècle, on portait avec la ceinture militaire, aussi bien qu'avec le baudrier, l'épée suspendue à gauche et la dague sur la hanche droite. On voit comme l'épée est attachée par deux courroies à boucles, ce qui permettait de s'en débarrasser sans déboucler le baudrier et par des bouts de chaînettes, afin d'éviter le ballottement de l'arme. Mais déjà, vers la fin de ce siècle, les hommes d'armes portaient des braconnières d'acier pour préserver les hanches, avec corselets ou brigantines très plastronnés. Cette ceinture à la taille ne pouvait s'accorder avec les braconnières, auxquelles étaient attachées les tassettes.

On reprit donc, non la ceinture noble militaire du commencement du règne de Charles V, mais le baudrier rappelant la disposition de celui du commencement du XIVe siècle, c'est-à-dire incliné sur la gauche et attaché à une courroie serrant la taille. Seulement ce baudrier, devant porter sur les braconnières de fer, fut lui-même fait de métal, sans cuir sous-jacent (fig. 12 [2]), tandis que les plaques d'orfèvrerie qui ornent le baudrier (fig. 11) sont fixées sur une courroie de peau. Les baudriers de métal de la fin du XIVe siècle devaient être articulés et attachés, non par une boucle, mais par un mordant ou une fiche mobile. Les épées suspendues à ces derniers baudriers pouvaient, comme celle de la figure 11, être enlevées sans ôter la ceinture. C'est qu'en effet alors, ces armes, habituellement très longues, étaient fort gênantes à cheval, et il arrivait que, pour combattre, on les détachait du baudrier pour les suspendre à l'arçon. Souvent une chaîne partant du côté droit de la brigantine ou du

[1] Statue de Charlemagne, château de Pierrefonds (1395 à 1400 environ). Cette statue reproduit toutefois l'armure de 1380 environ (voy. ARMURE).

[2] Statue du château de Pierrefonds (1395 à 1400).

corselet, sous la mamelle, se terminait par une bride de cuir ou une sorte de porte-mousqueton qui prenait la poignée de l'épée, de telle

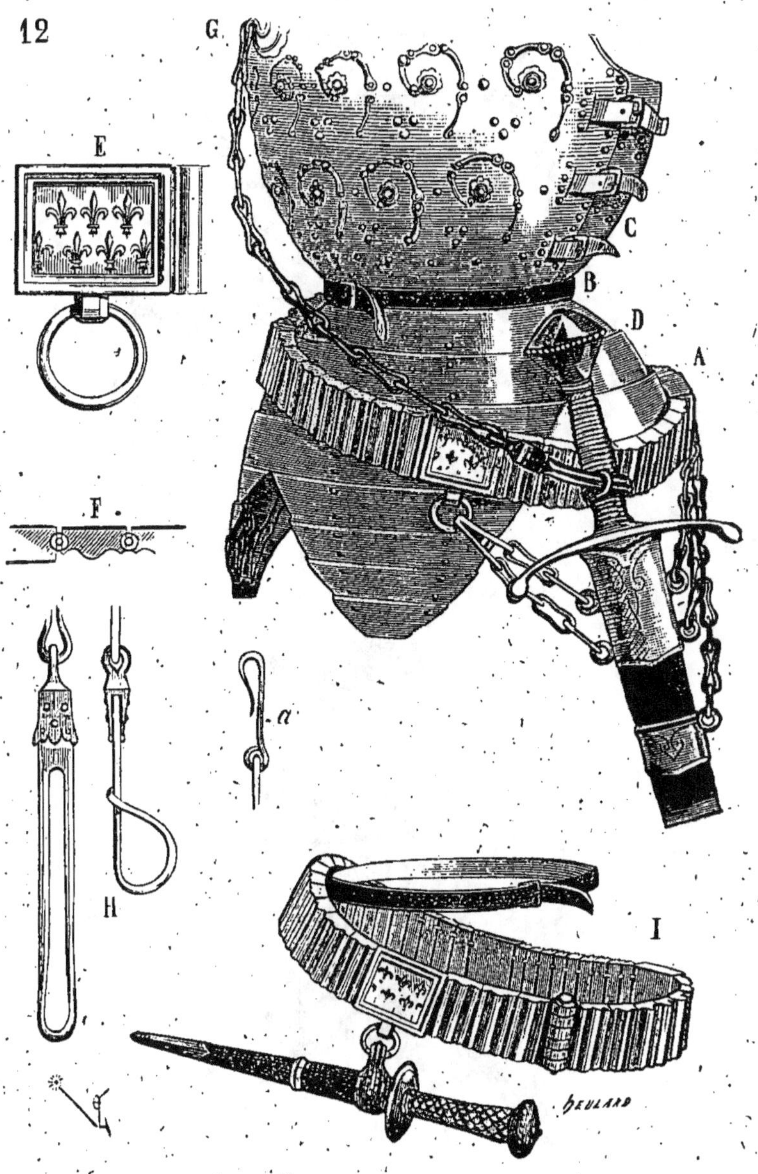

sorte que si, pendant le combat, on lâchait l'arme, elle ne pût tomber à terre.

La figure 12[1] montre en A l'un de ces baudriers attachés ou cein-

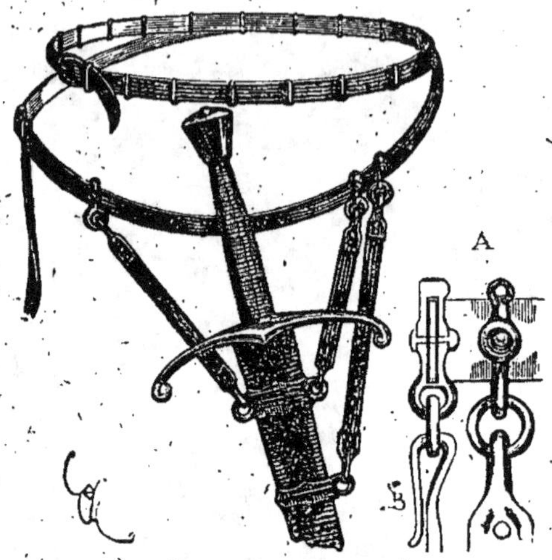

turon de cuir B entourant la cannelure de la braconnière qui sépare

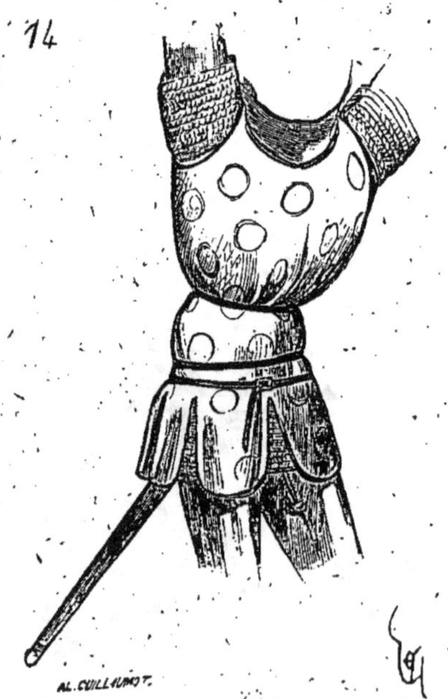

la brigantine C des lames D. L'épée est suspendue à deux plaques

[1] Statue du château de Pierrefonds (1400).

de métal, au moyen de crochets à ressort *a* et de chaînettes. En E, est donné le détail d'une de ces plaques s'articulant au moyen de fiches gaies avec les pièces F, articulées aussi. En G, est l'attache de la chaîne sur la mamelle droite; chaîne qui, comme il vient d'être dit, se fixe à la poignée de l'arme au moyen d'un coulant de cuir H. Quelquefois cette chaîne est double, l'une servant à attacher l'épée et l'autre la masse.

En I, le baudrier est montré du côté droit. Une plaque sert, de ce côté, à suspendre la dague.

15

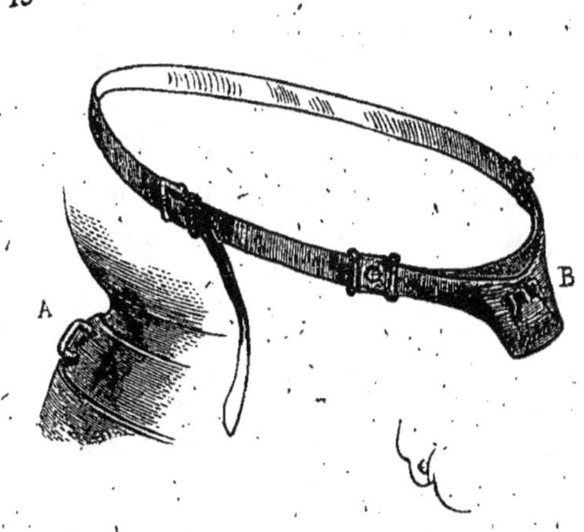

A dater de 1400, les armures de plates qui remplacent les hauberts de mailles, les gambisons et broignes, ne permettent plus ces baudriers larges et plus ou moins riches. Ceux-ci ne consistent, pendant le xve siècle, qu'en de fines courroies, qui d'ailleurs sont disposées d'une manière aussi simple que pratique (fig. 13 [1]). Le principe est toujours à peu près le même; c'est-à-dire qu'il y a la courroie serrant la taille et la courroie lâche tombant sur la hanche gauche. L'épée est suspendue par trois courroies terminées par des crochets à ressort qui entrent dans des anneaux tenant à des passants de métal rivés (voyez en A). Cette sorte de baudrier est souvent indépendante de la ceinture qui serre la cotte d'armes; il est bouclé à la hauteur des hanches (fig. 14 [2]). L'épée pouvait être rendue indépendante du baudrier en faisant sortir les crochets B (voy. fig. 13) des anneaux tenant aux passants. C'est ce qu'on faisait habituelle-

[1] Manuscr. Biblioth. nation., *le Livre de Guyron le Courtois*, français (1400 à 1410).

[2] Même manuscrit.

ment, pour combattre à cheval ; car alors, comme il a été dit plus haut, l'épée était attachée à l'arçon de la selle du côté droit. Ainsi ne gênait-elle pas les mouvements du cavalier lorsqu'il chargeait, la lance en arrêt. Comme il fallait alors se dresser sur les étriers, on comprend que cette lourde lame pendue au côté gauche embarrassait le cavalier et pouvait déranger l'équilibre parfait qu'il devait conserver pour maintenir la lance en arrêt et diriger son fer.

Cependant on voit encore des hommes d'armes porter, avec l'armure de plate complète, la ceinture militaire jusque vers 1430, mais cela est rare en France, plus commun en Angleterre.

Un baudrier assez fréquemment porté de 1420 à 1430 consiste en une simple courroie portée en sautoir, de la taille à la hanche gauche ; l'épée était passée dans une embrasse de cuir à la partie basse (fig. 15). Une courroie tenant à la partie supérieure du fourreau passait dans une bouclette fixée à l'embrasse B. Pour que le baudrier ne pût couler sur la braconnière, il passait dans une bielle A rivée à la lame supérieure de cette braconnière du côté droit. (Voy. Armure, Ceinture, Épée).

BAVIÈRE, s. f. Pièce d'armure qui apparaît vers le milieu du XIVe siècle, lorsque les plates commencent à être adoptées dans l'adoubement de l'homme d'armes, presque en même temps que le bacinet (voy. Bacinet, fig. 3 et 4). L'ancien heaume français des XIIe et XIIIe siècles ne se posait sur la tête qu'au moment de combattre. Il était extrêmement lourd, garantissait parfaitement la tête, mais couvrait mal la gorge, au-dessous du menton. Bien qu'il reposât sur une sorte de mortier d'étoffe ou de peau en façon de turban qui entourait le crâne, sa partie inférieure était libre, et les coups portés sur cette partie le faisaient dévier, ou échappaient et venaient frapper la naissance du cou au-dessus des clavicules. Lorsque, vers 1350, on remplaça le heaume à la guerre par le bacinet, les chapels de fer et salades, on voulut mieux préserver la partie inférieure du visage, et surtout éviter le coup dangereux de la lance porté à la hauteur de la gorge. Une plaque d'acier fut alors adaptée à la cervelière de peau, de mailles ou de fer (barbute), qui était posée sous le chapel de fer.

La figure 1 montre comment fut attachée la bavière primitive[1]. Sur le camail de mailles était posée une barbute ou cervelière de fer garantissant la nuque. A ce casque, au moyen de deux pivots, était fixée la bavière, qu'on pouvait ainsi relever un peu pour passer la

[1] Manuscr. Biblioth. nation., *Tite-Live*, trad. française (1350 environ).

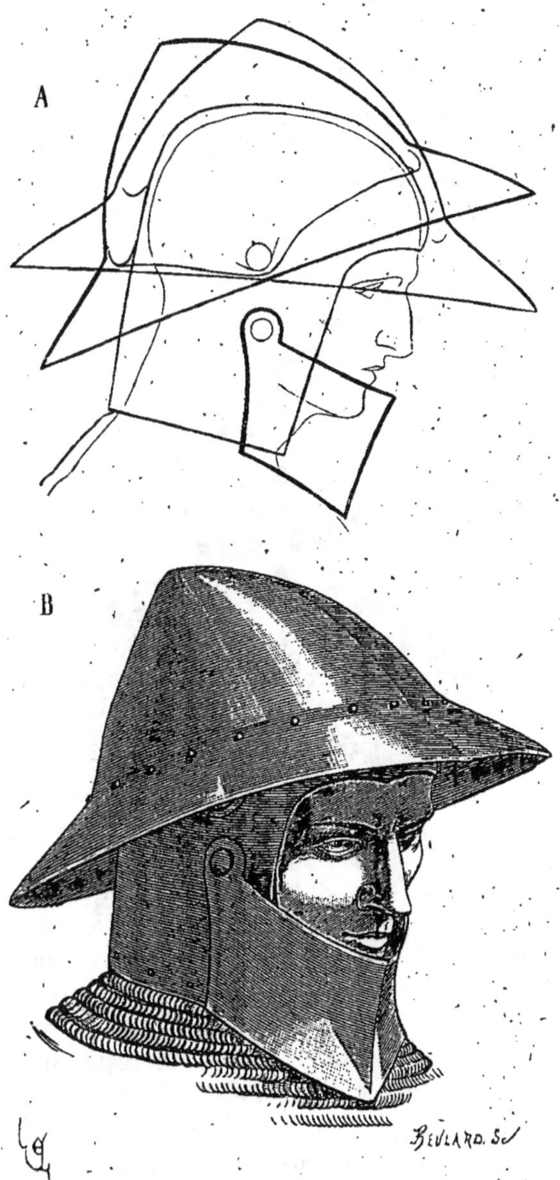

tête. Souvent, sur cette barbute de fer, on mettait un chapel de Montauban, lequel était doublé de peau rembourrée. Deux œils pratiqués latéralement dans cette doublure entraient dans deux boutons de fer fixés à la barbute, et permettaient d'incliner plus ou moins le chapel, ainsi qu'on le voit en A. En B, est montré cet habillement de tête.

Plus tard, indépendamment de son adjonction au bacinet, la bavière, large, enveloppe le bas de la barbute, casque sans viaire, et s'attache par deux courroies devant et derrière le corselet. Elle tient lieu ainsi d'un colletin non articulé, mais préservant entièrement le cou (fig. 2[1]).

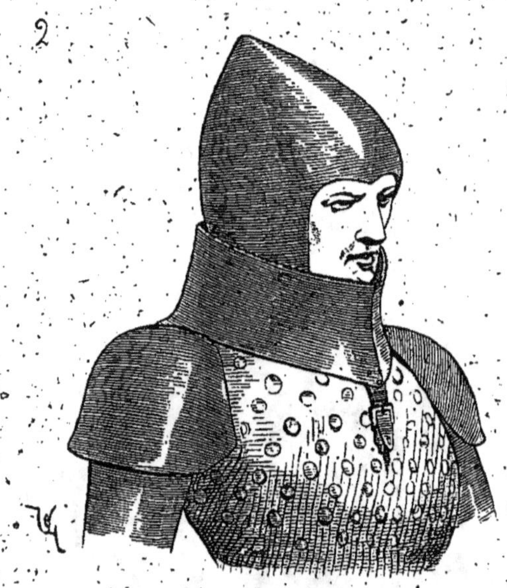

Dès le règne de Charles V, on adopta un habillement de tête qui n'est ni la barbute ni le bacinet, et qui devint bientôt la salade. Ce casque consistait alors en une bombe enveloppant complétement le crâne, était conique, aplati, tombant par devant jusqu'à la base du nez, percé de fentes pour la vue et muni d'un couvre-nuque. A ce casque était adaptée une bavière à pivots tombant sur le camail de mailles et pouvant être relevée de manière à atteindre le niveau de la vue (fig. 3[2]). En A, ce casque est tracé la bavière relevée ou abaissée; en B, la bavière abaissée. Les deux pivots étaient assez serrés pour

[1] Manuscr. Biblioth. nation., *le Livre des histoires du commencement du monde*, français (1390 environ).

[2] Manuscr. Biblioth. nation., *Œuvres de Guillaume de Machau* (1375 environ).

que, par le frottement, cette bavière pût se tenir relevée sans attache. Cet habillement de tête ne persista pas longtemps; et, en effet, il n'était pas très pratique. La bavière tendait naturellement à s'abaisser d'elle-même par le mouvement du cheval ou de la marche; les chocs

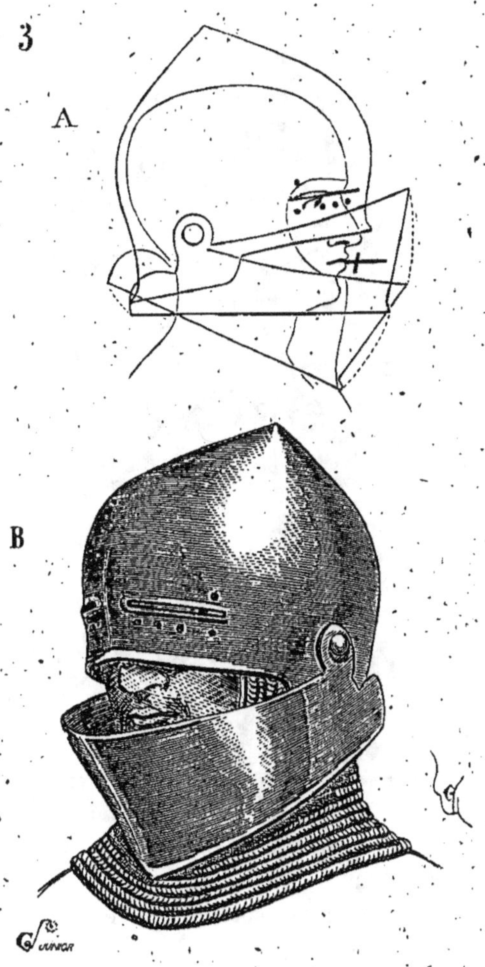

devaient facilement la déranger. Il est vrai qu'en baissant la tête pour charger, la vue venait joindre le bord supérieur de la bavière ouverte, appuyée sur le camail, mais le moindre mouvement découvrait les joues et la bouche. Cet essai n'en est pas moins intéressant à constater, parce qu'il montre l'origine de la salade, qui fut si fort usitée pendant le cours du xve siècle.

L'auteur anonyme du manuscrit sur le *Costume militaire des français en* 1446[1], dit un mot de la bavière : « Et premierement, les « diz homes darmes sont armez voulentiers, quant ilz vont en la « guerre, de tout harnois blanc : c'est assavoir curasse close, avant-« braz, grans garde-braz, harnois de jambes, gantelez, salade à

4

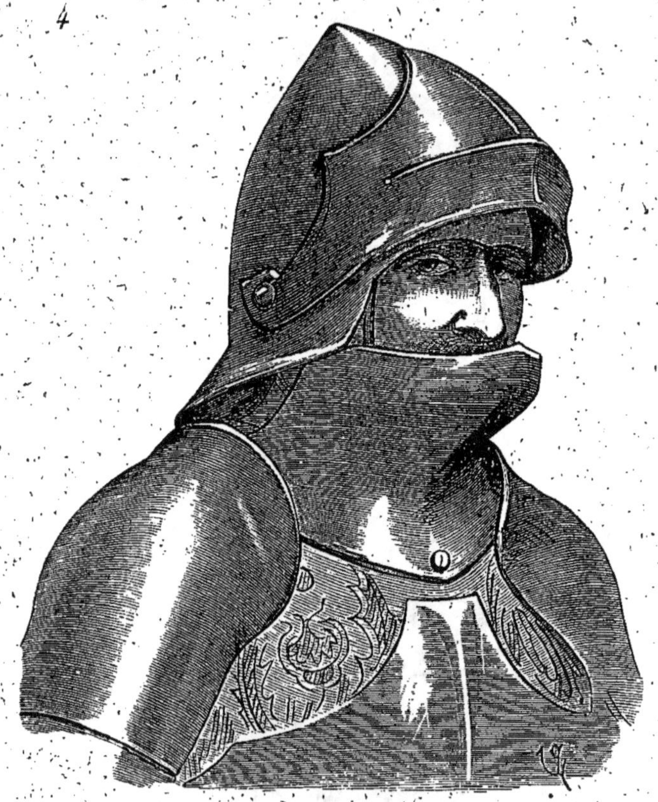

« visiere et une petite baviere qui ne couvre que le menton. » La figure 4[2] reproduit exactement la description donnée par l'auteur anonyme. La bavière est visée au corselet, recouvert, sous la pansière, d'une étoffe marouflée et diaprée.

Dans l'habillement militaire français, cette bavière n'est jamais très développée, tandis qu'elle prend des proportions énormes en Allemagne. Lorsqu'on chargeait, on abaissait la visière de la salade joignant la bavière, mais elle ne s'y attachait pas, puisque la bavière était vissée au corselet et que la salade suivait les mouvements de la

[1] Publ. par M. René de Belleval.

[2] Manuscr. Biblioth. nation., *Boccace*, français (1420 environ).

tête. Il en résultait un défaut. Un fer de lance bien dirigé pouvait ainsi passer entre la bavière et la visière de la salade. C'est ce qui fit qu'on abandonna la salade pour l'armet (voy. ce mot). Cependant la salade fut adoptée pour les joutes jusqu'au XVIe siècle (voy. JOUTE, tome II), mais on vissait alors au corselet une bavière beaucoup plus haute que celle qui servait dans les combats, et l'appelait-on *bavière allemande*.

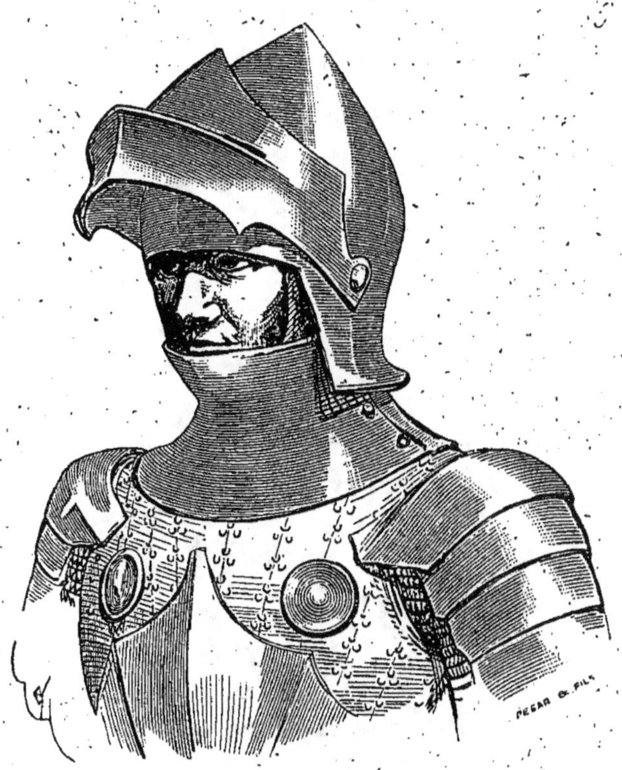

On adopta aussi en France, vers 1440, une bavière-colletin qui passait sous le couvre-nuque de la grande salade, alors la visière de celle-ci recouvrait la bavière au lieu de la joindre simplement (fig. 5 [1]). Ces sortes de bavières françaises ne faisaient point saillie sur le menton, mais en suivaient exactement le contour.

On voit encore des bavières très fortes et puissantes vissées, pour jouter, au corselet, avec l'armet du XVIe siècle, afin de préserver le colletin.

[1] Manuscr. Biblioth. nation., *Froissart*, français (1440 environ).

BICOQUE, s. m. (*biquoque*, *bicoquet*). Habillement de tête du xve siècle.

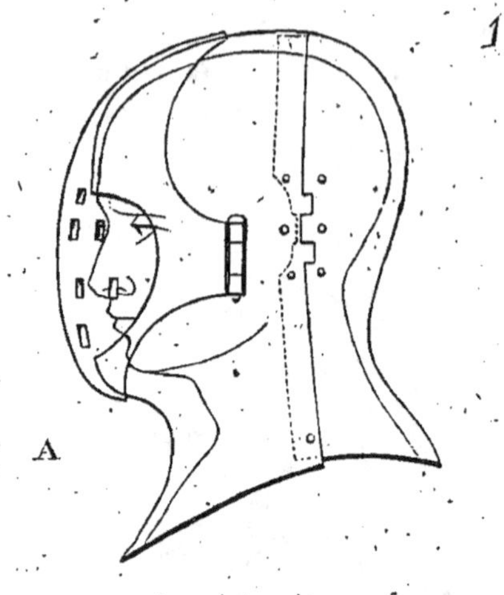

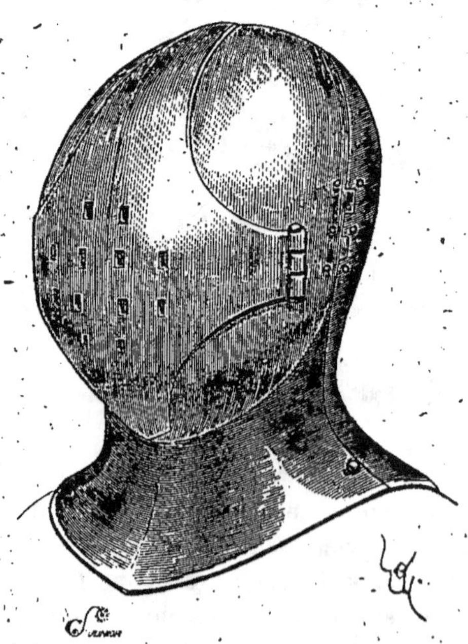

L'auteur anonyme du *Costume militaire des Français en* 1446 [1] décrit ainsi le bicoque : « Et premierement, les biquoques sont de

[1] Publ. par M. René de Belleval.

« faczon à que sur la testé, en telle forme et maniere come anciene-
« ment les bacinez à camail souloient estre, et d'autre part vers les « aureilles viennent joindre aval, en telle forme et faczon comme « souloient être les berniers [1] ».

Les miniatures des manuscrits du milieu du xve siècle nous montrent en effet un assez grand nombre d'habillements de tête qui ne sont plus le bacinet, ne ressemblent point à la salade ni à l'armet ; qui, de forme ovoïde, enveloppent exactement la tête, s'ouvrent en deux, au droit des oreilles et sont munies d'un viaire à clavettes. C'est évidemment là ce que notre auteur anonyme appelle *biquoque* (fig. 1 [2]). Ce casque s'ouvre en deux au moyen de charnières et de crochets. Le viaire qui renforce la coque antérieure est maintenu par des clavettes. En A, est tracé le géométral du bicoque avec et sans viaire.

Cet habillement de tête ne paraît pas avoir été longtemps usité. En effet était-il défectueux : un coup de masse sur les charnières les pouvait fausser et faire que l'homme d'armes ne pût se débarrasser de son casque sans recourir à un serrurier. Le seul avantage de cette défense était de ne présenter aucune prise à la lance, mais l'homme d'armes devait étouffer dans cet œuf de fer.

BOCE, BOCÈTE, s. f. Rondelles sous les têtes de rivets des armures de plates ; faites de cuivre, d'argent et même d'or. Lorsqu'on posait un rivet sur les armures dont l'exécution était soignée, on posait sous la tête du rivet, vue extérieurement, une rondelle d'un métal doux pour que la rivure serrât fortement. Ces rondelles sont appelées *bocètes* dans les inventaires : « C'est assavoir, pour faire la garnison « de 2 bacinés et d'une gorgerette, c'est assavoir 70 vervelles, 20 bo-« cètes, tout d'or......» — « Pour faire forger 200 bocètes pour deux « heaumes, pesant 6 onces d'argent [3].... » Ces bocètes étaient souvent finement ciselées.

La figure 1 montre quelques échantillons, datant de la fin du xive siècle, de rivets avec et sans bocètes, grandeur d'exécution.

On donnait aussi le nom de *boce* à une petite targe ronde qui était attachée au fourreau de l'épée et qu'on tenait de la main gauche pour combattre à pied et parer les coups d'estoc. Cette arme

[1] Voyez ARMURE, pages 143, 144.

[2] Manuscr. Biblioth. nation., *Destruction de la ville de Troyes* (sic), français (1430 environ).

[3] *Compte d'Etienne de la Fontaine* (1352).

défensive était surtout usitée en Italie et ne servait guère que dans les combats singuliers (fig. 2 [1]). Les gens de pied portaient aussi

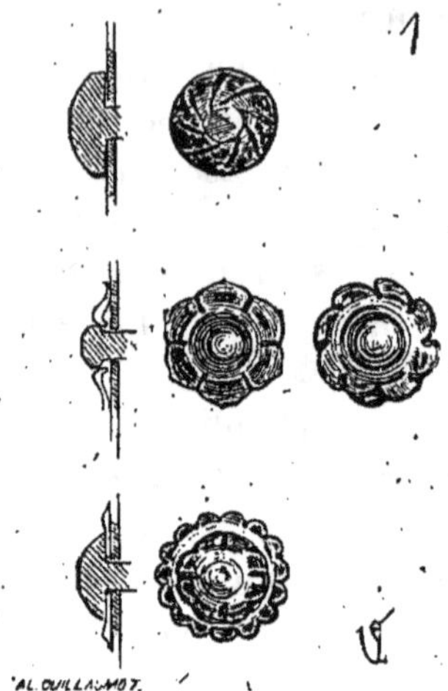

de ces sortes de boces, en France, vers le milieu du XVe siècle, ainsi que le fait voir la figure 3[2]. Ce fantassin est vêtu d'un haubert

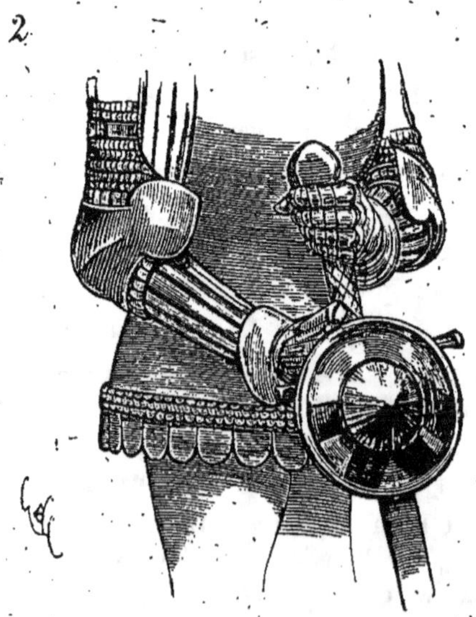

de mailles à manches larges ne couvrant que les arrière-bras, avec jacque d'étoffe par-dessus. Il est coiffé de la salade du piéton, à

[1] Manuscr. Biblioth. nation., latin, n° 757, miniature de facture italienne.

[2] Manuscr. Biblioth. nation., *Froissart* (1440 environ).

8

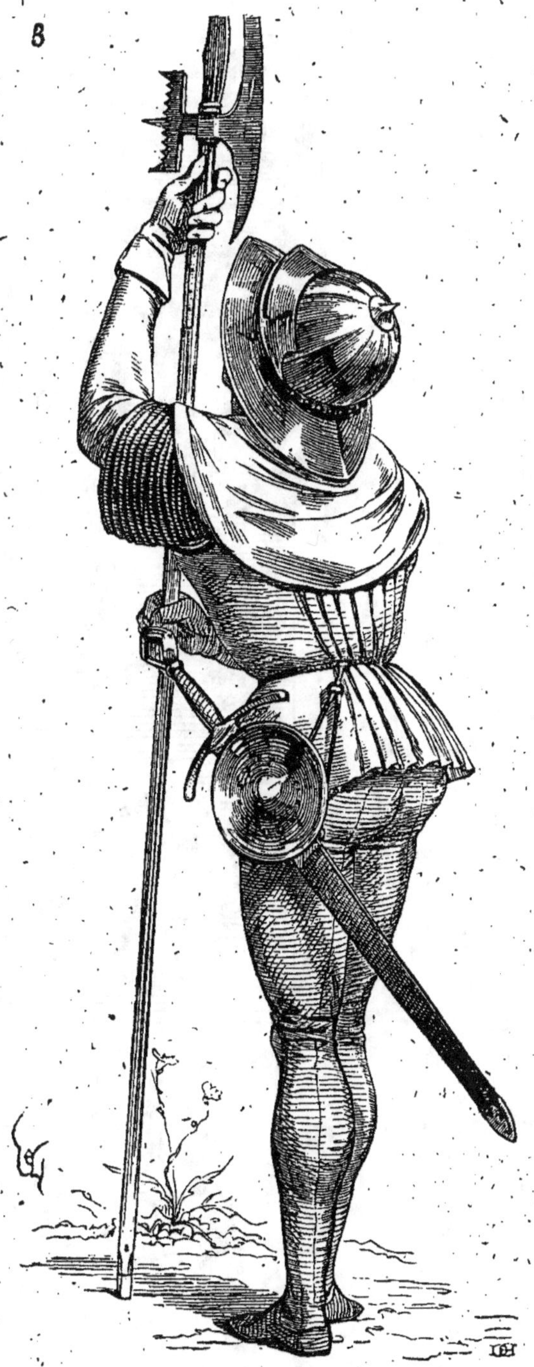

larges bords et à vue. Sur le jacque est enfourmé un chaperon blanc.

Au fourreau de l'épée est suspendue la boce, qui plus tard prit le nom de *rondache* et qui, faite d'acier, avec mamelon au centre et bords relevés, était souvent percée de petits trous, afin d'engager la pointe de l'épée de l'adversaire. Ce fantassin s'appuie sur un fauchard.

On appelait encore *boces* ou *bocètes* (bossettes) des ornements circulaires bombés qui ornaient les harnais des chevaux. Ces boces étaient parfois émaillées ou finement ciselées et enrichies de pierres fines. (Voyez HARNAIS.)

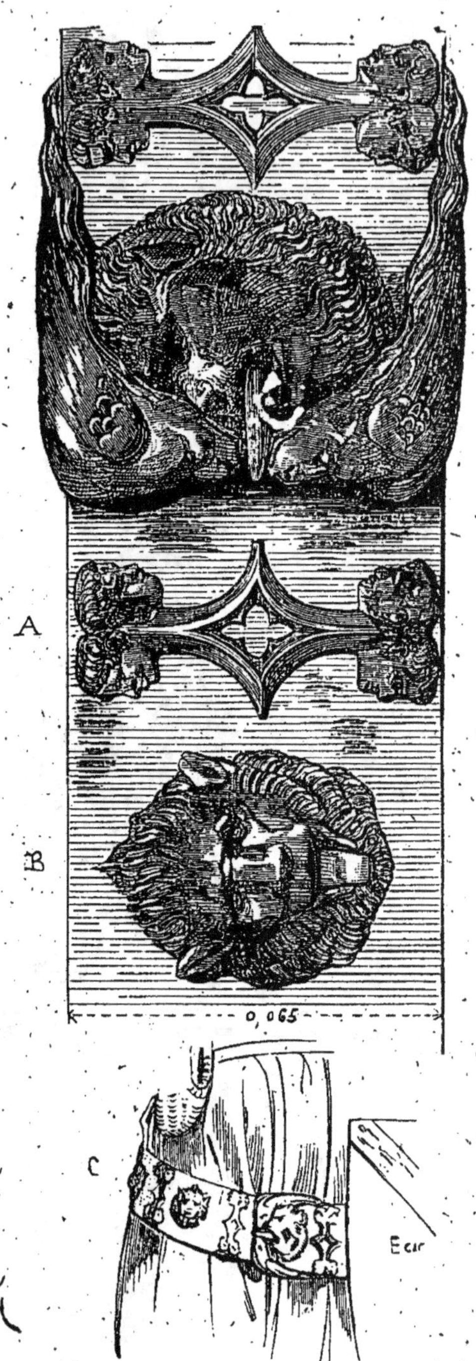

BOUCLE, s. f. (*mors*, *mordant*). L'article relatif aux *baudriers* donne des exemples de boucles très simples, composées comme celles que nous fabriquons encore aujourd'hui. Il est fait mention, dans ce même article, de ces boucles de ceintures militaires mérovingiennes, faites de fer avec incrustations d'argent. Le luxe de cet objet ne paraît pas, dans l'armement, s'être perpétué après le règne de Charlemagne; mais vers la fin du XIIIe siècle on se reprit du goût pour les joyaux appliqués aux vêtements militaires; et au commencement du xɪvᵉ siècle on se plaisait à orner d'orfévrerie les heaumes, les baudriers et parfois aussi les ailettes, les gréves, les spallières et cubitières. La statue de Charles, comte d'Étampes, déposée aujourd'hui dans l'église de Saint-Denis et provenant des Cordeliers de Paris, présente un baudrier orné d'une boucle extrêmement riche (fig. 1). L'ardillon de la boucle passe dans la gueule d'un lion dont le mufle était rivé à la courroie. Celle-ci était, sur toute sa longueur, décorée de passants A et de têtes de lion B très délicatement travaillées. La bielle de la boucle est composée de deux dragons affrontés et entre le museau desquels l'ardillon vient se loger. En C, est figuré l'ensemble du baudrier porté. Cet exemple montre comme le luxe entrait dans les détails de l'armement à cette époque. Mais, sous ce rapport, les Italiens et les Anglais semblent nous avoir dépassés, et ce ne fut qu'à la fin du xɪvᵉ siècle qu'en France l'orfévrerie prit une grande place dans l'habillement de guerre des gentilshommes.

BOUCLIER, s. m. (*roiele*, *tœnnart*, *targe*). — Voyez Écu, Pavois, Rondache, Targe.

BRACELET, s. m. On donnait ce nom à la garde du gantelet, et

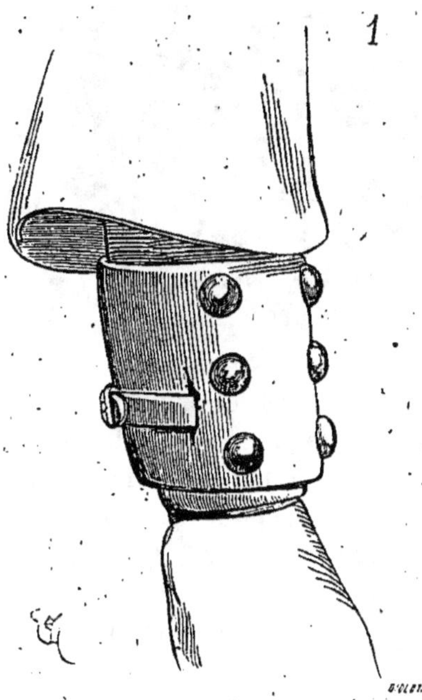

1

aussi à une pièce d'armure qui, vers le milieu du xɪvᵉ siècle, garantissait le poignet et était fixée sous le gantelet. Ces bracelets étaient faits, le plus souvent, de peau avec plaques d'acier ou bossettes rivées et se bouclaient sous le poignet (fig. 1 [1]). Ils avaient environ 15 centimètres de hauteur. On en faisait aussi d'acier à charnières et à loqueteaux vers la fin du XIVe siècle, et qui ne montaient que jusqu'au milieu de l'avant-bras. Lorsque le gantelet fut fixé au canon de l'avant-bras du brassard, au commencement du XVe siècle, la garde prit le nom de bracelet et se composait d'un demi-cylindre. (Voy. BRASSARD, GANTELET).

BRACONNIÈRE, s. f. Pièce de l'armure de fer ou d'acier attachée à la pansière et à laquelle se suspendent les tassettes. On donnait aussi à la braconnière le nom de *faudes* ou *flancars*. La braconnière est, à

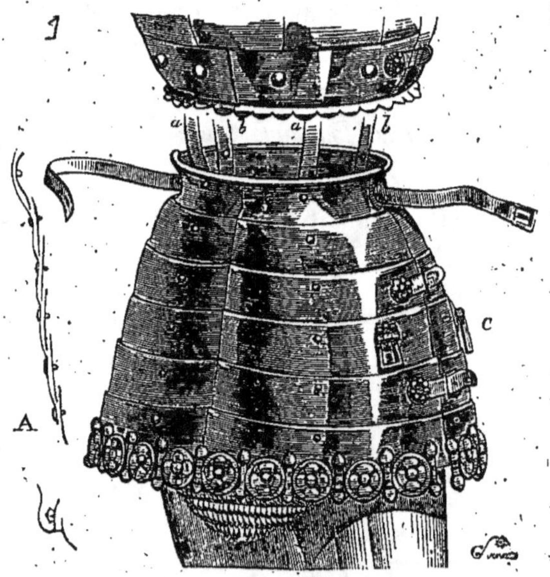

proprement parler, une ceinture de fer formant canal à la taille pour recevoir le ceinturon, et à laquelle sont attachées par des courroies sous-jacentes une, deux, trois, quatre ou cinq lames mobiles couvrant les hanches. Les tassettes, suspendues à cette partie de l'armure de plates, couvrent partie des cuisses.

On commence à adopter les braconnières lorsque le corselet de fer est substitué à la cotte de mailles ou à la broigne. Cette innovation

[1] Du tombeau d'Ulrich, landgrave d'Alsace, mort en octobre 1344. Eglise Saint-Guillaume de Strasbourg.

exigeait que les hanches fussent préservées aussi bien que le torse par des lames d'acier. Mais il fallait tenir compte de la direction des coups de lance qui étaient le plus à redouter.

Si le corselet ou la pansière étaient bombés, l'inclinaison du corps aidant, le fer de la lance glissait et passait à droite ou à gauche, ou encore rencontrait la taille. Cette cannelure creuse de la braconnière détournait le fer. Si la pointe de la lance prenait le bas des hanches, les lames inférieures de la braconnière le forçaient à glisser jusqu'à la ceinture, et il était détourné par la cannelure.

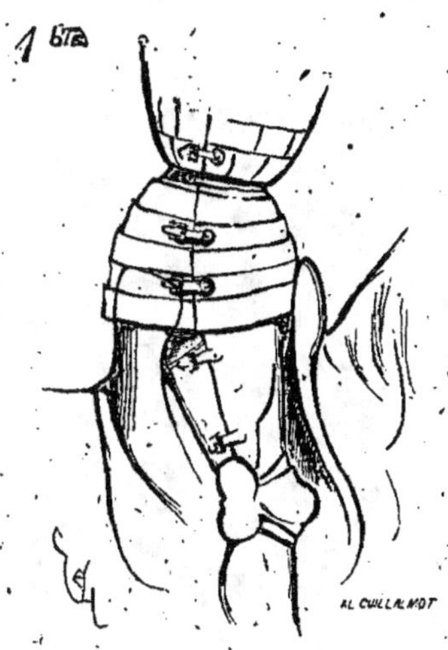

Les premières braconnières, vers la fin du règne de Charles V, sont longues, composées de trois et même de cinq lames, la dernière recevant la ceinture militaire (fig. 1[1]). Le corselet de cet homme d'armes est composé de rangs de plaques d'acier rivées. De la taille au haut des cuisses est une braconnière de cinq lames se recouvrant et de la lame creuse à la taille, dont le tracé A donne le profil et les recouvrements, celles inférieures recouvrant les supérieures, afin qu'étant en selle, la pointe de la lance glissât de l'une sur l'autre jusqu'à la ceinture, où elle était déviée par la cannelure à droite ou à gauche. Ces lames sont rendues solidaires par deux courroies *a* pour la partie antérieure, et *b* pour la partie postérieure, rivées de manière à laisser le jeu nécessaire aux mouvements du cavalier. Ces courroies sont fixées sous la pansière et la dossière de plates. Une ceinture et deux courroies à boucles, de chaque côté, réunissent

[1] Manuscr. Biblioth. nation., *Tite-Live*, français (1395 environ).

les deux parties de la braconnière. Les bielles *c* servent à suspendre l'épée.

A cheval, la partie postérieure de ces braconnières recouvrait le troussequin de la selle (fig. 1 *bis*), et la partie antérieure était couverte par l'arçon de devant.

Mais, au commencement du xve siècle, ces sortes de cuirasses ne sont plus usitées et sont remplacées par le corselet de fer, sur lequel

2

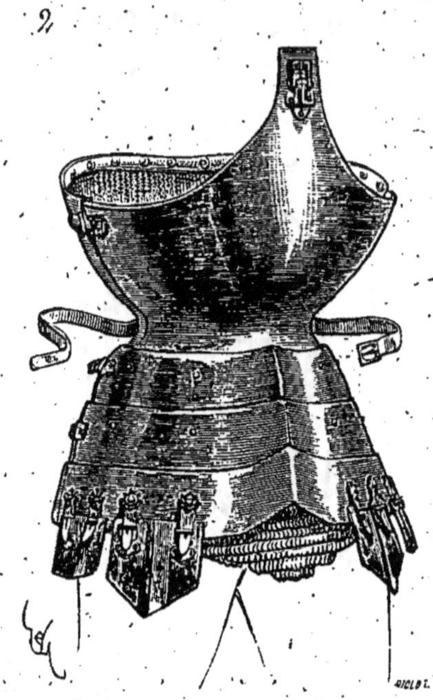

sont posées la pansière et dossière, avec lesquelles la ceinture de la braconnière ne fait qu'une même pièce de forge. La braconnière alors se compose de trois lames par devant et de trois lames par derrière. De petites tassettes y sont suspendues par des courroies externes (fig. 2[1]) (voy. ARMURE, fig. 40). Vers 1430, les braconnières sont moins longues, ne portent que deux lames, et la ceinture est parfois indépendante de la pansière et de la dossière; ou du moins la cuirasse se compose, comme la braconnière, de plusieurs lames à recouvrement, celle inférieure formant ceinture (fig. 3[2]). Deux tassettes sont attachées à la braconnière antérieure pour couvrir les cuisses,

[1] Manuscr. Biblioth. nation., *le Livre de Guyron le Courtois* (1400).

[2] Manuscr. Biblioth. nation., *Destruction de la ville de Troyes* (sic) (1430).

et une seule est suspendue à la braconnière postérieure pour préserver la chute des reins. La figure 3 *bis* donne la dossière

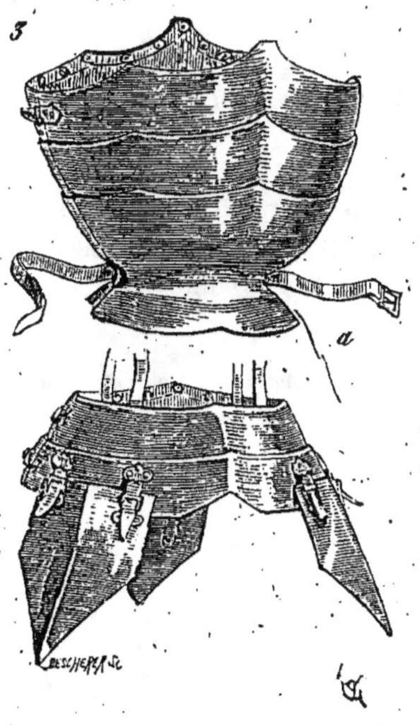

et la braconnière postérieure, avec les courroies de cuir qui se bouclent dans la cannelure de la ceinture de pansière. Alors,

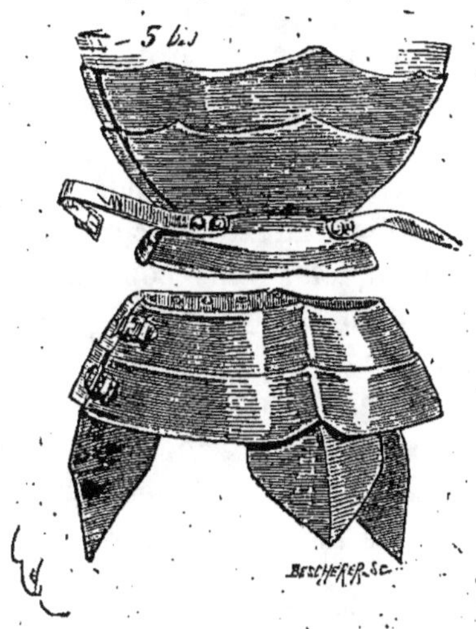

vers 1430, les braconnières variaient de hauteur, suivant le goût de chacun, ou plutôt les allures du cavalier. Il est inutile de nous étendre ici sur ce détail de l'armure de plates, qui revient souvent dans les articles du *Dictionnaire* (voy. ARMURE, CORSELET, CUIRASSE, DOSSIÈRE, PANSIÈRE).

BRAIER, s. m. (*braieul*). Baudrier d'étoffe, de soie habituellement. (Voy. ARMURE).

BRANC, s. m. (*brand*, *brans*). Epée. *Brans viennois*, *pavinois*, c'est-à-dire provenant des fabriques d'armes de Vienne et de Pavie. L'épée se portait souvent, en combattant, pendue à l'arçon de la selle :

> « Li quens voit le bauchant devant lui aresté,
> « U li doi branc pendoient à l'archon noielé [1]. »

Il est même ici question, comme on le voit, de deux épées :

> « Richars gete la lance, trait le branc d'acier cler [2]. »

(Voyez ÉPÉE.)

BRASSARD, s. m. (*brachèles*). Ce fut pendant la seconde moitié du XIIIe siècle que l'on ajouta sur les manches du haubert de mailles des garnitures d'acier qui préservaient les bras (voyez ARRIÈRE-BRAS, AVANT-BRAS). Mais on ne donne le nom de *brassards* qu'aux armures de bras, articulées et solidaires, de l'épaule au poignet. Or, ce n'est qu'à la fin du XIVe siècle que cette manière de couvrir les bras est généralement adoptée, en même temps que les armures complètes, c'est-à-dire entièrement faites de lames d'acier assemblées et couvrant tout le corps. Cependant déjà, en France, des statues tombales du milieu du XIVe siècle nous montrent des brassards caractérisés et complets. Nous pouvons citer, entre autres, la statue de Charles, comte d'Alençon, tué à la bataille de Crécy [3]. Ce brassard (fig. 1) se compose de trois pièces principales. Une pièce d'arrière-bras à charnières, et dont l'épaule passe sous la cotte de peau qui recouvre le haubert ; le canon d'avant-bras à charnières et la cubitière avec pièces de recouvrement, deux sur l'arrière-bras, deux sur l'avant-bras. Ces pièces étaient retenues ensemble par des

[1] *Fierabras*, vers 1445 et suiv.

[2] *Ibid.*, vers 4150.

[3] Déposée aujourd'hui dans l'église de Saint-Denis (marbre), provenant des Jacobins de Paris.

courroies sous-jacentes rivées. La cubitière modèle autant que possible la forme du coude, et sa garde circulaire masque antérieurement la saignée. On portait la manche de mailles sous ce brassard; elle servait à couvrir les défauts à l'aisselle et à la saignée. Quand le

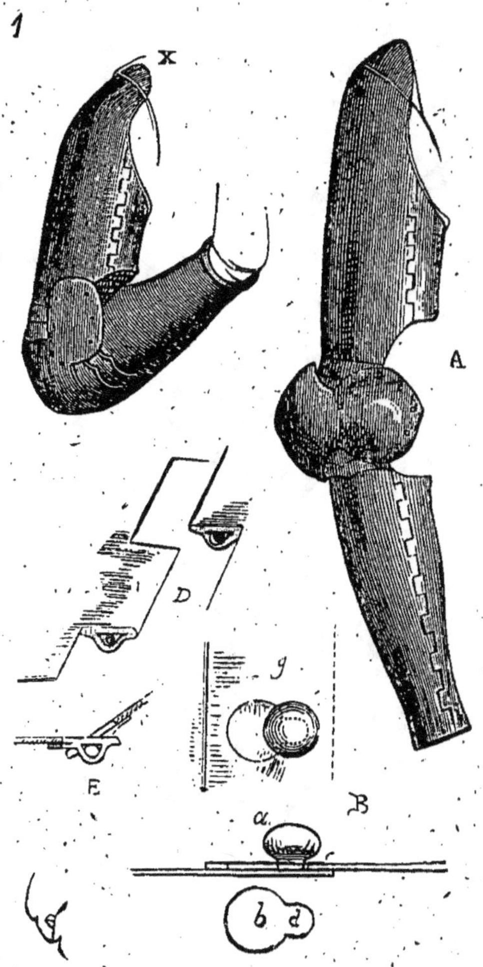

bras était étendu, la cubitière et les plaques de recouvrement se présentaient ainsi que le montre le tracé A. Les canons d'avant et d'arrière-bras se fermaient au moyen de deux ou trois loqueteaux à boutons, ainsi qu'on le voit en B; les boutons *a* entrant dans les œils *b*, et les collets *c* de ces boutons venant se prendre dans les entailles *d*, de telle sorte qu'ils ne pouvaient plus sortir des œils que si l'on exerçait une pression sur les deux demi-cylindres d'acier.

Les charnières étaient faites comme l'indiquent le détail D, les supposants dégoupillées, et le détail E en coupe. Les canons fermés, les boutons et leurs œils se présentaient ainsi qu'il est indiqué en *g*. L'épaule était incomplétement garantie par ces sortes de brassards,

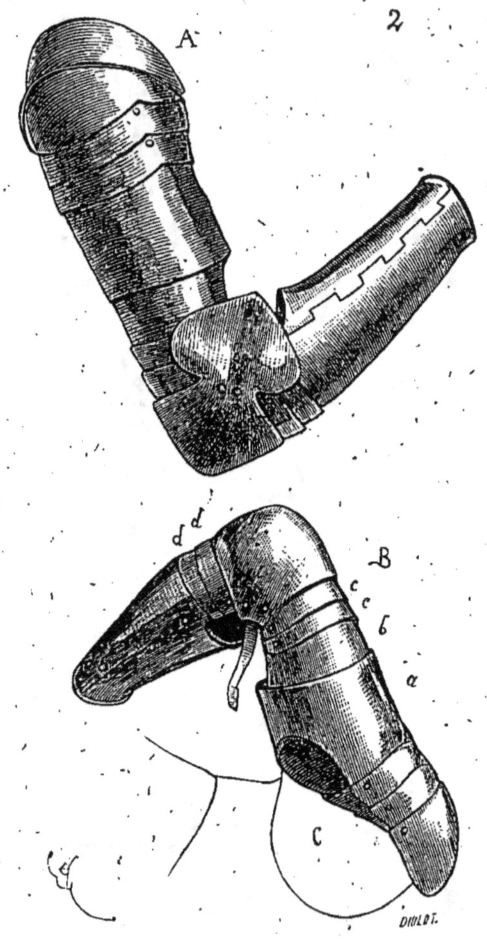

et si on levait le bras, l'extrémité supérieure X de l'arrière-bras venait s'appuyer au-dessus de l'os d'une façon incommode. On para à cet inconvénient en ajoutant des spallières qui couvraient l'épaule et l'aisselle. Mais cette modification se fit beaucoup plus tard et à la suite de nombreux tâtonnements. On commença par articuler l'extrémité supérieure des arrière-bras et à recouvrir cette articulation d'une sorte d'épaulette de peau, quelquefois rembourrée.

Montrons d'abord les brassards de la statue de Louis de Sancerre, mort en 1402[1]. Ils ne diffèrent des précédents que par les trois lames articulées sous l'épaule (fig. 2) et un double canon d'arrière-bras, lequel n'est plus à charnière et était passé comme une manche. Ces trois lames supérieures étaient recouvertes par une spallière de peau A qui était prise sous la cotte d'armes faite aussi de peau et fortement plastronnée sur la poitrine. Les gardes des cubitières sont plus développées que dans l'exemple précédent. En B, est montré le brassard du côté interne. De ce côté, les cubitières n'ont plus la garde, qui n'était utile que sur la face externe. On voit en C l'espace

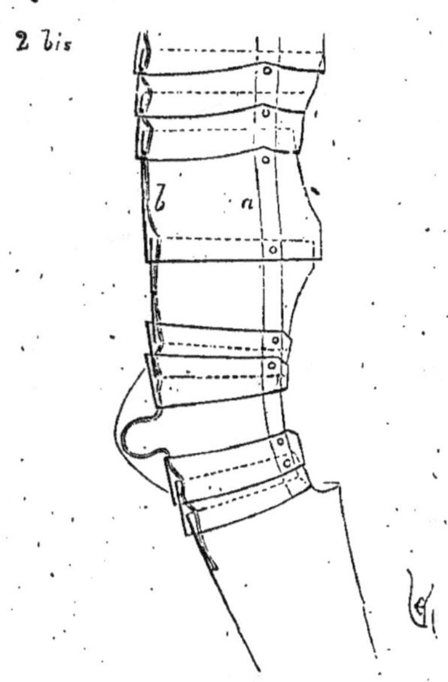

laissé libre pour l'aisselle et qui était garni de mailles. Seul, le canon *a* d'arrière-bras était fermé; la seconde pièce *b* et les plaques de recouvrement *c* étaient interrompues au-dessus de la saignée pour ne pas gêner le ploiement du bras. Il en était de même des plaques *d*. Pour que ces pièces fussent solidaires et pour qu'elles pussent se développer en raison du ploiement du bras, elles étaient attachées par des rivets à des courroies latérales internes *a* (fig. 2 *bis*), et souvent à une troisième courroie d'axe *b*, rivée assez lâche pour permettre aux lames de glisser les unes sur les autres. Ces courroies laissaient au poignet la facilité de tourner en décrivant une demi-révolution, suivant les mouvements du radius et du cubitus l'un

[1] De l'église de Saint-Denis.

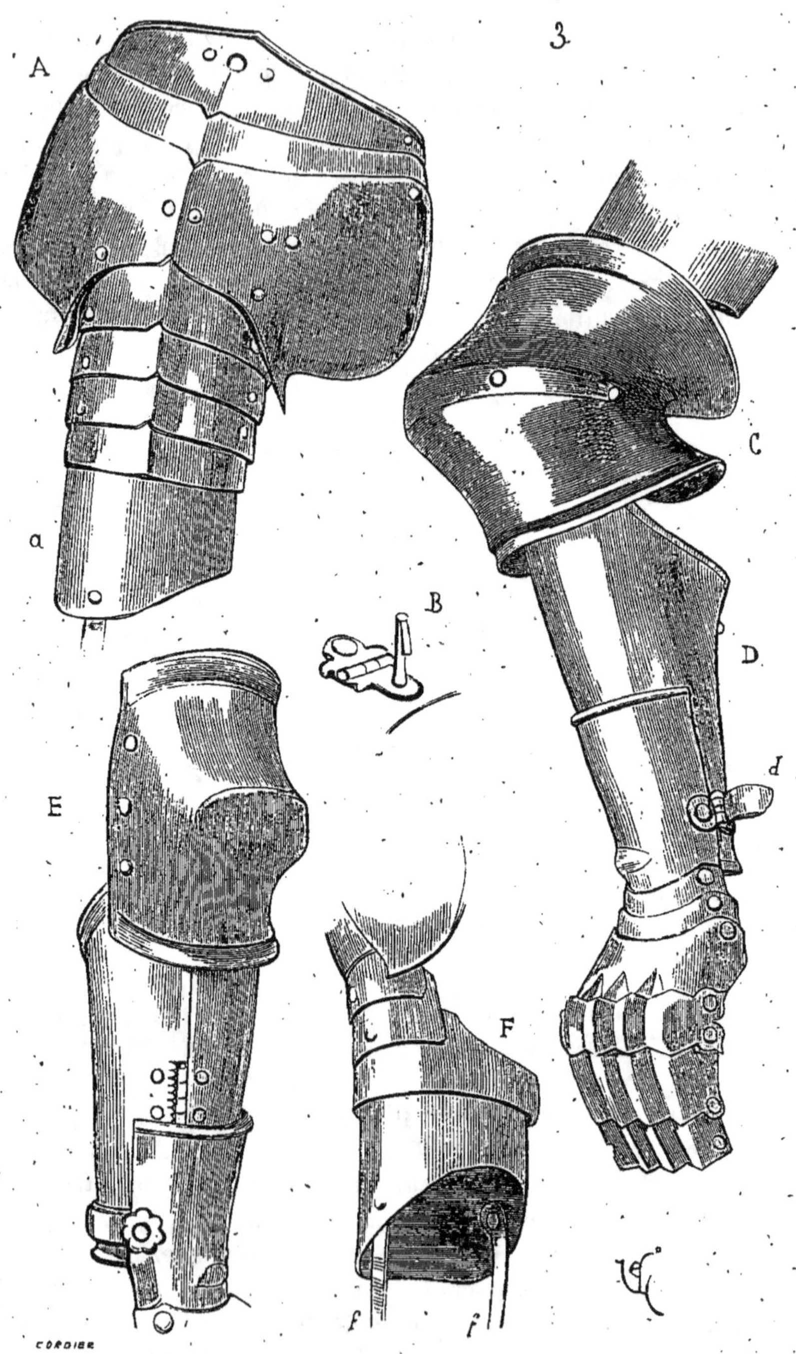

sur l'autre (voy. CUBITIÈRE). Nous ne croyons pas utile de nous attarder ici à la description des modifications de détail que subirent les brassards jusque vers 1440, époque où ils atteignirent leur dernier degré de perfection, puisque nous revenons sur ces objets aux articles CUBITIÈRE, GARDE-BRAS et SPALLIÈRE. Nous arrivons aux brassards de cette dernière époque, où l'armure de plates fut si admirablement conçue et exécutée. La figure 3 donne l'un des bras-

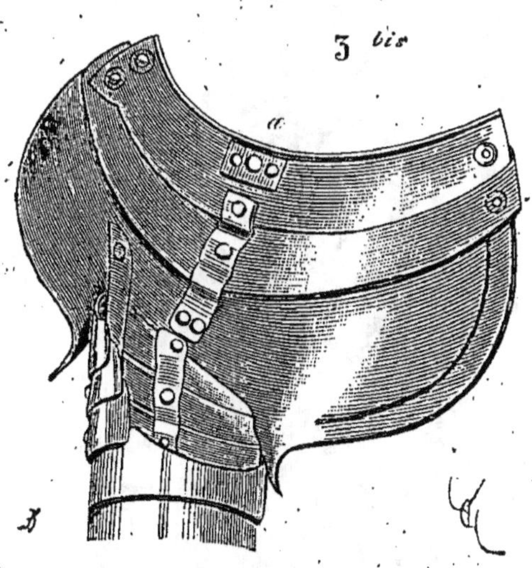

sards de la belle armure d'acier de cette date qui faisait partie de la collection du château de Pierrefonds (voy. ARMURE, pl. II, et ARMET, fig. 1, 2 et 3). En A, est présentée la spallière avec quatre plaques articulées d'arrière-bras. Cette spallière est elle-même composée de trois plaques à recouvrement, la première étant percée d'un trou renforcé par dessous, qui entre dans un loqueteau B rivé au colletin, de manière à suspendre tout ce système. Un canon *a* protége l'arrière-bras au-dessus du coude. Celui-ci est garanti par la belle cubitière C, merveilleusement forgée. Puis vient le canon d'avant-bras D, à une seule charnière, fermé par un bouton et par la courroie *d* du bracelet du gantelet. En E, est montrée la cubitière du côté interne et le canon d'avant-bras. En F, la partie interne de l'arrière-bras sous l'aisselle; en *f*, les courroies inférieures latérales d'attache rivées. La figure 3 *bis* présente la spallière à l'intérieur avec le système de suspension et d'attache des plaques d'arrière-bras. On voit en *a* le trou qui entre dans le loqueteau rivé au colletin.

BRIGANTINE, s. f. (*brigandine*). Vêtement de guerre porté d'abord par les gens de pied, et prenant son nom de ces sortes de troupes désignées sous la qualification de *brigands* ou *brigants* dès le XIVe siècle[1], d'où nous avons conservé le mot *brigade*. Dans le centre de la France, l'adjectif *brigaillé* s'entend comme bigarré, marqué de plusieurs couleurs; et, en effet, ces troupes de gens de pied for-

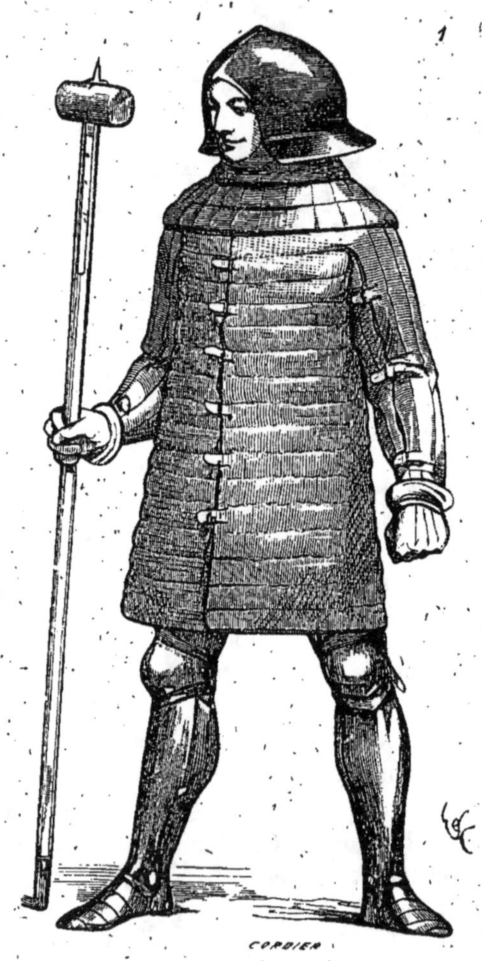

maient un composé de vêtements fort divers. Le mot de la basse latinité *briga* veut dire aussi réunion, conjuration. Ces troupes de mercenaires, qui se rendirent si redoutables pendant les XIVe et XVe siècles, avaient pour armement défensif principal une sorte de haubergeon ou de gambison de peau, renforcé de lames d'acier prises

[1] « *Veles, Brigant,* c'est une manière de gens d'armes courant et apert, à pié. » (*Gloss. lat. gall.*, voy. du Cange, BRIGANCII et BRIGADA).

dans l'épaisseur; et de fait, la brigantine ou brigandine est un vêtement de guerre dérivé de la broigne ou du gambison, et n'est admise, dans la forme que nous lui connaissons, que vers la fin du XIVe siècle. Plus légère que le corselet, préservant mieux des coups et des traits que le haubert, moins chère que n'étaient ces deux sortes d'habillements, la brigantine fut adoptée non seulement par les gens de pied, mais aussi par les hommes d'armes en bien des cas. Elle couvrait entièrement le torse, les hanches et souvent les bras, et était lacée, boutonnée ou agrafée par devant ou sur les côtés. La brigantine se composait d'un pourpoint de forte toile ou de peau à l'intérieur, et d'une enveloppe de velours ou de forte étoffe de soie à l'extérieur, avec lames d'acier disposées comme des feuilles de jalousies entre les deux étoffes; des rivets maintenaient le tout ensemble. Les têtes rondes ou bossettes de ces rivets, dorées ou argentées, ou simplement étamées ou faites de laiton, complétaient le vêtement, et, étant très rapprochées, empêchaient les coups de taille de couper l'étoffe. Une brigantine bien faite résistait parfaitement aux traits, flèches ou carreaux d'arbalète; elle permettait les mouvements du corps et des bras, et était d'un prix inférieur à celui des hauberts et corselets, ces derniers surtout étant fort chers lorsque l'on commença à en faire usage.

Dès 1395, on voit des gens de pied revêtus de larges brigantines à manches avec camail (fig. 1).[1]

Ce vêtement militaire se rapproche beaucoup du gambison. Il est fait de double peau piquée, avec lames d'acier entre deux, et est attaché par devant avec des courroies. Les manches sont bouclées, étant trop justes pour être facilement passées. Un camail de même façon couvre les épaules. Le chapel de fer affecte une forme peu usitée. Les jambes sont armées de genouillères et de grèves.

Le musée d'artillerie de Paris conserve deux beaux spécimens de brigantines : l'un date du milieu, l'autre de la fin du XVe siècle. Le premier (fig. 1) se compose de lames d'acier, comme il a été dit plus haut, disposées à recouvrement, préservant la poitrine, le dos et les hanches. Sur ces lames d'acier était fixé, à l'extérieur, un revêtement de velours très fort, et dessous, à l'intérieur, une peau épaisse ou une toile en double. En A, la brigantine est montrée par devant, le velours ne recouvrant que la moitié du vêtement, pour laisser voir les lames d'acier interposées. En B, la brigantine est vue par derrière, avec et sans le revêtement de velours. Le devant

[1] Manuscr. Biblioth. nation., *Tite-Live*, français (1395 environ).

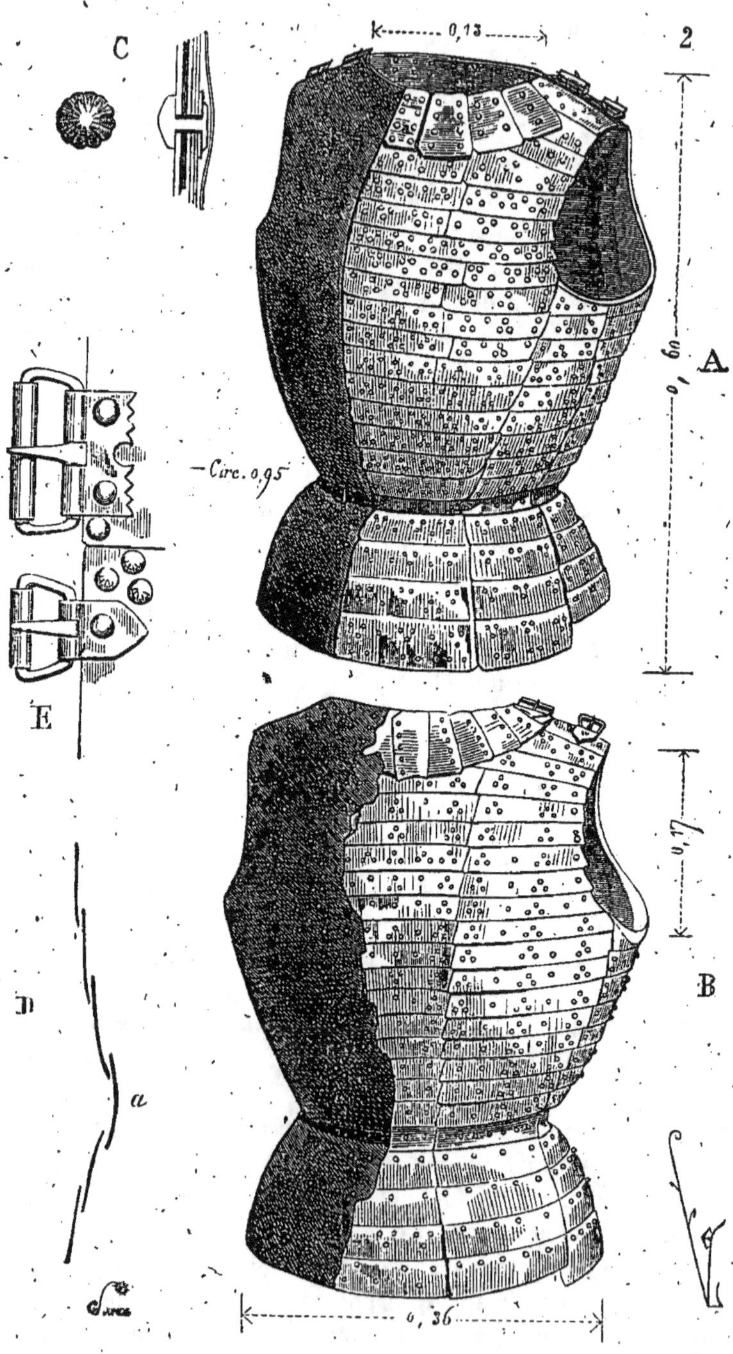

s'agrafait verticalement et une ceinture serrait la taille. De plus, pour mettre facilement ce vêtement, il s'ouvrait sur les épaules et était alors fixé de chaque côté par deux boucles (voyez en E), l'une large et l'autre étroite, car il n'était pas possible de passer la tête par l'encolure, qui n'a que 13 centimètres de diamètre et serre le cou. En D, est tracée la disposition des lames d'acier à la hauteur de la ceinture (*a* étant la lame de ceinture). En C, est indiqué un rivet grandeur d'exécution, et sa coupe avec les épaisseurs du velours, de l'acier et de la toile en double ou de la peau. Une fine étoffe de soie cachait à l'intérieur toutes ces rivures.

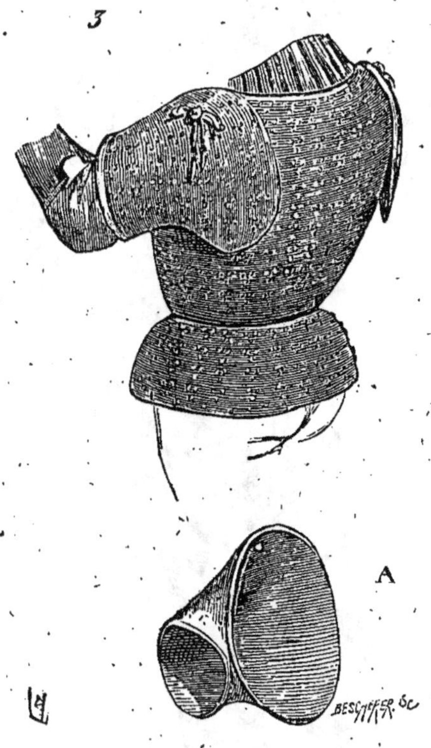

Les manches de cette brigantine n'existent plus, ou n'ont jamais existé peut-être, car on portait souvent, avec la brigantine, soit des manches de peau piquée, soit des brassards, soit même des manches de mailles. Mais il y avait aussi des manches de brigantines courtes, fortement rembourrées aux épaules et munies de lames d'acier comme le corps. Ces manches consistaient parfois en des spallières attachées avec des aiguillettes et recouvrant des brassards (fig. 3 [1])

[1] Manuscr. Biblioth. nation., *Miroir historial*, français (1450 environ).

4

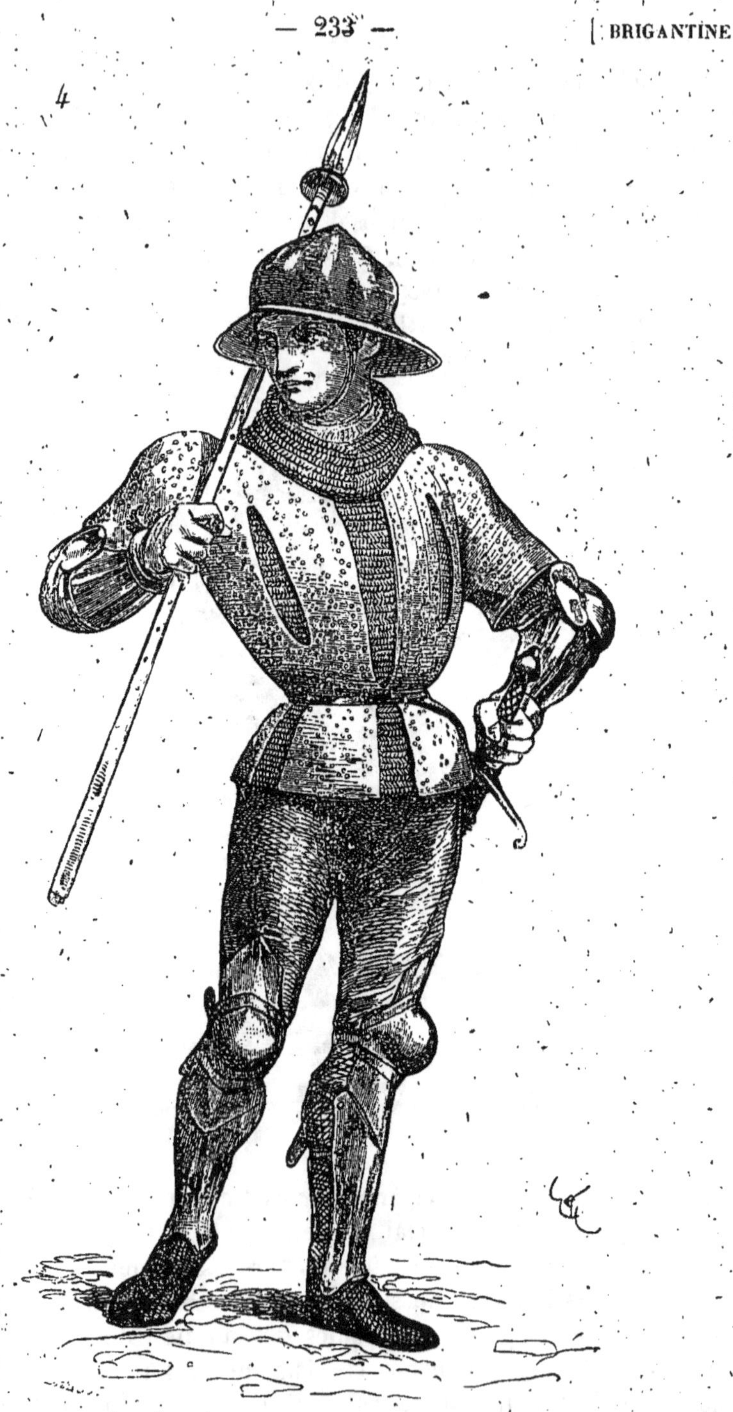

(en A, l'une des spallières est présentée du côté interne), ou bien en un canon ne descendant qu'au coude, avec bourrelet aux épaules (fig. 4 [1]).

Ce fantassin porte une brigantine à crevés verticaux, laissant voir

5

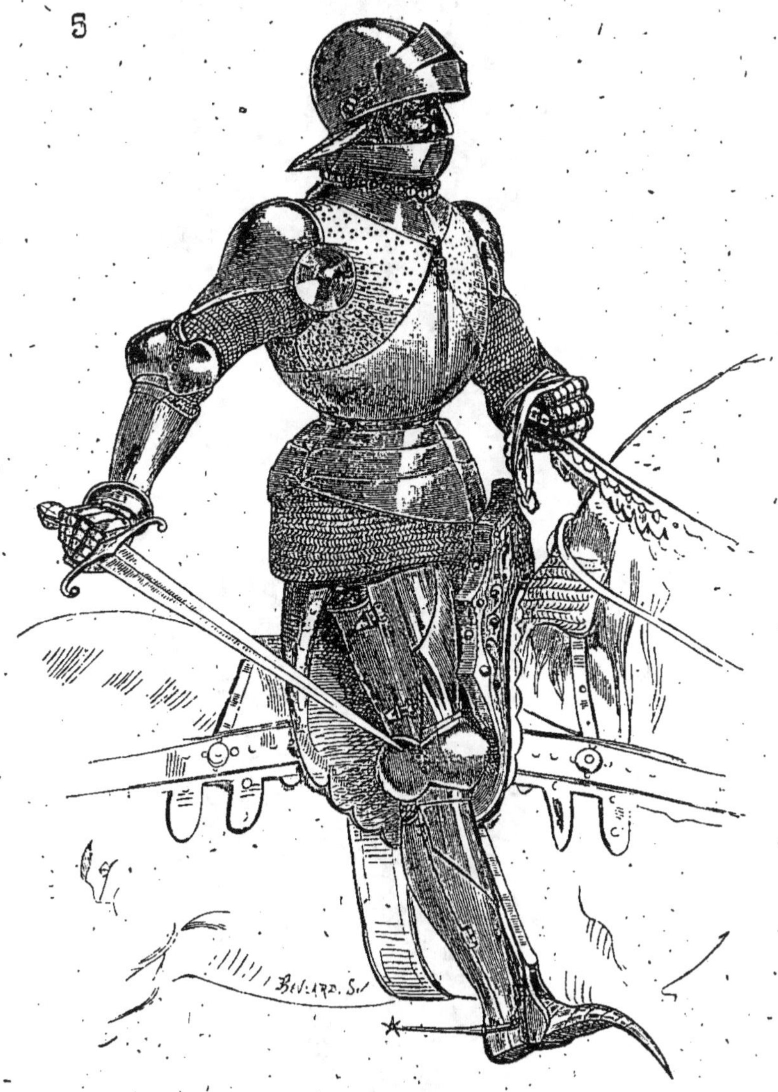

la maille du jacque sous-jacent. Les manches de la brigantine ne couvrent que les arrière-bras ; les avant-bras sont préservés par des canons d'acier avec cubitières.

[1] Manuscr. Biblioth. nation., *Froissart*, français (1440 environ).

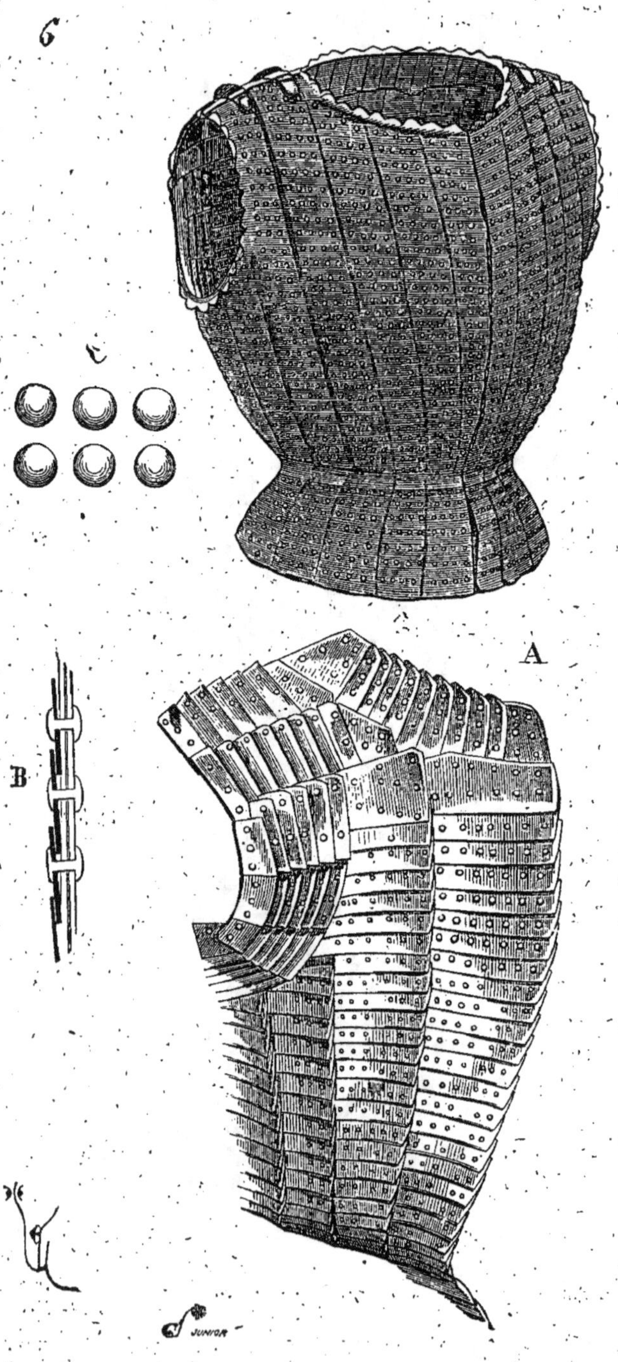

La brigantine se combinait aussi avec le corselet d'acier, c'est-à-dire que, par-dessus la brigantine, on laçait la pansière et la braconnière. Mais c'était là un harnais d'homme d'armes (fig. 5[1]).

Ce gentilhomme est le sire de Quadudal, Breton[2]. Il est richement armé d'une brigantine grise avec pansière et braconnière sans tassettes, mais avec jupon de mailles. Sur le colletin de la bavière est un collier de grains d'or. Il est coiffé d'une salade. Les arrière-bras sont garantis par de la maille avec spallières et rondelles d'acier. Les avant-bras sont armés de canons avec cubitières. Les jambes sont complètement armées.

La seconde brigantine du musée d'artillerie de Paris, qui date de 1470 environ, montre des rivets très rapprochés et disposés longitudinalement (fig. 6).

En A, la moitié de la partie de devant de la brigantine est montrée à l'intérieur. On voit ainsi parfaitement la structure des lames d'acier très ingénieusement disposées aux entournures; les rivets sont de laiton. Ces rivets réunissent ces lames d'acier à une première enveloppe externe de toile, recouverte d'une seconde enveloppe de velours de soie (voyez la coupe B). Nulle doublure à l'intérieur. Ce vêtement se posait sur un gambison de peau ou de toile. En C, les rivets sont montrés grandeur d'exécution, avec leur espacement.

Les plus nobles personnages ne dédaignaient point, pendant le XVe siècle, de porter la brigantine. Dans sa *Chronique*, Lefèvre de Saint-Remi dit qu'au mois d'août « le roy ouy messe à Crespy, puis « monta à cheval, armé d'une brigandine et se tira aux champs, là « où il trouva une belle compaignye et grande quy l'attendait » (pour combattre les Anglais dans la plaine, en face de Mont-Espilloy).

Les arbalétriers génois qui étaient au service du roi de France pendant le XIVe siècle étaient vêtus de brigantines. Plus tard, les archers à pied et à cheval les endossèrent aussi. A la fin du XVe siècle, on se servait beaucoup, dans l'infanterie française, de la brigantine italienne qui était légère, sans manches, posée par dessus un jacque de mailles, et que l'on pouvait allonger au besoin par devant, au moyen d'une sorte de tablier attaché par des aiguillettes. La figure 7 présente un de ces fantassins habillé à l'italienne[3]. Il est vêtu d'une

[1] Manuscr. Biblioth. nation., *Froissart* (1440 environ).

[2] Il fait prisonnier le comte de Blois. On doit observer que ces vêtements ne sont pas ceux de l'époque des faits relatés par le chroniqueur, mais bien ceux du temps où le manuscrit a été copié (1440 environ).

[3] Accademia de Venise, tableau de Carpaccio, n° 544 du Catalogue.

brigantine couverte d'étoffe rouge et de rivets dorés, avec larges entournures, laissant passer les manches de mailles du jacque, dont la jupe tombe à mi-cuisses. Devant la brigantine est attaché un

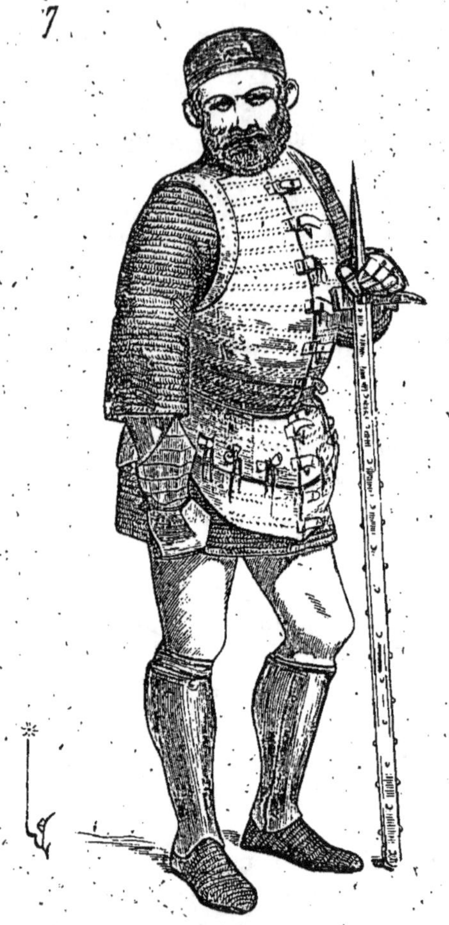

supplément de même façon, au moyen d'aiguillettes. La brigantine et le supplément inférieur sont bouclés par devant. Les jambes sont vêtues de chausses de drap rouge, et par-dessus des grèves italiennes sans genouillères. Les solerets sont de mailles. De forts gantelets couvrent les mains, et une cervelière d'écailles de fer, garnie d'étoffe, protège le crâne (voy. CERVELIÈRE).

La brigantine se conserva jusque vers 1525. Les archers à cheval, sous Charles VII et Louis XI (sauf les archers écossais[1]), étaient

[1] Du moins ceux-ci portaient-ils, sur la brigantine, la pansière et la braconnière d'acier, ainsi que les brassards complets.

armés de jacques ou de brigantines. On en voit encore sur des hommes d'armes des premières années du règne de François Ier; et plus tard encore en portait-on sous le pourpoint, par mesure de sûreté, pour se garantir contre une tentative d'assassinat.

La brigantine dont on se servait pour les tournois était bouclée sur le côté droit, tandis que celles de guerre sont généralement agrafées, bouclées ou lacées sur la poitrine. Bien que la fabrication de la brigantine exigeât beaucoup de soin, de temps et fût compliquée, elle coûtait moins cher que celle des cuirasses d'acier.

Le harnais blanc complet de la première moitié du xve siècle était d'un prix exorbitant, à cause de la difficulté de forger ces grandes pièces d'égale épaisseur et sans gerçures ou pailles, à une époque où l'on ne possédait pas les moyens mécaniques qui permettent d'amincir régulièrement le fer ou l'acier; aussi n'est-ce que peu à peu que l'armure blanche réduit le nombre des pièces qui la composent dans l'origine. (Voy. Armure, Corselet, Cuirasse).

« Item, les archiers portent harnoys de jambes, sallades comme « dessus est dict, gros jacques doublés de grant foyson de toylles ou « brigandines, arc au poing et la trousse au cousté [1]. »

« Et le jeudy ensuivant, vingt et deuxiesme jour dudit mois d'aoust « (1465), les dits Bretons et Bourguignons vindrent escarmoucher, « et il yssit de Paris plusieurs gens de guerre aux champs, et là y eut « un Breton archier au corps de monseigneur de Berry qui estoit « habillé d'unes brigandines couvertes de veloux noir à cloux dorez, « et en sa teste un bicoquet garny de bouillons d'argent dorez qui vint « frapper ung cheval sur quoy estoit monté un homme d'armes de « l'ordonnance du Roy [2]. »

BROIGNE, s. f. (*brogne*, *broine*, *bronie*, *brunie*). Cuirasse faite de peau, avec anneaux de fer cousus très rapprochés. Il est question de la broigne déjà dans la *Chanson de Roland :*

« Li empérères tuz premereins s'adubet,
« Is nelement ad vestue sa brunie.
« Lacet sun helme, si ad ceinte Joiuse [3]. »

« Helmes laciez e vestues lor bronies [4]. »

[1] *Du costume militaire des Français en 1446.*, Anonyme, publié par M. René de Belleval.

[2] *Chron. de Jean de Troyes.*

[3] Str. CCXIII.

[4] Str. CCXXII.

« Vest une bronie dunt li pan sunt saffret[1]. »

« Desuz lur bronies lur barbes unt getées
« Altresi blanches cume nief zur gélée[2]. »

« Escuz frisez et bronies desmaillées ![3] »

Or, la *Chanson de Roland* date du commencement du XIIe siècle.

Dans le poème de la *Philippide* de Guillaume le Breton, écrit pendant les premières années du XIIIe siècle, il est question de cuirasses fabriquées en fer *cuit deux fois*, lesquelles n'étaient que des annelets de fer doux attachés à une cotte de peau.

Ces broignes sont désignées aussi par le nom de « broignes treslies » :

« Puis ne jui .IIII. nuis sans ma broigne treslie[4]. »

« Armure treslice » s'entend comme armure travaillée en treillis ou chaînons.

Dans le *Roman de Foulque de Candie*[5] on trouve ces passages :

« Fausse la broigne, dont la maille s'estent. »

« Et fiert parmi l'escu le roi Calot de Lis,
« Qu'il li fausse la broigne sor le peliçon gris. »

« De sous la boucle li a frete et quassée
« La bonne broigne rompue et despanée. »

« Lors s'arma d'une broigne, qui la maille est menue,
« Et a ceinte l'espée, qui bien iert esmolue
« Et a l'yaume lacié sur sa teste chenue ;
« Puis a prise sa targe ; à son col l'a pendue.
« Lors monte el destrier, qui forment se remue. »

Et dans le *Roman de Doon de Maience* on lit ces vers :

« Sus l'espaule ataint Do de si grant amenée ;
« Se la broigne ne fust, qui tant estoit ferrée,
« Et la vertu de Dieu, où il ot sa pensée,
« Tout en eust l'espaule à chel coup dessevrée[6]. »

1 Str. CCXXVII. « Dont les pans sont garnis d'orfois, de broderie d'or. »
2 Str. CCXL.
3 Str. CCXLVI.
4 *Gui de Bourgogne*, vers 59 (premières années du XIIIe siècle).
5 D'Herbert Leduc (premières années du XIIIe siècle).
6 Vers 4381 et suiv.

Nous pourrions accumuler les citations ; celles-ci suffisent pour démontrer que la broigne est un vêtement défensif, qui n'est pas le haubert ou cotte de mailles, mais dans la fabrication duquel le fer entre pour une forte part, sous forme d'annelets, de treillis ou de rivets.

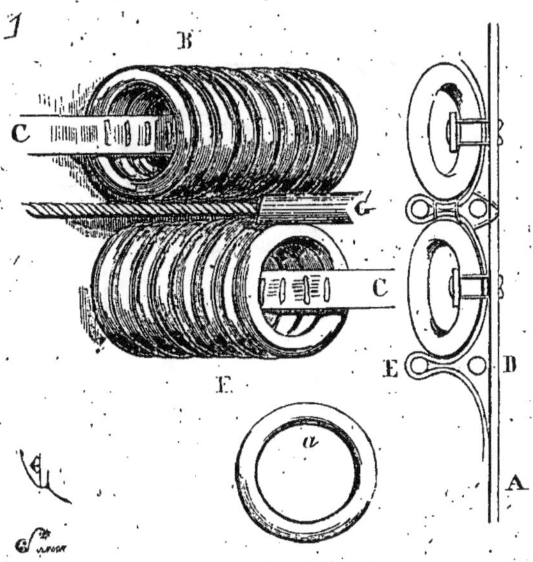

Dans l'article ARMURE nous avons montré (fig. 3, 6, 7 et 14) quelques-unes des combinaisons relatives à ces habillements défensifs, qui tiennent de la broigne, c'est-à-dire qui se composent d'une cotte de peau ou de toile en double, en quadruple et même en huit épaisseurs, avec rivets de fer ou de bronze, annelets cousus, ou petites plaques de métal formant écailles. Mais, à dater du XIIe siècle, la broigne paraît être le vêtement dont nous allons donner la description.

Sous la cotte maillée ou le haubert jazeran, il fallait vêtir le gambison, pourpoint de peau ou de toile, rembourré, qui empêchait les coups portés sur la maille de contusionner le combattant. La broigne tenait lieu à elle seule de ces deux vêtements ; de plus, sa fabrication était moins dispendieuse que n'était celle du haubert jazeran (voy. HAUBERT) ; car les annelets qui faisaient la défense de la broigne n'étaient point entrelacés et rivés, mais simplement rangés les uns à côté des autres et maintenus par une forte ganse et des coutures. Voici comment on façonnait la broigne (fig. 1 [1]) : Sur une peau ou une épaisseur de plusieurs toiles A, on posait du velours ou une forte étoffe de soie, puis on plaçait horizontalement ou verticalement les annelets de fer *a* les uns sur les autres, ainsi qu'on le voit en B. Une lanière de peau déliée ou une forte ganse de soie C passait dans ces anneaux, et était cousue

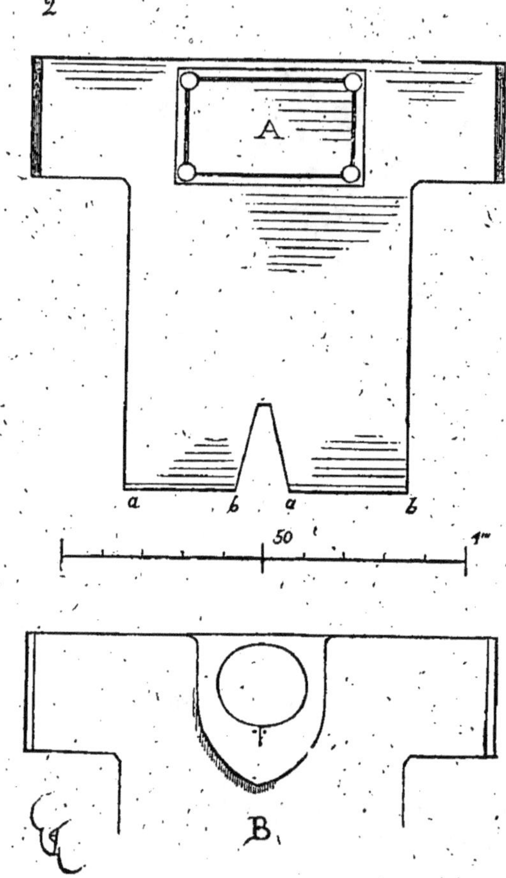

entre chacun d'eux au velours et à l'assiette de toile. Cela fait, pour empêcher les anneaux de se placer de champ et les maintenir couchés, on passait un cordonnet de bon chanvre en D, sous le velours ; on ramenait celui-ci en avant, on passait un second cordonnet E devant les annelets ; le velours faisait le tour de ce second cordonnet, revenait se poser sur la toile, et l'on cousait un second

[1] Grandeur d'exécution.

rang d'annelets en F, comme le premier B, de manière à pincer le velours entre les deux rangs. Ainsi, les annelets, maintenus par le bourrelet E, ne pouvaient-ils se placer de champ et devaient demeurer couchés. Entre les rangs d'annelets on voyait le listel d'étoffe G, de couleur vive habituellement, ce qui produisait un bon effet. Il est clair qu'un pareil vêtement était un bon préservatif, défiait les traits et coups de taille. La broigne, fabriquée d'abord au moyen d'annelets tangents [1], semble avoir été faite, ainsi que nous venons de le dire, vers la seconde moitié du XIIe siècle. En effet, des miniatures de cette époque montrent des rangs d'annelets séparés par des filets sur les cottes militaires. Puis ce système n'est plus guère adopté au commencement du XIIIe siècle ; il reparaît vers 1250 et ne cesse d'être employé jusque vers le milieu du XIVe siècle. Il est même un moment (de 1260 à 1280) où la broigne est plus souvent figurée sur les monuments (tombeaux, miniatures, gravures sur métal) que le haubert de mailles.

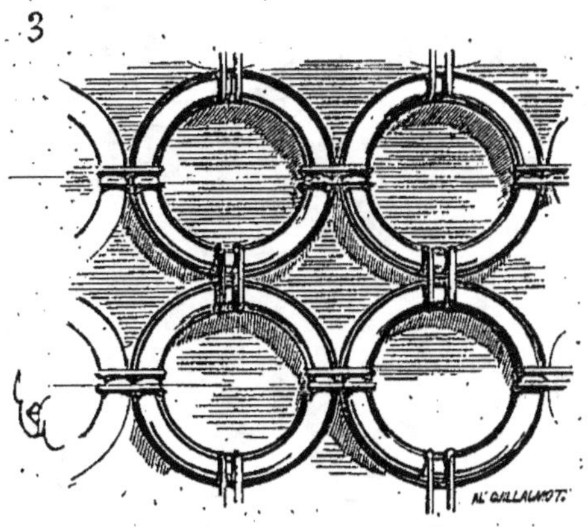

Mais prenons d'abord la broigne normande, telle qu'elle est figurée sur la tapisserie de Bayeux et quelques manuscrits de la fin du XIe siècle. Cette broigne (fig. 2) est une tunique à manches courtes. Sa partie inférieure, au lieu d'être terminée en jupon, est séparée en manière de caleçon ample. Donc n'étant ouverte par le bas que de *a* en *b*, pour couler les jambes, il fallait passer le corps par une ouverture supérieure A, quadrangulaire, fermée par un vantail et quatre boutons. Par derrière (voyez en B) était un camail pendant. L'homme d'armes, ouvrant le vantail A, introduisait les

[1] Voyez ARMURE, fig. 4. Tapisserie de Bayeux.

jambes par cette ouverture quadrangulaire; il relevait le vêtement jusqu'aux aisselles, les jambes étant coulées dans les deux ouvertures *a*, *b*. Il passait un bras, puis l'autre dans les deux manches, et la tête dans le *viaire* du capuchon ou dans le capuchon même. Alors l'ouverture quadrangulaire était fermée sur la poitrine. Ces broignes étaient couvertes d'annelets tangents, cousus à l'étoffe du vêtement, fait de toile doublée recouverte de soie (fig. 3 [1]).

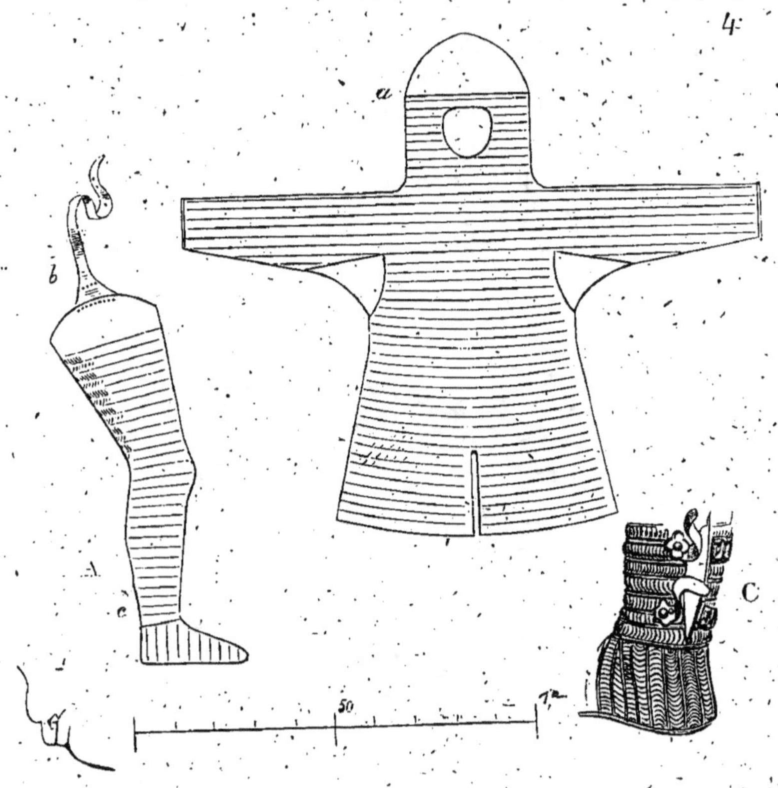

Les broignes de la fin du XIIe et du XIIIe siècle, recouvertes comme l'indique la figure 1, étaient taillées ainsi que le montre la figure 4 ; on les passait par le bas, comme une chemise [2]. Elles étaient munies souvent de gants ou de mitons de peau revêtus sur le dos de petites tuiles d'acier ou d'annelets ; le pouce seul était détaché. Souvent aussi les rangs d'annelets s'arrêtaient en *a*, le crâne n'en étant pas couvert. Un mortier d'étoffe ou de peau, qui

[1] Grandeur d'exécution.

[2] Voyez ARMURE, fig. 12 et 12 *bis*.

formait calotte rembourrée, recevait le heaume ou une cervelière de fer. Les jambes étaient armées de chausses fabriquées comme la broigne (voyez en A), et s'attachaient chacune, par une courroie latérale *b*, à la ceinture qui entourait la cotte de dessous, faite de grosse toile en double avec plastronnage, et terminée par une jupe très courte prise sous les braies de toile, retenues de même par la ceinture ou par la jupette de la cotte, au moyen d'aiguillettes. Pour faciliter le passage des pieds dans les bas-de-chausses armés, au-dessus du talon, en *c* (voyez le détail C), il était laissé une ouverture que l'on bouclait quand les chausses étaient mises. Les braies de dessous descendaient jusqu'aux talons, et étaient munies de sous-pieds, pour ne pas être relevées par le frottement des chausses armées.

La broigne, pendant le XIIIe siècle et le commencement du XIVe, était souvent portée par les piétons, archers et arbalétriers. Elle fatiguait moins que le haubert de mailles, qui n'était admis que pour les hommes d'armes à cheval ; et, comme nous l'avons dit, elle coûtait moins cher.

Lorsque l'on commença d'adopter les plates, la broigne était meilleure, sous ces plaques d'acier, que le haubert de mailles.

On cesse de porter la broigne vers le milieu du XIVe siècle, c'est-à-dire au moment où l'on remplace les cottes d'armes flottantes par des corselets et justaucorps composés de plaques de métal assujetties à des pourpoints de peau ou d'étoffe fortement rembourrés.

BUFFE, s. f. De l'italien *buffa*, partie du casque qui couvrait les joues. (Voyez BARBUTE.)

C

CABASSET, s. m. Casque sans visière ni gorgerin, et qui n'est guère usité qu'à dater du milieu du XVIe siècle.

CAMAIL, s. m. Partie du vêtement de l'homme d'armes qui couvre la tête et les épaules, et qui est faite de toile double ou de peau d'abord, puis renforcée de petites plaques de fer rivées ou d'anneaux cousus ; puis enfin composée de mailles.

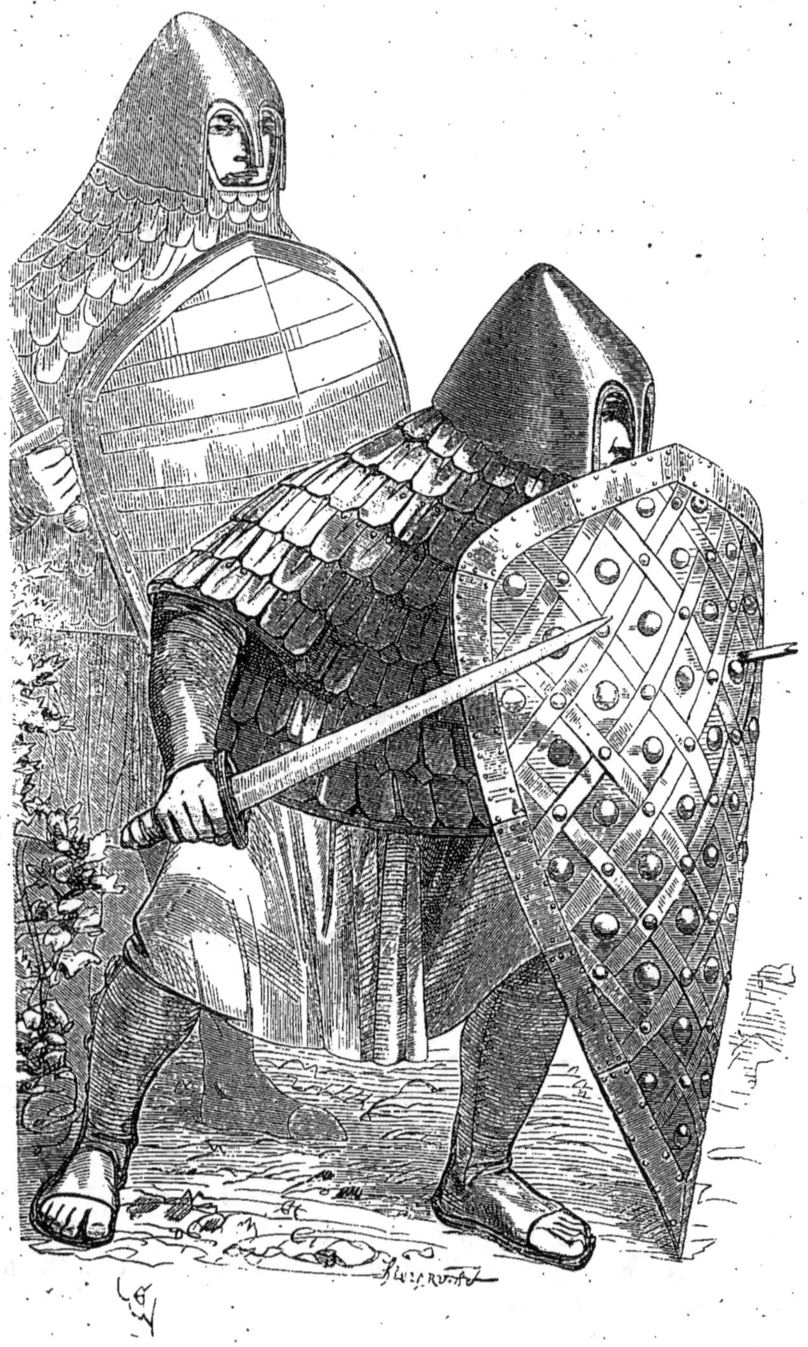

PIÉTON DU VIIIe SIÈCLE

Dès l'époque de Charlemagne, les hommes d'armes portaient le camail de peau, ainsi que l'indique le jeu d'échecs faisant partie du cabinet des médailles [1] et provenant du trésor de Saint-Denis. Les *pions* de ce jeu, qui sont représentés par des fantassins, sont revêtus d'un large camail, sorte de goule avec ouvertures latérales pour passer les bras. Un casque de métal (bronze probablement),

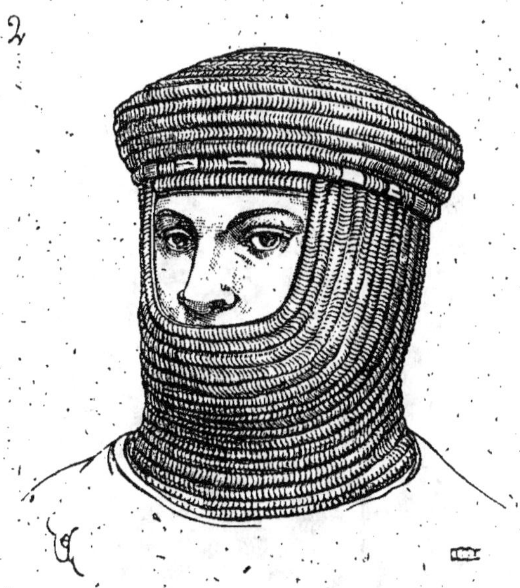

muni d'un nasal, protège la tête, et porte sur le capuchon de peau entaillé pour laisser la vue libre. Le camail est complètement recouvert de plaques de métal, comme de tuiles, et ne descend qu'à la hauteur des hanches. Par-dessus, est une cotte d'étoffe dont le bas atteint les genoux. Ce fantassin porte un large bouclier en amande (fig. 1).

Les chevaliers normands et saxons représentés sur la tapisserie de Bayeux ont la tête couverte du camail tenant à la cotte d'armes (voy. BROIGNE). Le haubert de mailles, adopté vers 1180, possède son camail, qui est fait de même ou quelquefois de peau, enveloppe exactement la tête et ne laisse que le visage à découvert ; encore couvre-t-il la bouche. Vers cette époque, ce camail est souvent posé sur un serre-tête de peau (voy. ARMURE, fig. 9 et 13), ou est fortement rembourré en manière de couronne, à la hauteur des tempes, pour recevoir l'énorme heaume alors en usage et l'empêcher de vaciller ou de

[1] Biblioth. nation. Voyez ARMURE, fig. 1 et 2.

blesser le visage sous l'effort d'un coup violent. Mais il fallait que ce camail prît bien la tête et ne fût pas facilement dérangé par le frottement du heaume. Pour obtenir ce résultat, on le bridait autour du crâne, à l'aide d'une lanière de cuir qui passait dans les maillons et était nouée par derrière (fig. 2[1]).

Cette lanière de cuir, au lieu de faire le tour de la tête horizontalement, s'attachait aussi à une patte latérale à l'ouverture du camail, et,

2 *bis*

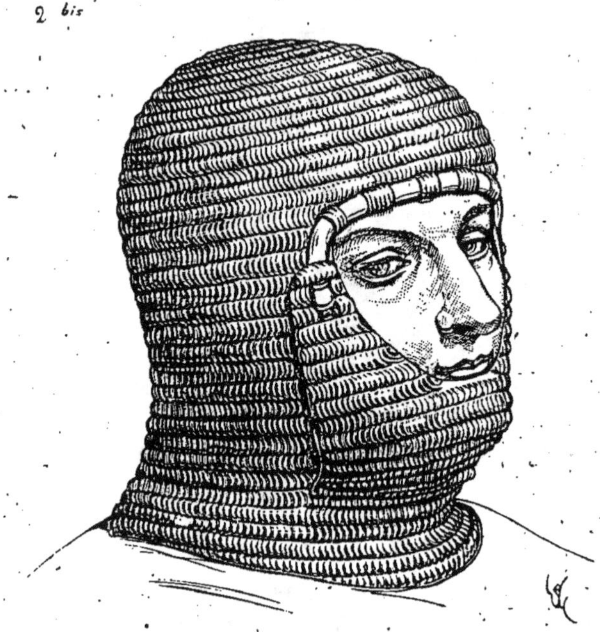

passant dans les maillons du front, descendait se fixer de l'autre côté, le long de la joue (fig. 2 *bis*[2]). On voit, le long de la joue droite, la patte relevée par la lanière, et qui permettait, en serrant plus ou moins celle-ci, de brider le camail autour du visage.

Il serait assez dificile de connaître l'origine de ce vêtement militaire de tête et de cou. On ne saurait prétendre qu'il ait été introduit en Occident à la suite des croisades, puisque nous le voyons adopté dès l'époque carlovingienne. Mais il ne paraît guère douteux non plus qu'il ait été imité d'un vêtement oriental, ou qu'il appartînt aux populations du Nord, originaires de l'Asie septentrionale.

[1] Manuscr. Biblioth. nation., *Roman du saint Graal*, français (XIIIe siècle). Voyez aussi la statue de Guillaume Longue-Epée (1227), cathédr. de Salisbury.

[2] Statue du commencement du XIIIe siècle, dite de Robert, duc de Normandie, cathédr. de Gloucester. — Statue dans l'église Saint-Martin de Laon.

Il est très rare que le camail de mailles soit séparé du haubert pendant le XIIIe siècle. Cependant on trouve quelques exemples de ce fait, mais ce sont des exceptions. Le camail ne se sépare de la broigne ou du haubert que vers la fin du XIIIe siècle. Qu'il tienne ou

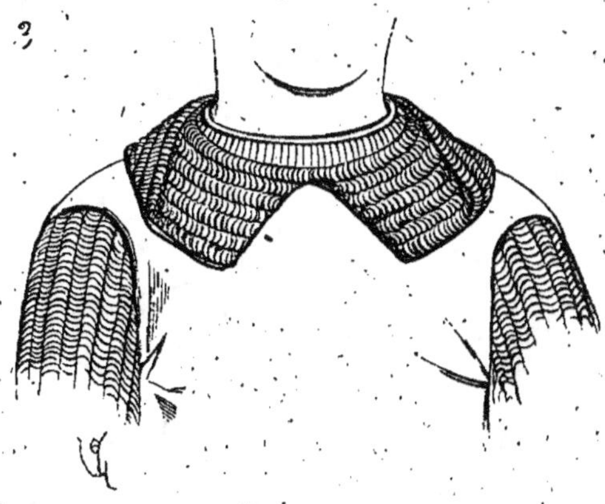

non au haubert, le camail de la fin du XIIIe siècle et du commencement du XIVe est parfois fendu par devant, du menton à la racine du cou, pour laisser plus ou moins de liberté au visage.

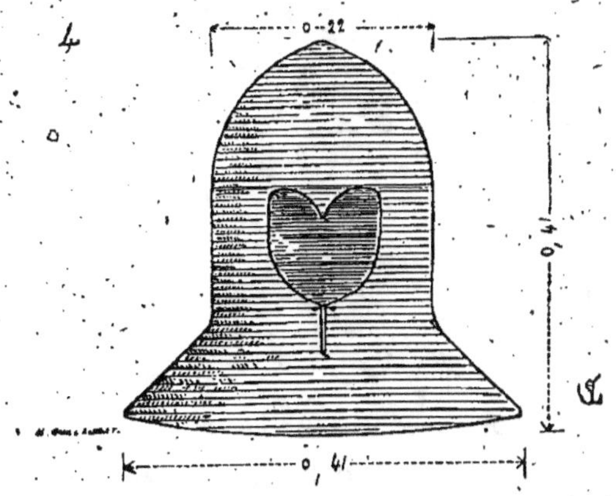

Lorsqu'il n'était pas porté sur la tête, il tombait alors sur les épaules et la gorge, ainsi que le montre la figure 3[1]. Sous ce camail apparait le haut du gambison de peau piquée.

C'est donc vers 1300 que l'on commence à séparer le camail de mailles du haubert. Alors il affecte la forme présentée figure 4[2], et

[1] Statue de Louis, comte d'Évreux, mort en 1319. Eglise de Saint-Denis.

[2] Ancienne collection de M. le comte de Nieuwerkerke.

il est souvent posé par-dessus la cotte d'armes faite d'étoffe de soie. Puis bientôt il s'attache au bacinet (voy. BACINET), et sa pèlerine est maintenue au haubert ou à la cotte, ou au corselet rembourré, par des aiguillettes. Ce camail, qui sert alors à couvrir la nuque, le cou et les joues, est attaché au bacinet, soit par-dessus, soit par-dessous;

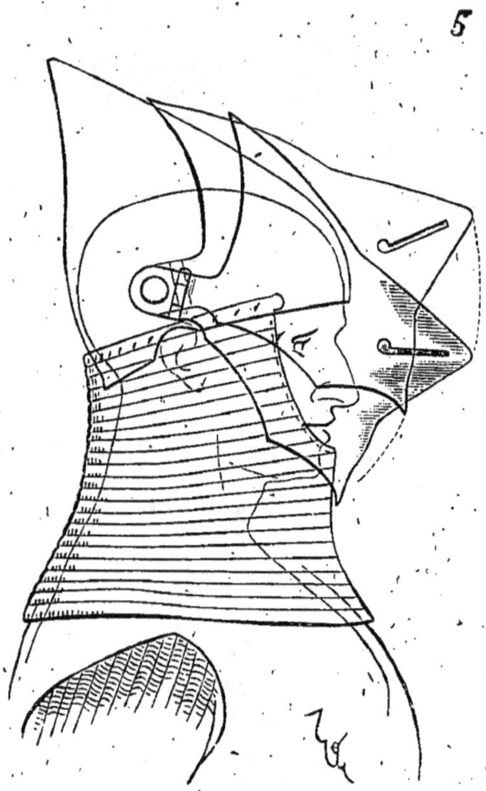

il est très ample et garni de peau sous-jacente. Vers 1395, le bacinet était souvent dépourvu de couvre-nuque, et se composait d'un tymbre conique qui enveloppait seulement l'occiput et couvrait le front au-dessus des sourcils. A ce tymbre, on adaptait à volonté, au moyen de fiches, une visière, laquelle reposait son bord inférieur sur la partie antérieure du camail, au-dessous du menton (fig. 5 [1]).

Le camail disparaît peu à peu pendant le xve siècle, avec l'emploi de plus en plus répandu de l'armure de plates. Cependant il en subsiste encore des traces au commencement de ce siècle, et le camail

[1] Manuscr. Biblioth. nation., *le Miroir historial*, français (1395).

ne sert plus qu'à couvrir les jonctions de la bavière (lorsqu'elle ne forme pas colletin) avec le corselet (fig. 6[1]).

Ce bacinet, dont la visière est forgée en façon de masque, possède une bavière et son tymbre, conformément à l'usage admis à cette

6

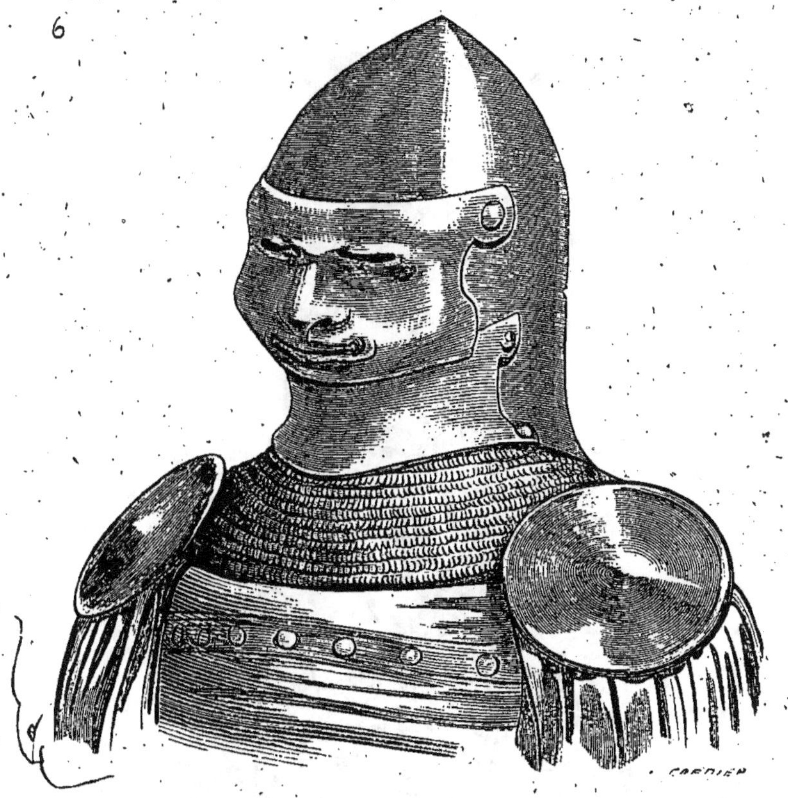

époque, couvre la nuque entièrement. Une bavière étroite est rivée à la base de ce tymbre, et sous la bavière on voit encore un petit camail qui tombe sur le corselet, mais ne couvre plus les épaules, comme dans le précédent exemple.

Cependant les hommes de pied conservent encore le camail de peau ou de mailles, avec la salade et la brigantine : témoin ce fantassin de 1440 environ (fig. 7[2]). Il est vêtu d'un jacque de mailles dont la jupe couvre le haut des cuisses, et dont les manches, très courtes, n'atteignent pas la saignée. Par-dessus le jacque de mailles

[1] Manuscr. Biblioth. de Troyes (commencement du xve siècle).

[2] Manuscr. Biblioth. nation., *Chron. de Froissart*, français.

est posée une brigantine, puis un camail de peau barbelé. Il est coiffé d'une salade sans visière. Sous les manches du jacque passent de

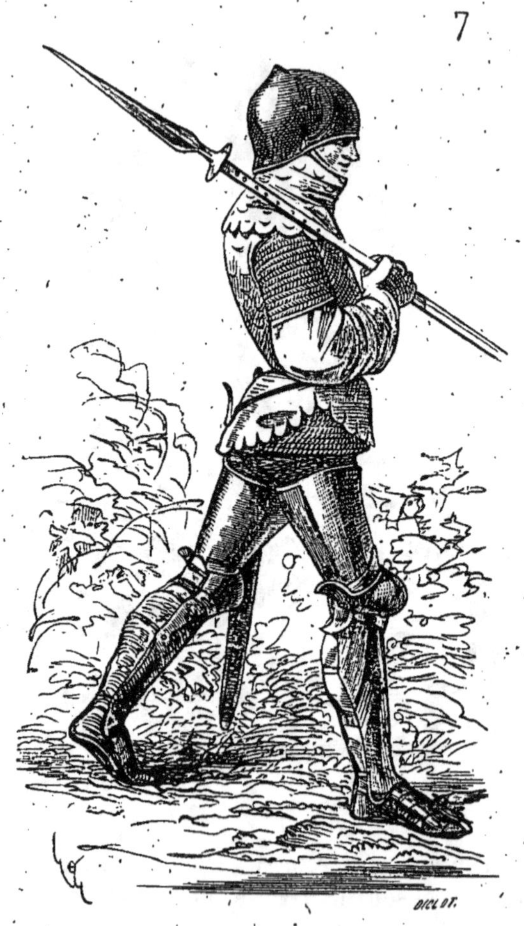

larges manches d'étoffe. Ses jambes sont vêtues de hauts-de-chausses et de bas-de-chausses de peau, de cuissots et de grèves de fer avec genouillères et solerets.

A dater de cette époque, on ne voit que bien rarement le camail appliqué aux vêtements de guerre.

CAPEL, s. m. — Voyez CHAPEL.

CAPERON, s. m. (*coiffe*). Serre-tête de toile rembourré de coton qu'on plaçait sous le bacinet, la salade ou le chapel de fer.

CARQUOIS, s. m. (*couire, curie*). Étui des flèches.

« Curies, targes, prennent è lor ars maniers tendent,
« Saëtes è carrels sagement lor despendent[1]. »

Les carquois de l'époque carlovingienne, ainsi que ceux des populations germaines, étaient cylindriques, suspendus en bandoulière ou attachés à la ceinture du côté droit, et munis d'un morceau de peau à l'ouverture supérieure, qu'on rabattait sur les flèches pour les préserver de l'humidité. Des carquois de cette sorte sont représentés sur les beaux bas-reliefs du socle de la colonne Trajane. Nous les voyons encore figurés sur les monuments des XIe et XIIe siècles, bas-reliefs, miniatures, peintures (voy. ARC, fig. 3 et 3 *bis*). Plus tard, vers la première moitié du XIIIe siècle, ils sont parfois représentés méplats, entourés de lanières de cuir, ou faits de cuir bouilli, avec couvercle. Les archers des XIVe et XVe siècles ne portent plus le carquois, mais un sac de cuir fermé, dont, au moment de combattre, on extrayait un certain nombre de flèches qu'on passait dans la ceinture. L'archer à pied, redouté pendant ces derniers temps, ne paraît pas s'embarrasser, pendant l'action, de ce sac de cuir. Il se contente d'un paquet de flèches libres, attachées par une courroie ou disposées derrière son dos, la penne tournée en haut, du côté droit (voy. ARC, fig. 8). Quant à l'archer à cheval, à dater du XIVe siècle, il portait ses flèches dans un sac de peau ou de toile derrière son dos (voy. ARC, fig. 10).

L'arc n'étant point une arme propre aux gentilshommes, à dater du Xe siècle, l'enveloppe des flèches était extrêmement simple, et à dater de l'époque carlovingienne on ne trouve plus d'exemple de ces carquois enrichis d'or ou de pierreries tels que ceux en usage dans l'Orient, et tels aussi que le carquois d'or trouvé près de Poitiers, travaillé au repoussé, et que l'on croit avoir appartenu à un guerrier hun.

CARREAU, s. m. (*quarrel, quarriau, boujon*). Trait de l'arbalète à main ou de la grande arbalète à tour.

Le carreau d'arbalète diffère de la flèche en ce qu'il est plus court, possède un fer plus fort et pesant, et n'est empenné que de deux pennes au lieu de trois.

La longueur du carreau de l'arbalète à main varie — suivant la

[1] *Le Roman de Rou*, vers 4088.

force de l'arme — entre 163 millimètres (6 pouces) et 217 millimètres (8 pouces). Rarement dépasse-t-il cette mesure. Voici quelle est la forme du carreau de l'arbalète à moufles (fig. 1), moitié d'exécution.

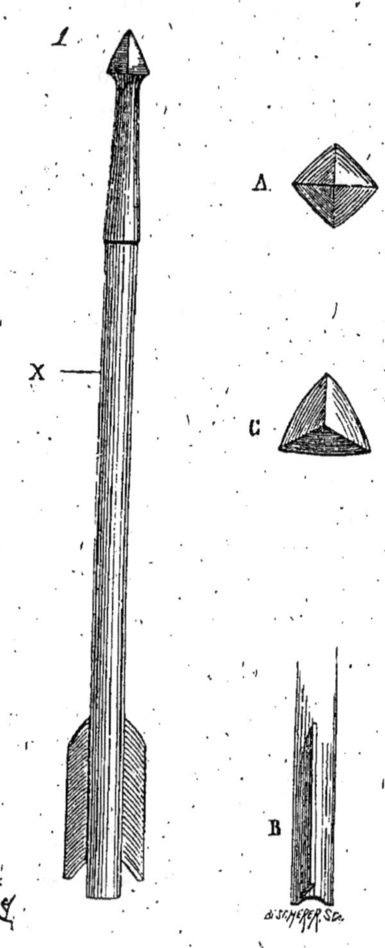

En A, est montré le fer par la pointe et présentant une section carrée. En B, est montrée la penne de champ, avec l'encoche très peu profonde dans laquelle vient frapper la corde de l'arc. Le carreau était maintenu sur l'arbrier de l'arbalète au moyen d'un ressort très doux de corne ou d'acier (voy. ARBALÈTE).

La tige du carreau, faite d'un bois dur et lourd, est cylindrique, et le projectile est équilibré aux deux cinquièmes environ du bout ferré, en X. Il existe aussi des fers d'arbalète dont le bout est triangulaire, ainsi que l'indique la section C. Mais, avant le milieu du XIVe siècle, il n'est pas rare de trouver des fers de carreaux d'arbalète qui ont la forme conique (fig. 2[1]). Il existe à la base du cône creux,

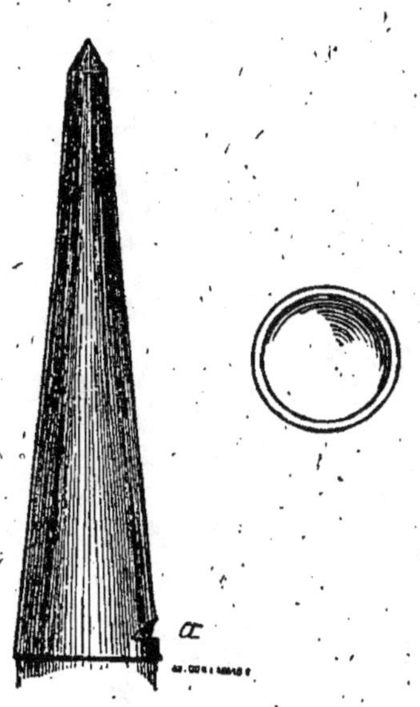

en *a*, une légère encoche dont nous n'apprécions pas l'utilité. Nous avons assez fréquemment trouvé de ces fers coniques dans des joints de vieilles murailles de défense.

CEINTURE, s. f. Il s'agit ici, non du baudrier, mais de la ceinture militaire, noble, que les chevaliers seuls avaient le droit de porter, et qui n'est adoptée que vers 1340. On portait même cette ceinture comme marque distinctive avec l'habillement civil, mais sa véritable place est sur le harnais militaire. Elle fut attachée d'abord à la cotte courte et rembourrée (corset d'armes) vers la hauteur des hanches; puis, quand à la jupe du corset d'armes on substitua les braconnières, la ceinture fut fixée à la dernière lame de cette partie des plates couvrant les hanches (voy. Braconnière). Le luxe de ces ceintures militaires devint bientôt excessif, et il en était, appartenant à de très nobles personnages, qui valaient un domaine. A cette époque, c'est-à-dire de 1350 à 1395, en France, en Italie et en Angleterre, le vêtement militaire était, à peu de détails près, identique; cepen-

[1] Du cabinet de l'auteur, provenant de fouilles faites sous des maçonneries écroulées au XIIIe siècle (Carcassonne), siège de Trincavel (grandeur d'exécution).

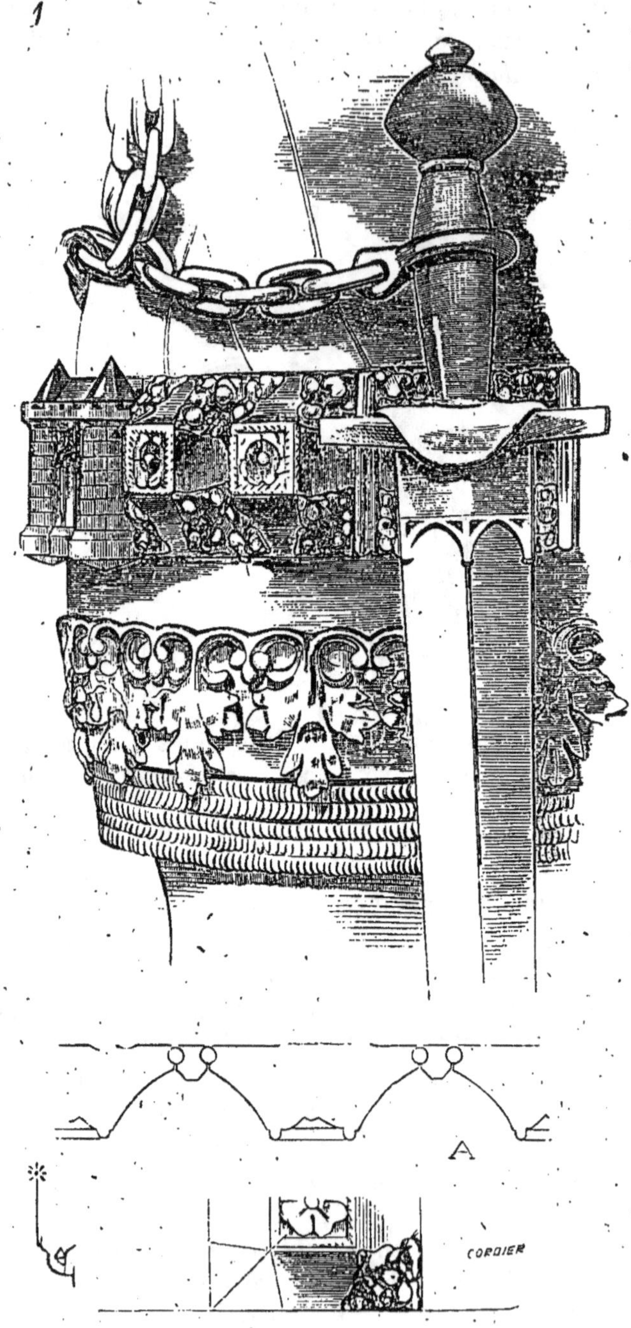

dant la ceinture noble paraîtrait avoir été adoptée en Angleterre.

avant l'époque où nous la voyons posée sur l'armure française ; car la statue tombale de sire Roger de Bois [1], mort en 1300, montre déjà la ceinture militaire sur la cotte juste treillissée.

Une des plus remarquables, parmi ces ceintures nobles, est figurée sur une statue déposée dans le passage communiquant de l'église Saint-Antoine de Padoue au cloître, et qui représente Sévère de Lavellongo, mort en 1373 (fig. 1). Sur la cotte de peau armoyée est posé, à la hauteur des hanches, ce joyau d'une grande richesse et muni d'un fermoir représentant une porte de ville. L'épée est attachée à cette ceinture par un crochet. La ceinture se

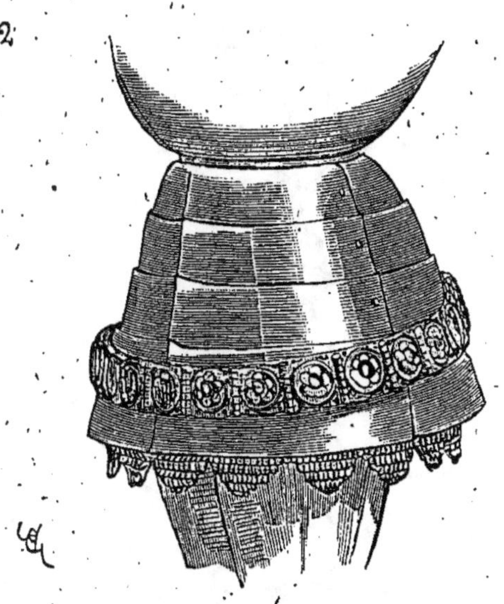

compose de parties d'orfévrerie, carrées, façonnées en tables biseautées, réunies par des charnières (voyez en A). Le bas de la cotte est, en outre, décoré d'ornements d'orfévrerie représentant des feuilles de chélidoine. Une chaîne retient la poignée de l'épée. Cette admirable statue, sur laquelle nous avons l'occasion de revenir, présente l'armure admise en France à cette époque, à quelques accessoires près qui appartiennent à l'Italie septentrionale. La ceinture militaire est déjà posée sur les braconnières de l'armure française, qui apparaissent dès 1350, ainsi que le démontre la figure 2 [2]. Elle est très volumineuse sur la cotte juste de l'armure

[1] Voyez Stothard, *the Monumental Effigies of Great Britain*, pl. 58.

[2] Manuscr. Biblioth. nation., *Tite-Live*, trad. française (sous le roi Jean, environ 1350).

des derniers temps du règne de Charles V, et fort riche, attachée sur cette cotte à la hauteur des hanches (fig. 3[1]). Il en est encore fait mention en 1400; mais, à dater de cette époque, on ne la trouve plus sur les monuments français, tandis qu'elle persiste en Angleterre jusque vers 1420.

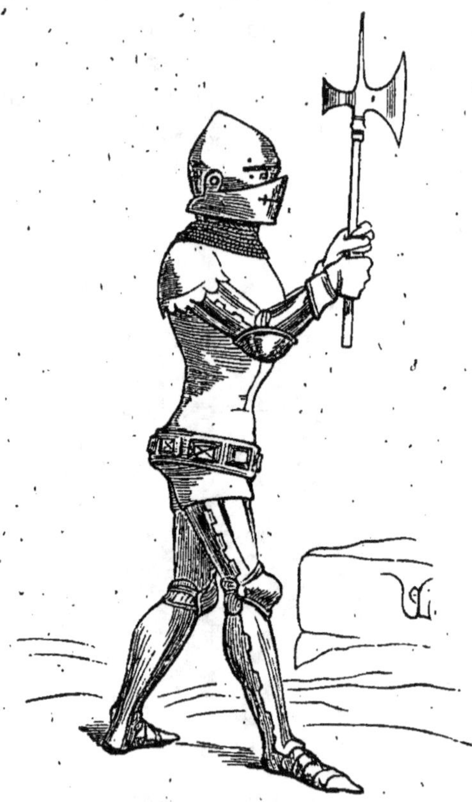

L'épée y est attachée ainsi que la dague; mais il arrive aussi qu'avec la ceinture militaire, une courroie suspend l'épée de la taille à la hanche gauche. Cette courroie, dès lors, passe sur la ceinture d'orfévrerie; toutefois cet usage paraît avoir été adopté plus habituellement en Angleterre qu'en France.

CERVELIÈRE, s. f. Coiffure de mailles ou de plaques de fer enveloppant exactement la partie supérieure du crâne, comme une calotte :

« Sus hyaumes et sus cervelieres
« Prennent plommées à descendre,

1. Manuscr. Biblioth. nation., Guillaume de Machau, français.

« Et hachetes, pour tout pourfendre,
« Selonc ce que l'en les soupoise [1]. »

Et, à la bataille de Mons en Puelle :

« Là ot tante trenchante espée
« Entr'eus, el pendant un moncel,
« Tant fort escu, tant penoncel,
« Tant biau bouclier, tant bacinet,
« Cler comme voirre et aussi net,
« Tant baston de chesne et de charme,
« Tant godendac, tante juisarme,
« Tante cervelière aaisie
« Et tante cote gambaisie,
« Tant hauberjon, tante gorgiere,
« Tante lance roide et entiere,
« Tante espée, tante saqueboute,
« Que touz lez en reluist toute
« La closture d'eus et la haie
« Pour le soleil qui desus raie [2]. »

Ces passages montrent que le mot « cervelière » était admis au commencement du XIVe siècle, pour désigner une coiffure militaire qui d'ailleurs est fort ancienne, puisqu'on la voit représentée sur des monuments d'une époque très antérieure.

Cette coiffure portait-elle alors le même nom? Nous ne pourrions l'affirmer ; nous classons toutefois dans cet article toutes les calottes de fer battu ou de mailles qui étaient justes au crâne, et qui ne sont, ni des heaumes, ni des bacinets, ni des salades, ni des chapels, ni des morions, ni des armets, ni des barbutes.

Les monuments carlovingiens montrent déjà des casques qui ne sont que de véritables cervelières [3]. Du VIIIe au commencement du XIIe siècle, il n'est pas rare de voir des hommes d'armes représentés coiffés d'un casque qui ressemble fort à celui adopté par les troupes des Romains, sauf le cimier, et qui ne consiste qu'en une bombe avec couvre-nuque très court, non saillant, muni parfois de lanières de peau ou d'étoffe pour garantir le cou (fig. 1 [4]). Ce casque n'est qu'une cervelière. Il est parfois légèrement conique et muni d'une capeline de peau. Mais c'est à dater de la fin du XIIe siècle,

[1] Guillaume Guiart, *Branche des royaux lignages*, règne de saint Louis, vers 1912 et suiv. (1306).
[2] *Branche des royaux lignages*, vers 11152 et suiv.
[3] Voyez ARMURE, fig. 2.
[4] *Bible de Souvigny*, biblioth. de Moulins (1115).

c'est-à-dire du règne de Philippe-Auguste, époque où le harnais de l'homme d'armes se perfectionne d'une manière sensible, que

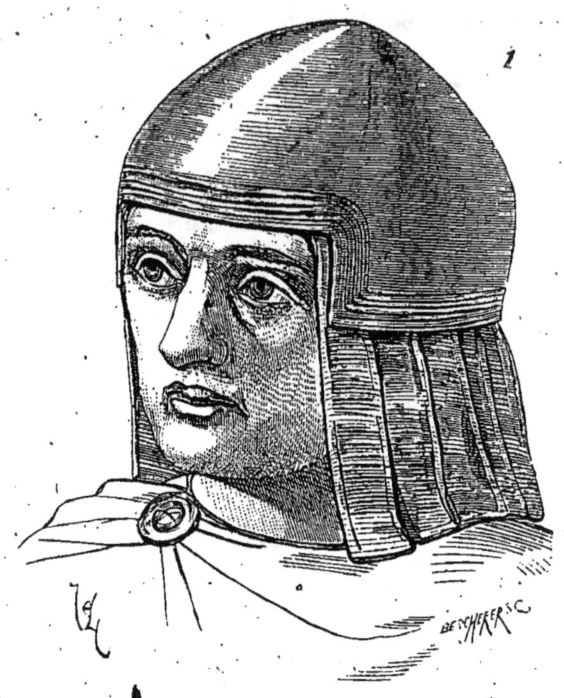

la cervelière est une pièce régulière de l'habillement de tête.

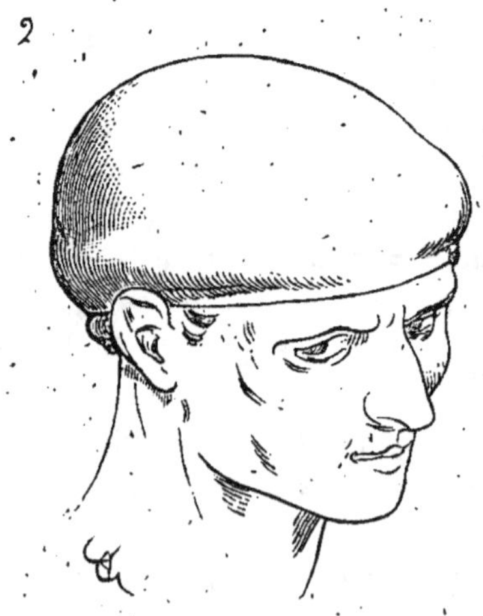

Alors, ou elle est sous-jacente au camail de mailles, ou en fait partie, ou est posée par-dessus. Dans le premier cas, elle est faite de toile ou de peau et n'est qu'une façon de serre-tête ; dans le second, elle est faite de maillons ; et dans le troisième, de fer battu.

La cervelière-sous-jacente au camail, de la fin du XIIe siècle et du commencement du XIIIe, n'est donc qu'une coiffe de peau ou de toile rembourrée, prenant exactement la forme du crâne et formant bourrelet au-dessus des oreilles (fig. 2) ; de telle sorte que le camail de

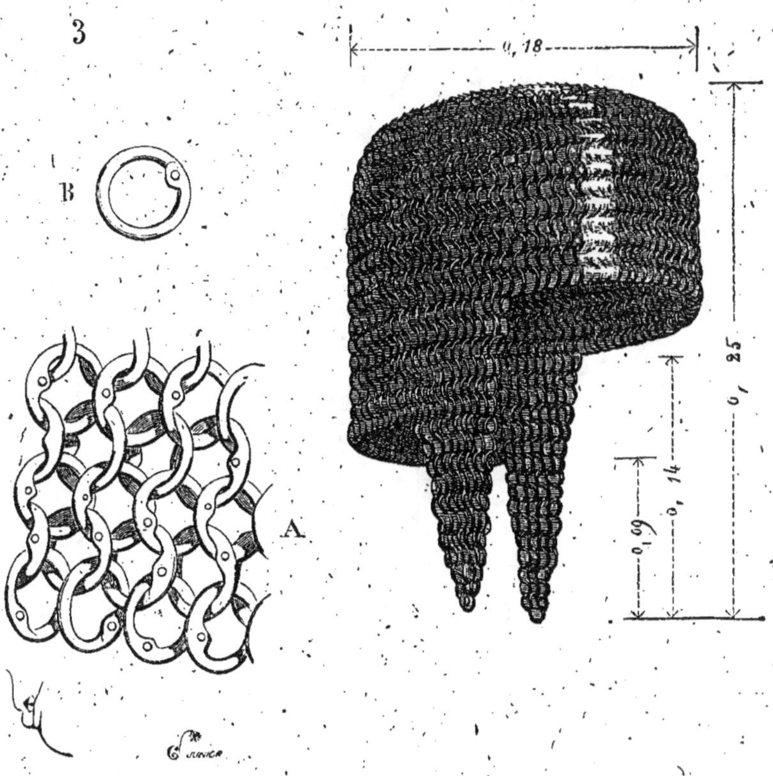

mailles, s'appuyant sur ce bourrelet, ne pouvait offenser la tête sous la pression du heaume ou par suite d'un choc. Le camail de mailles était garni d'une étroite lanière de peau que l'on serrait à volonté (voyez CAMAIL), ce qui permettait de maintenir la cervelière-sous-jacente exactement sur le crâne[1]. La seconde cervelière (celle de mailles) ne semble pas avoir été usitée avant le milieu du XIIIe siècle. Elle se posait sur une coiffe et aussi sur un camail de peau (fig. 3[2]).

[1] Voyez les coiffes de l'habillement de tête de l'homme d'armes de cette époque, dans l'article ARMURE, fig. 9.

[2] Musée d'artillerie de Paris.

En A, est donnée la combinaison des maillons de cette cervelière, grandeur d'exécution, et en B, un des maillons. Chacun de ces maillons, rivé à *grain d'orge*, en reçoit quatre autres. On observera la

4

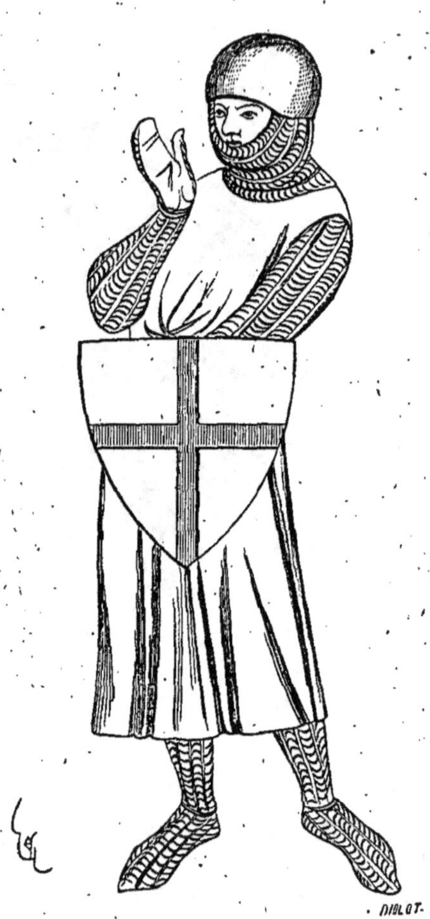

forme cylindrique qu'affecte cette cervelière, qui, entrant sur le serre-tête rembourré, pouvait au besoin recevoir le heaume, cylindrique aussi (voy. HEAUME).

La troisième cervelière est forgée d'une ou plusieurs pièces et attachée au camail de mailles ou posée par-dessus. Elle affectait la forme d'une bombe (fig. 4 [1]). Cette cervelière de fer était garnie à l'intérieur

[1] Manuscr. Biblioth. nation., *Roman de la Table ronde*, français (1250 environ).

de peau capitonnée, si elle devait porter directement sur le crâne et si le camail était attaché à son bord inférieur.

5

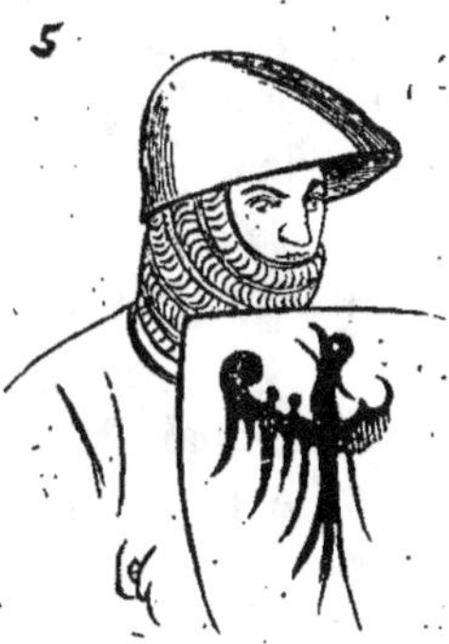

Il arrive aussi que les cervelières de fer posées sur le camail de mailles, possèdent une visière peu saillante (fig. 5[1]). Ces sortes

6

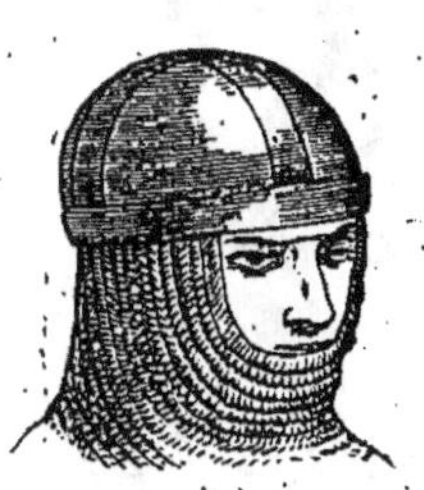

de cervelières devaient être enlevées si l'on mettait le heaume,

7

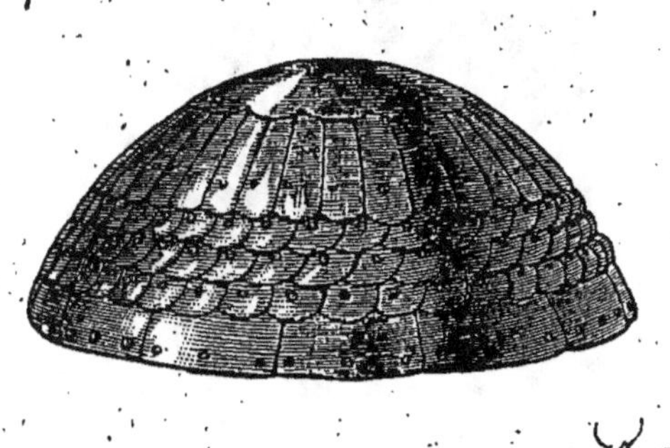

tandis que le heaume était simplement posé sur les autres.

[1] Manuscr. Biblioth. nation., *ibid.*

On voit aussi, comme il vient d'être dit, des cervelières composées de plusieurs pièces d'acier rivées ensemble (fig. 6 [1]).

La dernière forme de la cervelière est celle adoptée avec la brigantine et façonnée de même (fig. 7 [2]). Ces plaques d'acier, rivées, se recouvrant comme des tuiles, étaient garnies extérieurement de velours ou de drap de soie; intérieurement, de toile en double ou de peau. C'était un habillement de tête de piéton, sur lequel on enfourmait le chapeau ou bien on posait la salade.

CHANFREIN, s. m. Partie du harnais de guerre du cheval et tenant à la têtière. La têtière est l'habillement de tête du coursier de guerre;

1

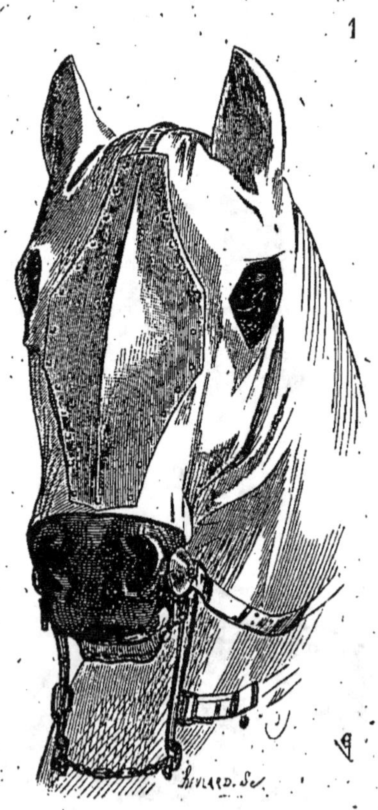

le chanfrein est la pièce de fer qui garantit le front, l'entredeux des yeux et les narines de la bête. Il ne paraît pas que les chevaux

[1] Manuscr. Biblioth. nation., *Romans d'Alixandre*, français (1250 environ).
[2] Musée d'artillerie de Paris.

fussent armés avant la fin du XIIIe siècle. Au moment où l'on commence à adopter quelques plates ou pièces d'acier sur le haubert de l'homme d'armes : ailettes, cubitières, arrière-bras, etc., on voit de petits chanfreins posés entre les deux yeux du cheval, par-dessus la housse d'étoffe. Les chanfreins sont légèrement busqués et fixés à la housse elle-même (fig. 1 [1]), au moyen de rivets probablement. Quelquefois ces petits chanfreins possèdent une lame tranchante verticale, perpendiculaire au frontal (fig. 2) ; mais cette disposition n'apparaît guère que vers la fin du XIVe siècle [2].

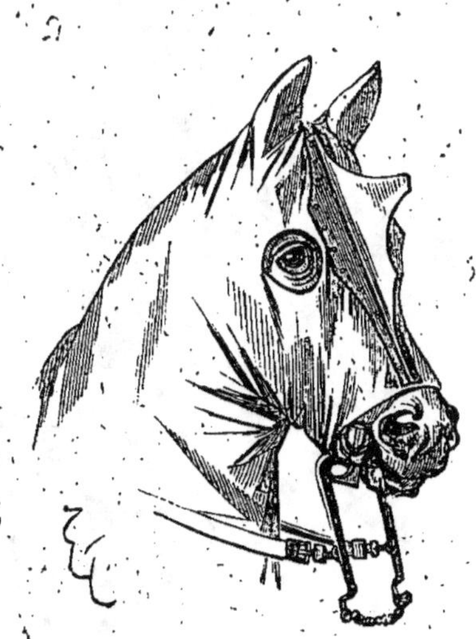

Le musée d'artillerie de Paris possède une très curieuse têtière avec son chanfrein (fig. 3). Cette défense est faite de feuilles de parchemin collées les unes sur les autres, et composant ainsi un carton très résistant, prenant la forme du devant de la tête de la bête. Verticalement, est rivée une plaque d'acier qui protège le milieu. Les deux vues d'acier, en forme de coques, couvrent les yeux et sont rivées au carton, ainsi que les pièces qui garantissent les oreilles et les naseaux. En A, le chanfrein est présenté de profil. Cette pièce de harnais date de la fin du XIVe siècle ; les plaques de fer sont étamées.

On posait souvent alors la housse par-dessus cette défense, de telle sorte que les coques des yeux, les oreilles et l'armure des naseaux passaient à travers les ouvertures ménagées dans l'étoffe. Le

[1] Manuscr. Biblioth. nation., *Godefroy de Bouillon* (premières années du XIVe siècle).

[2] Manuscr. Biblioth. nation., *le Miroir historial*, français.

xve siècle apporta une rare perfection et souvent même un grand luxe dans la façon des chanfreins.

« Le chanfrein que portait le cheval du comte de Saint-Pol au siège d'Harfleur, en 1449, était estimé 30 000 écus. Le cheval du comte

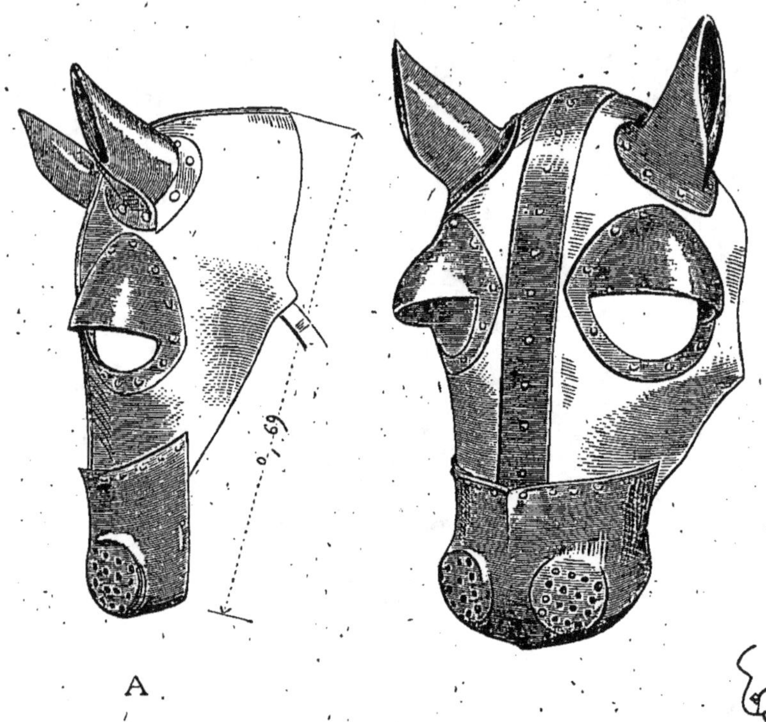

de Foix, lors de son entrée dans Bayonne reconquise par Charles VII, en avait un d'acier, orné d'or et de pierreries, prisé 150 000 écus d'or[1]. »

On fabriquait aussi, pendant les xive et xve siècles, des chanfreins en cuir bouilli, avec agréments et bossettes de cuivre, d'argent ou d'or.

Il y avait les chanfreins à vue et les chanfreins aveugles, c'est-à-dire qui cachaient les yeux du cheval, de manière qu'il ne pût voir devant lui. Ces derniers chanfreins étaient surtout destinés aux joutes, pendant lesquelles il était très important que le cheval ne déviât pas de la ligne sur laquelle on le dirigeait et ne fît pas manquer le coup de lance par un écart.

[1] Voyez *Du costume militaire des Français en 1446*, par M. René de Belleval.

Il existe d'admirables chanfreins de la fin du XVe siècle et du commencement du XVIe, comme pièce de forge, repoussé, ciselure, niellure ou damasquinure. Ne pouvant guère séparer le chanfrein des autres pièces de l'armure du cheval, nous renvoyons aux articles HARNOIS, TÊTIÈRE.

CHAPEL, s. m. (*capel de fer, chapeline, hanepier*). Le chapel, habillement de tête, n'est autre chose qu'une cervelière avec bord plus ou moins saillant tout autour du crâne.

1

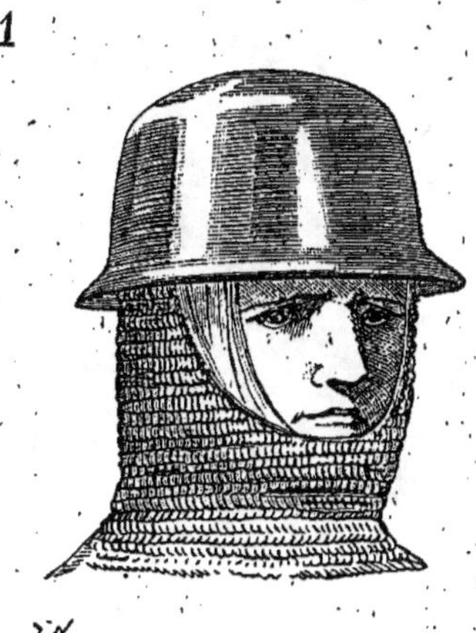

Cette coiffure militaire remonte à une haute antiquité. On la voit figurer sur des monuments grecs et romains, et le moyen âge ne cessa guère de l'employer.

La forme la plus ancienne est celle d'une bombe avec rebord régulier peu saillant, renforcé d'un ourlet. Au XIIe siècle, on posait ce chapel sur la coiffe et le camail de mailles, qui ne recouvrait pas entièrement cette coiffe (fig. 1[1]).

Les gens de guerre portaient alors aussi des chapels de cuir bouilli :

> « Chapel ot en son chief d'un cuir qui fu bolis
> « Et d'un gambeson ert estroitement vestis[2]. »

Pendant le cours du XIIIe siècle, il est souvent fait mention du chapel de fer, qui était plus maniable, moins lourd et étouffant que le heaume. Joinville fait mention plusieurs fois de cette coiffure :

[1] Manuscr. Biblioth. nation., *Psalm.*, latin (premières années du XIIIe siècle).
[2] *La Conquête de Jérusalem*, chant IV, vers 2779.

« ... Ainçois se parti di nostre ost touz seus, et s'adreça vers les « Sarrazins, son gamboison vestu, son chapel de fer en sa teste, son « glaive desouz l'essele, pour ce que li Sarrazin ne l'avisassent[1]. »

Ces chapels du milieu du XIIIe siècle avaient des bords assez larges (fig. 2[2]). Ils étaient forgés de plusieurs plaques rivées et étaient fixés au camail au moyen de crochets. On voit aussi des arbalétriers, à cette époque, coiffés du chapel de fer par-dessus le camail de mailles.

2.

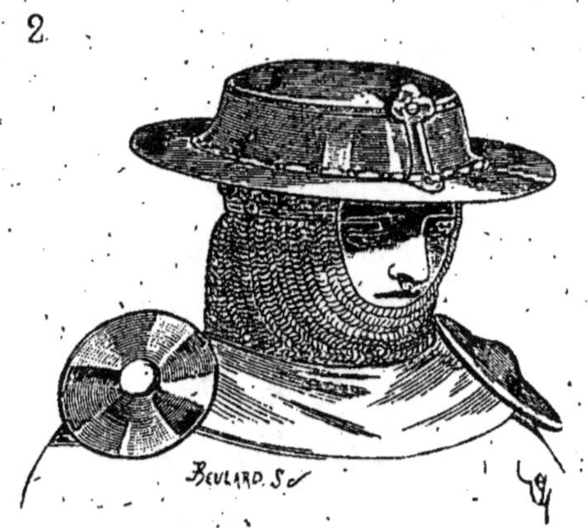

Les mineurs, pionniers, en portaient aussi, à bords très larges, pour se garantir des projectiles qu'on lançait sur eux du haut des murs. Ces chapels étaient, sur leurs têtes, de véritables pavois circulaires qui faisaient dévier ces projectiles. Ils étaient attachés, par-dessus le camail, au moyen d'une courroie sous le menton :

« Et Robastre deslache son capel, qui bon fu[3]. »

On donnait aussi le nom de *hanepier* à ces couvre-chef de fer.

La forme de ces chapels de fer se modifie pendant le cours du XIVe siècle. Très bombés au commencement du XIIIe siècle, ainsi qu'on vient de le voir, avec bords peu saillants, ces chapels abaissent peu à peu leur forme, élargissent leurs bords jusqu'à la fin du XIIIe siècle. Au commencement du XIVe siècle, cette forme consiste en un cône très aplati, avec larges bords horizontaux (fig. 3[4]). Alors ils

[1] *Hist. de saint Louis*, publ. par M. Nat. de Wailly, p. 79.

[2] Manuscr. Biblioth. nation., *Naissance des choses*, français.

[3] *Gaufrey*, vers 10161.

[4] Manuscr. Biblioth. nation., *Lancelot du Lac*, français (1310 à 1320).

sont forgés de deux pièces rivées, le tymbre et l'avantail. Vers 1350, un nerf est indiqué du frontal à la nuque, dans l'axe du tymbre, et

3

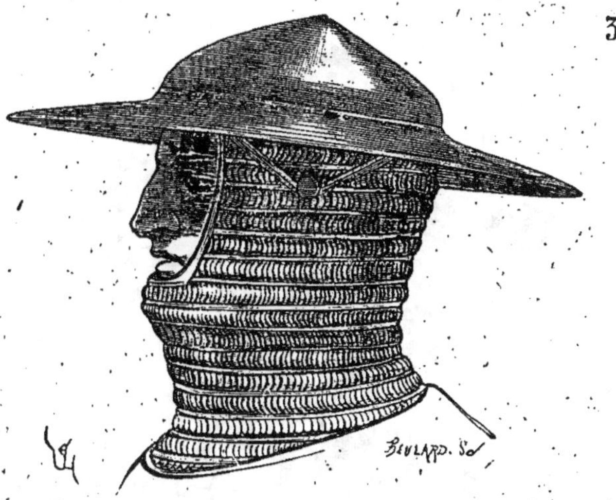

les bords sont cambrés, la partie postérieure de l'avantail étant un peu plus saillante que la visière (fig. 4 [1]). Ces chapels sont forgés

4

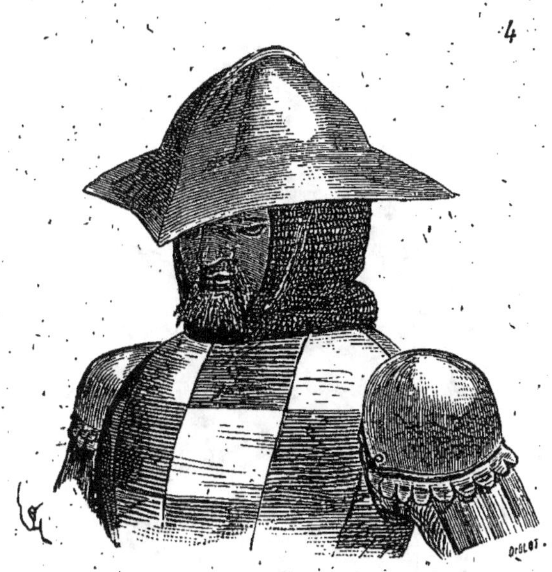

d'une seule pièce. Parfois une bavière goupillée sur une cervelière est posée sous le chapel vers la fin du XIVe siècle (voy. BAVIÈRE, fig. 1).

[1] Manuscr. Biblioth., nation., *Tristan et Iseult*, français (1350 environ).

Au commencement du XVe siècle, la visière du chapel est percée de deux trous, pour permettre de voir, en abaissant cette coiffure

5

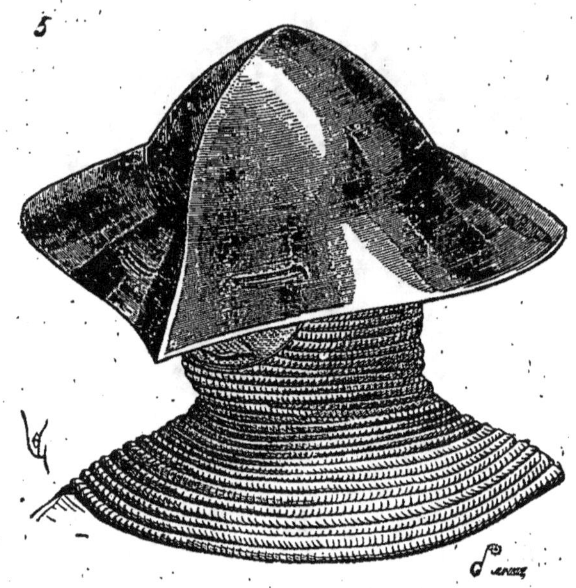

sur le visage (fig. 5 [1]) : ces chapels prennent alors le nom de *chapels de Montauban*. Ils sont de diverses sortes, bien que l'auteur

6

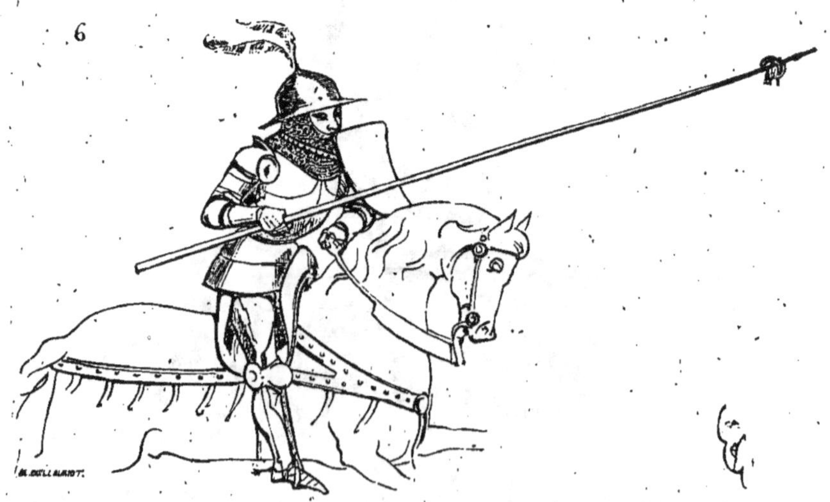

anonyme du *Costume militaire des Français en* 1448 les décrive ainsi :

[1] Manuscr. biblioth. de Troyes, *Tite-Live*, français.

« Les chappeaulx de Montaulban sont rons en teste à une creste au « meilleu qui vait tout du long, de la haulteur de deux doiz, et tout « autour y a ung avantal de quatre ou cinq doiz de large en forme de « manière de chapeau [1]. »

Les chapels que nous venons de montrer sont exactement conformes à cette description ; mais les miniatures du xve siècle en

7

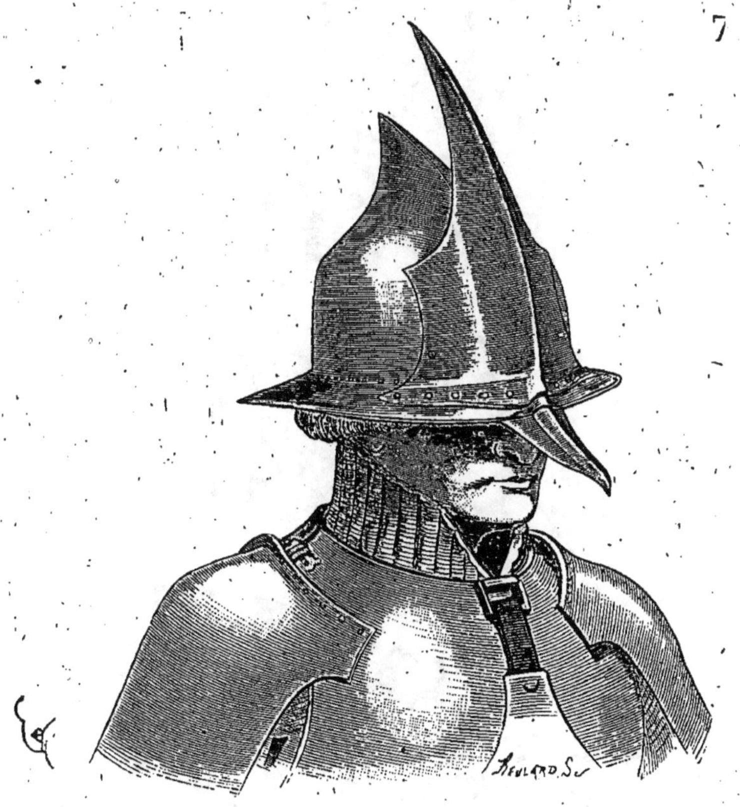

figurent de diverses sortes. Les uns (fig. 6 [2]) n'ont pas de nerf dans l'axe, et affectent une forme cylindrique terminée par un cône aplati avec bords horizontaux. D'autres sont munis d'une doublure frontale et d'un nasal saillant (fig. 7 [3]). Cette forme étrange se rencontre assez souvent dans les miniatures de cette époque, et ne peut, par conséquent, passer pour une fantaisie d'artiste, d'autant que les vignettes

[1] Publ. par René de Belleval.

[2] Biblioth. nation., *Froissart* (1450 environ).

[3] Manuscr. Biblioth. nation., *Miroir historial*, français (1440 environ).

du manuscrit que nous citons ici sont exécutées avec une précision et une recherche dans les détails qui indiquent une étude sur les objets eux-mêmes et d'après nature. Ce nasal saillant, en façon de visière

8

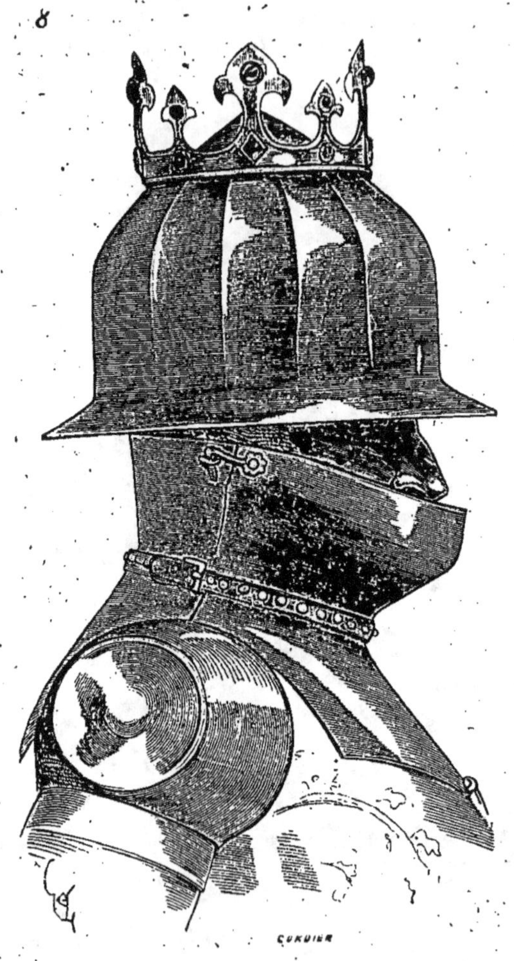

étroite, se voit également figuré à la partie antérieure de quelques salades. La doublure frontale est rivée sur l'avantail du chapel et le nasal par-dessous. Ce personnage porte sous son plastron d'acier un haut collet de justaucorps de peau piquée.

Quelques-uns de ces chapels sont forgés en façon de bombes très hautes, quelquefois cannelées, avec avantail peu saillant. Ceux-ci sont portés avec la bavière-colletin (fig. 8[1]), pourvue d'un haut garde-

[1] Même manuscrit.

nuque. Cet habillement de tête convenait aux gentilshommes, puisque l'artiste le donne à Porus, combattant Alexandre en champ clos. Dans ces exemples, l'avantail n'est pas percé de vues. C'était en inclinant

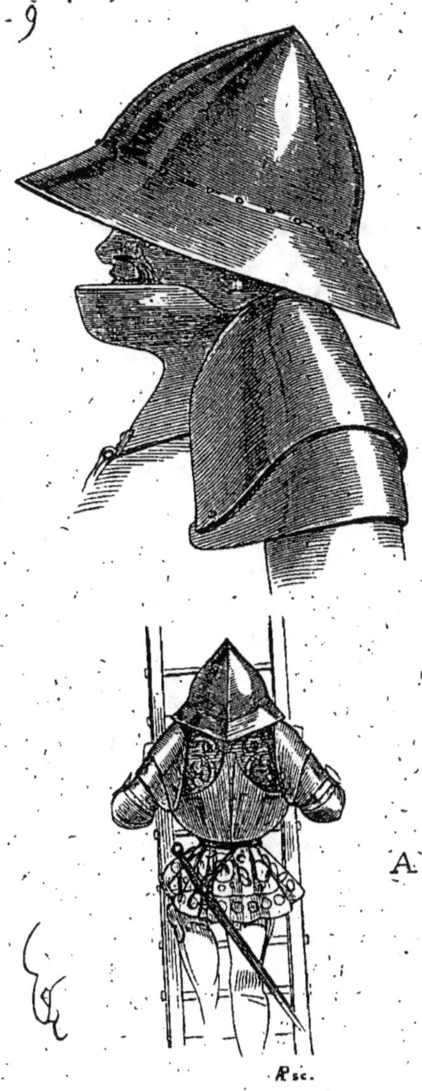

plus ou moins le chapel qu'on pouvait voir au-dessus ou au-dessous de l'horizon.

De ces chapels de fer du milieu du xve siècle, quelques-uns, à bords très inclinés, avec crête peu sentie sur l'axe de la bombe, sont posés sur la tête d'hommes d'armes montant à l'assaut (fig. 9[1]). Ces coiffures, qui donnent évidemment l'origine du *morion* du XVIe siècle, sont portées par des fantassins; mais il semble aussi que les hommes d'armes les mettaient pour combattre à pied, ce qu'on faisait souvent à cette époque. En A, on voit comment ce chapel formait un véritable toit, les parois latérales de l'avantail couvrant le bord supérieur des hautes spallières inclinées. Ainsi les projectiles lancés de haut en bas glissaient-ils sur ce triangle de fer. Le bacinet, plus lourd, plus gênant, ne permettant que difficilement de tourner la tête, ne convenait que pour charger à cheval, tandis que la salade et le chapel étaient de bonnes coiffures pour le combat à pied. Aussi les hommes d'armes bien équipés avaient-ils, depuis le règne de Charles V jusqu'à la fin du règne de Charles VII, trois sortes d'habillements de tête: le bacinet, ou, avec l'armure blanche, à dater de 1430, l'armet, la salade et le chapel de Montauban; car alors on ne portait plus guère le heaume que dans les tournois, et est-il fait mention du chapel de fer dans les combats singuliers: « Quand les deux champions furent prests, ils issirent hors de leurs « pavillons. Et estoit le chevalier du pas armé ainsi comme toujours « avoit accoutumé, sans avoir harnas en sa jambe dextre. Et celuy « Pitois avoit un harnas de teste qui n'estoit ni bacinet ni salade, « mais estoit fait à la semblance et maniere d'un capel de fer forgé et « approprié pour ce faire, et avoit une haute baviere, tellement que « de son viaire il n'apparoist que les yeux; et, pardessus son harnas « avoit vestu sa cotte d'armes; lesquelles estoient écartelées, le pre- « mier quartier d'azur à une croix d'or ancrée, le second quartier « lozangé d'or et d'azur[2]. »

CHAUSSES, s. f. (*chauces, chauches*), habillement de mailles pour les jambes.

> « Après s'arma Robers, li dus de Normendie.
> « Il a lachié ses cauches, la maile en est treslie:
> « Tost isnelement a sa broigne vestie,
> « E lacha .I. vert elme, qui fu fais à Pavie[3]. »
>
> « Lor chauces lor lacha Antiaumes et Morans[4]. »

[1] Manuscr. Biblioth. nation. *Boccace*, français (1420 environ).

[2] *Chron. de J. de Lalain*, par C. Chastelain (*Choix de chron. et mém. sur l'hist. de France*, Buchon, p. 687).

[3] *La Conquête de Jérusalem*, chant VII, vers 7246 et suiv., publ. par C. Hippeau.

[4] *Ibid.*, vers 7310.

En effet, au commencement du XIIIe siècle, les chausses de mailles sont habituellement lacées derrière les mollets [1].

On lit aussi dans le *Roman de Gaydon*, ces vers :

« Les chauces lace sus esperons d'ormier [2]. »

Et plus loin :

« Les chauces chauce, onques meillors ne vi [3]. »

« Chauces li chaucent blanches com .I. argent [4]. »

Le poème de *Gaydon* étant du commencement du XIIIe siècle, l'auteur emploie indifféremment le verbe *lacer* ou *chausser*, parce qu'en effet, à ce moment, on avait des chausses de mailles ou lacées, ou passées comme on passe de longs bas. Plus tard, vers le commencement du XIVe siècle, les chausses de mailles furent réunies à la ceinture comme un caleçon à pieds (fig. 1 [5]), et étaient ainsi de véritables braies. Les maillons, disposés verticalement de la ceinture en haut des cuisses, sont, à partir de ce point jusqu'en bas, rangés horizontalement. En A, est tracé, grandeur d'exécution, l'enlacement de ces maillons rivés à grains d'orge. Les maillons passent sous la plante des pieds, et le bas de jambe est fendu de *a* en *b*, pour faciliter l'introduction du pied.

Ces chausses ou braies de mailles sont adoptées pendant la première moitié du XIVe siècle, sous les grèves que l'on voit apparaître vers 1270, et jusqu'au moment où le harnais de jambes est complété par la molletière d'acier et les cuissots. Dès que l'armure des jambes est complète, les chausses sont faites de peau, avec partie de mailles au défaut des jarrets.

Merlin de Cordebeuf, dans son petit traité de l'*Ordonnance et matière des chevaliers errans* [6], recommande l'ancien harnais, et, par conséquent, les chausses de mailles. Voici ce qu'il en dit : « Item, le harnoys de jambes et de pié, il sera fait des chaussès de « maille ou de flandresques destaille pour estre plus agée et mieux

[1] Voyez ARMURE, fig. 13 et 15.

[2] Vers 3099.

[3] Vers 5883.

[4] Vers 6399.

[5] Ancienne collect. de M. le comte de Nieuwerkerke.

[6] XVe siècle, publié par M. René de Belleval, *Du costume militaire des Français en 1446*.

« ressembler lancienne faczon, sinon endroit le genoil, ou quel « endroit y aura ung poullain (genouillère) fait de blanc harnoys, « ainsi que plus à plain le sauray bien diviser. » Ces chausses

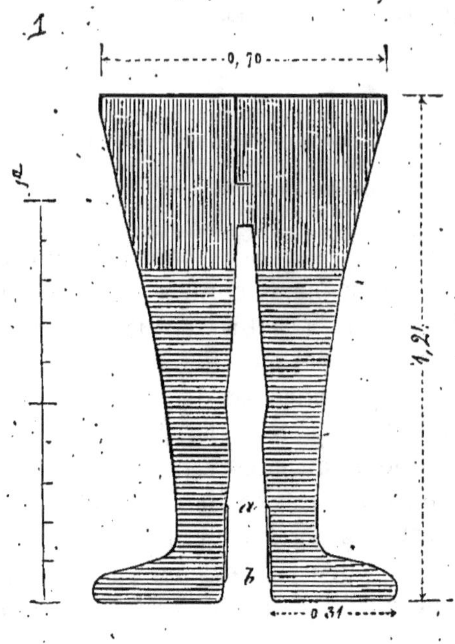

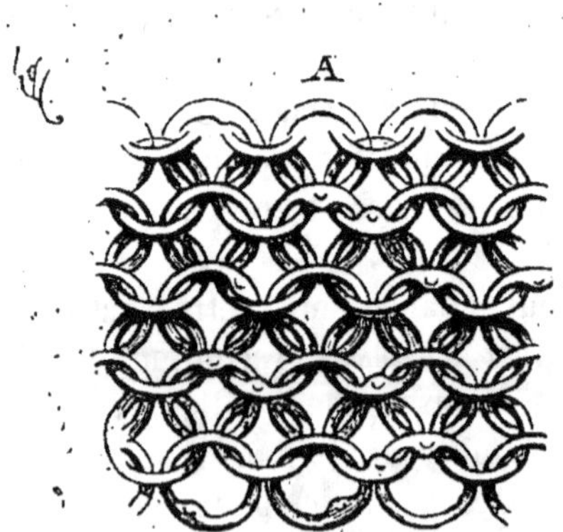

flandresques ou à la façon de Flandres, étaient faites de peau piquée longitudinalement, et étaient fort usitées vers la fin du XIVe siècle (fig. 2[1]).

Ce personnage porte sur ses chausses flandresques des genouil-

[1] Manuscr. Biblioth. nation., latin, nº 757, vignettes de facture italienne.

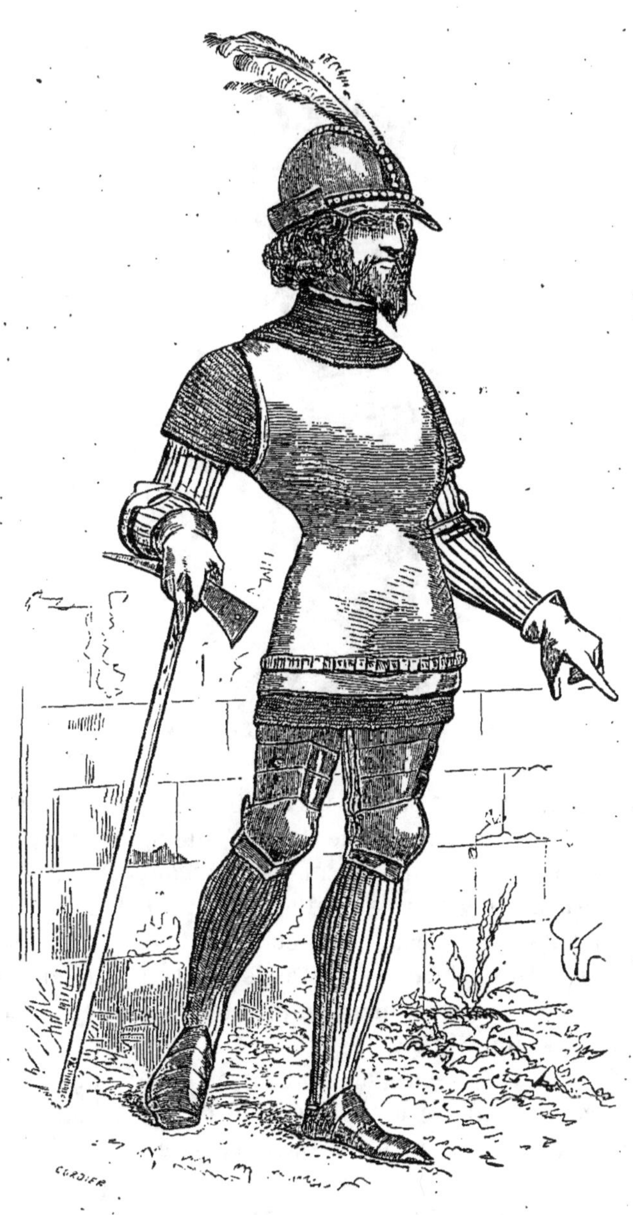

ARMURE MIXTE, CHAUSSES FLANDRESQUES (fin du XIVe siècle)

lères avec plates à recouvrement sur les cuisses, une cotte de mailles à manches courtes, et par-dessous, des manches de peau piquée avec cubitières ; puis, sur le tout, une cotte rouge sans manches, avec la ceinture militaire. Il est coiffé d'un chappel de cuir bouilli de forme singulière. On portait aussi, vers le milieu du XIVe siècle, des hauts-

3

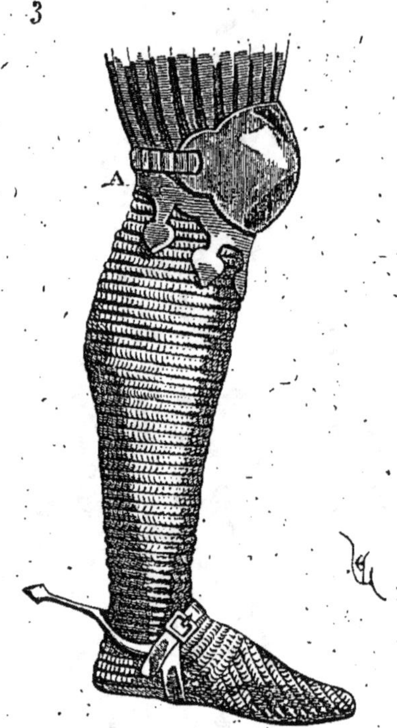

de-chausses de peau piquée par-dessus des bas-de-chausses de mailles (fig. 3[1]). Les hauts-de-chausses que donne cette figure sont découpés au-dessous du genou, garanti par un poulain ou genouillère. Bien entendu, les bas-de-chausses de mailles ne se prolongeaient pas sous les hauts-de-chausses de peau, mais étaient attachés à une sorte de caleçon de toile ; ainsi n'était-on pas assis sur la maille en montant en selle. La statue à laquelle nous empruntons ce vêtement date de 1344 (voy. ARMURE, fig. 31).

Vers la fin du XIVe siècle, on voit assez fréquemment adopter pour l'habillement militaire des plaques de fer rivées entre elles ou sur de la peau. L'armure de plates n'était pas encore admise d'une

[1] Statue d'Ulrich, landgrave d'Alsace, église Saint-Guillaume à Strasbourg.

manière absolue, elle était très chère; et tout en renonçant aux mailles, si ce n'était pour couvrir les défauts, on cherchait des moyens de protection qui eussent la souplesse de ces maillons, mais

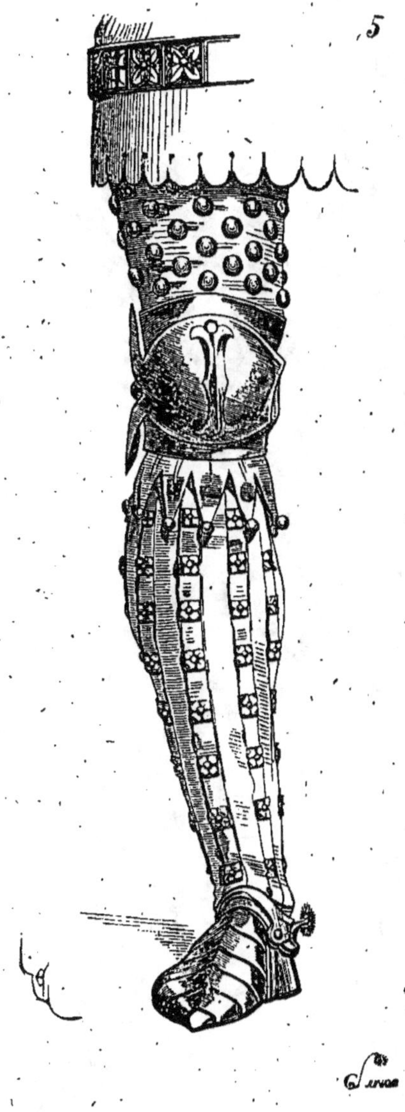

qui pussent opposer aux coups une plus grande résistance, sans présenter les difficultés de forge et de façon qu'offraient les armures de plates. Ce genre d'armures composées de petites plaques d'acier à recrouvrement en manière de tuiles n'eut pas une longue durée,

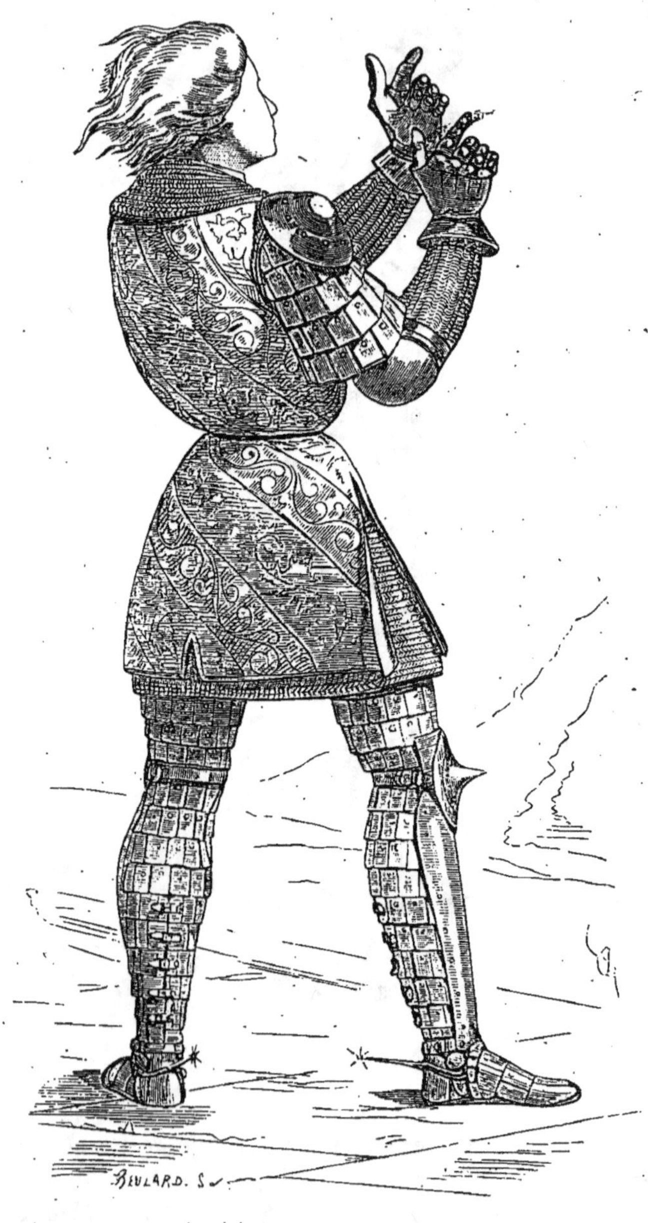

ARMURE MIXTE, CHAUSSES DE PLATES (fin du XIVe siècle)

et n'apparaît guère que pendant les dernières années du XIVe siècle. On fit alors des corsets, des camails et même des chausses, composés en grande partie de ces petites lames d'acier.

6

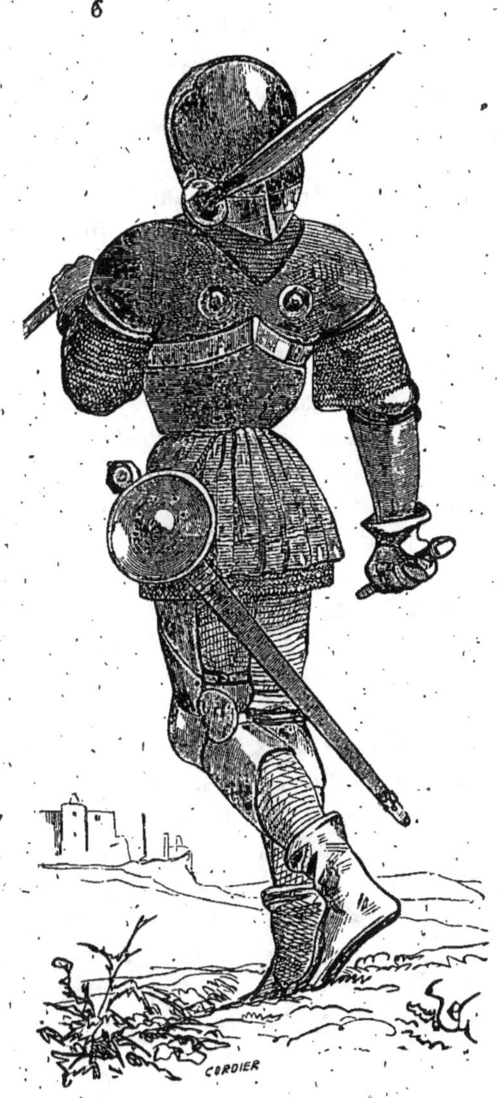

La figure 4[1] montre un chevalier (Lancelot du Lac) ainsi armé : ses jambes sont entièrement protégées par des chausses composées de

[1] Manuscr. Biblioth. nation., *Lancelot du Lac*, français, livr. II (1390 environ).

lamelles d'acier rivées; des grèves et genouillères garantissent en outre les tibias et genoux. Ce chevalier porte une sous-cotte de mailles, mais les arrière-bras sont couverts de même de lamelles d'acier avec rondelles sur les épaules. Des cubitières garantissent les coudes sur les manches de mailles. Par-dessus la cotte de mailles est posée une cotte d'étoffe blanche avec bandes rouges brodées d'or et d'argent. Ces chausses de lamelles étaient bouclées par derrière.

Vers cette époque aussi, on portait des hauts et bas-de-chausses de peau, avec semis plus ou moins serré de bossettes d'acier en manière de rivets (fig. 5). Dans cet exemple, les bas-de-chausses de peau sont renforcés par des lanières longitudinales de même étoffe, avec semis à têtes ornées, de bronze probablement. Les hauts-de-chausses, aussi de peau, sont couverts de bossettes hémisphériques; ils tombent au-dessous des poulains ou genouillères d'acier, et se terminent en pointes. Les solerets sont d'acier, avec doublure de peau. Ce harnais de jambes paraît avoir été particulièrement usité en Angleterre vers la fin du XIVe siècle; la peau en était teinte de couleurs vives et les rivets dorés. Il est rare qu'on trouve ces chausses figurées sur nos monuments français. Pendant le XVe siècle, en France, les hommes d'armes portaient toujours le harnais de jambes complet d'acier.

Quant aux piétons, ils mettaient le plus souvent des chausses de peau ou d'étoffe épaisse, ou de toile en double et triple épaisseur, avec grèves, souliers ou bottines (fig. 6[1]).

Ce fantassin, armé d'une vouge, est vêtu de chausses de peau avec bottines de même. Des molletières d'acier, avec cuissots et poulains, couvrent les jarrets, le haut des tibias, les genoux et le devant des cuisses. Il porte un jacque de mailles et par-dessus une brigantine avec lame d'acier sous les omoplates et petites rondelles de métal. La partie supérieure de la brigantine qui protège les épaules et les omoplates est couverte de velours orange; la partie formant dossière, de velours vert; la jupette est faite de satin cramoisi. Une *boce* est attachée à la poignée de l'épée, dont le fourreau est couvert de velours saumon. Il est coiffé d'une salade avec couvre-nuque articulé.

CLAVAIN, s. m. Sorte de pèlerine rembourrée couvrant le cou jusqu'aux clavicules. On posait le clavain sous le camail, sous le hau-

[1] Manuscr. Biblioth. nation., *Quinte-Curce*, trad. française, dédié à Charles le Téméraire.

bert, lorsqu'on portait le vêtement de mailles ; plus tard le clavain devint une pièce de l'armure, terminant le colletin. Le hausse-col du

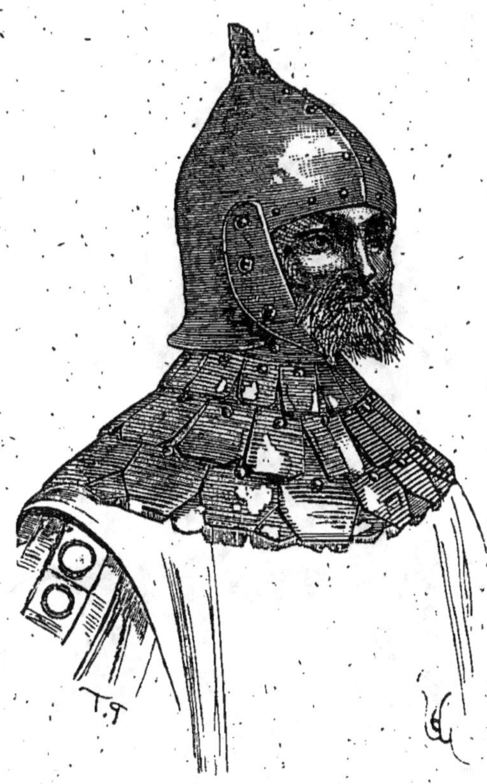

xviie siècle est une dernière tradition de cette pièce d'armure. On donnait aussi le nom de *clavain* à la partie du camail de mailles qui couvrait les épaules (voy. Camail).

« Le clavain li trencha et la broigne treslie [1]. »

« Trestot li porfendi le clavain par devant [2]. »

« Vestu ot à son dos .I. bon clavain eslis [3]. »

« Li clavains de son dos derox et dessartis [4]. »

[1] *Fierabras*, vers 1009 (xiiie siècle).
[2] *La Conquête de Jérusalem*, chant Ier, vers 303 (xiiie siècle).
[3] *Ibid.*, vers 333.
[4] *Ibid.*, vers 358.

« Vestu ot .I. clavain dont la maile est polie [1]. »

« Et le clavain del dos desrompre et desmailler [2]. »

Il est bien évident ici qu'il s'agit du vêtement de mailles qui recouvrait les épaules et qui terminait le camail.

2

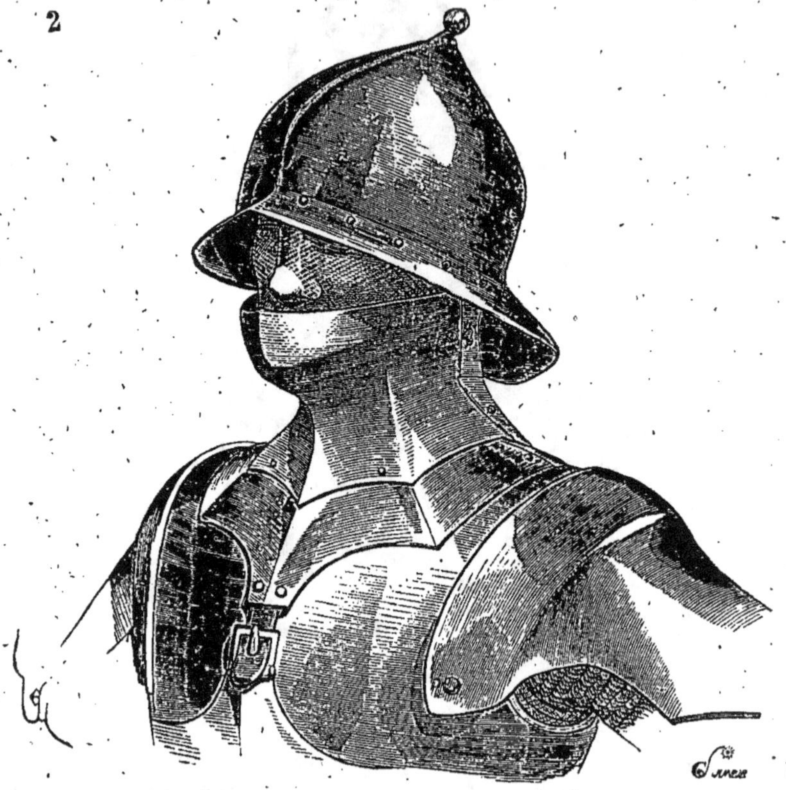

Il y avait aussi les clavains fermés (closeis), qui étaient faits de lames de métal et qui se posaient sous la ventaille :

« Ses cauches li caucha li rois Matusalés ;
« D'un clavain closéis, ainc nus hon ne vit tés ;
« Les bendes en sont d'or, si les fist Salatrés,
« .I. moult sages Juïs, qui fu des ars perés.
« As clox d'argent estoit chascuns claviax rivés :
« Ses esperons li cauche l'Amirax Josués ;
« Puis vesti .I. hauberc, qui fu d'antiquités ;
« .XX et .V. ans fu ains que Dex fu aorés,

[1] *La Conquête de Jérusalem*, chant Ier, vers 375.
[2] *Ibid.*, chant III, vers 2241.

« Dès le tans Israel, et Galans li senés;
« Là apristrent la forge dont chascuns fu parés ;
« Moult fu riche la broigne, chacuns pans fu saffrés,
« De fin or et d'argent menu estincelés,
« Et li cors de desore tos à listes bendés.
« La coiffe est tote d'or, moult à grans dignetés ;
« Ja hom qui l'ait el chief n'ert de colp estonés.
« En sa vantaille a perres qui gietent grans clartés ;
« A. XXX. las d'or fin fu ses elmes fermés [1]. »

Ce passage, que nous donnons en entier parce qu'il décrit

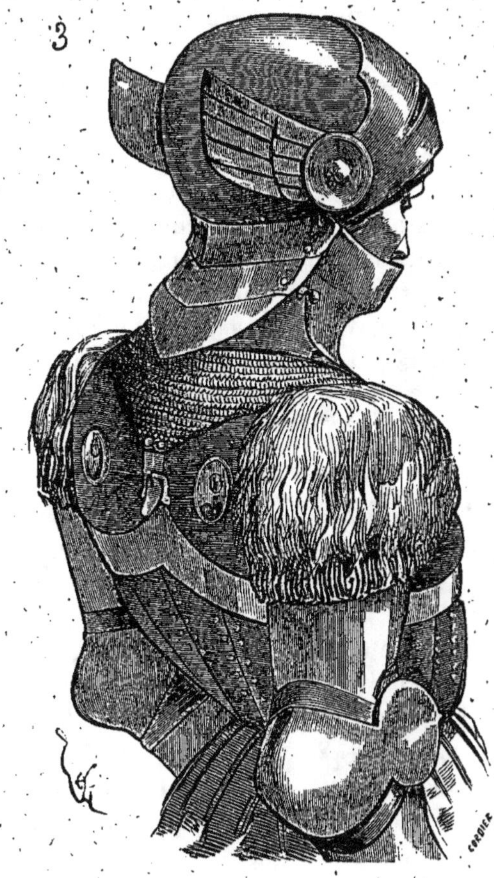

une armure à peu près complète du milieu du XIIIe siècle, men-

[1] *La Conquête de Jérusalem,* chant VIII, vers 8234, publ. par M. Hippeau.

tionne un clavain fait de pièces de métal rivées, posé sous le haubert.

A la fin du XIVe siècle, nous voyons de ces sortes de clavains posés sur la cotte d'armes (fig. 1 [1]). Cet homme d'armes est vêtu d'une cotte d'étoffe par-dessus un gambison; un clavain fait de lames d'acier rivées sur un fond de peau couvre son cou et ses épaules. Il est coiffé d'une barbute avec petite bavière en forme de jugulaires.

Au XVe siècle, le clavain n'est qu'une adjonction au colletin (fig. 2 [2]). Il couvre le haut du plastron, et est réuni par des courroies à la pointe supérieure de la pansière par devant, de la dossière par derrière. Le colletin, tenant à la bavière, recouvre à son tour le clavain.

On reprit aussi, vers cette époque, le clavain de mailles avec l'armure de plates sous le colletin et la bavière (fig. 3 [3]). Cet homme d'armes est vêtu d'une brigantine de deux couleurs, avec lame d'acier sous les omoplates, grosses floches de soie et franges d'or aux épaules; il porte un clavain de mailles attaché par deux courroies aux lames d'acier de la brigantine; la bavière et la salade, avec couvre-nuque et ailerons. Les bras sont armés de plates.

Il n'est plus question du clavain vers la fin du XVe siècle, le colletin plus ou moins développé le remplace.

COIFFE, s. f. (*coiffe de fer*). — Voyez CERVELIÈRE.

« Bauduins de Soriel ne les va de riens espargnant, ains le fiert de « l'espée parmi sa coiffe de fier; si que li espée li coula jusques al « tiest, en tel maniere que sé il ne se fust souploiés desor le cop, il « eust esté mors [4]».

COLLETIN, s. m. Pièce de l'armure de plates qui couvre le cou et à laquelle s'attache souvent la bavière. Le colletin n'apparait donc qu'avec l'armure de plates. Il peut être confondu avec la bavière à la fin du XIVe siècle (voy. BAVIÈRE, fig. 2).

On voit le colletin adopté aussi à la base du bacinet, de la fin du XIVe siècle (voy. BACINET, fig. 8, 9 et 10). Mais, à cette époque, au

[1] Manuscr. Biblioth. nation., *Tite-Live*, français (1395 environ).

[2] Manuscr. Biblioth. nation., *Miroir historial*, français (1440 environ).

[3] Manuscr. Biblioth. nation., *Quinte-Curce*, trad. française, dédiée à Charles le Téméraire.

[4] H. de Valenciennes, *Conqueste de Constantinople*, ch. XXVI.

lieu d'être rivé au bacinet, il en est parfois indépendant et forme autour du gorgerin du bacinet sphérique une sorte de collier forgé de deux pièces, plus haut par derrière que par devant, et posé sur le clavain de mailles (fig. 1 [1]). Une courroie passée dans une bielle rattache ce colletin au ceinturon, de manière à le bien fixer et à empêcher le clavain de mailles de se retrousser. Le bacinet se mouvait en dedans de ce collier d'acier.

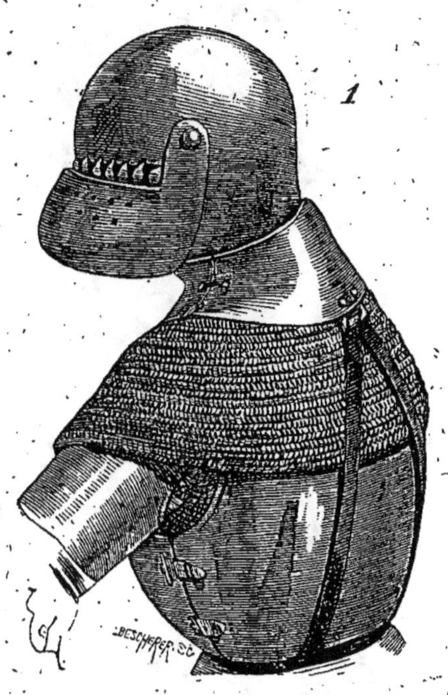

1

Au XVe siècle, le colletin tient à la bavière (voy. BAVIÈRE, fig. 4 et 5), mais on portait aussi de petits colletins sans bavière avec le bacinet sans visière (fig. 2 [2]). Ce colletin, composé de deux lames d'acier, est attaché à la pansière et à la dossière par des boucles. Au colletin de l'armet s'attachaient aussi parfois les spallières et arrière-bras (voy. ARMET, fig. 1 et 2, et ARMURE, pl. II). Alors le haut du plastron recouvrait le colletin.

[1] Manuscr. Biblioth. nation., *Chron. d'Angleterre*, français (1400).
[2] Manuscr. Biblioth. nation., Josèphe, *Hist. des Juifs*, français (1460 environ).

L'armet, à dater du milieu du XVe siècle, est toujours, en France,

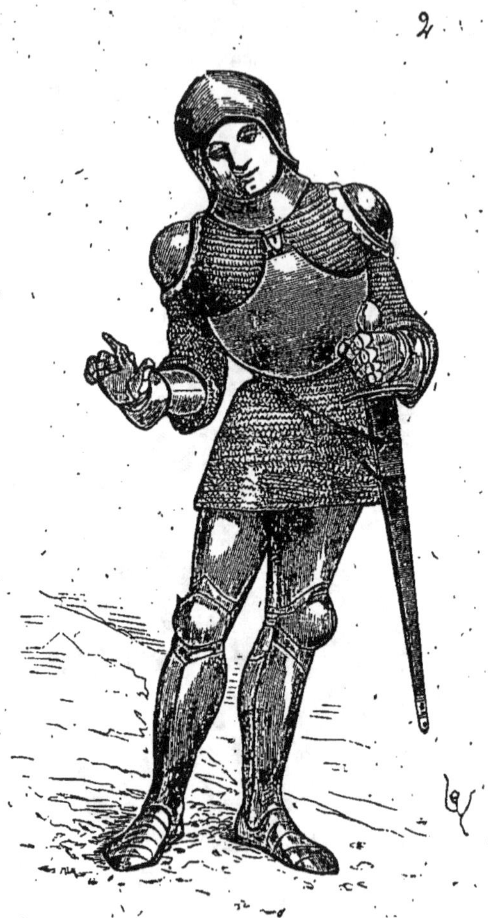

accompagné du colletin, qui passe sous le plastron (voy. ARMURE, fig. 50).

CORSELET, s. m. — Voyez CUIRASSE, PLASTRON, SURCOT *d'armes*, DOSSIÈRE et PANSIÈRE.

COTTE, s. f. (*cote, turnicle, tournicle, cotelle, surcotelle, surcot*). La cotte d'armes est, à proprement parler, la tunique d'étoffe ou de peau que l'on posait, à dater de la fin du XIIe siècle, sur le haubert de mailles, sur le gambison ou la broigne. Les cottes du XIIIe siècle n'ajoutaient pas à la force défensive de l'armure de mailles, mais elles empêchaient le soleil d'échauffer ce tissu de fer, ou la pluie de le pénétrer trop facilement. Elles pouvaient, jusqu'à un certain point,

1

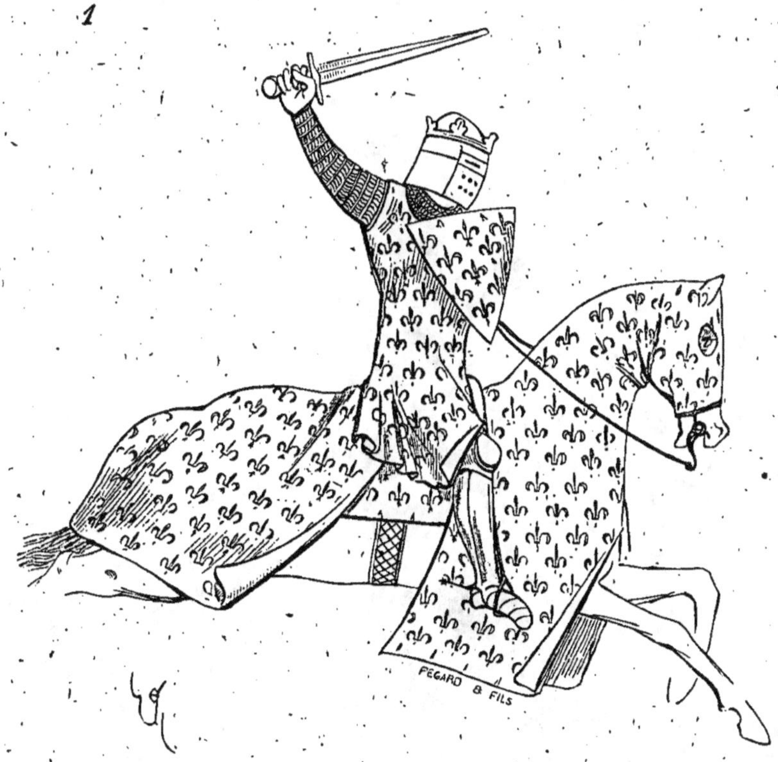

présenter un obstacle flottant aux flèches ou carreaux. Ces cottes des XIIe et XIIIe siècles sont faites habituellement d'une étoffe de soie assez forte (cendal) :

« Cuirie ot bonne, ferrée largement,
« Cote à armer d'un cendel de Melant :
« Plus est vermeille que rose qui resplent,
« A .III. lyons batus d'or, richement[1]. »

« Cote ot moult bonne, plus bele ne verrez,
« D'un drap tout Ynde qui fu à or frezez,
« A .I. lyon vermeil enclavinné[2]. »

A dater de la fin du XIIIe siècle, on voit parfois ces cottes armoyées,

[1] *Gaydon*, vers 6402 et suiv. (commencement du XIIIe siècle).
[2] *Ibid.*, vers 6488.

c'est-à-dire chargées des pièces du blason de ceux qui les portent. Mais sous les règnes de Philippe-Auguste, de Louis VIII, et jusque vers 1250, ces cottes ne sont que d'une seule couleur, habituellement claire. Alors elles ne couvrent pas les bras, dégagent le cou, et sont fendues latéralement pour ne pas embarrasser les jambes de

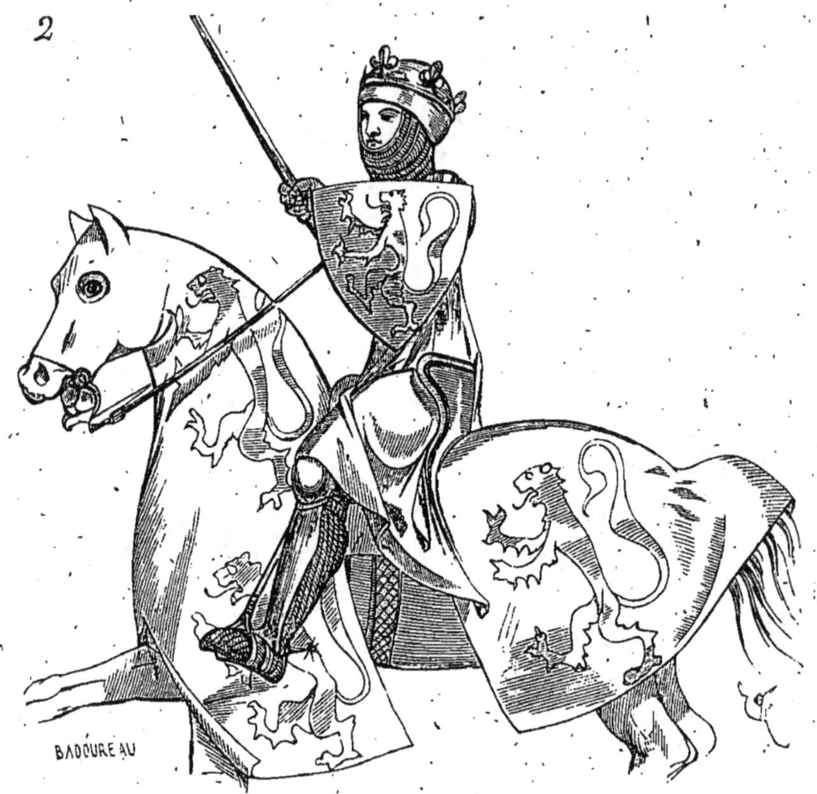

2

l'homme d'armes à cheval. Elles paraissent plastronnées par une épaisse doublure sur les épaules. Descendant au-dessous des genoux, au commencement du XIIIe siècle, leur jupe se raccourcit vers 1250. A la fin du XIIIe siècle, on les porte souvent longues, mais fendues en quatre parties [1]. Elles sont portées avec ou sans ceinture, et parfois même sans baudrier, l'épée étant attachée à l'arçon de la selle. Le manuscrit de la *Vie et Miracles de saint Louis* [2] représente ce

[1] Voyez ARMURE, fig. 16, 17 et 22.

[2] Biblioth. nation., français (1300 environ). Ce manuscrit donne l'armement postérieur à saint Louis. Il n'est pas probable que ce prince ait porté le harnais de jambes complet.

prince à cheval, à la bataille de la Massoure, armé d'un haubert de mailles et d'un heaume couronné. Une cotte armoyée sans ceinture est posée sur le haubert. Le cheval est houssé de même d'une housse bleue semée de fleurs de lis d'or. L'écu du roi est également blasonné de France (fig. 1). Joinville rapporte que ce prince avait

3

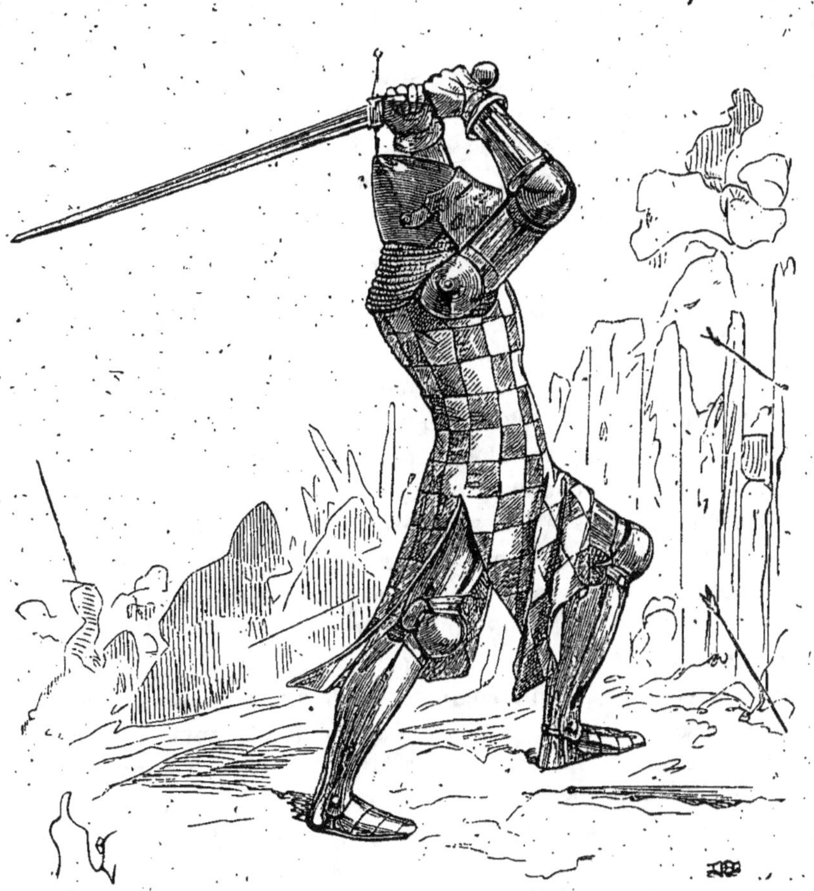

grande apparence à cheval pendant cette journée : « ... Vint li roys « à toute sa bataille, à grant noyse et à grant bruit de trompes et « nacaires, et se aresta sur un chemin levei ; mais ouques si bel « armei ne vi, car il paroit desur toute sa gent dès les espaules en « amont, un heaume dorei en son chief, une espée d'Alemaingne en « sa main[1]..... ».

[1] *Histoire de saint Louis*, par le sire de Joinville, publ. par M. Nat. de Wailly, p. 80.

Vers 1300, on porta pour monter à cheval, par-dessus la broigne ou le haubert, des cottes longues fendues seulement devant et derrière; derrière jusqu'à la hauteur des reins, et devant jusqu'à l'entre-cuisses. Ainsi les deux pans de droite et de gauche couvraient les jambes (fig. 2 [1]), et le troussequin de la selle pouvait rester libre. Ce fut vers 1320 que l'on se mit à plastronner le haut des cottes d'armes des épaules à la ceinture. Sous Philippe de Valois, cette mode était adoptée; on avait alors renoncé aux ailettes qui étaient remplacées par de petites spallières d'acier. Ce plastronnage de la partie supérieure de la cotte devient volumineux sous le roi Jean, et le camail le recouvrait (fig. 3 [2]). La jupe descendait au-dessous des genoux, et était fendue latéralement jusqu'à la hauteur des hanches. Ces cottes étaient souvent armoyées. Cet homme d'armes est coiffé du bacinet et, à pied, se sert de l'épée à deux mains (voy. ÉPÉE).

Alors aussi voit-on des hommes d'armes couverts, par-dessus le haubergeon de mailles, d'une cotte dont la jupe, très longue par derrière, et flottant par-dessus le troussequin de la selle, est courte par devant (fig. 4 [3]). La tête de ce personnage est armée du heaume à bec que l'on commençait alors à porter non seulement pour jouter, mais aussi dans les combats. La cotte recouvre le colletin de ce heaume et un peu les spallières. On renonce à ces jupes vers le commencement du règne de Charles V. Alors les cottes d'armes collent généralement sur les hanches comme les cottes de l'habillement civil, et la jupe ne descend qu'à moitié des cuisses. On attachait habituellement ces cottes latéralement au moyen de lacets ou d'agrafes, et on les passait comme une dalmatique. Une miniature d'un manuscrit du *Roman du roi Meliadus* (1360 environ) explique clairement comment l'écuyer posait la cotte sur les épaules de son maître (fig. 5 [4]). Parfois aussi ces cottes étaient boutonnées par devant comme nos gilets. On leur donnait le nom de surcots, parce qu'en effet elles étaient posées sur une première cotte. La miniature ci-dessus montre que le personnage auquel on endosse le surcot porte une première cotte courte ou justaucorps par-dessus le haubergeon ou la broigne. Cet exemple n'est pas le seul. Parmi les cottes

[1] Manuscr. Biblioth. nation., *Guerre de Troie*, français (1300 environ).

[2] Manuscr. Biblioth. nation., *Tristan et Iseult*, 2e vol., français.

[3] *Ibid*.

[4] Voyez John Hevitt, *Ancien Armours and weapons in Europe*. London, 1840, t. II, p. 156.

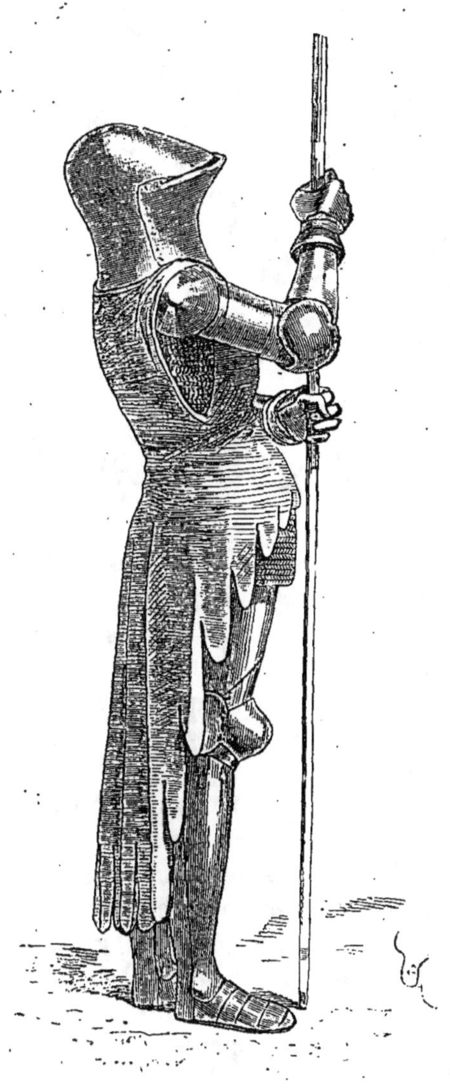

COTTE D'ARME (milieu du XIVe siècle)

ou surcots d'armes collant aux hanches, il en est de deux sortes. Indépendamment de leurs moyens d'attache, qui diffèrent, les surcots d'armes sont sans manches ou à manches longues et rembourrées aux arrière-bras. Ces différences s'observent de 1360 à 1380. Il y eut alors, en effet, dans le harnois d'armes, passablement de variétés,

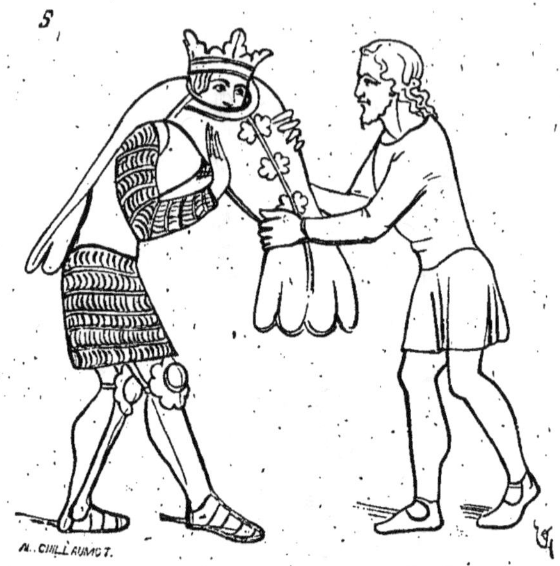

par la raison qu'on se tenait entre deux modes : celui des vêtements de mailles et l'armure de plates qui n'était pas encore généralement adoptée, qu'on étudiait. Les surcots sans manches, serrant les hanches, sont, en France et en Angleterre (car à cette époque le harnois de guerre était presque identique en ces deux pays), posés sous le camail du bacinet qui les recouvre : on avait ainsi, pour protéger le cou, deux épaisseurs de mailles, car le haubergeon était porté sous le surcot, et son encolure montait très haut. Voici (fig. 6 [1]) un de ces surcots avec et sans le bacinet à camail. La ceinture militaire était toujours posée au bas de la jupe de ce surcot, lorsqu'il était porté par un chevalier. Cet exemple montre un surcot boutonné par devant, de la taille au bas de la jupe, et agrafé seulement du cou à la taille. La figure 7 [2] montre un prince armé portant le surcot juste à manches longues et rembourrées aux épaules, agrafé latéralement; ce surcot est bleu semé d'Y blancs.

[1] Manuscr. Biblioth. nation. *le Livre des hist. du commencem. du monde*, français (1370 environ).

[2] *Ibid.*

6

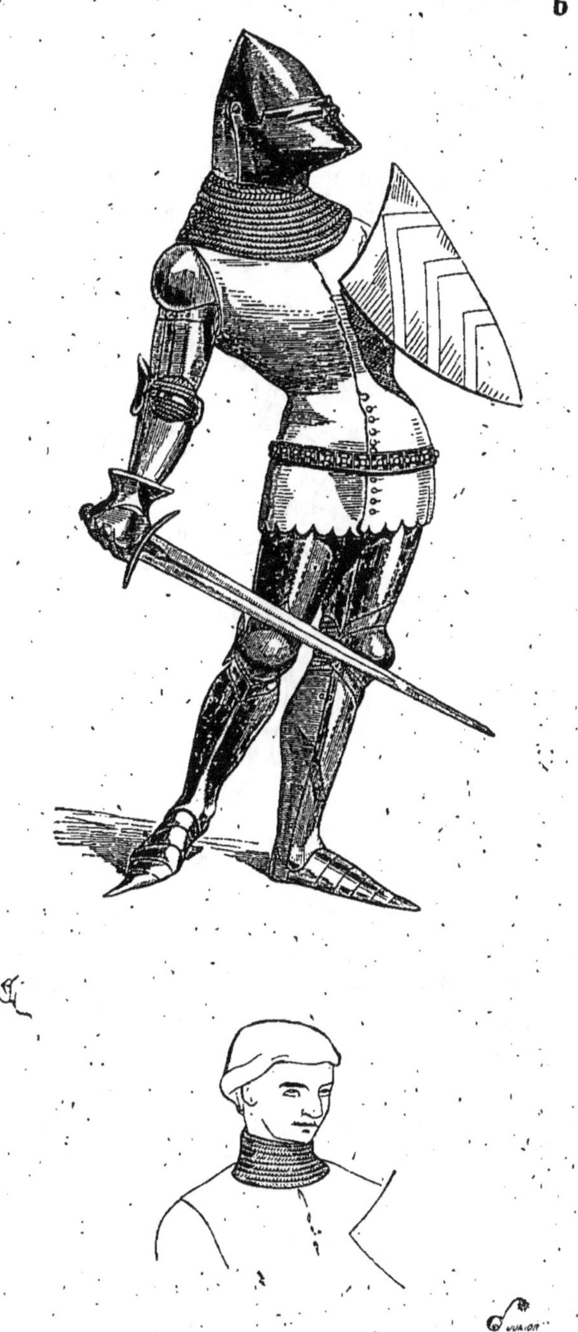

On portait alors aussi des cottes d'armes courtes et amples, avec ou sans ceinture à la taille : c'était le vêtement militaire adopté par du Guesclin [1], et que reproduit la figure 8 [2]. On voit ici, comme dans les deux exemples précédents, que le cou est garanti par la maille du haubergeon. Le bacinet ou le heaume avec camail se posaient donc par-dessus la cotte d'armes.

On portait aussi par-dessus ces cottes un *parement*, ou bien la cotte elle-même était taillée en façon de parement (voy. ARMURE, fig. 38). A la fin du XIVe siècle, toujours plastronnée sur la poitrine

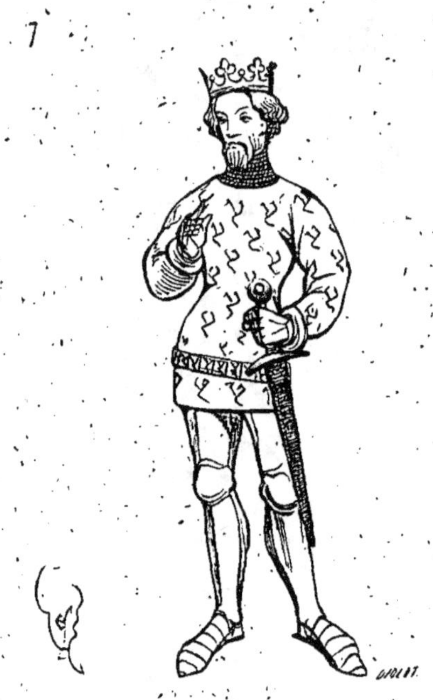

et le dos, la cotte reprend des jupes longues et des manches taillées en pointe à barbes d'écrevisse (fig. 9 [3]). Ces jupes forment deux longs pans tombant droit latéralement avec fente par devant et par derrière, une partie plus courte ne descendant qu'au-dessus des jarrets et taillée en lambrequins. Cette disposition ne gênait pas en selle. Les lambrequins de derrière flottaient sur le trousequin, et les deux pans latéraux le long des jambes. Ces cottes étaient sou-

[1] Voyez sa statue dans l'église abbatiale de Saint-Denis.

[2] Manuscr. Biblioth. nation., *le Livre des hist. du commencem. du monde*, français (1370 environ).

[3] Manuscr. Biblioth. nation., *Lancelot du Lac*, français (miniature de 1390 environ, en partie repeintes vers 1450).

vent bouclées par devant du cou à la ceinture, et lacées au-dessous (fig. 9 *bis* [1]).

La cotte disparaît lorsque l'armure de plates est définitivement adoptée vers 1420 ; ou si elle persiste alors, elle est ample : c'est une sorte de chemise courte sans manches et destinée à empêcher l'armure de s'échauffer ou de se rouiller (fig. 10 [2]) ; aussi pour éviter le bruissement du fer, lorsqu'on voulait surprendre un ennemi la nuit.

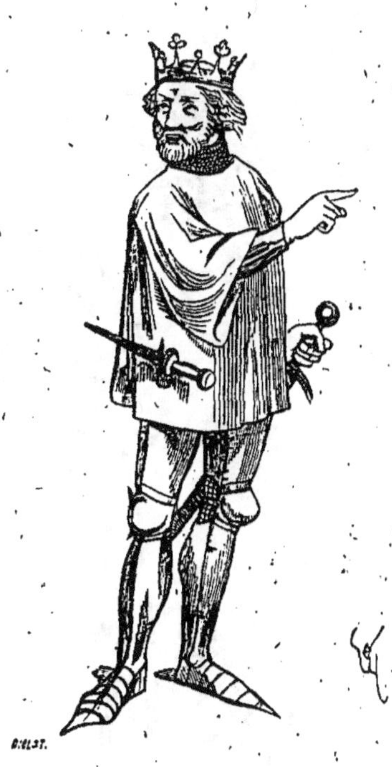

Des raisons d'utilité avaient fait adopter la cotte d'armes d'étoffe dès la fin du XIIe siècle. Les hauberts de mailles, posés sur le gambison de peau ou de toile rembourrée, devaient être insupportables lorsqu'on était exposé au soleil, surtout sous le ciel de la Palestine. La pluie, pénétrant à travers ces mailles, mouillait le gambison qui, à cause de son épaisseur et de l'étoupe qui le plastronnait, séchait difficilement, et en séchant se resserrait sur le corps. La cotte d'étoffe

[1] Même manuscrit.

[2] Manuscr. Biblioth. nation., *Boccace*, français (1420 environ).

de soie préservait, jusqu'à un certain point, les parties du vêtement qu'elle couvrait de l'humidité, car les tissus de soie sont peu perméables. Cette étoffe empêchait le froissement désagréable et gênant de la maille sur la maille. La cotte d'armes était donc un vêtement

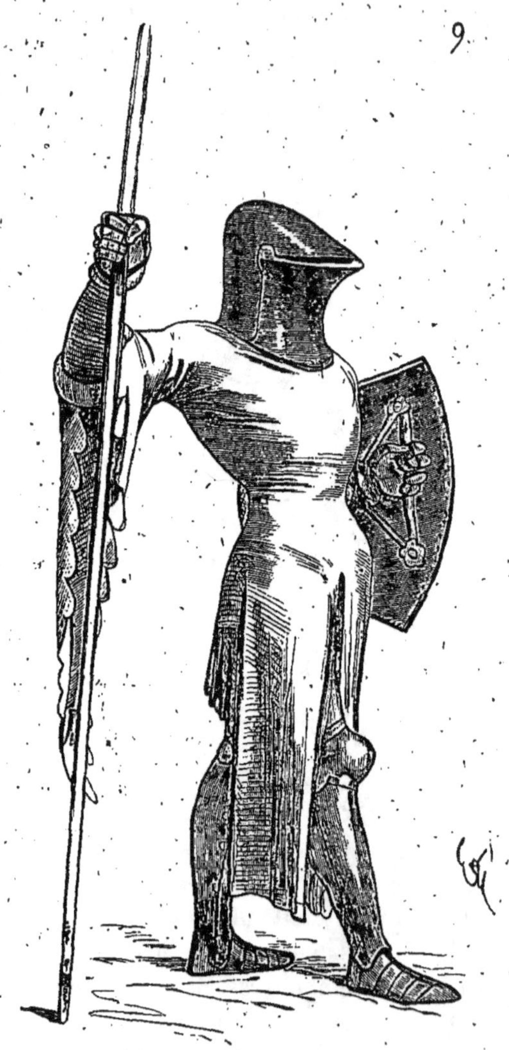
9

nécessaire. De plus, ses longues jupes flottantes empêchaient les flèches ou carreaux d'arbalète de blesser les jambes. Les projectiles s'arrêtaient sur ces plis flottants. C'est pour le même motif qu'on avait adopté, vers le milieu du XIIIe siècle, les housses d'étoffe pour les chevaux de guerre (voy. HARNOIS).

De 1420 à 1440, les gens de pied portaient aussi des cottes d'étoffe par-dessus le jacque de mailles ou de peau piquée, dont les manches ne couvraient que les arrière-bras. Ces cottes étaient larges sur la poitrine, très courtes de jupe, avec manches amples (fig. 11 [1]). Un camail de mailles recouvrait les épaules par-dessus la cotte fendue par devant aux manches et des deux côtés de la taille. Parfois ces jupes descendaient aux genoux, et leurs pans étaient relevés dans la ceinture pour combattre.

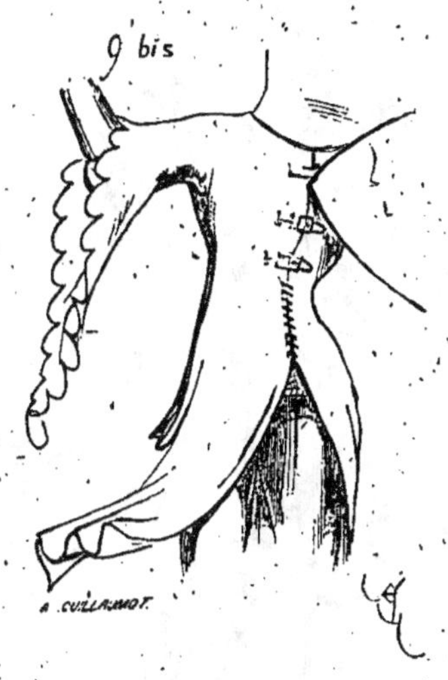

Vers le milieu du XVe siècle, les hommes d'armes adoptèrent des plastrons de fer sur lesquels une étoffe peinte était marouflée, afin d'éviter la rouille et l'action du soleil sur le métal poli. Cette mode, fort usitée en Italie, se répandit en Occident et en Allemagne ; elle dispensait du port de la cotte, qui devait gêner un peu les mouvements ou s'embarrasser dans les pièces d'armure. D'ailleurs les hommes de pied portaient des guisarmes ou des fauchards avec lesquels ils accrochaient les cottes des cavaliers, afin de les désarçonner pendant la mêlée. On cherchait donc à ne présenter dans l'armure que des surfaces lisses et qui ne donnassent aucune prise : c'était une des raisons qui avaient fait abandonner les baudriers lâches et qui avaient fait adopter les braconnières, les tassettes, les colletins.

Depuis que l'infanterie comptait pour quelque chose, le cavalier n'avait pas seulement à se préserver des coups de lance, d'épée ou de masse, mais aussi des armes offensives (bâtons) de ces fantassins,

[1] Manuscr. Biblioth. nation., Froissart, *Chroniques* (1440 environ).

coutilliers, brigands, lesquels se faufilaient entre les cavaliers chargeant les uns contre les autres, coupaient les jarrets des chevaux, accrochaient les hommes d'armes, les désarçonnaient et les égorgeaient, ceux-ci ne pouvant se mouvoir une fois à terre. Pour ce

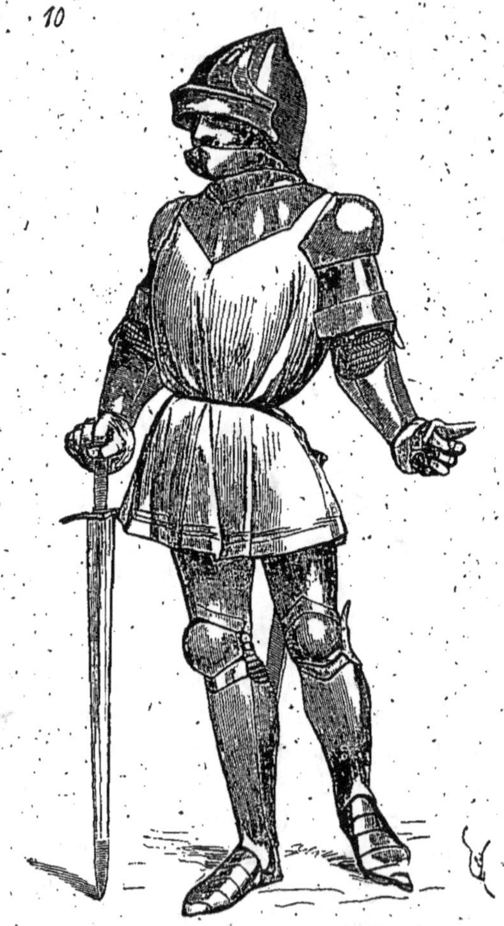

genre de combat, la cotte d'armes était dangereuse, ou au moins fallait-il qu'elle fût assez rigide et collante pour ne pas donner prise aux crochets des piétons.

On avait commencé, sous Charles V, à adopter ces cottes roides et rembourrées, ainsi que le montrent les exemples précédents ; puis était survenue une période courte pendant laquelle, à l'imitation des vêtements civils, on avait adopté des cottes démesurément amples et longues ; mais cette mode n'avait pas été de longue durée, les cottes serrées, rembourrées et courtes, avaient été reprises. On les abandonna entièrement sous Charles VII, pour les reprendre sous Louis XI et Louis XII.

Celles adoptées vers 1470 sont munies souvent d'une pèlerine ou large camail qui couvre seulement les arrière-bras et le dos [1], laissant le colletin découvert.

11

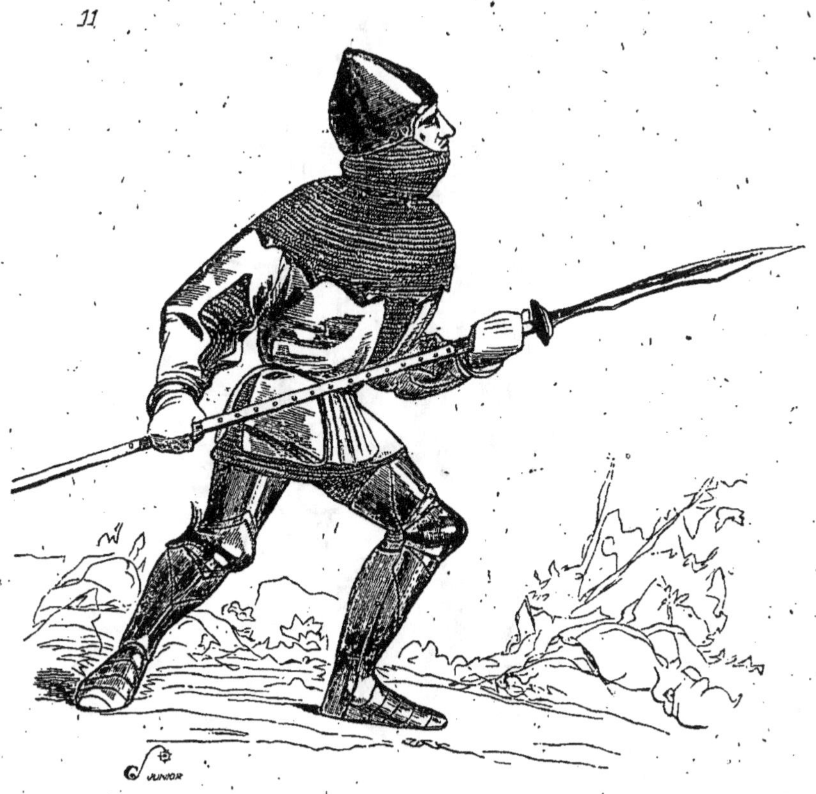

Sous Charles VIII et Louis XII, ces cottes d'armes, très courtes de jupe, faites en façon de chemise, possèdent des manches aussi très courtes et larges. Elles sont fendues latéralement et se portent sans ceinture (fig. 12 [2]). Cette cotte est armoyée irrégulièrement, en ce que le champ est d'azur et la tour de gueules. Elle recouvre un haubergeon de mailles à manches courtes. Les gardes de fer du colletin dépassent son encolure, et par-dessus le haubert on voit les extré-

[1] Statue de Charles d'Artois, mort en 1471, église d'Eu (voy. ARMURE, fig. 50).
[2] Statue tombale du musée d'Avignon.

mités des tassettes attachées certainement à une braconnière. Les jambes et les bras sont entièrement armés.

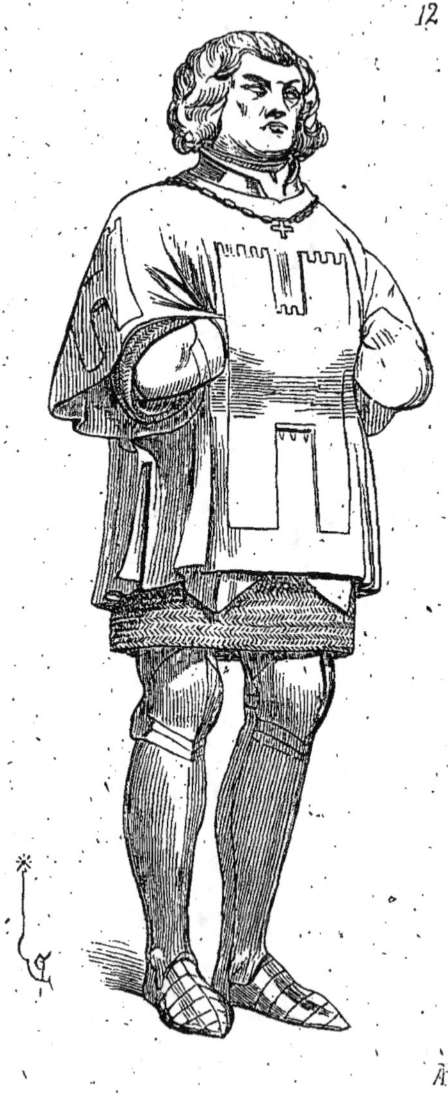

Ainsi donc ce chevalier portait un haubert de mailles par-dessous un corselet de fer, avec les braconnières et tassettes, puis la cotte d'armes.

Cette sorte de cotte est la dernière. On cessa de porter ce vêtement militaire dès les premières années du XVIe siècle. Les hérauts seuls continuèrent à vêtir la cotte armoyée dans l'exercice de leurs fonctions, et elle avait la forme de celle présentée figure 13[1].

Ce personnage, qui est un héraut d'armes, est vêtu de la cotte dont ces fonctionnaires, attachés à la chevalerie, restèrent possesseurs jusqu'au milieu du XVIe siècle.

13

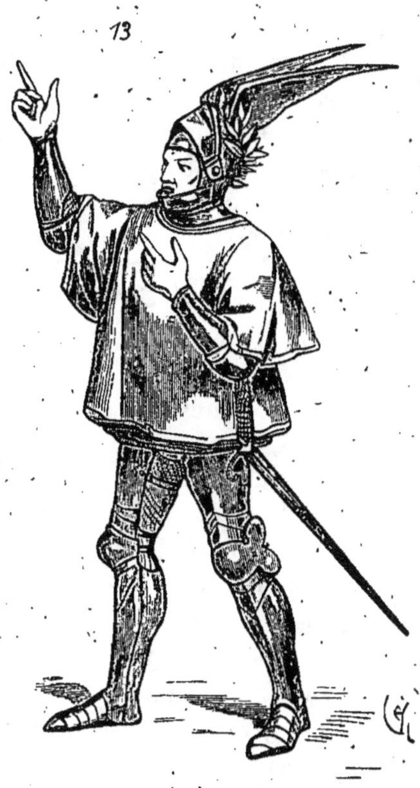

Cette cotte, très courte, était posée sur un haubergeon de mailles muni de manches courtes et amples. On la passait comme une chemise. Un armet pourvu de longues ailes d'or et d'une couronne de laurier couvre la tête de ce héraut,

COUTEAU, s. m. (*coustel, cotel*). Désignation générale de plusieurs armes de main et d'hast, d'où le nom de *coustillers* ou *coustilliers* donné aux gens qui portaient ces armes. « Item, y use len encores « dune autre maniere de gens armés seulement de haubergeons, sal-

[1] Manuscr. Biblioth. nation., *le Roman de très-douce Mercy*, René d'Anjou.

« lade, gantellez et harnoys de jambe; lesquelx portent vouluntiers « en leur main une faczon de dardres qui ont le fer large, que l'en « apelle langue de bœuf, et les appelle len coustilleux[1]. »

Cette arme (langue-de-bœuf) entre les mains des coutilliers n'avait point de ressemblance avec ce que nous appelons un couteau, ni avec l'arme qu'on désignait au XVIe siècle par une *langue-de-bœuf*, laquelle alors était un couteau long de 30 à 40 centimètres, à deux tranchants, très large au talon et fort aigu. La langue-de-bœuf de l'auteur anonyme est une lame emmanchée à l'extrémité d'un bâton et à un seul tranchant, large près du talon et aiguë. C'était la vouge (voy. VOUGE), qui était une arme très anciennement donnée aux fantassins. Ceux-ci portaient aussi la dague et l'épée courte (voyez DAGUE).

Le *couteau de brèche* était de même aussi une vouge ou une guisarme, c'est-à-dire une lame au bout d'un manche de bois (voy. GUISARME).

Il y a aussi le *coustel à plates*, qui était une dague dont la lame large, à deux tranchants, très plate, permettait aux coutilliers d'égorger les cavaliers démontés en passant l'arme sous le colletin. On donnait le nom de *coutelière* à la gaine du couteau.

COUVRE-NUQUE, s. m. Partie du bacinet et de la salade qui protégeait la nuque. (Voy. BACINET, SALADE.)

CUBITIÈRE, s. f. Partie de l'armure qui couvre le coude. Les premières cubitières apparaissent vers le milieu du XIIIe siècle. Elles ont la forme d'un bassin circulaire légèrement conique et dont la convexité est en dehors. Ces cubitières sont attachées à la saignée par une courroie sur la manche du haubert de mailles ou sur la broigne (fig. 1[2]). Cette figure montre en même temps comment la broigne était disposée sous l'aisselle (voy. BROIGNE). Ces premières cubitières sont petites, et ne pouvaient guère servir qu'à éviter les coups d'épée ou de masse dirigés sur le coude lorsque le bras était ployé. A la même époque, on portait des plates sur les arrière-bras et avant-bras. Avec ce harnois, il était nécessaire de mettre des cubitières. Celles-ci étaient en forme de cône aigu et retenues par

[1] *Du costume militaire des Français en* 1446, auteur anonyme, publié par M. René de Belleval.

[2] Manuscr. Biblioth. nation., *le Roman d'Alixandre*, français (1270 environ).

deux courroies (fig. 2[1]). C'était le commencement des armures de plates. Ces cubitières se dérangeaient facilement pendant une action; puis elles ne protégeaient pas la saignée. On y adjoignit des rondelles.

1

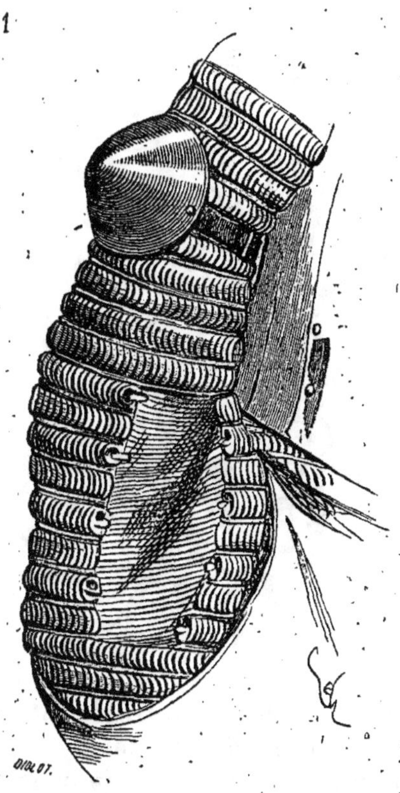

Les arrière-bras furent souvent couverts, vers 1300, par une plate semi-cylindrique, qui de l'épaule descendait à la saignée. L'avant-bras était protégé par un demi-cylindre. Une cubitière conique garantissait le coude, et à la courroie de cette cubitière, du côté externe, était attachée une rondelle d'acier. L'aisselle était de même couverte par une rondelle. Ces premières plates (garnitures de bras) sont parfois décorées de gravures remplies d'une matière brune, sorte de niellure, ainsi que le montre la figure 3[2].

[1] Même manuscrit.

[2] Statues tombales de 1300 environ, entre autres celle du chevalier Bacon (église de Carleston), attribuée faussement à un personnage de la même famille qui fit partie de l'armée du prince Noir. (Voyez Stothard, *the Monum. Effig. of Great Britain*.)

On comprit bientôt qu'il y aurait avantage à ne plus séparer ces deux pièces, la cubitière et la rondelle. On les forgea donc d'un seul morceau; et la rondelle prit alors le nom de *garde cubitière*.

Pendant le cours du XIVe siècle, les cubitières possèdent habituellement leur garde ; mais, par suite du ploiement du bras, il fallait que

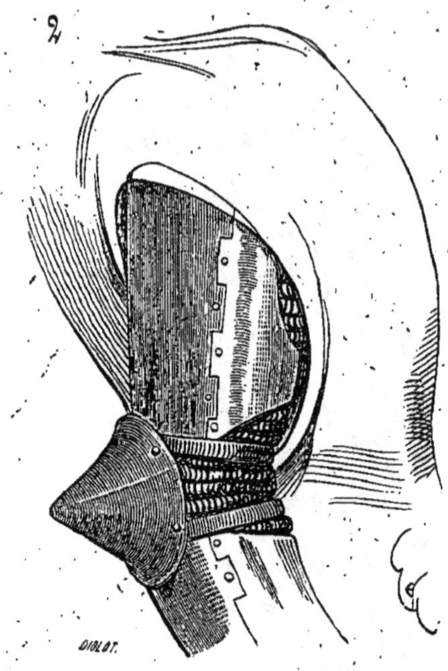

les canons d'arrière et d'avant-bras ne laissassent pas une solution de continuité entre eux et la cubitière. On ajouta donc des lames d'acier mobiles, destinées à couvrir cette solution. (Voy. BRASSARD.)

La cubitière enveloppa mieux le coude, et la garde externe ne pouvait être dérangée. Beaucoup de statues de personnages morts de 1350 à 1380 montrent des cubitières ainsi disposées, et qui sont rivées aux plaques mobiles des canons d'arrière et d'avant-bras (fig. 4 [1]). En A, cette cubitière est montrée du côté externe, et en B du côté interne.

La maille protégeait la saignée sous la courroie de la cubitière.

Au commencement du XVe siècle, l'armure de plates était déjà très perfectionnée. Les cubitières étaient, par conséquent, parfaitement appropriées à leur usage.

[1] Statue de du Guesclin, église abbatiale de Saint-Denis.

La figure 5 montre en A la cubitière adoptée de 1380 à 1400[1]. La garde, coupée en forme de cœur, couvre bien la saignée. Deux rivets attachent la cubitière aux plaques sous-jacentes, qui, se mouvant, recouvrent les canons d'arrière et d'avant-bras.

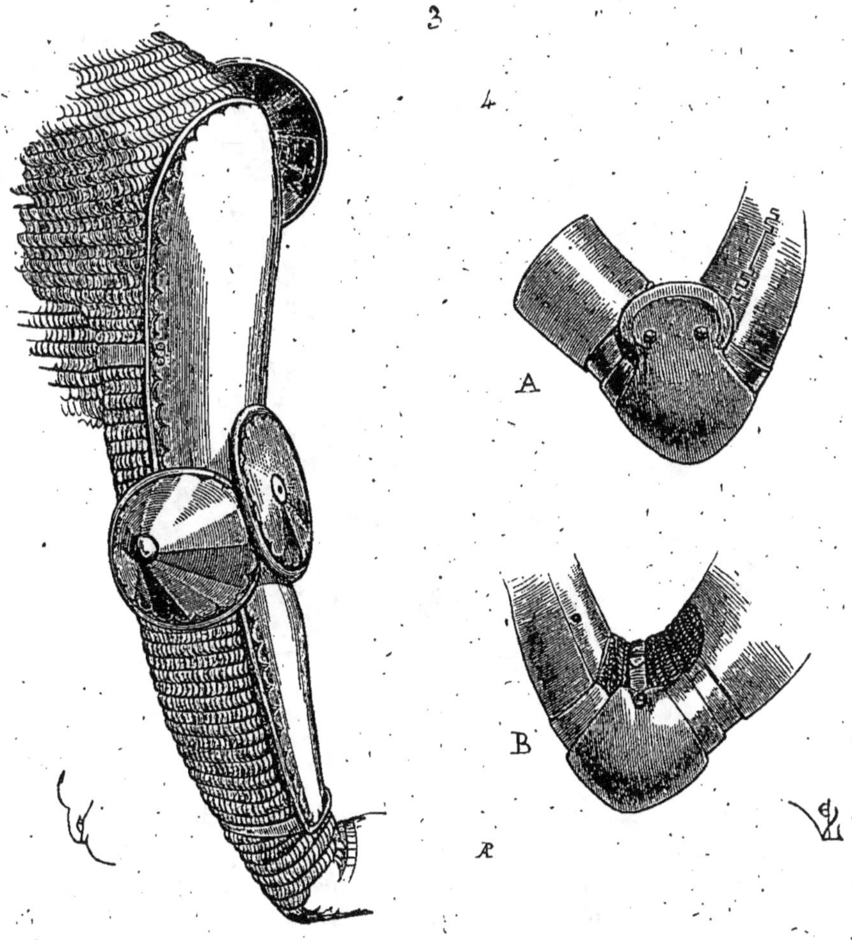

On remarquera, dans cette figure, les mitaines de peau avec petits boutons, qui protégent le dos de la main et qui empêchaient le gantelet d'acier de froisser le poignet.

En B, est tracée une cubitière analogue[2].

Le modèle de ces cubitières et de leurs gardes est parfaitement

[1] Statue de Jehan d'Artois, église abbatiale d'Eu (1384).

[2] Statue de Philippe d'Artois, mort en 1396, église abbatiale d'Eu.

étudié pour faire dévier les coups de pointe; on ne saurait trop observer avec attention le soin apporté par les armuriers de ce temps dans la fabrication des harnois de plates.

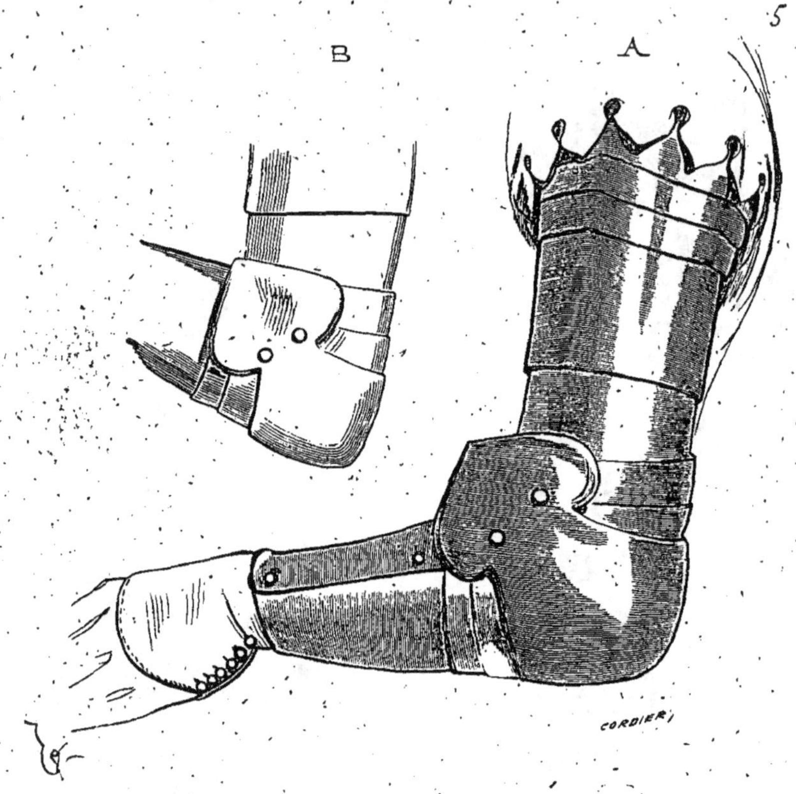

Cependant, à la même époque, c'est-à-dire de 1390 à 1400, on employait encore les garnitures de bras avec gardes indépendantes des cubitières. Voici (fig. 6) un exemple de rondelle adoptée avec la cubitière, et qui ne peut être antérieur à 1390 et postérieur à 1400[1]. On tâtonnait, et, après avoir atteint un résultat presque complet, ne trouvant pas la solution définitive, on retournait en arrière, cherchant une autre voie.

Armer le coude était un problème difficile, car il fallait laisser aux mouvements du bras toute leur liberté. Or le poignet pouvant, indépendamment de l'épaule, se mouvoir suivant un demi-cercle, par suite de la disposition du radius et du cubitus, ces gardes gênaient

[1] Statue du château de Pierrefonds.

quelque peu la liberté de l'avant-bras. On chercha donc à envelopper complètement le coude et la saignée, et l'on forgea des pièces à ce destinées, très évasées à la partie inférieure comme à la partie supérieure, mais qui masquaient complètement la saignée (fig. 7[1]). Ces

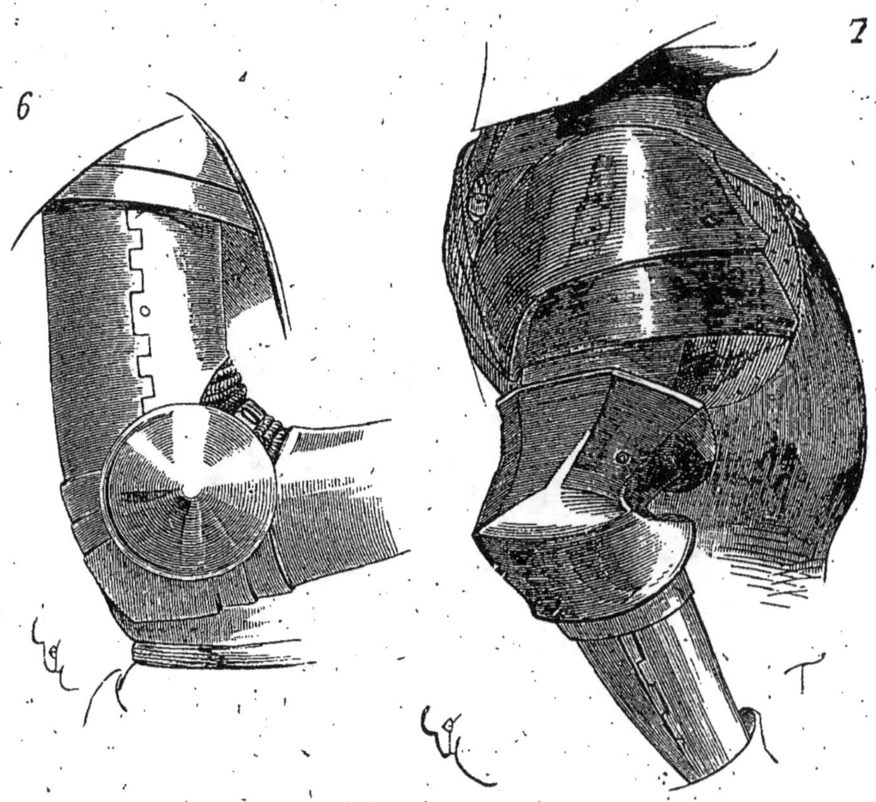

cubitières avaient cependant plusieurs défauts : si le bras était étendu, elles laissaient un vide entre le canon d'avant-bras et la garde, dans lequel la pointe de l'épée ou de la lance pénétrait aisément ; puis elles étaient lourdes. Ces sortes de cubitières, auxquelles on donna le nom de *garde-bras* (voy. GARDE-BRAS), ne furent guère usitées que de 1420 à 1440, et les fit-on différentes de forme pour le bras droit et le bras gauche ; ce dernier étant destiné seulement à maintenir l'écu et étant couvert par celui-ci.

Il serait impossible de donner tous les exemples de cubitières qui furent appliquées à cette époque, chacun les faisant forger à sa fan-

[1] Manuscr. Biblioth. nation. *Boccace*, français (1427 environ).

taisie. Celles qui paraissent le plus habituellement adoptées vers 1440 se trouvent reproduites à l'article BRASSARD (fig. 3) ; mais beaucoup d'hommes d'armes conservaient la bonne cubitière du XIVe siècle, avec gardes. Les cubitières qui suivirent la forme donnée figure 7 prirent, comme il vient d'être dit, le nom de garde-bras, et elles atteignirent

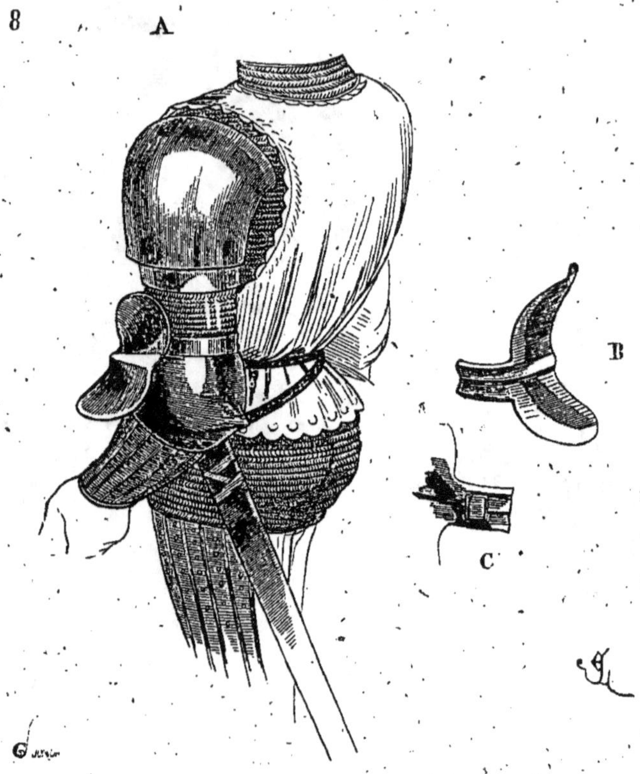

parfois une ampleur exagérée. On fit aussi, vers 1440, des cubitières composées de deux pièces, l'une qui protégeait le coude et se terminait en pointe aiguë ; l'autre qui couvrait la saignée avec garde externe très développée (fig. 8 [1]).

En A, est tracée la disposition d'ensemble de cette cubitière attachée ; en B, la partie de la saignée détachée, laquelle n'était qu'une garde avec appendice, sous lequel une petite bielle C était passée dans la courroie qui attachait la cubitière proprement dite. Ces sortes de cubitières ne paraissent pas toutefois avoir été fort usitées en France,

[1] Manuscr. Biblioth. nation., Froissart; *Chron.*, t. IV (1440 environ).

car jamais en ce pays les exagérations admises dans les armures anglaises et allemandes surtout, ne furent en honneur. Il est évident que l'on cherchait toujours chez nous à laisser aux mouvements du corps la plus grande liberté possible.

CUIRASSE, s. f. (*curasse*). Le mot *cuirasse* n'est adopté que vers la fin de l'époque du moyen âge, et ne s'applique habituellement alors qu'à l'habillement du torse pendant les joutes. La cuirasse faite de deux pièces, l'une pour le devant (le plastron), l'autre pour garantir le dos (la dossière), ne date que de la fin du XVe siècle. Il est rare, avant cette époque, de voir des cuirasses composées seulement de ces deux pièces. Celles de cette sorte que présentent des vignettes de manuscrits sont des corsets ou surcots de fer (voy. SURCOT), ou ce qu'on appelait au XVe siècle des *curasses closes*. Généralement, jusqu'à la fin du XVe siècle, les cuirasses de guerre se composaient d'un assez grand nombre de pièces : pour le devant, du *plastron*, de la *pansière*, du *voulant* ou *volant* qui était posé sous le colletin ; pour le dos, de la *dossière* indépendante ou dépendante de la ceinture, et parfois des *spallières fixes* ou *spallières doubles* qui masquaient le défaut entre les spallières mobiles et la dossière.

On donnait aux brigantines le nom de *curassines*. Souvent une pansière et un garde-reins doublaient la curassine de la ceinture au thorax, et au-dessous des omoplates. La pansière était elle-même, parfois, faite de plusieurs pièces articulées, qui prenaient alors le nom de *faulx*. La lame inférieure (celle qui formait ceinture) recevait les braconnières. L'ensemble de ces parties était le *harnais de corps*. (Voyez ARMURE, BRACONNIÈRE, BRIGANTINE, HARNOIS, DOSSIÈRE et PANSIÈRE, PLASTRON, SPALLIÈRE, SURCOT.)

CUIRIE, s. f. (*quirie*). On désignait par ce mot, du XIIe au XVe siècle, les courroies, les doublures de peau, les gambisons, et toutes les parties de l'armure faites de cuir :

« L'aubert li a fausé et perchié la quirie [1]. »

CUISSOT, s. m. (*cuissard*, *cuissaux*). Harnois de cuisses. On ne commence à adopter les cuissots que vers le milieu du XIVe siècle. Jusqu'alors les cuisses n'étaient protégées que par la jupe du hau-

[1] *La Conqueste de Jérusalem*, chant IV, vers 3183.

bert, le gambison et la cotte d'armes, et l'on se contenta, vers la fin du XIIIe siècle, d'armer les tibias et les genoux de plates d'acier (voy. GENOUILLÈRE, GRÈVE). La jupe du haubert de mailles ou de

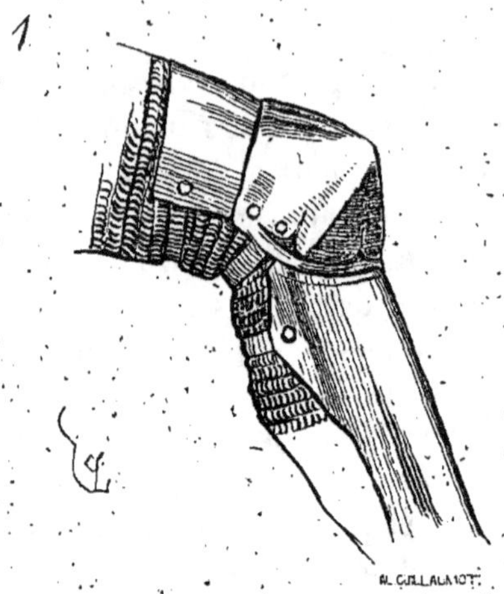

la broigne, qui descendait jusqu'aux genoux, pouvant se relever quelque peu pendant le combat à cheval, on commença par ajouter au-dessus des genouillères des lames d'acier qui ne montaient

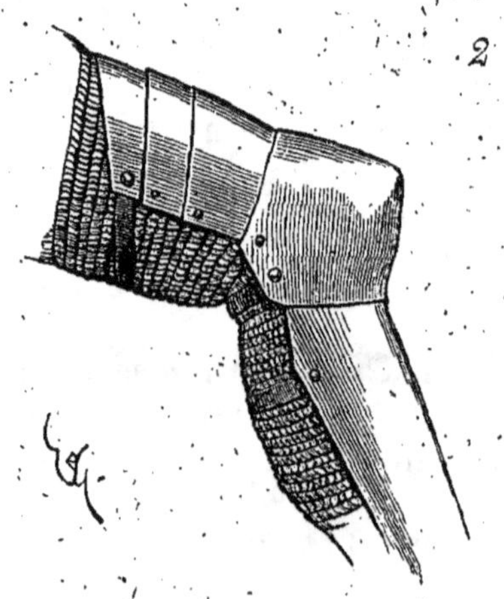

guère qu'à 10 centimètres au-dessus de ces genouillères (fig. 1). Ces embryons de cuissots étaient fixés sur les chausses de mailles à l'aide d'une courroie, et étaient rivés à la genouillère par deux

[1] Pièce d'armure, musée de Pierrefonds.

rivets latéraux qui permettaient à ces lames cylindriques de se mouvoir.

On ajouta bientôt à cette première pièce une ou deux autres pièces (fig. 2 [1]). Il n'était pas nécessaire cependant, à partir du genou, de laisser de la mobilité à ces pièces, puisque le fémur est rigide. On

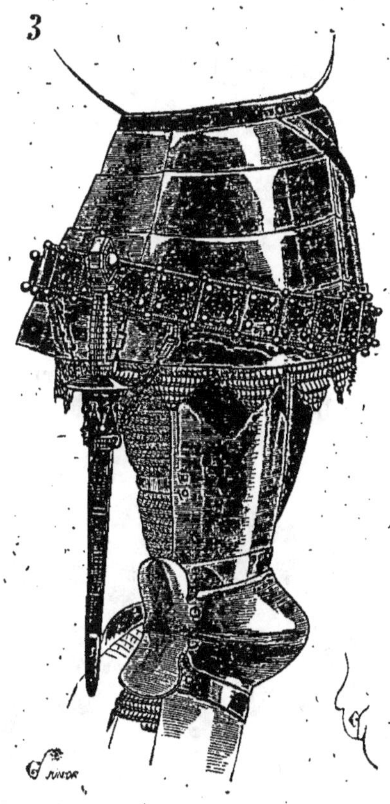

renonça donc, vers le milieu du XIVe siècle, à ces demi-cuissots articulés, pour adopter une garniture d'une seule pièce, couvrant toute la partie externe de la cuisse et se bouclant par derrière sur les hauts-de-chausses de mailles (fig. 3 [2]), mais en laissant une pièce articulée entre la genouillère et le bas du cuissot, afin de masquer la jonction, lorsque la jambe était ployée. Ces sortes de cuissots se portaient alors avec les braconnières, qui protégeaient les hanches et le haut des cuisses, ainsi que le montre la figure 3. Ils étaient habituellement attachés à la ceinture par des attelles qui les empêchaient

[1] Fragments d'armure de l'ancien musée de Pierrefonds.

[2] Manuscr., Biblioth. nation., *Tite-Live*, français (1350 environ).

de peser sur les genoux (fig. 3 *bis* [1]). On fit plus : vers 1360 on porta des cuissots entièrement clos, composés de deux parties réunies par des charnières et des loqueteaux. Celle antérieure, qui montait jusqu'à l'aine, se réunissait à la genouillère par une plaque articulée; celle postérieure était échancrée au-dessus du jarret.

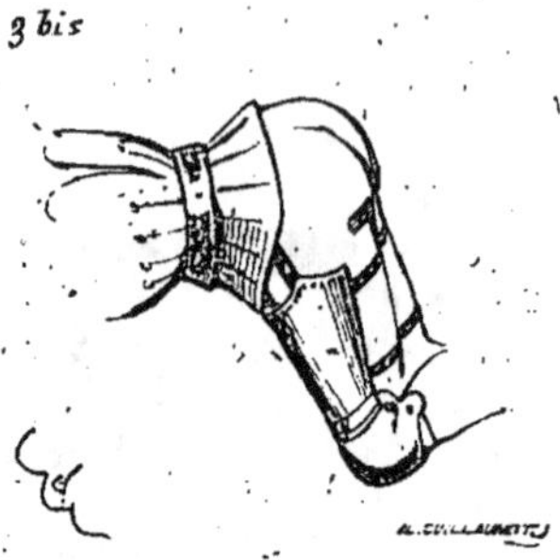

La figure 4 [2] présente un exemple de ces sortes de cuissots : en A, du côté externe, et en B, du côté interne. Le demi-cylindre de dessous, attaché au demi-cylindre antérieur par deux charnières *a*, se

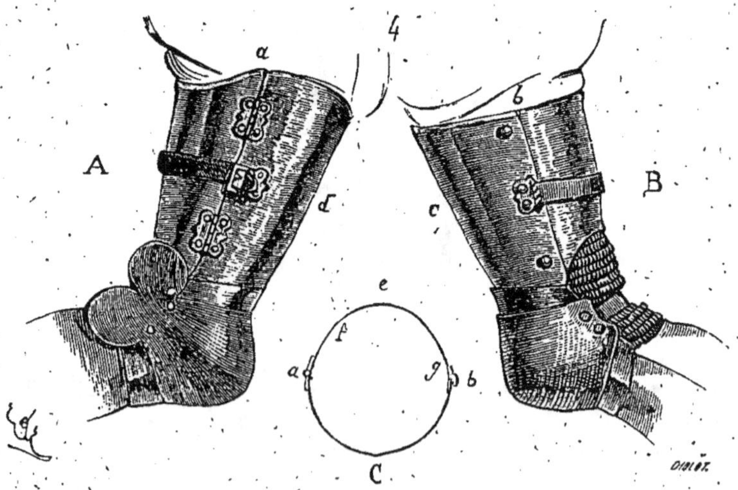

fermait par deux boutons à ressort et à œil *b*. Une courroie rivée en *c*, au bord interne de la plate de dessus, passait sous celle de dessous, qu'elle embrassait, et se bouclait en *d*. Cependant la partie *e* du cuis-

[1] Manuscr. Biblioth. nation., *Miroir historial*, français (1440 environ).

[2] Manuscr. Biblioth. nation., *le Livre des histoires du commencement du monde*, français (1370 environ).

sot (voyez la section C), interne, portant sur la selle. n'était point une défense utile et empêchait le cavalier de sentir les flancs du cheval. Ces boutons à ressort étaient gênants, aussi bien que la plaque de rivure de la courroie. On se décida dès lors à laisser une partie

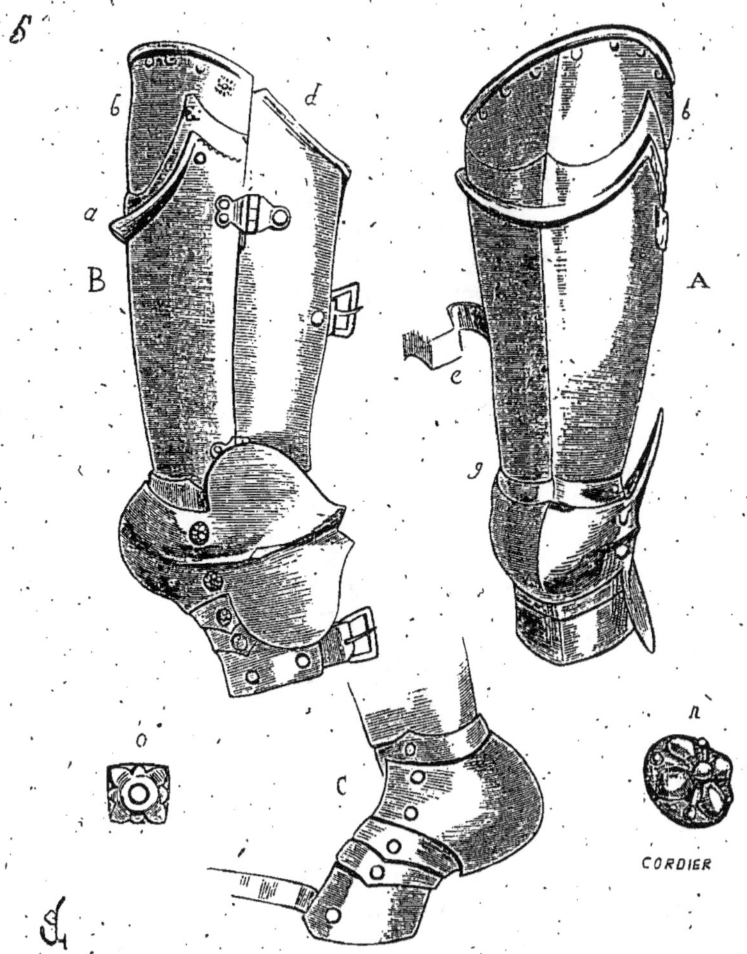

non armée de plates de *f* en *g*, et les cuissots des bonnes armures de plates de la fin du XIVe siècle sont façonnés ainsi que l'indique la figure 5[1]. En A, ce cuissot est présenté de face ; un nerf saillant règne sur l'axe et aboutit à un arrêt *a* destiné à empêcher le fer de lance de glisser jusqu'à l'aine. La pièce *b* est d'un autre morceau rivé latéralement au cuissot ; elle peut se mouvoir, afin, si le ventre est plié sur

[1] De l'ancienne collection d'armes de Pierrefonds.

la cuisse, de ne point pénétrer dans l'aine. Une autre pièce articulée g cache le défaut entre le bas du cuissot antérieur et la genouillère. En B, ce cuissot est présenté du côté externe avec sa genouillère et sa garde. La plaque latérale postérieure d ne fait que couvrir

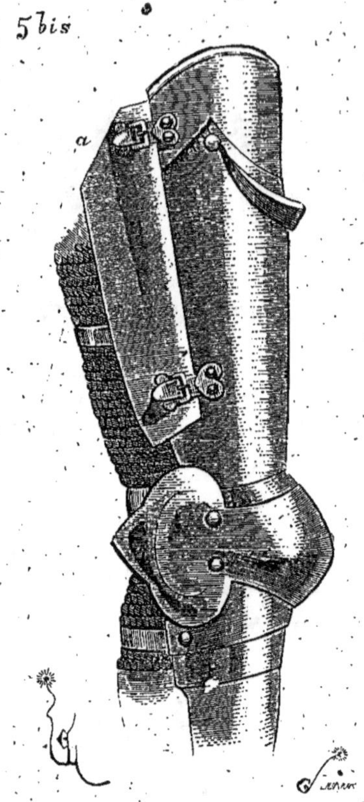

le côté vu de la cuisse, l'homme étant à cheval. Elle est maintenue au demi-cylindre antérieur par deux fortes charnières, et une boucle y est rivée qui reçoit la courroie e. En C, la genouillère est montrée du côté interne, et en n, o, sont présentées les têtes des rivets grandeur de l'exécution. Ces cuissots se posaient sur des chausses de peau ou de mailles.

Cette pièce, chef-d'œuvre de forge et de modelé, est merveilleusement appropriée à l'usage et à la forme du membre.

Cependant on laissait parfois flottante la plaque externe du cuissot, vers la fin du XIVe siècle. La statue de Philippe d'Artois, comte d'Eu, mort en 1397, porte des cuissots faits de cette façon (fig. 5 *bis*). La plate latérale externe a n'est maintenue au demi-cylindre antérieur que par deux courroies et est libre d'ailleurs ; deux autres courroies serrent le demi-cylindre par-dessous, sur les chausses de mailles. La même disposition est observée dans l'armure de Jehan d'Artois, mort en 1384.

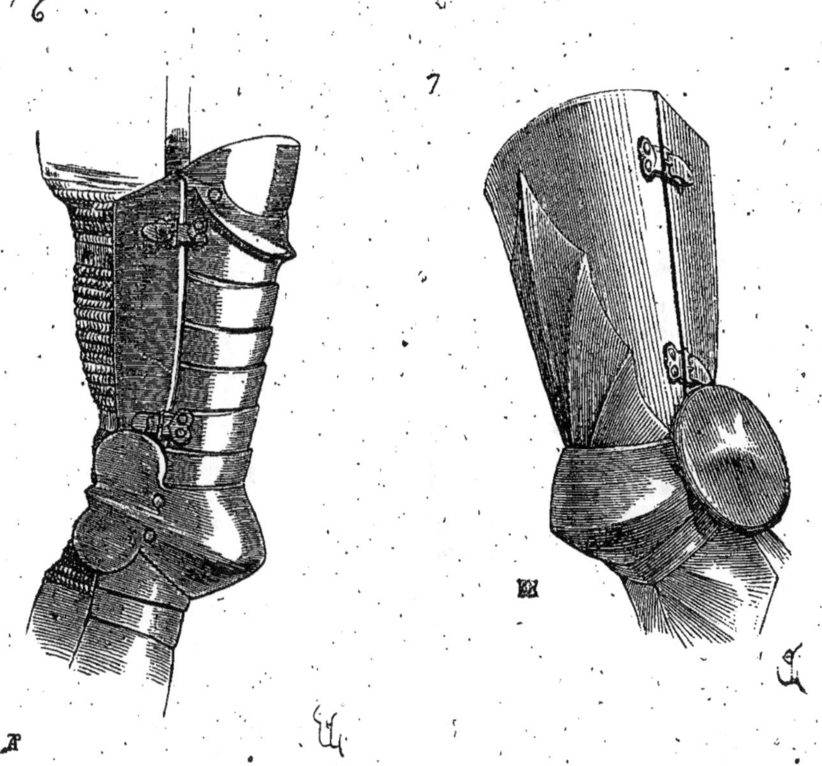

Mais de 1400 à 1450 on trouve une assez grande variété de ces cuissots. Il en est (fig. 6 [1]) dont la partie antérieure est complètement composée de pièces articulées, bien que la plate latérale de recouvrement externe soit faite d'une seule pièce. Des attelles attachaient ces cuissots à la ceinture. D'autres sont faits en façon de canons, sans charnières ni courroies [2]. Vers 1450, on voit des cuissots doublés d'une haute plaque d'acier cannelée en éventail, partant de la genouillère (fig. 7 [3]).

A la fin du XVe siècle, il arrive fréquemment que les cuissots n'ont

[1] Manuscr. Biblioth. nation., *Miroir historial*, français (1440 environ).
[2] Voy. CAMAIL, fig. 7.
[3] Manuscr. Biblioth. nation., *Girart de Nevers*, français.

plus de petite lame de recouvrement entre eux et la genouillère, et que les parties postérieures sont complètes, bouclées par deux courroies à la partie antérieure (fig. 8 [1]). Les armures dites *maximiliennes*, fort prisées à cette époque, sont dans ce cas (voy. ARMURE, pl. 5). Les cannelures de ces cuissots ne permettaient guère l'adjonction de ces pièces recouvrantes.

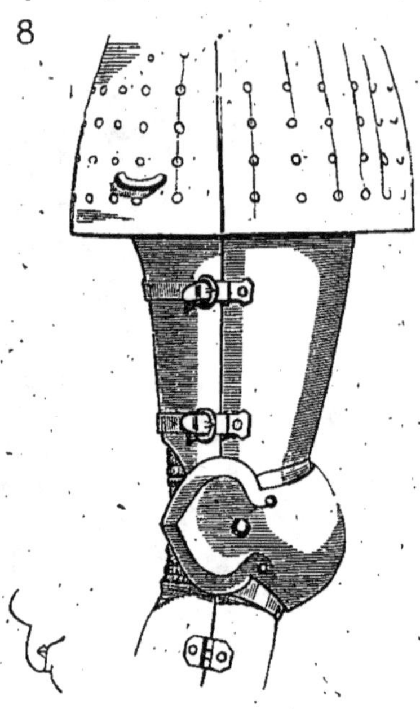
8

Mais de la seconde moitié du XIVe siècle au milieu du XVe, on portait aussi des cuissots fabriqués comme les brigantines, c'est-à-dire composés de plaques d'acier intercalées entre une garniture de forte toile en double ou de peau et un parement de velours ou de grosse étoffe de soie. Ces sortes de cuissots étaient lacés ou bouclés latéralement, ou on les passait comme un caleçon. Ils avaient de la souplesse dans la largeur, ce que les cuissots d'acier fermés ne pouvaient posséder, et étaient plus commodes pour monter à cheval. Les hommes d'armes, vers le commencement du XVe siècle, en portaient aussi, faits de peau et recouverts longitudinalement de cannelures d'acier rivées au moyen de bossettes (fig. 9 [2]).

[1] Statue de Charles, duc de Bourbon, mort en 1465, église de Souvigny.

[2] Manuscr. Biblioth. nation., *Chron.*, Froissart (1440 environ); statue dans l'église abbatiale de Tewkesbury (voy. Stothard, *the Monumental Effigies of Great Britain*).

En A, est tracée la section des cannelures, moitié d'exécution. Les genouillères C sont posées sur une doublure B de peau, qui recouvre la jonction des cuissots et les grèves également de peau.

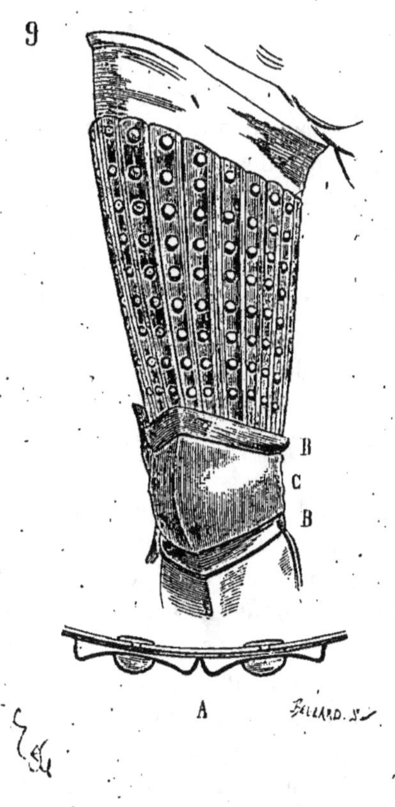

Les Anglais paraissent avoir porté parfois de ces sortes de cuissots vers 1400. Si cet habillement garantissait bien l'homme d'armes des coups de taille, il était médiocre opposé aux coups de pointe, car ces bossettes au fond des cannelures arrêtaient le fer de la lance, et la pointe de l'épée pouvait se faire jour entre les lames de métal.

Vers la fin du xve siècle, les cuissots articulés reparaissent et ne cessent d'être adoptés jusqu'au commencement du xviie siècle.

D

DAGUE, s. f. (*daguette* [*dague courte*], *cope-gorgiase*, *ganivete*). Arme de main, courte, que l'on portait, à dater du milieu du XIVe siècle, à la ceinture, du côté droit, la poignée en avant.

La dague était une arme des hommes d'armes et des piétons (coutillieux), et elle était de formes variées. Il y avait la dague longue et la daguette, la dague à deux tranchants et à lame large, et la dague à section triangulaire ou carrée avec faces évidées.

Cette arme ne paraît pas avoir été adoptée avant la fin du XIIIe siècle. Du moins n'en est-il pas fait mention avant cette époque, et les monuments n'en laissent pas voir de traces.

A dater du commencement du XIVe siècle, au contraire, les dagues apparaissent sur les miniatures des manuscrits, aussi bien que sur les statues funéraires [1].

Les gens de pied appelés *coustillieux* ou *coustelleux* portaient des dagues courtes à lame large, très plate et très effilée, qui servaient à égorger les hommes d'armes démontés. Ces lames aiguës et très plates passaient aisément entre les défauts de l'armure. Les archers portaient, pendant les XIVe et XVe siècles, des dagues longues à deux tranchants, assez semblables à de petites épées larges. Les dagues des hommes d'armes avaient environ 50 centimètres de longueur, compris la poignée, et la lame en était épaisse, sans tranchants, plate, triangulaire ou carrée, mais très effilée. Cette arme servait pendant les combats singuliers. Plus tard, pendant le XVIe siècle et le commencement du XVIIe, ces dagues prirent le nom de *mains-gauches*, parce que, en effet, on les tenait de la main gauche au combat à l'épée ; elles servaient alors à parer et aussi à fournir un coup droit, si l'on enferrait l'adversaire.

Voulait-on se défaire d'un homme, pendant les XIVe et XVe siècles, on le *daguait*, c'est-à-dire qu'on lui portait des coups de cette arme dangereuse, qui, par sa roideur, poussée par une main vigoureuse, traversait des buffles et même des mailles, si elles n'étaient fortes. Bien en prit au roi Jean d'être bien armé lorsqu'il s'en vint arrêter le comte d'Harcourt au château de Rouen, le 6 avril 1355, car un

[1] Voyez ARMURE, fig. 28, 30, 34, 36, 38, 44 et 50.

des écuyers du roi de Navarre, qui fut fait prisonnier pendant la même assemblée, nommé Colinet Doublel, « prist bonne dague en bon poing, « et assist (se jeta) sur le roy Jehan, et le cuida tuer ; mais il estoit si « fort armé qu'il ne lui put mal faire, et pour ce en rechut mort, si « comme vous orrés [1] ».

Quand Henri de Transtamare se vit en face de son compétiteur Pierre le Cruel, lequel s'était réfugié au château de Montiel, il ne sut réprimer sa colère, et il lui taillada le visage de trois coups de dague. Pierre, furieux, se jeta sur le prince, et tous deux roulèrent à terre.

Voici ce que dit l'auteur anonyme du *Costume des Français en 1446*, à propos des dagues [2] : « Item, y use len encores dune autre « maniere de gens armez seulement de haubergeons, sallade, gan-« tellez et harnoys de jambe ; lesquelx portent vouluntiers en leur « main une faczon de dardres qui ont le fer large, que len appelle « langue de bœuf, et les appelle len coustilleux ». Il ne faut pas confondre cette arme, dite langue-de-bœuf, avec celle qui portait ce nom au XVIe siècle. Cette façon de *dardres* est une courte vouge, c'est-à-dire une lame à deux tranchants, courte, emmanchée d'un bois de 1[m],50 de longueur au plus, et qui permettait aux fantassins de blesser les hommes d'armes aux défauts de l'armure, en passant la lame sous les gorgerins, sous les braconnières. Pour ce faire, il fallait que ces manches fussent assez longs pour pénétrer sous ces harnois de l'homme à cheval, et assez courts alors pour ne pas toucher le sol. — « Item, quant à la faczon de dagues et d'espeez, tant « de hommes d'armes, de coustilleux, et d'archiers, sont ainsi que « après sensuivent : premierement, lesdiz hommes darmes les portent « courtes et pesantes, et sont d'estoc et de taille, et les dagues « longues ; item, lesdiz coustilleux portent vouluntiers des feuilles de « Catheloigne [3], ung pou longuetes et estroites, et sont ung bien pou « roides, et dagues pareilles ; item, les archiers les portent longues, « tranchans come rasouers, et sont à deux mains, et ont dagues plus « longues que les hommes d'armes ne les coustilleux, et tranchent « aussi comme rasouers... »

La dague courte, à lame épaisse, très effilée, portée par les hommes d'armes du commencement du XIVe siècle, est dépourvue

[1] *Chron.* de Pierre Cochon.

[2] Publ. par M. René de Belleval (voyez les notes).

[3] Est-ce *feuille de Catalogne* qu'il faut entendre, ou *feuille de chélidoine*, comme on dit *feuille de sauge* ?

de quillons; sa garde ne se compose que d'une rondelle de 6 à 8 centimètres de diamètre. Le pommeau est de même forme et de même dimension que le disque de la garde (fig. 1[1]). La poignée est garnie de fouet recouvert d'une peau de vélin artistement collée et est bien en main.

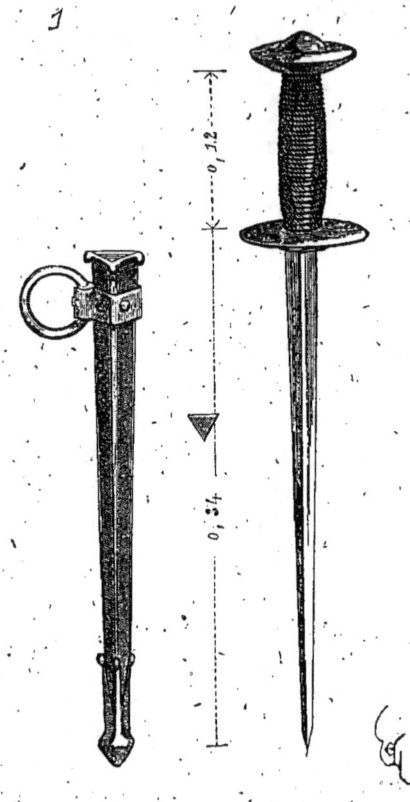

La lame de cette arme est triangulaire; le fourreau était couvert de peau ou de velours et attaché à la ceinture au moyen d'un anneau qui passait dans un crochet. Cette arme était alors portée sur la hanche droite, inclinée à 60° environ, la poignée en haut. Vers la seconde moitié du XIVe siècle, la lame des dagues porte parfois un tranchant, tout en conservant une section triangulaire (fig. 2[2]). Cette arme, d'une excellente exécution, possède une lame dont la section a 21 millimètres au-dessus du talon : elle est tracée en A;

[1] Ancien musée de Pierrefonds.

[2] Ancienne collect. de M. le comte de Nieuwerkerke.

le dos est plat, légèrement concave au talon. La poignée est faite de bois dur avec deux brides et deux bossettes de cuivre dont le détail est donné en B. Les deux rondelles, formant coquille et pom-

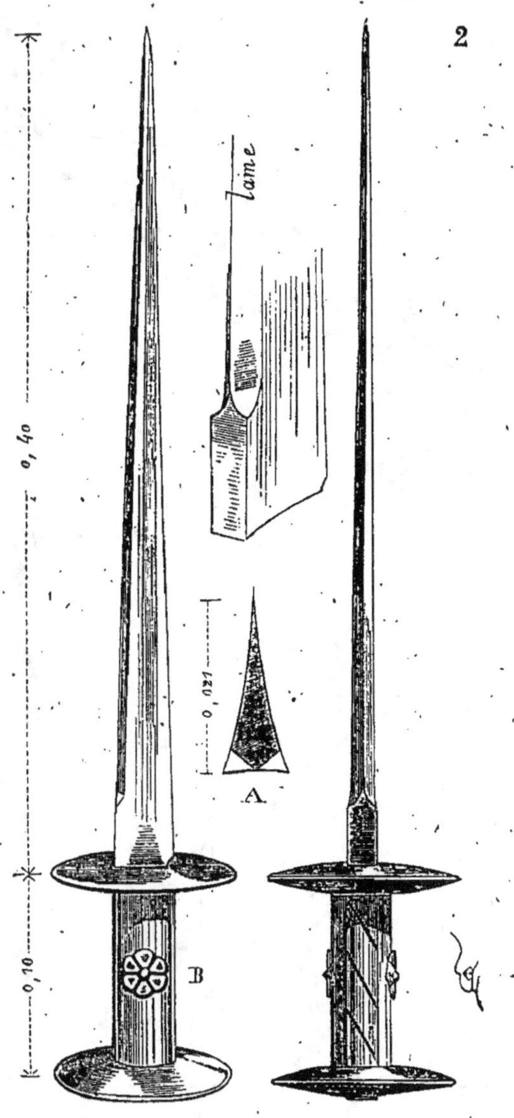

meau, sont de fer et de diamètres égaux. Cette arme se portait alors assez souvent horizontalement, mais toujours sur la hanche droite. La forme de la poignée de la dague ne se modifie guère jusqu'au milieu du xve siècle. Mais alors apparaissent, à la place de la garde en façon de disque, de petits quillons renversés très propres à engager la pointe de l'épée de l'adversaire (fig. 3 [1]).

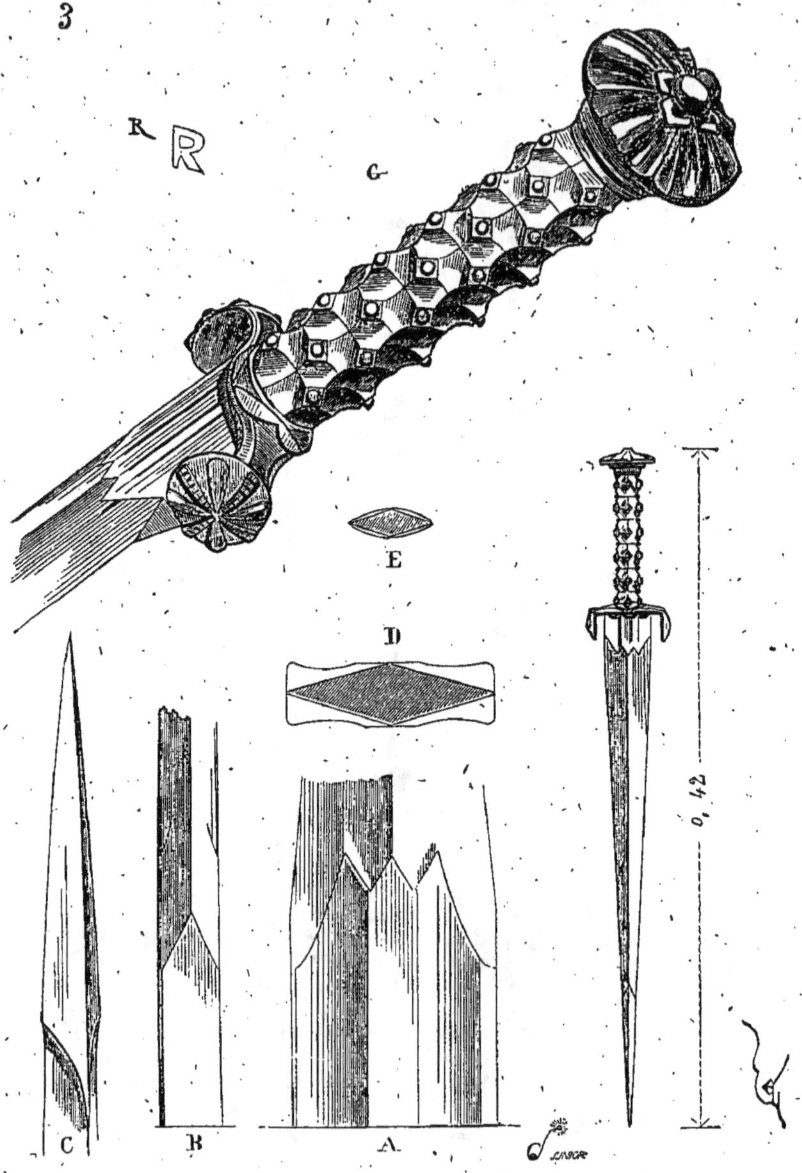

La lame de cette dague, dont la section est donnée grandeur d'exécution en D, est à deux tranchants, avec partie renforcée, qua-

[1] Même collect.

4

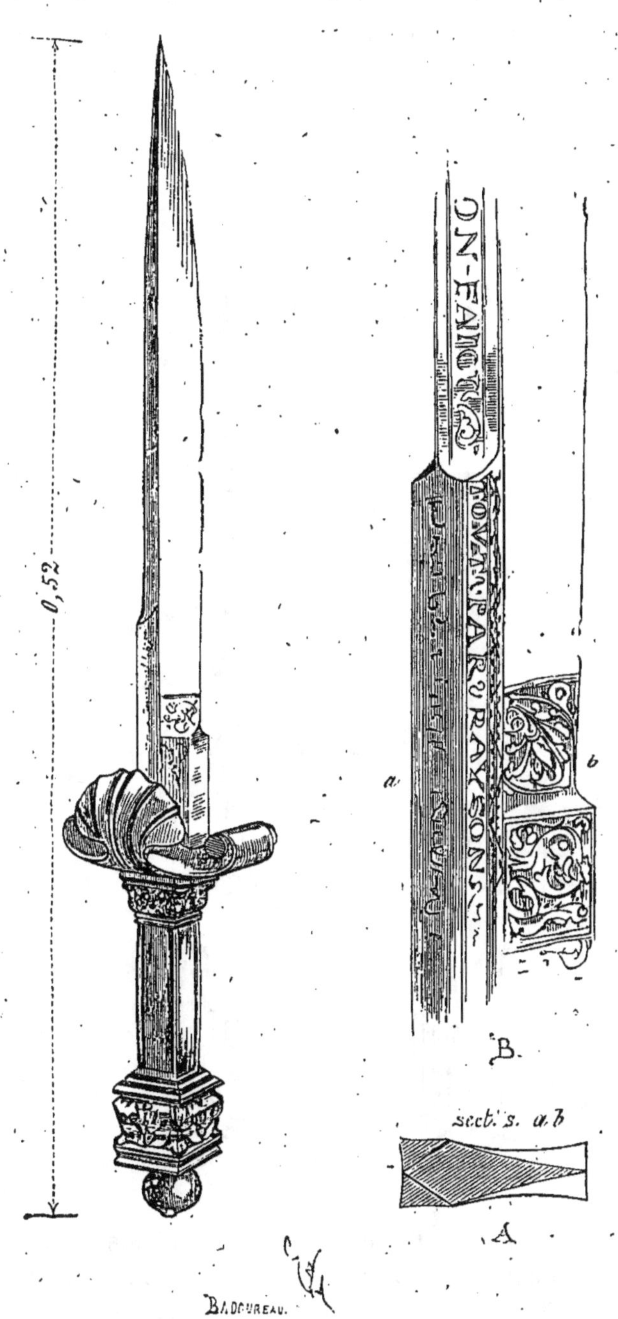

drangulaire, cannelée au talon, afin de donner une grande puissance à l'arme pour briser la pointe de l'épée adverse lorsqu'elle était engagée entre ce talon et l'un des quillons. Il suffisait alors de faire un demi-tour pour casser cette pointe. La pointe de la lame (voyez en E et en C) est renforcée et passe des plans droits aux

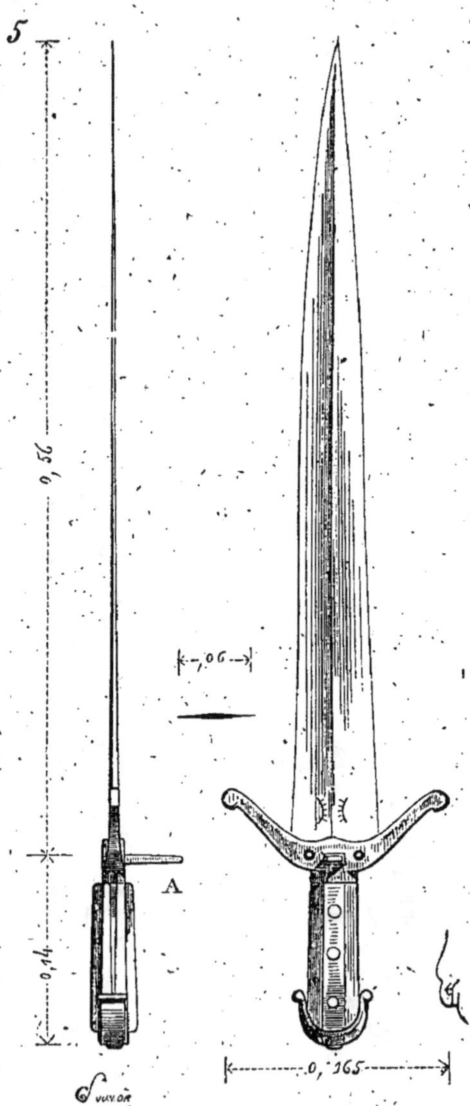

plans convexes. En A, est tracée la face de la lame au talon, et en B son côté, grandeur d'exécution. La poignée, bien en main, est délicatement taillée dans de la corne et est ornée de petits clous d'argent. Les quillons et le pommeau sont d'acier (voyez le détail G, aux deux tiers de l'exécution). En R, est reproduite la marque de fabrique, damasquinée en or sur le talon.

A la fin du xve siècle, le mode d'escrime de la main gauche avec la dague est modifié. Ce ne sont plus les quillons qui servent à engager et à briser la pointe de l'épée de l'adversaire; une coquille adaptée à l'une des faces de la garde remplit cet office. Cette coquille, renversée, est forte, et la lame au talon est puissante (fig. 4[1]). Cette

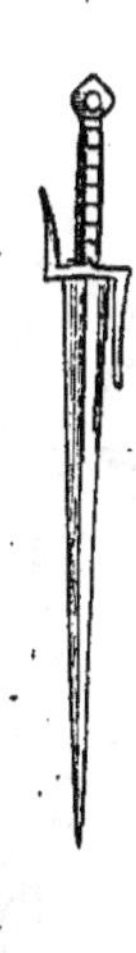

dague date de la fin du règne de Louis XI. La poignée est joliment travaillée dans de la corne; l'extrémité de la soie est terminée par un rivet sphérique. La lame, dont nous donnons en A la section et en B la partie proche du talon, est à un seul tranchant vif et décorée d'arabesques avec inscriptions gravées et dorées. Sur le dos, on lit : DE PEU A PEU; — sur l'une des rives : ASSEZ BIEN FAICT ET PAR SAISON, QUI FAICT SON FAICT TOUT PAR RAISON; — sur l'autre : FURIE CEDES CEDENDO VICTOR ABIET, ESPOIR NA LIEU OU FORTUNE DOMINE.

Quant aux longues dagues des gens de pied, la lame à deux tranchants avait environ 60 centimètres de longueur. Elle était large au talon et se terminait en pointe par deux lignes droites. La poignée était munie de quillons et parfois d'un appendice du côté externe, propre à parer les coups et à garantir l'index et le pouce. La figure 5[2] présente une de ces dagues de la fin du XIVe siècle[3]. La

[1] Même collect.

[2] Même collect.

[3] Il est à observer que la lame est plus ancienne et a été repassée à la meule. C'est

lame a 6 centimètres de largeur au talon, elle est fortement emmanchée entre deux plaques de corne avec garniture et quillons de fer. On voit, en A, le profil de l'arme avec l'appendice externe rivé perpendiculairement à la garniture de la garde entre les quillons. La soie, qui a la largeur de la poignée, est rivée sur les faces des plaques de corne et, à son extrémité, sur un coussinet de fer qui prend la forme de cette poignée et tient lieu de pommeau.

7

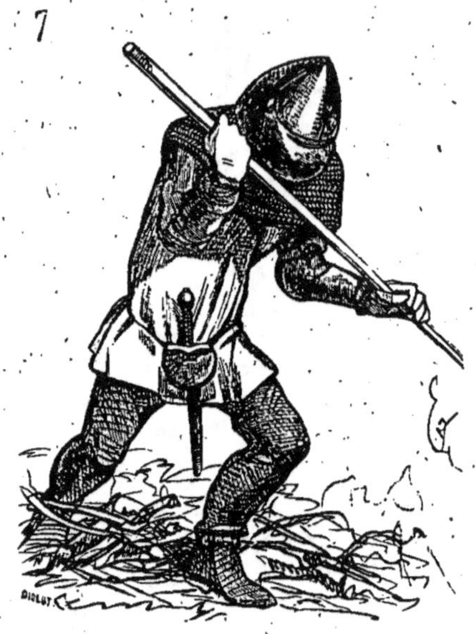

Quelquefois les quillons des longues dagues des coutilliers du commencement du xve siècle sont forgées ainsi que le montre la figure 6 (voy. ÉPÉE). Le quillon, parallèle au tranchant de la lame, permettait d'engager la pointe de l'arme de l'adversaire et de la briser en faisant un demi-tour avec le poignet. Ces dagues des coutilliers étaient portées en arrière de la hanche gauche, légèrement inclinées; parfois aussi par devant, entre les deux cuisses (fig. 7[1]). Ces dagues passaient alors dans un petit sac de peau qui servait d'escarcelle et empêchait l'arme de ballotter de droite et de gauche.

Les daguettes des gentilshommes étaient courtes, la lame n'avait

une lame d'épée du xiie siècle, ébréchée et peut-être brisée à la pointe, qu'on aura utilisée pour en faire une dague de coutillier. Il n'est pas rare de rencontrer, dans les collections, des lames remontées à une époque postérieure à leur fabrication.

[1] Manuscr. Biblioth. nation., *Tite-Live*, français (1395 environ).

guère que 20 à 25 centimètres de longueur. Rarement étaient-elles

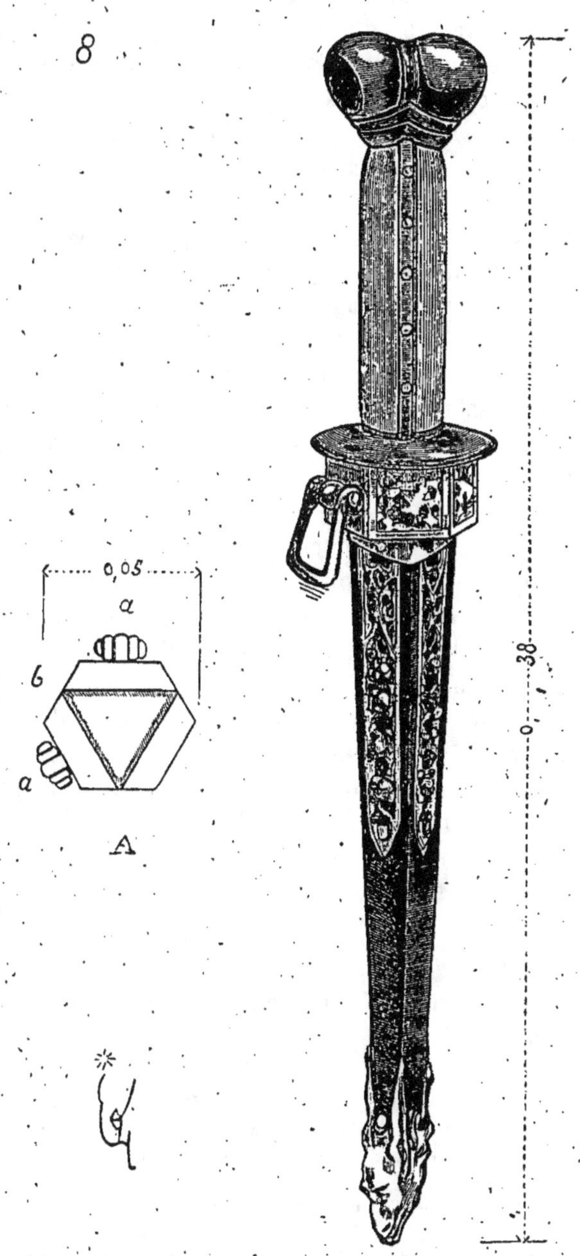

garnies de petits quillons. On attachait cette arme à la ceinture militaire, perpendiculairement, par deux chaînettes, du côté droit.

Ces daguettes avec garde circulaire très petite, pour ne point présenter une saillie gênante sur la hanche, et le pommeau de même, en façon de disque, d'olive ou de petites sphères jumelées, sont souvent très élégantes. Les fourreaux, de velours, sont décorés d'une forte bague et de garnitures d'or, d'argent ou de cuivre ciselé, parfois avec pierreries. La figure 8[1] donne une de ces daguettes. Le pommeau, composé de deux sphéroïdes tronqués, est maintenu par une bride qui passe sous une frette et longe la poignée d'ivoire ou d'os des deux côtés. Des rivets réunissent les deux branches de cette bride à la soie de la lame, laquelle lame est triangulaire. En A, est figurée la section sur la bague du fourreau. Cette bague est un hexagone et le fourreau est triangulaire. On voit en *a a* comment les bielles dans lesquelles doit passer la chaînette de suspension sont fixées. Cette bague reposait ainsi en *b* sur la hanche et ne ballottait point. Trois garnitures finement ciselées et ajourées réunissent la bague supérieure aux trois faces du fourreau, qui est terminé par une tête d'animal.

Les lames de ces daguettes étaient cannelées et quelquefois ajourées, ce qui fit supposer, à tort ou à raison, que des substances vénéneuses étaient introduites au milieu de ces ajours, afin de rendre toute blessure mortelle. Nous croyons qu'il n'y avait là qu'une recherche, et ces légendes relatives aux armes empoisonnées ne commencent à prendre quelque crédit en France qu'à la fin du XVIe siècle. L'Italie était fort renommée pour la fabrication de ces petites armes, et les inventaires des XIVe et XVe siècles en mentionnent de cette provenance, ornées de joyaux, de chaînettes, de perles. La dague et la daguette se portaient également avec l'habit civil (voyez la partie des VÊTEMENTS).

DARD, s. m. (*darde, dart, algier*). Cette arme de main était, pendant l'époque carlovingienne et jusque vers le milieu du XIIe siècle, une sorte de javelot empenné :

« Li res Marsilies en fut mult esfreed,
« Un algier tint ki d'or fut enpenet,
« Férir l'en volt se n'en fust desturnet [2]. »

« De sun algeir ad la hanste crollée [3]. »

[1] Cabinet de l'auteur, dessin de Garneray.
[2] *La Chanson de Roland*, st. XXXII.
[3] *Ibid.*, st. XXXIII.

Ces vers indiquent assez que l'algier était une arme emmanchée d'un bois empenné.

1

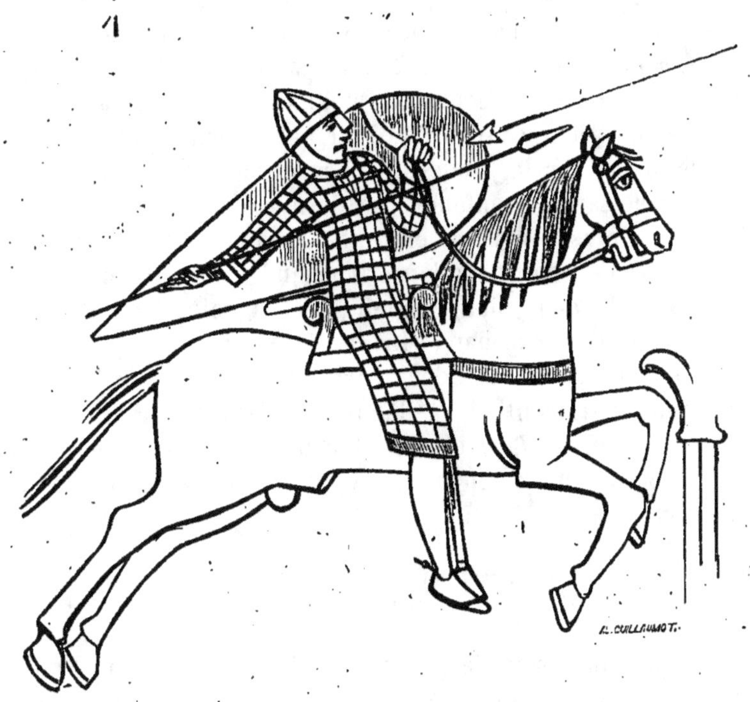

C'était une arme orientale, un javelot qu'on lançait à la main,

2

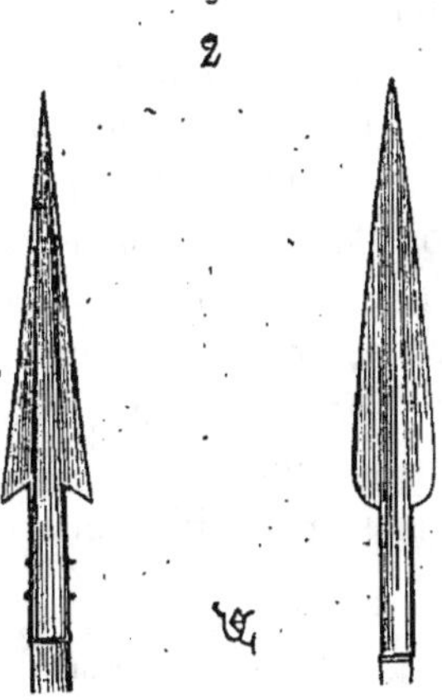

comme le *pilum* romain. C'était encore une courte lance dont on se servait comme d'un épieu[1]. On observera que sur la tapisserie de Bayeux, les guerriers, soit à pied, soit à cheval, portent de ces longs javelots propres à être lancés, et que ces hommes d'armes ne les tiennent point ainsi qu'on fit plus tard de la lance (glaive). Dans l'épisode de la campagne entreprise par Guillaume et Harold en Bretagne, au-dessus duquel est brodée la légende suivante : *Hic milites Willelmi ducis pugnant contra Dinantés*, on voit en effet des hommes à pied et à cheval lançant des traits. Quelques-unes de ces armes sont indiquées pendant leur course (fig. 1), d'autres fichées dans les écus. Il en est de même sur la broderie qui représente la bataille d'Hastings, et l'on ne saurait confondre ce dard avec les flèches, celles-ci étant beaucoup plus courtes et empennées, tandis que le dard saxon et normand ne l'est point. La lance normande est d'ailleurs décorée d'une flamme. Celle-ci, bien entendu, n'était point jetée comme le dard. Les fers du dard normand sont de deux sortes, les uns sont en feuille de sauge et les autres à deux barbes (fig. 2).

Il n'est plus fait mention, à dater du milieu du XIIe siècle, de ce javelot, et le nom de *dard* est donné à une sorte de vouge à court manche, avec un fer tranchant des deux parts et très effilé. C'est alors une sorte d'épieu :

« Un heraut qui tenoit .I. dart
« En sa main, mult trenchant d'acier[2]. »

Ce dard était une arme de piéton; on s'en servait pour monter à l'assaut ou charger à pied de très près, comme on se sert aujourd'hui de la baïonnette.

DOSSIÈRE, s. f. Partie de l'armure de plates qui protégeait le dos et qui, réunie au plastron et à la pansière, composait l'habillement qu'on désigne aujourd'hui par le mot *cuirasse*. On portait cependant des dossières sans plastrons, comme des plastrons et pansières sans dossières, avant l'époque où l'armure de plates fut complétée.

Le moyen âge n'adopte une nouvelle pièce d'armure qu'autant que l'utilité s'en fait sentir, et l'on ne voit point alors, comme aujourd'hui chez les nations de l'Europe occidentale, des genres de vêtements de guerre absolument différents les uns des autres, sans qu'il y ait à cette variété une raison d'utilité ou de convenance. Il suffit,

[1] Voyez les peintures de la salle du Jugement, Alhambra.
[2] *Méraugis de Portlesguez* (XIIIe siècle), publ. par M. Michelant, p. 10.

à cette heure, d'une ordonnance ministérielle pour faire prendre à toute une arme certaine partie d'habillement de guerre qui n'est pas toujours l'expression d'un besoin. Les choses ne se passaient point de la sorte autrefois, et les modifications que subissait l'armement n'étaient que la conséquence de l'expérience acquise par chacun. Or le haubert de mailles ou la broigne étant l'habillement de corps usité chez les gens d'armes, on reconnut bientôt que ce vêtement ne préservait pas suffisamment le cavalier des coups d'estoc et surtout des coups de hache et de masse; on ajouta au haubert les ailettes pour garantir les épaules. L'écu préservait la poitrine, si l'homme d'armes savait le manier; mais dans les mêlées, lorsque la cavalerie fournissait une charge, il arrivait que l'adversaire, se dérobant, prenait en flanc ou à revers les cavaliers qui faisaient une trouée; alors tombait-il dessus, à grands coups de masse, la lance ne pouvant pas servir en pareille occurrence. Ceux qui venaient ainsi à la rescousse adressaient leurs coups sur les reins des hommes d'armes qui étaient parvenus à se frayer passage au milieu d'un escadron. Cette manœuvre nous fut plus d'une fois fatale, notamment à Crécy. Nos ennemis attendaient rarement une charge de la gendarmerie française, ils se contentaient de lui opposer des archers postés en tirailleurs, avec pieux aiguisés devant chacun d'eux, et ils divisaient leur cavalerie en petits pelotons entremêlés de coutilliers. Une charge à fond avait bien vite raison de ces petits corps qui n'avaient point de consistance; mais des réserves de cavalerie disposées sur les ailes tombaient à bride abattue sur ces escadrons compacts qui renversaient tout sur leur passage, les prenaient en flanc, à revers même, et les accablaient sous les coups de masse, de hache ou de plomée. Les hommes d'armes à cheval, la tête couverte du heaume, ne manœuvraient point avec l'aisance de notre cavalerie légère; une fois lancés dans une direction, surtout en masse compacte, ils se déployaient difficilement à droite et à gauche. Si braves qu'ils fussent, ils étaient donc écrasés sans pouvoir se servir de leurs armes. Ce ne fût qu'après les funestes batailles de Crécy et de Poitiers que notre gendarmerie reconnut les défauts de sa tactique, et qu'en la modifiant sur quelques points, elle apporta des changements sérieux à l'habillement. On songea à garantir les flancs et le dos du cavalier : on adjoignit les braconnières à l'habillement du torse; braconnières qui recouvraient le troussequin de la selle, et en plastronnant fortement les épaules, la poitrine et les omoplates, on garnit les reins d'une plaque de fer qui s'élevait jusqu'au milieu de la colonne dorsale; plaque munie à son extrémité supérieure d'une boucle à laquelle, par une courroie, était attaché le heaume ou le bacinet. Cette plaque prit le nom de *dossière* ou *garde-reins*. Ce ne fut qu'un peu plus tard qu'on ajouta par-devant, au corset d'armes rembourré, une autre plaque de fer de forme à peu près semblable à celle de la dossière et qui prit le nom de *pansière*.

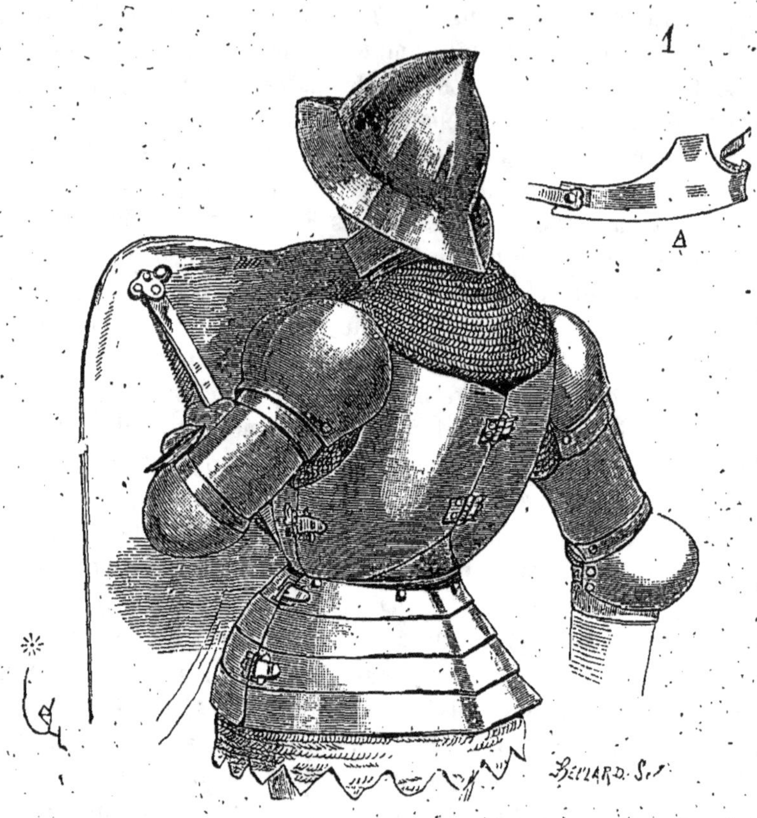

L'adoption de la dossière antérieurement à la pansière est expliquée par la manière de combattre la cavalerie française vers le milieu du XIVe siècle. Il faut dire que ces plaques de fer furent adoptées par la cavalerie anglaise et allemande avant l'époque où nous les voyons chez nous. En fait d'armes défensives, les Allemands ont toujours été singulièrement prévoyants, et nous n'avons fait souvent que prendre, en leur donnant plus de légèreté et de grâce, les pièces d'armures dont ils étaient les inventeurs.

Les premières dossières sont composées de trois pièces, l'une qui sert de ceinture et retient la braconnière, les deux autres réunies par deux charnières et qui couvrent les omoplates en s'attachant latéralement au plastron de peau rembourré ou à la pansière (fig. 1[1]). Cet homme d'armes est coiffé d'un chapel de fer avec petite bavière, sur un camail de mailles qui recouvre la dossière; des spallières sphériques garantissent ses épaules; ses bras sont entièrement armés. En A, est figurée la pièce sous-jacente aux deux plates de la dossière et à laquelle la braconnière est attachée. Il porte un de ces grands pavois qu'on prenait pour monter à l'assaut.

2

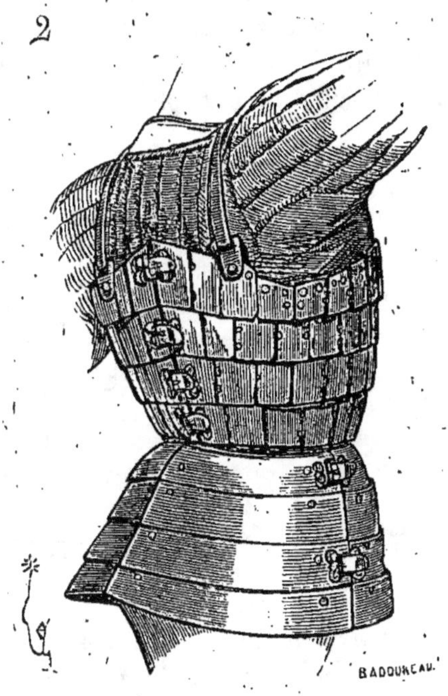

Mais, pendant la seconde moitié du XIVe siècle, on voit rarement les hommes d'armes munis de la dossière et de la pansière proprement dites; on portait alors des surcots fortement plastronnés par-dessus de courts haubergeons de mailles, et les appendices de plates que l'on adjoignait à ce vêtement, pour mieux préserver les reins et l'estomac, consistaient en de petites plaques de fer posées à recouvrement par rangées horizontales. Quelquefois ces plaques ne garantissaient que le dos et les flancs; quelquefois aussi elles formaient une sorte de cuirasse qui ne montait que jusqu'au grand camail de mailles et se bouclait par derrière. Ces plaques d'acier étaient rivées sur une sorte de pourpoint de peau, ce qui

[1] Manuscr. Biblioth. nation., *Tite-Live*, français, dédié au roi Jean (1350 environ).

permettait d'ouvrir le vêtement pour y introduire le torse. Des bretelles de cuir reportaient une partie du poids de ces cuirasses sur les épaules. Le dernier rang de plaques recouvait la ceinture de la braconnière, qui s'ouvrait en deux et se bouclait latéralement (fig. 2[1]).

Mais il est utile de dire comment étaient fixées ces plaques dont il est fait mention à plusieurs reprises dans les articles du *Dictionnaire* (partie des ARMES). Les plus anciennes, parmi ces armures, paraissent composées de plaques rectangulaires un peu plus longues que larges, et ayant environ 7 centimètres de longueur sur 4 à 5 centimètres de largeur. Chacune de ces plaques était percée de cinq

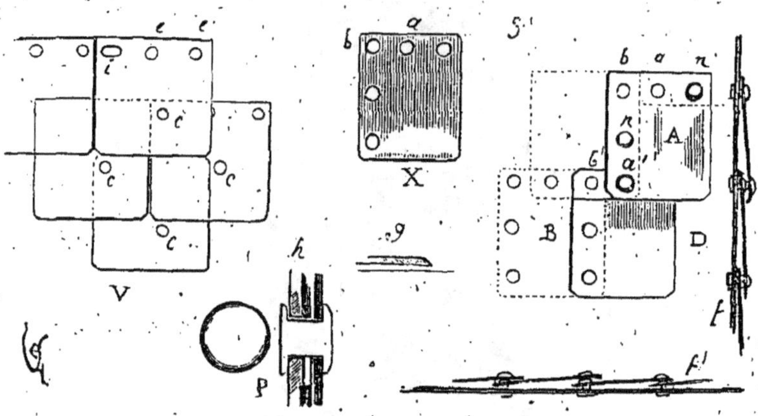

trous, trois en tête et deux latéralement (fig. 3), ainsi qu'on le voit en X. Elles étaient posées ainsi que l'indique le tracé D. Les rivets qui réunissaient ces plaques au vêtement de peau prenaient deux épaisseurs de métal dans les trous *a*, *b*, ainsi qu'on le voit en *a'*, *b'*, tandis que les rivets *n* n'en prenaient qu'une. Ainsi pouvait-il y avoir une certaine flexibilité dans ce revêtement de fer. On voit en *f* et *f'* les sections indiquant le recouvrement de ces plaques dans le sens vertical et horizontal. Tous les rivets se trouvaient cachés. Toutefois ces armures ne présentant pas assez de flexibilité, on adopta le système tracé en V. Les plaques furent posées comme des tuiles ; chacune d'elles était percée de quatre trous, trois en tête et un vers le milieu. Un des trous, celui *i*, était oblong, afin de laisser du jeu au rivet central, qui empêchait les plaques de se relever. Chacune de ces plaques, n'ayant plus qu'un seul rivet commun à deux plaques, avec

[1] Manuscr. Biblioth. nation., *Tite-Live*, français (1395 environ).

un trou oblong dans l'une d'elles, pouvait suivre les mouvements du vêtement de peau.

On voit en P le rivet grandeur d'exécution, les deux plaques avec le trou *gai* de celle de dessous, et la peau en *h*. Un des rivets restait apparent. On voit beaucoup de ces plaques dans les armures de la fin du XIVe siècle[1].

Il est encore une autre combinaison de ces plaques de fer assemblées sur des vêtements de peau, et qui consistait en des lamelles de 8 centimètres environ de long sur 4 à 5 centimètres de large. Chaque

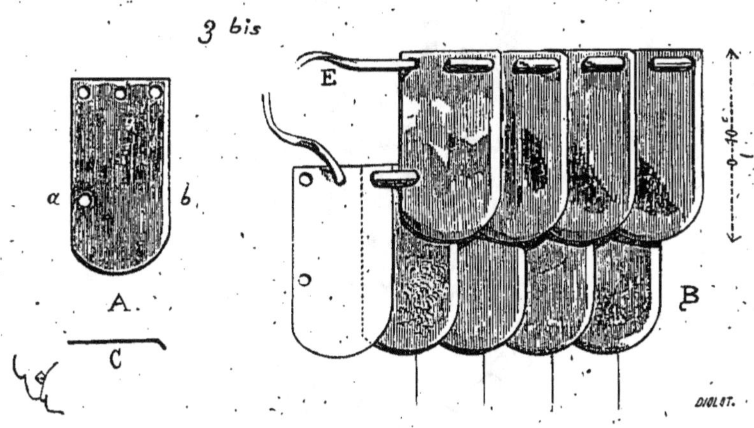

plaque était percée de trois trous à la tête et d'un trou latéral. Un lien de nerf de bœuf ou de corde à boyau rattachait ces lamelles au vêtement de peau, ainsi que l'indique la figure 3 *bis*. Ce nerf passait en même temps dans le trou milieu de tête et dans le trou latéral de la plaque sus-jacente, afin d'empêcher son relèvement. Ces nerfs étaient tous masqués. En A, est tracée une plaque ; en B, leur assemblage ; en E, le nerf-lien ; en C, la section sur *ab*. Les plaques étaient quelque peu biseautées d'un côté, pour appuyer les rives sur les surfaces et laisser la place des liens.

Cependant, vers 1350 déjà, quelques riches gentilshommes portaient ce qu'on appelait des *curasses closes*, c'est-à-dire composées de deux pièces de forge (fig. 4 [2]). Ces exemples sont toutefois rares, les armuriers n'ayant pas encore façonné des plates d'une grande étendue.

[1] Le musée de l'arsenal de Tzarskoé-Sélo conserve un certain nombre de ces plaques de fer encore assemblées.

[2] Manuscr. Biblioth. nation., *Tite-Live*, français, dédié au roi Jean (1350 environ).

A la cannelure basse de la dossière étaient rivées les courroies qui reliaient cette partie à la pansière. De petites plaques à charnières couvraient les épaules ; des courroies rivées à leur bord postérieur se bouclaient à la dossière, afin de bien préserver les épaules. Le plastron était alors très bombé, suivant la mode du temps. Des braconnières, ou jupons de mailles, s'attachaient dans la cannelure inférieure de la pansière et de la dossière au moyen d'une courroie.

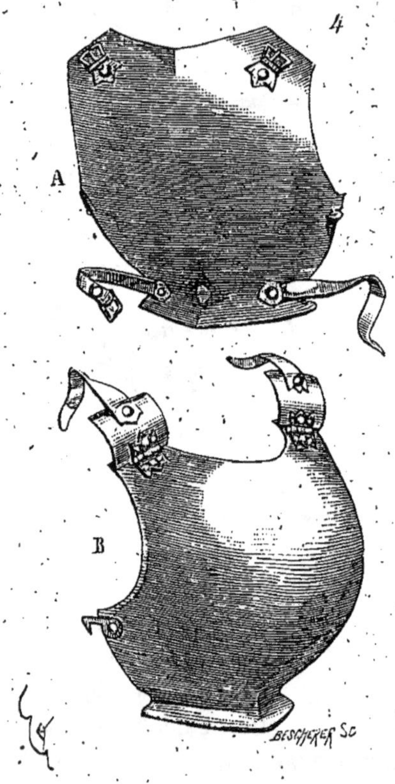

Indépendamment de son prix élevé, il faut croire que ce harnois de fer de deux pièces ne parut pas commode ; car lorsque les armuriers se furent rendus habiles dans l'art de forger de grandes pièces, on n'admit pas ces cuirasses faites de deux parties seulement.

Il faut dépasser l'année 1400 pour trouver l'emploi habituel de l'habillement combiné de la dossière et de la pansière ; c'est-à-dire, arriver au moment où l'armure de plates est définitivement admise, et alors le devant et le derrière de la cuirasse sont faits chacun d'au moins deux pièces.

Vers 1420, nous voyons les hommes d'armes porter de fortes dossières et pansières bien caractérisées, posées sur un corset rembourré et doublé de lames d'acier sous-jacentes à l'étoffe, comme étaient les

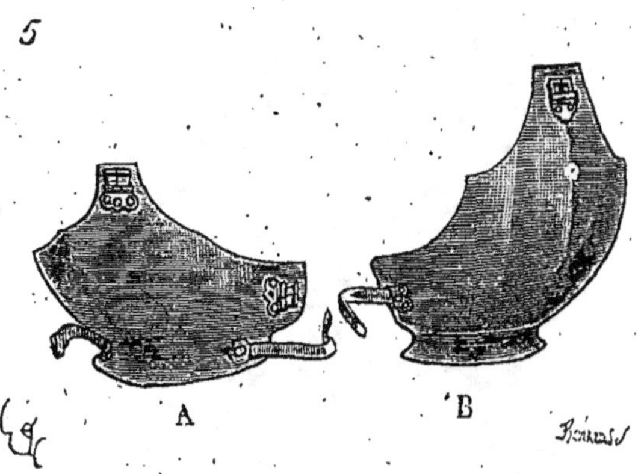

brigantines [1]. Ces deux pièces d'acier s'attachent l'une à l'autre latéralement, au-dessus de la taille, par deux courroies, et sont fortement maintenues solidaires à la ceinture cannelée par une courroie rivée aux deux côtés de la dossière (fig. 5 [2]). A montre la dossière; B, la pansière.

Bientôt, l'armure de plates se complétant, on pose la dossière basse sur une doublure d'acier qui couvre les omoplates, et la pansière sur un plastron du même métal. L'assemblage est combiné de telle sorte que les lames superposées peuvent, dans les armures bien établies, se mouvoir quelque peu l'une sur l'autre.

La belle armure de l'ancien musée de Pierrefonds [3] fournit un des meilleurs exemples de cette partie de l'habillement de plates à la date de 1440 environ.

La figure 6 présente d'abord la pansière avec son plastron, en A extérieurement, et en B intérieurement. Un rivet à tête longue verticale, passant dans une fente commune aux deux pièces d'acier, avec nerf externe de recouvrement, permet à la pansière de glisser sur le plastron, afin de faciliter la flexion du torse.

La pansière porte la cannelure sur le bord inférieur de laquelle est

[1] Voyez BRIGANTINE, fig. 5.

[2] Manuscr. Biblioth. nation., *Boccace*, français (1420 environ).

[3] Voyez la planche II, partie des ARMES.

a

A.

B

C

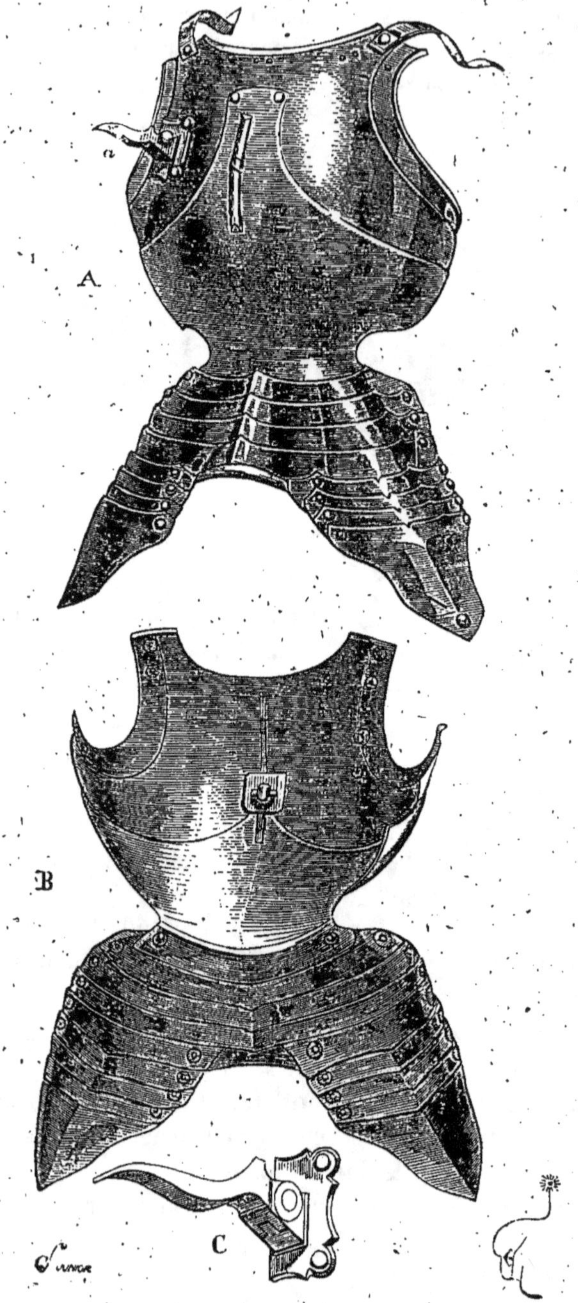

rivée la plaque supérieure de la braconnière, composée de quatre lames auxquelles sont rivées à leur tour les tassettes formées chacune de quatre lames, la dernière couvrant le haut des cuissots. Les plaques d'entournure, rivées seulement à leurs extrémités au plastron, possèdent une certaine flexibilité.

Les lames de la braconnière de devant, n'étant rivées ensemble qu'à leurs extrémités, peuvent se mouvoir l'une sur l'autre. En C, est présenté le *fautre* à pivot attaché en *a* au plastron, et qui supporte, quand on charge, le bois de la lance en arrêt.

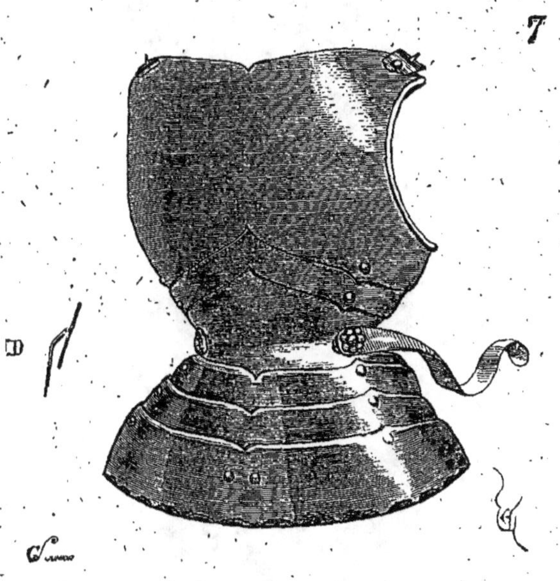

La figure 7 donne la dossière composée d'un couvre-dos et de deux lames articulées (garde-reins). La dernière, concave au droit de la taille, reçoit les rivures des courroies de ceinture qui se bouclent dans la cannelure de la pansière. La braconnière de derrière est faite de quatre lames articulées et assez amples pour couvrir le troussequin de la selle. On observera que la pansière recouvre de bas en haut le plastron, pour empêcher le fer de lance de s'engager dans la jonction, tandis que les lames de la dossière se recouvrent de haut en bas, pour faire glisser les coups de taille ou de masse. Les lames des braconnières de devant et de derrière se recouvrent de bas en haut, pour faire glisser les coups de pointe jusqu'à la cannelure de la taille, et les lames superposées sont biseautées à leur rive, ainsi que l'indique la section D. Au point de vue de la défense, cet habillement de corps était donc parfaitement étudié. Cette armure est d'ailleurs d'une souplesse remarquable et peut être portée sans fatigue.

Mais, vers la même époque, on adoptait fréquemment les bra-

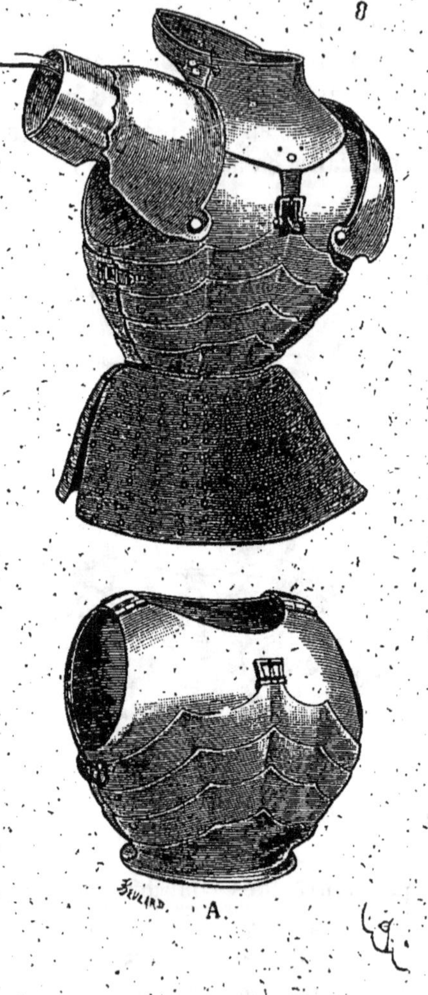

connières d'étoffe sur lames à recouvrement d'acier, suivant la méthode admise pour la façon des brigantines, et, avec ces sortes de braconnières, des corselets d'acier (dossière et pansière) faits d'un grand nombre de lames à recouvrement. Cet habillement de corps avait de la souplesse. Voici (fig. 8) une de ces armures [1], com-

[1] Manuscr. Biblioth. nation., *Miroir historial*, français (1440 environ). Vignette représentant le roi Porus combattant Alexandre.

posée d'une lame couvrant les omoplates et de quatre lames à recouvrement, rivées seulement à leurs extrémités. La lame de recouvrement supérieure portait une boucle qui recevait la courroie maintenant le colletin postérieur. Les spallières, formant en même temps arrière-bras, étaient rivées à la lame de la dossière qui couvrait les omoplates, ce qui devait gêner les mouvements du bras. Aussi ces spallières étaient-elles assez amples pour permettre le jeu des mem-

9

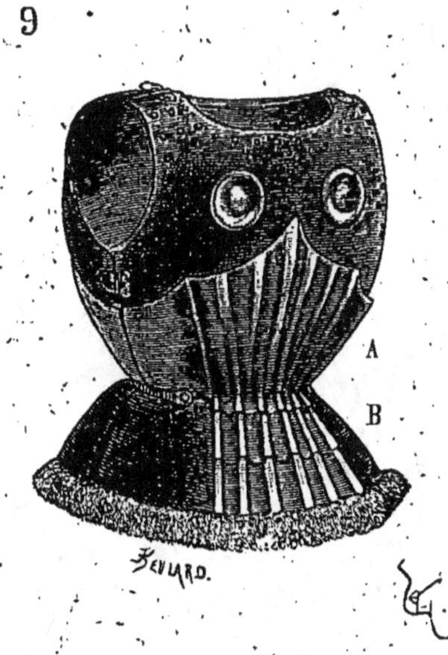

bres. Les braconnières, ainsi que le montre la figure, étaient faites en manière de brigantine et étaient bouclées sur la ceinture cannelée de la dernière lame. La pansière était combinée de la même manière (voyez en A). Le colletin, portant garde-nuque par derrière et bavière par devant, recouvrait l'ouverture supérieure du corselet, ce qui était un défaut; car la pointe de la lance ou de l'épée pouvait passer sous le colletin, malgré les courroies. Dans l'armure précédente, au contraire, le colletin passe sous l'encolure du corselet (voyez ARMET, fig. 1 et 1 *bis*). Avec ce harnois on portait le chapel de fer ou la salade.

Il ne faut pas omettre les dossières cannelées avec garde-reins également cannelés, qu'on portait vers 1450, sur des brigantines. La figure 9[1] montre un de ces habillements. Le haut du corselet était fait comme une brigantine, avec rondelles d'acier sur les deux

[1] Manuscr. Biblioth. nation., *Girart de Nevers*, français (1450 à 1460).

omoplates et les mamelles. Une lame d'acier A, cannelée dans le dos,

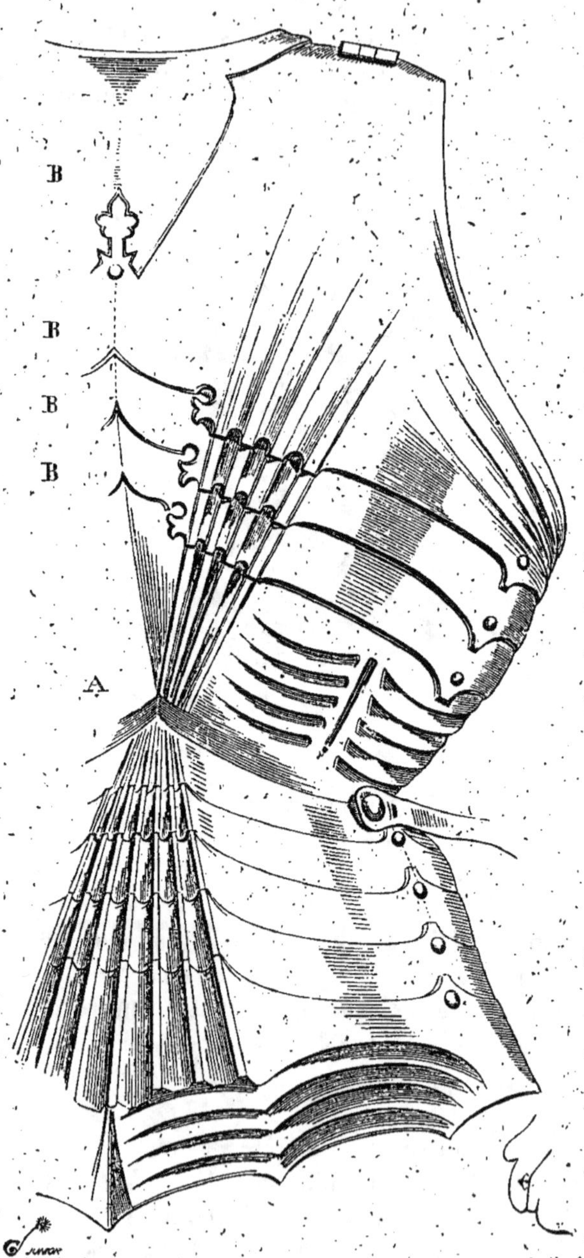

protégeait la partie inférieure de la dossière ; une lame semblable mais non cannelée, formait pansière. A la ceinture, en façon de gouttière, étaient attachées des braconnières composées de lames d'acier cannelées par derrière, et de velours sur lames d'acier sur les côtés et par devant ; le tout terminé par une bordure de peluche. Les lames d'acier postérieures B, articulées, recouvraient le troussequin de la selle.

Vers la même époque, c'est-à-dire vers 1460, les armures de Nuremberg étaient fort prisées, même en France. Elles étaient fabriquées avec grand soin, articulées et cannelées (voy. ARMURE, planches III et IV). A cause du mouvement des reins, les dossières étaient composées, dans ces habillements, d'un plus grand nombre de pièces que les plastrons,

La dossière (fig. 10 [1]) se compose d'une lame garde-reins d'une seule pièce A, formant ceinture ; quatre lames superposées B la recouvrent du cou au-dessous des omoplates. La braconnière postérieure se compose également de quatre lames à recouvrement passant sur le troussequin. Ces pièces sont forgées avec une précision et un soin extrêmes, délicatement découpées et cannelées, les cannelures entrant les unes dans les autres. Les spallières ajoutaient encore à la force de cette défense (voy. ARMURE, fig. 4, et SPALLIÈRE). Le colletin couvre-nuque, sous la salade, recouvrait l'encolure de la dossière.

Nous n'insisterons pas davantage sur cette partie de l'habillement de corps, sur laquelle on a l'occasion de revenir (voy. ARMURE, BRACONNIÈRE, HARNOIS, SPALLIÈRE).

ÉCU, s. m. (*escu*, *toénart*, *targe*, *bouclier*). Les Romains avaient plusieurs mots pour désigner le bouclier. *Scutum* était le bouclier long ; *clypeus*, le bouclier rond ; *parma*, la rondache ou petit bouclier circulaire ; *pelta*, le bouclier porté par les Amazones, et *cetra*, celui des peuples ibériens. Le bouclier long, employé généralement pendant le moyen âge, à dater du xe siècle, conserva le nom antique *scutum*, écu. Les mots *bucularium*, *bucularius*, ou encore *boucla-*

[1] Ancienne collect. de M. le comte de Nieuwerkerke : armure de Nuremberg.

rius, employés dans la basse latinité, ont pu s'appliquer à toute arme défensive maintenue par le bras gauche au moyen de courroies attachées avec des boucles ou plutôt rivées à l'*umbo*.

L'écu du moyen âge, dont nous allons décrire les formes diverses, était suspendu au cou ou en bandoulière par une courroie appelée *guige* ou *guiche*, qu'on pouvait allonger plus ou moins au moyen d'une boucle, et maintenu sur l'avant-bras et la main par un jeu de courroies désignées par le mot *enarmes* :

« L'escu saisi par les enarmes[1]. »

On disait l'écu porté *en jantel* ou *en chantel*, pour indiquer qu'on le tenait sur le bras, prêt à combattre, c'est-à-dire sur le dos de la main[2] :

« Et ont les escus en jantel
« Aussi com volsissent combatre[3]. »

L'usage du bouclier remonte à la plus haute antiquité, aussi bien

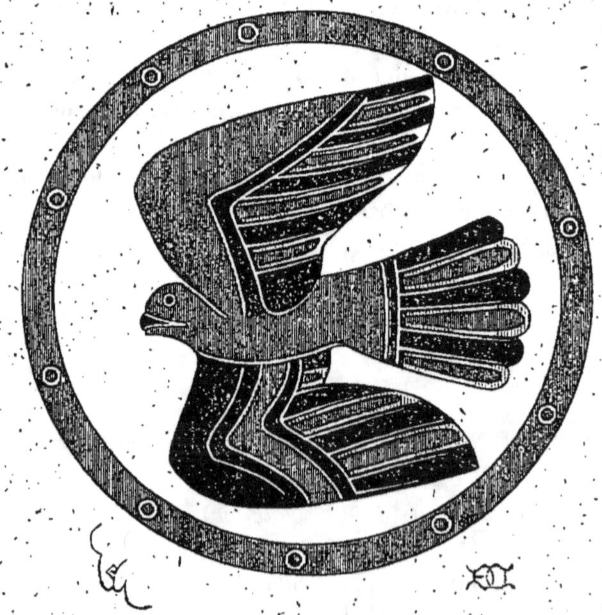

que l'habitude de peindre sur cette armure défensive des emblèmes, des animaux, des ornements. Sur les vases grecs et gréco-italiques

[1] *Roman de la violette*, vers 1726 (XIIIe siècle).
[2] *Chantel* veut dire dos de la main.
[3] *Roman de la violette*, vers 1536, 1537.

on voit fréquemment des guerriers armés de boucliers circulaires plus ou moins grands, ornés de peintures d'animaux redoutables, lions, serpents, oiseaux de proie, etc., rendus avec une rare énergie (fig. 1[1]).

2

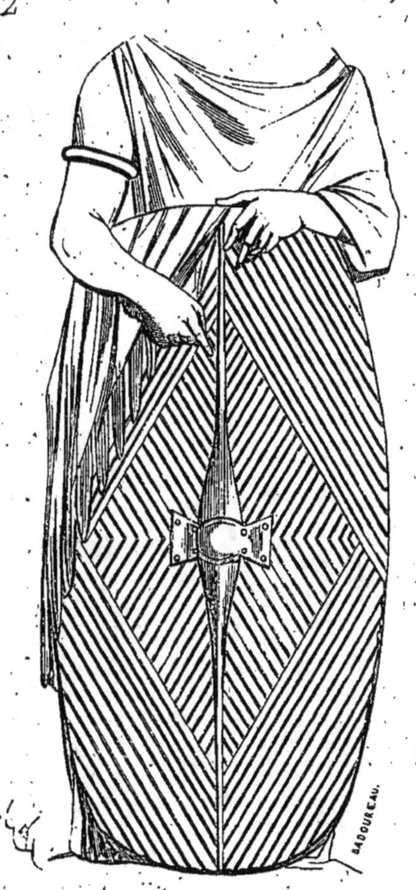

Les Gaulois portaient des boucliers faits d'osier, doublés de peau, renforcés d'un nerf de métal avec attache centrale saillante, appelée *umbo*. Ces boucliers paraissent généralement, au moins dans la Province, avoir adopté la forme ovale (fig. 2 [2]). Cette forme persista longtemps, puisque nous la voyons encore adoptée à la fin du XIe siècle [3]. Mais alors ces écus ne sont plus plats, ils sont pris dans

[1] Musée de Naples : vase gréco-italique.

[2] Musée d'Avignon.

[3] Manuscr. Biblioth. nation., *Evangel. festiv.*, latin, n° 17325 (fin du XIe siècle).

une portion du cylindre et possèdent encore l'*umbo* (fig. 3 [1]). Cette forme cylindrique, adoptée d'ailleurs par les légionnaires romains [2], enveloppait le corps et préservait plus efficacement le combattant.

3

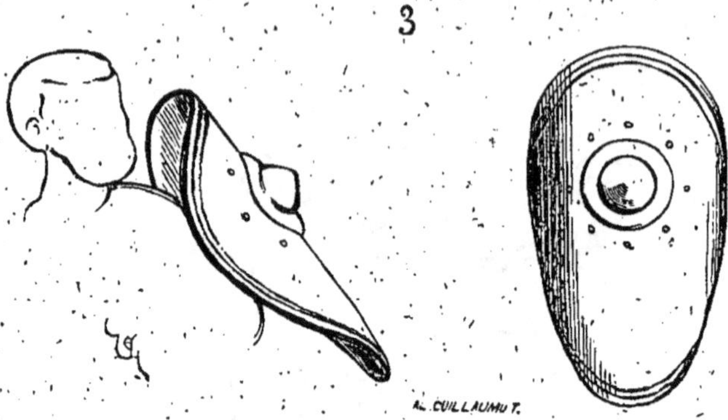

Sous le règne de Charlemagne, les hommes de guerre portaient, ou

4

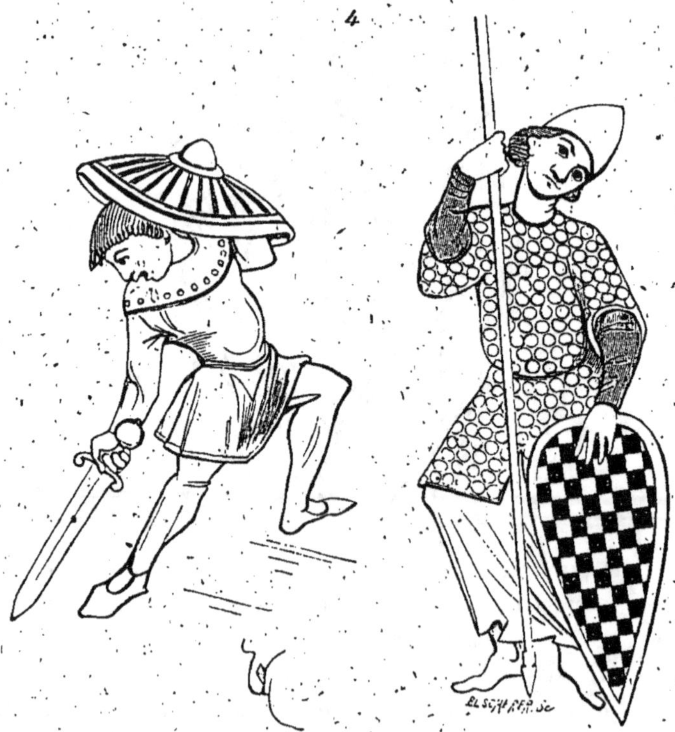

le bouclier circulaire (voy. ARMURE, fig. 2), ou l'écu en amande (voy.

[1] Idem, *ibid.*

[2] Colonne Trajane.

CAMAIL, fig. 1). Ces écus et boucliers étaient faits de bois léger recouvert de peau et de lames de cuivre.

Au commencement du XIIe siècle, on voit des guerriers portant, les uns des boucliers circulaires, d'autres des écus en forme d'amande (fig. 4 [1]). Cet écu est échiqueté et n'est point muni de l'*umbo*, tandis que le bouclier circulaire en possède un, très saillant.

Les Normands, au moment de la conquête d'Angleterre, portaient de longs écus peints, bordés de métal, et dont les enarmes étaient disposés de telle sorte qu'on pouvait les tenir horizontalement ou verticalement. La tapisserie de Bayeux nous fournit à cet égard de précieux renseignements. Ces écus avaient environ quatre pieds (1m,30) de haut sur vingt pouces de largeur (0m,56 environ) près du sommet, terminé par un demi-cercle. La pointe extrême était légèrement arrondie et ils étaient quelque peu cylindriques.

On peut admettre que l'acuïté de l'extrémité inférieure de l'écu était faite pour permettre de ficher cette pointe en terre. L'écu formait alors une palissade mobile devant un front. Il faut remarquer que les Anglais, sinon les Normands, portaient, comme les fantassins romains, un pieu qu'ils enfonçaient en terre lorsqu'ils se tenaient sur la défensive. Entre ces pieux on fichait les écus, et ainsi un front de bataille attendant un choc présentait une ligne de palissades disposées instantanément et hérissées de fers de lance. Cette tactique est décrite dans le *Roman de Rou*, les troupes de Harold attendent ainsi retranchées l'attaque des Normands :

« Geldons [2] Engleiz haches portoent,
« E gisarmes ki bien trenchoent ;
« Fet orent devant els escuz
« De fenestres è d'altres fuz,
« Devant els les orent levez
« Come cleis joinz e serrez ;
« Ni lessierent nule jointure,
« Fet en orent devant closture [3]. »

La figure 5 montre un de ces écus normands, du côté externe en A, du côté interne en B. Les enarmes se composent de quatre courroies formant le carré, de telle sorte que l'écu se tenait vertical

[1] Manuscr. biblioth. de Tours, *Gregorii p.*, *Moralium in Job* et *Augustini Serm.*
[2] Paysans, gildes.
[3] *Roman de Rou*, vers 12927 et suiv.

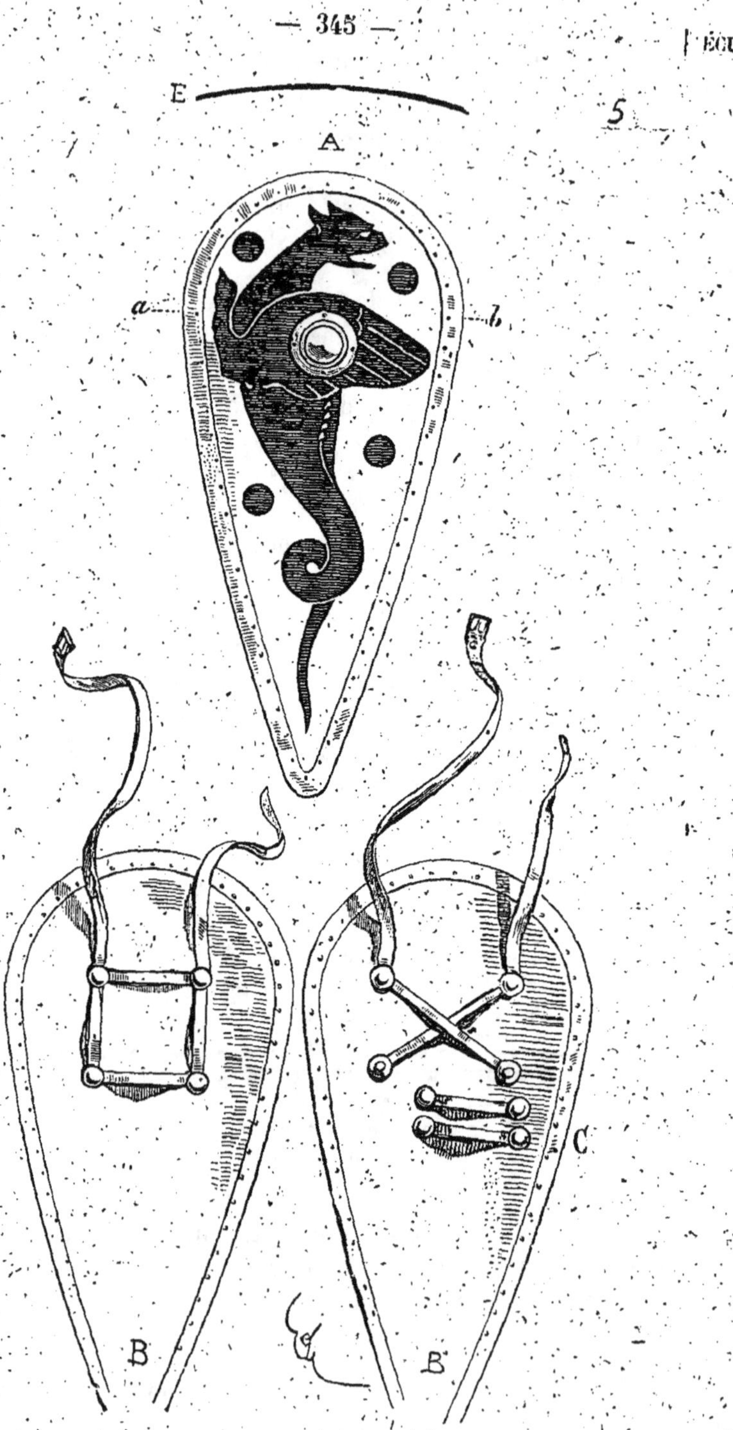
E
A
a
b
B
B
C
5

si l'on passait le bras transversalement et horizontal, si on le passait suivant le grand axe. La guige était attachée aux deux rivets du haut, ainsi que le montre la figure. Quelquefois les enarmes sont posées en sautoir avec deux courroies parallèles au-dessous. Le bras passait dans ces deux courroies, et la main saisissait les courroies croisées, ainsi qu'on le voit en C. Ces écus étaient garnis de l'*umbo*. En E, est faite la section de l'écu sur *ab*.

Il n'est pas douteux que les écus ne fussent parfois richement ornés d'or, de pierreries, d'ouvrages délicats d'orfévrerie. Sans parler du célèbre bouclier d'Achille décrit dans l'*Iliade*, Grégoire de Tours cite un bouclier d'or enrichi de pierres précieuses, d'une grandeur extraordinaire, dont Brunehaut fit présent au roi d'Espagne[1].

Dans les romans des XIIe et XIIIe siècles, il est question aussi d'écus ornés de pierreries :

« Il ot escu et hiaume, et son branc aceré,
« Et escu fort et roide, ja meillor ne verrés.
« XXIII. topaces i ot tous séélés ;
« Les esmaus ne les pieres ne puet nus hons nom brer[2]. »

« Mervilleus cop li done en l'escu d'asur bis,
« Que les flors et les pierres an fist aval saillir[3]. »

« Et fiert Rollant sus son escu devant,
« Que flors et piers en va jus abatant[4]. »

Voici même un bouclier qui, à l'instar de celui d'Achille, représente les signes du zodiaque, la mer, les vents, etc. :

« Au col li pendent .I. fort escu pesant,
« Paint à azur et à or gentement :
« Envirun l'urle current li quatre vent,
« Li duze signe et li meis ensement,
« Et de l'abisme i est le fundement,
« Et le ciel et la terre feit par compassement ;
« Dessus la boucle le soleil qui repleut[5]. »

La boucle doit s'entendre ici comme l'*umbo*, qui servait originairement à river les courroies.

[1] Greg. Tur., *Hist. Franc.*, lib. IX.
[2] *Gui de Bourgogne*, vers 2321 et suiv.
[3] *Ibid.*, vers 2472 et suiv.
[4] *Otinel*, vers 461 et suiv.
[5] *Otinel*, vers 300 et suiv. (milieu du XIIIe siècle).

La *Chanson d'Otinel* ayant été composée vers le milieu du XIIIe siècle, on voit qu'alors il n'était pas habituel de peindre les armoiries sur les écus. Dans les poésies de la fin du XIIe siècle et du commencement du XIIIe siècle, il est fait sans cesse mention d'écus peints : *à flors*, *à lions*, d'écus *vernissés*, d'or verni, couverts de sujets :

« En l'escu de son col ot paint .I. gent miracle,
« Ainssi com Nostre Sire resuscita saint Ladre ;
« Il le mit en son col par la guinche de paille [1]. »

Mais fort rarement est-il parlé d'écus armoyés. Cependant nous voyons déjà des écus armoyés sur des monuments du XIIe siècle ; entre autres sur la plaque d'émail qui représente Geoffroy-le Bel, et qui date du milieu du XIIe siècle [2] ; mais c'est là une exception en faveur peut-être des personnages souverains. Les manuscrits ne commencent guère à montrer, dans leurs miniatures, des écus armoyés régulièrement que vers la seconde moitié du XIIIe siècle. Dès le commencement du XIVe siècle, l'usage de peindre les armoiries sur les écus était devenu général à la guerre, car, dans les tournois et joutes, on prenait le plus souvent des emblèmes de fantaisie.

L'usage admis chez les Spartiates de rapporter sur son écu un guerrier mort en combattant se retrouve, pendant le moyen âge, jusqu'au XIVe siècle. Les exemples abondent :

« Ens la ville entrent, si vont partot querant ;
« Et Amauris l'aporte mort sanglant.
« Couchié l'avoit aour .I. escu luisant,
« Par devant lui le venoit aportant [3].

« Parmi la porte ciz-voz entrer Gautier
« Qui Raoul porte sor son escu plegnier ;
« Si le sostienneut li vaillant chevalier,
« Le chief enclin soz son elme à ormi [4]. »

L'écu des hommes d'armes français de la fin du XIIe siècle et du commencement du XIIIe était grand ($1^m,50$ environ), très recourbé, droit en haut, avec angles arrondis et pointe aiguë. Ces écus étaient bordés de métal habituellement ; peints sur le champ,

[1] *Aye d'Avignon*, vers 2730 et suiv.
[2] Musée du Mans.
[3] *Huon de Bordeaux*, vers 1220 et suiv. (fin du XIIe siècle).
[4] *Li Romans de Raoul de Cambrai*, ch. CLXX.

avec ou sans l'*umbo*, qui persista jusqu'à la fin du règne de Philippe-Auguste (fig. 6 [1]).

En B, nous donnons un écu tiré du même manuscrit, avec *umbo*. Outre la guige, à la face interne de ces écus, étaient attachées les enarmes, composées de deux courroies en sautoir et d'une courroie verticale (voyez en C), pour passer le bras. La main saisissait les courroies croisées ensemble ou séparément, suivant le besoin.

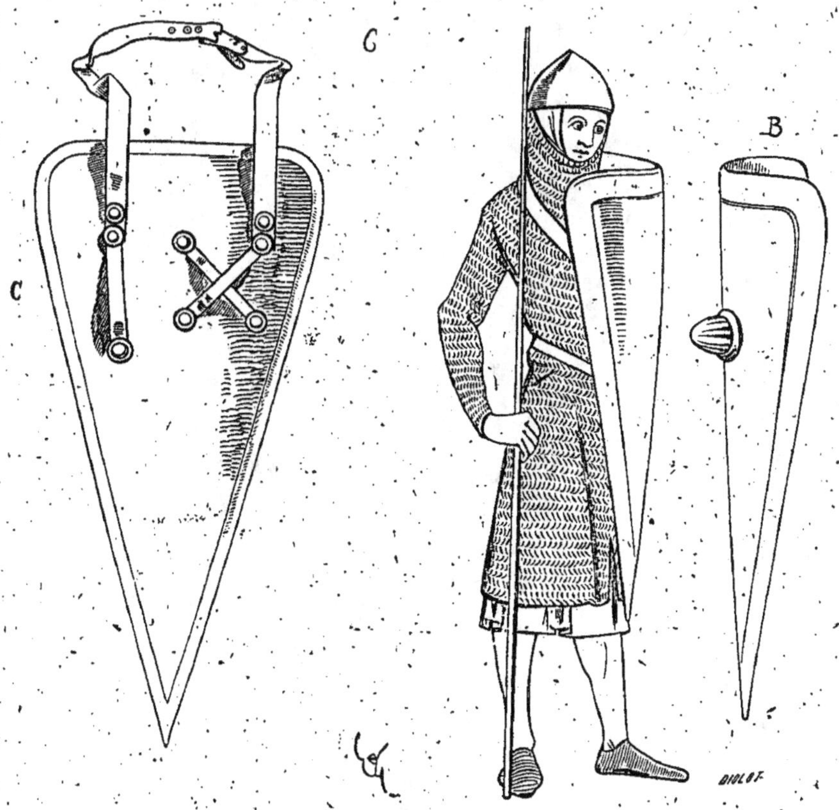

L'écu des hommes d'armes tendait à diminuer de longueur vers 1230; les plus longs qui datent de cette époque ne dépassent guère un mètre. Ils sont arrondis légèrement par le haut, très aigus à la pointe, bordés de métal, et décorés souvent d'ornements de bronze repoussé, croix, animal, besants, billettes (fig. 7 [2]). Cepen-

[1] Manuscr. Biblioth. nation., *Psalter.*, latin (commencement du XIIIe siècle). Voyez aussi ARMURE, fig. 8.

[2] Écu, fragment d'un tombeau dans la cathédrale de Lizieux (1230 environ).

dant, lors de la première expédition de saint Louis en Egypte, l'écu était encore assez long pour qu'on pût être préservé des traits en fichant sa pointe en terre.

Quand l'armée des croisés opéra sa descente devant Damiette, Joinville raconte que s'étant aventuré avec quelques chevaliers tous

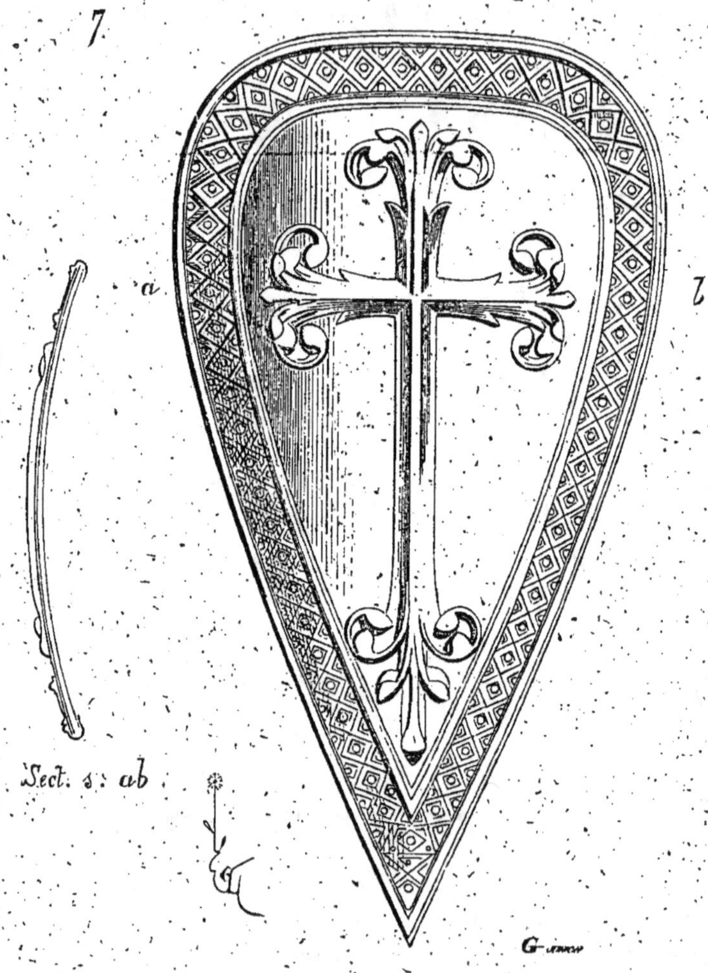

à pied, ils virent venir à eux une « grosse bataille de Turs ; là où il « avoit bien six mille homes à cheval. Si tost, ajoute-t-il, comme il « nous virent à terre, ils vindrent, ferant des eperons, vers nous. « Quant nous les veismes venir, nous fichames les pointes de nos « escus ou sablon, et le fust de nos lances ou sablon et les pointes « vers aus. Maintenant que il les virentain si comme pour aler parmi

« les ventres, il tournerent ce devant darieres et s'en fouirent[1]. » Fallait-il que ces écus eussent encore près d'un mètre de longueur pour que l'homme d'armes, étant incliné fortement les jambes pliées, l'écu fiché en terre pût opposer une défense efficace (fig. 8[2]). Cependant l'écu appartenant à la belle statue de saint George du portail

8

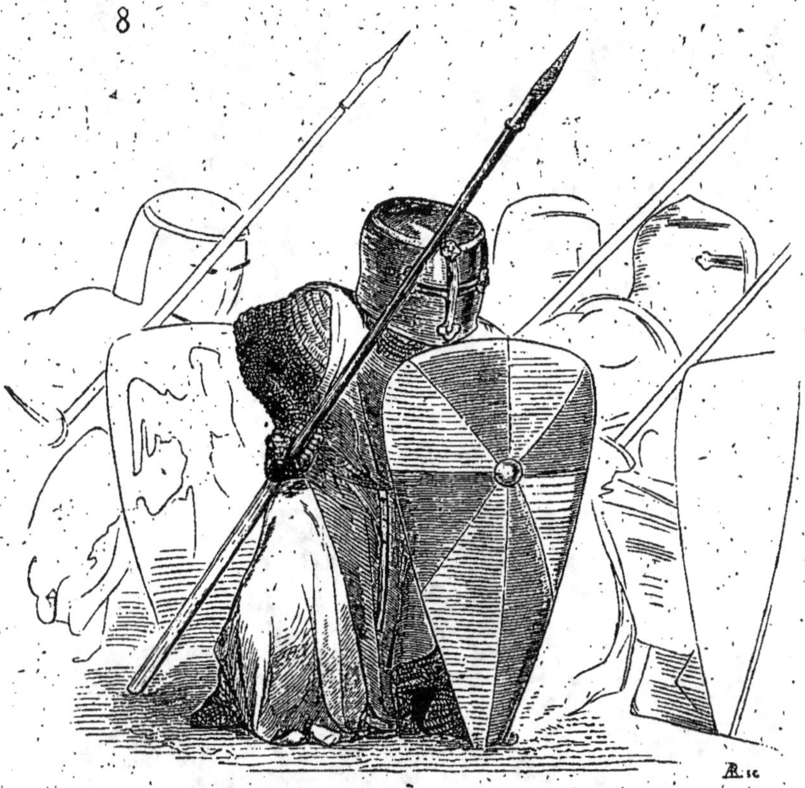

méridional de la cathédrale de Chartres n'a guère que $0^{m},90$ de hauteur. Il est droit du haut, très peu arrondi aux angles supérieurs, pointu du bas, orné de métal, et portant une croix fleurdelisée saillante, avec fleurs de lis en creux dans les cantons.

Les écus ne tardèrent pas à diminuer de hauteur, probablement parce que leur trop grande longueur était un embarras à cheval. Vers 1260, les hommes d'armes portaient déjà, sur les chausses de

[1] *Hist. de saint Louis*, par le S. de Joinville, publ. par M. Natalis de Wailly, p. 55.

[2] On voit des écus de cette taille appartenant à des statuettes de la cathédrale de Reims qui datent de 1240 environ.

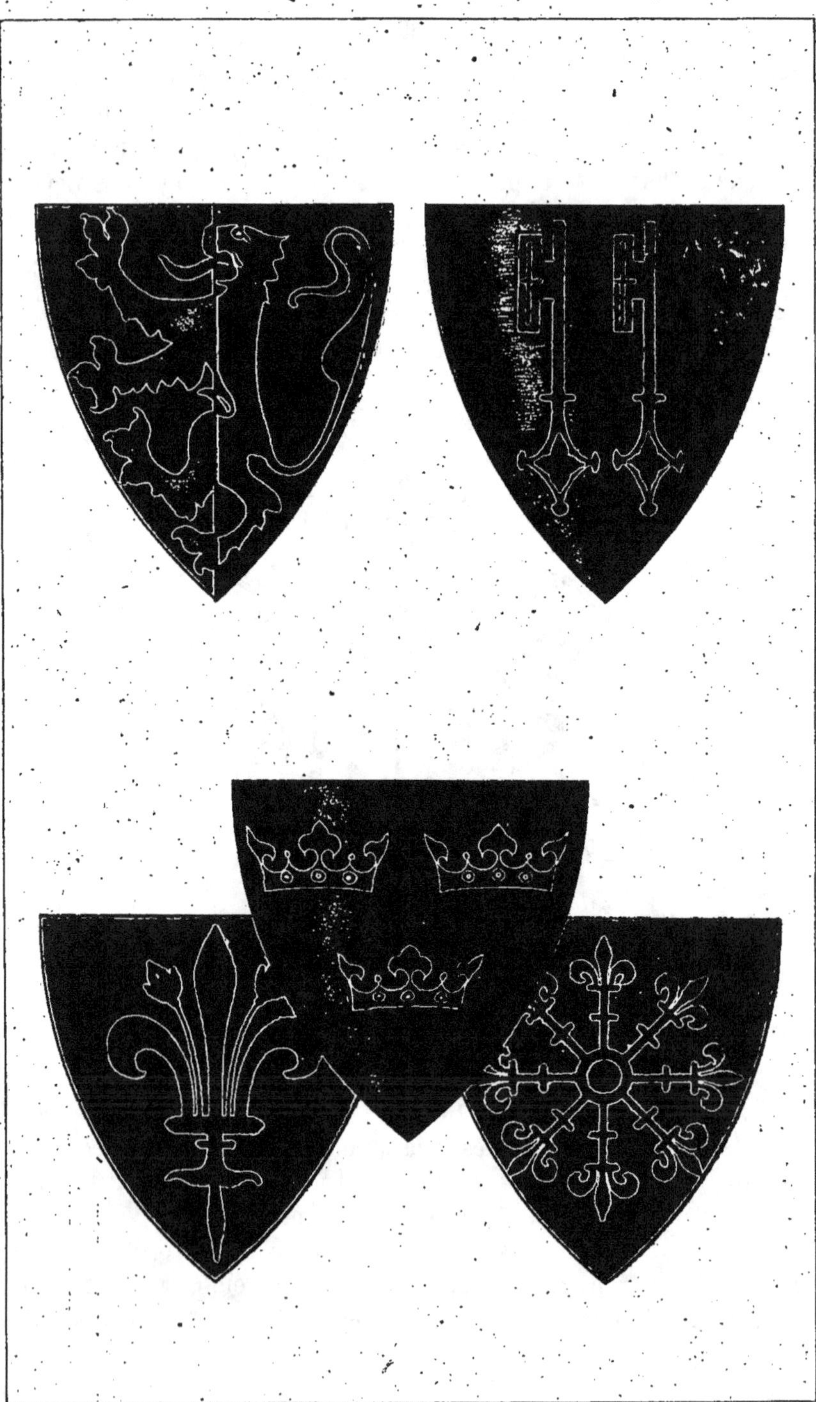

Viollet-Le-Duc. Daumont lith.

RECONNAISSANCES D'ÉCUS
Fin du XIIIe Siècle.

Imp. R. Engelmann, Paris.

mailles, des grèves et genouillères d'acier et même des cuissots peu développés (voy. CUISSOT, GENOUILLÈRE, GRÈVE).

Il n'était plus nécessaire que la pointe de l'écu couvrît le genou gauche, on diminua donc la longueur de celui-ci, tout en lui conservant sa largeur. C'est alors que les écus commencent à être régulièrement armoyés (fig. 9[1]).

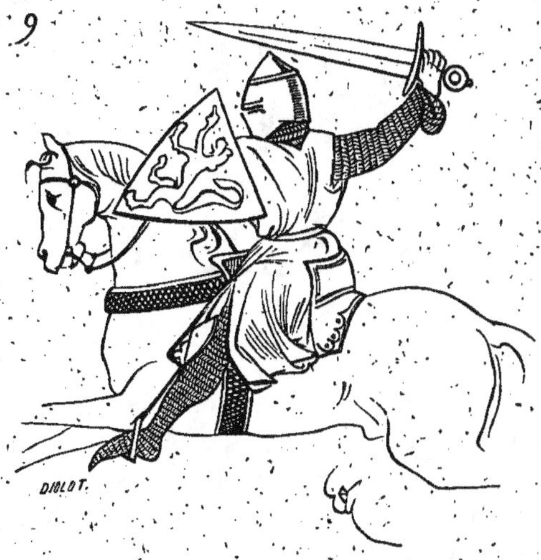

On observera que si cet homme d'armes n'a point de grèves aux jambes, il est muni de grandes genouillères d'acier. Son écu porte un lion rampant héraldique. Les écus de la fin du XIIIe siècle sont presque aussi larges que hauts, c'est-à-dire qu'ils circonscrivent un triangle équilatéral, ou peu s'en faut, et n'avaient guère plus de 60 centimètres de largeur sur 60 centimètres ou un peu plus de longueur. Étant peints aux armes de celui qui les porte, ils ne sont plus orlés de métal apparent et le champ du blason couvre toute la surface. Ces écus possèdent toujours la guige pour les suspendre au cou, et les enarmes ne se composent plus que de deux courroies (fig. 9 *bis*), l'une pour passer le bras, l'autre pour être saisie par la main.

A la fin du XIIIe siècle et au commencement du XIVe siècle, les blasons peints sur les écus étaient bien lisibles, d'un beau style, largement dessinés, de telle sorte qu'on pût les voir de loin. Nous donnons, planche VI, plusieurs de ces blasons.

1. Manuscr. Biblioth. nation., *Dictis de bello Trojano*, et *T. Livii Decades* (1260 environ).

L'écu de l'homme d'armes diminue encore au commencement du XIVe siècle; il est un peu plus long que large, est presque plat, très peu recourbé dans le sens transversal et invariablement armoyé. Il ne faut pas confondre alors l'écu avec le pavois, qui était une arme

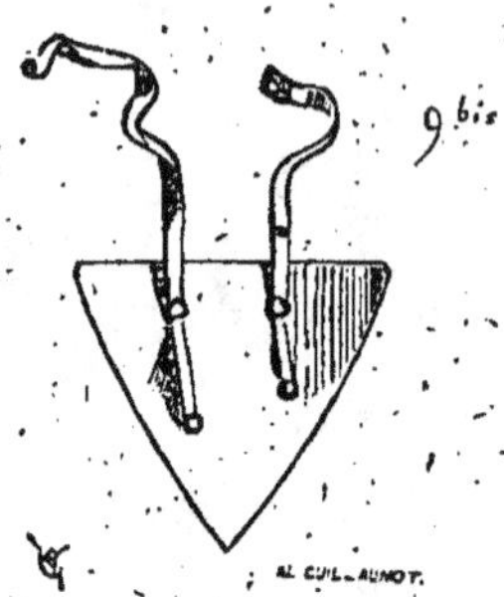

défensive de piéton (voy. PAVOIS); l'écu appartenait exclusivement au chevalier (fig. 10[1]). Les enarmes ne consistaient alors qu'en une seule courroie (voyez en A[2]), et l'intérieur de l'écu était doublé de peau piquée, de manière à ne pas froisser le bras lorsqu'on recevait un choc violent. Souvent alors ces écus ne possèdent pas de guige; la courroie (enarmes) était munie d'une boucle qui permettait de l'allonger, et alors pouvait être passée sur l'épaule ou au cou. On le portait le long de la cuisse gauche (voyez ARMURE, fig. 29 et 30), ou le long de l'arrière-bras, lorsqu'on ne combattait pas.

Ce qui distingue particulièrement l'écu adopté de 1320 environ à 1350, c'est la forme du chef, dont les deux côtés, dans la hauteur du quart au moins de l'écu, sont parallèles et verticaux, ainsi qu'on le voit en A, dans la précédente figure. Avant cette époque, depuis le milieu du XIIIe siècle, la courbe commence au sommet même du chef et ce sommet est souvent aussi légèrement convexe. La forme adoptée dans la première moitié du XIVe siècle se prêtait mieux que les précédentes à la peinture du blason; aussi est-ce à cette époque que les armoiries sont régulièrement figurées, et la surface rectangulaire du chef (le quart environ de la hauteur totale de l'écu) était occupée alors par cette pièce des armes, lorsqu'il y avait lieu, en laissant aux trois autres quarts la forme adoptée vers la seconde

[1] Manuscr. Biblioth. nation., *Lancelot du Lac*, français (premières années du XIVe siècle).

[2] Même manuscrit.

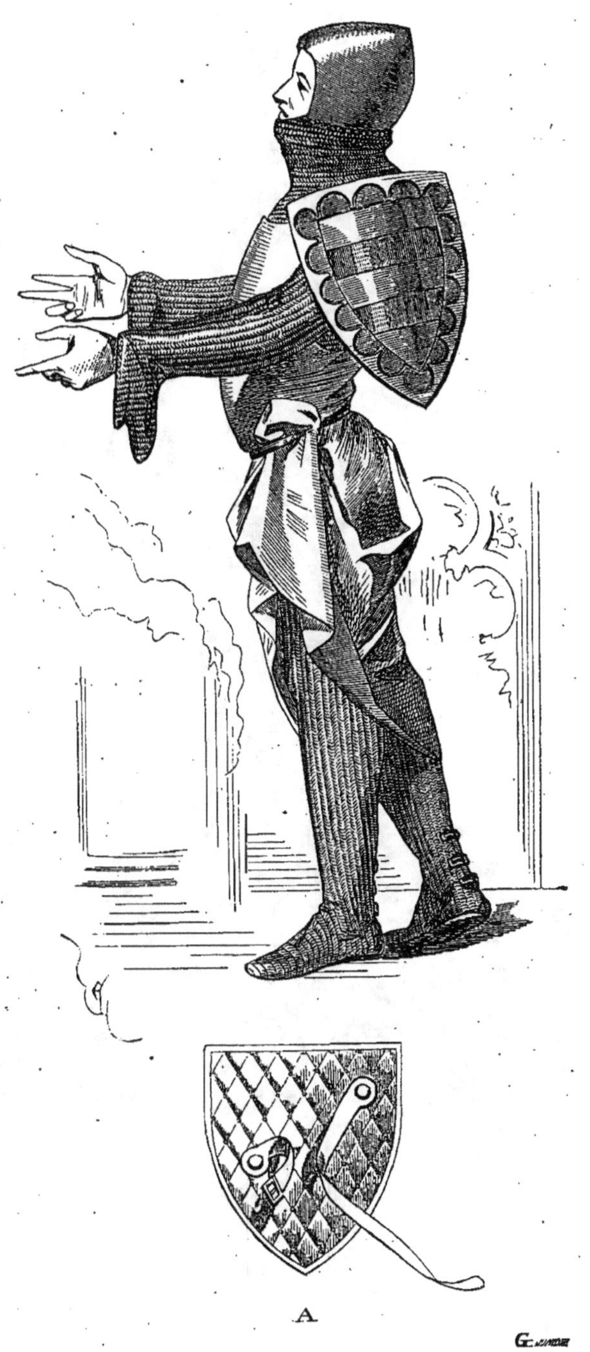

G.

CHEVALIER PORTANT L'ÉCU SUR L'ÉPAULE (fin du XIVe siècle)

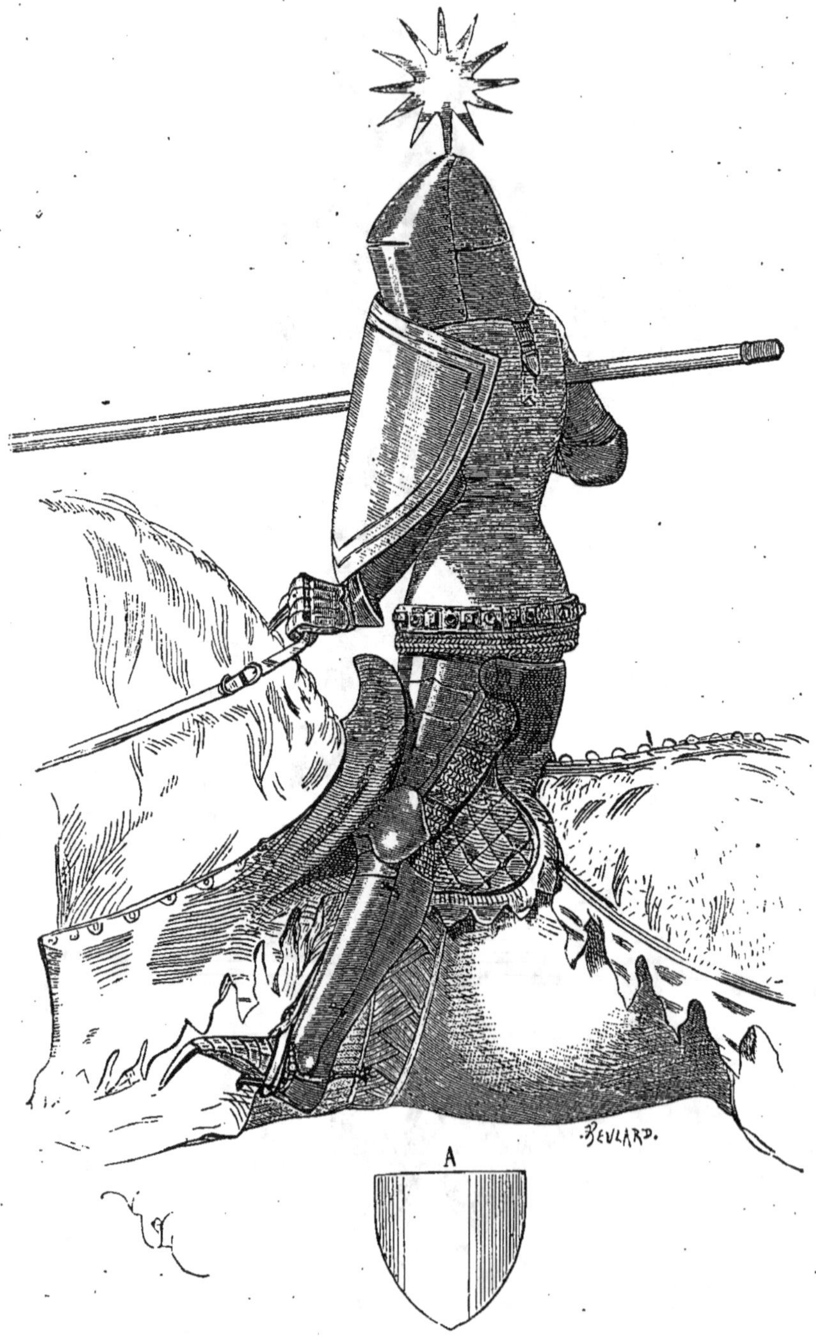

CHEVALIER EMBRASSANT L'ÉCU (fin du XIVe siècle)

moitié du XIIe siècle. C'est qu'en effet jusqu'à la fin du règne de saint Louis, les blasons sont généralement très simples et portent rarement un chef ; pièce honorable, résultant habituellement d'un octroi royal. Ajoutant cette pièce honorable au blason de famille, on rapporta comme un morceau supplémentaire à la partie supérieure de l'écu, ainsi que le démontre la figure 10 *bis*[1].

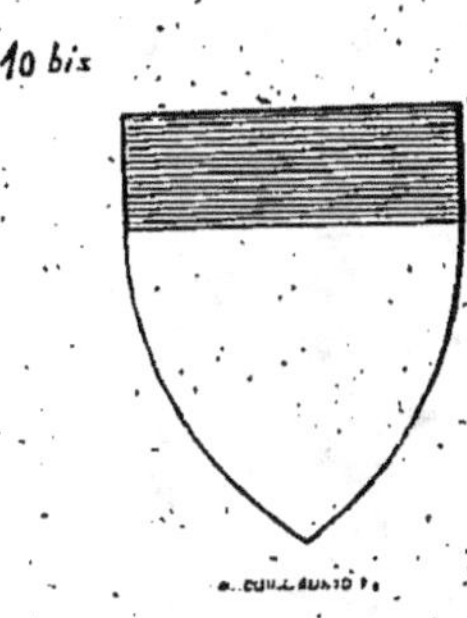

La forme et la dimension des écus ne varient pas d'une manière sensible jusqu'au règne de Charles V. Alors sont-ils plus recourbés dans le sens transversal et un peu plus grands que précédemment

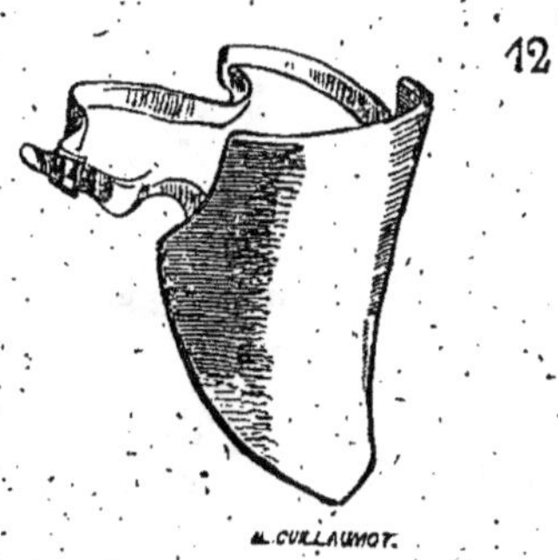

(fig. 11[2]). Attachés au-dessus de la saignée sous l'épaule, par la guige bouclée, qui tient lieu d'enarmes, pour combattre, la main gauche reste libre pour tenir les rênes. Les deux côtés se dirigeant vers la pointe de l'écu, donnent des courbes prononcées (voyez en A le géométral). Ce chevalier porte un écu blanc orlé de deux listels ;

[1] Voyez le *Dictionnaire d'architecture*, article ARMOIRIES.

[2] Manuscr. Biblioth. nation., *Lancelot du Lac*, grandes miniatures de 1370 environ, de facture italienne. A cette époque, l'habillement de guerre de l'Italie diffère très peu de celui adopté de ce côté-ci des monts.

son surcot est blanc; les arçons de la selle sont rouges. On observera comme, pour charger, il s'étaye sur le haut du troussequin de la selle, debout sur ses étriers. Les guiges sont souvent alors richement décorées de plaques d'oféverie.

Bientôt — vers la fin du XIVe siècle — la pointe de l'écu se projette en avant et l'empêche de frapper le bas du torse. Quelquefois le canton dextre est échancré pour faciliter le passage du bois (fig. 12 [1]), ou bien l'écu affecte déjà la forme de la targe

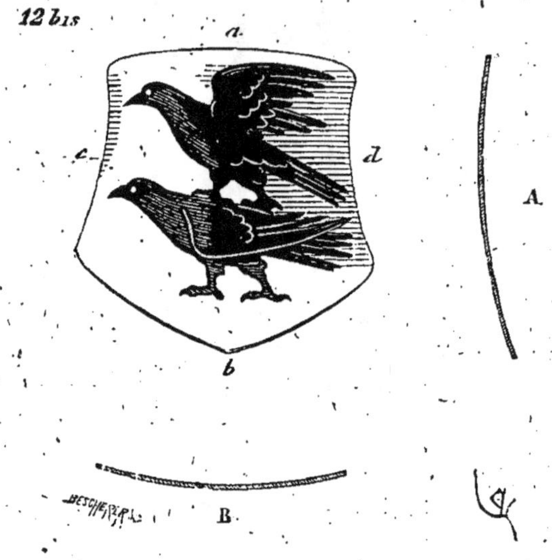

(fig. 12 *bis* [2]), dont la section longitudinale sur *ab* présente le profil A, et la section horizontale le profil B, A et B étant les faces externes. Ces écus-targes étaient, en combattant, suspendus au cou par la guige et maintenus à la saignée par les enarmes, qui ne se composaient que d'une seule courroie. La main gauche demeurait libre (fig. 13 [3]). On voit aussi, à cette époque, des hommes d'armes portant des écus-targes très courts et larges, enveloppant bien le haut de la poitrine (fig. 14 [4]). En A, cet écu est présenté de face, et en B en projection horizontale. Ces écus étaient faits de bois léger recouvert de peau d'âne ou de peau de cerf en double ou en triple, bien collée, peinte et vernie. Les fabricants d'écus étaient renommés,

[1] Statues des preux, château de Pierrefonds (1395).

[2] Même provenance: statue de Judas Macchabée.

[3] Manuscr. Biblioth. nation., *Tristan et Iseult* (fin du XIVe siècle).

[4] Manuscr. Biblioth. nation., *le Miroir historial* (1395).

dans certaines villes de France, d'Allemagne et du Brabant. Il y en avait à Paris, à Vienne en Autriche, à Nuremberg, à Gand, à Rouen.

Il arrivait que pour combattre à pied et voulant avoir les deux

13

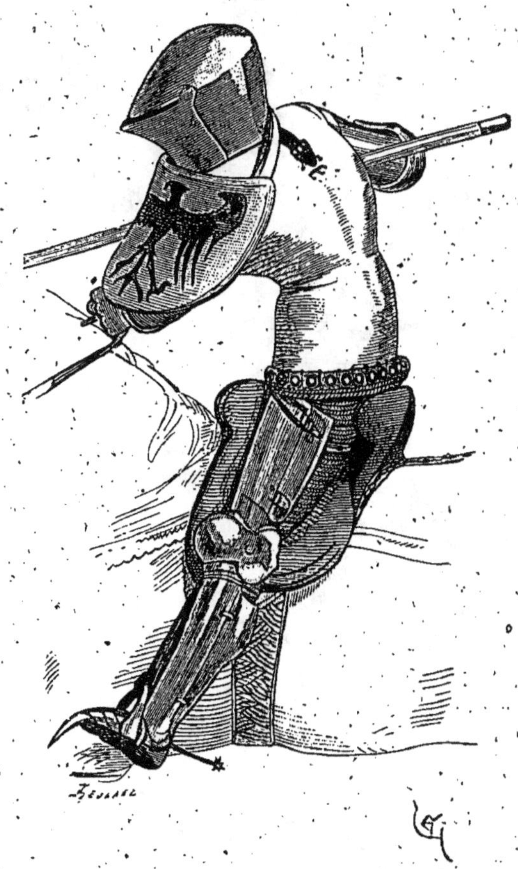

mains libres pour le service de l'épée à deux mains, on suspendait simplement la targe au cou par la guige, devant la poitrine ; cette targe n'avait alors plus de 40 centimètres de largeur et était concave dans le sens vertical, convexe dans le sens horizontal (fig. 15 [1]). Ces targes étaient faites habituellement de bois tendre recouvert, comme les écus précédents, de plusieurs peaux collées soigneusement, ou aussi de pièces de corne de cerf (voyez la partie des **Tournois et Joutes**).

[1] Manuscr. Biblioth. nation., *le Livre de Guyron le Courtois* (1400).

14

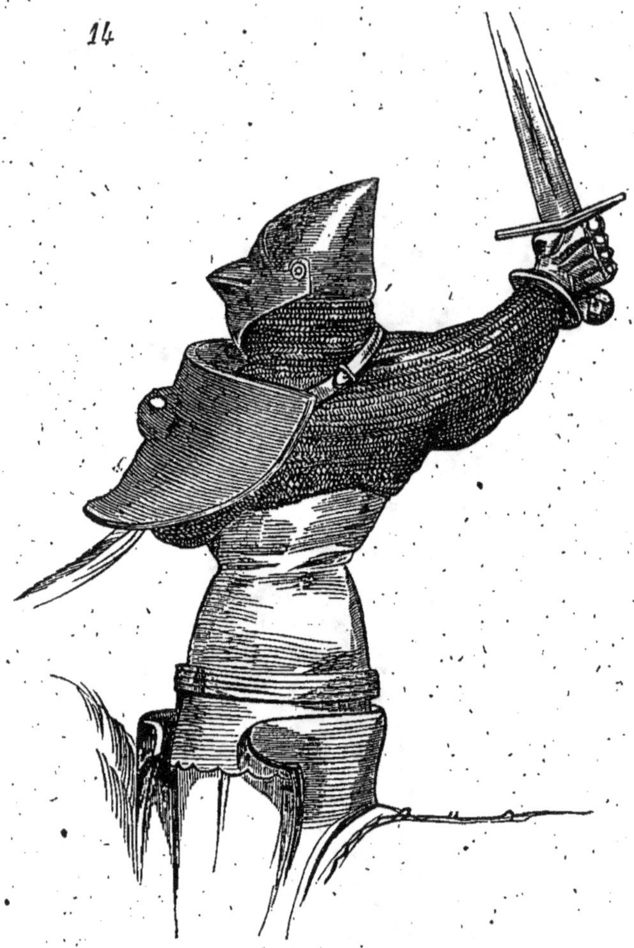

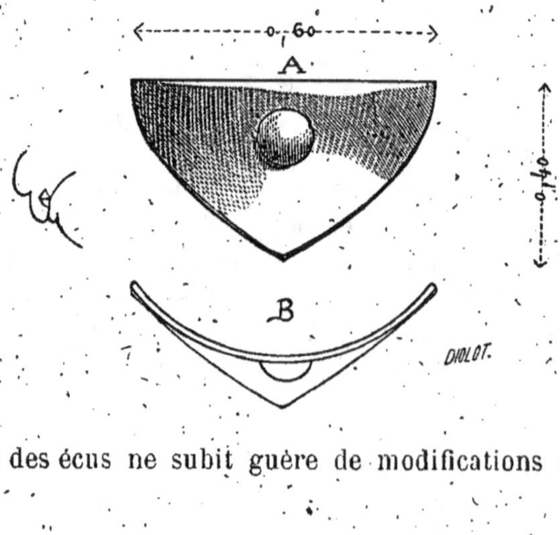

0,60

A

0,40

B

DIOLOT.

La forme des écus ne subit guère de modifications sensibles jusqu'au moment où l'on cesse de les porter à la guerre. Vers le milieu du xve siècle, l'écu et la targe n'étaient plus guère adoptés que pour les joutes et tournois. En effet, lorsque les armures de plates propres à la guerre furent très perfectionnées, avec les garde-bras, les dou-

15

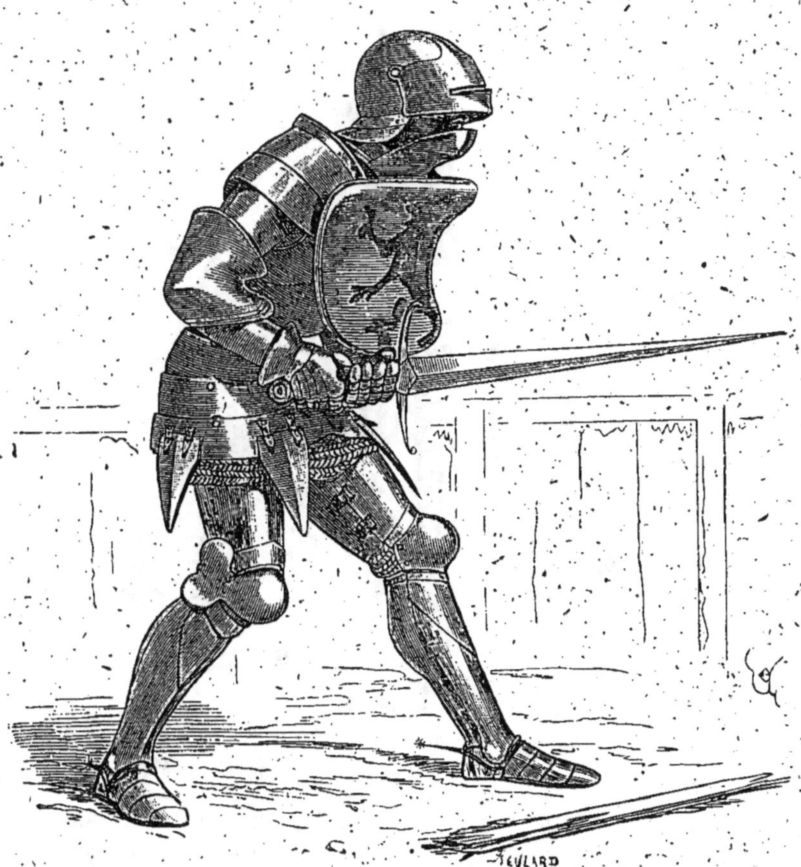

blures de plastrons, les grandes spallières, l'écu devenait plus embarrassant qu'utile. Cependant la dernière forme des écus de guerre est quelque peu différente de celles données ici en dernier lieu. Ces écus ont un nerf saillant vertical, sont arrondis du bout, et forment un angle très obtus au sommet, légèrement concave dans le sens longitudinal (fig. 16 [1]). En A, est donné le profil de l'écu.

[1] Manuscr. Biblioth. nation., *Girart de Nevers* (milieu du xve siècle).

Lorsqu'on prenait la mer, les chevaliers avaient pour habitude de suspendre leurs écus le long des bastingages des châteaux d'arrière. Ainsi faisait-on le long des bordages des embarcations : « Et quant les « nés furent chargées d'armes et de viandes et de chevaliers et de « serjanz, et li escu furent portendu environ des barz et des chastials « des nés, et les banieres dont il avoit tant de belles[1]. »

16

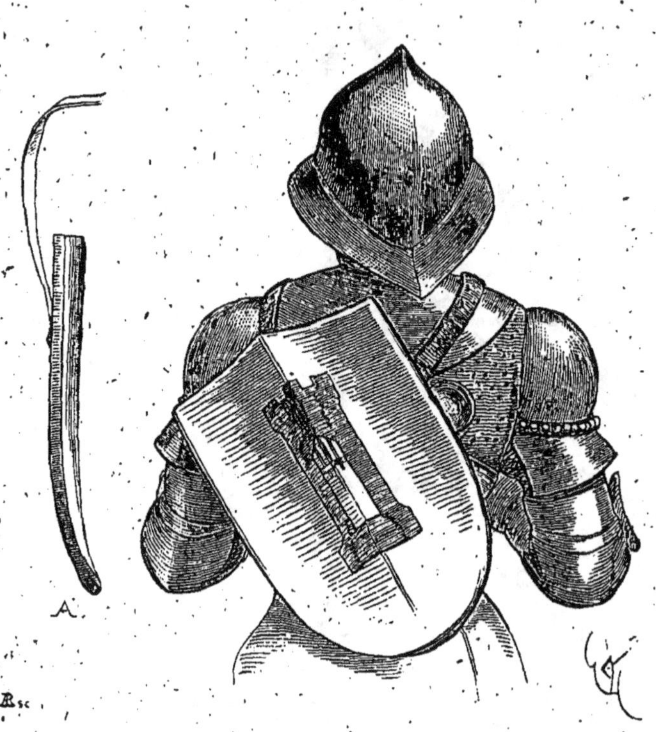

Renverser l'écu d'un chevalier était lui infliger un déshonneur public qui rejaillissait sur la famille à laquelle appartenait le blason. On disait « la reconnaissance » de l'écu, pour le blason figuré sur l'écu : « Frapper sur la reconnaissance », c'était frapper le blason :

« Lincanors trait le branc qui fu fais à Valance.
« Et fiert le duc Betis sor la reconaissance[2]. »

[1] Geoffroi de Villehardouin, *la Conquête de Constantinople*, publ. par M. Nat. de Wailly, p. 42.

[2] *Li Romans d'Alixandre : Combat de Perdicas et d'Akin.*

Déjà au XIIe siècle les peintures, sans être des armoiries régulières, servaient de signes de reconnaissance, ainsi que l'indique ce passage du *Roman de Rou* :

« Mult voïssiez par li campaignes
« Mouver conreis è chevetaignes ;
« N'i a riche home ne Baron,
« Ki n'ait lez li son gonfanon ;
« U gonfanon u altre enseigne
« U sa mesnie se restreigne,
« Congnoissances u entre-sainz,
« De pusors guises escuz painz [1]. »

Les chevaliers pendaient leurs écus sur leurs tentes, et aussi, lorsqu'ils logeaient dans une ville, aux fenêtres de l'hôtellerie :

« La cité on leissié, paveillonz e treiz tendent ;
« As forches des herberges, escuz e halmes pendent [2]. »

Dans les salles des châteaux, en temps de paix, on suspendait aux murs les écus et les heaumes.

ENSEIGNE, s. f. — Voyez BANNIÈRE, GONFANON, PENNON.

ÉPÉE, s. f. (*branc*). Arme offensive de main, sur l'antiquité de laquelle il n'est pas besoin d'insister.

Il est, avant l'époque dont nous nous occupons spécialement, diverses formes d'épées. Les unes sont à deux tranchants, d'autres à un seul. Certaines lames sont plates, légèrement convexes sur la section transversale ; quelques-unes portent des gravures longitudinales, un ou plusieurs nerfs saillants. Les tranchants sont rectilignes ou courbés, concaves ou convexes, ou parallèles jusque près de la pointe. Il est de même une grande variété dans la forme des poignées.

Nous ne nous occuperons que très accessoirement, et pour indiquer au besoin certaines origines, des épées antérieures à l'époque carlovingienne.

Pendant le moyen âge, les mots *branc* et *épée* sont employés pour désigner cette arme qui, avec la lance, composait l'armement offensif principal des gens d'armes. La lame était l'*alemelle* ou la *lumelle* ; la poignée, le *helz*, l'*eudeure*, l'*enheudeure*, le *heut* ; le pom-

[1] *Roman de Rou*, vers 9080 et suiv.
[2] *Ibid.*, vers 4094.

meau, le *pont*, le *plommel*; les gardes, l'*arestuel*, les *quillons* ; le fourreau, le *fourrel*, le *fuerre*.

L'épée du fantassin romain, désignée sous le nom d'*ibérique*, et qui avait été introduite dans l'armement par Scipion, avait 60 centimètres environ de longueur, compris la poignée, de 15 centimètres. La soie

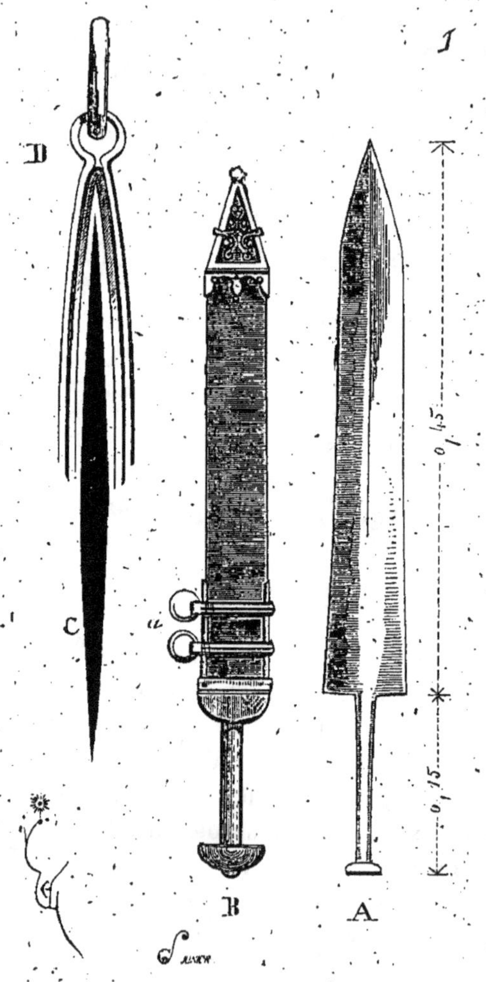

de cette épée de fer était garnie d'une poignée d'os, d'ivoire, ou de bois, avec bandes et pommeau de bronze. Son fourreau était fait de lamelles de bois avec revêtement de peau mince, et frettes, orles et bouterolles de bronze.

La figure 1 présente en A une lame d'épée de fantassin romain. La section de cette lame est donnée en C. En B, une autre épée un peu plus courte, possédant son fourreau complet de bois garni de bronze, et en D la section du fourreau avec le mode d'attache des

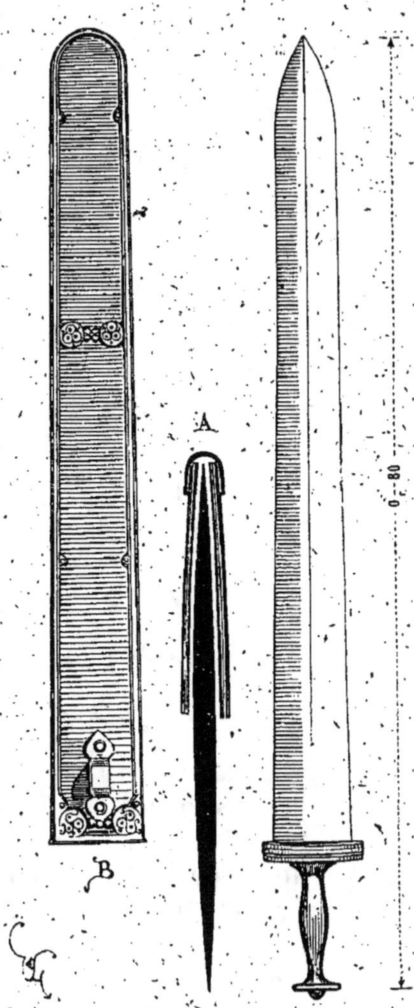

deux anneaux *a* de la bélière[1]. Cette épée et le *parazonium*[2] constituèrent les seules armes de main conservées dans les troupes

[1] Musée de Naples.

[2] Sorte de dague courte, à lame à double tranchant, en feuille de sauge, qui avait été adoptée par les Grecs, auxquels les Romains l'empruntèrent. Le *parazonium* se portait du côté gauche; l'épée romaine, sur le flanc droit.

des conquérants du monde, jusqu'à la fin de l'empire. Les épées gauloises à lame de fer, trouvées dans des tombelles, sont habituellement plus longues que n'était l'épée romaine. Bien que les Gaulois connussent l'acier, ces épées étaient mal trempées, puisqu'elles se courbaient en combattant, et que les guerriers les redressaient avec le pied. Quant à l'épée des Francs, ou *scramasaxe*, c'était une arme courte, lourde, à un seul tranchant, et dont le dos était

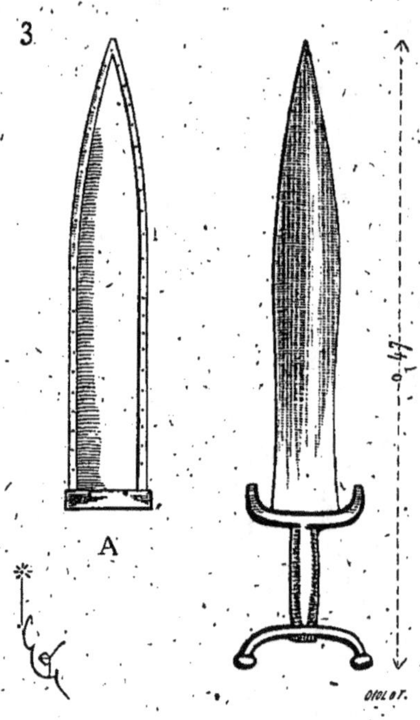

habituellement cannelé. Rien n'indique que les Francs, au moment de leur arrivée dans les Gaules, fissent usage d'épées longues à deux tranchants. Cependant les tombes mérovingiennes en laissent voir quelques-unes dont la lame atteint 60 à 70 centimètres de longueur; mais cette arme me semble n'avoir été portée que par les chefs. Le *scramasaxe* était l'arme habituelle du soldat franc, avec la *framée*, javeline à long fer, et la *francisque*, hache à court manche (voyez Hache). Mais le scramasaxe était plutôt un long couteau qu'une épée, et resta jusqu'au XIVe siècle l'arme des coutilliers, soit que la lame fût garnie d'une simple poignée d'os ou de bois, soit qu'elle fût emmanchée au bout d'un bois de 1 mètre 50 centimètres de longueur environ. Nous avons vu extraire de tombes datant évidemment de l'époque mérovingienne, quelques-unes de ces lames longues qui peuvent être rangées parmi les épées.

Les fouilles pratiquées à Londinières[1] et dans la forêt de Compiègne en ont mis au jour un très petit nombre, mais bien caractérisées (fig. 2). La poignée de ces épées est garnie d'os, ou même de bronze.

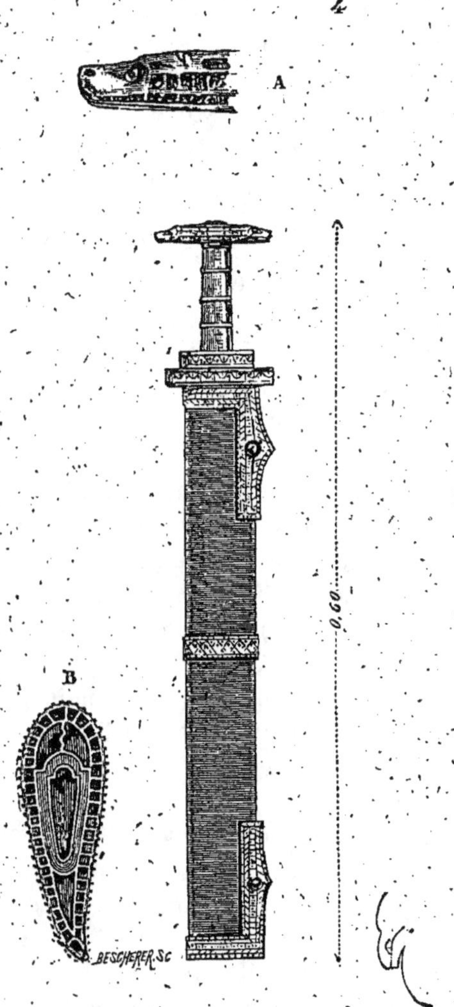

La garde est parfois ornée d'argent. Les fragments de fourreaux montrent deux ais très minces, de bois, garnis d'orles et de frettes de bronze, avec bielle pour attacher l'arme au ceinturon. En A, est

[1] Arrondissement de Neufchâtel (Seine-Inférieure). Voyez la *Normandie souterraine*, par M. l'abbé Cochet, chap. XVII.

donnée la section de la lame et d'un fourreau, figuré en B. Cette façon de fourreau se retrouve dans des tombes d'une époque beaucoup plus reculée, attribuées à des guerriers gaulois[1].

Il paraîtrait que les Gaulois établis au nord de l'Italie portaient aussi le parazonium, car on ne saurait donner un autre nom à l'arme que représente la figure 3, et qui a été trouvée dans une tombe gallo-italique près de Sesto-Calende, en 1867[2]. Cette arme de main est entièrement de fer, lame et poignée. Quant au fourreau A, il est fabriqué de feuilles de bronze très minces, orlées et rivées. Cette tombe renfermait deux cnémides ou jambières de bronze, et un casque bombé à bord saillant et égal, de bronze aussi ; le tout très mince ; un long fer de javelot et une pointe de flèche de fer.

L'épée provenant de la tombe de Childéric[3], et que reproduit la figure 4, est cependant d'une dimension très médiocre : sa lame n'avait guère que 48 centimètres, si toutefois le fourreau actuel, dont les ornements seuls sont anciens, a été reproduit suivant la longueur primitive, ce qui peut faire l'objet d'un doute. Les frettes de ce fourreau sont d'or, sertissant de petites lames de verre purpurin posées sur un papillon d'or. La poignée de bois est revêtue d'une mince lame d'or, maintenue par quatre vergettes d'or. Le pommeau, qui a été brisé et dont il ne reste plus que le fragment A, formait béquille. En B, est tracée la plaque du bout du fourreau. Ces détails sont présentés moitié de l'exécution[4]. Mais cette arme de luxe ne peut donner qu'un renseignement très vague sur la forme des épées adoptée par les grands personnages de l'époque mérovingienne, d'autant que la lame n'existe plus. Il en est autrement si l'on entre dans la période carlovingienne.

La mosaïque qui représentait Charlemagne dans la tribune de l'ancienne église de Sainte-Suzanne à Rome, bâtie vers l'année 797, donnait à ce prince une longue épée[5].

Les vignettes des manuscrits des VIIIe et IXe siècles montrent habituellement les hauts personnages armés de longues épées. M. le comte de Nieuwerkerke possédait, dans sa belle collection d'armes du moyen âge, une admirable épée de l'époque carlovingienne que

[1] Les fouilles d'Alesia ont fait découvrir quelques-uns de ces fourreaux ; d'autres, analogues, ont été découverts dans les habitations lacustres du lac de Bienne.

[2] Musée archéol. de l'Académie de Milan.

[3] Musée du Louvre.

[4] Voyez, dans l'*Hist. des arts et industr. au moyen âge*, la description que M. Labarte donne de cette épée (tome I, p. 447 et suiv.).

[5] Voyez Ciampini, *Vetera monumenta*, secunda pars, cap. XXIV.

reproduit la figure 5. Cette épée, d'une longueur de 90 centimètres, compris la poignée, est d'une excellente fabrication. La lame porte

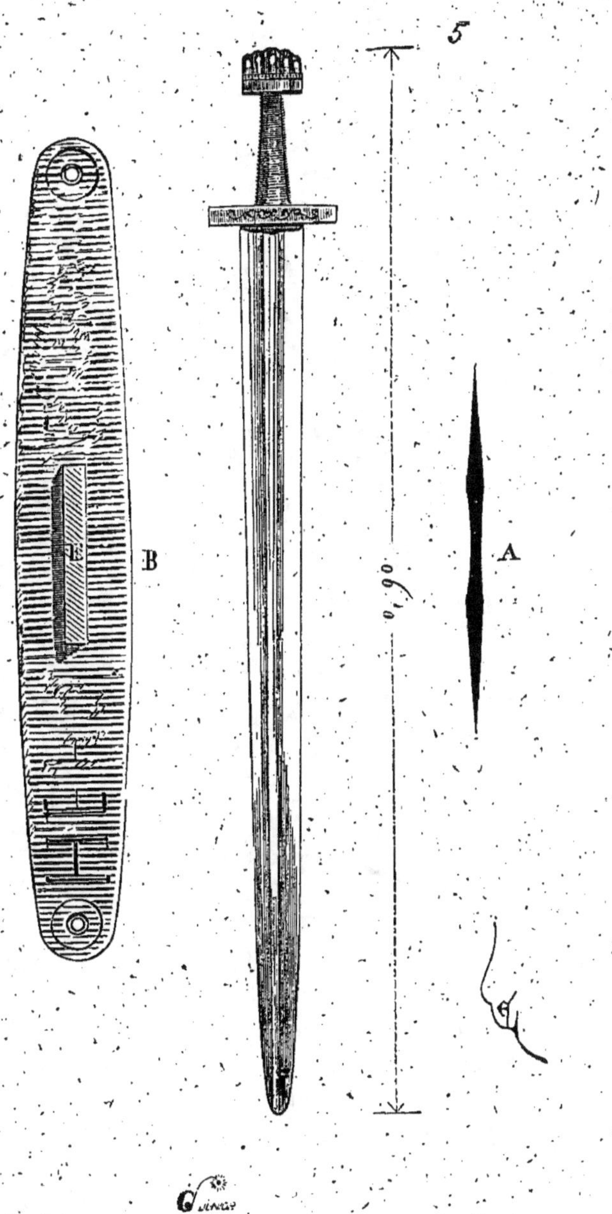

une cannelure dans toute sa longueur, ainsi que l'indique la section A, faite près du talon. Le pommeau et la garde de la poignée sont plaqués d'argent. En B, est figurée, grandeur d'exécution, cette garde par-dessus, E étant la soie. Les feuilles d'argent sont striées et sur les stries étaient gravés une inscription à la partie du dessus et des enroulements aux côtés. La soie était garnie de bois avec fil d'argent.

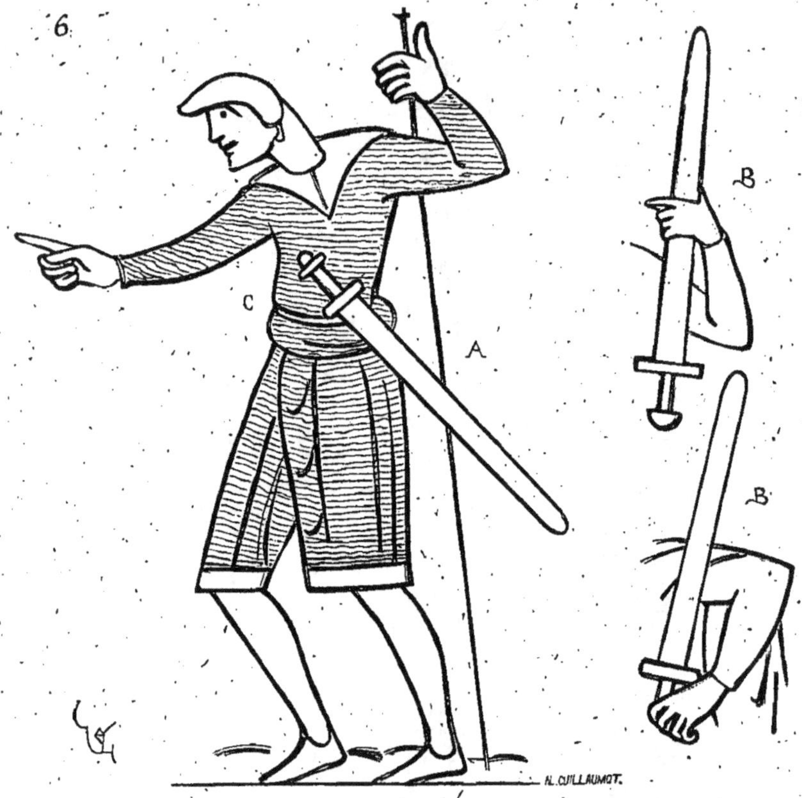

Les fourreaux de ces épées sont figurés, sur les vignettes des manuscrits de cette époque, avec des bandelettes de peau ou d'étoffe s'entrecroisant et cet usage paraît s'être prolongé jusqu'au XIIIe siècle. On observera que cette lame n'est pas *retaillée*, c'est-à-dire ne possède pas une pointe formant un triangle plus ou moins aigu. Les tranchants suivent deux lignes droites se rapprochant et terminées par un arrondi.

Cette disposition, particulière aux lames d'épée de l'époque carlovingienne au XIIe siècle, indique qu'on ne se servait de cette arme que de taille. On la voit reproduite sur les broderies de la tapisserie de Bayeux (fig. 6). La forme des épées sur ce précieux monument est exactement celle de l'arme que nous venons de donner. Le personnage A porte l'épée au fourreau; mais en B les épées sont nues et leur pointe est arrondie. Quant aux poignées, elles ne diffèrent pas de celles présentées figure 5. Il paraîtrait que ces épées étaient suspendues au ceinturon C à l'aide d'une bielle disposée comme celle de la figure 2.

L'épée étant l'arme noble dès l'époque carlovingienne, on attachait une grande importance à sa fabrication. On donnait des noms à ces armes, et quelques-unes ayant appartenu à des héros étaient considérées comme fées.

Dans la *Chanson de Roland* on lit ces vers :

« U est vostre espée ki Halteclere ad nom ?
« D'or est li helz e de cristal li punz [1]. »

« Oliver sent que à mort est férut,
« Tient Halteclere dunt li acer fut bruns [2]. »

Et quand Roland mourant veut briser son épée, afin qu'elle ne tombe pas aux mains des Sarrasins, il frappe vainement la lame sur les pierres, l'acier ne s'ébrèche même pas. C'est un des plus beaux passages du poëme :

« Rollans ferit el perrun de sardonie :
« Cruist li acer, ne briset ne s'esgrunie.
« Quant il ço vit que n'en pout mie freindre,
« A sei meisme la cumencet à pleindre :
« — E ! Durendal, cum es bele e clere e blanche !
« Cuntre soleill si luises e reflambes !
« Carles esteit es vals de Moriane
« Quant Deus del cel li mandat par sun angle
« Qu'il te dunast à un conte cataigne.
« Dunc la me ceinst li gentilz reis, li magnes ;
« Jo l'en cunquis Namon e Bretaigne,
« Si l'en cunquis e le Peitou e le Maine :
« Jo l'en cunquis Normendie la franche,
« Si l'en cunquis Provence et Equitaigne
« E Lumbardie e trestute Rormaine ;
« Jo l'en cunquis Baiver e tute Flandres
« E Burguigne e trestute Puillanie,
« Costentinnoble, dunt il out la fiance,
« E en Saisonie fait-il ço qu'il demandet ;
« Jo l'en cunquis e Escoce, Guales, Islonde

[1] *Chanson de Roland*, str. CIV.
[2] *Ibid.*, str. CXLIV.

« E Engleterre que il teneit sa cambre ;
« Cunquis l'en ai païs e teres toutes
« Que Carles tient, ki ad la barbe blanche.
« Pur ceste espée ai dulor e pesance,
« Mielz voeill morir qu'entre paiens remaigne.
« Deus perc, n'en laiseit hunir France ! »

De nouveau le héros frappe sur la pierre, dont il détache un grand morceau :

« L'espée cruist, ne fruisset ne ne brise,
« Cuntre ciel amunt est resortie. »

Quand Roland voit qu'il ne peut briser cette épée, doucement se dit-il à lui-même : « Ah ! Durendal, comme tu es belle et sainte. En ton pommeau as-tu assez de reliques?... une dent de saint Pierre, du sang de saint Basile, des cheveux de monseigneur saint Denis, et aussi du vêtement de la vierge Marie. Il n'est pas juste que les païens te prennent. Tu dois appartenir à des chrétiens; tomberais-tu entre les mains d'un lâche! Avec toi j'ai conquis bien des provinces que possède Charles à la barbe fleurie. Par toi l'empereur est grand et riche. » Sentant la mort venir, Roland se couche sous un pin, et sur son corps il dépose l'épée et l'olifant, tournant la tête du côté de l'ennemi.

Le baron carlovingien s'adresse à son épée comme les héros de l'*Iliade* s'adressent à leurs chevaux. L'épée est un compagnon fidèle, aimé. Impuissant à s'en servir, le guerrier ne veut pas qu'elle soit déshonorée par la main d'un ennemi ou d'un lâche.

Ces allocutions à l'épée sont fréquentes dans les poëmes des XIIe et XIIIe siècles. Quand Ogier le Danois a reconquis ses armes qui lui avaient été volées :

« Il regarda son bon haubere dohlier,
« Sa bone sele et ausdeus estriés,
« Cortain [1] s'espée qi mult fist à prisier :
« — Brans ! dist li dux, mult vos doi avoir chier.
« Sus maint païen vos ai fait essaier,
« En mainte coite m'avés eu mestier.
« Trait le du fuerre, mult le vi flambier,
« Or jura Deu qi tot a à jugier :
« — Senpres au vespre, quand il iert anuitié,
« M'en istrai fors au tref Kallon lanchier ;

[1] Le nom donné à son épée.

« Se m'i assallent serjant et esquier,
« Esproverai se m'i arés mestier.
« Dreche l'amont, sus un peron le fiert,
« Ne le vit fraindre, esgriner ne ploier ;
« Mais du peron fist trenchier un quartier.
« — Brans, dist li dus, si m'ait saint Richier,
« Or ne quid mie qu'il ait millor sous ciel.
« Il l'a ben terse [1], el fuerre l'embatié [2]. »

Le pommeau de l'épée renfermait ordinairement des reliques ; aussi jurait-on sur le pommeau et non sur la croix formée par les quillons, ainsi que quelques personnes l'ont supposé :

« Car l'empereres fist Joiouse [3] aporter,
« Ce est l'espée où moult se pot fier.
« Enz el poing d'or avoit ensaielé
« Bonnes reliques dou cors saint Honoré,
« Dou bras saint Jorge, qui moult fait à louer,
« Et des chevox Nostre-Dame a planté [4]. »

Gaydon possède l'épée d'Olivier, Hauteclère ; et quand il a vaincu Thiébault :

« S'espée dresce contremont demanois,
« De toutes pars vit les coutiaus adrois :
« — Hé ! bonne espée, quel coutel ai en toi !
« Bien soit de l'arme cui tu fus devant moi,
« C'est d'Olivier, le chevalier cortois ! [5] »

Des inscriptions étaient damasquinées en or ou en argent, soit sur la lame, soit sur la garde :

« .I. Sarrasins cuida Huon gaber ;
« A son escrin est maintenant alés,
« Si en a trait fors .I. branc d'achier letré,
« Vint à Huon, et se li a donné :
« — Vasal, dist il, cestui me porterés ;
« Je l'ai maint jor en mon escrin gardé.
« Hues le prent, du fuerre l'a geté [6] :

1 « Essuyée. »
2 *Ogier l'Ardenois*, vers 8533 et suiv. (XIIIe siècle).
3 Joiouse, Joyeuse, nom de l'épée de Charlemagne.
4 *Gaydon*, vers 1305 et suiv. (XIIIe siècle).
5 *Ibid.*, vers 1810 et suiv.
6 « Le tire du fourreau. »

« De l'une part se trait lés .I. piler.
« Ce dist le letre qui fu el branc letré
« Qu'ele fu suer Durendal au puing cler;
« Galans les fist, .II. ans mist à l'ouvrer,
« .X. fois les fist en fin achier couler[1]. »

Il est fait plusieurs fois mention de ce Galant et d'autres fabricants célèbres d'épées. Dans le roman de *Fierabras*, l'auteur cite la plupart de ces épées historiques, ainsi que les noms de ceux qui les avaient faites. Ce passage est assez curieux pour que nous le donnions ici en entier :

« Fierabras d'Alixandre fut moult de grant fierté :
« Il a çainte l'espée au senestre costé,
« Puis a pendu Bautisme à l'archon noielé,
« Et d'autre part Garbain au puing d'or esmeré.
« De ceus qui les forgierent vous dirai verité,
« Car il furent .III. frere tout d'un pere engerré.
« Galans en fu li uns, ce dist l'auctorité ;
« Munificans fu l'autres, sans point de fausité ;
« Aurisas fu li tiers, ce dit on par verté.
« Ceulx firent .IX. espées dont on a moult parlé.
« Aurisas fit Baptesme au puing d'or esmeré,
« Et Plorance et Garbain, dont li branc sont tempré ;
« .XII. ans i mist anchois que fuisent esmeré.
« Et Munificans fist Durendal au puing cler,
« Musagine et Courtain, ki sont de grant bonté,
« Dont Ogiers li Danois en a maint coup donné.
« Et Galans fist Floberge à l'acier atempré,
« Hauteclere et Joiouse, où moul ot digneté :
« Cele tint Karlemaines longuement en certé[2]. »

« Li rois çainst l'espée fort et dure.
« D'or fu li pons et toute la hendure[3],
« Et fu forgié en une combe[4] oscure.
« Galans la fist qui toute i mist sa cure.
« Fors Durendal qui fu li esliture[5]
« De toutes autres fu eslite la pure[6]. »

Ces citations ne prouvent autre chose que l'importance attachée pendant les XIIe et XIIIe siécles à la valeur de l'épée. C'est beaucoup

[1] *Huon de Bordeaux*, vers 7558 et suiv. (XIIIe siècle).
[2] *Fierabras*, vers 638 et suiv. (XIIIe siècle).
[3] Le pommeau et la poignée.
[4] « En une caverne. »
[5] « Préférable. »
[6] *Raoul de Cambrai*, ch. XX.

d'avoir confiance en l'arme dont on se sert, et la superstition aidait encore à cette confiance. On croyait en la vertu de certaines épées, et nous voyons au xve siècle Jeanne Darc demander la permission d'aller quérir une certaine épée qu'elle désigne : « Ceste dite Pu-
« celle, après qu'elle oult été examinée, requist au roy qu'il luy
« ploust bailler l'un de ses armeuriers pour aller à Saincte-Kathe-
« rine de Fierbois quérir une espée qui estoit en certain lieu de
« l'église, venue par la grâce de Dieu et en laquelle avoit emprainte
« de chaque costé cinq croix, laquelle chose luy fut adcordée, en luy
« demandant par le roy se elle avoit oncques esté au dit lieu, com-
« ment elle savoit la dite espée estre telle, et comment elle y avoit
« esté apportée. A quoy respondit que oncquez n'avoit esté ni entré en
« l'église de dite Saincte Katherine, mais bien sçavoit que icelle
« espée y estoit entre plusieurs vieilles ferrailles, comme elle le
« sçavoit par révélacion divine, et que par le moien d'icelle espée
« devoit expeller les ennemis du royaulme de France, et mener le roy
« enoindre et couronner en la ville de Rains [1]. »

L'épée est donc l'arme par excellence de la noblesse, de l'homme de guerre. Ne faut-il pas être surpris si l'on apportait les plus grands soins à sa fabrication.

Voici une de ces belles épées de la seconde moitié du xiie siècle (fig. 7 [2]). Comme dans les derniers exemples donnés, la pointe est arrondie : c'est une arme de taille. La lame, allégée par une cannelure centrale, est très large au talon (8 centimètres : voy. la section A). Les quillons de fer se développent et le pommeau est en forme de disque, ainsi que le fait voir le profil B. La soie est garnie de bois, avec un fil d'argent en spirale et très délicates frettes perlées. C'est une belle arme, lourde, mais bien en main ; on observera la belle courbe des tranchants. Nous présentons un fourreau de la même époque copié sur des pierres tombales.

La figure 8 montre encore une de ces belles armes de la fin du xiie siècle [3], française. La lame est complète d'un acier excellent et d'une dureté peu commune. La soie, épaisse et longue, de fer, était garnie de peau ou de fil. En B, est donnée la section de la lame sur *cd*, et en A sur *ab*. La large cannelure longitudinale se perd vers les deux tiers de la lame, qui s'élargit un peu au talon, de manière à donner une légère concavité aux tranchants sur ce

[1] Jean Chartier, *Chron. de Charles VII*, publ. par M. Vallet de Viriville, t. Ier, p. 69.

[2] De l'ancien musée de Pierrefonds.

[3] Musée d'artillerie de Paris. Le pommeau actuel de cette épée, fait de laiton, date de la fin du xiiie siècle. Nous avons mis à la place un pommeau de l'époque de la lame.

point ; caractère particulier aux épées à dater de la fin du XIIe siècle

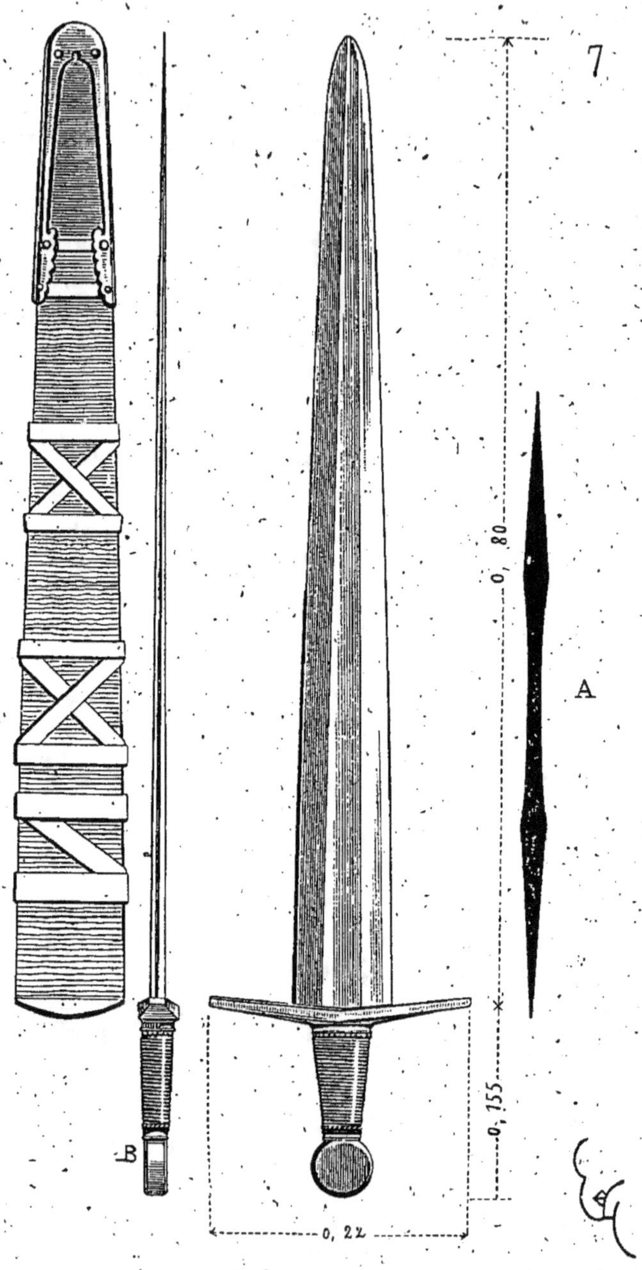

jusqu'au XIVe. La poignée est assez longue pour permettre de se servir de l'arme des deux mains.

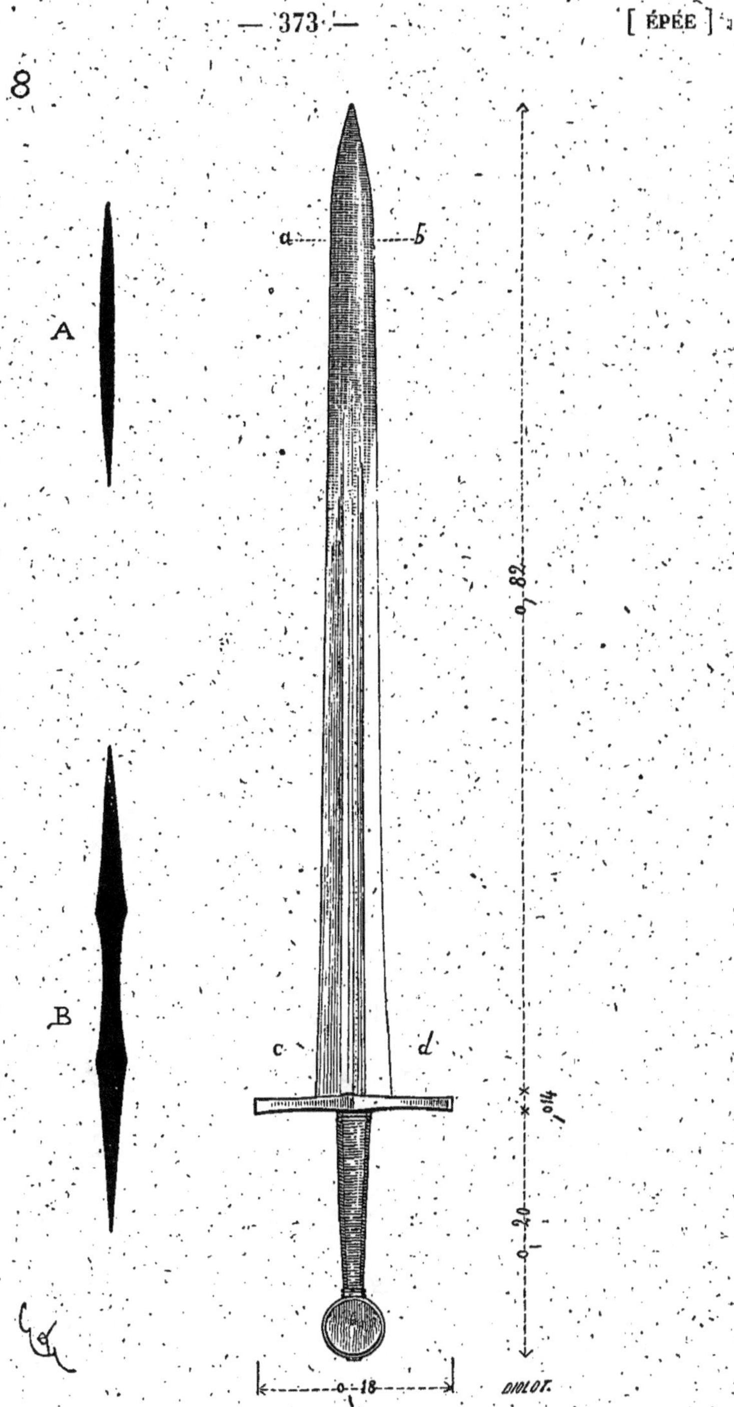

Jusque vers le milieu du XIIIe siècle, la forme de l'épée ne se modifie guère, mais les quillons commencent à se courber vers la lame. Les pommeaux sont en forme de disque le plus souvent ; on en voit cependant représentés en façon de vase trapu, dans lesquels on enfermait des reliques. C'est ainsi qu'est figuré le pommeau de l'épée de la belle statue de saint George du portail sud de Notre-Dame de Chartres (fig. 9[1]). La poignée de cette épée est garnie d'un treillis de

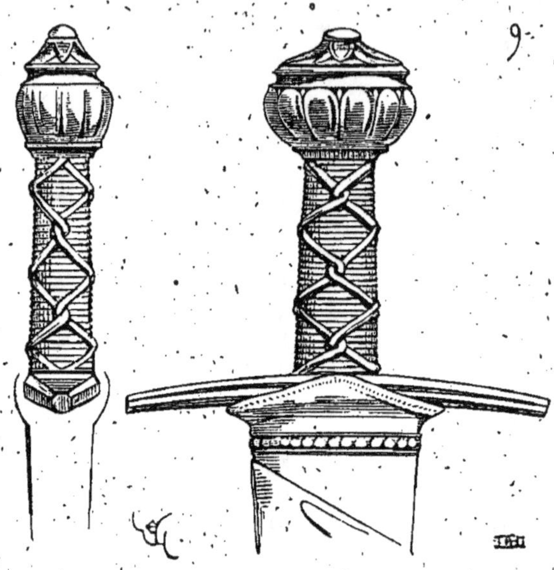

9

bandelettes de cuir, afin de bien tenir dans la main. Les quillons sont légèrement renversés vers la lame, et le fourreau est garni d'une chape avec bord de peau qui recouvre bien la garde, disposition qu'on trouve adoptée pour toutes les épées de cette époque.

Pendant la seconde moitié du XIIIe siècle, il est deux genres d'épées, les épées à lames légères, cannelées, et les épées à lames lourdes et à section quadrangulaire. Les premières servaient de taille et les secondes d'estoc. Aussi les hommes d'armes en portaient-ils souvent deux : la première, très longue, était attachée à l'arçon de la selle, et la seconde, plus courte, au baudrier, pour combattre à pied.

Il n'est pas bien certain que l'épée légère et longue possédât un fourreau. Il se pourrait que ces armes fussent simplement passées dans un jeu de courroies. Il est un texte de Joinville, à ce propos, qu'il est bon de citer :

[1] Cette statue date de 1250 environ.

« Je et mi chevalier acordames que nous iriens sus courre à plu-
« sours Turs qui chargoient lour harnois à main senestre en lour
« ost, et lour courumes sus. Endementres que nous les chaciens
« parmi l'ost, je resgardai un Sarrazin qui montoit sur son cheval :
« unz siens chevaliers li tenoit le frain. Là où il tenoit ses deux
« mains à la selle pour monter, je li donnai de mon glaive[1] par
« dessous les esseles et le getai mort ; et, quant ses chevaliers vit
« ce, il lessa son signour et son cheval, et m'apoia, au passer que je
« fis, de son glaive entre les dous espaules, et me coucha sur le col
« de mon cheval, et me tint si pressei que je ne pouoie traire m'espée
« que j'avoie ceinte ; si me convint traire l'espée qui estoit à mon
« cheval ; et quand il vit que j'oz m'espée traite, se tira son glaive à li
« et me lessa[2]. »

Ce passage ne laisse aucun doute sur l'usage des deux épées en campagne. Le récit du sénéchal de Champagne est d'une clarté saisissante. Etant poussé par le bois du Sarrasin sur l'arçon de la selle, le visage sur la crinière du cheval, il ne peut faire usage de l'épée qui était suspendue à son flanc gauche, mais peut tirer le branc attaché à l'arçon de devant de la selle.

La figure 10 présente deux de ces épées d'arçon, bonnes pour escrimer à cheval, de taille. Elles sont longues et les lames sont légères. Celle C, que possède le musée d'artillerie de Paris, est fort bonne. Sa lame est allégée par deux cannelures qui n'atteignent pas la moitié de sa longueur (voyez la section de cette lame près du talon, en A). Le pommeau est épais, lourd, afin de faire contrepoids. Cette arme est facile à manier et bien en main. L'épée D, dont la lame est exactement de la même longueur, est plus légère encore que n'est la précédente. La lame n'est allégée que par une seule cannelure (voyez en B la section de cette alemelle près du talon). Le pommeau, en forme de lentille, est bien pondéré avec la lame[3].

La figure 11 montre une épée d'estoc[4], plus courte que ne sont les précédentes et dont l'alemelle, très forte au talon (voyez la section B), est diminuée jusque près de la pointe, qui est retaillée et aiguë. Si l'on se servait, au besoin, de cette arme à cheval, lorsqu'on ne pouvait plus faire usage de la lance, elle était surtout destinée

[1] Lance.

[2] *Histoire de saint Louis par le sire de Joinville*, publ. par M. N. de Wailly, p. 78.

[3] Cette belle épée faisait partie de la collection de M. le comte de Nieuwerkerke.

[4] Provenant de la même collection : ces trois épées datent de la fin du XIIIe siècle.

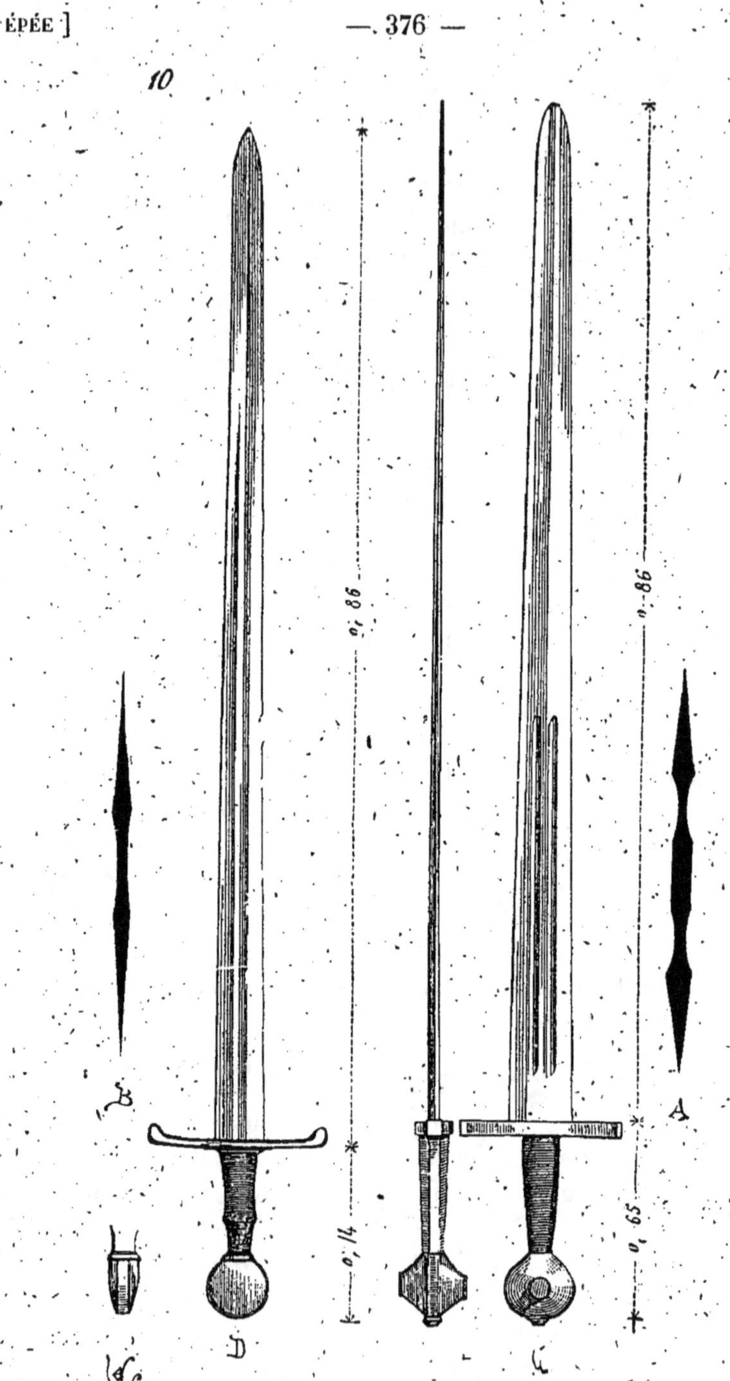

aux combats à pied. L'escrime alors consistait à fournir des coups de taille assez lourds pour se faire sentir à travers les mailles et briser les bras ou l'épaule, et des coups droits très dangereux (voy. ARMURE, fig. 35, et ECU, fig. 15).

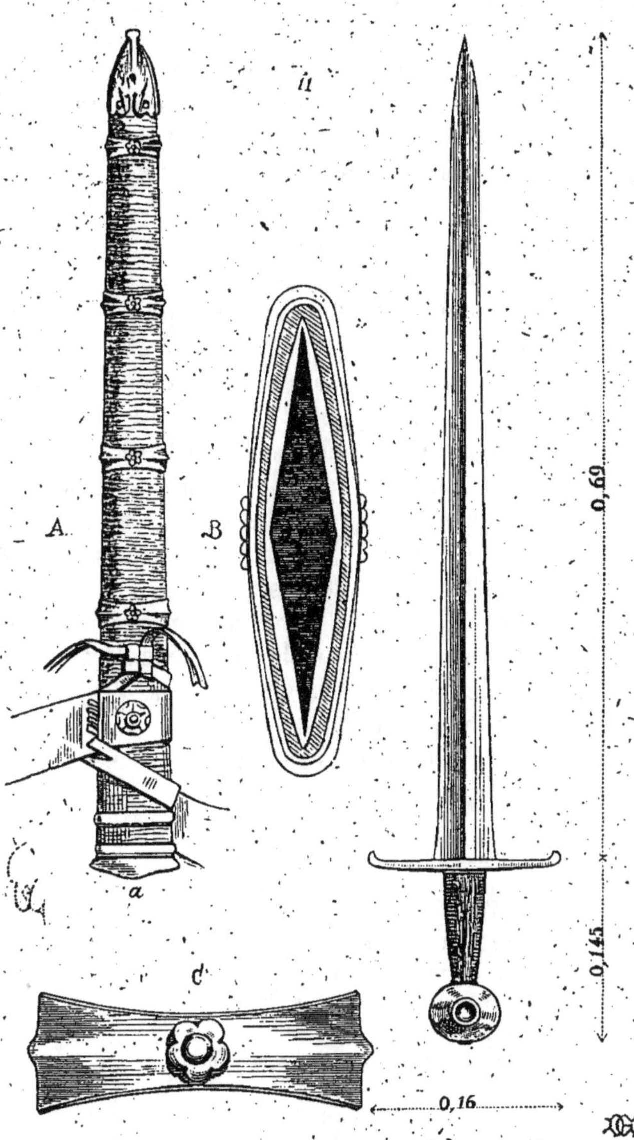

Cependant, à la fin du XIIIe siècle, les poignées de ces épées lourdes n'étaient faites que pour une main, tandis qu'au XIVe siècle on combattait à pied, à deux mains ; les poignées étaient donc plus longues.

La figure 11 donne en A le fourreau usité à cette époque [1], et en C une des frettes de métal de ce fourreau, composé d'ais de bois recouverts de peau ou d'étoffe de soie. En *a*, on voit le recouvrement de peau qui empêchait l'humidité de pénétrer dans le fourreau.

Au commencement du XIVe siècle, les épées à lames cannelées sont fort rares. Ce sont surtout des armes d'estoc. Et en effet on commençait alors à porter des plates, spallières, arrière-bras, cubitières, ailettes, avant-bras, cuissots et genouillères. Les longues épées de taille, légères, ne pouvaient rien sur ces pièces d'armure ; on paraît avoir renoncé à leur usage sous Philippe le Bel, et les hommes d'armes ne portent-ils que des épées dont les alemelles sont à section quadrangulaire, sans cannelures.

L'arme que nous donnons ici (fig. 12 [2]) date du commencement du XIVe siècle. La section de la lame près du talon est tracée en B. Les tranchants sont droits jusqu'à la pointe, qui est faite en façon de carrelet. La soie est large, forte, et était simplement entourée de fil ou de peau collée. Le pommeau est finement forgé, avec petit évidement circulaire au centre, sertissant parfois un chaton sous lequel était déposé un fragment de relique. En D, est figuré ce pommeau, aux deux tiers de l'exécution, et en E la garde au centre. En C, est la section du fourreau, avec l'épaisseur des frettes [3].

Lorsque deux troupes de gens d'armes avaient fourni une charge à la lance, il arrivait que beaucoup de chevaux étaient renversés par le choc. Alors les hommes d'armes qui pouvaient se dégager mettaient l'épée à la main et combattaient à pied.

Il est souvent question de ce genre de combat dans les romans du XIIIe siècle :

« Dont n'i ot plus, mes chascuns let
« Chevalz aler ; si s'entreviennent
« Es escuz ; des lances qu'ils tienent
« Se vont ferir de fier esles
« Si qu'il en font froissier les es
« Des escuz encontre leur piz,
« Et qu'il ont par force guerpiz
« Les frains, car les lances sont fortz ;
« Et il qui de si grant effortz
« Furent et si fort s'entrevont,
« Qu'il abatent tout en .I. mont,

[1] Statue tombale, musée de Toulouse (seconde moitié du XIIIe siècle).
[2] De la collect. de M. le comte de Nieuwerkerke.
[3] Ce fourreau est pris sur une gravure tombale de cette époque.

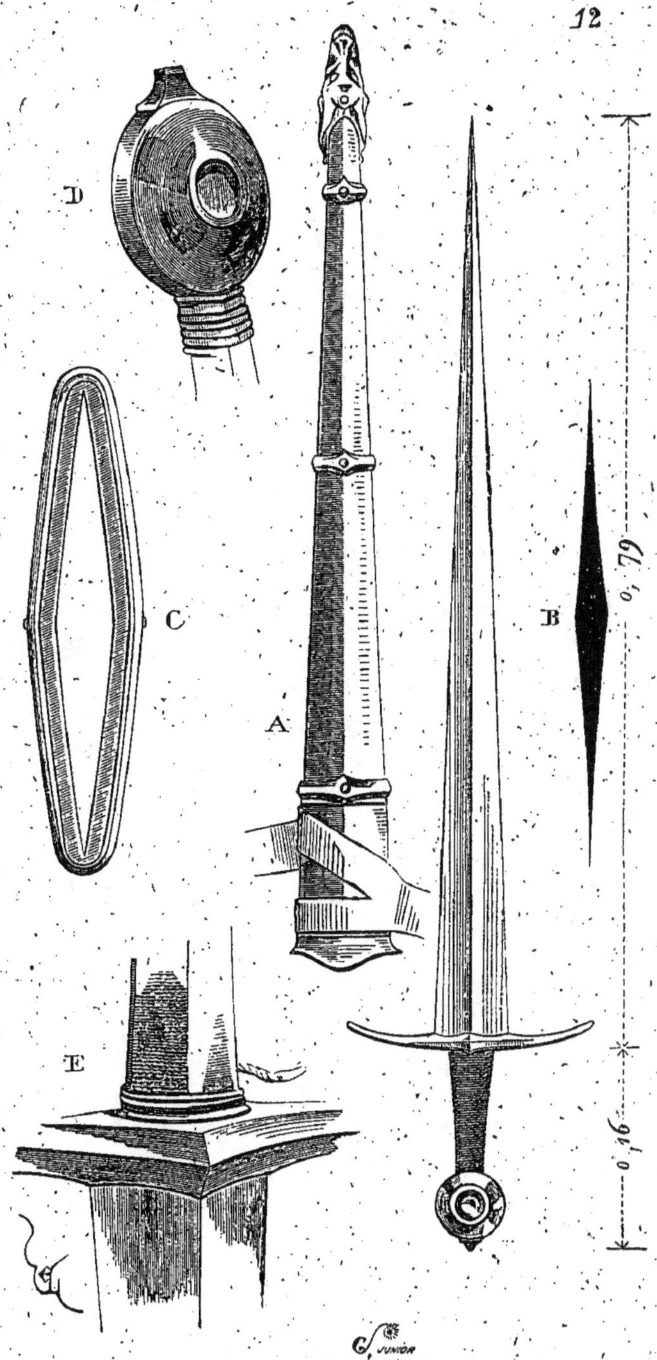
12
D
C
A
B
E
0,79
0,16

« Chevalz et chevaliers ensemble ;
« Mes tost refurent, ce me semble,
« Li chevalier en piez sailli ;
« Et si se sont entrasailli
« As espées tout de rechief ;
« Chascuns ot bien covert le chief ;
« Si s'entrevienent au devant[1]. »

« . . . . En piez revienent ;
« Les escuz qui mult leur avienent
« Metent avant ; espées traites
« S'entrevont et gietent retraites
« Sourmontées et entredeus,
« Que nuls ne peüst entr'ex deus
« Veoir fors les espées nues
« Qui vont et vienent ; esmolues
« Sont les espées et trenchans,
« Et il fierent uns cox si grans
« Que trestouz as premerains cox
« Font des hyaumes voler les clox,
« Si qu'il descerclent et preçoient ;
« Les hauberes que par forz tenoient
« Ne valent rien, tot sont desront[2]. »

Du jour où les armures furent plus solides et composées en partie de plates, il fallut donner aux épées plus de poids, à la lame plus de force, et escrimer d'estoc plutôt que de taille ; de là ces épées à section quadrangulaire et à pointe très solide. Même en escrimant de taille, ces épées, véritables barres de fer, faussaient les heaumes, les ailettes ou spallières.

La figure 13[3] montre deux chevaliers combattant à pied avec ces épées courtes, à poignées assez longues pour être saisies des deux mains ; l'un assène un coup de taille à son adversaire, qui répond par un coup d'estoc.

Dans les combats singuliers, on fichait des épées en terre ou des guisarmes et vouges, pour déterminer le champ dans lequel les hommes d'armes devaient combattre. Ils ne devaient pas franchir ces limites, sous peine de déshonneur.

Dans le *Roman de Hugues Capet*, qui date du XIVe siècle, il est souvent question de ces épées à deux mains :

« A Champingnois féry sur le heaulme réon
« D'un espée à .II. mains, s'avoit le taillant bon[4].

[1] *Méraugis de Porlesguez*, par Raoul de Hourdenc, publ. par M. Michelant, p. 30.
[2] *Ibid.*, p. 191.
[3] Manuscr. Biblioth. nation., *Tristan et Yseult* (XIVe siècle).
[4] Vers 682 et suiv.

« D'un espée à .II. mains se combatoit toudis[1]. »

« A l'entrez à la porte fu à baillez tout drois,
« De l'espée à .II. mains feroit les cos si rois
« Qu'il n'ateignoit nul homme qu'il ne soit mort tout frois[2]. »

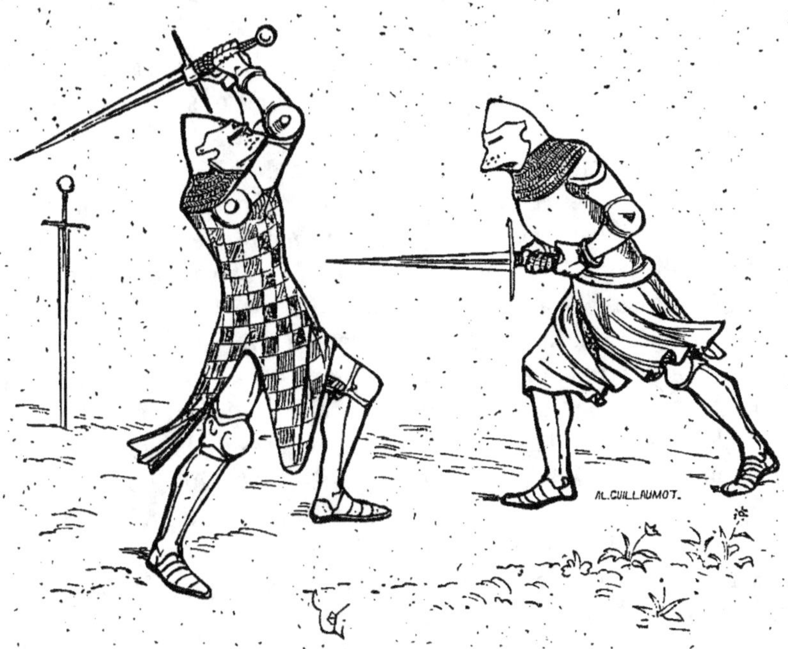

En 1300, les Français se servaient d'épées relativement courtes, ainsi que le constate Guillaume Guiart :

« Les roides lances esmiées
« Et par pieces à terre mises,
« Espées viennent aus servises
« Qui sont de diverse semblance ;
« Mès François qui d'accoustumance
« Les ont courtes, assez légieres,
« Gietent aus Flamens vers les chieres,
« E frapent maintes fois sur teles,
« Ou l'en les met jusqu'aus cerveles[3]. »

Froissart rapporte qu'au combat des trente Bretons contre trente

[1] Vers 895.
[2] Vers 982 et suiv.
[3] *Branche des royaux lignages*, vers 6284 et suiv. (1300).

Anglais, en 1351, il y eut une première mêlée suivie d'un repos, car tous étaient hors d'haleine.

« Quand ils furent ainsi rafraischis, le premier qui se releva fit « signe et rappela les autres. Si recommença la bataille si forte « comme en devant, et dura moult longuement : et avoient courtes « espées de Bordeaux roides et aiguës, et épieux, et dagues, et les « aucuns haches ; et s'en donnoient merveilleusement grands horions, « et les aucuns se prenoient au bras à la lutte et se frappoient sans « eux épargner. »

Les parties d'armures de plates adoptées dès la fin du XIIIe siècle firent renoncer à ces belles lames d'épée cannelées, tranchantes et longues, de la fin du XIIe siècle et du commencement du XIIIe. Après l'expédition de saint Louis en Egypte et en Syrie, les hommes d'armes usèrent de masses, et ne conservèrent plus que l'épée d'estoc dont parle Joinville. Cette arme demeura courte (75 centim. environ du talon à la pointe) jusqu'au règne de Charles V. Alors les lames s'allongèrent peu à peu, sans modifier la section du fer. Vers la fin du XIVe siècle, les alemelles avaient 90 centimètres de longueur et quelquefois plus (fig. 14 [1]). En A, est donnée la section de la lame au talon ; en B, le pommeau aux deux tiers de l'exécution, et en C l'emmanchement de la garde avec la soie. Les plans de la section sont légèrement convexes, pour donner plus de puissance au fer. La trempe de cette arme est excellente.

Voici (fig. 15) une autre épée de la même époque [2], mais à deux mains, et dont la lame, très longue, se termine par deux lignes courbes, bien que sa section soit toujours quadrangulaire (voy. en A). Cette arme, admirable comme exécution, était trop longue pour pouvoir être portée au côté ; elle était attachée à l'arçon et ne servait guère que pour combattre à pied d'estoc et de taille. Son pommeau B et ses quillons sont délicatement forgés. En D, est donné le détail de la prise de la garde sur la lame ; en C, la section, grandeur d'exécution, de la poignée vers son milieu, et en E l'extrémité des quillons. Sur la lame est poinçonnée la fleur de lis G. Le cavalier dont le cheval était renversé dans la mêlée se faisait jour avec cette arme terrible, s'il savait la manier habilement. En faisant le moulinet au-dessus de sa tête, il traçait autour de lui un cercle de deux mètres de rayon au moins.

L'épée se perfectionne encore pendant les premières années du

[1] De l'ancienne collection de M. le comte de Nieuwerkerke (fin du XIVe siècle).

[2] Provenant de la même collection.

xve siècle, alors que les armures de plates remplaçaient définitivement les hauberts. Les armuriers très habiles de cette époque en ont fabriqué d'admirables.

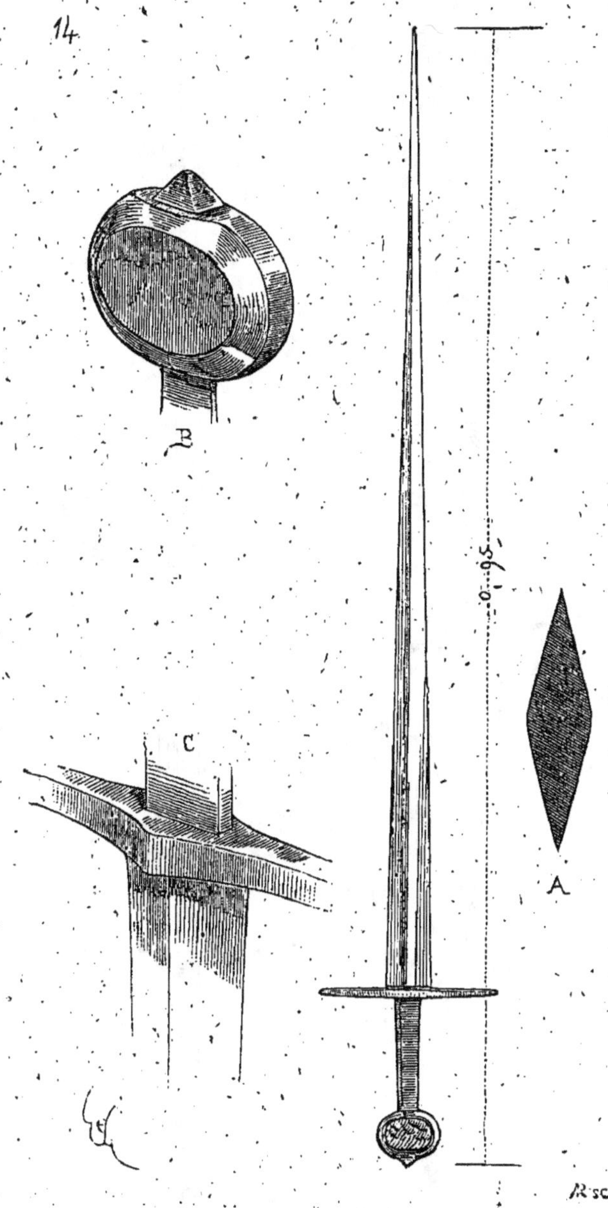

La figure 16 [1] présente une de ces épées, dont la poignée a une

[1] De l'ancienne collect. de M. le comte de Nieuwerkerke.

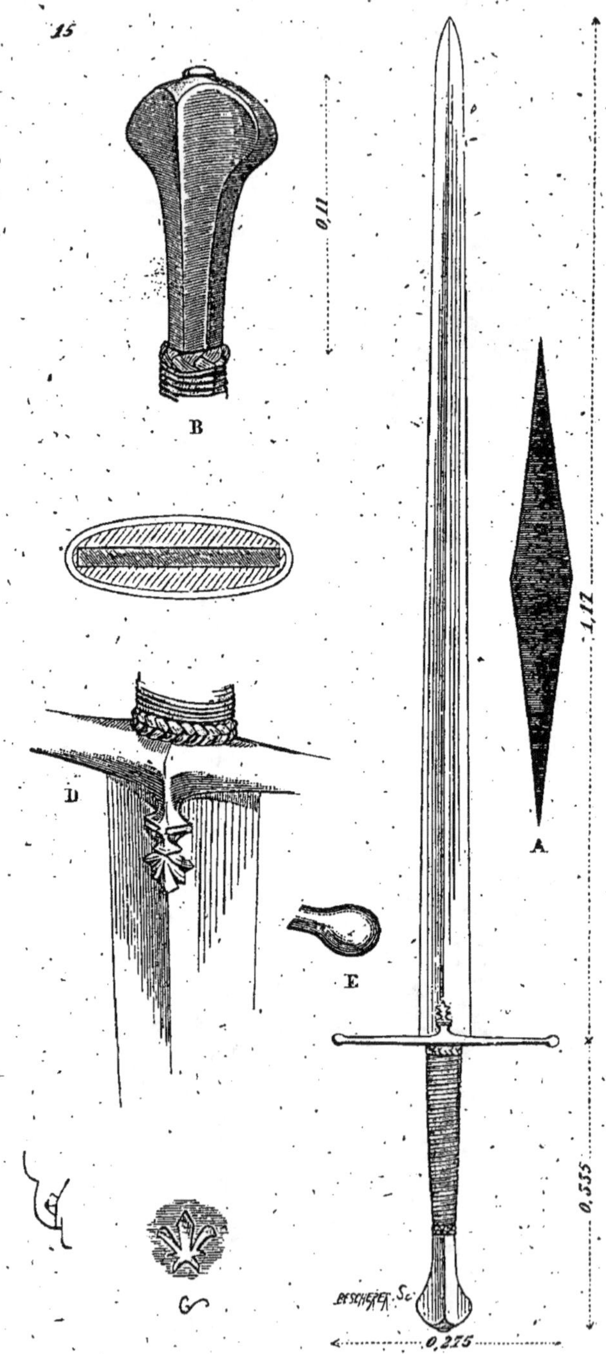

seule main est faite de corne et de cuivre jaune. Le pommeau A et

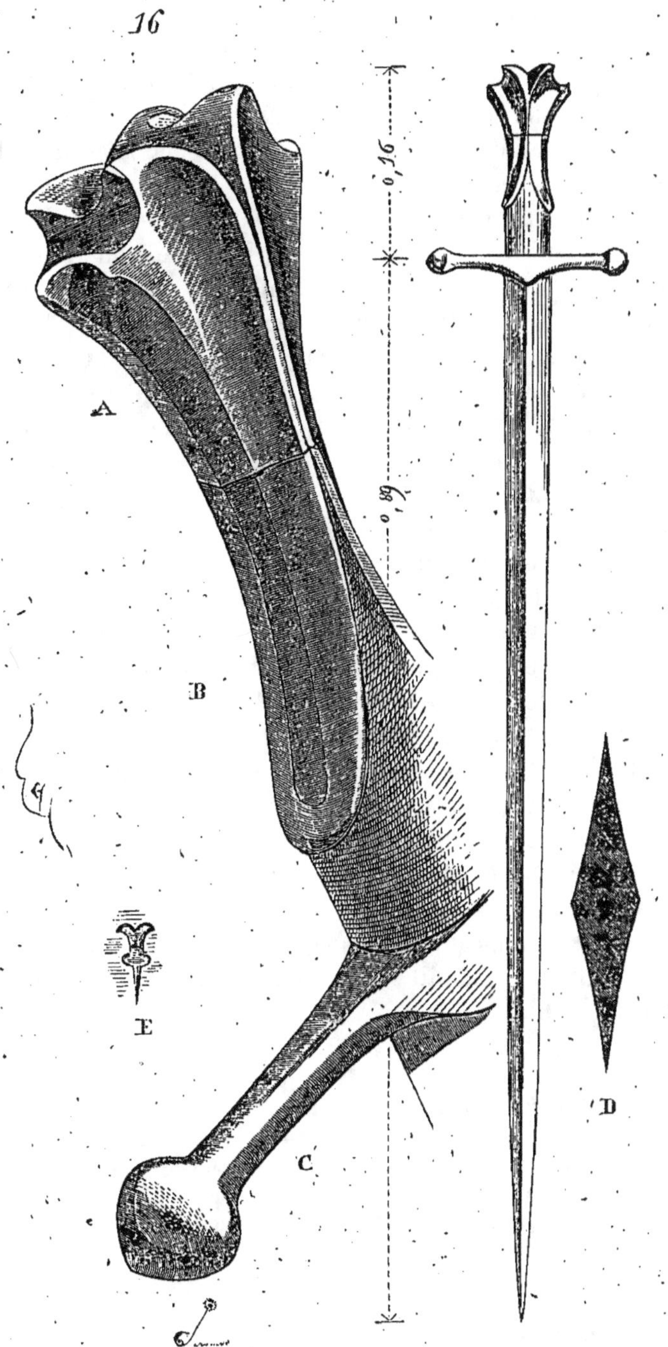

les quillons C sont de cuivre; la partie B, de corne brune. En D, est donnée la section de la lame au talon; les plans sont ici légèrement concaves, ce qui est habituel à dater du commencement du XVe siècle. En E, est donné le poinçonnage empreint sur le cuivre : c'est un roc[1]. La main saisit bien cette poignée, composée avec une parfaite observation de la pression exercée par les doigts et la paume. Il serait possible que cette épée fût de fabrication italienne. Ce qui le pourrait faire croire, c'est que M. E. de Beaumont possédait une épée de fabrication identique, sur la lame de laquelle étaient gravées les armes de Visconti et de l'Empire[2]. D'ailleurs ces sortes de poignées et ces façons de pommeaux se rencontrent bien rarement dans les monuments figurés français. Cependant, à la fin du XIVe siècle et au commencement du XVe, la chevalerie française usait fréquemment des armes italiennes, comme plus tard, sous le règne de Louis XI, elle usa des armes et armures de Nuremberg et de Vienne, à l'instar de la cour de Bourgogne.

Le pommeau en forme de disque est toujours le plus fréquemment adopté pour l'épée française. Les exemples abondent. Voici, entre autres, l'épée de Louis II, duc de Bourbon (fig. 17[3]). Le pommeau est orné de pierreries et d'un phylactère avec le mot ESPÉRANCE deux fois gravé. Un bracelet de joyaux pend sur les quillons, très simples. Le fourreau est semé de fleurs de lis avec la bande. En A, est donnée la section hexagonale de la poignée.

Les XIVe et XVe siècles fabriquèrent des épées d'une grande richesse : « Item pour une renge[4] d'espée, et pour le fourriau fait « en lissié, ouvré à besteletes, que la Royne donna au Roy[5]. » — « Pour faire et forger la garnison toute blanche d'une espée dont « l'alemelle estoit à fesnestres[6]. C'est assavoir, faire la croiz (les « quillons), le pommeau, la boucle et le mordant, et un coipel[7]; « rendue ladite espée audit seingneur, et en pesoit l'argent 1 marc « 1 once 10 estellins[8] ..... »

[1] Fer de lance émoussé, pour les joutes.

[2] Cette épée appartint plus tard à M. le comte de Nieuwerkerke, qui était parvenu à réunir la plus complète collection de ces armes que nous ayons vue, du XIIe siècle au XVIIe.

[3] De la statue de ce prince, mort en 1410, et dont le tombeau est placé dans l'ancienne abbatiale de Souvigny, près de Moulins.

[4] Le baudrier.

[5] *Compte de Geoffroi de Fleury* (1316).

[6] La lame était ajourée.

[7] *Coipel* est un copeau. Nous ne savons ce que signifie ce mot ici.

[8] *Compte d'Étienne de la Fontaine* (1352).

17.

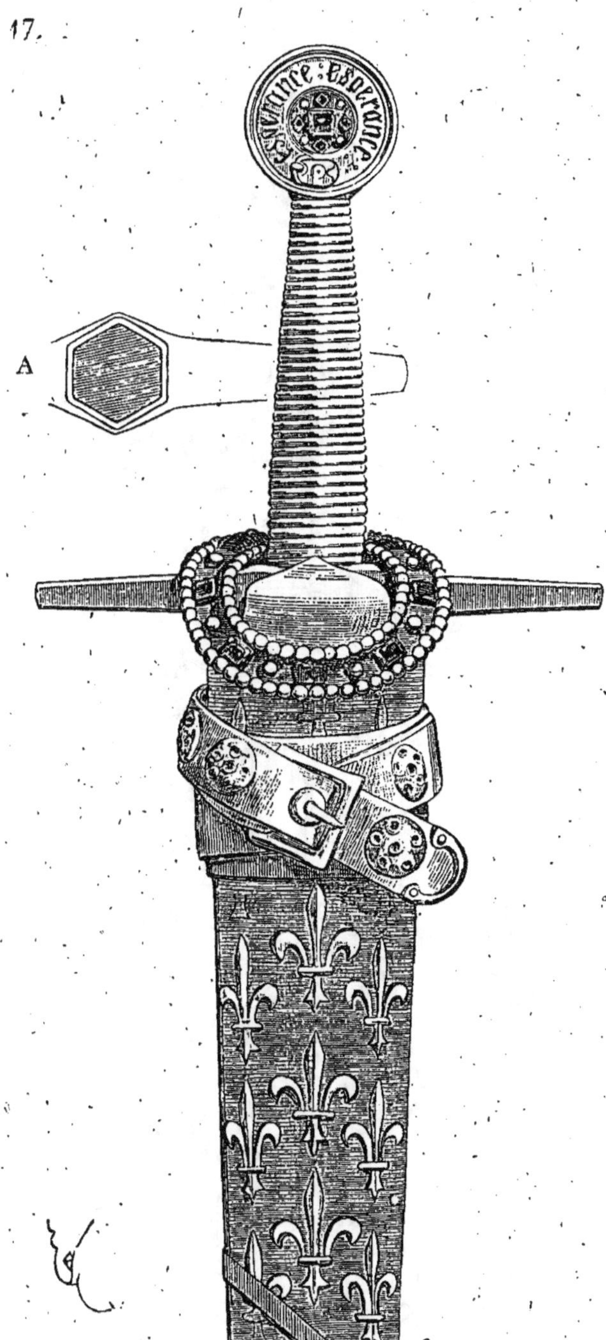

A l'entrée de Charles VII à Rouen, Poton de Xaintrailles portait

18

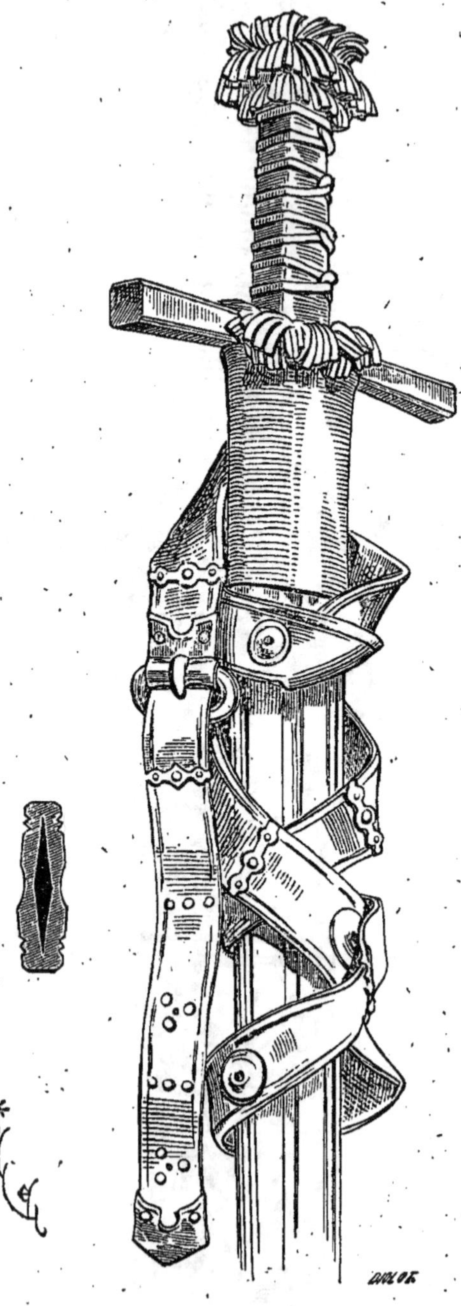

l'épée du roi, dont le pommeau et les quillons étaient d'or. « La

« ceinture et la guaine d'icelle espée couvertes de velours azuré, semé « de fleurs de liz d'or, la boucle, le mordant, et la bouterolle de « mesmes[1]. »

Il est souvent question, au XIIIe siècle, d'épées néellées (noelées), notamment quand il est parlé des armes des Sarrasins, et les chrétiens paraissent les estimer fort, se vantent d'en posséder, de les avoir prises aux Turcs. Les lames anciennes et reconnues excellentes étaient remontées plusieurs fois à la mode du temps. C'est pourquoi, dans les collections publiques ou privées, on trouve souvent des épées dont la monture ne correspond pas à la date de l'alemelle.

Les poignées des épées du XIIIe siècle ne convenaient plus aux habitudes de combattre des hommes d'armes de la fin du XIVe et du commencement du XVe ; puis les trouvait-on trop simples et lourdes. On voulait alors des quillons allongés, des prises plus déliées et, enfin plus d'élégance et de richesse dans la monture. Il y avait du reste, alors, plus de variétés dans ces montures qu'aux temps antérieurs. Les quillons étaient épais aux deux bouts, ou fins et recourbés vers la lame, forgés d'ailleurs avec beaucoup de soin, quelquefois entrés à chaud dans la soie et soudés avec elle ; les prises étaient garnies de fil de chanvre ou de métal (laiton, fer, argent et or) ou plus souvent de peau.

Voici (fig. 18[2]) une épée dont la poignée est curieusement fabriquée. La prise est revêtue de peau, déchiquetée au pommeau et sur la garde, de manière à former des houppes. Cette garniture de peau est bridée par une fine lanière croisée, de même étoffe, qui empêche la main de glisser et consolide la garniture. Les quillons sont à section carrée et lourds. En A, est donnée la section du fourreau. On remarquera le baudrier enroulé autour de ce fourreau.

Le musée d'artillerie possède deux épées du temps de Charles VII bien caractérisées, et qui peuvent être considérées comme des types des armes de main de cette époque.

La figure 19 donne le tracé de l'une d'elles. La lame est fine et rectangulaire au talon (voy. la section B). Les quillons de laiton sont recourbés vers la lame. La poignée, revêtue de vélin, est assez longue pour être prise à deux mains. Sur les faces du pommeau ovale, de laiton, sont poinçonnés ces trois mots : LE MEN AMIS. En A est figuré le pommeau, moitié d'exécution ; en B, la section de la lame, et en C le bout d'un des quillons, grandeur d'exécution.

[1] Alain Chartier.

[2] Statue de saint Paul, musée de Toulouse (commencement du XVe siècle).

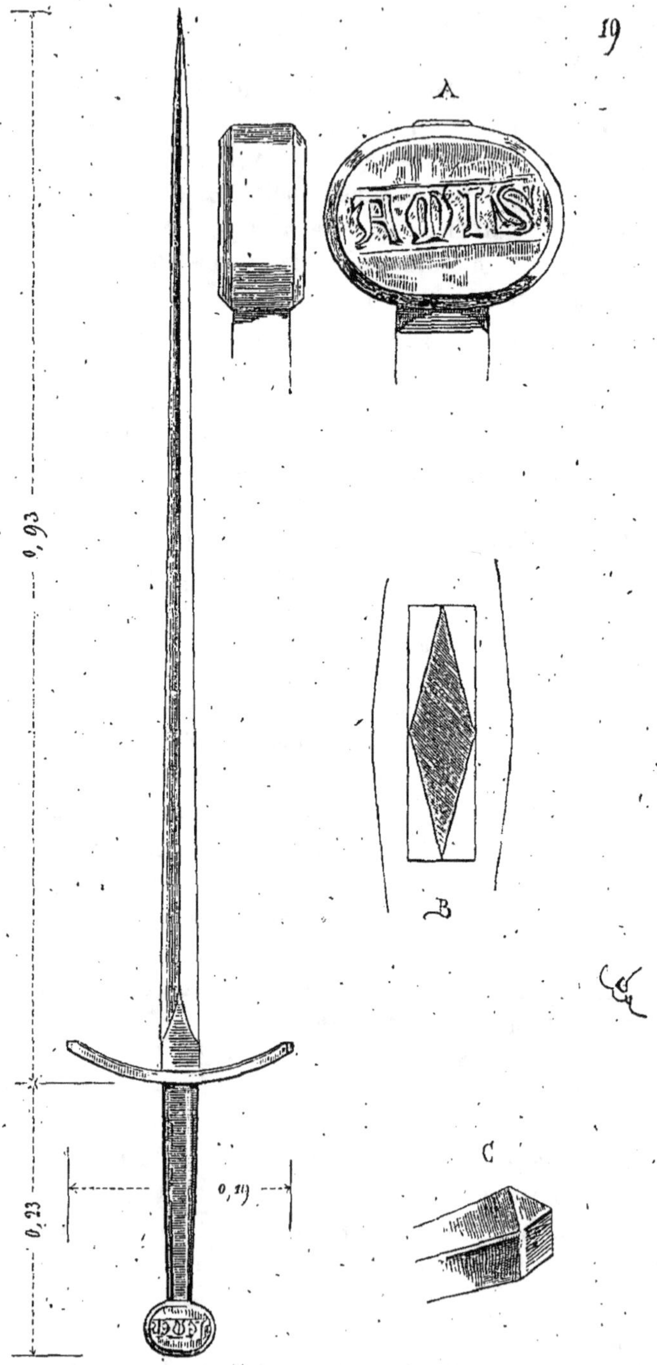

19

A

B

C

0,93

0,23

0,19

La figure 20 donne le tracé de l'autre épée, dont la lame est de

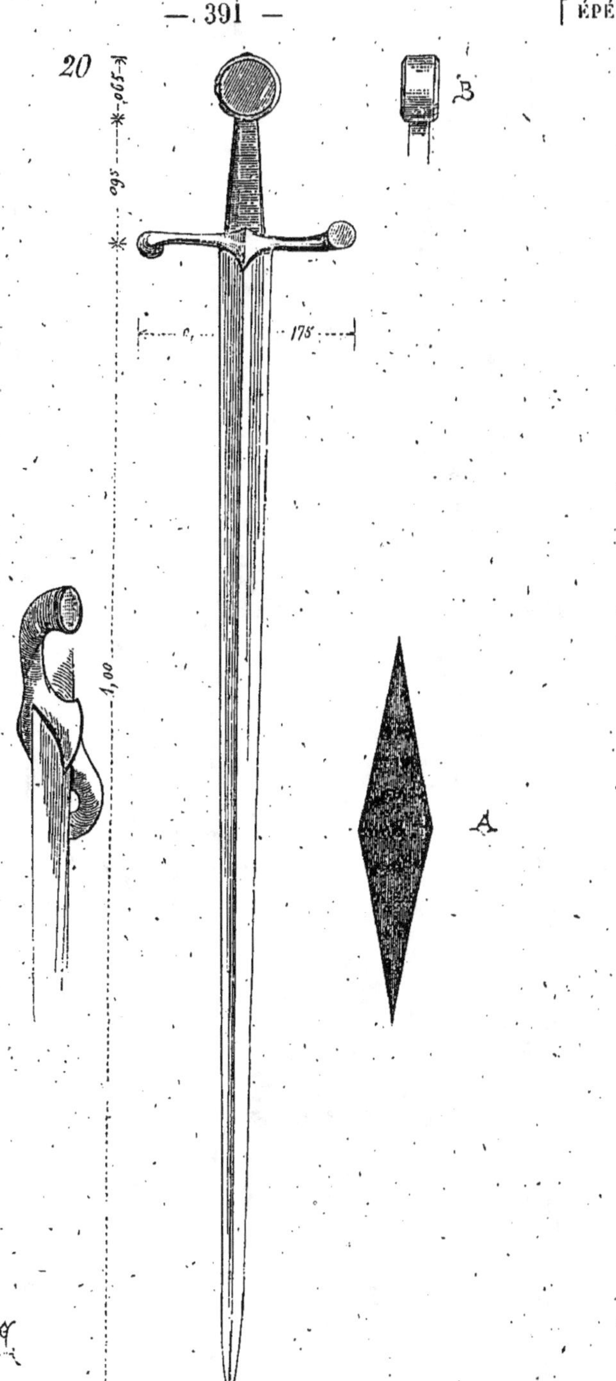

Verdun. Le pommeau, circulaire, est large et lourd. La poignée, petite,

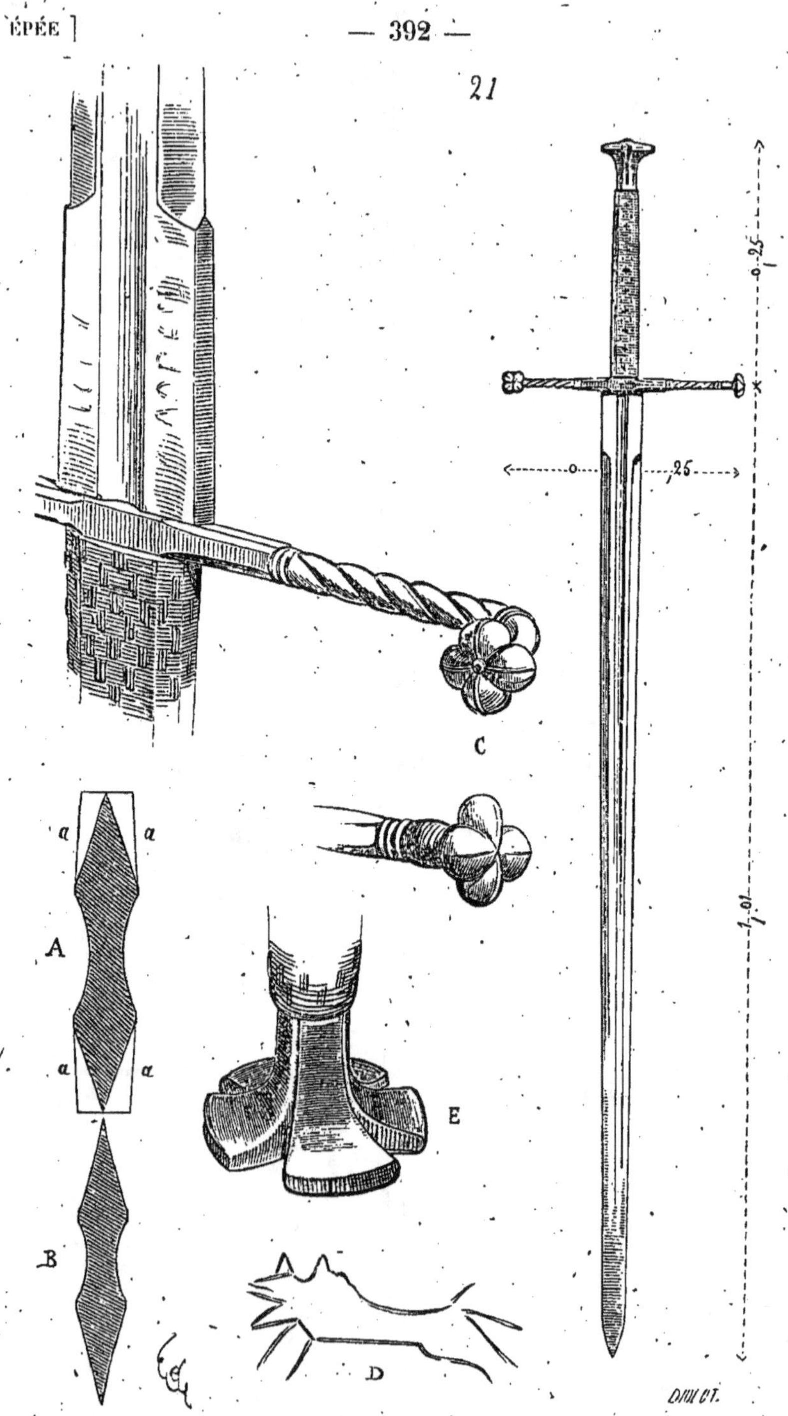

ne peut être saisie que d'une main. Les quillons sont chantournés.

La lame est forte, lourde, à section quadrangulaire (voyez en A). Nous donnons en B le profil du pommeau, et en C le détail d'un des quillons.

La figure 21 présente une belle épée du même temps, mais beaucoup plus riche[1]. La lame est rectangulaire au talon, avec fine cannelure (voyez en A), puis passe à la section tracée en B. Sur les champs *a* étaient gravées des inscriptions effacées presque entièrement. Les quillons de fer, d'une extrême délicatesse de forge, sont reproduits en C. L'un des bouts est droit, l'autre chantourné. Le pommeau est montré renversé en E, aux deux tiers de l'exécution. La poignée, qui pouvait être saisie des deux mains, est de bois sur la soie, revêtue d'un fil de chanvre et de soie, ce dernier mêlé d'or. Le fil de chanvre est en travers, le fil de soie en long. En D, est donnée la gravure de fabrique, apparente sur la lame. Est-ce un lion, un cheval ou un sanglier?

Cette belle arme, dont l'alemelle est d'une trempe excellente, date des premières années du règne de Louis XI. L'acier de ces épées du milieu du xve siècle est sombre et prend un beau poli. Ces lames, grâce aux nerfs uniques ou doubles, sont roides et permettaient de pointer sans faire ployer sensiblement l'arme.

On se servait aussi, vers le milieu du xve siècle, d'épées qui pouvaient être employées, soit pour combattre, soit pour la chasse, en guise d'épieu. Voici une jolie épée de ce genre (fig. 22 [2]). La poignée peut être saisie des deux mains; elle est revêtue de peau sur fil de chanvre. Le pommeau d'acier, en forme de poire (voyez en A) reçoit un petit évidement qui pouvait renfermer une relique. La lame, très finement travaillée, est rectangulaire, concave sur ses deux grandes faces jusqu'à la moitié de l'arme; là elle passe au losange (voyez les sections B sur *bc* et D sur *de*, moitié de l'exécution). En F, est percé un trou rectangulaire destiné à recevoir une traverse ou fausse garde, quand on voulait se servir de l'arme comme d'un épieu. En G, est tracé le bout d'un des quillons.

On voit que les lames d'épées du xve siècle sont rarement évidées, puisque, parmi les exemples que nous venons de donner, la figure 21 seule présente cette particularité. Cependant le musée d'artillerie de Paris possède une épée de 1450, dont la lame rappelle la forme de celles du xiiie siècle, seulement la cannelure est plus étroite et plus creuse.

[1] De la même collection.
[2] De l'ancienne collect. de M. le comte de Nieuwerkerke.

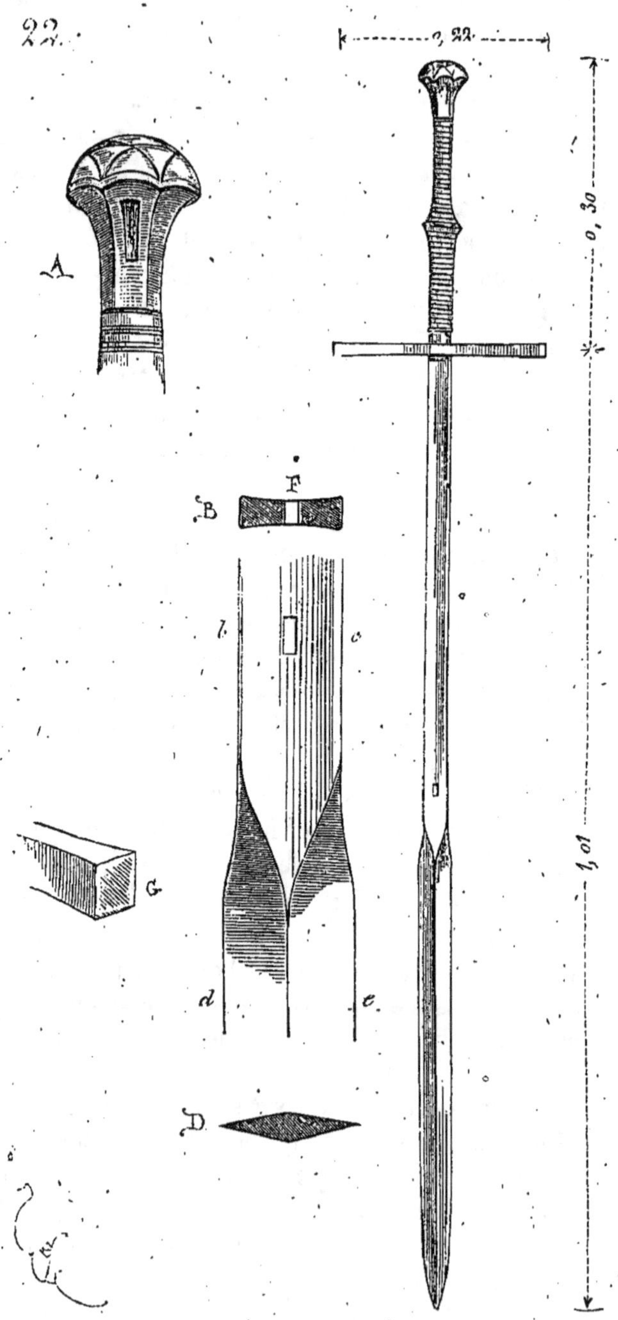

La figure 23 montre cette épée. La section de la lame, près du talon,

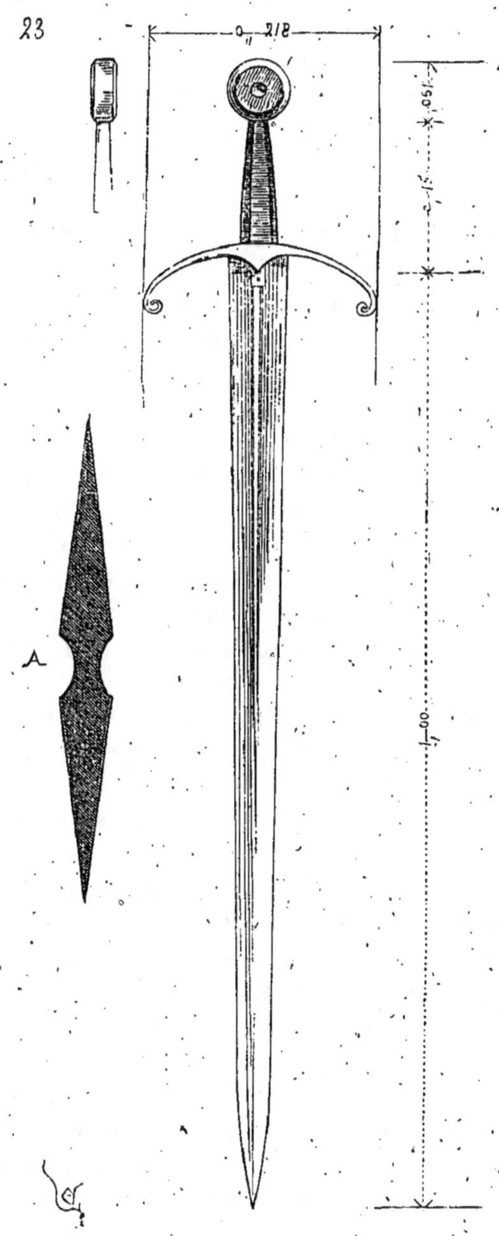

est tracée en A. La poignée est couverte de cuir. On observera que la cannelure finit en pointe vers le milieu de lame, qui alors ne représente plus que la section quadrangulaire. Cette épée étant longue et large, la cannelure l'allégissait un peu.

Il y avait des fabriques renommées d'alemelles d'épées, à Verdun, à Poitiers, à Bordeaux; dans plusieurs villes d'Allemagne, notamment à Vienne; à Milan. Les épées italiennes devinrent fort à la mode à la fin du xve siècle, au moment des campagnes de Charles VIII. Par leur forme, elles ne différaient pas de celles portées par la gendarmerie française; mais c'était d'Italie que venaient les armes de luxe, et il faut dire qu'elles étaient merveilleusement forgées et ciselées. Il suffit de visiter le musée des armes de Turin pour se convaincre de la délicatesse du travail des armes de main de la fin de xve siècle, dans le nord de l'Italie. Cependant aucune épée de cette époque, que nous sachions, n'atteint en beauté celle qui est entre les mains de la statue du roi Arthus, du monument de Maximilien à Innsbrück[1]. La planche VII donne la poignée de cette épée à deux mains. En A, est une des frettes du fourreau, et en B son extrémité. Une épaisse chape supérieure du fourreau enveloppe les quillons. Les prises des deux mains sont séparées par une bague ornée de perles; des perles couvrent également ces deux prises. Le baudrier est composé d'une étoffe pelucheuse sur laquelle courent des chaînes retenues de distance en distance par des médaillons de métal. Des pierreries et des perles sont semées entre ces médaillons. Les doigts du gantelet sont enveloppés de peau; les premières phalanges et le dos de la main sont garnis de lames d'acier à recouvrement (voy. GANTELET).

Il nous reste à parler des épées en usage chez les gens de pied. Jusqu'au milieu du xve siècle, les piétons (coutilliers) n'avaient que des épées assez courtes. Les archers et arbalétriers seuls en portaient dont la lame atteignait environ 80 centimètres de longueur, et souvent les quillons de ces épées, vers la première moitié du xve siècle, étaient chevauchés, l'un renversé sur la lame et l'autre sur la poignée (fig. 24[2]). L'un de ces quillons servait à engager l'arme de l'adversaire, l'autre à garantir les doigts. Ces épées étaient fortes, à tranchants droits et à section quadrangulaire, parfois avec une cannelure d'un seul côté (voyez en A la section au talon). Hormis cette particularité, les épées ressemblaient de tout point,

[1] Cette statue, fondue sur cire perdue, est due à un artiste italien: c'est une œuvre merveilleuse de beauté.

[2] Manuscr. Biblioth. nation., *Froissart*, français (milieu du xve siècle) (voy. DAGUE).

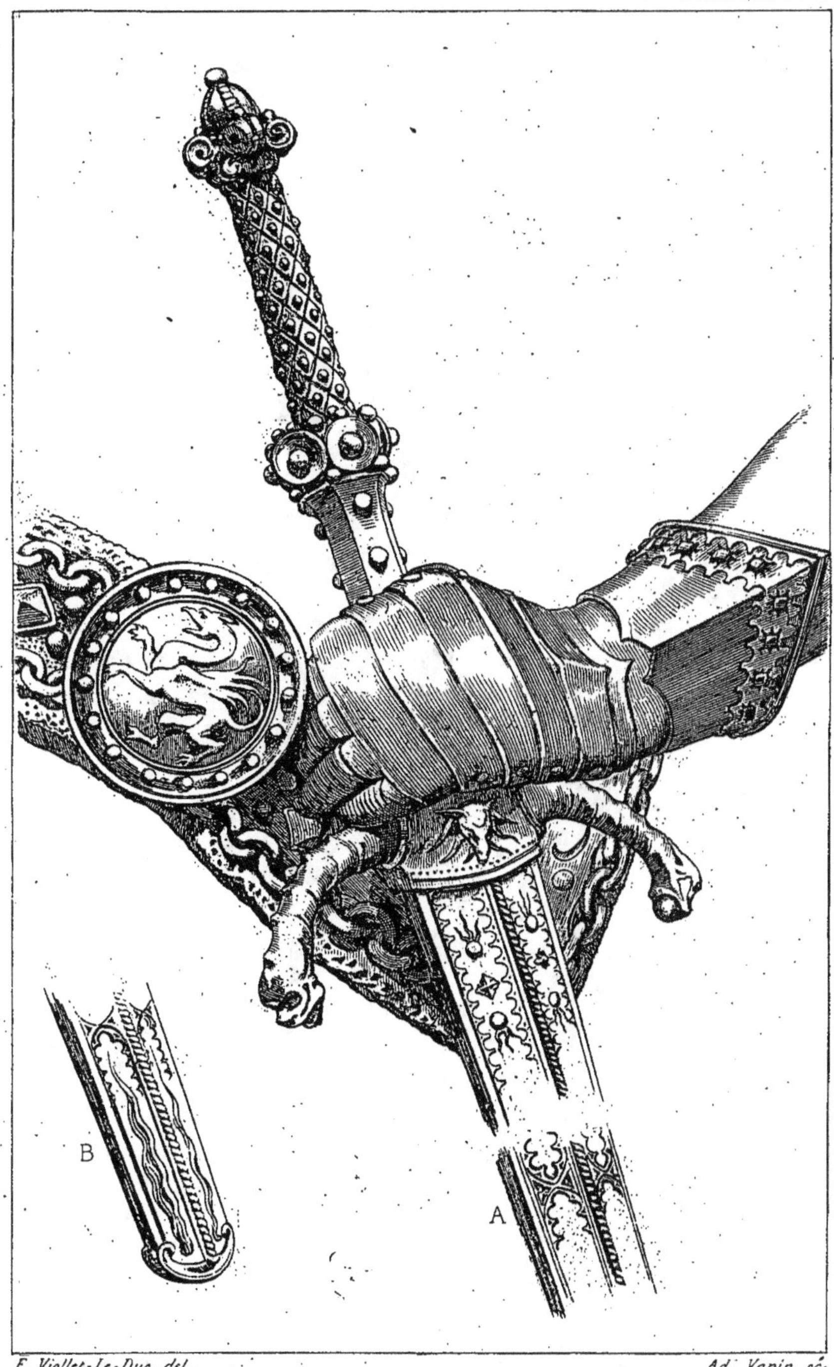

E. Viollet-Le-Duc del.

Ad. Varin sc.

POIGNÉE D'ÉPÉE A DEUX MAINS, ITALIENNE

FIN DU XVe SIÈCLE

Ve A. MOREL et Cie Editeurs.

Imp. Lemercier et Cie Paris

vers la fin du XIVe et la première moitié du XVe, aux armes les plus simples que l'on vient de voir; mais alors les troupes d'infanterie commençaient à compter pour quelque chose en bataille. Indépen-

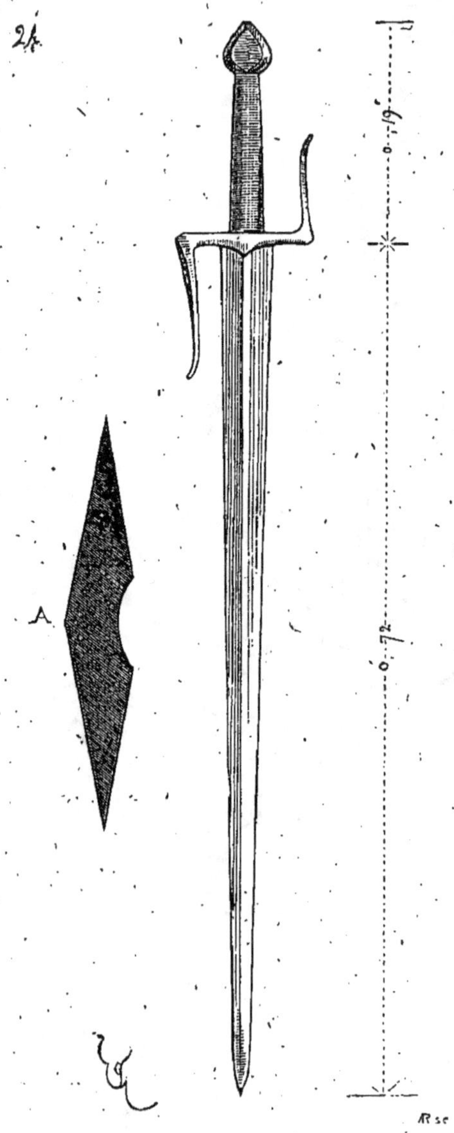

damment des archers et arbalétriers, on avait des hommes armés de fauchards, de vouges, de guisarmes, qui furent remplacés par les piquiers dans les troupes à pied du XVIe siècle, comme les archers et arbalétriers furent remplacés par les pistoliers et arquebusiers. L'infanterie, vers la fin du règne de Charles VII, était distribuée par petits bataillons carrés pleins, habituellement disposés en échiquier ou en échelons, pour mieux résister aux charges de cavalerie. Sur les côtés des carrés, on plaçait quatre fronts de porteurs de fauchards, de vouges ou de guisarmes, et au centre les arbalétriers ou archers. Ces derniers sortaient des carrés pour opérer en tirailleurs et se réfugiaient dans les carrés s'ils étaient chargés. Alors les bataillons pouvaient se défendre sur les quatre faces. Mais cette organisation de l'infanterie se prêtait peu aux mouvements rapides et était plutôt défensive qu'offensive. Les actions commençaient toujours par les combats de cavalerie, et l'infanterie ne prenait un rôle agressif que quand un des deux partis était entamé ou mis en désordre par une charge heureuse. Il fallait de la cavalerie pour soutenir l'infanterie, car ces bataillons ne pouvaient qu'opposer un obstacle aux gens d'armes; si on les laissait livrés à eux-mêmes, ils étaient forcément entourés et dispersés par une série de charges.

Il semblerait que les populations qui ont voulu donner à l'infanterie un rôle plus actif sont celles qui ne pouvaient mettre en ligne une nombreuse cavalerie. Les Suisses étaient dans ce cas. Indépendamment des armes de trait et de main que possédaient les peuples voisins, ils avaient dans leur infanterie un certain nombre d'hommes porteurs d'énormes épées à deux mains qu'ils manœuvraient habilement, et avec lesquelles ils *fauchaient* dans les escadrons de cavalerie comme dans un champ. Nous ne saurions affirmer que les Suisses soient les premiers qui aient adopté cette arme terrible, mais il est certain qu'ils savaient s'en servir pendant la moitié du XVe siècle : les batailles de Granson et de Morat en fournissent la preuve. Robustes, agiles, bon marcheurs, leur infanterie, en bataille, savait prendre l'initiative, s'avançait hardiment au devant des escadrons, recevait les charges avec ses épieux et fauchards, pendant que les porteurs d'épées à deux mains se jetaient sur les flancs des assaillants, brisaient les armures, estropiaient les chevaux et faisaient des trouées en mettant le désordre dans la gendarmerie compacte. Alors les porteurs de piques et de fauchards, poussant en avant, achevaient la déroute.

Il ne paraît pas que cette tactique ait été habituelle à l'infanterie française à la fin du XVe siècle. Celle-ci conserva longtemps chez nous son rôle de protectrice de la gendarmerie; on se ralliait derrière elle, comme derrière un obstacle, pour recommencer de nouvelles charges, surtout lorsqu'à cette infanterie on adjoignit des

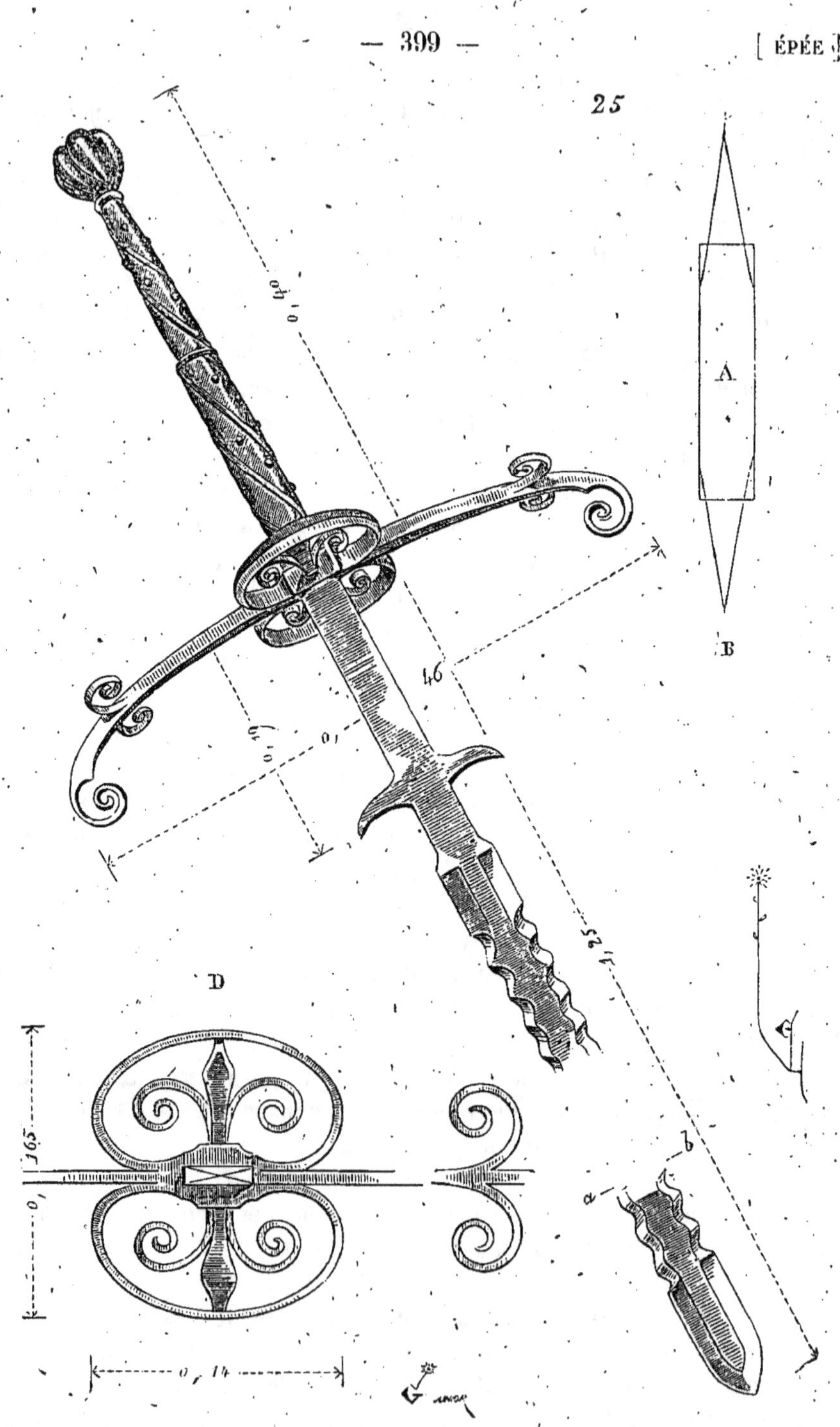

bouches à feu attelées, c'est-à-dire vers la fin du règne de Louis XI.

Voici donc un exemple de ces épées à deux mains pour fantassins (fig. 25[1]), qui date de la fin du XVe siècle. La longueur totale de l'arme est de 1^m,65.

Les tranchants de la lame sont ondés, afin d'arracher les pièces d'armures, de blesser plus dangereusement hommes et chevaux. A 19 centimètres de la garde est une fausse garde, forgée avec la lame, destinée à arrêter les coups d'épée de l'ennemi. En A, est donnée la section de la lame au talon, et en B au taillant sur *ab*. Cette section est plus forte près de la pointe que près de la fausse garde, ce qui augmentait la puissance des coups de taille. En D, est tracé le détail d'une des contre-gardes. La poignée est nécessairement très longue, car il fallait que les mains fussent assez distantes l'une de l'autre pour manœuvrer une barre de fer aussi lourde. Il est de ces lames qui ont jusqu'à cinq pieds et plus de longueur (1^m,35). Elles sont habituellement d'une excellente fabrication et bien montées. L'intervalle entre la garde et la fausse garde était garni de peau, afin de permettre de porter la main droite sur ce point pour retenir le fouet de la lame ou fournir un coup droit.

Le musée d'artillerie de Paris possède une de ces épées qui est fort belle et qui date des dernières années du XVe siècle. C'est une épée de parement, dont la poignée est revêtue d'un cuir avec fleurs de lis et L couronnées dorées, quillons et pommeaux à jour et dorés, lame damasquinée.

A propos des épées de parement, nous ne devons pas omettre de mentionner la belle épée de connétable que possède également le musée d'artillerie de Paris. Bien que cette arme de cérémonie appartienne à la fin du XVe siècle, elle conserve la forme traditionnelle des épées de la fin du XIVe. Sa lame est gravée d'un semis de fleurs de lis près du talon et dans un cercle vers le milieu du fer. Les quillons et le pommeau sont également semés de fleurs de lis en relief plat, obtenu par la gravure et le champlevage du fond. Le tout était doré, sauf l'acier lisse de la lame. La poignée est couverte de cuir. La figure 26 présente : en A, l'ensemble de l'arme; en B, le profil de la poignée; en C, le fourreau, recouvert de cuir, avec chappes et frettes de laiton doré et semis de fleurs de lis en relief; en D, une des fleurs de lis du fourreau, grandeur d'exécution; et en E, le bout d'un des quillons, de même, grandeur d'exécution. Les rives du pommeau et de la garde sont aussi semées de fleurs de lis. En F, est le détail de l'assemblage des frettes *f* sur le fourreau.

[1] De l'ancien musée de Pierrefonds.

On observera que les gravures de la poignée et de la lame sont

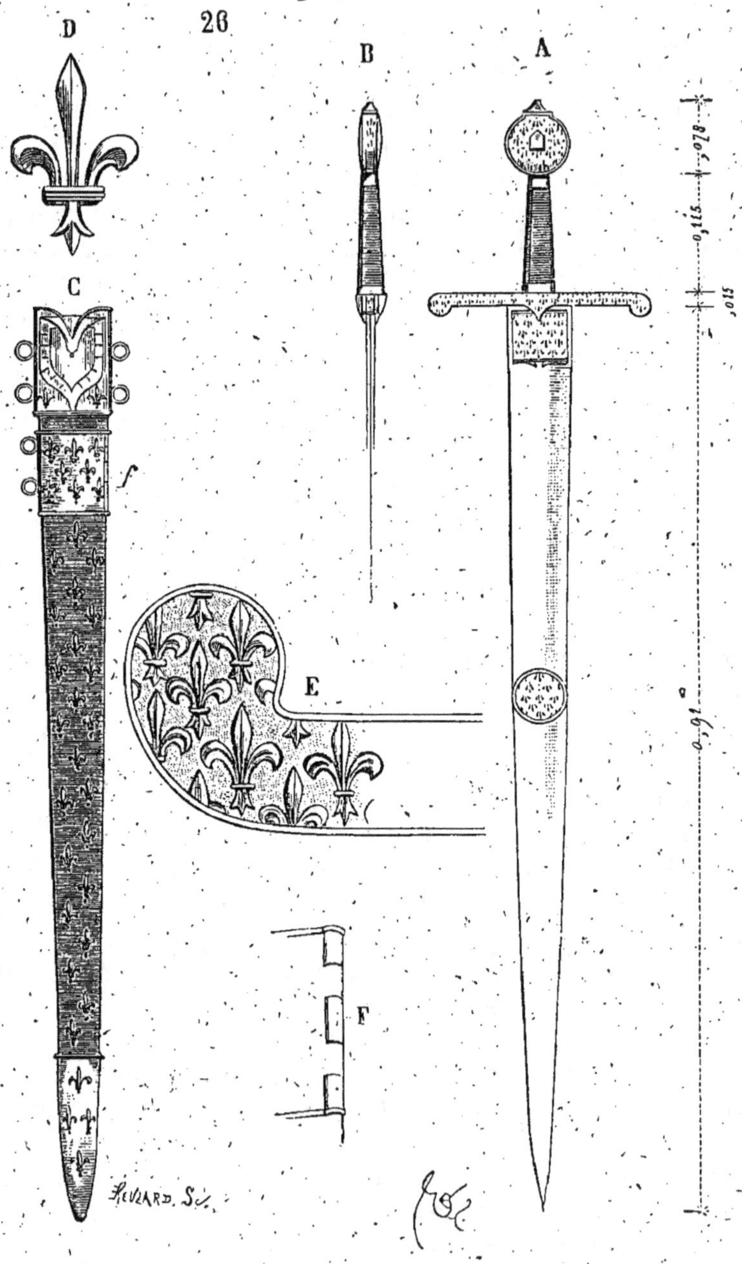

faites de telle sorte que l'épée doit être tenue la pointe en haut, tandis que les reliefs du fourreau sont destinés à être vus ce fourreau suspendu au côté. C'est qu'en effet le connétable, ou le personnage qui portait l'épée devant le suzerain devait la tenir droite, la pointe vers le ciel.

Cette arme de parement date du règne de Louis XII.

L'épée était en effet, pendant le moyen âge, considérée comme un symbole de souveraineté. On investissait quelqu'un par le bâton, la lance, l'épée : « Par la pointe de cette épée de douze livres pesant « d'or, je te rends le royaume que tu m'as volontairement donné [1]. » Dans les assemblées solennelles présidées par le suzerain, l'épée nue était posée sur une crédence au mileu du parquet.

Quand un ennemi était vaincu en combat singulier, et que le vainqueur voulait rendre hommage à sa bravoure, à sa loyauté, il posait sa propre épée sur le cadavre. Il arrivait même que cette coutume était observée à l'égard d'un ennemi vaincu, considéré comme traître. C'était un hommage qu'on rendait alors à la mort, une sorte d'oubli de l'injure [2].

Les armes à feu de main enlevèrent à l'épée la part importante qu'elle tenait dans les combats. Elle cessa d'être une arme de guerre dans l'infanterie dès le XVIe siècle, et fut remplacée dans la cavalerie par le sabre et la latte. En face des armes à feu modernes, ces dernières armes n'ont même plus l'importance qu'avait autrefois l'épée dans la gendarmerie.

ÉPERONS, s. m. (*espourons, esporons, esperons*). Les éperons étaient en usage dès l'antiquité, chez les populations de l'Italie. Le

1

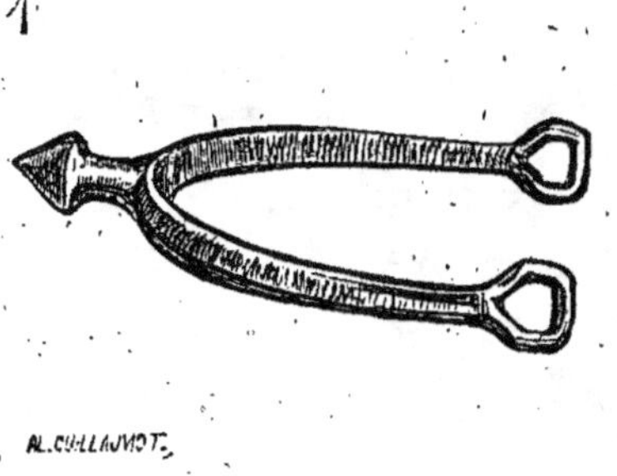

musée de Naples possède quelques éperons de fer qui datent de la fin de l'époque impériale (fig. 1). Les cavaliers du jeu d'échecs dit

[1] Dudo, *De moribus Normannorum*.

[2] *Gaydon*, duel entre Gaydon et Thiébaut, vers 1808 et suiv.

de Charlemagne [1] ont les talons munis d'éperons identiques, comme forme, à celui qui est donné fig. 1. Les Normands et les Saxons représentés sur la tapisserie de Bayeux sont, de même, munis d'éperons à une seule pointe conique et courte.

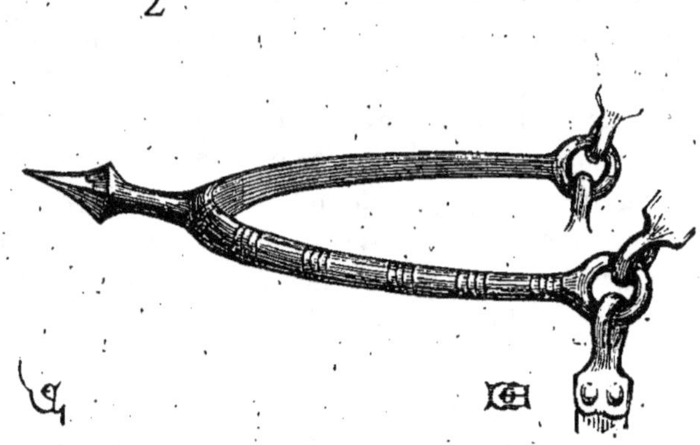

Ces éperons à pointe conique persistent pendant le cours du XIIe siècle. Ils sont délicats, les branches sont fines et l'ouverture du talon relativement étroite. Les brides de sous-pieds et de cou-de-pied s'attachent à un seul œillet (fig. 2 [2]). Cet éperon est de bronze fondu, rebattu et gravé. Les branches en sont très délicates.

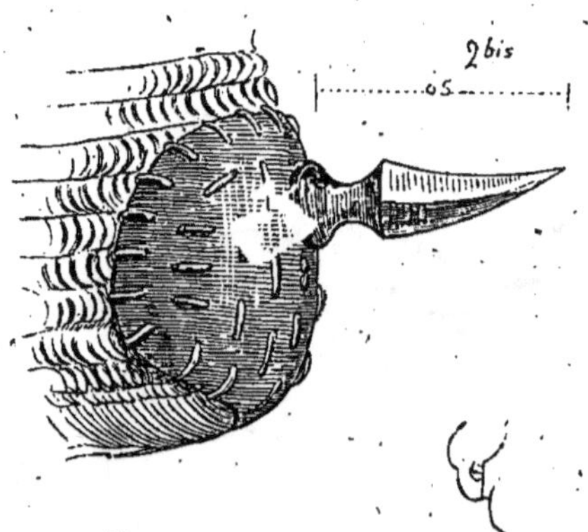

On portait aussi alors, avec les chausses de mailles, des éperons qui n'étaient que de simples ergots rivés sur une plaque de fer mince. Cette plaque de fer, ou talonnière, était percée de trous et fixée à la

[1] Cabinet des médailles, Biblioth. nation.
[2] Du musée des fouilles de Pierrefonds.

maille au moyen de fils passant par ces trous ; elle y était ainsi réellement cousue (fig. 2 *bis* [1]).

Ce n'est qu'au XIIIe siècle que les éperons sont armés de molettes, et celles-ci n'ont-elles habituellement alors que six pointes. Les branches, au lieu d'être horizontales, sont cambrées, pour laisser la place des chevilles et relever la tige beaucoup au-dessus du talon. On houssait alors (vers 1220) les chevaux de bataille pour les préserver des traits et des coups d'épée ; il fallait que les tiges des éperons fussent fortes et longues pour se faire sentir aux flancs de la monture. Puis l'habitude, quand on chargeait, étant d'appuyer sur les étriers en tenant les jambes roides et le bas des reins portant sur le haut du troussequin de la selle, il fallait que les tiges d'éperons fussent longues, puisque la position du cavalier lui interdisait de plier les genoux, et que pour faire sentir la molette, il ne pouvait que serrer un peu les jambes.

L'éperon devait se transformer suivant les diverses manières de monter le cheval de guerre.

Jusqu'à la fin du XIIe siècle, les selles n'étaient point élevées et le cavalier était assis sur les reins de la bête ; mais, quand les charges à la lance furent considérées comme très puissantes, on dut hausser la cuiller de la selle et son troussequin, afin de donner plus de force de résistance au cavalier (voy. HARNAIS). Or, ce n'est guère qu'à la fin du

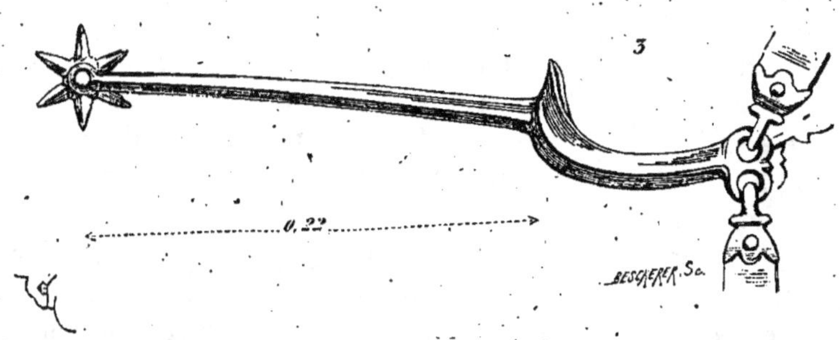

règne de Philippe-Auguste que les charges à la lance furent considérées comme la véritable force de la gendarmerie. Aussi les lances devinrent-elles alors plus longues et plus lourdes qu'elles n'étaient au XIIe siècle. Le cavalier se haussa sur ses étriers ; les éperons, par suite, durent allonger les tiges et les relever fort au-dessus du talon, afin de piquer les flancs et non le ventre de la monture, que le cavalier ne pouvait plus atteindre.

[1] Collection de M. W. H. Riggs.

La figure 3 montre un de ces éperons du XIIIe siècle [1]. Il est de fer, très bien forgé ; sa tige n'a pas moins de 0[m],22 de longueur. Les branches sont extrêmement courbées pour relever la molette au niveau des chevilles. Les œillets sont doubles pour la courroie de sous-pied et celle du cou-de-pied.

Cette forme se modifie peu pendant le cours des XIIIe et XIVe siècles. Les tiges sont plus ou moins longues, mais le principe est le même. Quelquefois les œillets sont placés horizontalement l'un près de l'autre, afin de donner plus de force à la courroie de sous-pied

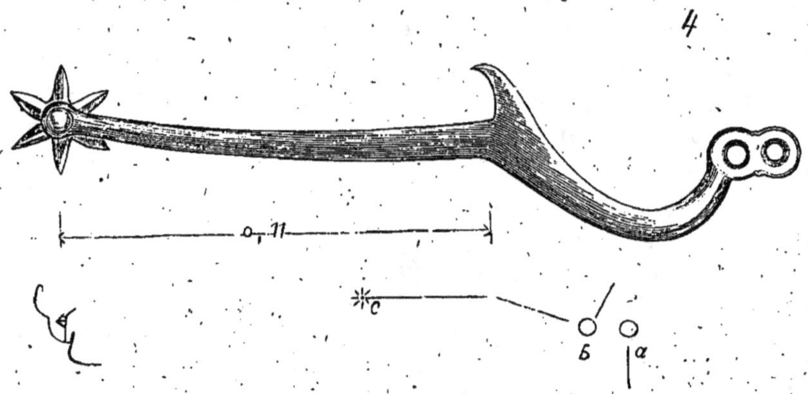

en l'éloignant du talon (fig. 4 [2]), et empêcher d'autant l'abaissement de la tige. En effet, plus le levier *ab* est long (*a* étant l'œillet de la courroie de sous-pied et *b* celui de la courroie de cou-de-pied), mieux on peut maintenir le point *c* (molette) à sa place, en l'empêchant de s'abaisser par la pression sur les flancs du cheval.

Aussi, depuis la fin du XIIIe siècle, cette méthode d'attache est-elle généralement adoptée.

Ces grands éperons de bataille étaient gênants, et on les remplaçait, quand on n'était pas armé, par des éperons plus courts, à une forte pointe (fig. 5 [3]). Les œillets des branches de ces éperons de fer sont placés perpendiculairement aux branches. Une simple courroie passait par ces œillets allongés, formait sous-pied et se bouclait sur le cou-de-pied.

On observera que la tige est fortement renversée. C'est qu'en effet ces sortes d'éperons étaient bouclés lorsqu'on montait les roussins,

[1] Musée de la ville de Reims, et collection de M. W. H. Riggs.
[2] Musée des fouilles de Pierrefonds (fin du XIIIe siècle ou commencement du XIVe).
[3] Collection de M. W. H. Riggs.

c'est-à-dire les petits chevaux de chevauchée habillés d'une selle très peu élevée. Alors les jambes du cavalier descendaient au-dessous du niveau du ventre de la bête, et, pour lui faire sentir l'éperon, il fallait

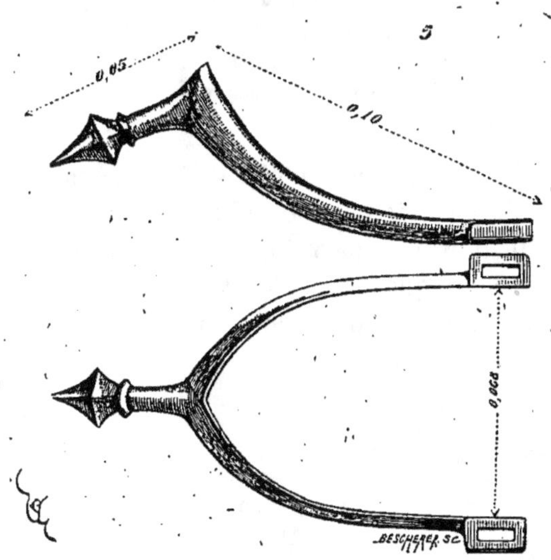

fortement plier la jambe. Le talon décrivant ainsi une portion de cercle, pour que la pointe frappât le roussin normalement et ne l'écorchât pas, la tige devait être inclinée.

Ces éperons de bronze ou de fer étaient habituellement dorés.

Les éperons d'or ou dorés étaient une marque de chevalerie :

« Esperuns d'or ad en ses piez fermez[1]... »

et quand un chevalier avait forfait, on lui coupait les éperons, comme aujourd'hui on arrache les épaulettes au soldat dégradé.

Voici un chevalier que Fromons trouve trop jeune pour combattre.

« Vous estes vieus et chenus et floris,
« Reposez-vous et faites vos délis ;
« Et cil voudra la guerre maintenir[2]... »

lui répond le jeune chevalier.

« Fromons l'oït, à pou n'enrage vis :
« — Sire Bernars, vous m'avez aati... »

reprend le vieillard.

[1] *La Chanson de Roland,* st. XXVI.
[2] *Li Romans de Garin,* édit. de M. P. Paris, t. II, p. 144.

« — Que me clamez vieillart et rasotti ;
« Encor puis bien sur mon cheval saillir,
« A grant besoing, et mon droit maintenir.
« Au grant estor[1] demain vous en envi ;
« Et ciel qui pis ou de moi ou de ti
« Le fera, oncles, savez que je vos di ?
« Li esperons li soit coupés parmi
« Près du talon, au branc d'acier forbi. »

Les éperons étaient la première pièce d'adoubement de l'homme d'armes qu'on faisait chevalier. On les lui bouclait aux talons, pendant qu'il était agenouillé devant le parrain, avant l'accolade.

Il est non seulement question d'éperons dorés, mais enrichis encore de pierreries, d'inscriptions, de nielles.

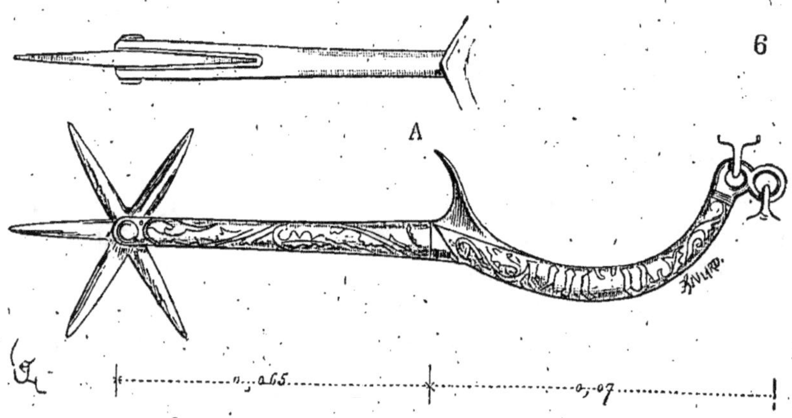

Voici une paire d'éperons de fer datant du commencement du XIVe siècle, qui est décorée (fig. 6[2]) de gravures et des lettres VICU[3] sur les deux branches. Les molettes de ces éperons sont grandes et à six pointes. L'appendice A est destiné à empêcher les branches de se relever sur le tendon d'Achille, lorsqu'on appuie la molette contre les flancs du cheval.

Les éperons conservent la forme de la figure 6 pendant le cours du XIVe siècle, les branches étaient très cambrées pour laisser la place des alvéoles. Mais, à la fin du XIVe siècle, déjà apparaissent les mo-

[1] « Au grand tournoi. »
[2] De la collect. de M. W. H. Riggs.
[3] Peut-être abrév. de *victuralis* ou *victerius*, qui conduit, voiturier.

lettes très développées ; les tiges sont alors très fortes et plates, de champ. La figure 7 présente un de ces éperons [1]. La paire est de cuivre doré et émaillé ; l'émail de l'échiqueté est blanc bleuâtre, ce qui pourrait faire supposer que ces éperons ont appartenu à un

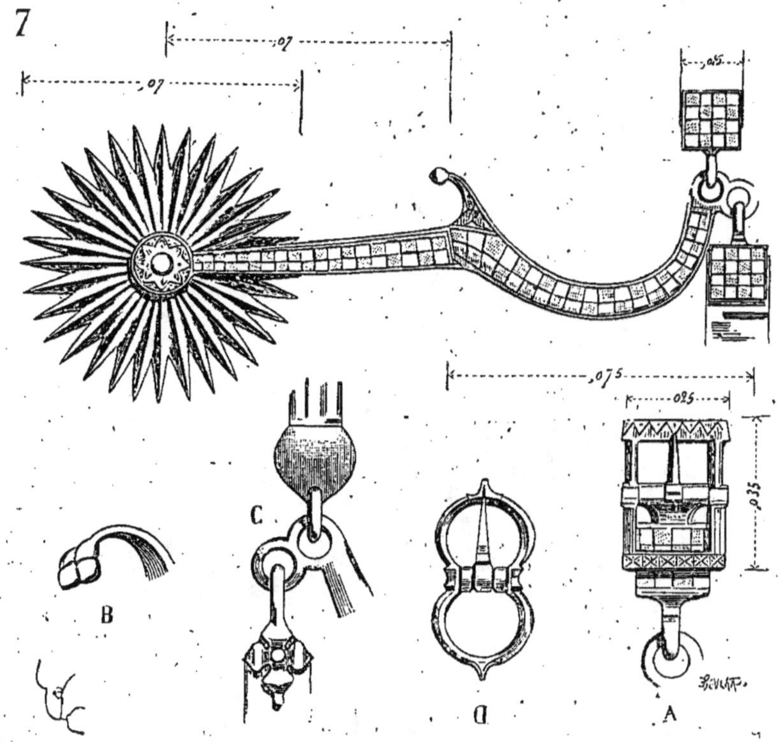

membre de la maison de Dreux [2], car on ne peut admettre le blanc, qui n'est pas un émail héraldique. A moins de supposer que cet échiqueté n'est qu'un ornement. La molette est très grande et porte trente-deux pointes.

En A, est donnée la boucle qui permet de serrer la courroie du cou-de-pied.

En B, est représenté l'appendice du talon d'un autre éperon de la même époque [3], renversé et terminé par un fleuron.

En C, les attaches de sous-pieds et de courroie, et en D les boucles de cette même paire d'éperons. Ces appendices recourbés du

[1] De la collect. de M. W. H. Riggs.
[2] Dreux portait échiqueté d'or et d'azur à la bordure de gueules.
[3] Collection de M. W. H. Riggs.

talon avaient une raison d'être tant qu'on portait des chausses de mailles ou de peau ; ils devenaient inutiles et gênants même, du moment que les jambes étaient entièrement armées de plates aussi bien sur les tibias que sur les mollets, et que la molletière de fer descendait jusqu'à la semelle. A la fin du XIVe siècle encore, la partie postérieure des grèves ne couvrait pas le talon, mais s'arrêtait à la

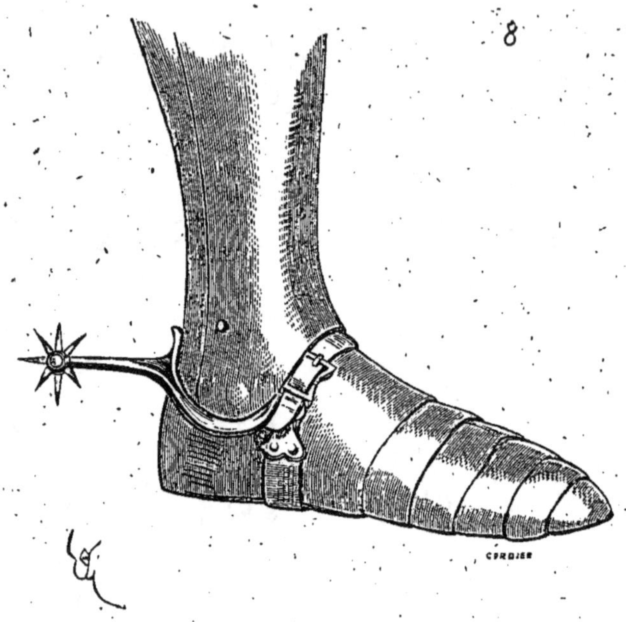

hauteur de la cheville. Les solerets de fer étaient indépendants des grèves, et les branches des éperons couvraient le joint entre le bas des molletières et le talon des solerets (fig. 8[1]) (voy. GRÈVES et SOLERETS). L'appendice recourbé des branches d'éperons était encore motivé dans ce cas ; il empêchait ces branches de pénétrer dans la jonction et de fatiguer les tendons. Mais quand les molletières de fer des grèves descendirent d'une pièce jusqu'à la semelle, il n'était plus nécessaire de donner aux branches des éperons la cambrure destinée à contourner l'extrémité des grèves enveloppant les chevilles, ainsi que le montrent les exemples précédents. Ces branches pouvaient être courbées sur un plan droit. On ne peut donc considérer les éperons à branches très cambrées comme appartenant au XIVe siècle, parce que la forme de ces branches était motivée par la coupe de l'extrémité inférieure des grèves de cette époque. Quant

[1] De la statue de Philippe d'Artois, comte d'Eu, mort en 1397, église abbat. d'Eu.

aux éperons dont les branches courbées sur plan droit sont larges de champ, ils appartiennent à l'époque des armures complètes de plates, c'est-à-dire au XVe siècle.

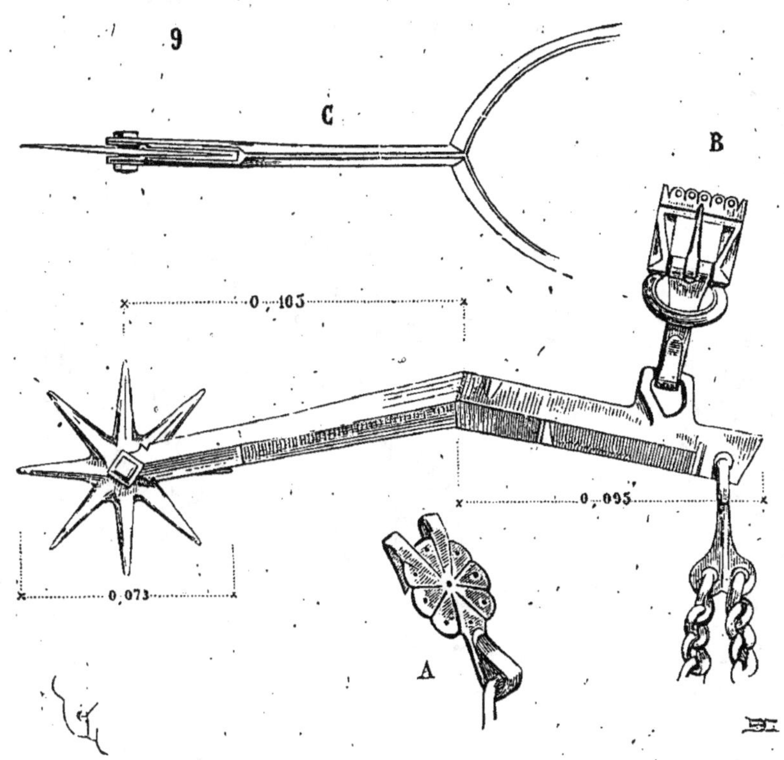

La figure 9 donne un éperon de 1430 environ, dont les branches étaient posées sur la talonnière des grèves. Cette paire d'éperons est de cuivre jaune[1]. Les sous-pieds sont deux gourmettes. En A, est tracée l'attache de la courroie de cou-de-pied, et en B sa boucle. Les tiges s'inclinent légèrement vers les flancs du cheval (voyez en C).

La figure 10 présente un éperon également de cuivre jaune et datant de 1450 environ[2]. Cette paire d'éperons, admirablement travaillée, possède des branches très fortes, finement ajourées et gravées. Les molettes sont de même ajourées et petites, si on les compare à celles d'une époque quelque peu antérieure. Les sous-pieds sont doubles et solides. En A, est tracée l'attache de la courroie de

[1] De la collection de M. W. H. Riggs.

[2] Ancienne collect. de M. le comte de Nieuwerkerke.

cou-de-pied, et en B sa boucle, ou plutôt son passant avec ardillon. C'est vers ce temps que l'on commença de poser les tiges d'éperons directement rivées à la talonnière de fer des grèves, ce qui était assez naturel (fig. 11). On s'évitait ainsi la peine de faire chausser les éperons. Ils tenaient à l'armure même, et leur tige devient fort longue,

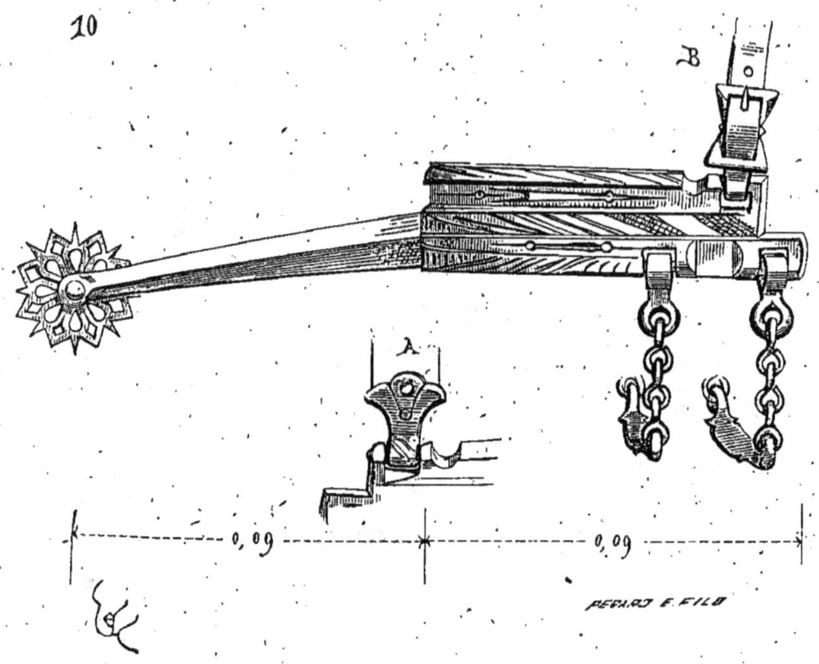

lorsque, vers la seconde moitié du xve siècle, les chevaux furent armés de plates de fer, comme les cavaliers : car alors il fallait que l'homme d'armes pût toucher les flancs de sa monture dessous la saillie des flançois (voy. HARNAIS). Il arrivait aussi que des éperons étaient rivés à la talonnière même des solerets, lorsque celle-ci était indépendante de la molletière de fer, ainsi qu'on peut le voir dans quelques belles armures du milieu du xive siècle. Merlin de Cordebeuf[1] donne sur les éperons l'instruction suivante :

« Item, et ne portera len gaires les esperons plus longs que de « quatre doiz ou cinq doiz (10 à 13 centimètres), affin quilz ne nuysent « point pour combattre à pié. Et tous les aultres chevaliers et escuiers « de ceste queste pourront porter esperons dorez. »

[1] *L'Ordonnance et matière des chevaliers errans* (milieu du xve siècle). Voyez : *Du costume militaire des Français en 1446*, par M. René de Belleval.

Dès le XIIe siècle, les courroies de cou-de-pied des éperons étaient souvent ornées d'orfévrerie et de pierres précieuses. Mais ce luxe fut surtout admis à la fin du XIVe siècle et au commencement du XVe.

Il existe, dans les collections publiques et privées, des éperons du commencement du XVIe siècle, qui sont d'un merveilleux travail;

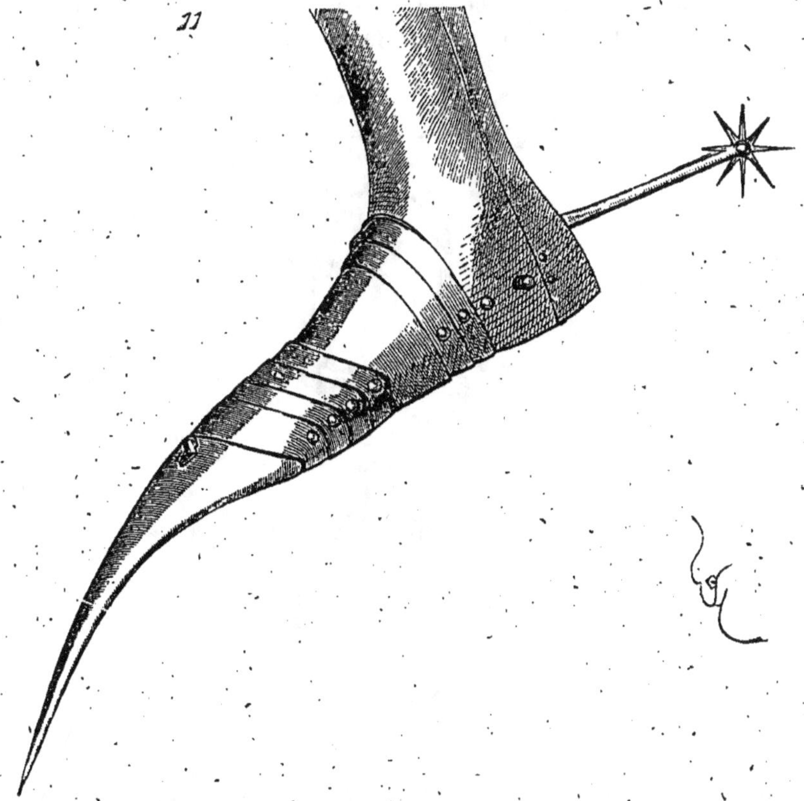

damasquinés, émaillés, niellés, ciselés. Pendant tout le cours du moyen âge, les *esperonniers* étaient d'habiles ouvriers, fort estimés, car les gentilshommes tenaient fort à posséder des éperons qui leur fissent honneur. Toutefois la forme de ceux-ci en France était simple, si on la compare à celle des éperons fabriqués en Italie et surtout en Espagne.

ESCRIME, s. f. (*eskiermie*). Combat à l'épée, à pied.

ESPALIÈRE, s. f. — Voyez SPALLIÈRE.

ESTACHEURE, s. f. Boucle, attache.

ÉTRIER, s. m. (*estrief*, *estref*, *estrier*, *estreu*). L'étrier était en usage dès l'antiquité romaine, bien que la plupart des cavaliers faisant partie des armées de l'empire ne paraissent pas s'en être servis. Le musée de Naples conserve cependant des étriers de fer d'une forme très simple et qui appartiennent à l'époque impériale. On n'ignore pas que les armées romaines comprenaient des corps de cavalerie de contrées très diverses : Gaulois, Germains, Numides, Ibères. Ces

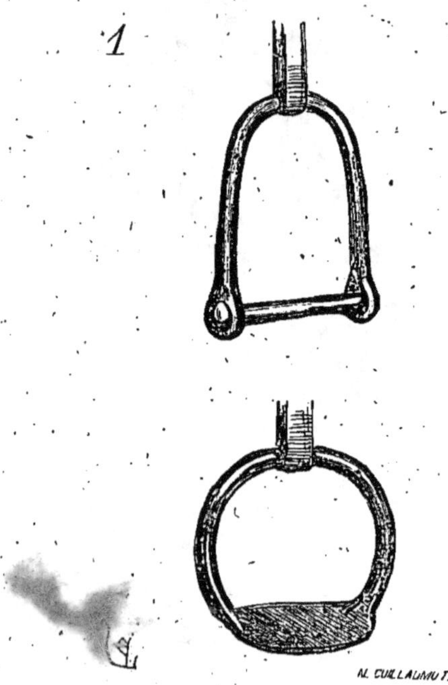

cavaliers ne montaient point de la même manière à cheval et combattaient différemment. Les cavaliers se servant d'arcs devaient posséder des étriers, pour pouvoir viser sûrement. Si les cavaliers germains dédaignaient les selles, et par conséquent les étriers, il n'est pas dit que les Numides et les Ibères ne s'en servissent pas. Quoi qu'il en soit, la figure 1 donne deux étriers antiques de formes différentes, tous deux de fer [1].

A dater de l'époque carlovingienne, les cavaliers sont toujours représentés avec des étriers, et dès le XIe siècle la manière de combattre à cheval exigeait l'emploi de cette partie du harnais.

Ces anciens étriers sont très simples de forme, triangulaires, avec

[1] Musée de Naples.

bielle pour passer les étrivières (fig. 2[1]). Les bielles sont forgées sur la prolongation d'un des plans (voy. la section A), de sorte que la face antérieure de l'étrier étant en B, la semelle tendait toujours à se pro-

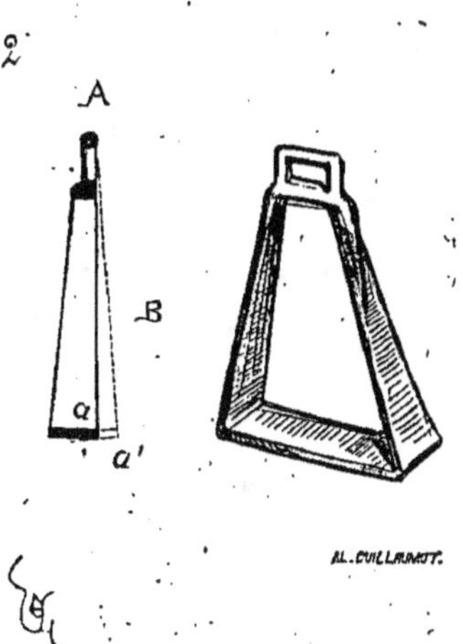

jeter un peu en avant, et, de *a*, à venir se placer en *a'*, si l'étrier est laissé libre. Le bord *a*, se projetant en *a'*, s'arrête nécessairement sous la chaussure, et empêche ainsi le cavalier de perdre les étriers.

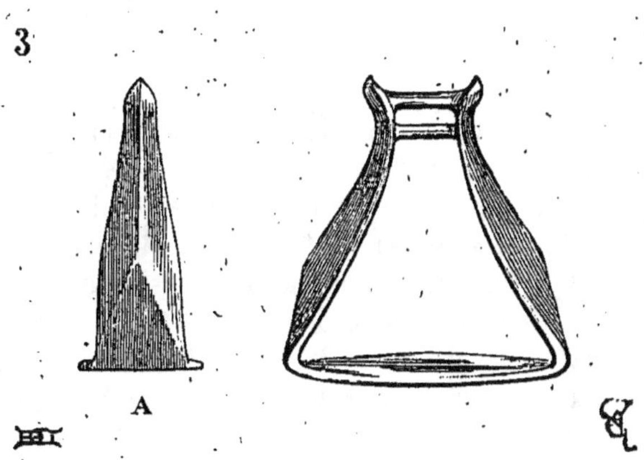

Cette suspension excentrique est plus accusée encore dans des étriers d'une époque postérieure. Les cavaliers du jeu d'échecs dit de Charlemagne, ceux de la broderie de Bayeux, des manuscrits des xe, xie, xiie et xiiie siècles, possèdent des étriers semblables à ceux que donne

[1] Ancien musée du château de Compiègne, fouilles du mont Berny.

la figure 2 ; et il ne paraît pas que, dans les Gaules du moins, cette forme ait été sensiblement modifiée pendant cette période. Ce n'est qu'à la fin du XIVe siècle que les étriers sont fabriqués sur de nouveaux modèles. L'arcade de l'étrier est renflée vers son milieu, large, et la semelle en forme d'amande, ajourée pour y pouvoir fixer un coussinet (fig. 3 [1]). En A, cet étrier est montré de profil. Alors, et même

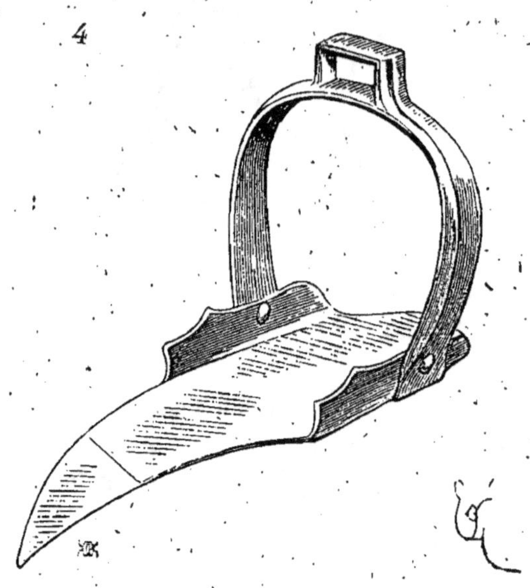

bien avant cette époque, le cavalier se dressait sur les étriers pour charger à la lance ; donc il était nécessaire de garnir d'un coussin de peau la semelle de ces étriers, pour que le pied fût solidement appuyé et ne pût glisser par suite d'un choc.

Mais, vers cette époque, les hommes d'armes portaient des solerets à poulaines et parfois la semelle des étriers était disposée en raison de cette étrange chaussure (fig. 4 [2]). Cet étrier (du pied gauche) est de fer forgé. L'arcade est rivée aux bords relevés de la semelle ; le tout était doré.

Ces étriers de la fin du XIVe et du commencement du XVe sont souvent façonnés de manière à préserver le cou-de-pied. Voici un de ces étriers (fig. 5 [3]), de fer forgé, composé de deux bandes de fer

[1] Manuscr. Biblioth. nation., *Lancelot du Lac* (1400 à 1425).

[2] Collect. de M. W. H. Riggs. M. Riggs possède la paire.

[3] De la même collection.

larges, soudées à la tête, à la bielle de suspension et rivées à une doublure découpée recouverte d'un animal ciselé. La semelle est elle-même rivée à la partie inférieure des bandes formant arcades protectrices du cou-de-pied.

5.

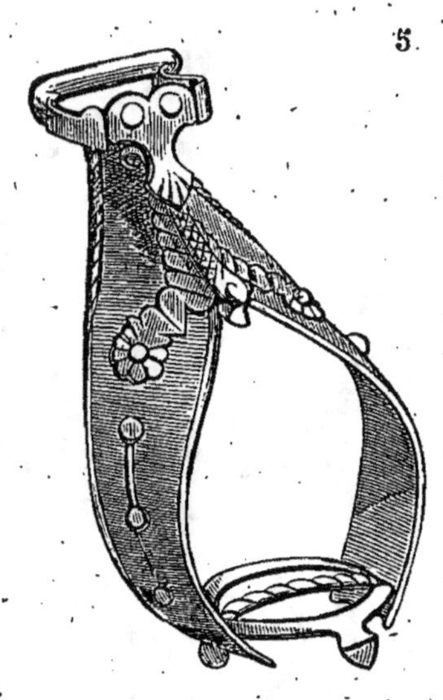

Plus tard, vers 1430, on reprit les étriers à arcades circulaires (fig. 6[1]), et l'on adopta parfois les bielles mobiles pour que les étrivières pussent se tourner autour de la jambe, suivant les mouvements de celle-ci. Ces sortes d'étriers sont représentés fréquemment sur les vignettes des manuscrits de cette époque. Celui que présente la figure 6 est de fer, délicatement forgé. La semelle, composée d'une bande ovale allongée, est recouverte de deux bandes plates, parallèles, qui sont rivées aux extrémités inférieures de l'arcade. En A, est tracée la semelle vue par-dessus. Parfois ces arcades étaient chantournées, ainsi que nous l'avons vu précédemment, pour faire que l'étrier laissé libre et prenant son centre de gravité, élevât le bord de la semelle afin d'empêcher l'extrémité du pied du cavalier de glisser (fig. 7[2]). Suspendue librement, l'extrémité *a* de la semelle se projetait en *a'*. Les solerets minces et longs étant remplacés, à la fin du XVe siècle, par des solerets larges du bout, il fallait ouvrir l'arcade des étriers. Ceux-ci devinrent alors

[1] Collection de M. W. H. Riggs.

[2] De la même collection.

plus volumineux (fig. 8 [1]). L'arcade servit de garde et fut parfois ajourée, ainsi que l'indique notre figure. C'étaient là de ces étriers

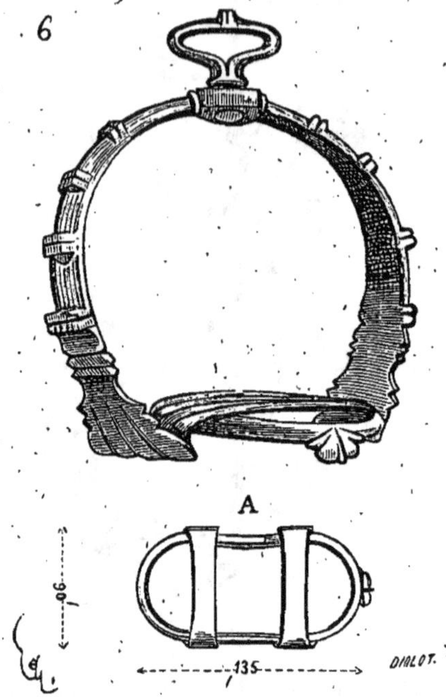

dits *à fenêtres*. La bielle de suspension était masquée par des joues de fer, et sur la semelle, composée d'un gril, était fixé un coussinet

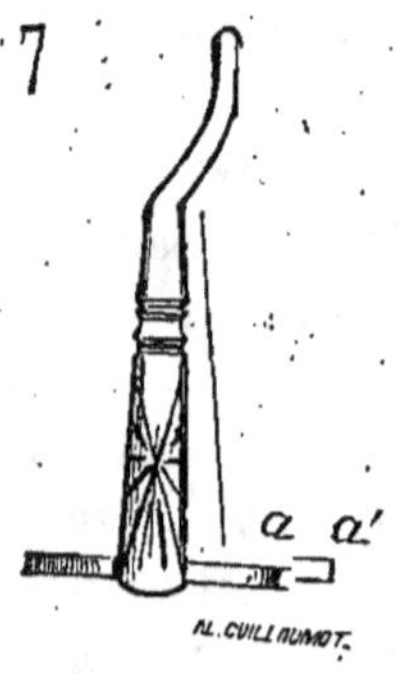

de peau. Ces étriers sont de fer forgé, ciselé et poli. Avec les solerets arrondis ou carrés du bout, il arrivait que le cavalier dégageait

[1] De la même collection.

difficilement le pied de l'étrier, ce qui, en certains cas, pouvait être dangereux.

8

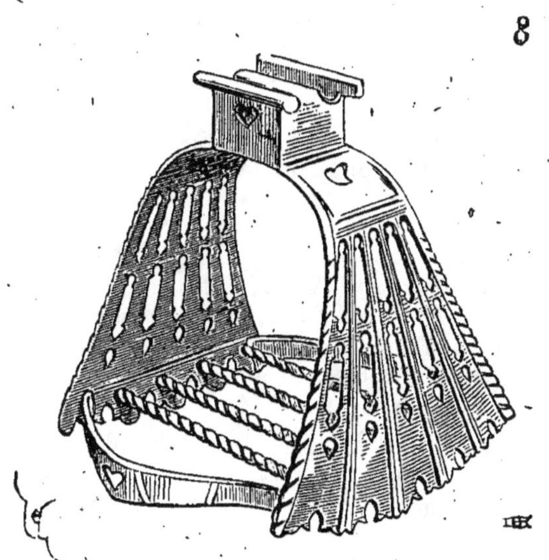

Pour éviter cet inconvénient, on fabrique des étriers fermés, *étriers à cage*. Ainsi, le pied ne pouvait-il s'engager (fig. 9[1]). Ce

9

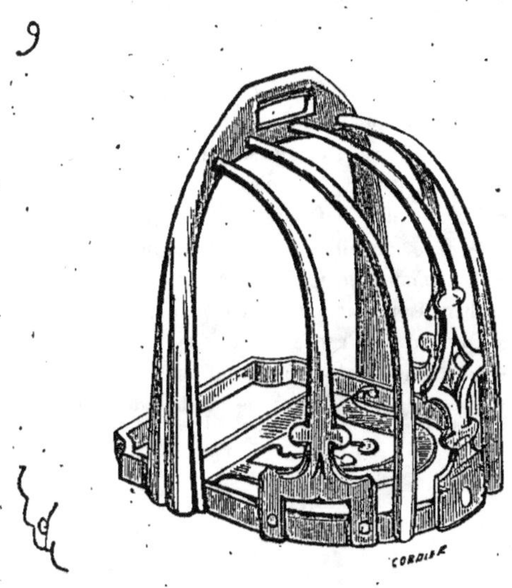

grillage préservait en outre les pieds des coups d'épée, de masse ou des atteintes.

[1] De la même collection.

Dès le XIIIe siècle, il est question d'étriers niellés et d'étrivières enrichies de pierres fines.

« Li Amirax fist bien conréer son destrier ;
« N'i ot ne frain ne sele ne fust faite à ormier ;
« Tot sont à reilles d'or [1] portendu li estrier,
« Mainte esmeraude i ot et maint topasse chier [2]. »

Ces étrivières devaient être très solides, puisque, pour charger, le cavalier pesait de tout son poids sur les étriers ; aussi les fabriquait-on de cuir de cerf :

« De .III. fors sorcengles fu li chevax cenglés ;
« Li estrief [3] sont de cherf, .III. fois fu tanés ;
« Li anel [4] en sont d'or, .X. pox ont mesurés.
« Par son estrief seneestre est li Sodans montés ;
« A son estrief ot .XX. rois coronés [5]. »

Quand on voulait faire honneur à quelqu'un, on lui tenait l'étrier gauche, et dans la *Chanson de Roland* nous voyons l'oncle de Guenes lui tenir l'étrier au moment où le comte va remplir une dangereuse mission :

« L'estrieu li tint sun uncle Guinemer [6]. »

Dans le roman d'*Ogier l'Ardenois*, Charlemagne ne dédaigne pas de tenir l'étrier du héros. Le prince a la tête couverte de son heaume ; mais Ogier :

« Le roi regarde sous son elme gemé,
« Ben le conut quant il l'ut avisé,
« Et as elx vairs et au cief finestré.
« Tel duel en a, près n'a leseus devé ;
« D'ire et de honte commencha à plorer.
« — Sire, dist-il, or m'avez vergondé,
« Tout mon lignage estera reprové,
« Et moi meisme à trestot mon ae,
« Que roi de France soit par moi avilés,
« Que tenu m'ait mon estrief noélé.
« — Ogier, dist Kalles, je l'ai fait de mon gré [7]. »

[1] Étrivières d'or.

[2] *La Conquête de Jérusalem*, chant VII, vers 6549 et suiv., publ. par M. Hippeau (XIIIe siècle).

[3] Pour les *étrivières*.

[4] Les étriers, les arcades.

[5] *La Conquête de Jérusalem*, chant VIII, vers 8281 et suiv.

[6] St. XXVI.

[7] Vers 12777 et suiv.

Mais c'était faire acte de prouesse que de se mettre en selle sans toucher l'étrier.

« Li rois saut en la sele, qu'à estrief n'en sot gré[1]. »

On disait *s'afiquer aux étriers*, pour se dresser sur les étriers :

« Li Sarrazins s'afice ess estriés noielés[2]. »

et dans le roman de *Hugues Capet* :

« Sur lez estriers s'afique con campion eslés[3]. »

FAUCHART, s. m. (*faussart, fausart, fauchon*). Arme d'hast. Originairement cette arme offensive n'était autre chose qu'une faux emmanchée droite à l'extrémité d'une hampe, et dont les paysans appelés à combattre pour leurs seigneurs se servaient en guerre. Il est question du fauchart dès le commencement du XIIIe siècle.

« Chascuns porte .I. fausart, dont li archiers resplent[4]. »

Et en effet, alors, les archers, gens de commune habituellement, avaient pour arme de main une lame emmanchée au bout d'un bâton. Les premiers faucharts sont donc, à proprement parler, des lames de faux emmanchées droites. Cependant les cavaliers se servaient aussi de cette arme d'hast :

« Son cheval esperone par merveillox aïr,
« D'un fausart que il porte vait Enguerran férir[5]. »

Joinville raconte comment un clerc tua trois voleurs avec une arbalète et un fauchart : « Et li clers prist le fauchon que li enfes tenoit, et « les ensui à la lune, qui estoit belle et clere. Li uns en cuida passer « parmi une soif en un courtil, et li clers fiert dou fauchon...

[1] *La Conquête de Jérusalem*, chant VII, vers 6696.
[2] *Fierabras*, vers 663 (XIIIe siècle).
[3] Vers 3407 (XIVe siècle).
[4] *La Conquête de Jérusalem*, chant VI, vers 5798.
[5] *Ibid.*, chant VIII, vers 7988, 7989.

« et li trancha toute la jambe, en tel maniere que elle ne tient que à « l'estival... Li clers rensui l'autre, liquex cuida descendre, en une « estrange maison là où la gent veilloient encore ; et li clers le feri « dou fauchon parmi la teste, si que il le fendi jusques es dens[1]. » C'était donc là une arme redoutable entre des mains vaillantes.

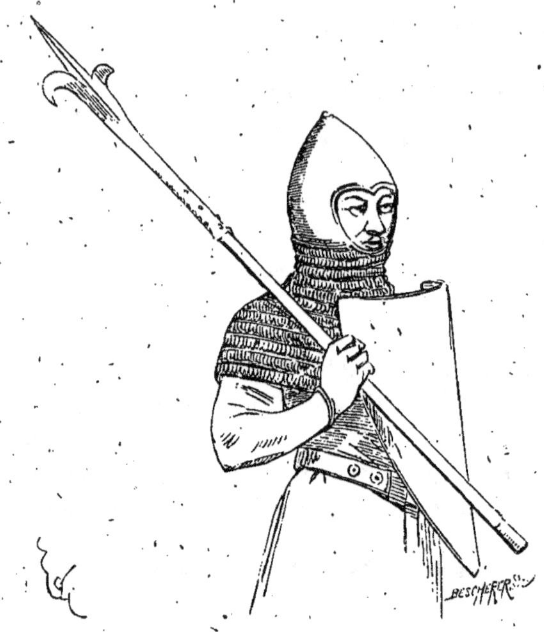
1

La transition entre l'arme d'hast, composée d'une lame de faux, et le fauchart, arme façonnée pour le combat, est difficile à établir. La faux a son tranchant du côté de la concavité, le fauchart du côté de la convexité. A quel moment a-t-on fait des faucharts qui n'étaient plus des faux dont la douille est retournée à la forge ? Nous n'avons pas trouvé trace de cette transformation régulière. Le fauchart, arme fabriquée uniquement pour le combat, apparut au XIIIe siècle, dans les provinces méridionales de la France et en Italie (fig. 1 [2]). C'est, ainsi que le montre notre figure, une lame longue, aiguë, avec deux appendices latéraux en forme de serpe ou de faucille. On donnait aussi à cette arme le nom de *vouge* [3] ou de *vougesse* ; le mot *vouge* s'appliquait à l'ustensile appelé aujourd'hui *serpe*. Le fauchart

[1] *Hist. de saint Louis*, par le sire de Joinville, publ. par N. de Wailly, p. 42.

[2] Manuscr. Biblioth. nation., *Traité du péché originel*, en vers patois de Béziers (seconde moitié du XIIIe siècle).

[3] Le ou la vouge : *vougetus*, *volana*, *vanga* (voy. VOUGE).

était encore, pendant les XIVe et XVe siècles, le *couteau de brèche*, c'est-à-dire l'arme destinée aux soldats montant à l'assaut et aux abordages.

La hampe du fauchart était plus ou moins longue, suivant la fantaisie de chacun.

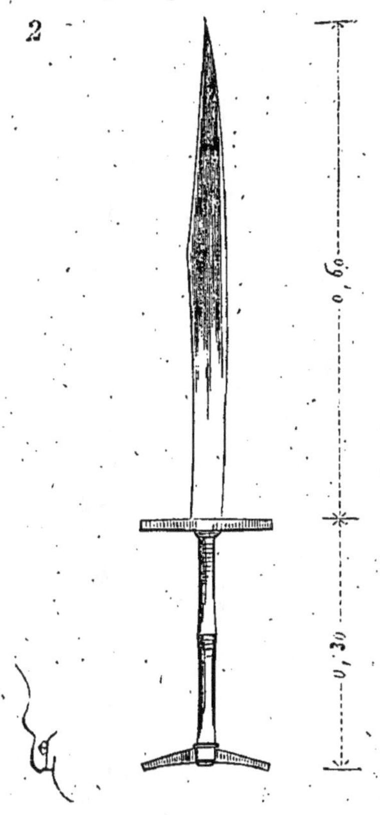

On voit des faucharts du XIVe siècle qui sont emmanchés d'une poignée à deux mains, comme le serait une lame de sabre, le tranchant étant du côté convexe (fig. 2[1]). D'autres possèdent une hampe de 1^m,50 de longueur, et au talon de la lame est forgée une traverse, en manière de garde (fig. 3[2]). Cet appendice n'existe parfois que d'un seul côté[3].

Au dos de la lame du fauchart de la fin du XIVe siècle, qui n'a jamais qu'un seul tranchant du côté de la courbe convexe, ressort,

[1] Manuscr. Biblioth. nation., *Tite-Live*, français (1395 environ).

[2] Même manuscrit.

[3] Manuscr. Biblioth. nation., *Lancelot du Lac*; français.

vers 1400, une pointe ou petit crochet (fig. 4 [1]). Cette arme de piéton était en effet à deux fins : elle servait à fournir des coups d'estoc et à accrocher les armes des cavaliers afin de les désarçonner. Un bras vigoureux enfonçait cette pointe du dos de la lame dans le hau-

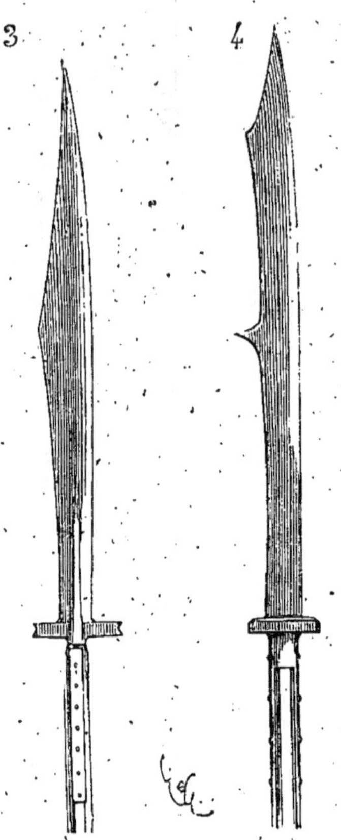

bert du cavalier, elle faussait et pénétrait la maille ou l'étoffe, et il n'y avait plus qu'à tirer violemment à soi pour faire perdre les étriers à l'homme d'armes. Mais plus tard, les hommes d'armes portant des corselets d'acier, des dossières, ou tout au moins des brigantines doublées de lames de fer, la pointe ne pouvait pénétrer ces plates ; on changea la forme des appendices de la lame du fauchart. On commença par un crochet se retournant parallèlement au dos, de telle sorte qu'on enfonçait ce crochet entre les plates, et qu'au lieu de

[1] Manuscr. Biblioth. nation., *Guyron le Courtois*, français (1400).

tirer le cavalier à soi, on le renversait de l'autre côté de la monture (fig. 5[1]).

Ce fauchart possède deux crochets chevauchés. Le crochet A s'en-

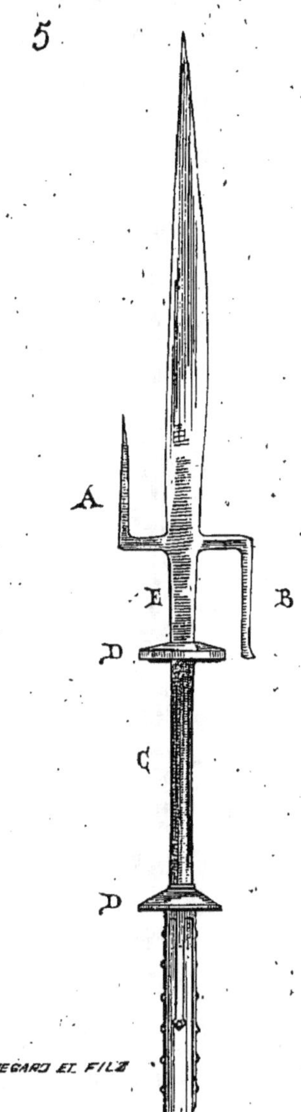

gage entre les plates, et ayant l'épaisseur du dos de la lame, c'est-à-dire 0m,006 environ, permet, par un demi-tour, de fausser l'armure

[1] Manuscr. Biblioth. nation., *Quinte-Curce*, français, dédié à Charles le Téméraire.

et de blesser grièvement le cavalier. La hampe, longue de $1^m,50$ environ, se termine par une longue prise C, et deux gardes D, en forme de disques.

Le fantassin pouvait porter une de ses mains entre ces deux gardes, ce qui augmentait sa force pour faire un demi-tour ou une pesée, et même au-dessus du talon de la lame, en E. Alors les doigts de la main étaient protégés par le crochet B.

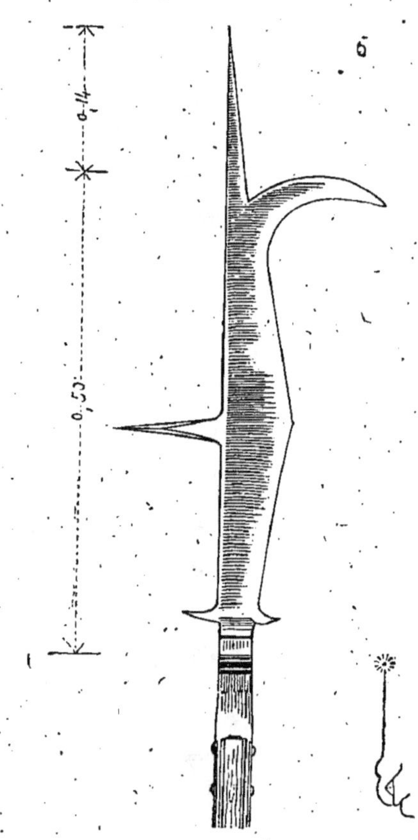

Au xve siècle, d'après Meyrick[1], le fauchart « est une arme en forme « de serpe, avec une pointe à la partie supérieure et une autre à angle « droit sur le dos de la lame », (fig. 6[2]).

Cet exemple correspond exactement à la description donnée par Meyrick. Mais il en était du fauchart, même au xve siècle, comme de

[1] *Ancient Armour*, t. II.

[2] Ancienne collection du château de Pierrefonds (seconde moitié du xve siècle).

beaucoup d'autres armes offensives ou défensives ; il y avait bien des variétés de formes : chacun prétendait apporter une amélioration ou une disposition nouvelle aux armes dont il faisait usage. Aussi n'est-il pas aisé d'établir des distinctions absolues entre le vouge, le fauchart, la guisarme et le couteau de brèche ; et, de fait, ces noms semblent avoir été donnés à des armes analogues, sinon identiques. (Voy. GUISARME, VOUGE.)

FAUCRE, s. m. (*fautre*). Arrêt fixé au plastron de fer pour recevoir le bois de la lance lorsqu'on chargeait à cheval. Le faucre est d'autant plus volumineux que la lance est plus lourde (voy. LANCE). Dans l'origine, c'est-à-dire au moment où les hommes d'armes commencent à adopter le corselet de fer, vers la fin du XIVe siècle, le faucre est un

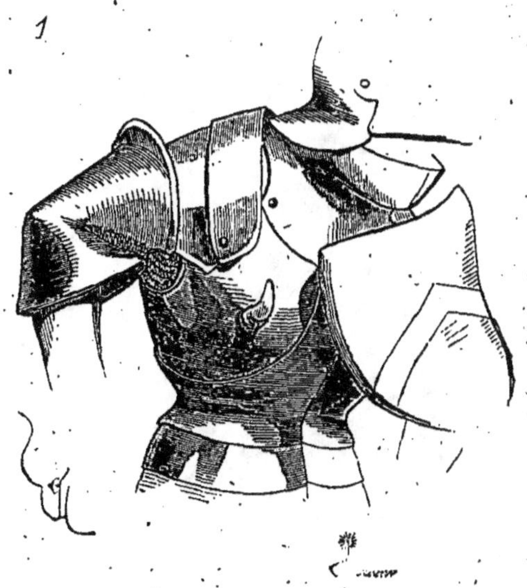

simple crochet rivé au droit de la mamelle dextre du plastron (fig. 1[1]). Mais ce crochet saillant étant gênant si l'on se battait à l'arme blanche, on le fit à charnière, vers le milieu du XVe siècle, de manière à pouvoir le relever (voy. DOSSIÈRE, fig. 6). Plus tard on y ajouta un ressort pour l'empêcher de retomber par son propre poids, puis on le vissa en travers (voy. JOUTE, fig. 11 et 13). Dans les charges, le faucre, garni d'une mince lame de plomb ou de bois tendre dans sa concavité, non seulement supportait une partie du poids de la lance, mais arrêtait

[1] Manuscr. Biblioth. nation., *le Livre de Guyron le Courtois* (1400).

son recul, parce que le bois était muni d'un appendice appelé *grappe*, et qui se composait d'une frette garnie de billettes de fer (voy. LANCE). De fait, le faucre primitif que donne la figure 1 ne pouvait recevoir le bois, mais la courroie qui y était fixée. Le faucre compliqué de la fin du XVe siècle et du commencement du XVIe siècle fut surtout adopté pour les joutes.

FLANCHERIE, s. f. Pièce de la housse qui couvrait les flancs du cheval de guerre (voy. HOUSSE).

FLANÇOIS, s. m. Armure des flancs du cheval (voy. HARNOIS).

FLÉAU, s. m. (*flael*). Arme offensive, composée d'une masse de fer retenue par un bout de chaîne, par une bande de cuir ou une

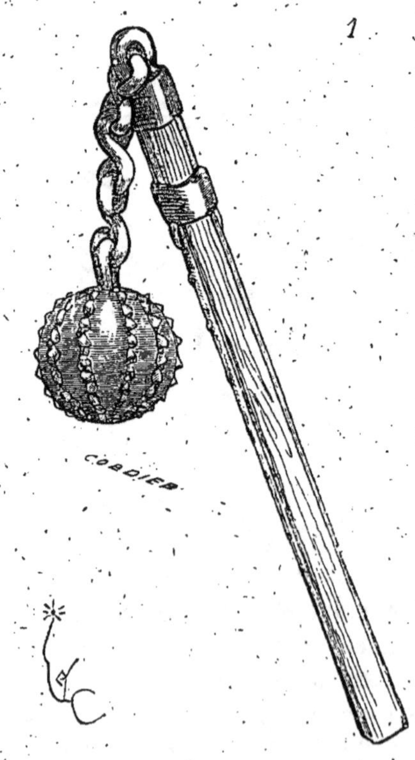

bielle, à l'extrémité d'un bâton. Cette arme terrible, qui avait l'inconvénient de blesser parfois celui qui la maniait par des chocs en retour, était surtout usitée en Allemagne, en Suisse, et ne paraît pas avoir été habituellement employée en France. Il en est rarement question dans les romans et chroniques ; les manuscrits des XIIe, XIIIe et XIVe siècles ne figurent de fléaux dans leurs vignettes qu'exceptionnellement.

La figure 1 donne un de ces fléaux, qui date du XIIe siècle[1]. Il se compose d'une sphère de fer armée de têtes de clous, suspendue par un bout de chaîne à un bâton qui n'a guère que 0m,70 de longueur.

> « Son flael prent et met en place,
> « A Geuffroy sur le heaume en donne[2]. »

Cette arme, la masse ou le marteau d'armes, et le godendac, fort usités à la fin du XIIIe siècle, firent renforcer le haubert d'ailettes

2

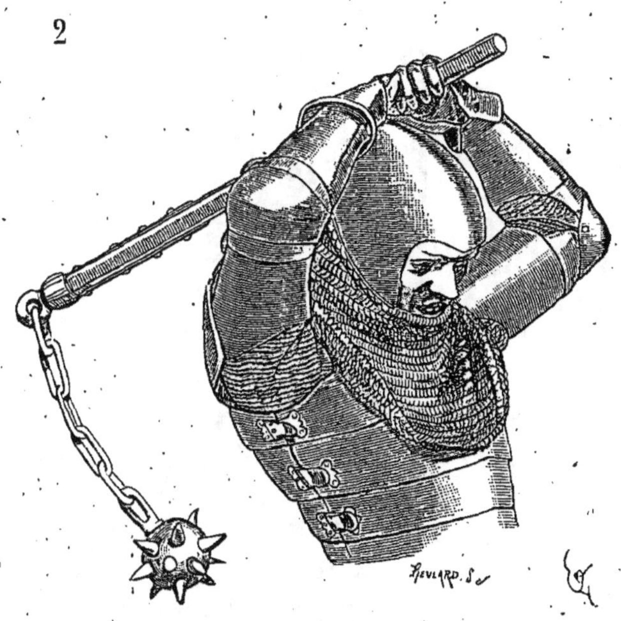

et de plates partielles. Les piétons, pendant les XIVe et XVe siècles, surtout en Suisse et en Allemagne, portaient souvent des fléaux, et les musées de ces contrées en possèdent encore un assez grand nombre.

La figure 2[3] présente un fléau du commencement du XVe siècle com-

[1] Statue d'Olivier, cathédrale de Vérone, porte principale.

[2] *Le Livre de Lusignan, Mélusine*, vers 3310 (XIVe siècle).

[3] Manuscr. Biblioth. nation., *les Merveilles du monde*, français (1400 à 1415).

posé à peu près comme le précédent, d'une boule de fer garnie de pointes aiguës, suspendue par un bout de chaîne à un manche court. Les Anglais se servaient aussi du fléau à une ou plusieurs boules et d'un bâton terminé par une sphère armée de pointes, auquel ils donnaient le nom de *goupillon*, et les Allemands, d'un fléau à plusieurs chaînes terminées par des boules de fer, appelé scorpion. Ces armes offensives ne semblent guère avoir été adoptées en France.

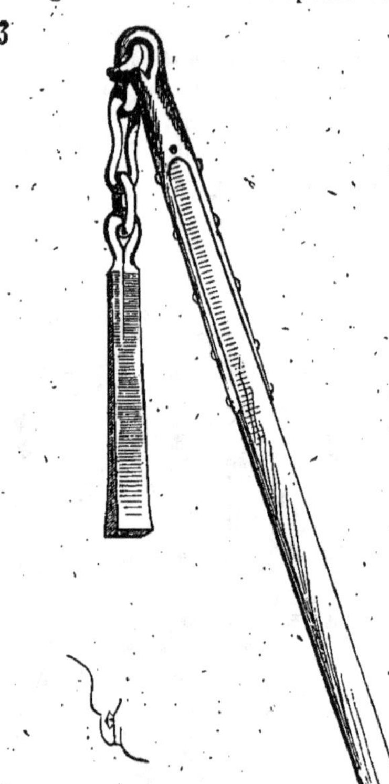

Les fléaux des gens de pied avaient des manches plus longs, car cette arme s'adressant aux cavaliers, il fallait les pouvoir atteindre. On voit encore dans quelques arsenaux des fléaux établis conformément à la figure 3 : un lingot de fer à section carrée, et plus épais du bout que près de l'attache, remplace la sphère. Cela était plus facile à fabriquer et convenait aux gens de pied. Quelquefois ce lingot est armé de pointes [1].

Le fléau fut employé jusqu'au XVIe siècle, et les musées d'artillerie de Paris, de Prague, de Genève, de Munich, de Dresde, en possèdent qui datent de cette époque. (Voyez GOUPILLON.)

[1] Collect. de M. W. H. Riggs.

FLÈCHE, s. f. (*boujon, flesse, sajette, saete, paonnet, barbillons*). Dans l'article Arc, nous avons dit quelques mots relativement à la dimension donnée aux flèches pendant le moyen âge.

Ces flèches sont d'autant plus courtes, en règle générale, que l'arc a plus de rigidité et est plus dur à bander. Car, pour que le tir de la flèche soit assuré, il faut que le fer, lorsque la corde est bandée, atteigne presque la poignée de l'arc ; donc, plus l'arc est long et souple, plus la corde bandée donne un angle aigu, et plus est longue la distance entre la main droite et la main gauche. C'est pourquoi les arcs dits *turcois* (voy. Arc, fig. 3 *bis* et 6), qui étaient très durs à bander et petits, ne pouvaient envoyer que des flèches courtes, tandis que l'arc anglais, qui était grand et souple, envoyait des flèches longues. Il est certain que la longueur de la flèche était une des causes de la justesse du tir.

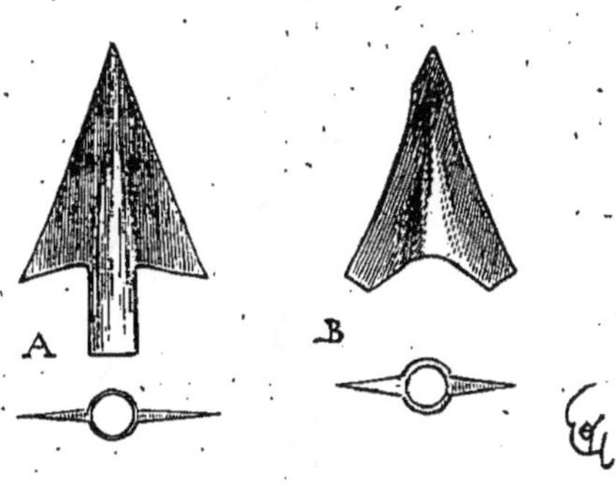

Le bois des flèches était ordinairement fait de pin, de mélèze et de frêne ; on choisissait des brins à fils serrés et réguliers, car il fallait que la flèche conservât la ligne droite et ne fût pas lourde. Le poids du bois dépendait d'ailleurs du poids du fer, car, pour qu'une flèche fournît la plus longue course possible et arrivât au but normalement, il fallait que son centre de gravité fût placé au milieu de sa longueur. Aussi les bois des flèches bien fabriqués sont-ils légèrement renflés vers leur milieu, étant formés ainsi de deux cylindres coniques et tronqués, se dirigeant d'une base commune vers la pointe et vers l'encoche. Celle-ci doit être profonde et largement ouverte, mais l'entaille donnant deux côtés légèrement fermés.

La flèche se compose du bois, du fer et de l'empenne.

Les fers de flèches d'une haute antiquité sont nombreux dans les divers musées de l'Europe. Les plus anciens sont, comme chacun sait, de silex, plus ou moins bien taillés et fixés au moyen d'une petite soie réservée entre les deux ailes. Nous n'avons pas à nous occuper de ces armes primitives, mais qu'adoptaient, il y a peu d'années, et qu'adoptent encore certaines peuplades de l'Asie centrale. Le musée de Naples possède des fers de flèches de l'époque gréco-italique; ils sont de fer forgé, très menus et munis d'une petite douille (fig. 1) dégagée (voyez en A), ou prise entre les ailes (voyez en B[1]). Ces fers restaient nécessairement dans la plaie, si la flèche s'enfonçait de plus de 0m,03. Cette forme de fers fut très longtemps adoptée, puisqu'on en trouve qui paraissent dater du XIIe siècle.

La flèche prenait son nom du fer qui y était attaché. Le *boujon* était la flèche dont le fer donnait une section triangulaire ou car-

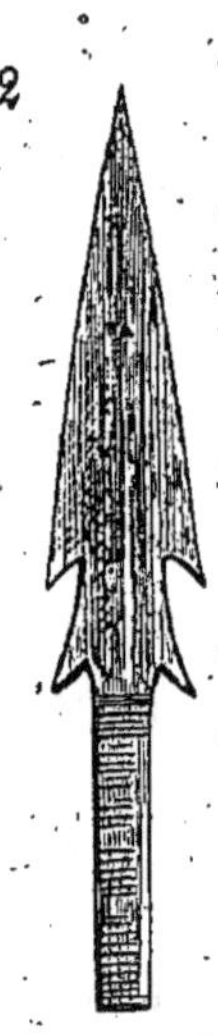

rée : cette désignation s'appliquait le plus souvent aux carreaux d'arbalète ainsi ferrés. Les *passadoux* étaient des flèches à fer plat et triangulaire (voy. en A, fig. 1). Les *dardes* étaient de longues flèches à fer lourd; les *barbillons*, des flèches dont le fer était barbelé (fig. 2).

Jusqu'au XIVe siècle, il semble que les fers des flèches portaient une douille dans laquelle entrait le bois; plus tard le fer était muni d'une soie plus ou moins longue, pincée dans une entaille pratiquée dans le bois; le tout serré par un fil de soie ou de coton bien collé.

On a trouvé beaucoup de fers de flèches sur les anciens champs

[1] Ces exemples sont présentés grandeur d'exécution. On trouve des fers analogues dans les habitations lacustres de Bienne.

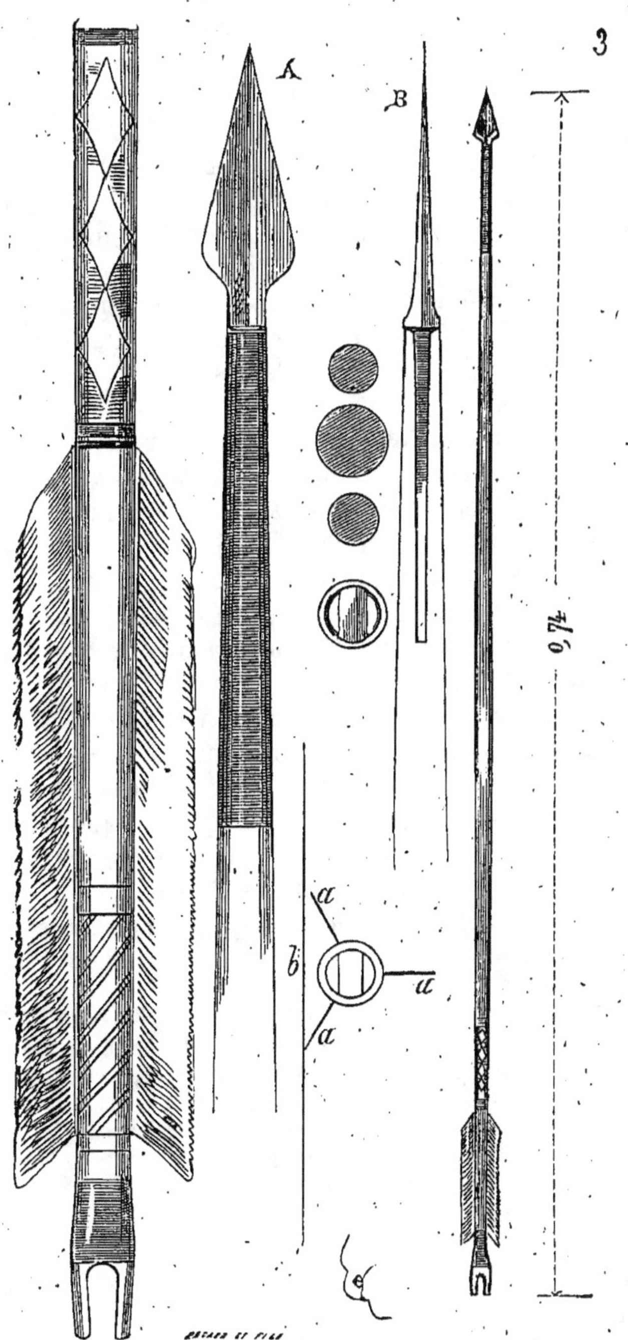

de bataille des XIVe et XVe siècles, qui présentent tous à peu près la même fabrication. Mais ces fragiles projectiles sont rares dans les collections. Toutefois en rencontre-t-on qui datent du XVe siècle. Telle est la flèche que nous donnons ici et qui provient de l'arsenal des chevaliers de Rhodes (fig. 3 [1]). En A, le fer est présenté grandeur d'exécution de face, et en B, de profil, avec la soie pincée dans le bois. En C, est tracée la section du bois au milieu du fût; en D, près du fer; et en E au-dessus de l'encoche. L'entaille du bois qui reçoit la soie du fer est maintenue par un fil de coton (voy. en F) sur lequel est collé soigneusement un très léger vélin de couleur sombre. En G, est donnée grandeur d'exécution l'extrémité inférieure du fût, avec l'encoche et l'empennage simplement collés. Au-dessus de l'encoche est enroulé un fil de coton bien collé.

Il y a trois pennes collées à ce fût, suivant les directions tracées en *a*, de telle sorte que ces pennes ne pussent faire dévier la flèche lorsqu'elle était lâchée, en frottant contre le bois de l'arc *b*.

Le fût de ces flèches, qui ont 0^{m},74 de longueur, compris le fer, est de bois de mélèze, et fabriqué avec un soin extrême. Au-dessus de l'empennage le fût est peint et doré, ainsi qu'au-dessus de l'encoche. Le manuscrit sur le costume militaire français de 1446 [2] dit que la flèche française de son temps a quatre palmes ou quatre palmes et demie de longueur, ce qui donnerait environ 0^{m},92 à 1^{m},02. Cette flèche est moins longue, mais nous croyons qu'elle date du commencement du XVe siècle, et en effet, vers le milieu de ce siècle, l'arc français fut fabriqué sur des dimensions plus grandes que précédemment, d'où il s'ensuivait qu'on devait donner plus de longueur à la flèche. Toutefois les flèches indiquées dans les vignettes du beau manuscrit de Froissart [3], qui date du milieu du XVe siècle, ne paraissent pas avoir plus de 0^{m},75 de longueur.

FRONDE, s. f. (*gibet*, *treget*). Au XIIIe siècle, le frondeur était généralement désigné par le mot *eslingur* [4] : « E li eslingur avirunerent la « maistre cited e grant partie en destruistrent [5]. »

« Le chastel voldrad aveir par Flamens e archiers,
« Par bones perieres, par ses enginz mult fiers
« E par ses eslingurs, par ses arbelastiers [6]. »

[1] Musée d'artillerie de Paris ; cabinet de l'auteur. Ces flèches ont été données par M. Salzmann.

[2] Publié par M. R. de Belleval.

[3] Biblioth. nation.

[4] *Chron. des ducs de Normandie*. Angl. *slinger*.

[5] *Li quarz Livre des Reis*, p. 354.

[6] *Chron.* de Jordan Fantosme, st. CXX.

La fronde est une arme de jet connue dès la plus haute antiquité. Les Grecs et les Romains employaient, dans leurs armées, des corps de frondeurs qui se servaient habituellement de balles de plomb coulées au moule et ressemblant à une olive très allongée (*glandula*) (fig. 1). Quelquefois sur ces balles, qui sont en assez grand nombre dans les collections d'Italie et de France, on lit ces mots venus dans la fonte : ***Mange, — Reçois, — A toi***, etc. Les frondeurs se servaient aussi de pierres. La forme du projectile fut conservée

1

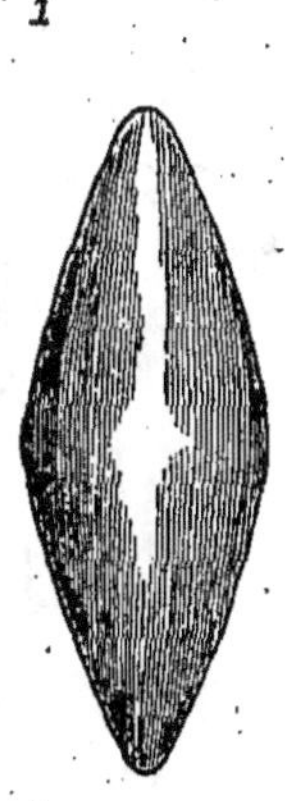

pendant les premiers siècles du moyen âge. Mais, pour le lancer, on employa plusieurs moyens. Dès le xe siècle il y avait la fronde à manche de bois (*gibet*) (fig. 2 [1]). Le frondeur augmentait ainsi la puissance de projection, et cette arme était une véritable pierrière de main. Simultanément on se servait de la fronde simplement composée d'une poche à laquelle étaient attachées deux cordelles (fig. 3). L'adoption de l'arbalète dans les armées à dater du XIIe siècle enleva aux frondeurs une partie de leur valeur, le carreau étant beaucoup plus pénétrant que n'était la pierre de fronde. Cependant on ne cessa d'avoir des frondeurs, notamment pour défendre ou attaquer des places fortes. Au XVe siècle même, les armées d'Espagne en possédaient qui passaient pour être très adroits [2]. La figure 4 [3] présente un de ces frondeurs faisant partie de l'armée du roi de Castille. La fronde se compose d'une simple courroie à laquelle la pierre oblongue est

[1] Manuscr. Biblioth. nation., *Bible* n° 6/2.

[2] On sait que les frondeurs des armées romaines étaient fournis en partie par les îles Baléares.

[3] Manuscr. Biblioth. nation., *Chron. de Froissart* (1450 environ).

suspendue en équilibre. Pour lancer le projectile, le frondeur faisait faire un ou deux tours à la fronde et lâchait au moment voulu un des

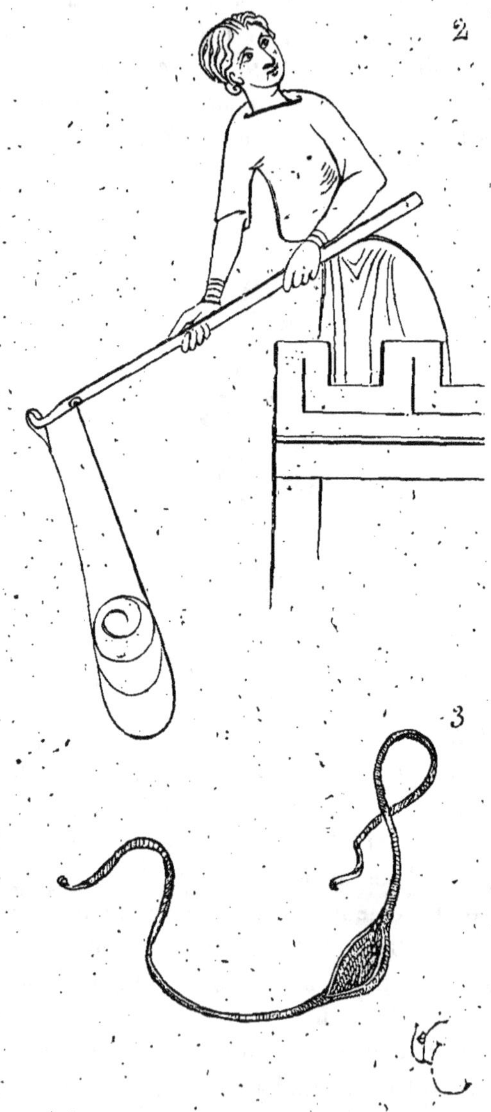

bouts de la courroie. Il fallait posséder une grande habitude de cette arme pour s'en servir avec succès. Ce frondeur, armé d'une salade avec colletin, d'un habillement de jambes et d'un jaque de mailles, avec spallières de peau piquée et rembourrée, a relevé les pans de sa cotte pour que ses plis ne puissent accrocher la pierre. Il se couvre d'un petit pavois très recourbé. On ne signale pas de frondeurs

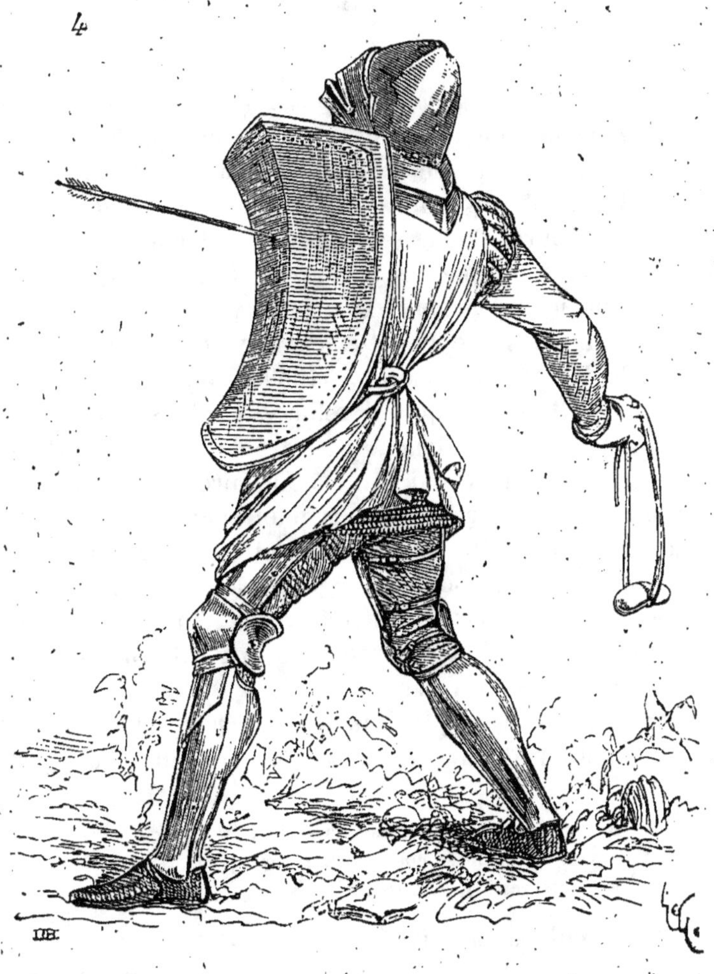

parmi les gens des communes françaises, qui devaient le service militaire.

FRONTEAU, s. m. (*chanfrein*). Partie de la têtière du cheval qui couvre le front et les yeux. Ce mot est plutôt employé pour désigner l'ornement qui décorait la partie supérieure du chanfrein.

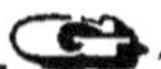

GAMBISON, s. m. (*gambeson, wambison, wamboison, gambais, gambaison*), vêtement que les hommes d'armes portaient le plus souvent sous le haubert de mailles pendant les XIIe, XIIIe et XIVe siècles. Le gambison était fait de peau ou d'étoffe épaisse de soie; il était rembourré de filasse ou de coton et piqué. Il y avait des gambisons qui n'étaient que des justaucorps à manches, d'autres qui descendaient jusqu'aux genoux. Les auteurs commencent à parler du gambison au XIIe siècle. Ce vêtement devait nécessairement être adopté avec le haubert de mailles. Villehardouin fait mention du gambison: « ..... Mais ainz que li estorz[1] parfinast, vint uns chevaliers de la masnie Henri, le frere le conte Baudoin de « Flandres et de Hennaut, qui ot nom Eustaices dou Marchois; et « ne fu armez que d'un gambaison et d'un chapel de fer, son escu « à son col; et le fist mult bien à l'enz metre, si que grant pris l'en « dona l'on[2]. » Le gambison était-il placé par-dessus le haubert ou dessous? Du Cange et tous les écrivains, qui n'ont fait que suivre cet incomparable auteur, prétendent que le gambison est un vêtement de dessous. M. Paulin Paris est d'un avis opposé, et veut que le gambison soit posé *sur* le haubert, et, pour donner plus de poids à son opinion, il cite un passage de la chanson de geste de *Gaydon*:

« Gautiers s'arma, li vavassors gentiz;
« Vest .I. hauberc qui fut fors et treslis,
« De *sor* vesti .I. gambison faitis. »

Mais ce texte seul ne saurait être une preuve suffisante. Les monuments sont là qui montrent, non pas une fois, mais toujours, sauf de rares exceptions, le gambison *sous* le haubert de mailles. Les textes eux-mêmes indiquent ailleurs le gambison comme vêtement de dessous[3], facile à endosser promptement, parce qu'il était ouvert par

[1] « Le combat. »

[2] « Et fit si bien, en les repoussant, qu'il en remporta grand honneur. » (*La Conquête de Constantinople*, Villehardouin, publ. par M. N. de Wailly, p. 94.)

[3] Voyez, dans le *Pèlerinage de la vie humaine*, l'habillement d'un chevalier. Manuscr. Biblioth. nation., français, no 1645 (fin du XIIIe siècle), et l'article ARMURE, fig. 23, 24 et 25.

devant, comme une longue veste : « Sire, or sus! or sus! que vez-ci « les Sarrazins qui sont venu à pié et à cheval ; et ont desconfit les « serjans le roy qui gardoient les engins, et les ont mis dedans les « cordes de nos paveillons. — Je me levai et jètai un gamboison en « mon dos et un chapel de fer en ma teste [1]. »

Ce n'est pas à dire que le gambison ne pût être posé sur la maille ou que l'on ne donnât pas parfois le nom de gambison à la cotte d'armes passée sur le haubert, et qui, à la fin du XIIIe siècle, était souvent rembourrée aux épaules et sur la poitrine ; mais il fallait nécessairement un vêtement entre le haubert de mailles et la chemise, autrement la maille n'eût pas préservé le corps et eût été insupportable. Ce vêtement était le gambison. Les monuments figurés des XIIIe et XIVe siècles le montrent toujours sous la maille. Le gambison était aussi porté sans le haubert par les gens de pied :

« Li traitor viennent à grant eslais,
« Et li borjois, armé de lor gambais ;
« Lances ont tortes et espiés moult mauvais [2]. »

« A ces paroles, li vavasors s'arma
« D'un gambison viez, enfummé, qu'il a [3]. »

Le roi des ribauts, au siége de Jérusalem, est vêtu d'un gambison :

« Chapel ot en son chief d'un cuir qui fu bolis
« Et d'un gambeson ert estroitement vestis [4]. »

C'était donc, au XIIIe siècle, un vêtement commun, sans valeur, et certainement les hommes d'armes n'auraient pas porté cette grossière *vesture* sur les hauberts de mailles. D'ailleurs, ainsi que nous venons de le dire, les monuments figurés, peintures, vignettes, statues, sont là en nombre pour démontrer que sur le haubert, pendant les XIIe et XIIIe siècles et le commencement du XIVe, on ne portait parfois que la cotte d'armes d'étoffe souple, formant des plis (voy. COTTE).

Nous montrerons tout à l'heure de ces gambisons portés par les

[1] *Hist. de saint Louis*, par le S. de Joinville, publ. par M. N. de Wailly, p. 91.
[2] *Gaydon*, vers 4426 et suiv. (XIIIe siècle).
[3] *Ibid.*, vers 2385 et suiv.
[4] *La Conquête de Jérusalem*, chant IV, vers 2779 et suiv. (XIIIe siècle), publ. par M. Hippeau.

piétons, ou accidentellement par les hommes d'armes, soit qu'ils n'eussent pas pris le temps d'endosser le haubert, soit qu'ils ne voulussent pas se surcharger de cet habillement de mailles d'acier, extrêmement lourd. Les plus anciens gambisons sur la forme desquels on

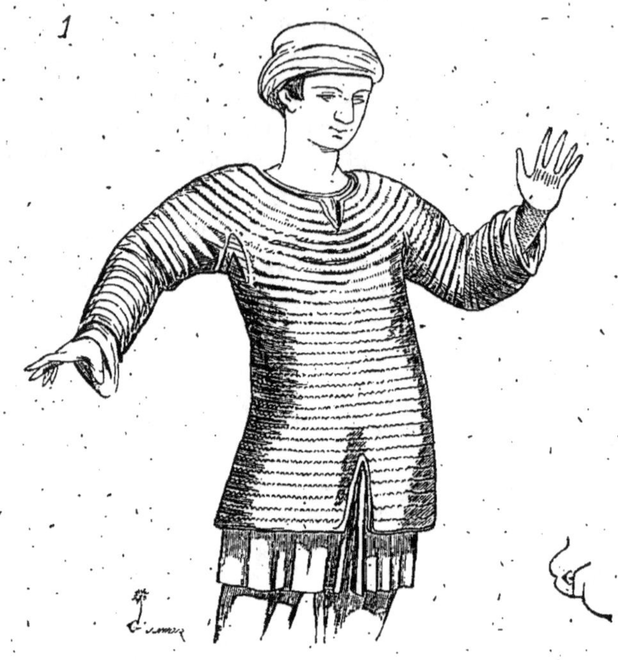

peut avoir des renseignements à peu près certains, sont courts de jupe, à manches, fendus par derrière et lacés, ou par devant et agrafés, composés de peau en double, avec filasse ou coton interposé, piqués transversalement (fig. 1[1]). Le long haubert de mailles de la fin du xiie siècle couvrait entièrement ce vêtement, puisqu'il descendait aux chevilles et qu'il était muni d'un capuchon doublé, sur lequel reposait le heaume, dont le bord inférieur touchait l'encolure du gambison. Ainsi l'homme d'armes était-il complétement préservé. La tunique de lin ou de soie, vêtue sous le gambison, était plus ou moins longue, et habituellement descendait alors jusqu'au bas du haubert.

Pendant le cours du xiiie siècle, la forme et la façon des gambisons se modifient peu ; ils sont généralement alors ouverts par devant, ce qui permettait d'endosser ce vêtement très rapidement. Vers la

[1] Pierres et statues tombales de 1200 environ.

fin du XIIIe siècle, le gambison est souvent fortement rembourré aux épaules (fig. 2), taillé en rond au-dessous du ventre, bouclé par devant. Les manches sont serrées, piquées en long et boutonnées du coude au poignet. Bientôt on renonce à ces sortes d'épaulettes

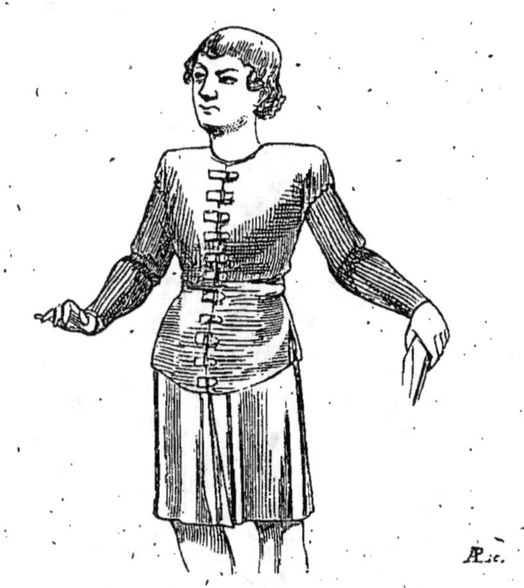

prises dans le gambison même, pour adopter les ailettes de fer (voy. AILETTE). Alors le gambison prend la coupe que donne la figure 3 [1]. Il est fait de peau ou de forte étoffe de soie en double, piquée en long très délicatement, avec garniture de coton ou de filasse entre-deux. Les manches sont justes et lacées du coude au poignet (fig. 4). Il n'est pas besoin de dire que ces gambisons sont invariablement posés sous le haubert de mailles (voyez ARMURE, fig. 29).

Mais à la fin du XIIIe siècle, le haubert de mailles était fort passé de mode, parce qu'il préservait mal les hommes d'armes des coups de masse et de hache ; on le remplaçait par la broigne (voyez BROIGNE), qui n'était qu'un assemblage en un seul vêtement du gambison et du haubert, ou par le gambison seul, avec quelques plates, cubitières, ailettes, avant et arrière-bras.

Pendant le cours du XIVe siècle, le gambison ne fut plus qu'une sorte de justaucorps assez semblable, comme coupe, à celui que

[1] Statues tombales de l'abbaye de Saint-Denis : Charles, comte de Valois ; Louis, comte d'Évreux ; le comte d'Étampes (premières années du XIVe siècle).

donne la figure 2, sauf qu'il n'était plus aussi fortement rembourré aux épaules, mais bien sur la poitrine, de manière à opposer aux coups un plastronnage très épais. Ce gambison était bien encore porté sous le haubert, qui n'était plus composé de mailles, mais était fait de peau ou d'étoffe, rembourré, armé de plaques d'acier inter-

3

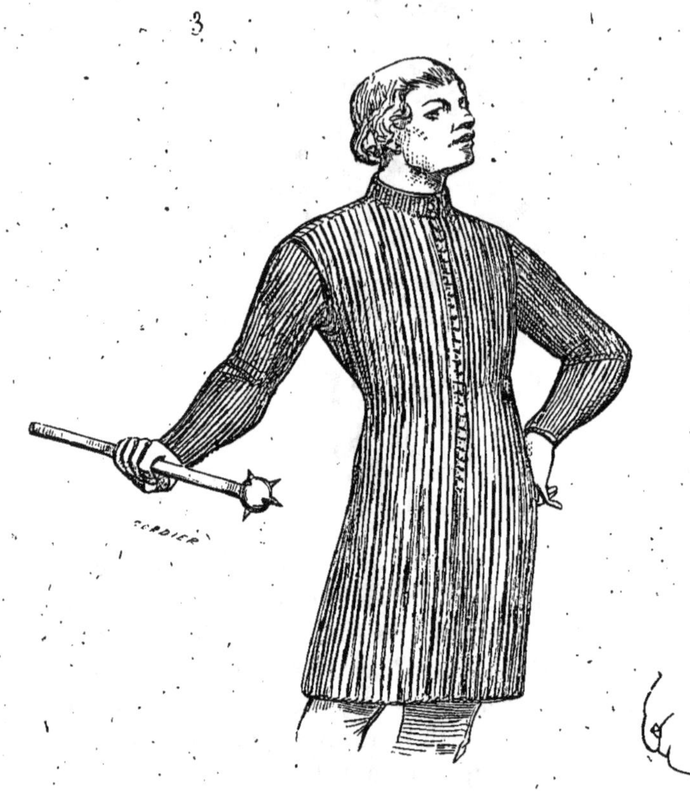

posées. C'est sous le règne du roi Jean que ce vêtement militaire paraît adopté par la gendarmerie française (voy. ARMURE, fig. 30), et il persiste jusque sous le règne de Charles V. Un manuscrit de la Bibliothèque nationale [1] ne laisse pas le moindre doute sur la forme aussi bien que la place de ce vêtement. Une des vignettes de ce beau manuscrit montre un chevalier déshabillé ; autour de lui sont toutes les pièces de son habillement : la chemise A, le gambison B (fig. 5), le haubert ou corset C, les gantelets D, la salade E, le heaume F, et l'écu G. On voit que le gambison est fortement plastronné sur la

[1] *Lancelot du Lac*, français, n° 343.

poitrine et boutonné par devant. Il n'est donc pas possible d'admettre que le gambison ne fut pas, même au milieu du XIVe siècle, un vêtement de dessous. Vers la fin du XIVe siècle, on n'avait pas encore adopté l'armure complète de plates. C'était une époque de transition, pendant laquelle les hommes d'armes essayaient un peu de

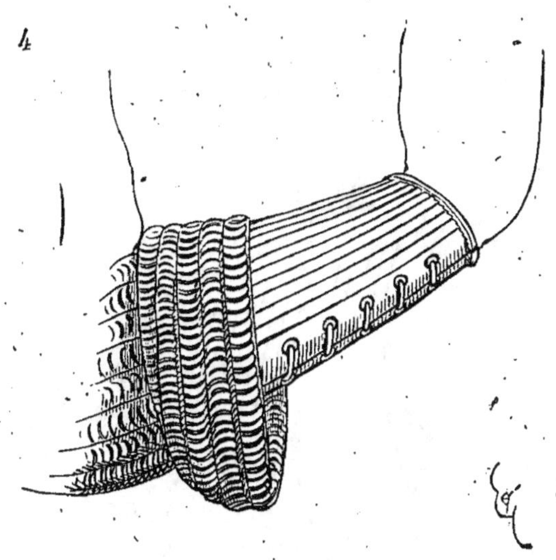

tout : haubert avec gambison sous-jacent, pansière et dossière, brigantine avec ou sans plates, et enfin gambisons très solides avec armure de bras et d'épaules. La figure 6 donne un de ces gambisons de la fin du XIVe siècle [1]. Ce personnage est vêtu d'un épais gambison d'étoffe rouge piquée en long du cou au bas-ventre, et en travers du bas-ventre au milieu des cuisses. Cet habillement est posé sur une tunique blanche, dont la jupe descend au-dessous des genoux. Les bras sont préservés par la même étoffe blanche, rembourrée et piquée, avec trois bracelets et cordelettes. Les coudes sont armés de cubitières et les épaules de rondelles d'acier. Les gantelets sont de peau. Sous le gambison apparaît un colletin d'acier, qui laisse passer à la naissance du cou un vêtement piqué. Une barbute avec jugulaires couvre la tête. Les jambes sont armées de fer. On observera les solerets composés de plaques de fer placées en manière d'écailles sur le cou-de-pied et à recouvrements sur les doigts. C'était là un bon vêtement de guerre, qui était lacé sur les côtés et qui préservait efficacement le torse et le haut des cuisses. Il était

[1] Manuscr. Biblioth. nation., *Tite-Live*, français (1395 environ).

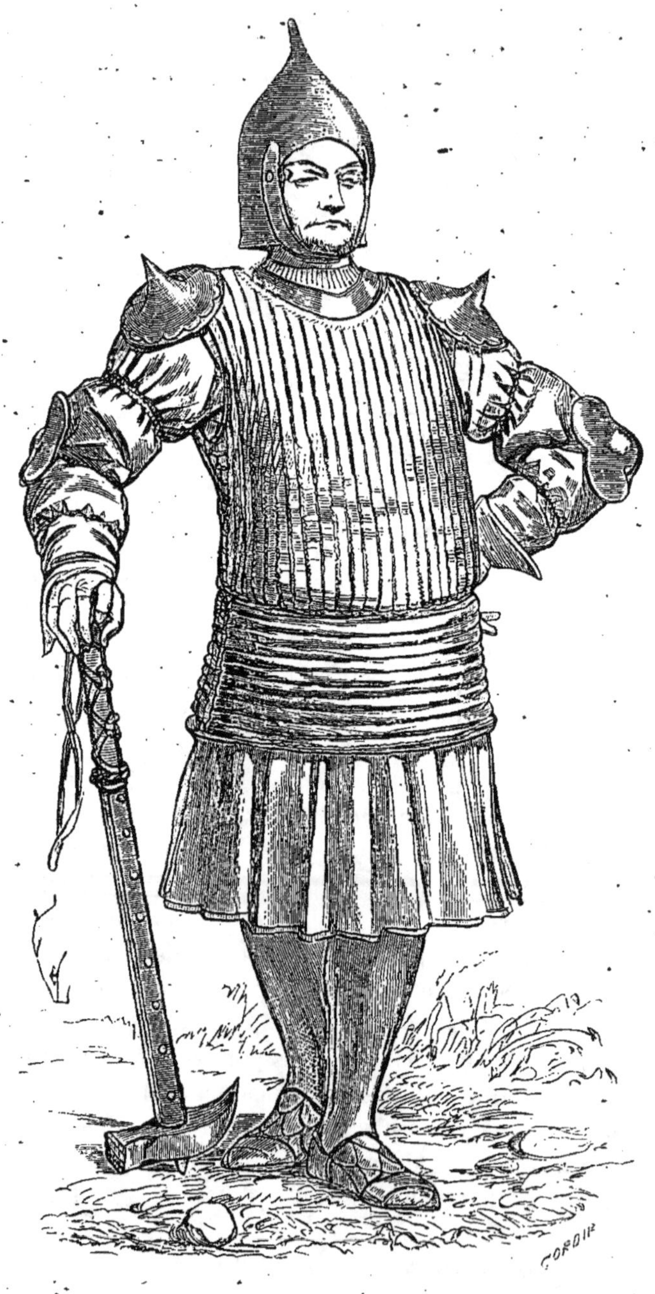

GAMBISON D'HOMME D'ARMES (fin du XIVe siècle)

souple, relativement léger, et ne coûtait pas cher. Non seulement les gens de pied portaient ce vêtement, mais aussi, dans bien des cas, les hommes d'armes.

La figure 7 donne un autre gambison de la même époque [1], qui couvre tout le corps et descend aux genoux ; il est piqué en travers

5.

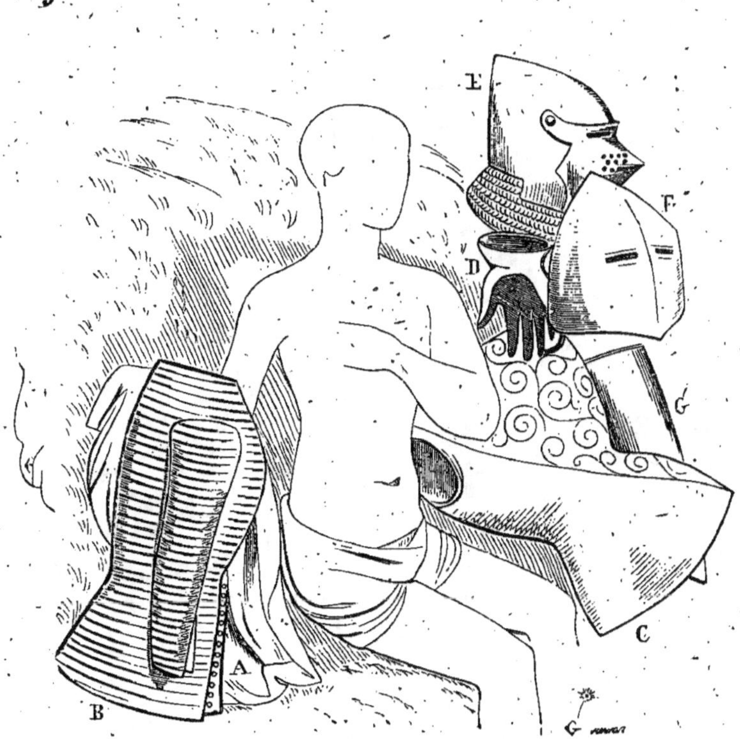

et est lâcé du haut en bas par devant. Ce gambison est de même couvert d'une étoffe rouge. L'homme d'armes a l'armure complète de bras et de jambes, avec rondelles sur les épaules ; il est coiffé d'une barbute avec bavière. Sous le gambison est une tunique verte de même longueur.

Il ne faut pas omettre les gambisons *treslis*, adoptés en même temps, et composés de bandes de cuir treillissées sur un fond de même étoffe et couvrant la poitrine et le dos, avec jupe piquée longitudinalement (fig. 8 [2]). Ces gambisons étaient portés par les hommes d'armes, avec spallières, armures de bras et de jambes. Le

[1] Même manuscrit.

[2] Même manuscrit.

vêtement de ce personnage mérite d'être décrit en détail. Un bacinet avec large colletin couvre la tête. La ventaille de ce bacinet se compose de deux volets s'ouvrant latéralement au moyen de deux

7

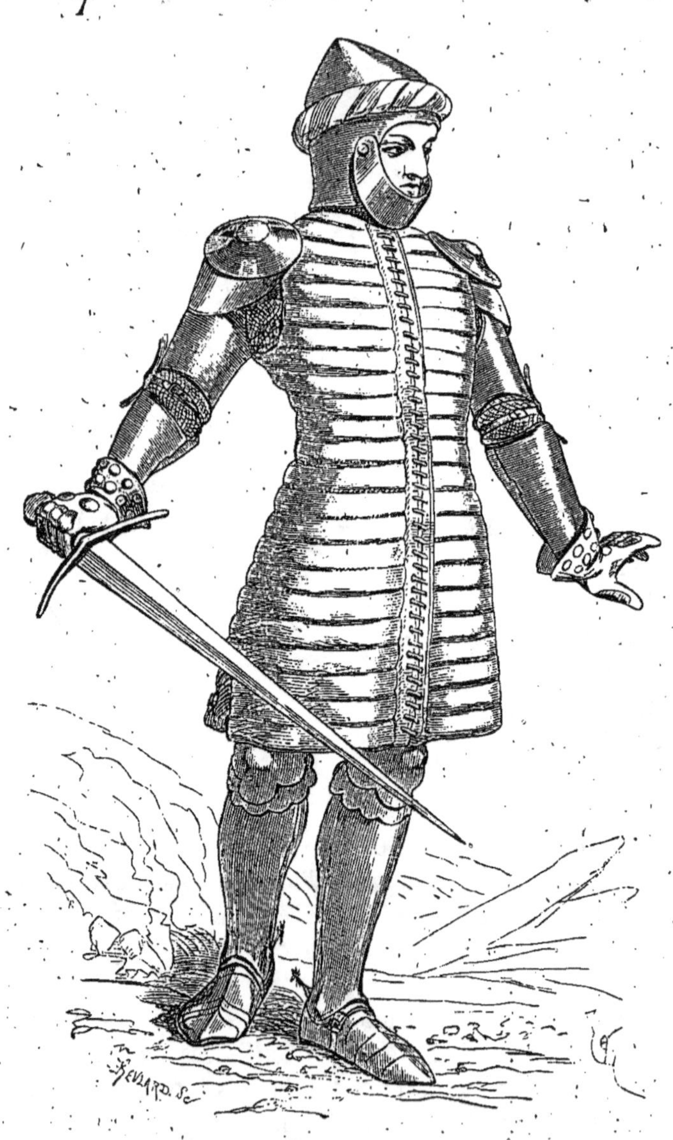

charnières chacun. Ces volets sont retenus fermés par un bouton tourniquet rivé sur le frontal. Le colletin est retenu au gambison, par devant et par derrière, par deux aiguillettes. Les spallières con-

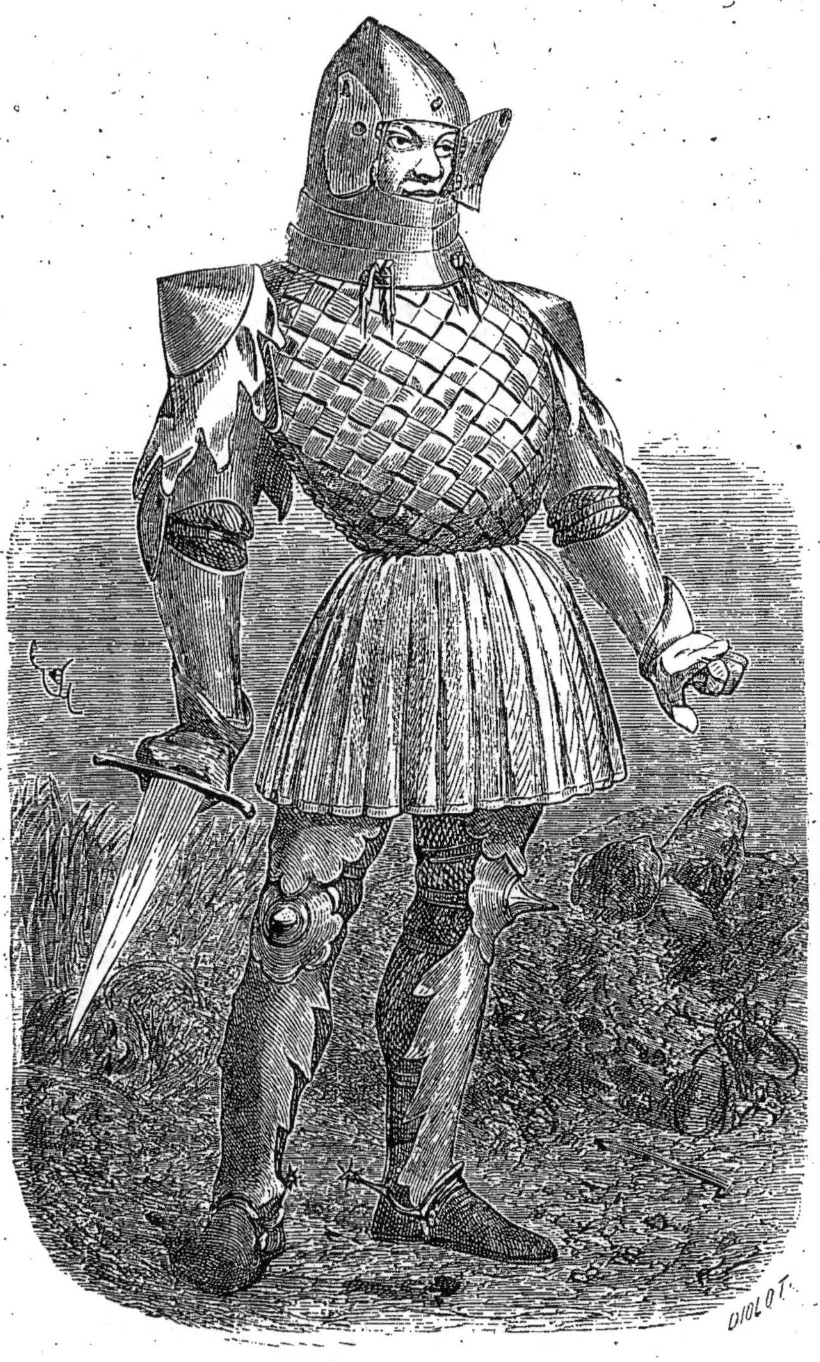

GAMBISON TRESLI (fin du XIVe siècle)

sistent en deux cônes d'acier montés sur lambrequins de cuir peint et doré. La partie supérieure du gambison est blanche, la jupe

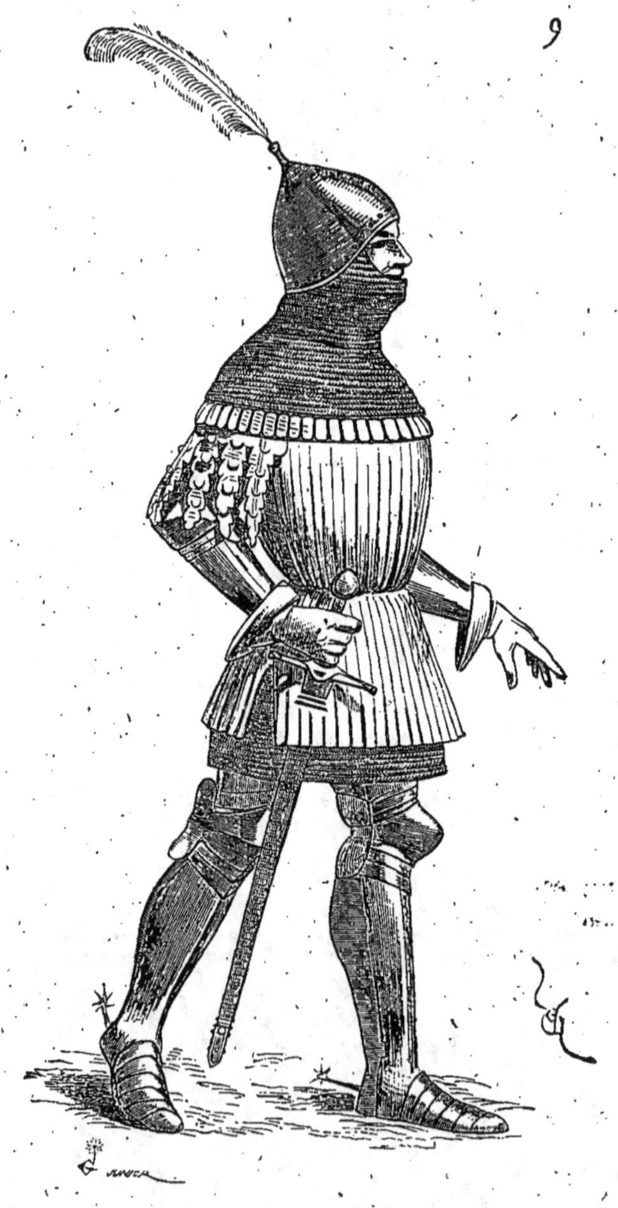

verte. L'armure de jambes présente des genouillères à pointes d'acier montées sur une rondelle de peau festonnée sur les bords, et surmontées de cuissot également de cuir. Les grèves sont fabriquées de même et sont prises sous les souliers. Ces cuissots, genouillères et grèves sont maintenus par des courroies sur des chausses de peau. Ces cuiries des jambes sont, comme les lambre-

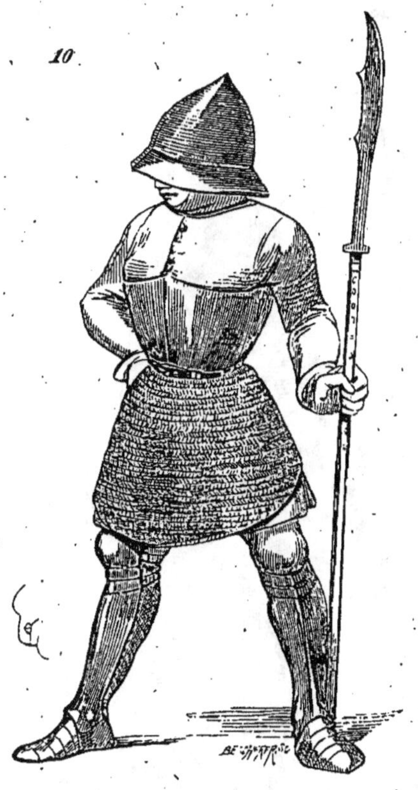

quins de spallières, peintes et dorées. Le corsage du gambison était lacé latéralement.

Ce curieux vêtement de guerre fait assez voir comme à la fin du XIVe siècle on essayait d'expédients divers avant d'adopter définitivement l'armure de plates.

Voici encore (fig. 9) un gambison de la même date[1], dont le corsage et la jupe de peau sont piqués longitudinalement. Des spallières déchiquetées à barbes d'écrevisse tiennent au vêtement et recouvrent les arrière-bras de fer. Sur le gambison est posé un large camail également de peau piquée, et par-dessus un camail de mailles tenant à une barbute d'acier.

[1] Manuscr. Biblioth. nation., *Tite-Live*, français (1395 environ).

Les gantelets sont de peau. Sous la jupe du gambison apparaît une jaquette de mailles. Les jambes sont entièrement armées de fer. Le fourreau de l'épée passe dans la jupe du gambison, sans baudrier, du côté droit. Au xve siècle, avec l'armure complète de plates, le gambison est beaucoup plus rare. Cependant on en voit encore portés par les hommes de pied et par la gendarmerie en certains cas.

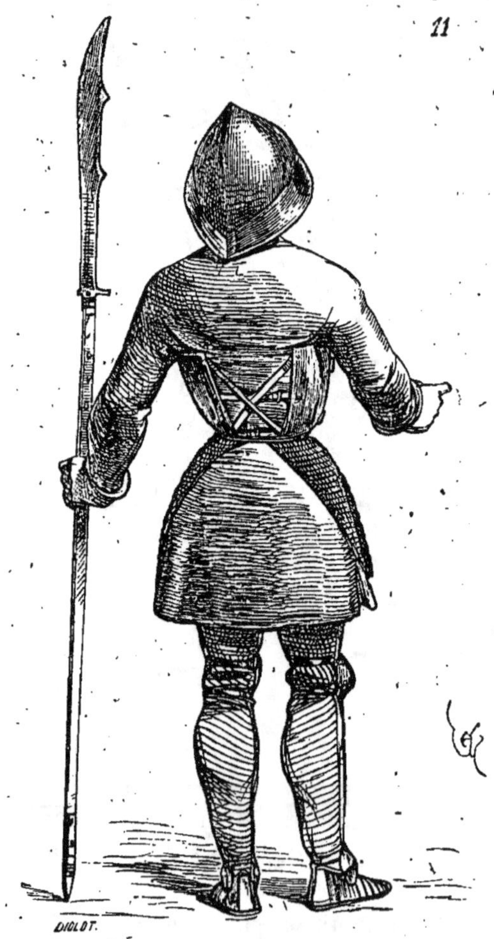

11

La figure 10 [1] montre un fantassin vêtu d'un gambison de peau sur lequel est posé un plastron de fer, et un tablier de mailles. La figure 11 présente ce même piéton par derrière. Le plastron portait deux flancs latéraux à charnières, qui étaient maintenus par derrière au moyen

[1] Manuscr. Biblioth. nation., *le Livre de Guyron le Courtois*, français (1400).

de courroies posées en sautoir et horizontalement. Les flancs n'étant pas retenus par une courroie transversale à leur extrémité supérieure, les mouvements des bras pouvaient les faire fléchir ; les courroies en sautoir ramenaient chacun de ces flancs dans sa position normale. Ce piéton est armé d'un fauchart.

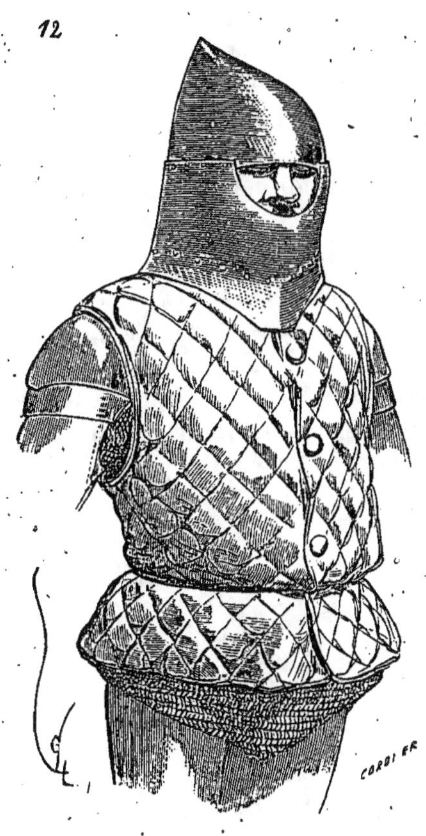

La figure 12 donne un gambison posé sur l'armure. Il est fait de peau piquée et en forme de veste sans manches ; boutonné par devant [1].

Ces gambisons, vêtements de dessus, portés à la fin du xive siècle et au commencement du xve, sont habituellement colorés. Il fallait, en effet, que la peau reçût un apprêt, pour que le vêtement ne se déformât pas en séchant après avoir été mouillé.

[1] Manuscr. Biblioth. nation., *Destruction de la ville de Troyes* (sic), français (1430 environ).

On portait au xve siècle sous l'armure complète de plates, un vêtement de peau ou de toile en double, ou même de soie, avec garniture aux épaules, sur la poitrine et les hanches, qui remplaçait l'ancien gambison du xiiie siècle. Ce vêtement se composait de chausses, avec haut-de-chausses, et d'un justaucorps long à manches, lacé par devant ou sur les côtés. Le justaucorps était en outre renforcé, aux aisselles et aux manches, de mailles destinées à couvrir les défauts de l'armure sous les épaules et à la saignée. Sous ce vêtement, l'homme d'armes n'avait que sa chemise. Sur la veste était une ceinture à laquelle on attachait les cuissots au moyen d'attelles.

Le justaucorps de buffle qui fut porté par les fantassins à la fin du xvie siècle est une dernière tradition du gambison.

GANTELET, s. m. (*miton*, *gagne-pain*, *main de fer*). Les gants de peau paraissent avoir été employés dès l'époque carlovingienne avec l'habillement de guerre. Mais nous n'avons à nous occuper ici que du gant armé [1].

La main, ce merveilleux instrument de combat, ne pouvait rester découverte alors que le corps était armé. Il fallait la préserver mieux encore que tout autre membre, puisqu'elle est le moyen de combattre.

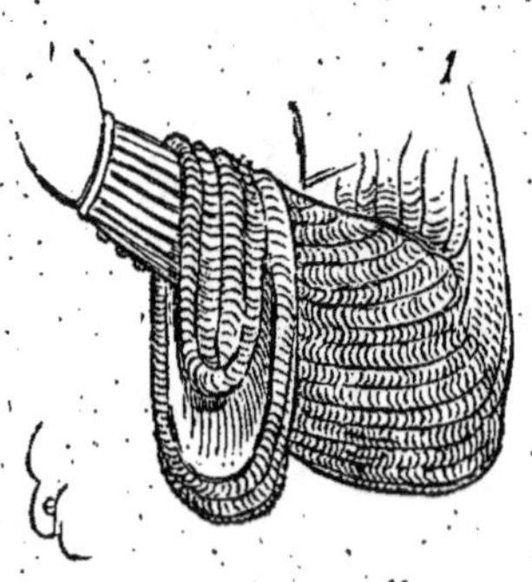

Les premiers gantelets armés tiennent au vêtement de mailles, et ne sont qu'un prolongement, en forme de sac, de la manche. Le pouce seul est détaché. Sous le gantelet du haubert, l'homme d'armes portait des gants de peau pour que les mailles ne pussent froisser la main. C'est donc avec le grand haubert que cette défense de la main apparaît, c'est-à-dire vers le milieu du xiie siècle. Pour avoir la main nue, l'homme d'armes était obligé d'ôter son haubert de

[1] Voyez, dans la partie des VÊTEMENTS, le mot GANT.

mailles. Cette disposition fixe du gant étant gênante en bien des circonstances, d'autant que les quatre doigts étaient enfermés dans une même poche, on fit, vers le milieu du XIIIe siècle, une fente au poignet de mailles pour pouvoir sortir la main. Alors le gant, fait de peau pour le dedans de la main et de mailles pour le dos, pendait au bras (fig. 1), ainsi qu'on peut le voir sur un grand nombre de

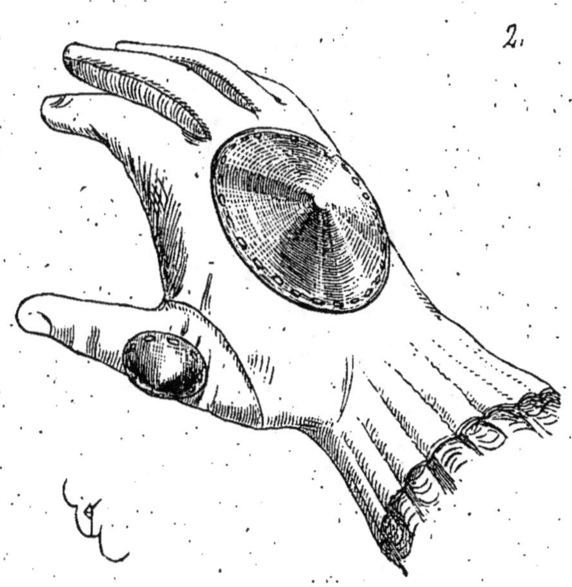

statues tombales de cette époque. Les maillons préservant assez faiblement les doigts et surtout le dos de la main exposé au choc, on fit parfois, vers la fin du XIIIe siècle, les gantelets de cuir de daim ou de cerf, avec rondelle de fer cousue sur le dos de la main et sur l'articulation du pouce (fig. 2 [1]). C'était le moment où l'on commençait à fixer quelques plates sur la maille : ailettes, arrière-bras, cubitières, genouillères, etc.

Ces gantelets de peau étaient indépendants de la manche du haubert ou de la broigne, et leur garde recouvrait celle-ci. On portait néanmoins alors des gantelets de mailles indépendants, boutonnés au poignet, sous la manche du gambison et du haubert (fig. 3 [2]). Ici on voit, en effet, le bout de la manche du gambison ; puis, par-

[1] Manuscr. Biblioth. nation., *Godefroy de Bouillon*, français (1300 environ).

[2] Manuscr. Biblioth. nation., *Apocalypse*, en tête du *Roman de Rou*, français (milieu du XIIIe siècle).

dessus, la manche du haubert ; le gantelet est serré au poignet sous ces deux manches, et pouvait être retiré facilement.

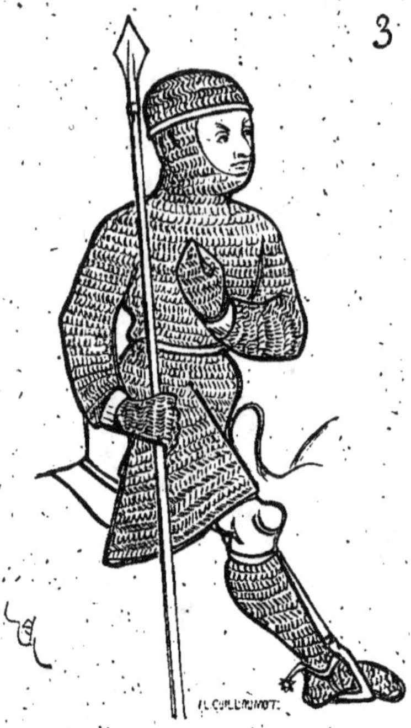

Vers 1280, les hommes d'armes portent parfois des gantelets à grandes gardes maillées sur cuir et à main de peau (fig. 4 [1]) ; ou

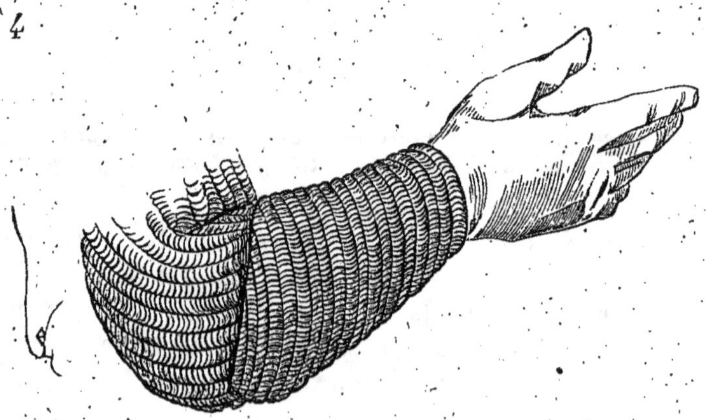

bien des gants de peau courts, avec les manches de mailles ; puis,

[1] Manuscr. Biblioth. nationale, *Pèlerinage de la vie humaine*, français (fin du XIIIe siècle).

par-dessus des gardes d'avant-bras de cuir indépendantes (fig. 5[1]). Ces gardes couvraient le dessus du bras, le poignet, le dos de la main, et s'attachaient au moyen de trois courroies ou de boutons : une courroie au-dessus du pouce, A ; la seconde, B, au-dessous du poignet,

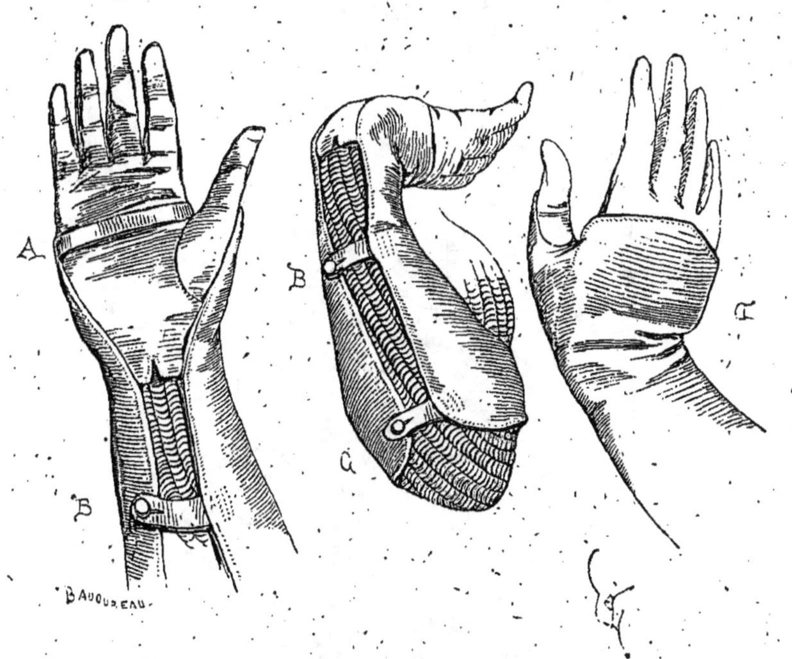

et la troisième, C, au-dessous du coude. En D, on voit comment cette garde protégeait le dos de la main. Ou encore de gros gantelets de peau de cerf avec gardes, couvrant presque entièrement les avant-bras (fig. 6[2]). Ce chevalier est vêtu d'une tunique ou broigne sur chausses de mailles, d'un haubert de mailles à manches, et par-dessus, d'une cotte solide, avec l'écu de ses armes sur la poitrine et les manches. Ses gantelets possèdent des gardes très amples.

Ces exemples font assez voir combien on se préoccupait, vers la fin du XIIIe siècle et le commencement du XIVe, de préserver la main du combattant. L'emploi, fréquent alors, des haches et des masses d'armes, avec l'épée pour combattre à cheval dans une mêlée, provoquait des moyens préservatifs négligés jusqu'alors. Mais, en armant la main, il fallait lui laisser sa liberté de mouvement ; le

[1] Même manuscrit.
[2] Statue dans le cloître de Saint-Bertrand de Comminges (1300 environ).

problème était donc difficile à résoudre, et, pendant le cours du XIVe siècle, on ne cessa de chercher à perfectionner le gantelet

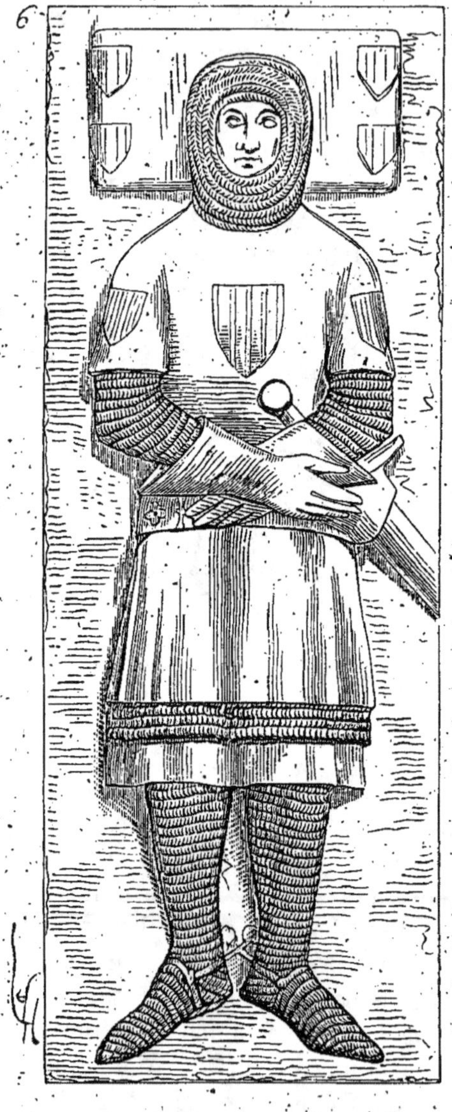

d'armes. Beaucoup de tentatives furent faites ; nous ne pourrions les donner toutes, il nous suffira d'indiquer celles qui devaient aboutir à l'excellent gantelet d'armes de la première moitié du XVe siècle.

La partie la plus exposée de la main droite, qui combat, ce sont les *crêtes palmaires dorsales*; on chercha donc à donner à la plate

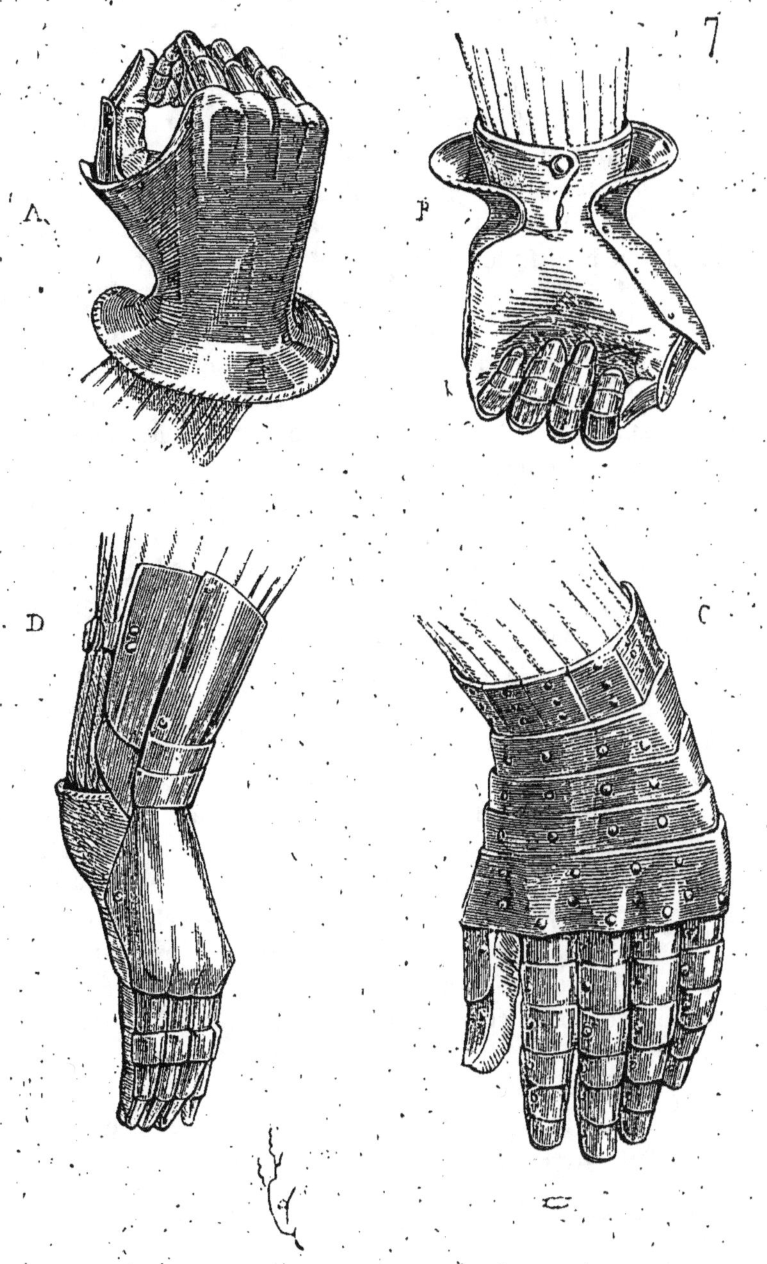

préservative du dos de la main un bourrelet assez prononcé pour couvrir ces crêtes palmaires sans gêner le mouvement des doigts. Mais il ne fallait pas que cette plate dorsale entravât la flexion du poignet; on composa donc le gantelet de cette façon (fig. 7). Une plate de fer, portant manchette saillante ouverte par dessous, enveloppa complètement le dos de la main et le premier os du *métacarpe*, et recouvrit les crêtes palmaires, ainsi que les *gouttières interosseuses* (voy. en A). Quant aux doigts, ils furent préservés au moyen de petites plates en forme de tuiles creuses se recouvrant et rivées latéralement à la peau du gant pour permettre le jeu des doigts. Cette couverture externe des doigts ne tenait pas à la grande plate dorsale et était simplement fixée au gant de peau, lequel (voy. en B) se boutonnait ou se bouclait au poignet. Il en était de même pour la couverture dorsale, elle était fixée par des rivets au gant. L'ouverture sous le poignet permettait d'entrer la main dans le gant en passant obliquement les quatre doigts d'abord et le pouce ensuite. L'évasement de la manchette laissait toute liberté aux mouvements du poignet. Mais ces gantelets qu'on voit adoptés de 1320 à 1350 avaient plus d'un défaut. Les manchettes évasées couvraient mal les poignets et donnaient une saillie qui s'accrochait facilement ou offraient une prise à l'adversaire. Les couvertures des doigts n'étant pas rivées à la défense des crêtes palmaires, mais seulement au gant de peau, il y avait toujours, lorsque la main était fermée, un intervalle dans lequel s'introduisait la pointe de l'épée.

On tenta donc de parer à ces inconvénients, soit en renonçant à la couverture dorsale d'une pièce et en la remplaçant par des plates à recouvrement (voyez en C [1]) qui avaient de la flexibilité parce qu'elles étaient seulement rivées au gant de peau; soit en suppléant les manchettes évasées par des manchettes faites de petites plates serrées sur la broigne; soit en composant ces manchettes en manière de garde-bras articulés au poignet et bouclés (voyez en D [2]). En outre, dans ces deux exemples, un autre progrès est obtenu : les articulations entre la première et la deuxième phalange des quatre doigts sont couvertes chacune par une plate, et les autres plates partant de celle-ci se recouvrent en sens inverse, vers les crêtes palmaires et vers les bouts de doigts. Ces pièces toutefois, étant rivées au gant de peau et non entre elles, il restait toujours un défaut entre les crêtes palmaires et la naissance des doigts.

[1] Diverses statues tombales, et, entre autres, celle de ***, dans le chœur de l'église de Kent (Angleterre).

[2] *Idem*, et le tombeau de sir Oliver Ingham (1325 environ). Stothard, *the Monumental Effigies of Great Britain*.

Il en est des gantelets comme de la plupart des pièces d'armures défensives, les Allemands et les Anglais nous devancent, et lorsqu'en France on se servait encore de gantelets tels que ceux dont nous présentons en A et B un exemple (fig. 7), les Allemands possédaient de

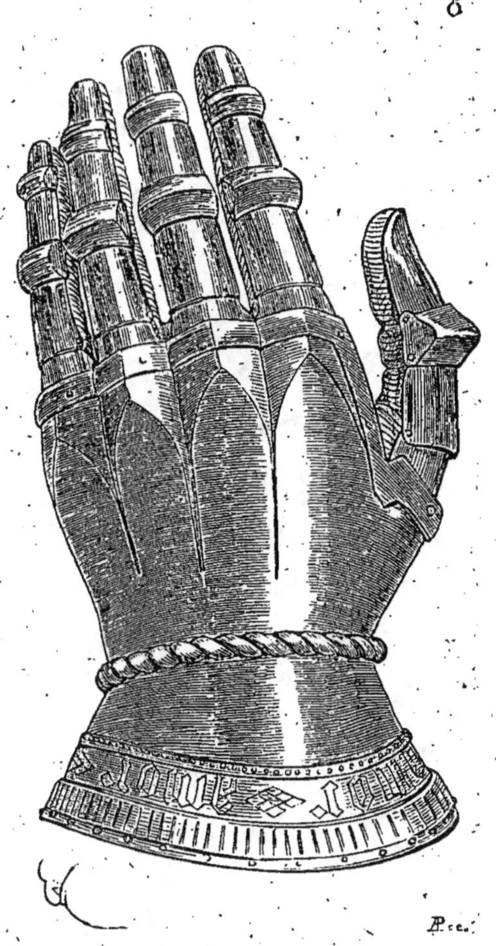

gros gantelets, beaucoup plus lourds et chargés ; les Anglais, des gantelets déjà perfectionnés comme fabrication et passablement articulés, ainsi qu'on le voit en C et en D.

Comme toujours aussi, on ne tarda pas en France à profiter de ces perfectionnements, et à obtenir d'aussi bons résultats, mais en adoptant des formes plus simples et plus belles.

La figure 8 représente un de ces gantelets français de 1350 à 1360[1].

La couverture du dos de la main ou le *miton* est orlé de laiton au bord des crêtes palmaires et de la garde. Sur la double bordure de laiton de la garde est gravé deux fois le mot AMOR.

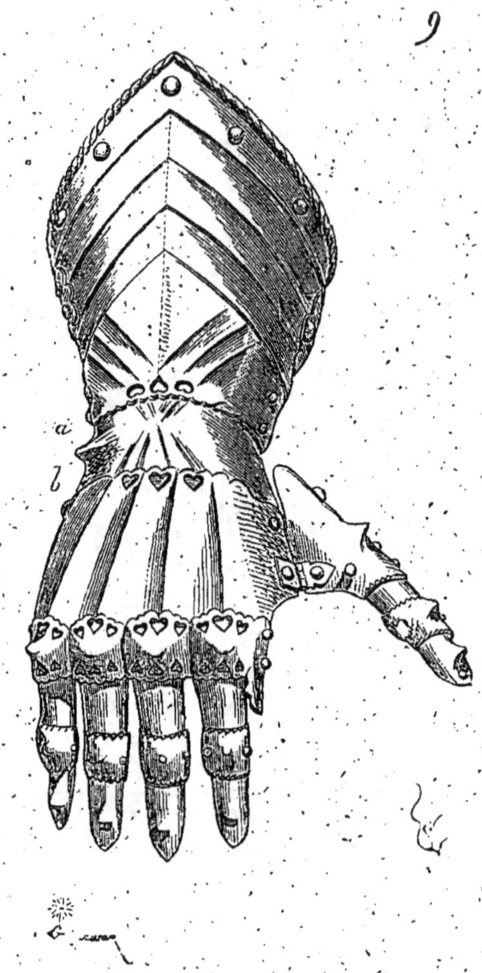

Les gouttières interosseuses sont vivement accusées et défendent bien les entre-doigts. La garde est suffisamment évasée pour permettre le mouvement du poignet, et assez large pour laisser passer la main par son ouverture, tout en couvrant bien le bas du bras. Les doigts sont garantis au moyen de pièces recouvrantes de laiton sur

[1] Ancienne collect. de M. le comte de Nieuwerkerke.

les articulations[1] et rivées entre elles latéralement. Cependant ces doigts n'étaient point encore fixés au miton et tenaient seulement par des rivets au gant de peau ; tandis que dès le commencement du XVe siècle, l'armure de fer du gantelet est indépendante du gant de

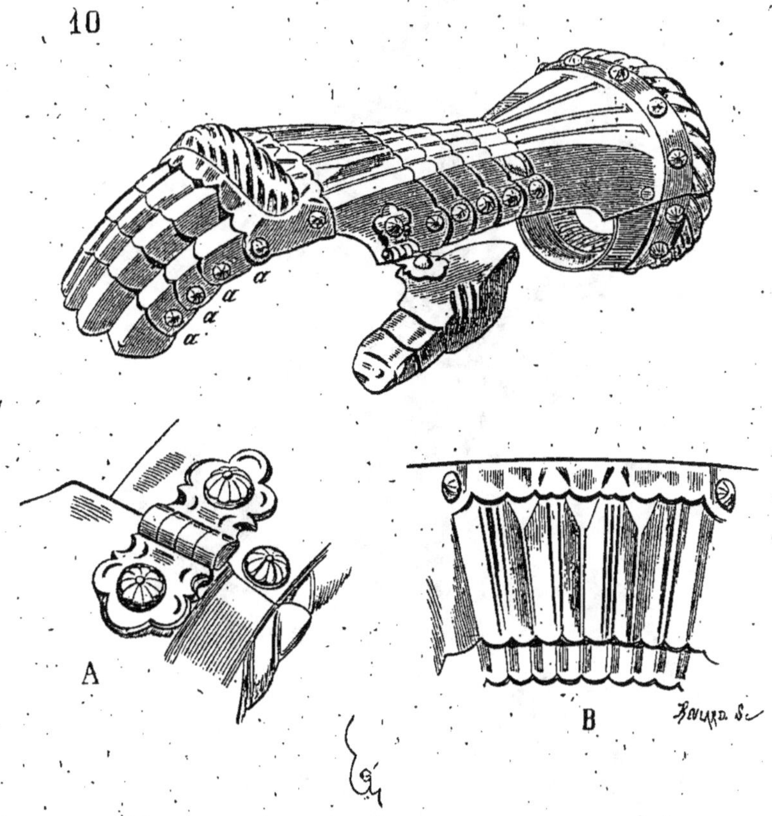

peau, et ne fait que s'y attacher par quelques points de couture. Une autre modification importante est apportée au gantelet. Les crêtes palmaires sont couvertes par une pièce spéciale, indépendante du dos et des doigts (fig. 9[2]). Le pouce est articulé au moyen d'une charnière dont un des rivets est *gai*, et permet ainsi le mouvement en tous sens.

[1] Dans l'exemple tiré de la collect. de M. le comte de Nieuwerkerke, il n'existe plus que les mitons. Les doigts, n'y étant pas rivés, n'ont pas été conservés. Nous avons pris ceux-ci sur des statues tombales de cette époque et sur des fragments de gantelets de l'ancienne collect. de Pierrefonds.

[2] Collect. de M. W. H. Riggs.

Ce beau gantelet date de 1440 environ. Le poignet est articulé en *a* et en *b*, de telle sorte que la grande garde peut rester collée au

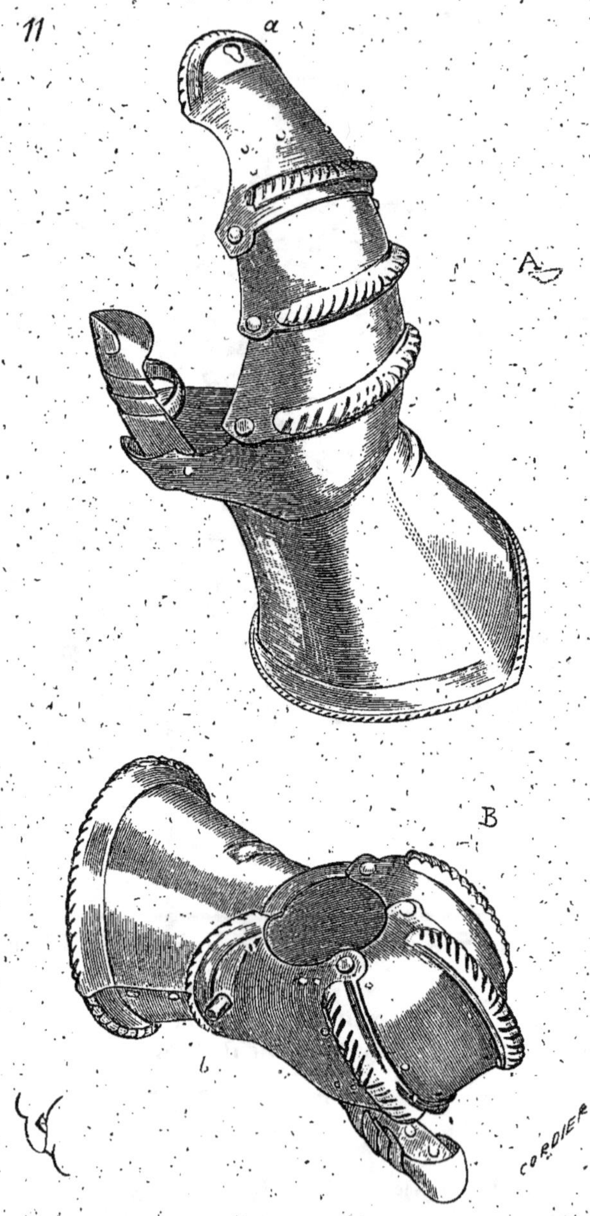

brassard d'avant-bras. Les plates sont légèrement cannelées, ce qui leur donne de la force, et renforcées aux articulations de petits mamelons saillants, comme on en voit sur la carapace de quelques insectes ;

les couvertures des doigts étaient fixées à la plate des crêtes palmaires et au dos par des courroies sous-jacentes rivées. Quelques pièces sont ajourées. Ces sortes de gantelets étaient habituellement fabriqués à Nuremberg, et étaient fort estimés pendant le xve siècle.

M. le comte de Nieuwerkerke possédait, attenants à une bonne armure de cette fabrication d'outre-Rhin, de très beaux gantelets de ce genre (planche VIII).

La garde de ces gantelets d'acier est orlée de laiton, et la couverture des crêtes palmaires est de même métal.

Le poignet est articulé au moyen de cinq pièces : la garde et sa pièce articulée, le poignet, la couverture du dos et sa pièce articulée. Ces pièces sont, comme dans l'exemple figure 9, ajourées sur les bords des recouvrements.

12

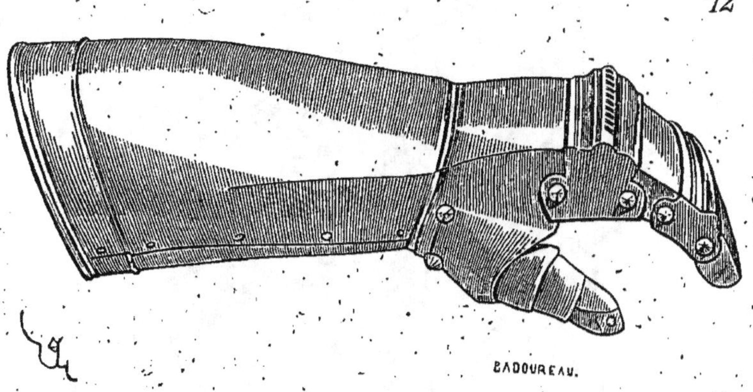

Plus tard, vers 1470, il arrive souvent que les doigts des gantelets ne sont plus détachés, mais réunis et articulés ensemble ; la couverture du dos de la main, au lieu d'être d'une seule pièce, est articulée. La figure 10 montre un de ces gantelets[1] entièrement fait d'acier. Les quatre doigts se meuvent ensemble sur les rivets *a*. Le dos de la main est articulé de cinq pièces ; la couverture des crêtes palmaires est cannelée en torsade, tandis que les plates du dos de la main sont cannelées, ainsi que le montre le détail B. La charnière du pouce a un de ses rivets gai, pour permettre le mouvement en tous sens. La garde de ces gantelets joignait exactement le brassard d'avant-bras, et se fermait au moyen d'une charnière A et d'un bouton.

On portait alors à la guerre, et surtout dans les tournois, des gan-

[1] Collect. de M. W. H. Riggs.

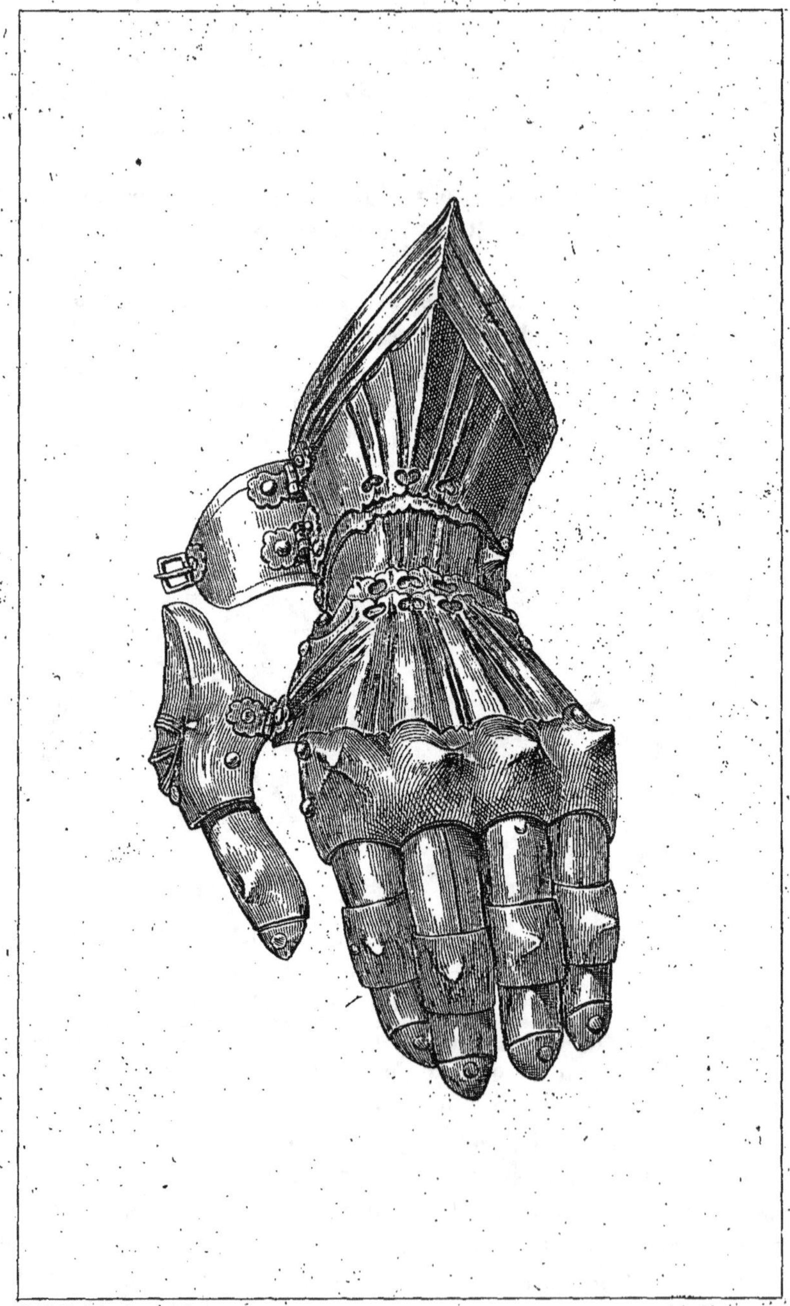

E. Viollet-Le-Duc del. Ad. Varin sc.

GANTELET DU XVe SIECLE

Ve A. MOREL et Cie Editeurs

telets appelés *mitons*, dont les doigts n'étaient point séparés, qui se pliaient en trois pièces, à partir de la couverture du dos de la main, mais dont le pouce était articulé (fig. 11 [1]). Souvent le gantelet de la main droite, comme dans cet exemple, était disposé de telle sorte que la plate d'extrémité des quatre doigts était percée d'un trou *a* (voy. en A) qui entrait dans un goujon loqueteau *b* (voy. en B). Le gantelet ainsi *fermé*, il n'était pas possible de lâcher la poignée de l'épée. Celle-ci était, pour ainsi dire, rivée à la main.

Avec ces gantelets de main droite, on portait à la main gauche un *bras de fer* (fig. 12 [2]), qui servait à maintenir les rênes. Le poignet était assez large pour laisser passer la main, le brassard d'avant-bras ne s'ouvrant pas. Les quatre doigts étaient articulés ensemble; la main et le poignet dépassaient la pointe de l'écu (voyez Écu, fig. 11 et 13), et devaient par conséquent être solidement armés.

Le gantelet de la fin du xve siècle est fabriqué sans modifications importantes, ainsi que le montrent ces derniers exemples. Les plates de ces gantelets sont toujours bien aciérées, assez épaisses et rivées avec beaucoup de soin.

Les bons gantelets du xve siècle, à doigts détachés, sont très souples à la main et laissent aux mouvements une parfaite liberté.

Quant au *gagne-pain*, l'auteur anonyme de l'habillement des gens de guerre, en 1445 environ[3], le décrit ainsi : « Item, à la main droite « y a ung petit gantellet lequel se appelle gaignepain ; et depuis le « gantellet jusques oultre le code, en lieu de avant braz, y a une « armeure qui se appelle espaulle de mouton, laquelle est faczonnée « large en droit le code, et se espanouist aval, et endroit la ploieure « du braz se revient ploier par faczon que, quant len a mis la lance en « larrest, laditte ploieure de laditte espaule de mouton couvre depuis « la ploieure du braz ung bon doy en hault. »

La figure 11 donne un gagne-pain, moins l'épaule de mouton, qui est remplacée par un large canon exigeant une cubitière. Mais nous revenons sur ces détails à l'article Garde-bras.

GARDE-BRAS, s. m. Armure spéciale de l'avant-bras et du coude, à droite pour le combat à la lance, à gauche pour tenir lieu au besoin de l'écu ou de la targe. Le garde-bras n'est pas la cubitière de l'armure

[1] Collect. de M. W. H. Riggs.

[2] Même collection. Ce bras de fer n'appartient pas au gantelet de la main droite que donne la figure 11, mais il date de la même époque.

[3] *Du costume militaire des Français en 1446*, publ. par René de Belleval.

de plates, il peut la suppléer en certains cas et notamment pour jouter.

Il n'est pas question de garde-bras avant le XVe siècle. En France, on se servait rarement, dans les batailles, de cette pièce d'armure,

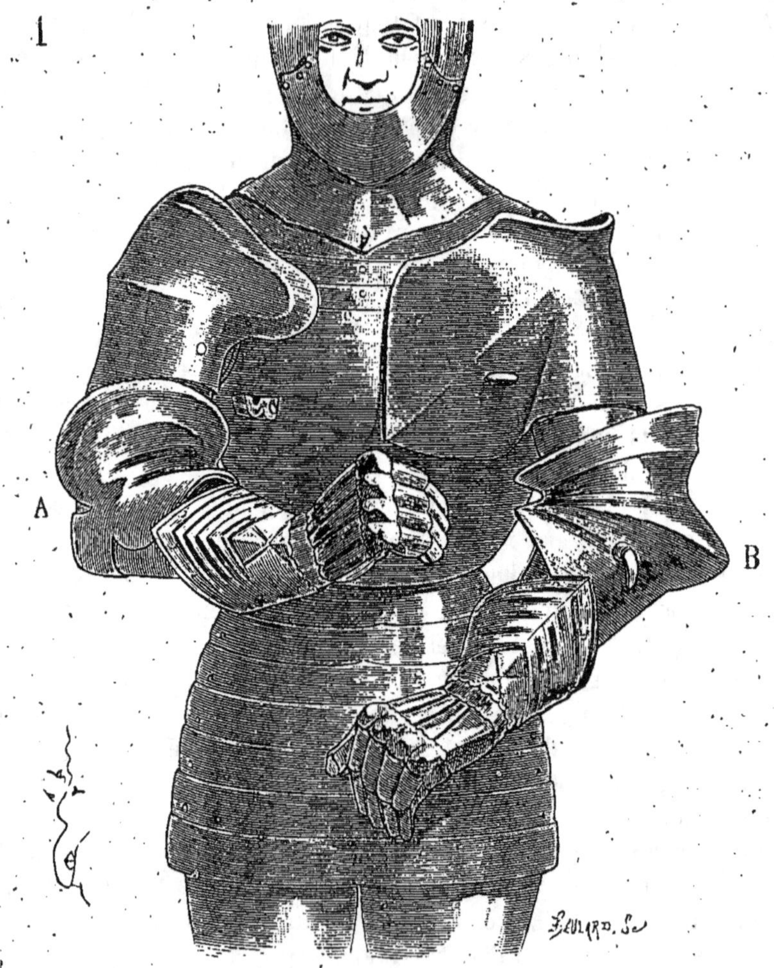

qui était lourde et gênante ; tandis qu'elle était fort usitée chez les Allemands et les Anglais, à dater de 1440. Le garde-bras de droite n'était pas semblable au garde-bras de gauche. Celui de droite devait laisser au bras assez de liberté, non seulement pour se servir de la lance, mais aussi pour combattre à l'épée ou à la masse[1]. Celui de

[1] Pour les joutes, le garde-bras de droite permettait seulement au bras de maintenir la lance en arrêt (voyez, dans la IIIe partie, l'article JOUTE).

gauche était disposé pour recevoir la targe ou l'écu, et même y suppléer au besoin, si cette défense venait à être brisée.

La figure 1 montre un homme d'armes muni des deux garde-bras[1]. Celui de droite A se compose d'une cubitière peu développée, avec forte garde couvrant la saignée et permettant la ployure du bras. Une pièce de renfort couvre l'épaule. Celui de gauche B est très développé au coude et étroit au droit de la saignée, de manière à tenir l'avant-bras horizontal, si bon semble. Ce garde-bras gauche est muni d'un crochet renversé, et la doublure très puissante de l'épaule, d'un piton. Ce piton et ce crochet servaient à fixer la targe. Si cette défense faillait, on voit que ces pièces pouvaient encore bien préserver le coude et le défaut de l'aisselle. Ce garde-bras de gauche empê-
1 chait d'élever le bras, qui n'avait que la liberté nécessaire pour appuyer l'écu et tenir les rênes du cheval.

2

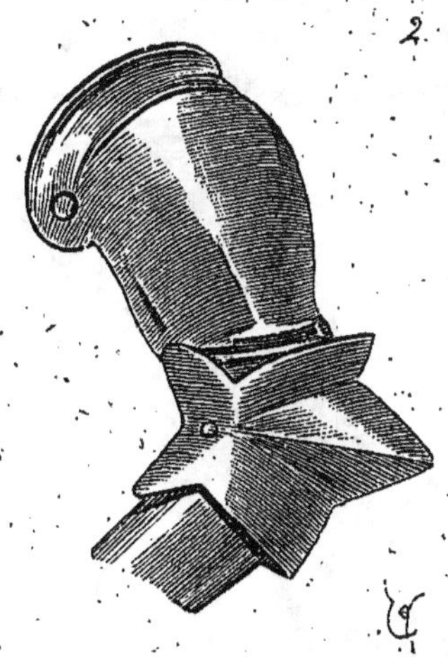

Ainsi qu'il vient d'être dit, cette armure du bras était rarement adoptée en France pendant le combat. Les garde-bras admis chez nous au xve siècle sont habituellement plus légers. La figure 2[2] présente un de ces garde-bras avec la doublure de l'arrière-bras et de l'épaule. Ce n'est qu'une forte cubitière qui ne couvre pas la saignée ; ce n'est pas, à proprement parler, le garde-bras. On voit cette pièce d'armure apparaître franchement vers 1450 (fig. 3[3]), avec le

[1] Manuscr. Biblioth. nation., *Chronique de Froissart*. — Voyez aussi une pierre tombale dans l'église d'Arkesden (Essex) (Ch. Boutell, *the Monumental Brasses of England*).

[2] Manuscr. Biblioth. nation., *Miroir historial*, français (1440 à 1450).

[3] Même manuscrit.

bras de fer pour la main gauche qui saisit les rênes. Le garde-bras est mieux caractérisé encore dans la figure 4 [1]. Ces pièces sont identiques pour les deux bras.

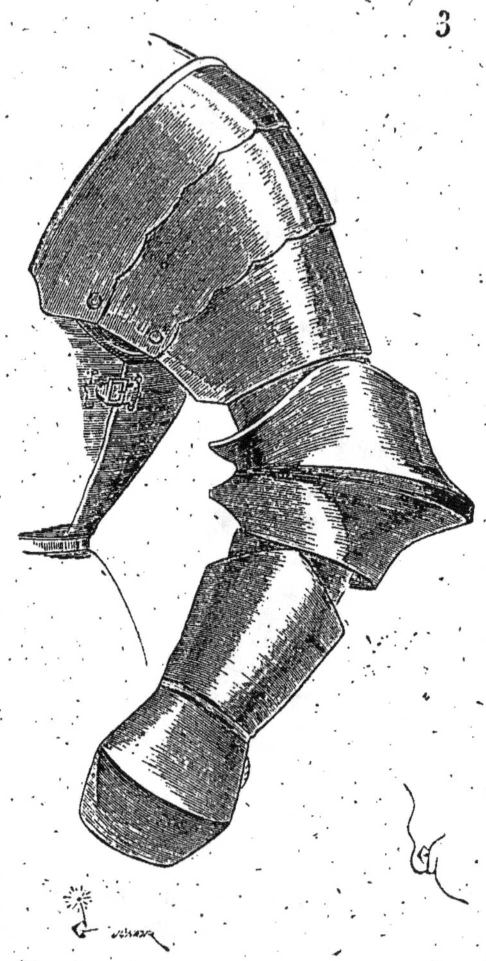

Voici en outre deux garde-bras de petite dimension (fig. 5 [2]) et d'une exécution parfaite, française.

Les garde-bras sont toujours forgés avec beaucoup de soin et aciérés fortement.

On sait que les avant-bras des armures maures, arabes et persanes

[1] Manuscr. Biblioth. nation., *Chron. de Froissart*, français (1450 environ).

[2] Collect. de M. W. H. Riggs.

du xve siècle dépassent sensiblement le coude, afin de le garantir, surtout lorsque le bras est étendu.

4

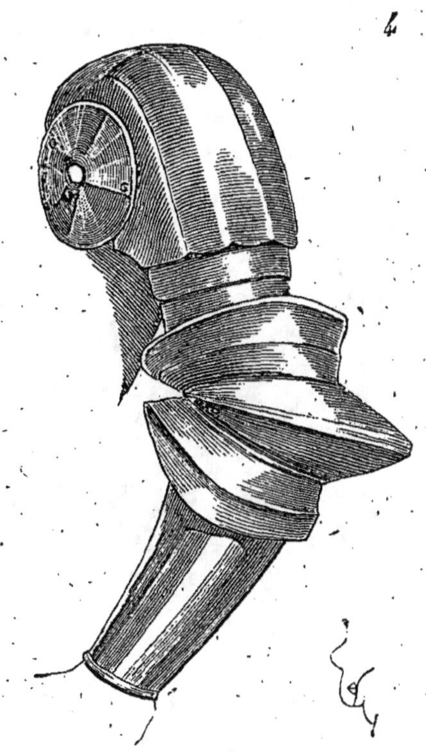

Les Espagnols profitèrent de cette disposition et la combinèrent

5

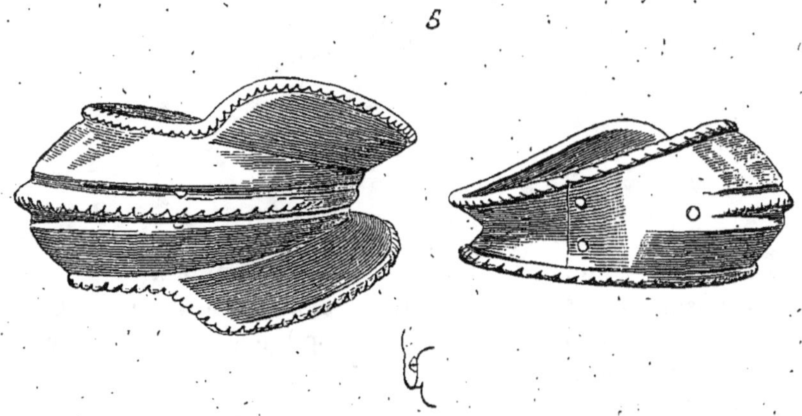

avec la cubitière ou le garde-bras. La figure 6 donne un de ces exemples[1]. Au canon d'arrière-bras A était rivée librement une cubitière B, puis le canon d'avant-bras C, avec goupille rivet, mouvant dans une rainure *a*. Ce canon d'avant-bras possédait l'appendice *b* qui venait couvrir le défaut du garde-bras en passant par-dessus, ainsi

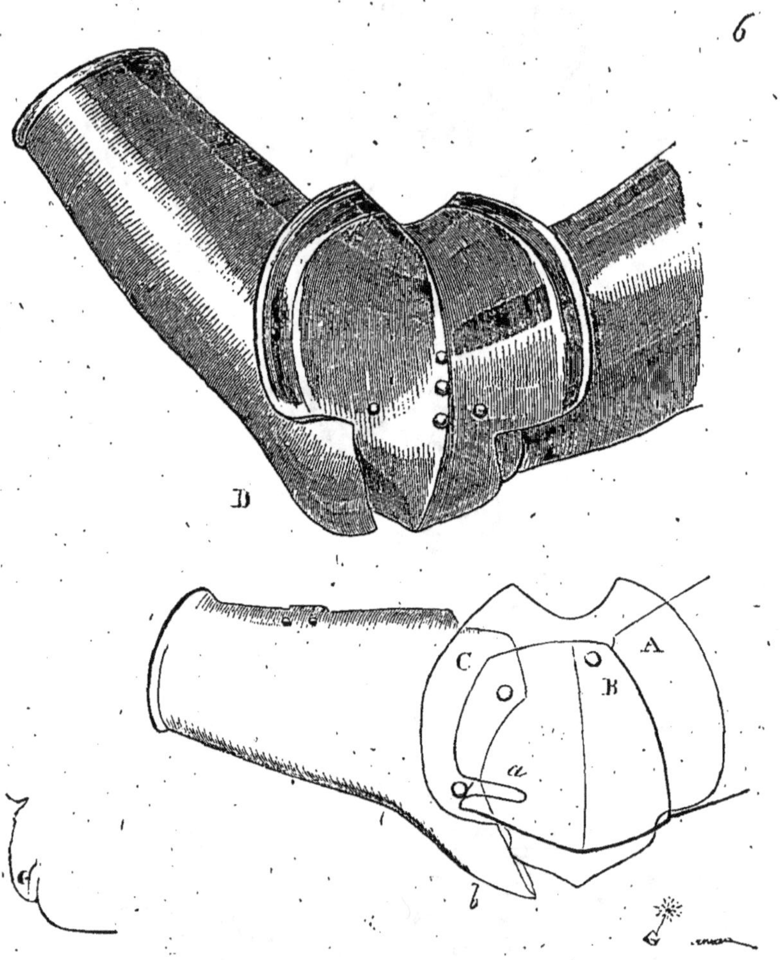

qu'on le voit en D. Ces façons de garde-bras paraissent avoir été peu usitées en France, quoique, vers la seconde moitié du XVe siècle, les armures, et surtout les armes de main espagnoles, aient été fort prisées. L'exemple que donne la figure 6 appartient au milieu de ce siècle. Ces plates sont merveilleusement forgées.

Les garde-bras étaient parfois très richement ornés.

[1] Collection de M. W. H. Riggs.

Olivier de la Marche rapporte que le duc de Bourgogne, lors de son expédition dans le Luxembourg, avait les garde-bras et les ailes de ses genouillères enrichis de grosses pierres précieuses.

Vers la fin du XVe siècle, on donnait le nom de garde-bras seulement aux pièces qui défendaient la partie antérieure du bras et qu'on n'employait guère que pour jouter. Ces pièces s'ajoutaient aux cubitières et préservaient la saignée. Plusieurs armures dites maximiliennes sont pourvues de ces garde-bras.

GENOUILLÈRE, s. f. (*genouiller*). Pièce d'armure protégeant le genou. On voit apparaître les premières genouillères vers le milieu

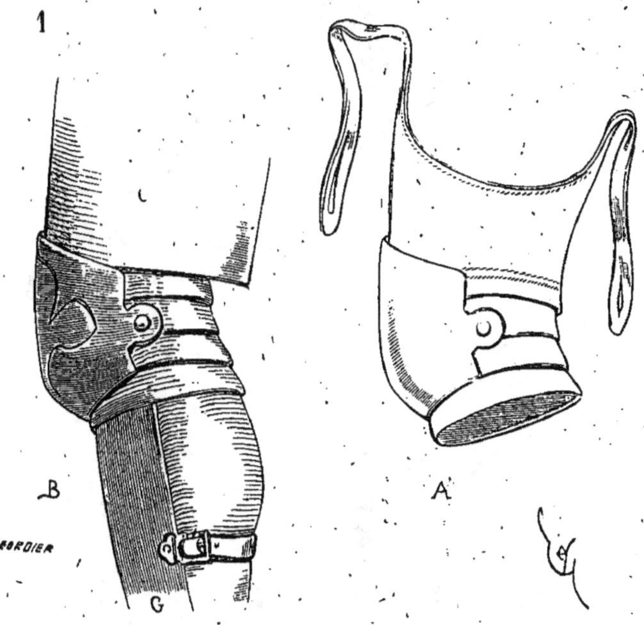

du XIIIe siècle, sur les chausses de mailles ou de peau, qui ne préservaient pas suffisamment les articulations.

Ces premières genouillères sont de diverses sortes. Les unes, montées sur un cuissot de peau, s'attachent à la ceinture, au moyen d'attelles (fig. 1 [1]), ainsi qu'on le voit en A. Le cuissot est composé de quatre pièces de peau se recouvrant, afin de laisser plus de jeu au jarret ; sur ces pièces de peau est rivée une plate de fer épousant la forme du genou et montant assez haut pour que son extrémité

[1] Manuscr. Biblioth. nation., *Poëme du siège de Troie*, français (XIIIe siècle).

vienne recouvrir un garde-cuisse de peau C, ainsi qu'on le voit en B. La partie supérieure des grèves G était prise sous la dernière bande de peau de la genouillère. D'autres genouillères sont rivées

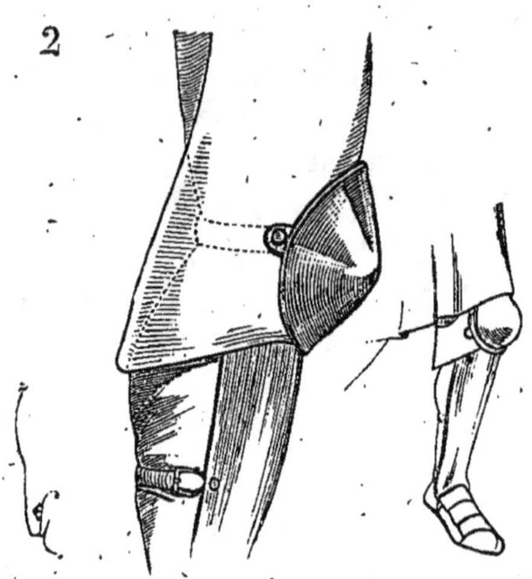
2

sur un garde-cuisse de cuir (fig. 2 [1]), qui est attaché par devant à la ceinture. De plus, une courroie rivée aux deux côtés de la genouil-

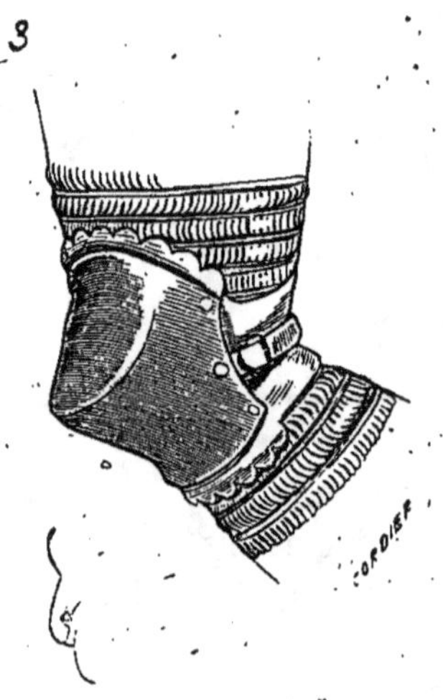
3

lère de fer serre celle-ci, étant bouclée sous le garde-cuisse. Ces genouillères sont coniques et recouvraient quelque peu le sommet des grèves. Mais, vers le milieu du XIIIe siècle, on portait aussi des

[1] Même manuscrit.

genouillères directement sur les chausses de mailles ou de broigne. Ces genouillères (fig. 3 [1]) sont montées sur peau et attachées simplement derrière la ployure du genou par une courroie bouclée. A la même époque, on voit aussi des genouillères en figure d'une demi-

4

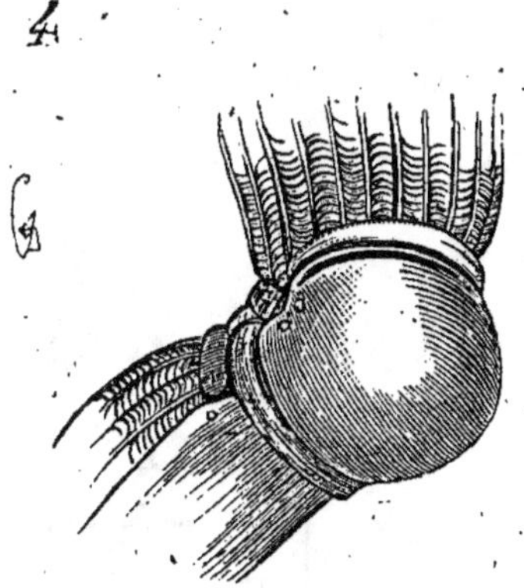

sphère, montées sur peau également, bouclées par derrière et joignant le haut des grèves (fig. 4 [2]). Comme alors les armuriers n'avaient pas encore su combiner les plates à recouvrements articulés, c'était la peau qui cachait les jonctions entre les diverses pièces de fer.

5

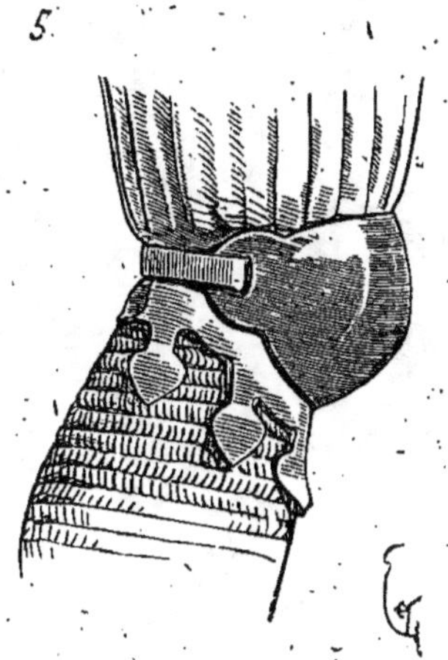

En 1350 seulement, on voit apparaître les genouillères tenant aux grèves et aux cuissots au moyen de rivets ; encore, à cette époque,

[1] Manuscr. Biblioth. nation., *Roman de Troie*, comp. par Benoist de Saint-More, français (1250 environ).

[2] Manuscr. Biblioth. nation., *Apocalypse*, français (1250 environ).

les exemples complets sont-ils rares, et jusqu'à la fin du XIVe siècle y avait-il beaucoup de manières de fabriquer et de porter des genouillères. En voici qui appartiennent à la statue d'Ulrich, landgrave d'Alsace[1], mort en 1344 (fig. 5).

Ces genouillères de fer sont attachées, au moyen d'une courroie, sur une sorte de caleçon de peau piqué longitudinalement, terminé par un lambrequin. Les jambes sont habillées simplement de chausses de mailles[2].

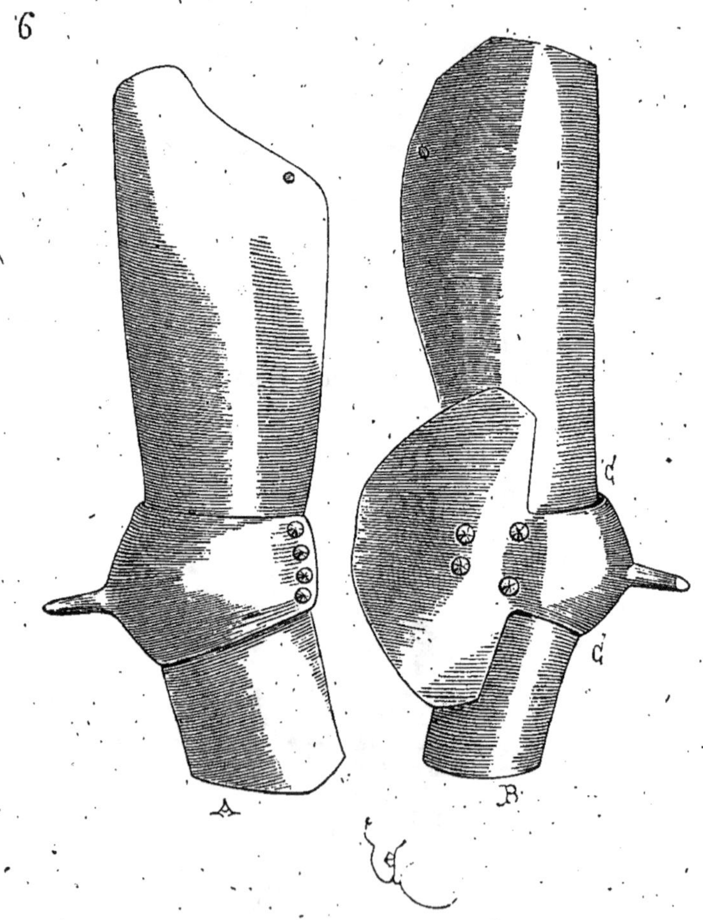

Les genouillères ainsi rapportées avaient l'inconvénient de fatiguer les jarrets lorsqu'on restait longtemps à cheval, et de mal préserver la partie externe des genoux, qui était naturellement la

[1] Ancienne église Saint-Guillaume à Strasbourg.

[2] Voyez ARMURE, fig. 31.

plus exposée quand on était en selle. On rendit donc les genouillères solidaires des cuissots par des rivets, et on les munit du côté externe de gardes ou ailerons qui garantissaient les jarrets. La difficulté était de laisser à la ployure de la jambe toute sa liberté, sans présenter une solution de continuité entre les pièces. Lorsque les armures de plates commencèrent à être portées par les hommes

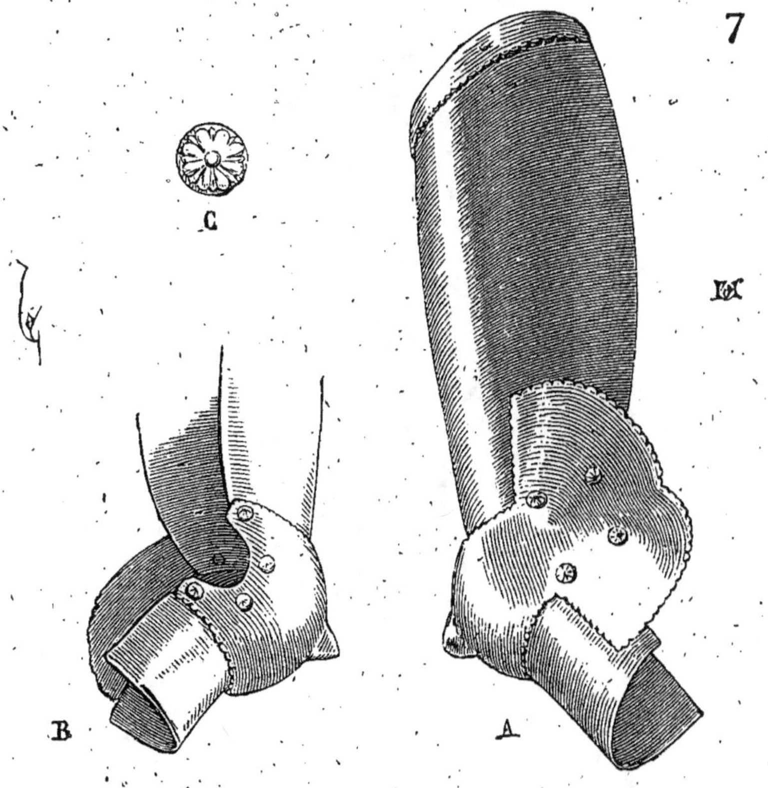

d'armes, l'attention des armuriers semble s'être portée particulièrement sur l'habillement des jambes et des bras, et dès la fin du XIVe siècle, on voit déjà des genouillères bien étudiées : celle que nous donnons ici (fig. 6) date de cette époque [1]. En A, elle est présentée du côté interne, et en B, du côté externe. Les ailerons, comme on le voit, sont très développés et garantissent bien latéralement le jarret. Le cuissot et la partie supérieure de la grève sont fixés à la genouillère par deux rivets latéraux, qui permettent de plier le genou ; les deux autres rivets attachaient les deux courroies qui

[1] Collect. de M. W. H. Riggs.

serraient la genouillère sur le membre. Cette genouillère possède un appendice en pointe qui n'avait d'autre destination que d'empêcher les hommes de pied de saisir le cavalier par les jambes pour le désarçonner. La genouillère (fig. 7) est de la même époque, mais plus délicatement travaillée [1]. En A, elle est montrée du côté externe,

8

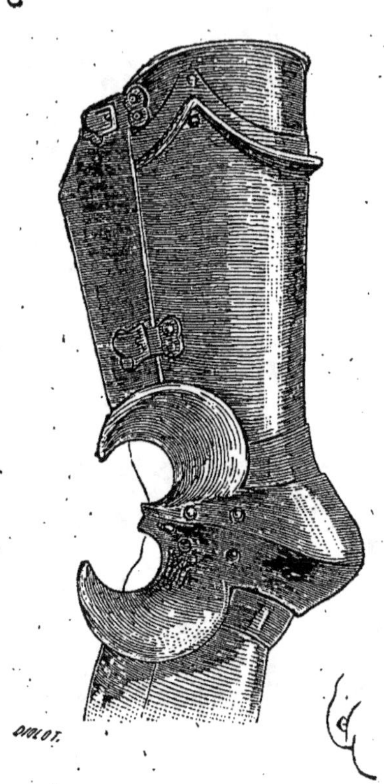

et en B, du côté interne. Le personnage auquel appartenait ce harnois de jambes avait les genoux quelque peu en dedans ; en termes vulgaires, il était *cagneux* ; aussi la face interne de la genouillère est-elle entaillée pour laisser la place nécessaire à la saillie latérale de l'articulation. On reconnaît d'ailleurs que les armures de plates, de 1400 à 1440, sont toujours faites pour les personnes qui les portaient, car elles présentent des particularités individuelles très finement observées et rendues. On prenait donc alors mesure d'une armure, comme aujourd'hui le tailleur prend mesure de l'habillement qu'on lui commande.

[1] Collect. de M. W. H. Riggs.

Ces genouillères toutefois ne couvraient pas suffisamment les membres si l'on pliait fortement les genoux. Il pouvait y avoir alors solution de continuité en C (voyez la figure 6). On remédia bientôt à ce

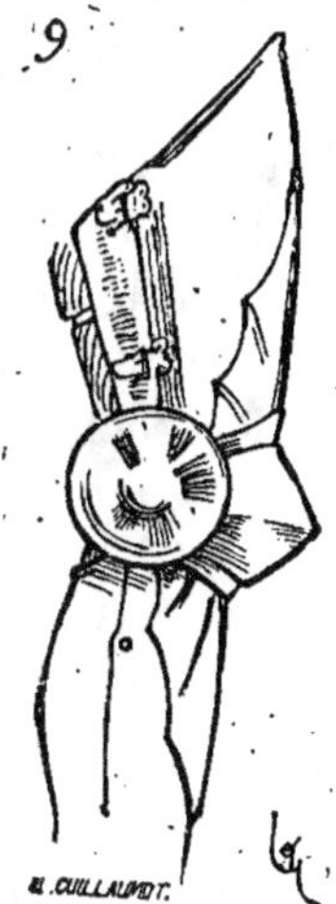

défaut en ajoutant une plate articulée entre le cuissot et la genouillère, et une ou deux entre celle-ci et le recouvrement des grèves ou les

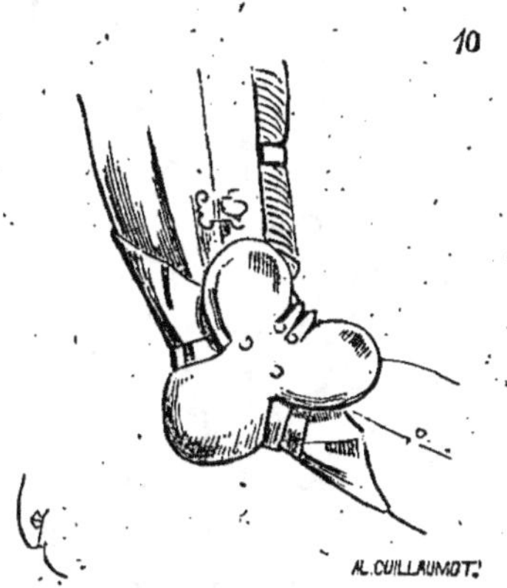

grèves elles-mêmes [1]. La jonction était ainsi parfaitement couverte et même renforcée.

Vers le milieu du xve siècle, les ailerons des genouillères adoptèrent parfois des formes singulières, et, entre autres, celle que présente la figure 8 [2]. On cherchait alors à donner souvent aux armures de plates

[1] Voyez l'article Cuissot, fig. 5 et 5 *bis*.

[2] Manuscr. Biblioth. nation., *Chron. de Froissart* (1450 environ).

des formes aiguës ou coupantes, pour éviter les prises. Mais, sous ce rapport, les armures allemandes et anglaises dépassent les nôtres, dont les formes simples et bien adaptées au corps indiquent l'habitude de laisser à l'homme d'armes la plus grande liberté de mouvements possible.

On avait aussi adopté, au milieu du xve siècle, les rondelles en guise d'ailerons, et ces rondelles sont fixées au moyen d'une bielle passant dans la courroie (fig. 9), mais ce sont là des exceptions. Les ailerons des genouillères, de 1440 à 1470, sont habituellement coupés, ainsi que l'indique la figure 10 [1], et légèrement ouverts pour donner la place du mollet et de la cuisse, lorsque le genou est ployé. (Voyez ARMURE, fig. 34, 35, 35 *bis*, 40, 41, 47 ; CUISSOT, fig. 3, 4, 5, 5 *bis*, 6, 7 et 8 ; GRÈVES.)

GLAIVE, s. m. S'entend, aux XIIe et XIIIe siècles, comme lance. Le « glaive sous l'aisselle » était la lance en arrêt. On disait alors « fer de glaive » pour fer de lance : « Or avint encore ainsi que uns miens « bourjois de Joinville m'aporta une baniere de mes armes à un fer « de glaive ; et toutes les foiz que nous voiens que il pressoient les « serjans, nous lour couriens sus et il s'enfuioient [2]. » — « Et ou « passer que li soudans fist pour avaler vers le flum, li uns d'aus li « donna d'un glaive parmi les costes, et li soudans s'enfui ou flum, le « glaive trainant [3]. »

Plus tard, vers la fin du XIVe siècle, le nom de *glaive* est donné aussi à l'épée ou à toute arme de main tranchante.

Quand Jehan Chandos est blessé, combattant à pied, son oncle Edouard Clifford le tint entre ses jambes : « car les François tiroient « qu'ilz l'eussent devers eulx, et le deffendi (Cliffors) de son glaive « tres vaillaument, et lançoit les cops si grans et si arrestez que nul « ne l'osoit approuchier [4]. » Il ne peut être ici question que d'une épée, bien que Froissart, en maints passages, donne le nom de *glaive* à la lance. On appelait aussi le *vouge*, un glaive, pendant le XIVe siècle (voy. LANCE, VOUGE).

Le glaive est, en effet, le poignard, l'épée courte emmanchée au bout d'un bâton, et la lance prend le nom de glaive quand son fer s'allonge, portant deux tranchants :

[1] Manuscr. Biblioth. nation., *Chron. de Froissart*. — Josèphe, *Hist. des Juifs*.
[2] Joinville, *Hist. de saint Louis*, publ. par M. N. de Wailly, p. 86.
[3] *Ibid.*, p. 125.
[4] *Chron. de Froissart*.

« . . . . Meraugis fu
« Feruz el piz souz la mamele,
« Si en parfont que l'alemele
« Du glaive essiva par derriere.
« De lui ne sai en quel maniere
« Il garesist [1] . . . . »

Il est question ici de lance, ainsi que l'indique la vignette du temps même de la composition de ce roman. « L'alemelle du glaive », c'est le fer de lance. Plus loin le même auteur dit :

« Tuit si parent et touz ses hommes
« Saillent à lances et à glaives [2]. »

On peut entendre le mot *glaive*, dans ce dernier vers, comme épée.

GODENDAC, s. m. (*godendaz*, *godendart*). Arme d'hast employée par les piétons, particulièrement dans les Flandres, et dont Guillaume Guiart donne l'escrime [3] :

« A grans bastons pesanz ferrez
« A un lonc fer agu devant,
« Vont ceuz de France recevant.
« Tiex baston qu'il portent en la guerre [4],
« Ont nom godendac en la terre.
« Goden-dac, c'est bon-jour à dire,
« Qui en françois le veust descrire,
« Cil baston sont lonc et traitiz,
« Pour férir à deuz mainz faitiz.
« Et quant l'ent en faut au descendre,
« Se cil qui fiert i veust entendre
« Et il en sache bien ouvrer,
« Tantost puet son coq recouvrer
« Et férir, sans s'aler moquant,
« Du bout devant, en estoquant,
« Son ennemi parmi le ventre.
« Et li fers est aguz qui entre
« Légierement de plainne assiete,
« Par touz les lieuz où l'on en giete,
« S'arméures ne le détiennent,

[1] *Méraugis de Portlesguez*, publ. par M. Michelant, p. 191 (XIIIe siècle).
[2] Page 246.
[3] 1298.
[4] Les Flamands.

« Cil qui ces granz godendaz tiennent.
« Qu'il ont à deux poinz empoingniez,
« Sont un poi des rens esloingniez.
« De bien férir ne sont pas lasche ;
« Entre les gens le roi en tasche
« Au destriers donnent tiex meriax
« Amont, parmi les hateriax,
« Que des pesanz cops qu'il ourdissent,
« En plusieurs lieus les estourdissent,
« Si qu'a poi qu'à terre ne chiéent [1]. »

Le godendac était ou une sorte de vouge ou de fauchart avec pointe latérale perpendiculaire au fer, qui permettait d'accrocher le cava-

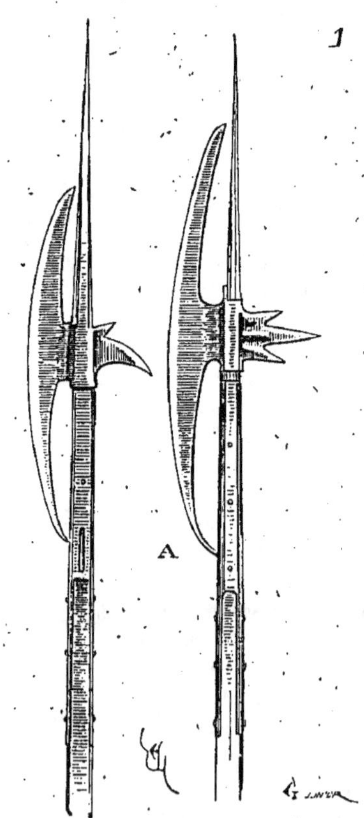

lier, ou encore une masse de fer emmanchée d'un long manche et garni de pointes avec un long glaive au bout. Cette arme ne paraît guère avoir été adoptée en France avant l'année 1300 ; elle était

[1] Vers 5428 et suiv.

maniée par les troupes de pied des villes des Flandres avec assez de dextérité pour causer de graves embarras à la gendarmerie.

La lame tranchante du godendac n'était pas toutefois emmanchée comme celle du vouge ou du fauchart, mais à peu près au milieu du dos (fig. 1 [1]) : le bâton avait au moins cinq pieds de long (1^m,98) ; l'extrémité inférieure A du tranchant était rivée à la douille. L'exemple

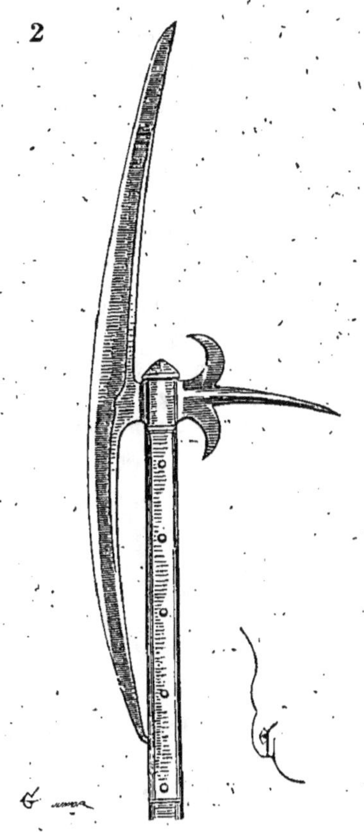

que donne la figure 1 se rapporte parfaitement à la description de Guillaume Guiart. Il est évident que si le piéton fournissait un coup du tranchant glissant sur l'armure du cavalier, il pouvait pousser un second coup d'estoc sans relever la hampe. Ces sortes de godendacs portent une pointe qui n'existe pas toujours. Voici un autre exemple (fig. 2 [2]), qui en est dépourvu. C'est la lame elle-même qui forme pointe extrême. Au XVIIe siècle encore, cette sorte d'arme

[1] Manuscr. Biblioth. nation., *Lancelot du Lac*, français (1425 environ).

[2] Ancien musée des armes de Pierrefonds.

d'hast était usitée en Lithuánie et en Pologne ; on l'appelait *bardiche*. Quant aux godendacs composés d'une masse de fer avec pointes, nous les rangeons dans la série des plommées (voy. PLOMMÉE).

GONFANON, s. m. (*gonfenon*). Étendard, enseigne, bannière. Les auteurs des XIIe et XIIIe siècles paraissent employer indifféremment les mots *gonfanon* et *bannière*, pour désigner un étendard réunissant autour de ses plis les hommes d'armes d'un baron. L'étendard que le pape envoie à Guillaume le Bâtard, avant son expédition d'Outre-Manche, est qualifié de gonfanon dans le *Roman de Rou* :

« L'Apastoile li otréia,
« Un gonfanon li envéia,
« Un gonfanon et un anel
« Mult precios e riche e bel [1]. »

Le même poëme donne ailleurs le nom de gonfanons aux bannières des seigneurs :

« Ni a riche home ne baron,
« Ki n'ait lez li son gonfanon,
« U gonfanon u altre enseigne
« U sa mesnie se restreigne [2]. »

Ces derniers vers indiquent assez que *gonfanon* était synonyme de bannière.

Le gonfanon était quadrangulaire, comme la bannière, ou terminé par des pointes. Il était attaché à une hampe de lance, et s'enroulait autour quand on ne combattait pas. On disait *fermer* le gonfanon, pour l'attacher à la hampe :

« Vez-le sor l'auferant, sor lo destrier armé,
« A cel escu à point et d'argent pointuré,
« A celle grosse lance au gónfenon fermé [3]. »

Il ne fallait pas que le gonfanon fût très grand, puisque l'on combattait avec la lance auquel il était fixé :

« Sor son escu à or ala férir Herdré,
« L'escu li a percé, l'auberc li a fausé ;
« Enz ou cors li bainna le confanon safré [4]... »

et que l'étoffe pouvait pénétrer dans la blessure.

[1] Vers 11451 et suiv.
[2] Vers 9082 et suiv.
[3] *Li Romans de Parise la duchesse*, édit. de Martonne, p. 161.
[4] *Ibid.*, p. 164. « Gonfanon *safré* », frangé d'or.

Dans la *Chanson de Roland*, on lit ces vers :

« De cels de France virent les gunfanuns[1]... »

« E gunfanuns blancs e blois e vermeilz[2]... »

lesquels montrent qu'il n'y avait pas *un* gonfanon de France, mais que chacun avait le sien.

Roland porte son gonfanon, qui semble assez ample, puisque les bordures tombent sur les mains :

« As porz d'Espaigne en est passet Rollans.
« Sur Veillantif sun bon cheval curant,
« Portet ses armes ; mult li sunt avenanz ;
« Mais sun espiet[3] vait li bers palmeiant,
« Cuntre le ciel vait l'amure turnant,
« Laciet en sum un gunfanun tut blanc ;
« Les renges li batent josqu'as mains ;
« Cors ad mult gent, le vis cler e riant[4]. »

Et cependant, comme il a été dit ci-dessus, on combat avec la lance munie du gonfanon, l'étoffe pénètre dans la plaie :

« El cors li met les pans del gunfanun,
« Pleine sa hanste l'abat mort des arçuns[5]. »

Ailleurs, les gonfanons pendent sur les heaumes :

« Cil gunfanun sur les helmes lur pendent[6]. »

(Voyez Bannière, Pennon.)

On disait aussi *lacer* le gonfanon, pour l'attacher à la hampe au moyen de clous :

« I. gonfanon ot fet devant lacier,
« A .V. clous riches fermez et atachiez[7]. »

GOUPILLON, s. m. Long bâton à l'extrémité duquel étaient fixés plusieurs chaînons terminés par de petites sphères garnies de pointes.

[1] Str. LXVI.
[2] Str. LXXVII.
[3] « Sa lance. »
[4] Str. LXXXIX.
[5] Str. XCII.
[6] Str. CCXIV.
[7] *Roman d'Aubery le Bourgoing*, publ. par M. Tarbé, p. 138.

C'était une arme de piétons, fort usitée en Angleterre et dans les Flandres, et qui demandait une grande dextérité pour être maniée. On s'en servait peu en France, et cette arme ne paraît avoir été admise que dans les provinces du Nord.

1

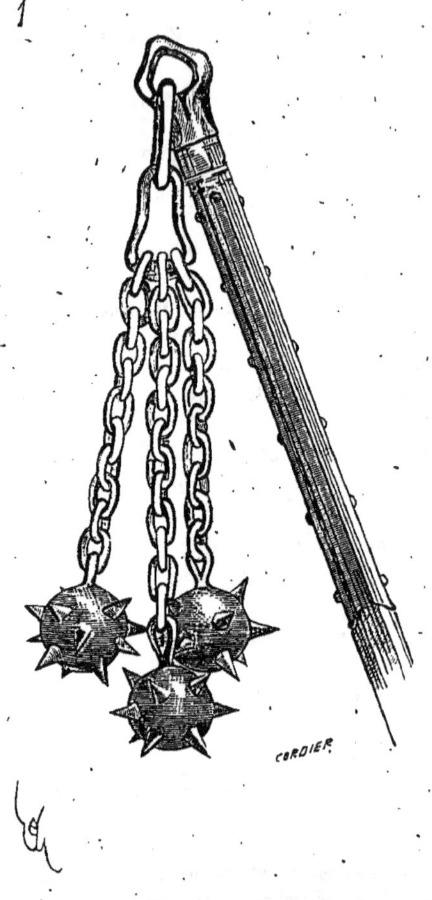

La figure 1 donne un goupillon [1] qui paraît dater du commencement du XVe siècle. Le tout est de fer bien forgé; la hampe de bois avait environ 2 mètres de longueur. Le goupillon servait à fausser les armures de plates, à blesser les chevaux; bien manié, c'était une arme terrible. On donnait aussi le nom de *goupillon* à une plommée garnie de pointes (voy. PLOMMÉE).

GOURGERIT, s. m. (*gorgerete*). Petit camail de mailles attaché à la barbute ou au bacinet, qui couvrait le cou et atteignait à peine

[1] Ancien musée des armes de Pierrefonds.

les épaules. On voit dès la fin du XIIIe siècle le gourgerit porté avec la barbute dans les provinces méridionales de la France et en Italie.

La figure 1 donne un de ces petits camails attaché à une barbute[1]. Ce personnage est vêtu d'un gambison avec jupe d'étoffe mi-partie de

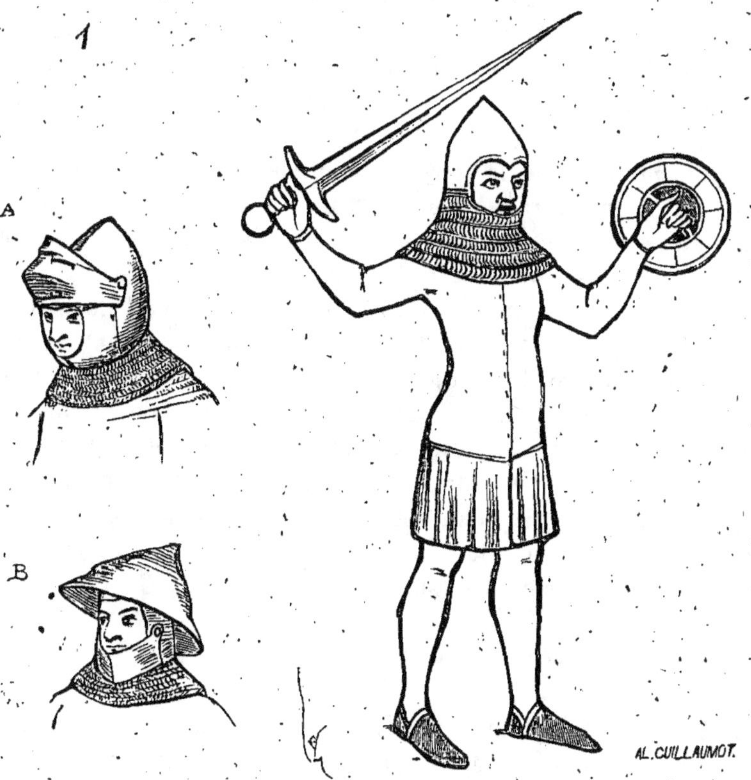

rose et de vert. Il porte à la main gauche une de ces petites rondaches fort usitées en Italie et en Provence.

En A[2], est montré le gourgerit attaché au bacinet de la fin du XIIIe siècle, et en B[3], à la barbute du milieu du XIVe siècle, sous le chapel de fer avec la bavière.

Dans le *Compte d'Etienne de la Fontaine*[4], on trouve cet article :

[1] Manuscr. Biblioth. nation., *le Bréviaire d'amour*, en vers patois de Béziers (seconde moitié du XIIIe siècle).

[2] Manuscr. Biblioth. nation., *le Pèlerinage de la vie humaine*, français (fin du XIIIe siècle).

[3] Manuscr. Biblioth. nation., *Tite-Live*, français (1350 environ).

[4] 1352.

« Pour faire et forger la garnison de 2 harnois de guerre pour mon-
« seigneur le Dauphin, et dont les trésoriers chargierent l'argenterie
« de moy faire compter et baillier ce dit. C'est assavoir : pour faire
« la garnison de deux bacinés et d'une gorgerette, c'est assavoir
« 70 vervelles, 20 boçetes, tout d'or... Pour toute ycelle courroie, et
« pour faire et forger 2 boucles d'or pour fermer yceulz bacinés et
« plates, et une grant boucle d'or avec un mordant pour la gorgerete,
« 4 bendes d'or du lé du tissu, pour river ycelle gorgerete, et pour
« 2 boucles et 2 mordans d'or, pour fermer le fer d'icelle gorgerete,
« pesant..., etc. »

Ce texte indique que la gorgerette ou le gourgerit se composait aussi de plates de fer rapportées au-dessous du bacinet pour couvrir le col, plates qui s'ouvraient et se fermaient comme le bacinet lui-même (voyez BACINET, fig. 8 et 9). Cependant on voit qu'au XVe siècle encore, on donnait le nom de *gorgeray* à un petit camail de mailles, ainsi que l'indique l'inventaire dressé le 23 septembre 1499, et mentionnant une armure de Jeanne Darc conservée dans la galerie du château d'Amboise[1] : « Harnois de la Pucelle, garny de garde braz,
« dune paire de mytons et dun habillement de teste où il y ung gor-
« geray de maille, le bord doré, le dedans garny de satin cramoisy,
« doublé de mesme. » En effet, ces gorgerays de mailles étaient souvent terminés par des maillons de laiton doré, pendant le cours du XVe siècle. (Voyez ARMURE, CAMAIL.)

GRAFFE, s. f. Poinçon, petite dague.

GRÈVES, s. f. Habillement des jambes, des genoux aux solerets. Les chausses de mailles adoptées pendant le XIIe siècle et le commencement du XIIIe préservant incomplétement les tibias, on les doubla, vers le milieu du XIIIe siècle, de plates de fer, bouclées derrière les mollets. Ces plates apparurent en même temps que les premières genouillères (figure 1[2]) (voyez GENOUILLÈRE). Ces grèves, attachées à l'aide de trois courroies, passaient sous la genouillère conique et s'arrêtaient au-dessus du cou-de-pied, recouvert aussi par une lame de fer.

En même temps, dans l'Italie septentrionale, la Provence et le Languedoc, on suppléait aux chausses de mailles par des jambières

[1] N° 31 de l'inventaire. Voyez *Du costume militaire des Français en 1446*, par M. R. de Belleval.

[2] Manuscr. Biblioth. nation., *li Romans d'Alixandre*, français (1270 environ).

de peau piquée avec genouillères d'acier (fig. 2[1]). La genouillère était garnie d'un bord, également de peau piquée, qui recouvrait ces sortes de jambières lacées sur le côté. Mais cet habillement des jambes fut peu usité en France.

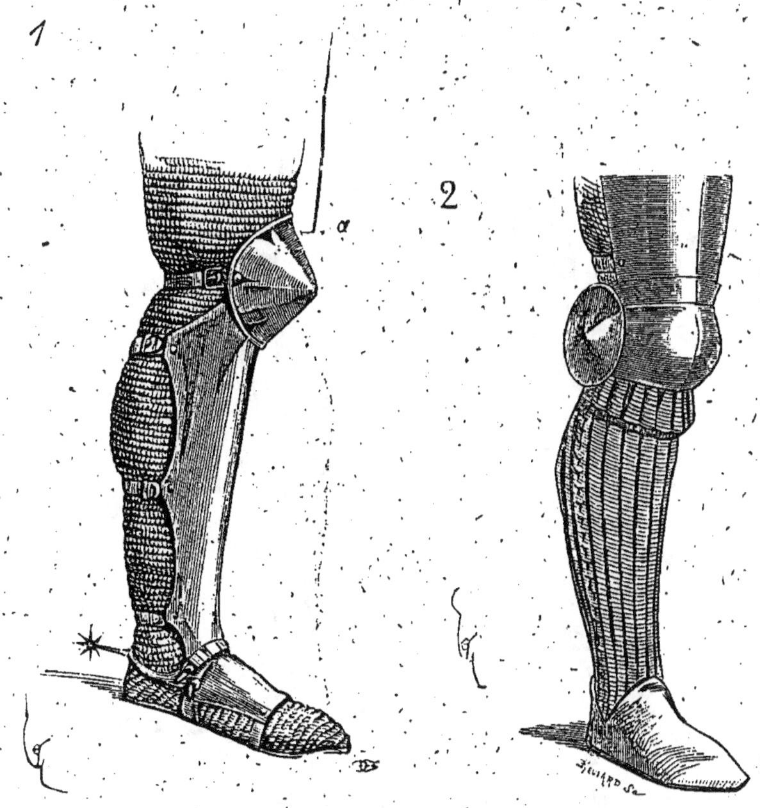

En pliant la jambe armée de grèves conformes à celles représentées figure 1, il pouvait y avoir solution de continuité entre la genouillère et la grève; aussi on ajouta une plate intermédiaire entre ces deux parties, plate qui était articulée avec la genouillère par deux rivets latéraux (fig. 3[2]). Alors on se préoccupait fort de donner aux pièces de fer ajoutées à l'armure de mailles des formes qui pussent ne point gêner les mouvements.

L'habillement de mailles avait cet avantage d'être très souple, quoique très lourd. Les hommes d'armes qui avaient pris l'habitude

[1] Manuscr. Biblioth. nation., latin, n° 757 (environ 1300).

[2] Manuscr. Biblioth. nation., *Godefroy de Bouillon*, français (environ 1300).

de ce harnois devaient difficilement se soumettre à la gène qu'imposaient des plates de fer ajoutées à ce vêtement. Aussi les laissait-on aussi indépendantes que possible dans l'origine. Mais cette indépendance des plates avait de sérieux inconvénients, puisque, sur bien des points, la maille restait à découvert. Tous les cavaliers savent combien une chaussure gênante fatigue à la longue et paralyse les jambes, dont la liberté est si nécessaire pour bien diriger la

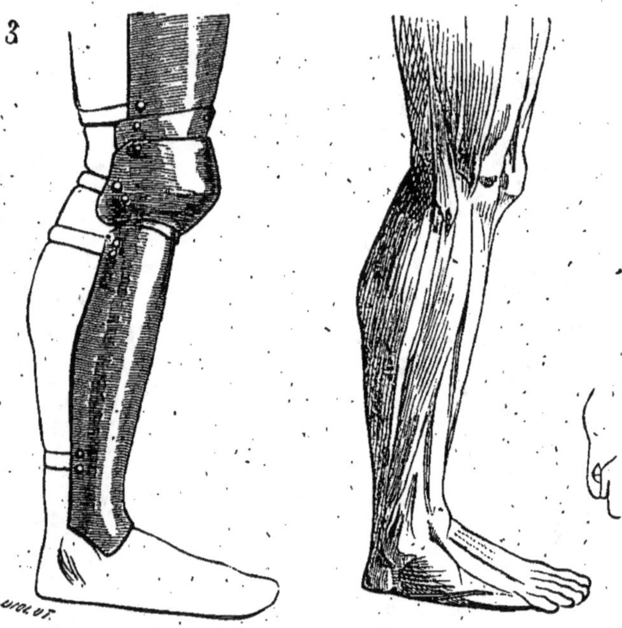

monture et se tenir bien en selle. En préservant par des plates la partie antérieure des jambes, depuis la cuisse jusqu'au cou-de-pied, et ne laissant entre ces plates aucun intervalle, on apporta donc un soin particulier à éviter toute fatigue pour le membre. Les grèves, déjà réunies aux genouillères et aux cuissots du commencement du XIVe siècle, avec pièces articulées intermédiaires, sont forgées avec une très délicate observation de la disposition et du jeu des muscles de la jambe. Ces armuriers n'avaient certainement pas étudié l'anatomie, mais ils observaient et fabriquaient leurs plates conformément à ces observations. L'exemple que nous donne la figure 3 l'indique suffisamment[1]. Il n'est pas jusqu'aux courroies qui ne soient

[1] Les anciens, non plus que les industriels du moyen âge, ne possédaient les connaissances anatomiques qui nous sont familières aujourd'hui ; cependant les vêtements métal-

exactement posées de manière à faciliter le jeu des muscles, au lieu de le gêner.

Les Grecs avaient un habillement de jambes (les cnémides) fait de cuivre mince et qui enveloppait le tibia, montait jusqu'au genou, et descendait jusqu'au cou-de-pied en recouvrant, en partie le mollet. Ouvert par derrière, cette sorte de jambière se mettait comme on met des chausses, l'élasticité du métal permettant l'introduction du pied.

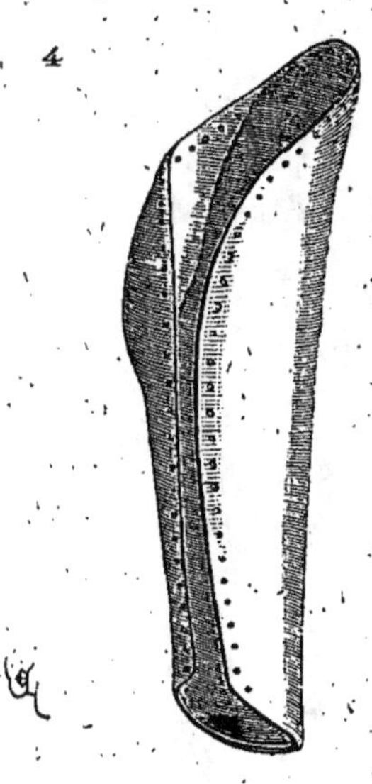

Cet habillement des jambes était usité chez les populations gallo-italiques, ainsi que le montre la figure 4[1]. Ces cnémides sont faites de cuivre très mince et étaient doublées de peau ou d'étoffe retenue à l'aide de fils passant par les trous apparents sur les bords. On adopte en France, pendant les premières années du XIVe siècle, des grèves disposées à peu près de la même façon, mais surmontées de

liques militaires de l'antiquité, aussi bien que ceux de notre moyen âge français, montrent l'extrême délicatesse d'observation des armuriers pendant ces deux époques. Il est assez étrange que notre temps, qui certes possède en anatomie des connaissances étendues, ne sache pas construire un vêtement défensif approprié au corps, et par suite commode et gracieux.

[1] Trouvé dans une tombe gallo-italique, près de Sesto-Calende, en 1867. Musée archéol. Académie de Milan.

genouillères avec plates de recouvrement (fig. 5[1]). Ces grèves devaient être assez élastiques pour permettre d'y introduire le pied, car leurs bords se rapprochent sensiblement au-dessus de la cheville. Celle-ci est couverte par le fer, ce qui n'a pas lieu dans les exemples précé-

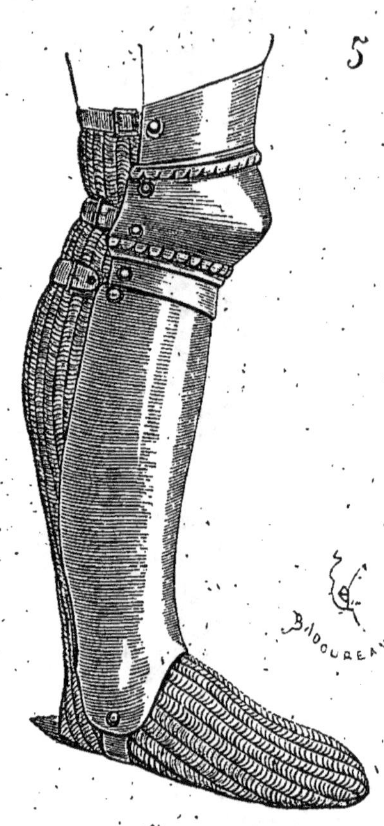

dents. Une courroie faisant sous-pied empêche le vacillement du bas des grèves, qui ne sont maintenues à la jambe que par une courroie bouclée au jarret. Les genouillères n'ont pas d'ailerons et étaient recouvertes par la cotte d'armes.

On songeà bientôt à préserver aussi le mollet par une plate de fer. Les grèves alors furent faites de deux pièces avec charnières et loqueteaux (fig. 6[2]). C'est une bande de peau qui couvre la jonction des grèves avec la genouillère.

[1] Statue d'un prince inconnu, église de Saint-Denis (premières années du XIVe siècle).
[2] Statue de Judas Machabée, château de Pierrefonds (fin du XIVe siècle).

La grève, ainsi qu'on le voit en A, est indépendante du soleret et couvre les chevilles; la courroie de l'éperon cachait cette suture.

On fit alors — c'est-à-dire de 1350 à 1400 — des essais de toutes sortes pour munir efficacement les jambes sans gêner les mouvements; mais les armuriers n'acquirent une grande habileté que

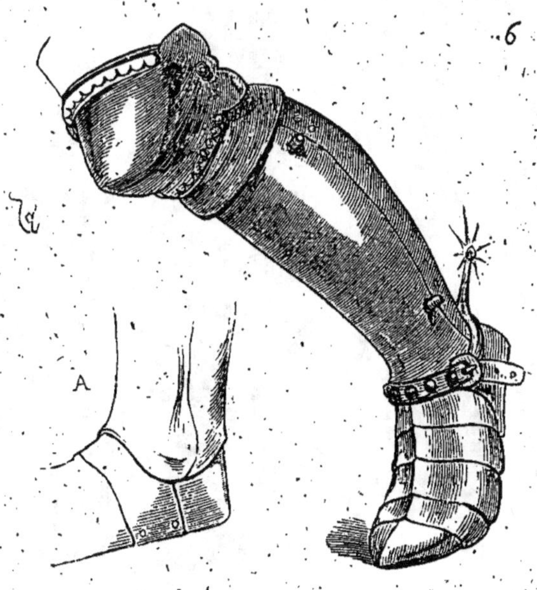

lorsqu'on se décida à remplacer la maille, les broignes et corselets rembourrés par l'armure de plates complète : or, ces premières armures sont des chefs-d'œuvre d'élégance et de souplesse.

La figure 7 donne les grèves de l'admirable armure de 1430 environ, qui faisait partie du musée de Pierrefonds[1].

En A, la genouillère est présentée du côté externe avec ses grands ailerons, tandis que la grève B est présentée du côté interne.

La genouillère, avec ses plates articulées doublés, est attachée au cuissot par des goujons à tourniquets *a*. Un goujon-tourniquet *b* retient aussi la plate supérieure de doublure à la grève proprement dite. Celle-ci s'ouvre en deux parties par des charnières externes, et se ferme par des boutons à ressort.

La plate antérieure de la grève et celle postérieure descendent jusqu'à la semelle (voyez en C), mais laissent deux arcades ouvertes

[1] Voyez ARMURE, pl. II.

7

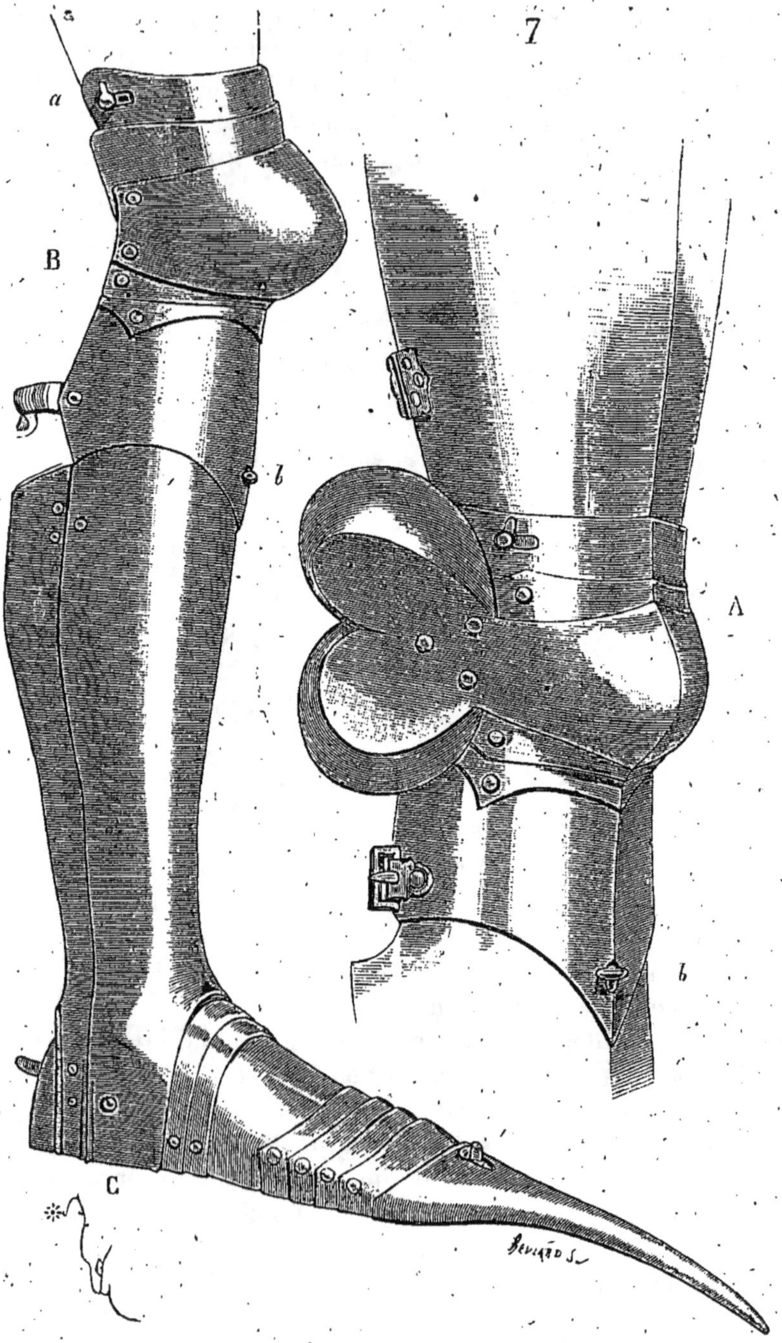

pour le jeu du talon et le jeu du cou-de-pied. Rien n'égale la finesse de lignes de cet habillement de jambes, fait évidemment sur mesure.

Un peu plus tard, vers 1450, on portait des grèves avec deux plates de doublures sous la genouillère, souvent coupées ainsi que l'indique le tracé A (fig. 8[1]). On remarquera ici la disposition des

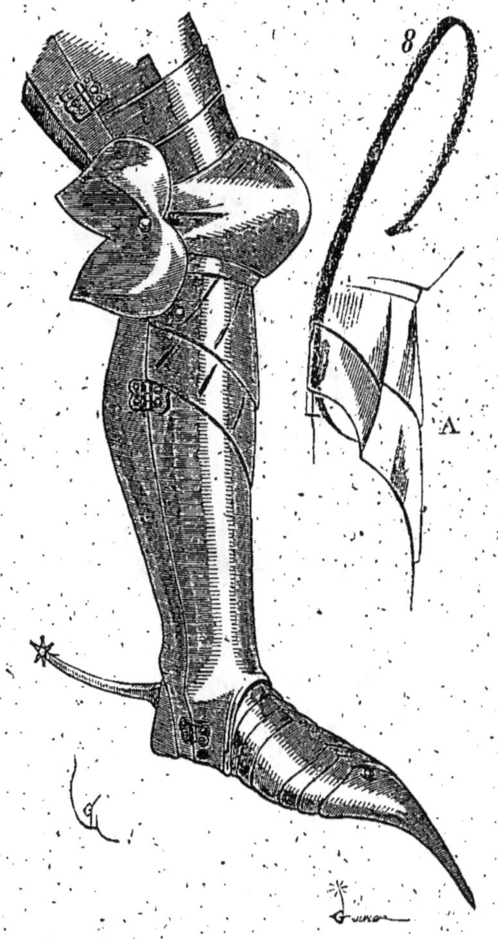

ailerons de la genouillère, lesquels sont rivés à l'extrémité externe de cette défense. Vers la fin du XVe siècle, sous le règne de Louis XII et le commencement du règne de François Ier, au commencement du XVIe siècle, les hommes d'armes portaient des grèves de deux

[1] Manuscr. Biblioth. nation., *Miroir historial*, français. — Froissart, *Chron.* (1450 environ).

pièces seulement (fig. 9). A la pièce antérieure était articulé le soleret, terminé par un bout carré large, légèrement arrondi (voy. SOLERET).

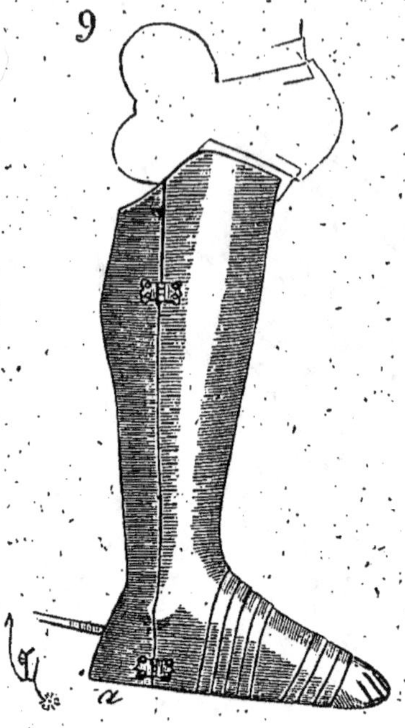

Pour que le talon pût se mouvoir en abaissant le pied, la pièce postérieure se terminait par une talonnière très ouverte (voyez en *a*). Ces deux plates, munies de deux charnières, se fermaient au moyen de deux boutons à ressort du côté interne de la jambe.

GUIGE, s. f. (*guiche*). Courroie destinée à suspendre l'écu au cou. La courroie qui permettait de porter le gonfanon ou la bannière était aussi appelée guige :

> « Pere, dist li vaslés, mar vos esmaierois,
> « Tant com jo puisse chaindre mon brant sarrasinois
> « Et porter mon escu par la guige à orfrois,
> « Ne de glaive ferir, ne lanchier demanois [1]. »

> « Chaseuns restraint la guige de son escu bocler [2]. »

[1] *La Conquête de Jérusalem*, chant II, vers 1181 et suiv., publ. par M. Hippeau (XIIIe siècle).

[2] *Ibid.*, chant III, vers 2214.

1

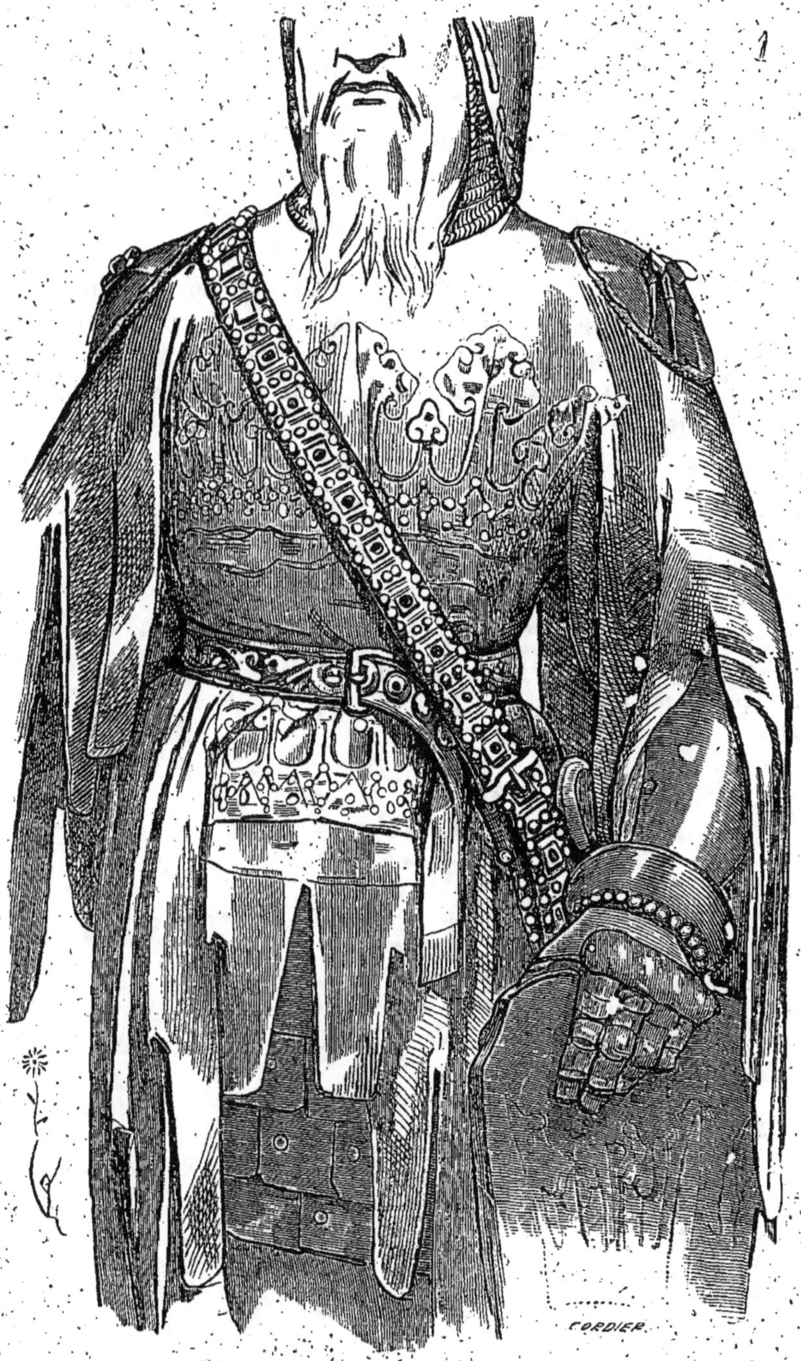

En effet, la guige se composait de deux bouts dont l'un était muni d'une boucle, afin de pouvoir serrer plus ou moins l'écu au corps, ou même de le laisser pendre au-dessous de la ceinture. Les guiges, comme l'indiquent les vers précédents, étaient souvent enrichies d'orfrois, c'est-à-dire les pièces d'orfévrerie ou de passementeries d'or :

« Rompent les guiges de paile de Oriant[1]. »

Les belles statues des *preux*, placées à l'extérieur des tours du château de Pierrefonds, portent la plupart des guiges très riches (fig. 1)[2]. Ce personnage est le roi Artus, habillé à la mode des dernières années du XIVe siècle ; sur son armure est un *parement* à ses armes. La guige est enrichie de perles et de plaques d'orfévrerie.

Les tresses qui attachaient les targes de joutes étaient encore appelées guiges. Ces tresses doubles passaient par deux trous percés vers le milieu de la targe et étaient nouées en dehors. On pouvait ainsi appuyer plus ou moins l'écu contre le bras gauche. (Voy. JOUTE, Ve partie.)

GUISARME, s. f. (*gisarme*, *giserme et zizarme*). Arme d'hast, composée d'un tranchant long, recourbé, et d'une pointe droite, d'estoc.

Il est question des guisarmes dès le XIIe siècle :

« Li soldeier les esgarda,
« Vit li gisarmes, si dota[3]. »

« Par la crieme[4] des dous gisarmes
« L'escu leva par les enarmes[5]. »

Ce sont des cavaliers qui se servent ici de cette arme.

Dans le roman de *Gui de Nanteuil*, Gui, à cheval, se défend avec une guisarme :

« Gui hauche la guisarme, qui fu fort et membru ;
« Parmi le gros du cuer fu Florient feru[6]. »

[1] *Otinel*, vers 431 (XIIIe siècle).
[2] 1395.
[3] *Roman de Rou*, vers 13440.
[4] « La crainte. »
[5] *Roman de Rou*, vers 13450.
[6] Vers 640 et suiv. (XIIIe siècle).

Alors, il semble que la guisarme était une sorte d'épieu, et les auteurs des XIIe et XIIIe siècles emploient ces deux mots indifféremment pour désigner une arme d'hast qui n'était pas la lance, mais dont le bois était court et le fer large et long.

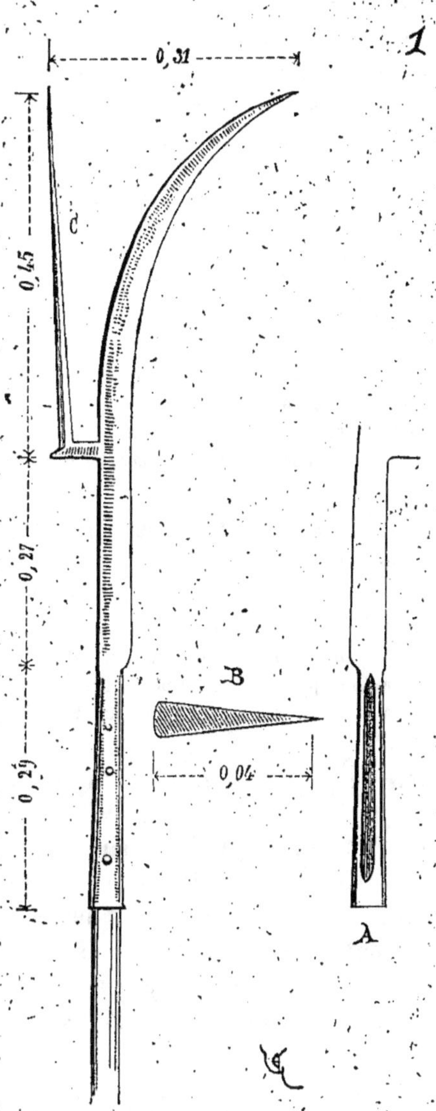

Au commencement du XIVe siècle encore, la guisarme est une arme ressemblant fort à l'épieu, si l'on s'en tient aux textes des trouvères.

Ce ne fut qu'à la fin de ce siècle que la guisarme semble adopter la forme particulière que présente la figure 1 [1].

Le tranchant est du côté de la concavité; la section de la pointe C d'estoc est quadrangulaire. En B, est donnée, moitié d'exécution, la section du tranchant; et en A, la douille évidée d'un côté pour laisser passer les pointes des clous, afin de les rabattre.

Cette guisarme des XIVe et XVe siècles est une arme de piéton, et en effet les cavaliers ne pouvaient faire usage de ce fer à long manche, qui servait surtout à couper les jarrets des chevaux, à passer entre les plates des armures, à faucher et piquer dans les escadrons.

La pertuisane ressemblerait plutôt à la guisarme primitive faite en manière d'épieu (voy. PERTUISANE).

On se servait, même au XIIIe siècle, de la guisarme comme du couteau de brèche, c'est-à-dire pour monter à l'assaut :

« Mil furent et .V., chascuns tot ferarmés
« Et tenoient guisarmes et grans max enhanstés,
« Haches et grans plomées et marteaus acherés,
« Dars molus et tranchans et flaiax acoplés [2]. »

Le roi des ribauds, qui, au siège de Jérusalem, commande dix mille hommes, mène ses gens à l'assaut :

« Es vos le roi Taphur parmi .I. sablonal,
« A .X. mile ribax ; chascuns tint hoe ou pal,
« Ou gisarme, ou picois, d'achier poitevinal ;
« Portent max et flaiaus, tandefles et maint gal [3]. »

On donnait le nom de *gise* à l'aiguillon qui servait à piquer les bœufs.

Dans un mémoire adressé par le bailli de Mantes au roi Charles VII[4], on lit ce passage : « Il lui semble que ceulx qui porteroient voulges les devroient avoir moiennement longs, et qu'ils « eussent un peu de ventre (les vouges), et aussi qu'ils fussent tran-« chans, et bon estoc, et que les dits guisarmiers aient salades à « visières, gantelets et grans dagues sans espéez. » Ainsi pouvait-on

[1] Collect. de M. W. H. Riggs.
[2] *La Conquête de Jérusalem*, chant III, vers 2093 et suiv., publ. par M. Hippeau (XIIIe siècle).
[3] *Ibid.*, chant II, vers 1756 et suiv.
[4] Voy. du Cange, *Gloss.*, GISARMA.

donner indifféremment le nom de vouge ou de guisarme à la même arme, puisque les porteurs de vouge sont qualifiés de guisarmiers (voy. VOUGE).

La guisarme était bien, au xve siècle, une arme de piéton ; car à l'assaut du boulevard des Tournelles, à Orléans, en mai **1429** : « Vail-« lamment se deffendirent les Anglois, et tant jecterent, que leurs « pouldres et autre traict s'en alloient faillant ; et deffendoient de « lances, guisarmes et autres bastons, et pierres, le boulevart des « Tournelles[1]. »

Et encore :

« Ce jour aussi y arriverent cincquante combatans à piet, habillez « de guisarmes et autres habillemens de guerre ; et venoient du pays « de Gastinois, où ilz avoient estez en garnison[2]. »

[1] Cousinot de Montreuil, *Chron. de la Pucelle*, p. 293.

[2] J. Quicherat, *Journal du siége d'Orléans, Procès de condamnation et de réhabilitation de Jeanne d'Arc*, t. IV, p. 151.

FIN DU TOME CINQUIÈME

TABLE

DES MOTS CONTENUS DANS LE TOME CINQUIÈME

DU

DICTIONNAIRE DU MOBILIER FRANÇAIS

Huitième partie. — Armes de guerre offensives et défensives.

FIN DE LA TABLE DES MOTS

DISPOSITION DES PLANCHES

CONTENUES DANS CE VOLUME

FIN DE LA TABLE DES PLANCHS.

BAR-LE-DUC. — IMPRIMERIE COMTE-JACQUET

www.ingramcontent.com/pod-product-compliance
Lightning Source LLC
Chambersburg PA
CBHW051343220526
45469CB00001B/81

* 9 7 8 2 0 1 2 5 3 9 9 7 6 *